Die Zuständigkeit der Tarifvertragsparteien zum Abschluß von Verbands- und Firmentarifverträgen

Europäische Hochschulschriften
Publications Universitaires Européennes
European University Studies

Reihe II
Rechtswissenschaft

Série II Series II
Droit
Law

Bd./Vol. 3799

PETER LANG
Frankfurt am Main · Berlin · Bern · Bruxelles · New York · Oxford · Wien

Roger Ebert

Die Zuständigkeit der Tarifvertragsparteien zum Abschluß von Verbands- und Firmentarifverträgen

PETER LANG
Europäischer Verlag der Wissenschaften

Bibliografische Information Der Deutschen Bibliothek
Die Deutsche Bibliothek verzeichnet diese Publikation in der Deutschen Nationalbibliografie; detaillierte bibliografische Daten sind im Internet über <http://dnb.ddb.de> abrufbar.

Zugl.: Berlin, Freie Univ., Diss., 2003

D 188
ISSN 0531-7312
ISBN 3-631-51750-5

www.peterlang.de

Meiner Familie

Vorwort

Die vorliegende Arbeit wurde im Wintersemester 2002/2003 von der rechtswissenschaftlichen Fakultät der Freien Universität Berlin als Dissertation angenommen. Literatur und Rechtsprechung sind nach Abschluß des Promotionsverfahrens auf den Stand von Juli 2003 gebracht worden.

Mein Dank gilt Herrn Prof. Dr. Jochem Schmitt für die Betreuung der Arbeit und Herrn Prof. Dr. Dr. Franz-Jürgen Säcker für die schnelle Erstellung des Zweitgutachtens. Für die aufopferungsvolle Durchsicht des Manuskripts danke ich meiner lieben Mutter, Frau Julia Ebert, für die technische Gestaltung und Umsetzung der Arbeit meinem alten Schulfreund, Herrn Jens Lummer, sowie Herrn Thomas Wipfler.

Diese Arbeit ist meiner Familie und insbesondere meinen Eltern sowie meiner Großmutter gewidmet, die mir während der gesamten Ausbildung in jeder Hinsicht die notwendige Unterstützung haben zuteil werden lassen.

Berlin, im Juli 2003 Roger Ebert

Inhaltsverzeichnis

Abkürzungsverzeichnis

a.A.	andere Ansicht
Abs.	Absatz
AcP	Archiv für die civilistische Praxis
a.F.	alte Fassung
AG	Amtsgericht
AK	Alternativkommentar
AktG	Aktiengesetz
Alt.	Alternative
Anm.	Anmerkung
AöR	Archiv des öffentlichen Rechts
AP	Arbeitsrechtliche Praxis
ArbGG	Arbeitsgerichtsgesetz
ArbGV	Arbeitsgerichtsverfahren
AR-Blattei	Arbeitsrecht-Blattei
ArbR	Arbeitsrecht
ArbRi	Der Arbeitsrichter
Art.	Artikel
AuR	Arbeit und Recht
BAG	Bundesarbeitsgericht
BAGE	Entscheidungen des Bundesarbeitsgerichts
BArBl.	Bundesarbeitsblatt
BB	Betriebs-Berater
Bd.	Band
Beil.	Beilage
BetrVG	Betriebsverfassungsgesetz
BGB	Bürgerliches Gesetzbuch
BGBl.	Bundesgesetzblatt
BGH	Bundesgerichtshof
BGHZ	Entscheidungen des Bundesgerichtshof in Zivilsachen
BPersVG	Bundespersonalvertretungsgesetz
BT	Bundestag
BVerfG	Bundesverfassungsgericht
BVerfGE	Entscheidungen des Bundesverfassungsgerichts
BVerfGG	Bundesverfassungsgerichtsgesetz
BVerwG	Bundesverwaltungsgericht
BVerwGE	Entscheidungen des Bundesverwaltungsgerichts
bzw.	beziehungsweise
DAG	Deute Angestelltengewerkschaft
DB	Der Betrieb

ders./dies.	derselbe/dieselbe(n)
DGB	Deutscher Gewerkschaftsbund
d.h.	das heißt
dies.	dieselben
DPG	Deutsche Postgewerkschaft
EBR	Europäische Betriebsräte
EBRG	Gesetz über Europäische Betriebsräte
EGGVG	Einführungsgesetz zum Gerichtsverfassungsgesetz
EGZPO	Gesetz betreffend die Einführung der Zivilprozeßordnung
Einf.	Einführung
Einl.	Einleitung
etc.	et cetera (und so weiter)
EzA	Entscheidungssammlung zum Arbeitsrecht
f.	folgende (Seite, Randnummer, Ziffer)
ff.	folgende (Seiten, Randnummern, Ziffern)
Fn.	Fußnote
FS	Festschrift
GdED	Gewerkschaft der Eisenbahner Deutschlands
GdP	Gewerkschaft der Polizei
GenG	Gesetz betreffend die Erwerbs- und Wirtschaftsgenossenschaften
GEW	Gewerkschaft Erziehung und Wissenschaft
GG	Grundgesetz
ggf.	gegebenenfalls
GK	Gemeinschaftskommentar
GmbH	Gesellschaft mit beschränkter Haftung
GmbHG	Gesetz betreffend die Gesellschaften mit beschränkter Haftung
GVG	Gerichtsverfassungsgesetz
Halbs.	Halbsatz
HBV	Gewerkschaft Handel, Banken und Versicherungen
HGB	Handelsgesetzbuch
h.M.	herrschende Meinung
hrsg.	herausgegeben
i.d.F.	in der Fassung
IG	Industriegewerkschaft
IG BAU	Industriegewerkschaft Bauen–Agrar-Umwelt
IG BCE	Industriegewerkschaft Bergbau, Chemie, Energie
IG Metall	Industriegewerkschaft Metall
i.S.d.	im Sinne des (der)
i.V.m.	in Verbindung mit

JA	Juristische Arbeitsblätter
JR	Juristische Rundschau
JurA	Juristische Analysen
JuS	Juristische Schulung
JZ	Juristenzeitung
KSchG	Kündigungsschutzgesetz
KSchR	Kündigungsschutzrecht
LAG	Landesarbeitsgericht
LAGE	Entscheidungen der Landesarbeitsgerichte
LM	Lindenmaier-Möhring
MDR	Monatsschrift für Deutsches Recht
MitbestG	Mitbestimmungsgesetz
MTV	Manteltarifvertrag
MüKo	Münchener Kommentar
MünchArbR	Münchener Handbuch Arbeitsrecht
m.w.N.	mit weiteren Nachweisen
NGG	Gewerkschaft Nahrung-Genuß-Gaststätten
NJW	Neue Juristische Wochenschrift
NJW-RR	NJW-Rechtsprechungs-Report Zivilrecht
Nr.	Nummer
NZA	Neue Zeitschrift für Arbeits- und Sozialrecht
NZA-RR	NZA-Rechtsprechungs-Report Arbeitsrecht
ÖTV	Gewerkschaft Öffentliche Dienste, Transport und Verkehr
o.g.	oben genannt
OLG	Oberlandesgericht
RdA	Recht der Arbeit
RGBl.	Reichsgerichtsblatt
Rn.	Randnummer
Rpleger	Der Deutsche Rechtspfleger
S.	Satz
s.	siehe
SAE	Sammlung Arbeitsrechtlicher Entscheidungen
SchliW	Das Schlichtungswesen
s.o.	siehe oben
sog.	sogenannt
Sp.	Spalte
s.u.	siehe unten
TVG	Tarifvertragsgesetz
TVVO	Tarifvertragsverordnung
u.	und
u.a.	unter anderem

UmwG	Umwandlungsgesetz
v.	von/vom
ver.di	Vereinte Dienstleistungsgewerkschaft
vgl.	vergleiche
Vorb.	Vorbemerkung(en)
WRV	Weimarer Reichsverfassung
ZfA	Zeitschrift für Arbeitsrecht
ZGR	Zeitschrift für Unternehmens- und Gesellschaftsrecht
Ziff.	Ziffer
ZIP	Zeitschrift für Wirtschaftsrecht
ZTR	Zeitschrift für Tarif-, Arbeits- und Sozialrecht des öffentlichen Dienstes

Einleitung

Die übereinstimmende, satzungsmäßig festgelegte Zuständigkeit der Tarifpartner ist neben ihrer Tariffähigkeit nach Ansicht der Rechtsprechung[1] und der ganz herrschenden Meinung in der Literatur[2] Voraussetzung für den Abschluß eines wirksamen Tarifvertrags. Angesichts dieser Bedeutung rückt die Bestimmung der Tarifzuständigkeit im geltenden Tarifrecht für die Verbände, die Arbeitgeber und ihre Arbeitnehmer in den Mittelpunkt des Interesses.

Zum einen geht es dabei um Modernisierungen und neue Technologien, die die Arbeitswelt laufend verändern. Dies kann nicht nur zur Neuorganisation von Arbeitsprozessen oder zu Änderungen von Unternehmens- bzw. Betriebsstrukturen, sondern auch zum Entstehen ganz neuer Wirtschaftszweige führen. Tarifrechtlich ist damit für die Verbände das Problem verbunden, die neuen oder ihren branchenmäßigen Schwerpunkt verlagernden Unternehmen und Betriebe den einzelnen satzungsmäßigen Zuständigkeitsbereichen zuordnen zu müssen.

Zum anderen erweist sich die Tarifzuständigkeit aus dem Blickwinkel der Arbeitgeber und ihrer Arbeitnehmer als Grundlage der wesentlichen Arbeitsbedingungen, insbesondere also der Arbeitszeit und der Vergütung. Die Zugehörigkeit zu einem bestimmten Zuständigkeitsbereich der Verbände bedeutet regelmäßig als Verbandsmitglied zugleich die Teilhabe an dem für diesen Bereich vereinbarten Tarifniveau. Für die verbandsangehörigen Arbeitgeber besteht danach der Vorteil, grundsätzlich denselben tariflichen Bedingungen ausgesetzt zu sein wie die mit ihnen im Wettbewerb konkurrierenden Unternehmen bzw. Betriebe derselben Branche. Damit haben die Arbeitgeber die Tarifzuständigkeit gleichzeitig aber auch immer mehr als betriebswirtschaftlich wichtigen Kostenfaktor entdeckt. So sind im Tarifrecht von heute nicht nur Bestrebungen der Arbeitgeber anzutreffen, den trotz aller Reformbemühungen als zu unflexibel empfundenen Verbandstarifverträgen zu entfliehen, wobei der Austritt aus dem Arbeitgeber-

[1] Ständige Rechtsprechung: bereits BAG AP Nr. 3 zu § 2 TVG; BAG AP Nr. 1-14 zu § 2 TVG Tarifzuständigkeit.

[2] Delheid, Tarifzuständigkeit, S. 111; Eisenhart Rothe v, Probleme der Tarifzuständigkeit, S. 18; Hromadka/Maschmann/Wallner, Der Tarifwechsel, Rn. 34; Hueck/Nippedey, Lehrbuch des Arbeitsrechts, II/1, S. 445; Kempen/Zachert, TVG, § 2, Rn. 109; Kutscher, Die Tarifzuständigkeit, S. 98; Link, Die Tarifzuständigkeit, S. 82; Löwisch/Rieble, TVG, § 2, Rn. 103; Nikisch, Arbeitsrecht II, S. 239; Wiedemann/Oetker, TVG, § 2, Rn. 44; kritisch: Däubler, Tarifvertragsrecht; a.A. Kraft, Festschrift für Schnorr von Carolsfeld, S. 255; Venrooy van, ZfA 1983, S. 49.

verband bzw. die Mitgliedschaft im Arbeitgeberverband ohne Tarifbindung[3] in Erwägung gezogen und nach anderen Möglichkeiten gesucht wird, die Arbeitsbedingungen der Arbeitnehmer kollektiv auf betrieblicher oder individualvertraglicher Ebene zu regeln. Vielmehr ist in entgegengesetzter Richtung verstärkt auch der Versuch der Arbeitgeber zu beobachten, mit ihren Unternehmen oder einzelnen Unternehmensteilen in bestimmte tarifliche Zuständigkeitsbereiche hinein oder auch nur aus bestimmten tariflichen Zuständigkeitsbereichen heraus zu gelangen, um damit für sie günstige tariflich geregelte Arbeitsbedingungen oder einen tariflich völlig ungeregelten Wirtschaftszweig zu erreichen.

Damit sind im wesentlichen zwei für das Tarifleben typische Konstellationen angesprochen. Einerseits geht es um die Auslagerung von Unternehmensteilen, die entweder im Wege der Einzel- oder der Gesamtsrechtsnachfolge nach dem Umwandlungsgesetz auf neue Rechtsträger übertragen werden und dadurch künftig in andere tarifliche Zuständigkeitsbereiche fallen sollen[4]. Manifestiert wird dieser Wechsel des tariflichen Zuständigkeitsbereiches von der Arbeitgeberseite aus häufig durch den Beitritt des neu gegründeten Rechtsträgers zu einem anderen, nämlich dem für diesen Bereich für zuständig gehaltenen Arbeitgeberverband[5]. Die vor allem in § 613a Abs. 1 BGB geregelten Rechtsfolgen derartiger Umstrukturierungen auf die bisher bestehenden tariflichen Rechte und Pflichten haben in der Literatur in fast unüberschaubarem Umfang Erörterung gefunden[6]. Demgegenüber sind die Möglichkeiten der vor der Umstrukturierung zuständigen Verbände, insbesondere der Gewerkschaften, wie sie zum Schutz ihrer Mitglieder auf diese Auslagerungen und das damit verbundene Herausfallen der betreffenden Unternehmensteile aus ihrem Zuständigkeitsbereich entsprechend reagieren können, nur wenig gewürdigt worden. Dies soll daher nun in der vorliegenden Arbeit vorgenommen werden.

Als zweite Konstellation ist in diesem Zusammenhang das Interesse der Arbeitgeber zu untersuchen, eine unternehmenseinheitliche Tarifordnung in ihren aus Betrieben unterschiedlicher Branchenzugehörigkeit zusammengesetzten Unternehmen herbeizuführen, die sich allein nach dem branchenmäßigen Schwerpunkt des Unternehmens richtet. Dieses arbeitgeberseitige Interesse kann mit den Interessen betriebsbezogen organisierter Gewerkschaften und ihrer Mitglieder kollidieren, die in den ihrem satzungsmäßigen Zuständigkeitsbereich zugehörigen Betrieben des Unternehmens ihre tarifliche Ordnung herstellen bzw.

[3] Dazu: BAG AP Nr. 13 zu § 2 TVG Tarifzuständigkeit = AP Nr. 15 zu § 3 TVG Verbandszugehörigkeit; Besgen, Mitgliedschaft im Arbeitgeberverband ohne Tarifbindung; Glaubitz, NZA 2003, S. 140ff; Ostrop, Mitgliedschaft ohne Tarifbindung.

[4] Rieble, DB 2001, S. 2194 spricht von Tarifflucht durch Ausgliederung und Abspaltung.

[5] S. dazu BAG AP Nr. 4, 14 zu § 2 TVG Tarifzuständigkeit.

[6] Vgl. dazu die Übersicht des Schrifttums bei MünchArbR/Wank, § 124.

aufrechterhalten wollen[7]. Fraglich ist demnach, ob die Gewerkschaften ohne Rücksicht auf den Willen der Arbeitgeberseite eine betriebsbezogen ausgerichtete Zuständigkeitsordnung durchsetzen dürfen oder aber ob in diesem Fall allein das Unternehmen als Ganzes die maßgebliche tarifliche Einheit bildet. Auch diese Frage soll ausführlich untersucht werden.

Die vorliegende Arbeit nimmt diese Konstellationen zum Anlaß für eine grundsätzliche Untersuchung des Merkmals der Tarifzuständigkeit. Dabei ist zunächst die im Tarifvertragsgesetz nicht erwähnte Tarifzuständigkeit als tarifvertragliche Wirksamkeitsvoraussetzung zu begründen. Danach sind die Grundsätze für die Festlegung und Bestimmung der Tarifzuständigkeit beim Abschluß von Verbands- und Firmentarifverträgen darzulegen. Dabei ist zu beachten, daß die beschriebenen Entwicklungen nicht nur zu Auseinandersetzungen zwischen Gewerkschaften und Arbeitgebern geführt haben. Folge waren und sind vielmehr auch vermehrt gewerkschaftliche Zuständigkeitsüberschneidungen und Konkurrenzkämpfe um Mitglieder in neu entstehenden Wirtschaftsbereichen, die trotz der zwischenzeitlichen gewerkschaftlichen Fusionswelle weiterhin Aktualität behalten haben. Vor allem bei den im Deutschen Gewerkschaftsbund zusammengeschlossenen Gewerkschaften stellt sich hier die Frage, wie Zuständigkeitsüberschneidungen im Verhältnis der Mitgliedsgewerkschaften untereinander und im Verhältnis zur Arbeitgeberseite zu behandeln sind. Anschließend ist die Bedeutung der Tarifzuständigkeit als Rechtmäßigkeitsvoraussetzung im Arbeitskampf aufzuzeigen und insbesondere zu untersuchen, ob und inwieweit ihrer Inanspruchnahme bei der Erzwingung von Tarifverträgen Grenzen gezogen werden müssen. In diesem Zusammenhang ist ausführlich auf die beschriebenen Konstellationen einzugehen. Nach der Darstellung der Rechtsfolgen fehlender Tarifzuständigkeit wird zum Schluß auf das arbeitsgerichtliche Beschlußverfahren gemäß §§ 2 a Abs. 1 Nr. 4, 97 ArbGG einzugehen sein.

---

[7] S. dazu BAG AP Nr. 10, 11 zu § 2 TVG Tarifzuständigkeit.

1. Teil: Die Tarifzuständigkeit als Wirksamkeitsvoraussetzung eines Tarifvertrages

A. Die Tarifzuständigkeit nach der Rechtsprechung und der herrschenden Lehre

I. Der Begriff der Tarifzuständigkeit

Tarifzuständigkeit ist die Fähigkeit eines tariffähigen Verbandes, innerhalb seines abgegrenzten Zuständigkeitsbereiches wirksam Tarifverträge abschließen zu können. Damit beantwortet die Tarifzuständigkeit die Frage nach dem maximalen Geltungsbereich eines Tarifvertrages in räumlicher, betrieblich-branchenmäßiger, beruflich-fachlicher und persönlicher Hinsicht[1]. Der Zuständigkeitsbereich richtet sich nach dem in der Satzung des Verbandes festgelegten Organisationsbereich, den die Koalition grundsätzlich autonom und frei bestimmen kann. Nur innerhalb ihrer Tarifzuständigkeit ist es einer Tarifpartei möglich, Tarifverträge abzuschließen. Die Wirksamkeit eines Verbandstarifvertrages setzt dabei die beiderseitige übereinstimmende Zuständigkeit der Tarifvertragsparteien voraus. Nicht notwendig ist, daß sich die Zuständigkeiten der tarifschließenden Parteien in ihrem ganzen Umfang decken. Ausreichend ist für den Abschluß eines wirksamen Tarifvertrages mit einem bestimmten Geltungsbereich vielmehr, daß sich die in Anspruch genommenen Zuständigkeitsbereiche der beiden Tarifparteien auf diesen Geltungsbereich bezogen decken[2].

II. Die Geschichte der Tarifzuständigkeit

Die Lehre von der Tarifzuständigkeit entwickelte sich aus dem Problem der Zwangsschlichtung und der Praxis der Allgemeinverbindlicherklärung von Tarifverträgen in der Weimarer Republik. Damals wurde mit dem Merkmal eine Einschränkung der staatlichen Zwangsschlichtung und der Allgemeinverbindlichkeit von Tarifverträgen erstrebt[3]. Durch die Schlichtungsverordnung vom

---

[1] Kempen/Zachert, TVG, § 2, Rn. 108; Wiedemann, RdA 1975, S. 78, 79; Wiedemann/Oetker, TVG, § 2, Rn. 47.

[2] BAG AP Nr. 3 zu § 2 TVG; Gaul, ZTR 1991, S. 443, 444; Hromadka/Maschmann/Wallner, Der Tarifwechsel, Rn. 33; Kempen/Zachert, TVG, § 2, Rn. 110; Konzen, ZfA 1975, S. 401, 416. MünchArbR/Löwisch/Rieble, § 255, Rn. 62; Richardi, Kollektivgewalt und ..., S. 160; Wiedemann/Oetker, TVG, § 2, Rn. 50.

[3] Sog. Legitimationslehre: Joerges, SchliW 1926, S. 21, 24; Kalckbrenner, ArbR 1930, Sp. 17ff, 22; Potthoff, ArbRi 1930, S. 39.

30.10.1923[4] als Reaktion des Gesetzgebers auf die zunehmende Streikaktivität der Gewerkschaften wurde ein Einlassungszwang für tariffähige Verbände und die Möglic

hkeit eines Zwangsausgleichs durch Verbindlichkeitserklärung eines vom Schlichter erlassenen Schiedsspruches geschaffen[5]. Die Allgemeinverbindlichkeitserklärung durch den Reichsarbeitsminister konnte dazu führen, daß Koalitionen durch Ausdehnung des tariflichen Geltungsbereichs über ihren satzungsmäßigen Organisationsbereich und Mitgliederbestand hinaus Einfluß auf Arbeitsverhältnisse außerhalb ihrer Zuständigkeit gewannen. Unabhängig vom Problem der Zwangsschlichtung und der Allgemeinverbindlichkeitserklärung forderte erstmals Sinzheimer das Merkmal der Tarifzuständigkeit[6]. Dennoch konnte sich die Tarifzuständigkeit zur Zeit der Weimarer Republik nicht durchsetzen. Sie sei überflüssig und in der Tarifvertragsverordnung vom 23.12.1918 (TVVO)[7] nicht vorgesehen, war die Ansicht des Reichsarbeitsgerichts[8] und der herrschenden Lehre[9]. Durch „Gesetz zur Ordnung der nationalen Arbeit“ vom 20.01.1934[10] beseitigten schließlich die Nationalsozialisten die Tarifautonomie und ließen fortan die Arbeitsbedingungen staatlich durch sog. Treuhänder der Arbeit regeln.

Nach dem Zweiten Weltkrieg und der Einführung des Tarifvertragsgesetzes, das am 22.04.1949 verabschiedet wurde, begann sich die Tarifzuständigkeit als Wirksamkeitserfordernis eines Tarifvertrages in der arbeitsrechtlichen Literatur durchzusetzen, obwohl eine staatliche Zwangsschlichtung gesetzlich nicht mehr vorgesehen war. Erwähnung in der Rechtsprechung des Bundesarbeitsgerichts fand die Tarifzuständigkeit erstmals in einer Entscheidung vom 27.07.1956, ohne daß das Gericht sich hier mit dem Merkmal als Wirksamkeitserfordernis auseinanderzusetzen hatte[11]. Diese Bedeutung der Tarifzuständigkeit maß der erste Senat der Tarifzuständigkeit erstmals in der Entscheidung vom 19.12.1958 bei[12]. Seit dem Beschluß vom 27.11.1964[13], der in der Arbeitsrechtlichen Praxis erst-

[4] RGBl. I S. 4043.
[5] Art. 1 §§ 3, 5, 6 Schlichtungsverordnung.
[6] Sinzheimer, Grundzüge des Arbeitsrechts, S. 255.
[7] RGBl. 1918/2, 1456.
[8] RAG ARS 9, 274, 276; 10, 242, 246; 10, 369.
[9] Molitor, Arbeitsrecht und Schlichtung 1931, Sp. 257, 263; Neumann, Tarifrecht, S. 36; Richter, ArbRi 1930, S. 40.
[10] RGBl. I, 45.
[11] BAG AP Nr. 3 zu § 4 TVG Geltungsbereich.
[12] BAG AP Nr. 3 zu § 2 TVG.
[13] BAG AP Nr. 1 zu § 2 TVG Tarifzuständigkeit; bis heute sind 15 Entscheidungen des Bundesarbeitsgerichts und eine Entscheidung des DGB-Schiedsgerichts unter diesem Stichwort in der Arbeitsrechtlichen Praxis veröffentlicht.

mals unter dem Stichwort Tarifzuständigkeit abgedruckt ist, ist die Tarifzuständigkeit als Wirksamkeitserfordernis ständige Rechtsprechung. Heute gehört die Tarifzuständigkeit als Wirksamkeitsvoraussetzung zum gesicherten Stand des Tarifrechts.

III. Die Fallgruppen der Tarifzuständigkeit heute

In der Rechtsprechung und Literatur werden mehrere Fallgruppen geführt, in denen die Tarifzuständigkeit Bedeutung erlangt.

Zunächst wird sie bei der Auslegung des tariflichen Geltungsbereiches eines Tarifvertrages zu Hilfe genommen[14]. Da die tariffähigen Verbände nur im Rahmen der Tarifzuständigkeit wirksame Tarifverträge abschließen können, legt die gemeinsame Tarifzuständigkeit den maximalen Geltungsbereich eines Tarifvertrages fest. Grundsätzlich ist daher davon auszugehen, daß die Tarifparteien einen über ihre Zuständigkeit hinausgehenden Geltungsbereich nicht vereinbaren wollen.

In der Fallgruppe der Anwendbarkeit allgemeinverbindlicher Tarifverträge geht es zum einen wieder darum, den tariflichen Geltungsbereich zu bestimmen. Die Wirkung der Allgemeinverbindlichkeitserklärung gemäß § 5 Abs. 3 TVG reicht bei maximalem Geltungsbereich des für allgemeinverbindlich erklärten Tarifvertrages nur soweit, wie ein wirksamer, also im Rahmen der beiderseitigen Zuständigkeit der Tarifparteien liegender, Tarifvertrag vorliegt[15]. Zum anderen geht es hier um die Möglichkeit, daß ein für allgemeinverbindlich erklärter Tarifvertrag durch einen konkurrierenden Tarifvertrag verdrängt wird. Dies setzt aber dessen Wirksamkeit voraus, was zu der Frage führt, ob die abschließenden Tarifvertragsparteien im Rahmen ihrer Tarifzuständigkeit gehandelt haben[16].

Die wichtigste Fallgruppe in der Rechtsprechung des Bundesarbeitsgerichts betrifft die Abwehr von Firmentarifverträgen. Dabei wird von der Arbeitgeberseite bzw. einer konkurrierenden Gewerkschaft die Rechtmäßigkeit eines gewerkschaftlichen Arbeitskampfes bestritten, in dem der streikführenden Gewerkschaft die Tarifzuständigkeit abgesprochen wird[17]. In diesen Zusammenhang

[14] BAG AP Nr. 2 zu § 1 TVG Tarifverträge: Graphisches Gewerbe; BAG AP Nr. 6 zu § 2 TVG Tarifzuständigkeit; Däubler, Tarifvertragsrecht, Rn. 95.
[15] BVerfGE 55, 7, 25; BAG, NZA 1994, S. 323, 325.
[16] BAG AP Nr. 7, 9 zu § 2 TVG Tarifzuständigkeit.
[17] BAG AP Nr. 1, 2, 3, 4, 5, 6, 8, 10, 11, 14 zu § 2 TVG Tarifzuständigkeit.

geht es auch um Zuständigkeitsstreitigkeiten von Einzelgewerkschaften innerhalb des DGB und damit insbesondere um die Frage nach der Wirkung von Schieds(gerichts)verfahren nach § 16 der DGB-Satzung[18].

Schließlich sieht das Bundesarbeitsgericht die Mitgliedschaft ohne Tarifbindung (OT-Mitgliedschaft) im Arbeitgeberverband als Problem der Begrenzbarkeit der personellen Tarifzuständigkeit auf einen Teil der Verbandsmitglieder[19].

B. Die Begründung der Tarifzuständigkeit als tarifvertragliches Wirksamkeitserfordernis

Ungeachtet der fast einhelligen Anerkennung der Tarifzuständigkeit als Wirksamkeitsvoraussetzung ist ihre dogmatische Begründung umstritten. In der Literatur existieren verschiedene Begründungsansätze, die auf ihre Tragfähigkeit hin untersucht werden sollen. Dabei darf nicht der Fehler begangen werden, zuerst eine dogmatische Einordnung des Merkmals leisten zu wollen. Diese hat erst dann zu erfolgen, wenn sich die Tarifzuständigkeit als rechtlich oder sachlich notwendiges Merkmal erwiesen hat[20].

I. Die Begründung unmittelbar aus dem Gesetz bzw. der Verfassung

Zunächst ist zu untersuchen, ob sich das Merkmal der Tarifzuständigkeit unmittelbar aus einfachgesetzlichen Bestimmungen oder der Verfassung selbst begründen läßt.

1. Die Begründung aus dem Tarifvertragsgesetz

Art. 9 Abs. 3 GG gewährleistet mit der Koalitionsfreiheit auch die sog. Tarifautonomie und garantiert damit ein gesetzlich geregeltes und geschütztes Tarifvertragssystem, dessen Partner frei gebildete Koalitionen im Sinne des Art. 9 Abs.

---

[18] BAG AP Nr. 3, 4, 5 ,10, 11, 14 zu § 2 TVG Tarifzuständigkeit sowie zuletzt der Beschluß des DGB-Schiedsgerichts vom 4. April 2002 unter AP Nr. 16 zu § 2 TVG Tarifzuständigkeit.
[19] BAG AP Nr. 13 zu § 2 TVG Tarifzuständigkeit = BAG AP Nr. 15 zu § 3 TVG Verbandszugehörigkeit.
[20] Venrooy van, ZfA 1983, S. 49, 51, 52.

3 GG sein müssen. Zu ihrem ordnungsgemäßen Funktionieren bedarf die Tarifautonomie grundsätzlich der Ausgestaltung durch den Gesetzgeber[21]. Dieser Aufgabe ist der Gesetzgeber mit dem Tarifvertragsgesetz (TVG) nachgekommen. Daher ist zunächst zu untersuchen, inwieweit sich die Tarifzuständigkeit in dem von der herrschenden Meinung verstandenen Sinne aus dem Tarifvertragsgesetz herleiten läßt.

Dem ausdrücklichen Wortlaut des Tarifvertragsgesetzes ist – wie auch schon der früheren Tarifvertragsverordnung (TVVO) - ein Merkmal der Tarifzuständigkeit nicht zu entnehmen. § 2 Abs. 1 TVG bestimmt ohne weitere Einschränkungen als Tarifvertragsparteien Gewerkschaften, einzelne Arbeitgeber sowie Vereinigungen von Arbeitgebern. § 3 Abs. 1 TVG normiert die Tarifgebundenheit der Mitglieder der Tarifvertragsparteien und § 4 Abs. 1 TVG legt die unmittelbare und zwingende Wirkung der vereinbarten Normen zwischen den beiderseits Tarifgebundenen fest. Aus §§ 2 Abs. 1, 3 Abs. 1. 4 Abs. 1 TVG folgt damit allein, daß der Gesetzgeber Tariffähigkeit und Tarifbindung durch Mitgliedschaft in einer Tarifvertragspartei als ausreichend ansieht, um die bindende Wirkung an einen Tarifvertrag entstehen zu lassen[22]. Ein zusätzliches Erfordernis ist ausdrücklich nicht normiert.

a) Die Herleitung aus §§ 3, 4 TVG

Hueck/Nipperdey wollen die Tarifzuständigkeit unmittelbar aus §§ 3, 4 TVG begründen. Danach könnten die Tarifparteien nur für ihre Mitglieder bindende Normen aufstellen, eine Rechtssetzungsgewalt gegenüber Nichtmitgliedern bestehe mit Ausnahme von § 3 Abs. 2 TVG nicht[23]. Die Fähigkeit, Tarifnormen zu setzen, ende damit an der Grenze des Organisationsbereiches.

Zu Recht wird diese Ansicht abgelehnt. Dagegen spricht bereits als Indiz, daß schon aus den inhaltsgleichen §§ 1 Abs. 1 Satz 1, Abs. 2 TVVO eine Tarifzuständigkeit nicht hergeleitet wurde[24]. Entscheidend ist aber, daß § 3 Abs. 1 TVG lediglich besagt, daß die Mitglieder der Tarifvertragsparteien tarifgebunden sind.

---

[21] BVerfGE 20, 312, 317; 50, 290, 369; 58, 233, 248.

[22] Kraft, Festschrift für Schnorr von Carolsfeld, S. 255, 261; Venrooy van, ZfA 1983, S. 49, 64.

[23] Hueck/Nipperdey, Lehrbuch des Arbeitsrechts, II/1, S. 447; ebenso: Bommarius, Rechtsprobleme der Arbeitsverhältnisse..., S. 42; Westenberger, Organisationsrechtliche Probleme..., S. 73.

[24] Hillebrand, Das Merkmal „Tarifzuständigkeit"..., S. 8; Kutscher, Die Tarifzuständigkeit, S. 6.

Ein von den Tarifvertragsparteien außerhalb ihres Organisationsbereiches abgeschlossener Tarifvertrag vermag nach dieser gesetzlichen Regelung mangels Mitglieder keine Tarifbindung zu erzeugen. Ein allgemeiner Rechtsatz aber, daß die Unanwendbarkeit einer Norm in Ermangelung von Adressaten zu ihrer Unwirksamkeit führe, besteht nicht[25]. Daher läßt sich unmittelbar aus §§ 3, 4 TVG ein Schluß weder für noch gegen das Merkmal der Tarifzuständigkeit ziehen[26]. Gegen eine Begründung der Tarifzuständigkeit aus den genannten Normen spricht jedoch, daß aus ihnen nur eine Beschränkung der Normsetzungsgewalt auf die Mitglieder einer Tarifvertragspartei folgt, eine zusätzliche Einschränkung aber, daß die Normsetzungsbefugnis nur im Rahmen des satzungsmäßigen Organisationsbereiches besteht, diesen nicht zu entnehmen ist[27].

b) Die Herleitung aus §§ 3, 4 in Verbindung mit § 5 TVG

Die Tarifzuständigkeit könnte sich aber aus §§ 3, 4 in Verbindung mit § 5 TVG ergeben. § 5 Abs. 1 TVG nennt aber nur die Voraussetzungen, unter denen der Bundesminister für Arbeit und Soziales einen Tarifvertrag für allgemeinverbindlich erklären kann. Wirksamkeitserfordernisse für einen Tarifvertrag lassen sich damit aus dieser Norm unmittelbar nicht ziehen. Vielmehr setzt die Allgemeinverbindlichkeitserklärung gemäß § 5 TVG gerade einen bereits wirksamen Tarifvertrag voraus[28].

Möglicherweise folgt die Tarifzuständigkeit aber mittelbar aus den genannten Normen. Nach § 5 Abs. 4 TVG erfassen mit der Allgemeinverbindlichkeitserklärung die Rechtsnormen des Tarifvertrages in seinem Geltungsbereich auch die bisher nicht tarifgebundenen Arbeitgeber und Arbeitnehmer. Möglicherweise ist dies dahingehend auslegen, daß nur eine Tarifbindung derer geschaffen werde kann, die Mitglieder und damit Tarifgebundene nach § 3 Abs. 1 TVG sein könnten, es aber nicht sind[29]. Für dieses Verständnis spricht auch teilweise der Sinn und Zweck von § 5 TVG. Die Allgemeinverbindlichkeitserklärung soll die organisierten und damit tarifgebundenen Arbeitnehmer vor der Schmutzkonkurrenz untertariflich Arbeitender schützen, die sich durch Nichteintritt in die Ta-

---

[25] Hillebrand, Das Merkmal „Tarifzuständigkeit"..., S. 9; Link, Die Tarifzuständigkeit, S. 33.
[26] Delheid, Tarifzuständigkeit, S. 8; Einsenhart Rothe v., Probleme der Tarifzuständigkeit, S. 21; Hillebrand, Das Merkmal „Tarifzuständigkeit"..., S. 7; Kutscher, Die Tarifzuständigkeit, S. 7.
[27] Delheid, Tarifzuständigkeit, S. 9.
[28] Kempen/Zachert, TVG, § 5, Rn. 12; Wiedemann/Wank, TVG, § 5, Rn. 52.
[29] So: Hueck/Nipperdey, Lehrbuch des Arbeitsrechts, II/1, S. 447.

rifvertragsparteien der Tarifbindung entzogen haben[30]. Dieses Verständnis des § 5 Abs. 4 TVG unterstellt, gelangte ein außerhalb des Organisationsgebietes der Tarifvertragsparteien geschlossener Tarifvertrag auch über § 5 TVG niemals zur Anwendung. Nach *Link* könne aber die Gültigkeit derartiger Tarifnormen nicht überzeugend verteidigt werden. Vielmehr lasse sich dann die mittelbare gesetzliche Anerkennung der Tarifzuständigkeit herleiten[31].

Bereits dieser Schluß muß aber zurückgewiesen werden. Der fehlende Anwendungsbereich einer Norm führt nicht gleichzeitig zu deren Unwirksamkeit. Zudem kann § 5 TVG die geschilderte Beschränkung der Allgemeinverbindlichkeitserklärung auf die möglichen Mitglieder der Tarifvertragsparteien nicht entnommen werden. Die Voraussetzungen des § 5 Abs. 1 TVG lassen es durchaus zu, einen Tarifvertrag, der zum Beispiel nur teilweise über den Organisationsbereich der Tarifvertragsparteien hinausreicht, für allgemeinverbindlich zu erklären. Auch in § 5 Abs. 4 TVG ist nicht zwangsläufig zum Ausdruck gekommen, daß mit den bisher nicht Tarifgebundenen nur diejenigen gemeint sein können, die sich durch Nichteintritt in die beteiligten Verbände der Tarifbindung entzogen haben[32]. Aus einem Umkehrschluß zu § 3 Abs. 1 TVG läßt sich nur entnehmen, daß zu den nicht Tarifgebundenen i.S.d. § 5 Abs. 4 TVG alle Arbeitgeber bzw. Arbeitnehmer zu zählen sind, die nicht Mitglied der Tarifvertragsparteien sind. Eine Einschränkung dahingehend, daß diese Mitglied sein könnten, ist nicht zwingend. Nicht tarifgebunden können daher auch Arbeitgeber und Arbeitnehmer außerhalb des Organisationsgebietes der Tarifvertragsparteien sein. Auch die teleologische Auslegung des § 5 TVG spricht nicht gegen dieses Ergebnis, denn inzwischen ist es weithin anerkannt, daß die Allgemeinverbindlichkeitserklärung nicht nur den Schutz vor Schmutzkonkurrenz beabsichtigt, sondern daß ihr auch eine sozialpolitische Bedeutung und die Funktion eines Gesetzesersatzes zukommt[33]. Entfaltete somit ein über den Organisationsbereich der Tarifvertragsparteien hinausreichender Tarifvertrag Wirksamkeit, wären auch die im überschießenden Bereich vorhandenen Arbeitgeber und Arbeitnehmer im Falle der Allgemeinverbindlichkeitserklärung tarifgebunden. Über § 5 TVG erhielten die Normen in diesem Falle einen Anwendungsbereich. § 5 TVG beinhaltet damit auch nicht mittelbar das Merkmal der Tarifzuständigkeit.

Weiter ist zu beachten, daß die von § 5 Abs. 1 TVG aufgestellten Voraussetzungen für die Allgemeinverbindlichkeitserklärung wesentlich enger sind als bei der damaligen TVVO, wo wegen des großen Ermessensspielraums des Reichsar-

---

[30] Kempen/Zachert, TVG, § 5 TVG, Rn. 7; Wiedemann/Wank, TVG, § 5, Rn. 4, 5.
[31] Link, Die Tarifzuständigkeit, S. 34.
[32] Eisenhart Rothe v., Probleme der Tarifzuständigkeit, S. 22.
[33] Kempen/Zachert, TVG, § 5, Rn. 8; Wiedemann/Wank, TVG, § 5, Rn. 2, 6.

beitsministers die Legitimationslehre die Tarifzuständigkeit als Wirksamkeitserfordernis forderte[34]. Eine Allgemeinverbindlichkeitserklärung käme heute allein bei einem teilweise außerhalb des Organisationsbereiches der Tarifvertragsparteien liegenden Tarifvertrag in Betracht[35]. Da bei der Neufassung des Tarifvertragsgesetzes aber die Einführung der Tarifzuständigkeit nicht erörtert wurde[36], ist davon auszugehen, daß ein derartiges Merkmal angesichts der erhöhten Anforderungen des § 5 TVG an die Allgemeinverbindlichkeitserklärung nicht als notwendig angesehen wurde[37].

Schließlich könnte die verfassungsrechtlich geforderte demokratische Legitimation tarifvertraglicher Normsetzung[38] dazu zwingen, daß für diejenigen, die über § 5 Abs. 4 TVG tarifgebunden werden, zumindest die Möglichkeit der Einflußnahme auf die Normsetzung bestanden haben müsse[39]. Art. 9 Abs. 3 GG würde es dann einschränkend erfordern, die über § 5 Abs. 4 TVG erweiterte Tarifbindung nur auf solche Arbeitgeber bzw. Arbeitnehmer zu erstrecken, die sich durch Nichteintritt der Tarifbindung gemäß § 3 Abs. 1 TVG entzogen haben. Mit dem Merkmal der Tarifzuständigkeit als Wirksamkeitsvoraussetzung eines Tarifvertrages würde dies im Rahmen von § 5 TVG erreicht werden. Gegen diesen Ansatz sprechen aber zwei Erwägungen: Eine gegebenenfalls von Art. 9 Abs. 3 GG geforderte Beschränkung der Allgemeinverbindlichkeitserklärung auf mögliche Mitglieder läßt sich zum einen auch über eine restriktive Auslegung von § 5 Abs. 4 TVG erreichen. Schließlich erfordert aber schon Art. 9 Abs. 3 GG nicht das vorangestellte Ergebnis. Bei der Allgemeinverbindlichkeitserklärung handelt es sich um einen Rechtssetzungsakt eigener Art, bei der zwei voneinander unabhängig demokratisch legitimierte Instanzen, nämlich die Tarifvertragsparteien einerseits und der Staat andererseits, selbständig zusammenwirken[40]. Die allgemeinverbindlichen Tarifnormen sind gegenüber den Nichtorganisierten durch die staatliche Mitwirkung ausreichend demokratisch legitimiert[41]. Soweit also nach Ansicht des Bundesverfassungsgerichts im Rahmen von § 5 Abs. 4 TVG eine Einflußnahme von Außenseitern nicht notwendig ist,

[34] Vgl. oben A. II.
[35] Vgl. das Beispiel bei Link, Die Tarifzuständigkeit, S. 35.
[36] Das belegen die Materialien zur Entstehung des Tarifvertragsgesetzes vom 9.4.1949, ZfA 1973, S. 129ff; vgl. auch Herschel, ZfA 1983, S. 183ff.
[37] Venrooy van, ZfA 1983, S. 49, 64.
[38] BVerfGE 44, 322, 348; Biedenkopf, Grenzen der Tarifautonomie, S. 53.
[39] Delheid, Tarifzuständigkeit, S. 30, 31, der sonst eine Verletzung der negativen Koalitionsfreiheit als gegeben annimmt; Eisenhart Rothe v., Probleme der Tarifzuständigkeit, S. 32, 33, der anderenfalls Art. 2 GG als verletzt ansieht.
[40] BVerfGE 44, 322, 340; BAG AP Nr. 13, 14, 25 zu § 5 TVG, Wiedemann/Wank, TVG, § 5, Rn. 50.
[41] BVerfGE 44, 322., 347, 348; Kempen/Zachert, TVG, § 5, Rn. 30; Wiedemann/Wank, TVG, § 5, Rn. 26.

kann daraus zwingend gefolgert werden, daß auch die Möglichkeit der Einflußnahme nicht gegeben sein muß.

Die §§ 3, 4 in Verbindung mit § 5 TVG erfordern damit auch nicht mittelbar das Merkmal der Tarifzuständigkeit.

2. Die Begründung aus §§ 2a Abs. 1 Nr. 4, 97 ArbGG

Bereits durch Gesetz vom 21.05.1979[42] normierte der Gesetzgeber das arbeitsgerichtliche Verfahren zur Klärung der Tarifzuständigkeit in §§ 2a Nr. 3 a.F. ArbGG. Er reagierte damit auf die Rechtsprechung des Bundesarbeitsgerichts, das innerhalb des in §§ 2 Abs. 1 Nr. 5, 97 a.F. ArbGG geregelten Verfahrens über die Tariffähigkeit auch über die Tarifzuständigkeit entschieden hatte[43]. Damit könnte durch die Erwähnung in §§ 2a Abs. 1 Nr. 4, 97 ArbGG die Tarifzuständigkeit als Wirksamkeitsvoraussetzung gesetzlich begründet sein. Zwar ist dies dem Wortlaut der Normen nicht unmittelbar zu entnehmen, doch läßt sich fragen, wozu gesetzlich ein Verfahren für ein Merkmal verankert sein sollte, das der Gesetzgeber materiell-rechtlich nicht anerkennt. Anders erklärte sich auch nicht § 97 Abs. 5 ArbGG, nach dem andere Rechtsstreitigkeiten auszusetzen sind, wenn sie von der Frage der Tarifzuständigkeit abhängen.

§§ 2a Abs. 1 Nr. 4, 97 ArbGG bestätigen daher nach einer Ansicht durch die Nennung von Tariffähigkeit und Tarifzuständigkeit in einem Satz, daß die Tarifzuständigkeit ebenso wie die Tariffähigkeit Wirksamkeitserfordernis eines Tarifvertrages sei[44]. Dies zeige auch der Verweis in § 97 Abs. 3 ArbGG auf die entsprechende Anwendung von § 63 ArbGG, da eine rechtskräftige Entscheidung über die Tarifzuständigkeit die Interessen der tarifgebundenen Arbeitsvertragsparteien in gleicher Weise berühre wie eine rechtskräftige Entscheidung über die Tariffähigkeit. Dem Streit um die Begründung der Tarifzuständigkeit sei damit die normative Grundlage entzogen[45].

Der Schluß von der verfahrensrechtlichen Regelung zur materiell-rechtlichen Anerkennung ist aber nicht zwingend und muß im vorliegenden Fall zurückge-

---

[42] BGBl. I, S. 545.
[43] BAG AP Nr. 1, 2, 3 zu § 2 TVG Tarifzuständigkeit.
[44] Buchner, ZfA 1995, S. 95, 98; Heinze, DB 1997, S. 2122; Hromadka/Maschmann/Wallner, Der Tarifwechsel, Rn. 33; Löwisch/Rieble, TVG, § 2, Rn. 89; Söllner, Grundriß des Arbeitsrechts, Rn. 387; Wiedemann/Oetker, TVG, § 2, Rn. 44; unklar: Hanau, NZA 2003, S. 128, 129, der von einer „gewissen gesetzlichen Anerkenunng" spricht.
[45] Wiedemann/Oetker, TVG, § 2, Rn. 44.

wiesen werden. Dagegen spricht die Entstehungsgeschichte der Norm. In der Begründung zum Gesetzesentwurf heißt es, daß die Normierung „in Übereinstimmung mit der Rechtsprechung des Bundesarbeitsgerichts (Beschluß des Bundesarbeitsgerichts vom 27.11.1964, AP Nr. 1 zu § 2 TVG Tarifzuständigkeit)" vorgenommen werde[46]. Zwar klärt das Gericht in der genannten Entscheidung die Tarifzuständigkeit nicht nur in dem Beschlußverfahren über die Tariffähigkeit, sondern wiederholt ausdrücklich seine bereits in der Entscheidung vom 19.12.1958[47] geäußerte Ansicht, daß es sich bei dem Merkmal um ein Wirksamkeitserfordernis eines Tarifvertrages handele. Gleichwohl ist in der Normierung nur eine verfahrensrechtliche Klarstellung des Gesetzgebers zu sehen, ohne daß damit eine gesetzliche Begründung der Tarifzuständigkeit herbeigeführt worden ist. Der Gesetzgeber hat ausweislich der genannten Begründung allein die Verfahrensregelung der Rechtsprechung des Bundesarbeitsgerichts angepaßt[48]. Einer Änderung der Rechtsprechung des Bundesarbeitsgerichts zur Tarifzuständigkeit als Wirksamkeitserfordernis stünde daher die Regelung in §§ 2a Abs. 1 Nr. 4, 97 ArbGG nicht im Wege[49].

Die Tarifzuständigkeit ist daher nicht in §§ 2a Abs. 1 Nr. 4, 97 ArbGG selbständig begründet.

3. Die Begründung aus Art. 9 Abs. 3 GG

Möglicherweise ergibt sich die Tarifzuständigkeit unmittelbar aus der Verfassung, also aus Art. 9 Abs. 3 GG Dabei sind die unterschiedlichen Schutzrichtungen der Koalitionsfreiheit und der Grundsatz der Tarifautonomie zu beachten.

Nach Art. 9 Abs. 3 GG ist das Recht, zur Wahrung und Förderung der Arbeits- und Wirtschaftsbedingungen Vereinigungen zu bilden, für jedermann und für alle Berufe gewährleistet. Art. 9 Abs. 3 GG schützt als positive Koalitionsfreiheit für jeden einzelnen Arbeitgeber und Arbeitnehmer das Recht, eine Koalition zu gründen, in ihr zu verbleiben und sich in ihr zu betätigen[50], sowie negativ die

---

[46] BT/Drucksache 08/1567, S. 27.
[47] BAG AP Nr. 3 zu § 2 TVG.
[48] Ebenso: Blank, Die Tarifzuständigkeit der DGB-Gewerkschaften, S. 43; Hillebrand, Das Merkmal „Tarifzuständigkeit"..., S.12; Kempen/Zachert, TVG, § 2, Rn. 110; Kutscher, Die Tarifzuständigkeit, S. 5; Venrooy van, ZfA 1983, S. 49, 72; Wieland, Recht der Firmentarifverträge, Rn. 122.
[49] Grunsky, ArbGG, § 2a, Rn. 35.
[50] BVerfGE 19, 303, 312; 57, 220, 245; Münch v./Kunig/Löwer, GG, Art. 9, Rn. 57.

Freiheit des Fernbleibens und des Austritts[51]. Nach herrschender Meinung umfaßt Art. 9 Abs. 3 GG als Doppelgrundrecht daneben auch die kollektive Koalitionsfreiheit. Geschützt werden danach auch die Koalition als solche sowie ihr Recht, durch spezifisch koalitionsmäßige Betätigung die in Art. 9 Abs. 3 GG genannten Zwecke zu verfolgen[52]. Dazu gehört vor allem der Abschluß von Tarifverträgen zur Regelung von Lohn- und sonstigen Arbeitsbedingungen in einem Bereich, in dem der Staat seine Regelungszuständigkeit zurückgenommen hat und die Koalitionen damit weitestgehend autonom und ohne staatliche Einflußnahme handeln[53]. Insofern dient die Koalitionsfreiheit nach Ansicht des Bundesverfassungsgerichts einer sinnvollen Ordnung des Arbeitslebens[54].

a) Die individuelle Koalitionsfreiheit

Als erster versuchte *Delheid* die Tarifzuständigkeit aus Art. 9 Abs. 3 GG zu begründen. Obwohl er die Tarifnormsetzung als privatrechtliche Befugnis einordnet, fordert er aufgrund der öffentlichen Funktion der Tarifautonomie zur Ordnung des Arbeitslebens und der fehlenden staatlichen Aufsicht eine demokratische Legitimation tarifvertraglicher Normsetzung, wie sie auch für staatliche Rechtssetzung gelte[55]. Dies ist der Ausgangspunkt seines Ansatzes.

Da nur die Tarifvertragsparteien, nicht der einzelne (Ausnahme: der Arbeitgeber), Tarifnormen setzen könnten, müsse zur Gewährleistung der demokratischen Anforderungen eine Beteiligung für den einzelnen an dieser Normsetzung durch Koalitionsbeitritt erreichbar sein. Dies sei aber nur möglich, wenn der einzelne „seine" Koalition erkennen und sich damit für oder gegen einen Koalitionsbeitritt entscheiden könne. Nur so sei die verfassungsrechtliche Gewährleis-

[51] BVerfGE 57, 220, 245; Maunz/Dürig/Scholz, GG, Art. 9, Rn. 169; Münch v./Kunig/Löwer, GG, Art. 9, Rn. 79; a.A.: AK/Kittner/Schiek, GG, Art. 9, Rn. 108, die insoweit Art. 2 Abs. 1 GG für einschlägig halten.
[52] BVerfGE 50, 290, 367; 92, 365, 393; AK/Kittner/Schiek, GG, Art. 9, Rn. 84; MünchArbR/Löwisch, § 237, Rn. 7; Münch v./Kunig/Löwer, GG, Art. 9, Rn.. 57; a.A.: Maunz/Dürig/Scholz, GG, Art. 9, Rn. 25, der die kollektive Koalitionsfreiheit als Gruppengrundrecht aus der individuellen Koalitionsfreiheit ableitet und die kollektivrechtliche Position der Koalition allein auf Art. 19 Abs. 3 GG gründet.
[53] BVerfGE 50, 290, 367; 94,268, 283; teilweise wird die Tarifautonomie darüber hinaus dogmatisch auch Einrichtungsgarantie verstanden: vgl. dazu: Maunz/Dürig/Scholz, GG, Art. 9, Rn. 173, 300.
[54] BVerfGE 4, 96, 107.
[55] Delheid, Tarifzuständigkeit, S. 25.

tung zur sozialen Selbstverwaltung für den einzelnen von Bedeutung[56]. Die Möglichkeit einer satzungswidrigen und überraschenden Normsetzung außerhalb des Organisationsbereiches eröffne dem Interessierten dagegen nicht die Chance einer Beteiligung, die für die demokratische Legitimation der Normsetzung aber gerade erforderlich sei. Die Tarifzuständigkeit sichere daher als unverzichtbares Merkmal, daß die Normsetzung durch Tarifvertrag demokratischen Anforderungen genüge[57].

Delheids Ansatz knüpft damit zur Begründung der Tarifzuständigkeit an das Erfordernis der Legitimation tarifvertraglicher Normsetzung an. Seine darauf aufbauende These, mit der er die Tarifzuständigkeit zu begründen sucht, kann jedoch leicht widerlegt werden. Ein Erkennen der zuständigen Koalition findet in der Rechtswirklichkeit auch auf Arbeitnehmerseite nicht so sehr durch die Einsichtnahme in die Koalitionssatzung, als vielmehr durch die tatsächliche Betätigung der Gewerkschaften vor Ort, also in den Betrieben und Unternehmen, statt[58]. Eine überraschende Normsetzung durch die Tarifparteien ist damit auch im Falle des Tarifabschlusses außerhalb des satzungsmäßigen Organisationsbereiches der Tarifvertragsparteien ausgeschlossen. Zudem ist die Normsetzung von dem Koalitionsbeitritt des einzelnen und der damit verbundenen Herbeiführung der Tarifbindung abhängig. Eine fehlende demokratische Legitimation aufgrund des Nichterkennens der zuständigen Koalition ist daher grundsätzlich nicht zu befürchten. Zur wirksamen Ausübung der individuellen Koalitionsfreiheit bedarf es daher nicht des Merkmals der Tarifzuständigkeit[59]. Aus *Delheids* Ansatz kann letztlich nur gefordert werden, daß die Koalitionen zur Möglichkeit der effektiven Ausübung der positiven und negativen Koalitionsfreiheit des einzelnen gehalten sind, ihren tariflichen Tätigkeitsbereich genau zu bezeichnen und abzugrenzen. Daß außerhalb des satzungsmäßigen Organisationsbereiches geschlossenen Tarifverträgen aber mit dem Merkmal der Tarifzuständigkeit die Wirksamkeit zu versagen ist, kann diese Ansicht nicht begründen. Ihr ist es jedoch zu verdanken, daß der Gedanke der Legitimation tarifvertraglicher Normsetzung weiter in den Mittelpunkt der nachfolgenden Untersuchungen gerückt worden ist.

---

[56] Delheid, Tarifzuständigkeit, S. 27; ihm folgend: Kutscher, Die Tarifzuständigkeit, S. 13, 16.
[57] Delheid, Tarifzuständigkeit, S. 28; ihm folgend: Kutscher, Die Tarifzuständigkeit, S. 15, 16.
[58] Hillebrand, Das Merkmal „Tarifzuständigkeit"..., S. 55.
[59] Ebenso: Hillebrand, Das Merkmal „Tarifzuständigkeit"..., S. 58.

b) Der Grundsatz der Tarifautonomie

Hagemeier greift den Ansatzpunkt der Legitimation tarifvertraglicher Normsetzung auf und sieht die Tarifzuständigkeit in der Tarifautonomie begründet. Die von Art. 9 Abs. 3 GG garantierte Tarifautonomie garantiere den Mitgliedern der Gewerkschaft die Schaffung tariflicher Normen in einem demokratischen Verfahren, das in der Satzung manifestiert werde. Ein Tätigwerden über diesen Bereich hinaus sei nicht mehr demokratisch legitimiert. Tarifverträge außerhalb des satzungsmäßigen Organisationsbereiches seien daher mangels ausreichender verfassungsrechtlicher Legitimation unwirksam[60]. Diesem Ansatz scheint auch das Bundesarbeitsgericht zuzuneigen. In seiner Entscheidung vom 24.07.1990 betont es unter Verweis auf *Hagemeier*, daß es allein der Entscheidung der Mitglieder obliege, auf welche Bereiche sich die Normsetzungsbefugnis einer Koalition erstrecke. Diese Entscheidung manifestiere sich in der Satzung. Durch ein bloßes Tätigwerden außerhalb der satzungsmäßigen Aufgaben könnten diese Bereiche nicht erweitert werden[61]. Eine Beschränkung des Ansatzes auf Arbeitnehmerkoalitionen, wie er bei *Hagemeier* zu finden ist, macht das Bundesarbeitsgericht dabei nicht.

aa) Die Tarifzuständigkeit als Voraussetzung wirksamer Tarifverträge

Die Tarifzuständigkeit als Voraussetzung wirksamer Tarifverträge läßt sich aber auch aus diesem Ansatz nicht herleiten. Sowohl Arbeitnehmer- als auch Arbeitgeberseite sollen nach der herrschenden Meinung - korrespondierend - tarifzuständig sein. Leitet man die Tarifzuständigkeit aus dem Legitimationserfordernis tarifvertraglicher Normsetzung her, ist das bereits hinsichtlich der Arbeitgebervereinigungen nicht unproblematisch. Nach ganz herrschender Ansicht müssen Gewerkschaften, unabhängig von ihrer Einordnung als nichtrechtsfähige Vereine, eine demokratische Organisation aufweisen[62]. Begründet wird dies vor allem aus der Normsetzungsbefugnis der Gewerkschaften[63], daneben existieren aber in Abhängigkeit zur Begründung der tariflichen Normwirkung noch zahlreiche andere Erklärungsversuche[64]. Für Arbeitgeberkoalitionen wird zwar auch überwie-

---

[60] Hagemeier/Kempen/Zachert/Zilius, TVG, § 2, Rn. 98a; jetzt: Kempen/Zachert, TVG, § 2, Rn. 110; ebenso: Konzen, ZfA 1975, S. 401, 417.

[61] BAG AP Nr. 7 zu § 2 TVG Tarifzuständigkeit.

[62] Biedenkopf, Grenzen der Tarifautonomie, S. 54; Kempen/Zachert, TVG, Grundlagen, Rn. 65, 66, 76; Wiedemann/Oetker, TVG, § 2, Rn. 271 m.w.N.

[63] Biedenkopf, Grenzen der Tarifautonomie, S. 53; MünchArbR/Löwisch/Rieble, § 255, Rn. 3.

[64] Vgl. die Übersicht bei Teubner, Organisationsdemokratie, S. 246, 247.

gend eine demokratische Organisation verlangt[65], dies ist aber nicht unbestritten[66]. Forderte man also für die Arbeitgeberseite eine demokratische Organisationsform nicht, leuchtete nicht ein, warum eine Voraussetzung, die nur für die Arbeitnehmerseite bestünde, das Merkmal der Tarifzuständigkeit begründen könnte[67]. Allerdings kann an dieser Stelle auf eine Untersuchung dieser strittigen Frage, die auch den Umfang der vorliegenden Arbeit sprengen würde, verzichtet werden. Selbst das Postulat einer demokratischen Organisationsform für beide Seiten unterstellt, erweist sich die Herleitung der Tarifzuständigkeit aus dem Erfordernis der demokratischen Legitimation tarifvertraglicher Normsetzung als unzutreffend.

Nicht nur die allgemeine Gewerkschaftspolitik, sondern auch die Tarifpolitik der Gewerkschaften ist ohne das Merkmal der Tarifzuständigkeit auf den Willen der Gewerkschaftsmitglieder rückführbar. Die handelnden Organe werden durch Wahlen auf dem Gewerkschaftstag von den einzelnen Mitgliedern legitimiert. Bei der Tarifpolitik sind zudem weitere Beteiligungsformen der tarifgebundenen Mitglieder vorgesehen. Das hängt in erster Linie damit zusammen, daß es im wesentlichen diese Mitglieder sind, die durch ihre Streikteilnahme die gewerkschaftlichen Tarifforderungen durchsetzen müssen[68]. Tarifkommissionen, die sich aus den im jeweiligen Geltungsbereich der Tarifverträge beschäftigten Mitgliedern der Gewerkschaften zusammensetzen, beraten in der Praxis den für die Tarifpolitik verantwortlichen Vorstand und die Bezirksleitungen und geben Beschlußempfehlungen. Die meisten Gewerkschaftssatzungen sehen vor der Aufnahme eines Streiks eine Urabstimmung der Mitglieder vor, in der mindestens 75% der stimmberechtigten Mitglieder dem Streik zustimmen müssen. Die Annahme erstreikter Verhandlungsergebnisse ist bei einigen Gewerkschaften von einer weiteren Urabstimmung abhängig. Durch diese Ausgestaltung ist aber gerade bei der Schaffung tariflicher Normen ein Mangel an demokratischer Legitimation nicht zu befürchten[69]. Daß sich aber die so erzielte Legitimation nur auf den satzungsmäßig festgelegten Organisationsbereich und die daraus resultierende Tarifzuständigkeit beschränkt, ist nicht zwingend, denn auch im Falle eines Tarifabschlusses außerhalb des satzungsmäßigen Organisationsbereiches bleiben der Vorstand und die Tarifpolitik durch das beschriebene Verfahren ausreichend legitimiert.

---

[65] Vgl. die Übersicht bei Wiedemann/Oetker, TVG, § 2, Rn. 271, Fn. 242.
[66] Kempen/Zachert, TVG, Grundlagen, Rn. 79; MünchArbR/Löwisch/Rieble, § 255, Rn. 4; Schüren, Die Legitimation tariflicher Normsetzung, S. 230f.
[67] Hillebrand, Das Merkmal „Tarifzuständigkeit"..., S. 42.
[68] Blank, Die Tarifzuständigkeit der DGB-Gewerkschaften, S. 104.
[69] Hillebrand, Das Merkmal „Tarifzuständigkeit", S. 49.

Schließlich stellt sich die Legitimation tarifvertraglicher Normsetzung auch als rein internes Problem dar. Das Demokratiepostulat wirkt nur innerhalb der Koalitionen und begründet Rechte der Mitglieder, indem es die Kontrolle der Verbandsorgane und die Beteiligung der Mitglieder an den Verbandsentscheidungen fordert[70]. Als interne Organisationsform bestimmt es allein darüber, ob ein Verband überhaupt tariffähig ist[71]. Im Falle seiner Verletzung können außenstehende Dritte keine Rechte herleiten, vielmehr kann im Außenverhältnis der Verband gleichwohl rechtswirksam verpflichtet werden. Die Wirksamkeit verbandsinternen Handelns im Hinblick auf Voraussetzungen und Rechtsfolgen regeln im übrigen insoweit die §§ 21ff BGB abschließend, denen die hier fragliche Einschränkung jedoch nicht entnommen werden kann[72]. Die Wirksamkeit eines konkreten Tarifvertragsabschlusses kann daher nicht davon abhängen, ob innerverbandlich die Voraussetzungen an eine demokratische Willensbildung eingehalten werden[73].

Eine andere Frage ist in diesem Zusammenhang, ob auch satzungswidrig aufgenommene Mitglieder tarifgebunden werden können. Dies ist aber allein im Rahmen von § 3 Abs. 1 TVG zu klären. Wenn man diese Frage verneint, besteht damit ein Tarifvertrag, der mangels Tarifbindung eine unmittelbare und zwingende Wirkung im Sinne von § 4 Abs. 1 TVG nicht herbeiführen kann[74]. In diesem Falle gilt aber wieder der Grundsatz, daß die Unanwendbarkeit einer Norm nicht zwingend zu deren Nichtigkeit führen muß[75]. Zudem könnte durch eine nachträgliche Satzungsänderung der Organisationsbereich der Gewerkschaft erweitert werden und dann eine Anwendbarkeit des wirksam geschlossenen Tarifvertrages - auch unabhängig davon, ob die Tarifbindung satzungswidrig aufgenommener Mitglieder möglich ist - herbeigeführt werden.

Die Tarifzuständigkeit als Wirksamkeitserfordernis kann also nicht durch das Legitimationserfordernis tarifvertraglicher Normsetzung begründet werden.

---

[70] Bommarius, Rechtsprobleme..., S. 44.
[71] MünchArbR/Löwisch/Rieble, § 255, Rn. 3.
[72] Kutscher, Die Tarifzuständigkeit, S. 14.
[73] Blank, Die Tarifzuständigkeit der DGB-Gewerkschaften, S. 102.
[74] Eisenhart Rothe v., Probleme der Tarifzuständigkeit, S. 29, 35 bejaht damit die Tarifzuständigkeit als Wirksamkeitserfordernis, da derartige Tarifverträge eine sinnvolle Ordnung des Arbeitslebens nicht herbeiführen könnten.
[75] S.o. 1. Teil B. I. 1. a) (Fn. 25).

bb) Die Tarifzuständigkeit als Voraussetzung rechtmäßiger Arbeitskämpfe

Möglicherweise läßt sich die Tarifzuständigkeit aber herleiten, indem man den spezifischen Zusammenhang zwischen Arbeitskampf und Tarifvertragsabschluß beachtet. Die Gewerkschaften müssen im Falle der Weigerung der Arbeitgeberseite ihre Tarifforderungen durch Arbeitskampf durchsetzen, um zum Abschluß eines Tarifvertrages zu gelangen. Könnte aber außerhalb des satzungsmäßigen Organisationsbereiches einer Gewerkschaft eine Tarifbindung gemäß § 3 Abs. 1 TVG nicht erreicht werden, müßte eine arbeitskampfweise Durchsetzung derartiger Tarifverträge, die auf die betroffenen Arbeitsverhältnisse nicht einzuwirken in der Lage wären, zurückgewiesen werden. Andernfalls führte dies zu einer Verletzung der Koalitionsfreiheit der Arbeitgeberseite, die das Recht beinhaltet, durch Teilnahme an der Tarifautonomie und den Abschluß von Tarifverträgen eine Ordnung des Arbeitslebens herbeizuführen[76]. In diesem Fall könnte also die Tarifzuständigkeit als Rechtmäßigkeitsvoraussetzung eines Arbeitskampfes erhoben werden.

Entscheidend ist damit die Frage, ob auch satzungswidrig aufgenommene Mitglieder der Tarifbindung gemäß § 3 Abs. 1 TVG unterliegen. Dies ist im Hinblick auf die geforderte Legitimation tarifvertraglicher Normsetzung fraglich. Das Tarifvertragsgesetz selbst gibt darüber keinen Aufschluß. § 3 Abs. 1 TVG spricht allein von der Mitgliedschaft und überläßt damit die Antwort dem internen Verbandsrecht[77]. Daraus folgt nach obigen Ausführungen aber allein, daß die fehlende Legitimation als innerverbandliche Angelegenheit vom tariflichen Gegenspieler gegenüber einem Arbeitskampf satzungswidrig aufgenommener Mitglieder nicht geltend gemacht werden kann. Dennoch wäre es gerechtfertigt, die Tarifzuständigkeit als Rechtmäßigkeitvoraussetzung anzusehen, wenn aus innerverbandlichen Gründen eine Tarifbindung satzungswidrig aufgenommener Mitglieder ausscheiden müßte.

Zu beachten ist dabei zunächst, daß sich im Tarifrecht die Legitimation tarifvertraglicher Normsetzung nicht nur über die innerverbandliche demokratische Organisationsform, sondern auch vertraglich über die Mitgliedschaft in der Tarifvertragspartei vollzieht[78]. Die Gewerkschaftsmitglieder führen durch den privatautonomen Beitritt bzw. Aufrechterhaltung der Mitgliedschaft die Tarifbindung i.S.d. § 3 Abs. 1 TVG herbei und entscheiden damit selbständig, ob die Normen des Tarifvertrages zwingend und unmittelbar gemäß § 4 Abs. 1 TVG auf ihr Ar-

---

[76] BVerfGE 50, 290, 367.
[77] Wiedemann/Oetker, TVG, § 3, Rn. 84.
[78] Blank, Die Tarifzuständigkeit der DGB-Gewerkschaften, S. 103, 104; Zöllner, Die Rechtsnatur der Tarifnormen..., S. 31, 37.

beitsverhältnis einwirken, sie sich also dem Tarifvertrag unterwerfen. Durch ihre Mitgliedschaft bzw. ihren späteren Beitritt legitimierten daher auch satzungswidrig aufgenommene Mitglieder einen außerhalb des satzungsmäßigen Organisationsbereiches ihrer Tarifvertragspartei abgeschlossenen Tarifvertrag.

Allerdings wird - wie bereits schon gezeigt - die Legitimation allein durch die Verbandsmitgliedschaft nach ganz herrschender Meinung nicht für ausreichend gehalten. Erforderlich bleibt in jedem Fall auch die innerverbandliche Organisationsdemokratie und damit die Teilnahme der Mitglieder an der Willensbildung ihrer Koalition[79]. Die Möglichkeit der Teilnahme satzungswidrig aufgenommener Mitglieder an der koalitionsinternen Willensbildung ist aber fraglich.

Die Gewerkschaften sind regelmäßig nichtrechtsfähige Vereine[80], auf die entgegen der für die Idealvereine historisch überholten Anordnung des § 54 BGB Vereinsrecht Anwendung findet, soweit hier nicht die Rechtsfähigkeit vorausgesetzt wird[81]. Die Aufnahme von Mitgliedern kann grundsätzlich durch die Vereinssatzung von bestimmten Voraussetzungen, also der beruflichen Tätigkeit und/oder der Tätigkeit in einem bestimmten Wirtschaftszweig, abhängig gemacht werden[82]. Der Beitritt einzelner Mitglieder erfolgt dabei je nach Ausgestaltung der Satzung im Wege des Aufnahmevertrages oder durch einseitige Beitrittserklärung[83]. Im ersteren Falle ist demnach ein rechtsgeschäftliches Handeln der für die Aufnahme zuständigen Verbandsorgane erforderlich. Deren Vertretungsmacht muß in den Satzungen nicht begrenzt sein. Eine Beschränkung der Vertretungsmacht erfolgt aber im Vereinsrecht nach einer Meinung zumindest durch den Satzungszweck, sofern das Geschäft auch für Dritte erkennbar ganz außerhalb des Vereinszwecks liege[84]. Die Aufnahme von Mitgliedern, die ganz

---

[79] Biedenkopf, Grenzen der Tarifautonomie, S. 54; Delheid, Tarifzuständigkeit, S. 27, der dies auch unabhängig von der Einordnung der tariflichen Normsetzungsbefugnis als privatrechtliche Gestaltungsmacht fordert; Eisenhart Rothe v., Probleme der Tarifzuständigkeit, S. 53; Popp, Öffentliche Aufgaben der Gewerkschaften, S. 56; Schüren, Die Legitimation der tariflichen Normsetzung, S. 239.

[80] MünchArbR/Löwisch/Rieble, § 249, Rn. 5 mit dem Hinweis darauf, daß die neu gegründete Vereinige Dienstleistungsgewerkschaft (ver. di) nach ihrer Satzung in das Vereinsregister eingetragen werden soll; Reichert, Vereins- und Verbandsrecht, Rn. 2870.

[81] Ausführlich: MüKo/Reuter, BGB, § 54, Rn. 3ff; Palandt/Heinrichs, BGB, § 54, Rn. 1.

[82] Sauter/Schweyer, Der eingetragene Verein, Rn. 70; Staudinger/Habermann, BGB, § 35, Rn. 27.

[83] Staudinger/Habermann, BGB, § 58, Rn. 2.

[84] BGH JZ 1953, 474, 475; offengelassen in BGH NJW 1980, S. 2799, 2800; Larenz/Wolf, Allgemeiner Teil, § 10, Rn. 75; Palandt/Heinrichs, BGB, § 26, Rn. 5; a.A. MüKo/Reuter, BGB, § 26, Rn. 19, 20; K. Schmidt, AcP 184, S. 529, 532 u. Staudinger/Weick, BGB, § 26, Rn. 9, die dies als ultra-vires-Denken ablehnen und stattdessen eine Lösung über die Grundsätze des Missbrauchs der Vertretungsmacht bevorzugen.

offensichtlich nicht dem Organisationsbereich der Gewerkschaft entstammen, ist danach mangels Vertretungsmacht der handelnden Verbandsorgane schwebend unwirksam[85]. Im übrigen aber ist von einer wirksamen Aufnahme nach außen hin auszugehen[86]. Nur im Falle der Erkennbarkeit ist dieser Ansicht zufolge also nach außen hin von einer unwirksamen Aufnahme auszugehen. Nach der anderen Ansicht, die die Begrenzung der Vertretungsmacht ablehnt, liegt - sofern nicht die Grundsätze über den Mißbrauch der Vertretungsmacht eingreifen - eine wirksame Aufnahme im Außenverhältnis vor. Der Gewerkschaft bleibt es in jedem Falle aber vorbehalten, das Mitglied wieder auszuschließen und die Mitgliedschaft im Außenverhältnis wieder zu beseitigen[87]. Diese Grundsätze gelten grundsätzlich auch für den Fall des einseitigen Beitritts.

Mit der Stellung als Mitglied nach außen hin ist aber noch nicht darüber entschieden, ob satzungswidrig aufgenommene Mitglieder am internen Willensbildungsprozeß des Verbandes teilnehmen können. Nach der Rechtsprechung ist ein satzungswidriger Beschluß bzw. satzungswidriges Handeln vereinsintern nichtig, sofern nicht nachgewiesen werden könne, daß der Beschluß nicht auf dem entsprechenden Mangel oder den Stimmen ggf. nicht stimmberechtigter Mitglieder beruhe[88]. In der Literatur wird zum Teil befürwortet, nach der Schwere des Verstoßes und der Art des Verstoßes zu differenzieren. Für den Fall des Verstoßes gegen inhaltliche Verfassungsbestimmungen der Satzung wird für Nichtigkeit plädiert, bei übrigen Satzungsverstößen in Form von Verfahrensfehlern wird, zum Teil unter Anwendung des Rechtsgedankens des Aktien- und Genossenschaftsrechts (§§ 242ff AktG, 51 GenG)[89], die Rechtsbeständigkeit von einer Rüge oder einem Widerspruch abhängig gemacht[90]. Zur Verfassung eines Vereins gehören dabei alle das Vereinsleben bestimmenden Grundlagenentscheidungen, insbesondere also Zweck, Name und Sitz des Vereins, seine Organisation sowie Bestimmungen über Erwerb und Verlust der Mitgliedschaft[91]. Satzungswidrige Beschlüsse im Zusammenhang mit der Mitgliedschaft sind damit vereinsintern nichtig. Dies muß dann aber auch für die satzungswidrige Aufnahme von Mitgliedern gelten. Die Aufnahme von Mitgliedern entgegen den satzungsrechtlichen Voraussetzungen verstößt gegen die Verfassung des Vereins und ist damit als vereinsintern nichtig anzusehen[92]. Damit fallen satzungswidrig aufgenommenen Mitgliedern vereinsinterne Rechte und

---

[85] Eisenhart Rothe v., Probleme der Tarifzuständigkeit, S. 48.
[86] Stöber, Handbuch zum Vereinsrecht, Rn. 147.
[87] Eisenhart Rothe v., Probleme der Tarifzuständigkeit, S. 50.
[88] BGHZ 49, 209, 211; 59, 369, 375.
[89] Sauter/Schweyer, Der eingetragene Verein, Rn. 213.
[90] Staudinger/Weick, BGB, § 32, Rn. 27.
[91] Staudinger/Weick, BGB, § 25, Rn. 3.
[92] Eisenhart Rothe v., Probleme der Tarifzuständigkeit, S. 55.

Pflichten nicht zu. Sie sind nicht stimmberechtigt und können sich nicht wirksam an Wahlen und Abstimmungen der Gewerkschaft beteiligen. Die Mitwirkung eines satzungswidrig aufgenommenen Mitglieds kann daher von jedem anderen Mitglied gerügt werden. Beschlüsse der Mitgliederversammlung, die unter der Mitwirkung satzungswidrig aufgenommener Mitglieder zustande gekommen sind und bei denen sich deren Stimmen ergebnisrelevant ausgewirkt haben, sind unwirksam[93]. Satzungswidrig aufgenommene Mitglieder können also koalitionsintern nicht wirksam an dem demokratischen Verfahren zur Normsetzung mitwirken.

Wenn danach aber satzungswidrig aufgenommenen Mitgliedern Mitwirkungsrechte am internen Willensbildungsprozeß abzusprechen sind, müßte damit auch die Tarifbindung gemäß § 3 Abs. 1 TVG für sie entfallen. Eine Mitgliedschaft im Sinne des § 3 Abs. 1 TVG ist grundsätzlich nur gegeben, wenn die Mitglieder der Tarifvertragspartei die tarifrechtlich relevanten Handlungen, also auch den Tarifvertragsabschluß, zumindest mittelbar beeinflussen können[94]. Das Bundesarbeitsgericht hat für die Arbeitgeberverbände festgestellt, daß die Tarifgebundenheit eines Gastmitglieds nicht gegeben sei, wenn dieses nach der Satzung koalitionsintern nicht an wesentlichen Abstimmungen und Wahlen teilnehmen könne[95]. Wenn aus diesem Grunde also mangels Tarifbindung ein Tarifvertrag außerhalb des satzungsmäßigen Organisationsbereiches der Tarifvertragspartei niemals einen Anwendungsbereich erhalten könnte, wäre es mit der Koalitionsfreiheit des tariflichen Gegenspielers nicht zu vereinbaren, wenn ein derartiger Tarifvertrag erstreikt werden dürfte. Damit wäre die Tarifzuständigkeit zumindest als Voraussetzung für einen rechtmäßigen Arbeitskampf bestätigt.

Gleichwohl kann die Möglichkeit der Tarifbindung satzungswidrig aufgenommener Mitglieder dennoch bejaht werden. Auch hier ist wiederum entscheidend, daß sich die Beteiligung am Willensbildungsprozeß letztlich als rein innerverbandliches Problem darstellt[96]. Ebenso wenig wie die Arbeitgeberseite sich auf die fehlende Legitimation der Verbandsorgane der Gewerkschaften berufen kann, darf in der hier interessierenden Konstellation dem einzelnen Gewerkschaftsmitglied die Berufung auf die fehlende Tarifbindung mangels Mitwirkungsmöglichkeit innerhalb seiner Koalition möglich sein. Nur diese Ansicht wird der Besonderheit des Tarifrechts gerecht. Die tarifliche Normsetzung vollzieht sich nicht allein in einem demokratischen Verfahren und durch Unterwer-

---

[93] Stöber, Handbuch zum Vereinsrecht, Rn. 582, 586.
[94] Wiedemann/Oetker, TVG, § 3, Rn. 100.
[95] BAG AP Nr. 12 zu § 3 TVG Verbandszugehörigkeit.
[96] S.o. 1. Teil B. I. 3. b) aa).

fung unter die Regelungsgewalt einer Tarifvertragspartei, sondern wird durch einen nach den Regeln des Zivilrechts erfolgenden Vertragsschluß zweier sich gegenüberstehenden Koalitionen erzeugt, der bei Weigerung des tariflichen Gegenspielers auch durch Arbeitskampf erreicht werden kann.

Die einzelnen Tarifforderungen werden in erster Linie durch Arbeitskampfmaßnahmen derjenigen Gewerkschaftsmitglieder durchgesetzt, die in den betreffenden Geltungsbereich des zu erstreikenden Tarifvertrages fallen. Ein Tarifvertrag außerhalb des satzungsmäßigen Organisationsbereiches einer Koalition wäre daher in erster Linie durch die in diesem Bereich satzungswidrig aufgenommenen Mitglieder zu erkämpfen. Durch ihre Teilnahme am Arbeitskampf träten diese nach außen hin als Mitglieder der Mitglieder in Erscheinung und würden damit gegenüber dem Tarifgegner zum Ausdruck bringen, eine auch für sich verbindliche tarifliche Regelung herbeiführen zu wollen. Daher müßten sie sich im Falle eines Tarifabschlusses so behandeln lassen, als ob sie vereinsintern wirksam am Willensbildungsprozeß teilgenommen hätten. Der Gedanke des widersprüchlichen Verhaltens würde es ihnen gemäß § 242 BGB verwehren, sich auf die fehlende vereinsinterne Mitwirkung und damit auf die fehlende Tarifgebundenheit zu berufen. Das Bundesarbeitsgericht hat in einem Urteil vom 2. 12. 1992 die Möglichkeit einer Tarifbindung aus Vertrauensgesichtspunkten auf Arbeitgeberseite bejaht[97]. Dies muß aber auch für die Arbeitnehmerseite gelten, da nicht zu begründen ist, warum in diesem Rahmen Arbeitnehmer und Arbeitgeber unterschiedlich behandelt werden sollten.

Beteiligten sich also satzungswidrig aufgenommene Gewerkschaftsmitglieder an einem Streik, würden die so erkämpften tariflichen Normen durch ihren freiwilligen Beitritt und ihr tatsächliches Verhalten von ihnen ausreichend legitimiert. Es entstünde daher auch für satzungswidrig aufgenommene Mitglieder eine Tarifbindung gemäß § 3 Abs. 1 TVG. Zwar würden sie selbst – wie gezeigt - koalitionsintern nicht wirksam am Willensbildungsprozeß teilnehmen können, insoweit genügte aber, daß die Tarifnormen verbandsintern überhaupt auf einer in einem demokratischen Verfahren zustande gekommenen Entscheidung der Tarifvertragspartei beruhten[98]. Gleiches müßte auch für satzungswidrig aufgenommene Mitglieder gelten, die erst nach Abschluß eines wirksamen Tarifvertrages der Tarifvertragspartei beiträten. Hier wäre allein auf den Beitritt als aus-

[97] BAG AP Nr. 14 zu § 3 TVG; ebenso: LAG Baden/Württemberg AP Nr. 18 zu § 3 TVG Verbandszugehörigkeit; Löwisch/Rieble, TVG, § 3, Rn. 19; Wiedemann/Oetker, TVG, § 3, Rn. 103, der allerdings eine Tarifbindung kraft zurechenbar gesetzten Rechtsscheins annimmt.

[98] Hillebrand, Das Merkmal „Tarifzuständigkeit"..., S. 49; gegen eine zu formale Sicht der Legitimation tarifvertraglicher Normen allgemein auch: Gamillscheg, Kollektives Arbeitsrecht I, § 15 III 3 b), S. 561, 562.

reichende Legitimationsgrundlage abzustellen. Dies überzeugt auch vor dem Hintergrund, daß im Falle eines Beitritts nach Abschluß eines Tarifvertrages selbst satzungsgemäß aufgenommene Mitglieder den früher abgeschlossenen Tarifvertrag nicht durch eine verbandsinterne Mitwirkung legitimieren, nach allgemeiner Ansicht aber gleichwohl gemäß § 3 Abs. 1 TVG tarifgebunden werden[99].

Damit steht fest, daß, lehnte man das Merkmal der Tarifzuständigkeit grundsätzlich ab, auch satzungswidrig aufgenommene Verbandsmitglieder der Tarifbindung im Sinne des § 3 Abs. 1 TVG unterfallen könnten. Die Tarifzuständigkeit – als Voraussetzung eines rechtmäßigen Arbeitskampfes – kann daher auch nicht aus der Koalitionsfreiheit des tariflichen Gegenspielers in Verbindung mit der Erfordernis der Legitimation tarifvertraglicher Normsetzung hergeleitet werden.

c) Die Koalitionsfreiheit des tariflichen Gegenspielers

Kutscher sieht die Tarifzuständigkeit auch in der Koalitionsfreiheit des tariflichen Gegenspielers begründet. Dieser richte seine tarifpolitische Betätigung an den Aktivitäten der mit ihm korrespondierenden Koalition aus. Diese Außenwirkung koalitionsmäßiger Betätigung zeige, daß nicht allein auf ihre Binnenstruktur und die Notwendigkeit demokratischer Legitimation abgestellt werden dürfe. Die satzungsmäßige Offenlegung und Abgrenzung des Geschäftsbereiches sei für das Betätigungsrecht der gegnerischen Koalition von grundlegender Bedeutung[100].

Auch dieser Ansatz ist zurückzuweisen. Er beruht auf einem unzulässigen Zirkelschluß, indem er voraussetzt, was er zu begründen versucht. Zwar ist *Kutscher* zuzubilligen, daß eine Koalition mit dem satzungsmäßigen Organisationsbereich einen Vertrauenstatbestand schafft und der Tarifpartner anhand dessen die für ihn in Betracht kommende Tarifvertragspartei ermitteln kann. Zutreffend hat aber das Bundesarbeitsgericht festgestellt, daß es ein Recht der Koalitionen auf einen bestimmten Tarifpartner nicht gibt[101]. Deshalb würde die Koalitionsfreiheit des tariflichen Gegenspielers nicht berührt, wenn er von einer nach ihrer Satzung eigentlich nicht zuständigen Gewerkschaft in Anspruch genommen würde. Auch das Recht, seine Interessen in dem für ihn zuständigen Arbeitge-

[99] Wiedemann/Oetker, TVG, § 3, Rn. 29 m.w.N.
[100] Kutscher, Die Tarifzuständigkeit, S. 14, 17.
[101] BAG AP Nr. 4 zu § 2 TVG Tarifzuständigkeit.

berverband wahrzunehmen, beeinträchtigte dies nicht. Denn ließe man das Merkmal der Tarifzuständigkeit als Wirksamkeitsvoraussetzung fallen, könnte auch der Arbeitgeberverband mit dieser Gewerkschaft einen wirksamen Verbandstarifvertrag abschließen.

Die Tarifzuständigkeit als Wirksamkeitsvoraussetzung läßt sich damit auch nicht aus der Koalitionsfreiheit des tariflichen Gegenspielers herleiten.

II. Die Tarifzuständigkeit als Grundsatz des öffentlichen Rechts

Arbeitgebervereinigungen und Gewerkschaften sind als rechts- oder nichtrechtsfähige Vereine Privatrechtssubjekte[102]. Zum Teil wird daher das Merkmal der Tarifzuständigkeit in Anlehnung an die aus dem anglo-amerikanischen Rechtskreis stammende ultra-vires-Lehre befürwortet. Nach ihr ist die Rechts- und Handlungsfähigkeit eines Verbandes durch den satzungsmäßigen Verbandszweck beschränkt[103]. Durch den satzungsmäßig festgelegten Organisationsbereich hätten die Koalitionen ihren Zweck und damit mittelbar den Willen zum Abschluß von Tarifverträgen begrenzt. Die Grenze des Wollens sei damit auch die Grenze des Könnens[104]. Die ultra-vires-Lehre ist jedoch im deutschen Privatrecht nicht anerkannt. Grundsätzlich ist die Fähigkeit, Träger von Rechten und Pflichten zu sein, sowie die Handlungsfähigkeit ungeteilt.[105]. Damit ist zwar nicht gesagt, daß die ultra-vires-Lehre in Ausnahme dazu nicht im Tarifrecht Anwendung finden müßte. Der Nachweis, daß eine derartige Ausnahme im Tarifrecht gemacht werden müsse, ist bislang aber - soweit ersichtlich - nicht erbracht worden. Bedenken gegen die Erklärung der Tarifzuständigkeit mit Hilfe der ultra-vires-Lehre ergeben sich auch daraus, daß es bei dem Merkmal der Tarifzuständigkeit gar nicht um die Rechts- und Handlungsfähigkeit des Verbandes selbst, also um die Frage, in welchem Umfang er selbst Rechte und Pflichten für sich begründen kann, geht. Die Tarifzuständigkeit regelt vielmehr die Frage, inwieweit er Rechte und Pflichten für seine Mitglieder gegenüber Dritten begründen kann[106]. Die Ultra-vires-Lehre und das Merkmal der Tarifzuständigkeit unterscheiden sich schließlich in ihren Funktionen: Hier geht es um den Schutz des

---

[102] Schaub, Arbeitsrechts-Handbuch, § 187, Rn. 7, 8.
[103] K. Schmidt, Gesellschaftsrecht, § 8 V. 2.
[104] Hueck/Nipperdey, Lehrbuch des Arbeitsrechts II/1, S. 446; Link, Die Tarifzuständigkeit, S. 39; Ueberall, Das Problem der Tariflegitimation, S. 27.
[105] Däubler, Tarifvertragsrecht, Rn. 89; K. Schmidt, Gesellschaftsrecht, § 8 V. 2. u. AcP 184, S. 529, 531; Staudinger/Weick, BGB, § 26, Rn. 9.
[106] Junker, Anmerkung zu BAG v. 23.10.1996, SAE 1997, S. 172, 179; Reuter, RdA 1996, S. 201, 203.

Verbandsvermögens durch innerverbandliche Kompetenzüberschreitungen, dort geht es in erster Linie um Abgrenzungs- und Zuständigkeitsfragen zwischen konkurrierenden Verbänden bzw. zwischen den sozialen Gegenspielern des Tarifrechts[107].

Die ultra-vires-Lehre ist damit nicht in der Lage, dem Merkmal der Tarifzuständigkeit eine tragfähige Grundlage zu geben. Wenn das Bundesarbeitsgericht und andere Autoren den Koalitionen ein tarifliches Handeln *ultra vires* untersagen, wird damit allein eine Beschreibung der Rechtsfolge und nicht zugleich eine Begründung der Tarifzuständigkeit vorgenommen.

Die Tarifvertragsparteien setzen aber - unabhängig von ihrer Eigenschaft als Subjekte des Privatrechts - gemäß §§ 4 Abs. 1, 3 Abs. 1 TVG Rechtsnormen für ihre Mitglieder. Nach einer Ansicht ergibt sich die Tarifzuständigkeit aus dieser Parallele zu staatlichen Rechtssetzungsorganen[108]. Die Schaffung von unmittelbar und zwingend geltenden Rechtsnormen ist grundsätzlich charakteristisch für den Bereich des öffentlichen Rechts. Für juristische Personen des öffentlichen Rechts ist die Voraussetzung des zuständigen Handelns, also im Ergebnis die ultra-vires-Lehre, anerkannt[109]. Daher sind auch Rechtsgeschäfte, die eine juristische Person des öffentlichen Rechts durch ihre Organe außerhalb des durch Gesetz oder Satzung bestimmten Wirkungskreises der juristischen Person vornimmt, rechtsunwirksam[110]. Hinter dem Grundsatz der Zuständigkeit im öffentlichen Recht steht ein nachvollziehbares Ordnungsinteresse, mit dem es nicht zu vereinbaren wäre, wenn Behörden auch im Zuständigkeitsbereich anderer Hoheitsträger handeln könnten[111]. Wenn also die Tarifnormsetzung dem öffentlichen und nicht dem privaten Recht zugeordnet werden muß, könnte die Tarifzuständigkeit als Grundsatz des öffentlichen Rechts herzuleiten sein. Daher ist zu untersuchen, ob die Normsetzungsbefugnis der Tarifvertragsparteien privatrechtlich oder öffentlich-rechtlich begründet ist.

---

[107] Blank, Die Tarifzuständigkeit der DGB-Gewerkschaften, S. 42; Wiedemann/Oetker, TVG, § 2. Rn. 48.

[108] Hromadka/Maschmann/Wallner, Der Tarifwechsel, Rn. 33; Löwisch/Rieble, TVG, § 2, Rn. 89; Reuter, Anm. zu BAG AP Nr. 4 zu § 2 TVG Tarifzuständigkeit.

[109] Flume, Die juristische Person, § 10 II, S. 370.

[110] BGHZ 20, 119, 123; BVerwGE 34, 69, 74; 64, 115, 117; Palandt/Heinrichs, BGB, Einf. v. § 21, Rn. 11.

[111] Däubler, Tarifvertragsrecht, Rn. 89a.

1. Die Rechtsnatur des Tarifvertrages

Die Rechtsnatur des Tarifvertrages kann auf diese Frage keine Antwort geben. Die Einordnung des Tarifvertrages in das hergebrachte Rechtsgefüge bereitet den Arbeitsrechtlern Schwierigkeiten. Der Tarifvertrag wird bezüglich seines normativen Teils uneinheitlich als privatrechtlicher[112] oder als öffentlich-rechtlicher[113] Normenvertrag angesehen. Diese Schwierigkeit bei der Zuordnung des Tarifvertrages zu Privat- oder öffentlichem Recht liegt darin begründet, daß sein rechtsgeschäftlicher Entstehungstatbestand mehr für das Privatrecht, seine normative Wirkung mehr für das öffentliche Recht charakteristisch ist. Grundsätzlich führt die Einigung unter Privaten zu einer rechtsgeschäftlichen Wirkung, normative Wirkung wird dagegen durch staatliche Hoheitsträger erzeugt. Dies ist aber nicht zwingend. Der formal-logische Gegensatz zwischen objektivem Recht und Rechtsgeschäft kann nämlich keine Aussagekraft für Rechtsinstitute wie den Tarifvertrag haben, die im von der Pandektistik entwickelten Zivilrechtssystem nicht berücksichtigt wurden. Die Möglichkeit der Rechtssetzung durch Rechtsgeschäft im Rahmen der von der Rechtsordnung zugebilligten Privatautonomie ist daher nicht von vornherein ausgeschlossen[114]. Der Einordnung des Tarifvertrages als Normenvertrag beantwortet damit nicht die Frage nach der Herkunft tariflicher Normsetzungsbefugnis. Maßgebend bleibt allein, worauf sich die normative Wirkung eines Tarifvertrages begründet, ob also die Tarifvertragsparteien aufgrund staatlicher Delegation zur Rechtssetzung ermächtigt sind oder sich die tariflichen Normen als Bestandteil eines Rechtsgeschäfts erklären lassen. Im folgenden ist daher die Normsetzungsbefugnis der Tarifparteien zu untersuchen.

2. Die Tarifnormsetzungsbefugnis als Delegation staatlicher Rechtsetzungsgewalt oder als privatrechtliche Gestaltungsmacht

Nach einer Meinung beruht die Tarifmacht der Koalitionen auf der Delegation staatlicher Rechtssetzungsgewalt[115]. Anders sei die Wirkung tarifvertraglicher

---

[112] Hueck/Nipperdey, Lehrbuch des Arbeitsrechts II/1, S. 339f m.w.N.; MünchArbR/Löwisch/Rieble, § 253, Rn. 19;
Rehbinder, JR 1968, S. 167, 171.

[113] Huber, Wirtschaftsverwaltungsrecht II, S. 446; Müller, DB 1957, S. 718, 719; Nikisch, Arbeitsrecht II, S. 217.

[114] MünchArbR/Richardi, § 241, Rn. 15; Rehbinder, JR 1968, S. 167, 170.

[115] BAG AP Nr. 4 zu Art. 3 GG; vorsichtiger: BAG AP Nr. 16 zu Art. 3 GG; Adomeit, Rechtsquellenfragen..., S. 156; Belling, ZfA 1999, S. 547, 579ff, 599; Gamillscheg, Kollektives Arbeitsrecht I, § 15 III 3 e), S. 567; Hinz, Tarifhoheit und Verfassungsrecht, S. 138;

Vereinbarungen als *Rechts*normen nicht zu erklären. Den Tarifvertragsparteien sei die Tarifnormsetzungsbefugnis durch den Gesetzgeber im Rahmen des Tarifvertragsgesetzes[116] oder unmittelbar durch den Verfassungsgeber im Rahmen des Art. 9 Abs. 3 GG[117] übertragen. Dies diene dazu, daß die Koalitionen - ähnlich wie staatliche Rechtssetzung - ihre im öffentlichen Interesse liegende Aufgabe, das Arbeitsleben zu ordnen und zu befrieden, erfüllen könnten. Uneinigkeit besteht hier wiederum aber, ob diese delegierte Rechtssetzungsgewalt eine öffentliche (sog. öffentlich-rechtliche Delegationstheorie[118]) oder eine privatrechtliche (sog. privatrechtliche Delegationstheorie[119]) ist. Angesichts des privatrechtlich geprägten Entstehungstatbestandes tariflicher Normen wird heute vorwiegend die privatrechtliche Delegationstheorie vertreten. Nach deren Vertretern stehe es dem Staat frei, Träger und die Art und Formen zu bestimmen, in denen delegierte Rechtsetzungsbefugnis ausgeübt werde. Dies sei durch den Staat in Art. 9 Abs. 3 GG und in der einfachgesetzlichen Ausgestaltung des § 1 TVG geschehen, in denen die Normsetzungsbefugnis privatrechtrechtlichen Verbänden in der Form des Tarifvertrages, der durch das Grundprinzip der Privatautonomie, der Vertragsfreiheit, geprägt sei, ohne besondere staatliche Kontrolle oder Aufsicht übertragen sei[120]. Gegen diese Delegationstheorien wird zunächst angeführt, daß staatliche Rechtsetzung immer im öffentlichen Interesse zu erfolgen habe. Daß dies aber bei tariflichen Vereinbarungen zweier privater Parteien immer gewahrt werde, sei nicht nachgewiesen. Zudem gebe es keine legitime dem öffentlichen Recht angehörende Normsetzung, die nicht, selbst wenn sie - wie im Bereich des Tarifrechts - im verbandsinternen Interesse erfolge, zur Wahrung des öffentlichen Interesses einer staatlichen Aufsicht unterliege[121]. Dem wird entgegengehalten, daß durch die privatautonome Entscheidung der Normunterworfenen, sich einem Tarifvertrag zu unterwerfen, und durch die Tatsache, daß die gegenläufigen Interessen der Tarifvertragspartner durch den Tarifvertrag zum Ausgleich gebracht werden, gerade eine staatliche Aufsicht wie sonst üblich nicht erforderlich sei. Zudem sei dann, wenn sich die Tarifnormen als Rechtsnormen auswirkten, eine Aufsicht durch den Richter gegeben, der ihre Vereinbarkeit mit höherrangigem Recht von Amts wegen zu prüfen habe[122].

Hueck/Nipperdey, Lehrbuch des Arbeitsrechts II/1, S. 347; Säcker, Gruppenautonomie..., S. 241, 243.

[116] BAG AP Nr. 16, 18 zu Art. 3 GG; Hinz, Tarifhoheit und Verfassungsrecht, S. 138; Hueck/Nipperdey, Lehrbuch des Arbeitsrechts II/1, S. 347; Nikisch, Arbeitsrecht II, S. 446.

[117] Gamillscheg, Kollektives Arbeitsrecht I, § 15 III 3 e), S. 567; Hertwig, RdA 1985, S. 282, 287; Säcker, Gruppenmacht und ..., S. 241.

[118] Huber, Wirtschaftsverwaltungsrecht II, S.446; Nikisch, Arbeitsrecht II, S. 217, 237.

[119] Hueck/Nipperdey, Lehrbuch des Arbeitsrechts II/1, S. 347.

[120] Hueck/Nipperdey, Lehrbuch des Arbeitsrechts II/1, S. 347.

[121] Maunz/Dürig/Dürig, GG, Art. 1, Rn. 116.

[122] Gamillscheg, Kollektives Arbeitsrecht I, § 15 III 2 a), S. 557, 578.

Im übrigen bestehe eine soziale Aufsicht und Kontrolle durch die weitgehende Anteilnahme der Gesellschaft am Wirken der Tarifparteien[123]. Mag dies zwar den Einwand der fehlenden Staatsaufsicht ausräumen, so sprechen jedoch weitere Besonderheiten gegen eine staatliche Delegation. Die Mitglieder der Tarifvertragsparteien entscheiden durch privatautonomen Rechtsakt, nämlich ihren Verbandsbeitritt, selbständig darüber, ob sie sich der Regelungsgewalt der Tarifpartner unterstellen. Damit ist die Unterwerfung unter die Tarifnormen grundsätzlich abhängig vom Willen der Normunterworfenen. Die Arbeitnehmer und Arbeitgeber, die nicht Mitglieder der Koalitionen sind, können in dem Tätigkeitsbereich unabhängig von der Normsetzung der Tarifvertragsparteien Arbeitsbedingungen vereinbaren. Die individuelle Selbstbestimmung bleibt sogar für die Koalitionsmitglieder gewahrt, soweit sie gemäß § 4 Abs. 3 TVG Arbeitsbedingungen vereinbaren, die eine Änderungen der Regelungen des Tarifvertrages zugunsten des Arbeitnehmers enthalten. All dies ist jedoch staatlicher Normsetzung grundsätzlich fremd und auch mit der Legitimation von Hoheitsgewalt, wie sie im öffentlichen Recht anzutreffen sei, nicht zu vergleichen[124].

Eine andere Ansicht weist daher die Delegationstheorie zurück. Aus der Geltungsart der Tarifnormen könne man keine zwingenden Folgen hinsichtlich ihres Geltungsgrundes ableiten. Nach dieser Ansicht folgt die Tarifnormsetzungsbefugnis aus der Privatautonomie. Sie sei eine Bündelung der privatautonomen Befugnisse der Koalitionsmitglieder und damit als privatrechtliche Gestaltungsmacht anzusehen[125]. Sie beruhe nicht auf staatlicher Hoheitsgewalt, sondern auf privatautonomer Unterwerfung durch freiwillige Mitgliedschaft, also auf privatautonom verbandsrechtlichem Mandat (sog. mandatarische Theorie)[126]. Dies zeige auch, daß die Tarifvertragsparteien ihre Gestaltungsaufgabe nicht mit hoheitlichen Handlungsformen, sondern mit den Mitteln des Privatrechts erfüllten. Neben der vom Staat abgeleiteten Ordnung gebe es durchaus singuläre Ordnungen, die rechtsverbindlich seien, soweit der Staat sie anerkenne. Letztlich beruhten sogar sämtliche Rechtswirkungen, also auch die Ausübung der Vertragsfreiheit auf staatlicher Delegation, ohne daß jedoch die Vertragsfreiheit selbst auf eine gesetzliche Ermächtigung zurückzuführen sei[127]. Es gebe aber auch die Möglichkeit zur Rechtssetzung im Bereich der Privatauto-

---

[123] Hinz, Tarifhoheit und Verfassungsrecht, S. 156.
[124] Radke, BB 1964, S. 1491.
[125] Dieterich, Festschrift für Günter Schaub, S. 117, 121; Käppler, NZA 1991, S. 745, 749; Mangoldt v./Klein/Starck/Starck, GG, Art. 1, Rn. 221; Maunz/Dürig/Dürig, GG, Art. 1, Rn. 116; Rehbinder, JR 1968, S. 167, 171; Richardi, Kollektivgewalt und ..., S. 164; Rieble, ZfA 2000, S. 5, 12ff, 23, 24.
[126] Konzen, Festschrift für Alfons Kraft, S. 291, 303; Richardi, Kollektivgewalt und ..., S. 164.
[127] MünchArbR/Richardi, § 241, Rn. 14.

nomie[128]. Entscheidend für die Einordnung der Tarifnormsetzung sei also nicht ihre Wirkung, sondern allein die Frage, woher die Regelungsbefugnis der Tarifvertragsparteien stamme. Diese Ansicht lasse sich entgegen anderen Aussagen in die Rechtsprechung des Bundesverfassungsgerichts einordnen. Dieses sage selbst, daß die Tarifvertragsparteien in einem Bereich autonom Recht setzten, in dem der Staat seine Regelungszuständigkeit weit zurückgenommen habe[129]. Die Zurücknahme von Regelungszuständigkeit spreche jedoch aber gerade gegen eine Übertragung von staatlicher Hoheitsgewalt[130]. Zudem könne schon begrifflich eine Aufgabe durch den Staat nicht delegiert werden, die er selbst nicht in vollem Umfang und subsidiär regeln könne. Dies sei aber vorliegend gerade der Fall, da die Tarifautonomie verfassungsrechtlich in Art. 9 Abs. 3 GG vorrangig den Koalitionen zugewiesen sei[131]. Für die Einordnung der Tarifnormsetzung als privatrechtliche Gestaltungsmacht sei schon die geschichtliche Entwicklung anzuführen. Bereits vor der staatlichen Regelung des Tarifwesens seien Tarifverträge abgeschlossen worden. Quelle des Tarifwesens sei somit also gerade nicht der staatliche Gesetzgeber. Die Bedeutung der staatlichen Regelung liege vielmehr darin, die tatsächlichen tariflichen Verhältnisse zu ordnen[132]. Die Tarifnormsetzung sei somit private Rechtsetzung innerhalb der staatlich gewährleisteten Privatautonomie. Die Regelungen des Tarifvertragsgesetzes bestätigten nur die Rechtmäßigkeit einer bereits beanspruchten Befugnis zur Regelsetzung durch die Tarifvertragsparteien. Der Gesetzgeber habe die von den Tarifpartnern getroffenen Vereinbarungen lediglich durch das Tarifvertragsgesetz staatlich sanktioniert und mit den Wirkungen staatlichen Rechts ausgestattet[133].

Gegen die privatautonome Herleitung der Normsetzungsbefugnis spricht nach einer Ansicht, daß die individualautonomen Elemente bei mitgliederstarken Arbeitgeberverbänden und Massengewerkschaften stark zurückgedrängt und Minderheitsinteressen nur teilweise berücksichtigt werden. Austritt und Gründungen eigener Interessenvertretungen stellten gerade im Bereich der Monopolverbände keine Alternative dar. Damit sei aber gerade beim Flächentarifvertrag die alleinige Legitimation durch den Verbandsbeitritt nicht gegeben. Hier ließen sich daher Elemente einer fremdgesteuerten Regelbildung - wie bei der staatlichen

[128] Rehbinder, JR 1968, S. 167, 170; Richardi, Kollektivgewalt und ..., S. 143; Zöllner, Die Rechtsnatur der Tarifnormen..., S. 25.
[129] BVerfGE 50, 290, 367.
[130] MünchArbR/Richardi, § 240, Rn. 25.
[131] Biedenkopf, Grenzen der Tarifautonomie, S. 104.
[132] Radke, BB 1964, S. 1490.
[133] Delheid, Tarifzuständigkeit, S. 23; MünchArbR/Richardi, § 240, Rn. 24; Radke, BB 1964, S. 1490.

Gesetzgebung - nicht leugnen[134]. Diese Kritik kann aber nicht bewirken, die Tarifnormsetzungsbefugnis nunmehr doch als Delegation staatlicher Hoheitsgewalt anzusehen. Die Zurückdrängung von individualautonomen Elementen ist ein grundsätzliches Problem großer, mitgliederstarker Verbände, das jedoch nur zu der Forderung führt, die Berücksichtigung der Individualinteressen je nach dem Grad ihrer Bedeutung durch eine entsprechende verbandsinterne Ordnung zu gewährleisten. Für die Tarifvertragsparteien, bzw. für die Gewerkschaftsseite, resultiert daraus allein das Erfordernis nach einer demokratischen Binnenorganisation[135].

Mit Recht wird allerdings eingewandt, daß die Ansicht, die die Tarifnormsetzungsbefugnis als private Gestaltungsmacht ansieht, den Geltungsgrund von § 3 Abs. 2 und Abs. 3 TVG sowie die Nachwirkung gemäß § 4 Abs. 5 TVG und die Existenz tarifdispositiven Gesetzesrechts nicht erklären könne[136]. Bei § 3 Abs. 2 TVG tritt die normative Wirkung des Tarifvertrages hinsichtlich betrieblicher und betriebsverfassungsrechtlicher Fragen auf Seiten der Arbeitnehmer unabhängig von deren Mitgliedschaft in der tarifschließenden Koalition ein und beruht damit nicht auf einem privatautonomen Akt der Normunterworfenen. Auch im Falle der Fortwirkung nach § 3 Abs. 3 TVG fehlt es gerade an einem fortdauernden Unterwerfungsakt. Die von § 4 Abs. 5 TVG angeordnete Nachwirkung läßt sich mit der privatrechtlichen Gestaltungsmacht ebenfalls nicht begründen. Soweit an dieser Stelle auch auf die tatsächliche Wirkung und Bedeutung der Tarifverträge im Wirtschaftsleben, insb. durch die einzelvertragliche Bezugnahme, verwiesen wird, kann dies aber nicht überzeugen. Die Wirkung eines Tarifvertrages bleibt in diesen Fällen immer nur eine mittelbare und beruht allein auf der privatautonomen Vereinbarung zwischen dem einzelnen Arbeitgeber und dem Arbeitnehmer, selbst wenn nicht übersehen werden kann, daß aufgrund der strukturellen Unterlegenheit des nichtorganisierten Arbeitnehmers der entsprechende Tarifvertrag seinen Forderungen regelmäßig eine Grenze ziehen wird[137]. Von dieser mittelbaren Wirkung aber Rückschlüsse auf die Herkunft der Tarifnormsetzungsbefugnis zu ziehen, bedeutete einen unzulässigen Zirkelschluß. Eine derartige durch die Unterlegenheit eines Vertragpartners begünstigte mittelbare Wirkung von Vereinbarungen anderer ist gerade typisch für

---

[134] Gamillscheg, Kollektives Arbeitsrecht I, § 15 III 3 b), S. 561; Wiedemann, TVG, § 1, Rn. 47, der daher die tarifliche Normsetzungsbefugnis als eine verfassungsrechtlich geschützte Normsetzung sui generis einordnet.

[135] S.o. 1. Teil B. I. 3. b) aa).

[136] Gamillscheg, Kollektives Arbeitsrecht I, § 15 III 3 b), S. 562/565, der die Tarifautonomie ohne die zahlreichen Überwirkungen tariflicher Vereinbarungen auf den Außenseiter für nicht lebensfähig hält; Säcker, Gruppenautonomie und ..., S. 242, 246; Wiedemann, TVG, § 1, Rn. 42.

[137] MünchArbR/Richardi, § 241, Rn. 18.

das Zivilrecht. Daß kleinere Unternehmen ihre Angebote an denen marktführender bzw. marktbeherrschender Unternehmen ausrichten müssen, mag dafür nur ein Beispiel sein.

Zuzugeben ist aber, daß die von den Tarifvertragsparteien vereinbarten Tarifnormen, soweit sie in ihrer unmittelbaren rechtlichen Wirkung über den Kreis der Mitglieder der Tarifvertragsparteien hinausreichen, nicht mitgliedschaftlich legitimiert sein, sondern nur auf hoheitlicher Grundlage und damit nach Art. 20 Abs. 2 GG legitimierter Rechtssetzungsgewalt beruhen können. Damit geht aber nicht einher, daß die tarifliche Regelungsmacht der Koalitionen als privatrechtliche Gestaltungsmacht ausgeschlossen und daher grundsätzlihc auf die Delegation staatlicher Rechtssetzungsgewalt zurückzuführen ist. Ungeachtet dieser einzelnen auf hoheitliche Befugnis zurückgehenden Wirkungen bleibt es vielmehr dabei, daß die Tarifnormsetzungsbefugnis in ihrem Ursprung und in ihrem Kern grundsätzlich auf kollektiv ausgeübter Privatautonomie basiert[138], die verfassungsrechtlich in Art. 9 Abs. 3 GG gewährleistet und geschützt und vom Gesetzgeber im Tarifvertragsgesetz ausgeformt ist[139].

Damit steht aber nach hiesiger Ansicht bereits fest, daß sich das Merkmal der Tarifzuständigkeit nicht als Grundsatz des öffentlichen Rechts in das geltende Tarifrecht einfügt.

3. Die Entstehung des Tarifvertrages nach den Regeln der Privatautonomie

Selbst wenn man die Normsetzungsbefugnis der Tarifvertragsparteien als Delegation staatlicher Rechtsetzungsgewalt auffaßt und damit im Ergebnis dem öffentlichen Recht zuordnet, muß jedoch geprüft werden, ob die Tarifzuständigkeit als öffentlich-rechtlicher Grundsatz aufrechterhalten werden kann.

Die Rechtssetzung durch die Tarifvertragsparteien vollzieht sich vollständig nach zivilrechtlichen Grundsätzen. Privatrechtliche Parteien schließen Tarifverträge ab, die in ihrem Zustandekommen den für zivilrechtliche Verträge geltenden Regeln des Bürgerlichen Gesetzbuches unterliegen. Tariffähigkeit und Ta-

---

[138] Maunz/Dürig/Scholz, GG, Art. 9, Rn. 301; MünchArbR/Löwisch/Rieble, § 253, Rn. 25ff verbindet beide Ansätze: In ihrem Kern, der Normwirkung, beruhe die Tarifmacht auf privatautonomer Legitimation, die Befugnis aber, *Rechts*normen zu setzen, sei dagegen staatlich delegiert.

[139] BVerfGE 34, 307, 317; 44, 322, 341; Biedenkopf, Grenzen der Tarifautonomie, S. 103, 104; Söllner, Grundriß des Arbeitsrechts, Rn. 348ff.

rifgebundenheit selbst werden zudem privatautonom durch Festlegung in der Koalitionssatzung bzw. Erwerb der Koalitionsmitgliedschaft begründet.[140]. Ein Wirksamkeitserfordernis der Zuständigkeit von privatrechtlichen Parteien wird aber im Rahmen von zivilrechtlichen Vertragsabschlüssen nicht gefordert. Die Tarifzuständigkeit, die als Konsequenz der Delegation staatlicher Rechtssetzungsgewalt verlangt würde, stellte sich insoweit als zusätzliche Wirksamkeitsvoraussetzung dar, die sich nicht in den zivilrechtlichen Entstehungstatbestand einfügte und daher einer besonderen Begründung bedürfte.

Diese Begründung mißlingt aber in jedem Fall, wenn nachgewiesen werden kann, daß der Tarifvertrag nicht nur in seinem Entstehungstatbestand, sondern auch in seinem Ergebnis auf einer der Privatautonomie zurechenbaren Betätigung der Tarifvertragsparteien beruht.

Die Privatautonomie gewährleistet dem einzelnen die Freiheit, seine Interessen eigenverantwortlich wahrzunehmen. Dazu gehört die Vertragsfreiheit, die grundsätzlich dem einzelnen die Wahl überläßt, ob und mit welchem Inhalt er einen Vertrag mit seinem Vertragspartner abschließt[141]. Die Privatautonomie besteht aber auch in diesem Bereich nicht unbegrenzt. Sie ist an die Voraussetzung rechtlicher und annähernd tatsächlicher Gleichheit geknüpft, damit jeder seine Interessen angemessen wahrnehmen und durchsetzen kann und so ein gerechter Interessenausgleich im Vertrag erzielt wird[142]. Zu prüfen ist damit, ob sich die Tarifnormsetzung durch die Tarifvertragsparteien anhand dieser Eckpfeiler der Privatautonomie vollzieht.

Die Tarifnormsetzung als eigenverantwortliche Wahrnehmung der Interessen des einzelnen anzusehen, scheint nur auf den ersten Blick ein Widerspruch zu sein. Die Tarifautonomie entspringt historisch gesehen gerade dem Schutzbedürfnis des einzelnen Arbeitnehmers. Durch kollektives Handeln wird die strukturelle Unterlegenheit des einzelnen Arbeitnehmers ausgeglichen und damit ein Mißbrauch der Vertragsfreiheit zu Lasten des einzelnen Arbeitnehmers verhindert[143]. Erst der Tarifvertrag ermöglicht dem einzelnen Arbeitnehmer, in kollektiver Verbundenheit mit anderen Arbeitnehmern seine Interessen effektiv zu verwirklichen. Bei der Tarifautonomie handelt es sich also um die in den kollek-

---

[140] Hueck/Nipperdey, Lehrbuch des Arbeitsrechts II/1, S. 341, 342, 343; MünchArbR/Richardi, § 241, Rn. 4.
[141] Palandt/Heinrichs, BGB, Einf. v § 145, Rn. 7, 8, 13.
[142] BVerfGE 81, 242, 255; 89, 214, 232; Biedenkopf, Grenzen der Tarifautonomie, S. 33; Larenz/Wolf, Allgemeiner Teil, § 34, Rn. 44; MüKo/Kramer, BGB, Vor § 145, Rn. 3 spricht insoweit auch von einer Richtigkeitschance des Vertrages.
[143] BVerfGE 84, 212, 229; Wiedemann, TVG, Einleitung, Rn. 3

tiven Bereich übertragene Vertragsfreiheit[144]. Sie stellt ein Stück gesellschaftlicher Freiheit dar[145]. Die Koalitionen nehmen daher nur die Angelegenheiten ihrer Mitglieder wahr[146]. Dies gilt auch für die Arbeitgeberkoalitionen, die gegenüber den Gewerkschaften die Belange ihrer Verbandsmitglieder vertreten. Damit dient der Tarifvertrag sowohl auf Arbeitnehmer- als auch auf Arbeitgeberseite der Verwirklichung von Individualinteressen. Er schafft dabei einen Interessenausgleich, da zwischen den Tarifvertragsparteien ein abstraktes Gleichgewicht besteht. Daran ändert auch § 2 Abs. 1 TVG nichts, der den einzelnen Arbeitgeber für tariffähig erklärt und ihn damit zum Vertragspartner der Gewerkschaften erhebt. Die Begründung für die Tariffähigkeit des einzelnen Arbeitgebers liegt allein in der effektiven Verwirklichung der Tarifautonomie, die nur dann gewährleistet ist, wenn der Abschluß von Tarifverträgen auch in den Fällen möglich ist, in denen der Arbeitgeber keinem Arbeitgeberverband angehört[147]. Unabhängig davon, ob in diesen Konstellationen ein Ungleichgewicht in Frage kommt und für den Arbeitgeber die Möglichkeit existiert, zum Ausgleich seiner gegebenenfalls bestehenden Schwächeposition in einem Arbeitgeberverband Schutz zu suchen, setzt nämlich die Privatautonomie keine absolute Machtgleichheit voraus, wie die §§ 134, 138, 242 BGB zeigen[148]. Die Gleichgewichtslage wird auch im Arbeitskampfrecht gewahrt, da den Gewerkschaften mit den Mitteln des Streiks und den Arbeitgebern mit den Mitteln der Aussperrung effektive Kampfmaßnahmen zur Verfügung stehen. Schließlich können sich die Tarifvertragsparteien bei der Verwirklichung der Interessen ihrer Mitglieder der Vertragsfreiheit bedienen. Zwar werden der Inhaltsfreiheit durch Art. 9 Abs. 3 GG äußere Grenzen gesetzt. Innerhalb der Wahrung und Förderung der Arbeits- und Wirtschaftsbedingungen können die Tarifvertragsparteien die Tarifverträge aber in eigener Verantwortung und im wesentlichen ohne staatliche Einflußnahme ausgestalten[149]. Zudem besteht für beide Seiten kein Abschlußzwang, auch wenn es gerade für das Tarifrecht typisch ist, daß Gewerkschaften durch Arbeitskampfmaßnehmen versuchen, den Abschluß eines Tarifvertrages mit der Gegenseite zu erzwingen.

Nach alledem stellt sich der Abschluß eines Tarifvertrages nicht nur in seinem äußeren Entstehungstatbestand, sondern auch in seinem Ergebnis als eine Betätigung der Tarifvertragsparteien dar, die für die Ausübung der Privatautonomie kennzeichnend ist. Die tarifvertragliche Besonderheit, daß die Koalitionen unmittelbar und zwingend geltende Rechtsnormen für am Vertrag nicht beteiligte

---

[144] MünchArbR/Löwisch/Rieble, § 246, Rn. 76.
[145] Däubler, Tarifvertragsrecht, Rn. 19, 20.
[146] Richardi, Kollektivgewalt und ..., S. 145.
[147] Wiedemann/Oetker, TVG, § 2, Rn. 95.
[148] Hillebrand, Das Merkmal „Tarifzuständigkeit“, S. 34.
[149] BVerfGE 28, 295, 304.

Dritte, nämlich die gemäß § 3 Abs. 1 TVG Tarifgebundenen, vereinbaren und damit eine besondere, zweckgebundene Verantwortlichkeit zur Regelung der Rechtsbeziehungen Dritter wahrnehmen, ändert daran nichts[150]. Im vorliegenden Zusammenhang interessiert nur das Verhältnis zwischen den beiden Tarifvertragsparteien. Hier vollzieht sich der Tarifvertragsschluß nach Regeln, die für die Ausübung von Privatautonomie typisch sind. Eine Einschränkung der Abschlußfreiheit der Tarifvertragsparteien, wie sie das Merkmal der Tarifzuständigkeit herbeiführte, läßt sich damit nicht begründen[151].

Auch wenn man im Gegensatz zur hier vertretenen Auffassung die Normsetzungsbefugnis der Tarifvertragspartein als Delegation staatlicher Rechtssetzungsgewalt begreift, kann angesichts der Entstehung des Tarifvertrages nach den Regeln der Privatautonomie die Tarifzuständigkeit nicht als Grundsatz des öffentlichen Rechts erhoben werden.

III. Die Tarifzuständigkeit aus dem Industrieverbandsprinzip

Zum Teil werden Versuche unternommen, die Tarifzuständigkeit aus dem Industrieverbandsprinzip zu begründen.

Die nach dem Industrieverbandsprinzip organisierten Gewerkschaften richten ihren satzungsmäßigen Organisationsbereich und damit ihre tarifpolitische Betätigung nach Wirtschaftszweigen aus. Maßgeblich für die Bestimmung der zuständigen Gewerkschaft ist danach nicht der vom Arbeitnehmer ausgeübte Beruf, sondern die Zugehörigkeit des Unternehmens bzw. des Betriebes zu dem in der Satzung genannten Wirtschaftszweig. Eine Ansicht folgert daraus, daß die Gewerkschaften wirksame Tarifverträge nur innerhalb ihres so bestimmten Tariffaches abschließen dürften. Dies diene der Herstellung der Tarifeinheit, also der Geltung nur eines Tarifvertrages in einem Betrieb, schaffe sachnahe Regelungen und verhindere Kompetenzstreitigkeiten unter den Koalitionen[152]. Auch *Gaul* fordert die normative Vorgabe des Industrieverbandsprinzips[153]. Sein Ansatz ist von der Konstellation geprägt, die der sog. Allflloor-Entscheidung des Bundesarbeitsgerichts[154] zugrunde lag. Die Firma Allfloor stellte Teppichböden her und gehörte dem DWL-Konzern an. Sie trat in den Arbeitgeberverband der

---

[150] Biedenkopf, Grenzen der Tarifmacht, S. 31, der aus diesem Grund von einem der Ausübung von Privatautonomie verschiedenen Vorgang ausgeht.

[151] Ebenso: Hillebrand, Das Merkmal „Tarifzuständigkeit" ..., S. 36.

[152] Gumpert, BB 1959, S. 488; Meissinger, DB 1952, S. 101.

[153] Gaul, ZTR 1991, S. 443, 450.

[154] BAG AP Nr. 4 zu § 2 TVG Tarifzuständigkeit.

Textilindustrie ein, obwohl die DWL AG selbst Mitglied im Arbeitgeberverband der chemischen Industrie war. Da die meisten Mitarbeiter der Firma Allfloor aber bei der IG Chemie organisiert waren, verlangte diese von der Firma Allfloor den Abschluß eines Firmentarifvertrages. In dem daraufhin von der Arbeitgeberseite eingeleiteten Verfahren nach §§ 2a Abs. 1 Nr. 4, 97 ArbGG stellte das Arbeitsgericht die fehlende Tarifzuständigkeit der IG Chemie fest. Als Konsequenz erweiterte die IG Chemie ihren satzungsmäßigen Organisationsbereich auf die Teppichbodenherstellung und kam mit der für diesen Bereich zuständigen IG Textil-Bekleidung unter Anwendung der §§ 15 Ziff. 2, 16 der DGB-Satzung überein, nur für die Firma Allfloor die Tarifzuständigkeit auszuüben. Daraufhin verlangte die IG Chemie erneut den Abschluß eines Firmentarifvertrages. *Gaul* sieht hier die Gefahr, daß die im übrigen für einen bestimmten Industriebereich nicht zuständige Gewerkschaft, wie hier die IG Chemie, Tarifforderungen erhebt, die zwar für den chemischen Bereich verständlich, nicht aber mit den wirtschaftlichen und tariflichen Gegebenheiten für die Teppichbodenhersteller zu vereinbaren sind[155]. Aus Wettbewerbs- und Konkurrenzgründen müsse sich eine Koalition daher für einen Industrie- bzw. Wirtschaftszweig entscheiden[156]. So gelangt *Gaul* nach Untersuchung einzelner Koalitionssatzungen zu dem Ergebnis, daß Gewerkschaften und Arbeitgeberverbände ihren Organisationsbereich nach dem Industrieverbandsprinzip ausgerichtet haben. Aufgrund dieser langjährigen Praxis sei durch deren Betätigung, die in der Konkretisierung der Koalitionsfreiheit des Art. 9 Abs. 3 GG allein maßgeblich sei, Gewohnheitsrecht entstanden[157].

In Rechtsprechung und Literatur ist jedoch heute allgemein anerkannt, daß das Industrieverbandsprinzip allein einen innerverbandlichen Organisationsgrundsatz, jedoch keinen Rechtssatz darstellt[158]. Aus der in Art. 9 Abs. 3 GG geschützten Satzungsautonomie folgt grundsätzlich, daß die Koalitionen bei der Bestimmung und Änderung ihres Zuständigkeitsbereiches frei sind. Auch eine gewohnheitsrechtliche Anerkennung des Industrieverbandsprinzips ist abzulehnen, denn diese setzt nicht nur den Nachweis voraus, daß die Beteiligten tatsächlich eine bestimmte Regel zwischenmenschlichen Verhaltens befolgen. Gewohnheitsrecht erfordert auch, daß ein bestimmtes Verhalten Ausdruck einer entsprechenden Rechtsüberzeugung ist[159]. Eine derartige Überzeugung der Koalitionen kann aber nicht nachgewiesen werden[160]. Vor dem Hintergrund der ab-

---

[155] Gaul, ZTR 1991, S. 443, 453.
[156] Gaul, ZTR 1991, S. 443, 455.
[157] Gaul, ZTR 1991, S. 443, 449.
[158] BAG AP Nr. 1, 4 zu § 2 TVG Tarifzuständigkeit; Däubler, Tarifvertragsrecht, Rn. 87; Heß, ZfA 1976, S. 45, 49, 50; Kempen/Zachert, TVG, § 2, Rn. 110.
[159] Larenz/Canaris, Methodenlehre der Rechtswissenschaft, S. 177.
[160] Ebenso: Hillebrand, Das Merkmal „Tarifzuständigkeit"..., S. 17.

lehnenden Meinung in Literatur und Rechtsprechung, das Industrieverbandsprinzip als Rechtsgrundsatz aufzufassen, ist vielmehr davon auszugehen, daß diese Überzeugung auch in der Praxis gerade nicht vorliegt.

Hinter *Gauls* Ansatz stehen damit alleine tarifpolitische Ordnungsvorstellungen, die nicht zu einer Begründung der Tarifzuständigkeit als Wirksamkeitsvoraussetzung führen können.

IV. Die Tarifzuständigkeit aus dem Grundsatz der Tarifeinheit

Möglicherweise läßt sich aber die Tarifzuständigkeit als Erfordernis eines wirksamen Tarifvertrages aus dem Grundsatz der Tarifeinheit herleiten.

Nach dem Grundsatz der Tarifeinheit soll nach allgemeiner Ansicht im Falle einer Tarifkonkurrenz nur ein Tarifvertrag Anwendung finden. Eine Tarifkonkurrenz liegt vor, wenn mehrere Tarifverträge auf dasselbe Arbeitsverhältnis nach ihrem Geltungsbereich Anwendung finden und beide Arbeitsvertragsparteien, Arbeitgeber und Arbeitnehmer, an diese gebunden sind[161]. Dies gilt aber nur, wenn dasselbe Sachgebiet in mehr als einem Tarifvertrag angesprochen wird. Keine Tarifkonkurrenz ist daher gegeben, wenn die Tarifverträge einander ergänzen sollen[162]. Ist jedoch festgestellt, daß mehrere Tarifverträge nebeneinander denselben Bereich regeln, finden - soweit sich aus dem Willen der Tarifparteien nichts ergibt - nur die Normen des spezielleren Tarifvertrages Anwendung[163].

Dem Bundesarbeitsgericht zufolge handelt es sich aber bei dem Grundsatz der Tarifeinheit, nach dem in jedem Betrieb grundsätzlich nur ein Tarifvertrag Anwendung finden soll, nicht nur um ein tarifliches Ordnungsziel, sondern um einen allgemeinen Rechtssatz. Nach seiner Ansicht gilt für die Fälle der Tarifpluralität daher ebenfalls der Grundsatz der Tarifeinheit. Eine Tarifpluralität besteht, wenn innerhalb eines Betriebes nach ihrem räumlichen, branchenmäßigem und persönlichem Geltungsbereich mehrere Tarifverträge gelten, an die der Arbeitgeber gebunden ist, für den einzelnen Arbeitnehmer je nach Tarifbindung aber nur ein Tarifvertrag Anwendung findet[164]. Auch in diesem Fall verdrängt

---

[161] Schaub, Arbeitsrechts-Handbuch, § 203, Rn. 51.
[162] Däubler, Tarifvertragsrecht, Rn. 1482; Wiedemann, TVG, § 4, Rn. 268.
[163] BAG AP Nr. 16, 19 zu § 4 TVG Tarifkonkurrenz; Kempen/Zachert, TVG, § 4, Rn. 130; Wiedemann/Wank, TVG, § 4, Rn. 288.
[164] BAG AP Nr. 20 zu § 4 TVG Tarifkonkurrenz; Löwisch/Rieble, TVG, § 4, Rn. 284.

nach dem Bundesarbeitsgericht der speziellere den allgemeinen Tarifvertrag[165]. Diese Rechtsprechung ist in der Literatur auf heftige Kritik gestoßen. Das Prinzip der Tarifeinheit sei lediglich ein tarifpolitisches Ziel[166] bzw. eine tarifrechtliche Auslegungsregel für den betrieblichen Geltungsbereich eines Tarifvertrages[167]. Die Anwendung des Grundsatzes der Tarifeinheit auf die Fälle der Tarifpluralität verletze die kollektive Koalitionsfreiheit der Verbände, deren Tarifvertrag verdrängt werde, und die individuelle Koalitionsfreiheit des Arbeitnehmers, der vom Geltungsbereich des verdrängten Tarifvertrages erfaßt werde und letztlich auf den Status eines Nichtorganisierten zurückfalle. Praktikabilitätsgründe und Ordnungsgesichtspunkte allein könnten die Ansicht des Bundesarbeitsgerichts nicht rechtfertigen[168]. Nichtsdestotrotz soll im folgenden für die hiesige Untersuchung die Ansicht des Bundesarbeitsgerichts zugrunde gelegt werden.

Gaul versucht dementsprechend das von ihm als verbindliche Rechtsregel[169] geforderte Industrieverbandsprinzip auch über das Prinzip der Tarifeinheit abzustützen. Dieses gebiete, Tarifverträge branchenspezifisch auszugestalten und für einen Betrieb unabhängig von unterschiedlichen beruflichen Gruppen eine einheitliche und übereinstimmende tarifliche Zuordnungsbewertung vorzunehmen. Daher verbiete das Prinzip der Tarifeinheit, tarifvertragliche Regelungen in Anwendung des Berufsverbandsprinzips zu vereinbaren. Es schränke den autonomen Gestaltungsspielraum der inneren Ordnung der Koalitionen und damit mittelbar auch die Berechtigung zum Abschluß von Tarifverträgen ein. Als Wirksamkeitsvoraussetzung bedürfe es der durch die Satzung begründeten Regelungszuständigkeit[170].

Der Grundsatz der Tarifeinheit vermag - unabhängig von seiner dogmatischen Einordnung - aber auch nach den vom Bundesarbeitsgericht aufgestellten Grundsätzen eine prinzipielle Begrenzung der Koalitionsbetätigung und ein daraus resultierendes Merkmal der Tarifzuständigkeit nicht zu erzeugen. Es begründet allein die Auflösung von Normenkollisionen. Das Prinzip der Tarifeinheit setzt damit mehrere wirksame Tarifverträge voraus, ohne selbst Wirksam-

---

[165] BAG AP Nr. 19, 20, 28 zu § 4 TVG Tarifkonkurrenz; zustimmend: Säcker/Oetker, ZfA 1993, S. 1, 9; Söllner, Grundriß des Arbeitsrechts, Rn. 446, der das Prinzip als gewohnheitsrechtlich anerkannt ansieht.
[166] Kania, Anmerkung zu BAG AP Nr. 26 zu § 4 TVG Nachwirkung; Kraft, RdA 1992, S. 161, 166.
[167] Kempen/Zachert, § 4 TVG, Rn. 131; Wiedemann/Arnold, ZTR 1994, S. 399, 403.
[168] Däubler, Tarifvertragsrecht, Rn. 1505; Kania, Anmerkung zu BAG AP Nr. 26 zu § 4 TVG Nachwirkung; MünchArbR/Löwisch/Rieble, § 276, Rn. 17/20; Wiedemann/Wank, TVG, § 4, Rn. 277.
[169] S.o. 1. Teil B. III.
[170] Gaul ZTR 1991, S. 443, 451.

keitsvoraussetzung für einen Tarifvertrag zu sein. Eine Gewerkschaft kann daher in Ausübung ihrer Satzungsautonomie auch dann ihre Tarifzuständigkeit auf Wirtschaftzweige erstrecken, wenn die von ihr abgeschlossenen Tarifverträge zu einer Tarifkonkurrenz bzw. Tarifpluralität mit anderen Tarifverträgen führen[171]. Schließlich führt selbst die Auflösung einer Tarifkonkurrenz bzw. Tarifpluralität wegen des Grundsatzes der Tarifeinheit führt nicht zur Unwirksamkeit eines Tarifvertrages. In diesem Fall besteht allein - wie beispielsweise im Verhältnis zwischen europäischem Gemeinschaftsrecht und nationalem Recht - ein Anwendungsvorrang des Tarifvertrages, der sich unter mehren konkurrierenden Tarifverträgen nach den vom Bundesarbeitsgericht aufgestellten Regeln durchgesetzt hat[172].

Nicht zu verkennen ist aber, daß die zu Tarifkonkurrenzen und Tarifpluralitäten aufgestellten Grundsätze zumindest mittelbar Auswirkungen auf den Abschluß von Tarifverträgen haben. Nach Ansicht des Bundesarbeitsgerichts kann bereits die vertragliche Vereinbarung der Geltung eines Tarifvertrages, da sie in der Regel eine Gleichstellung von tarifgebundener und nicht tarifgebundener Arbeitnehmer bezwecke, zum Entstehen von Tarifkonkurrenz und Tarifpluralität führen[173]. Vor allem aber bejaht das Bundesarbeitsgericht die Geltung eines weiteren Tarifvertrages bereits dann, wenn der Arbeitgeber an diesen gebunden ist und die Möglichkeit besteht, daß auch nur ein insoweit tarifgebundener Arbeitnehmer im betroffenen Unternehmen bzw. Betrieb des Arbeitgebers beschäftigt wird[174]. Unter diesen Voraussetzungen entstehe eine Tarifpluralität, die nach den für Tarifkonkurrenzen geltenden Regeln aufzulösen sei[175]. Anders als im Falle Tarifkonkurrenz sei bei der Lösung unabhängig von der Zahl der tatsächlich erfaßten Arbeitsverhältnisse der Betrieb bzw. das Unternehmen maßgebend, so daß sich jeweils für diesen Betrieb bzw. dieses Unternehmen nur ein, nämlich der speziellere, Tarifvertrag durchsetze[176]. Im Ergebnis bezweckt diese Rechtsprechung, ein Nebeneinander mehrerer Tarifverträge innerhalb eines Unter-

---

[171] BAG AP Nr. 1, 4 zu § 2 TVG Tarifzuständigkeit.

[172] Wiedemann/Wank, TVG, § 4, Rn. 299.

[173] BAG AP Nr. 20 zu § 4 TVG Tarifkonkurrenz; BAG AP Nr. 23 zu § 4 TVG Tarifkonkurrenz: die so entstandene Tarifkonkurrenz/Tarifpluralität sei aber dann nicht aufzulösen, wenn die vertragliche Bezugnahme konstitutiv und nicht deklaratorisch erfolgt sei; BAG AP Nr. 21, 28 zu § 4 TVG Tarifkonkurrenz, wonach aber die einzelvertragliche Vereinbarung eines spezielleren Tarifvertrages einen für allgemeinverbindlich erklärten Tarifvertrag dann nicht verdrängen könne, wenn der Arbeitgeber nicht durch Verbandsmitgliedschaft an den spezielleren Tarifvertrag gebunden sei; Frage offengelassen in BAG AP Nr. 26 zu § 4 TVG Nachwirkung.

[174] BAG AP Nr. 11, 16, 28 zu § 4 TVG Tarifkonkurrenz.

[175] BAG AP Nr. 19, 20, 28 zu § 4 TVG Tarifkonkurrenz. Das Bundesarbeitsgericht trennt in diesen Entscheidungen deutlich zwischen einer an das Einzelarbeitsverhältnis anknüpfenden Tarifkonkurrenz und einer im Unternehmen/Betrieb auftretenden Tarifpluralität.

[176] BAG AP Nr. 19, 28 zu § 4 TVG Tarifkonkurrenz.

nehmens/Betriebes auszuschließen und die einheitliche Anwendung eines Tarifvertrages zu garantieren[177]. Auf der Grundlage dieser Rechtsprechung kann zwar eine Gewerkschaft in jedem Fall ihre Tarifzuständigkeit autonom für einen Betrieb bzw. ein Unternehmen begründen. Im Falle einer Tarifkonkurrenz bzw. Tarifpluralität läuft aber der von ihr abgeschlossene Tarifvertrag Gefahr, durch neben ihm bestehende Tarifverträge verdrängt zu werden und damit seine Normwirkung nicht entfalten zu können[178]. Daher wird jede Gewerkschaft vor Begründung oder Inanspruchnahme einer Tarifzuständigkeit die Möglichkeit von Tarifkonkurrenzen und Tarifpluralitäten in Erwägung ziehen und damit in ihrer Entscheidung durch das Prinzip der Tarifeinheit mittelbar beeinflußt.

Eine dogmatische Herleitung der Tarifzuständigkeit als Wirksamkeitserfordernis eines Tarifvertrages aus dem Prinzip der Tarifeinheit scheidet indes aus.

V. Die Tarifzuständigkeit als Beschränkung der Vertretungsmacht

Die Tarifvertragsparteien sind nach herrschender Meinung - wie bereits gezeigt - rechtsfähige oder nichtrechtsfähige Vereine[179], die beim Abschluß von Tarifverträgen durch die Verbandsorgane vertreten werden. Angesichts des Scheiterns, die Tarifzuständigkeit als Wirksamkeitsvoraussetzung aus dem Tarifrecht zu begründen, begreift eine Ansicht die Tarifzuständigkeit daher als Beschränkung des Umfangs der Vertretungsmacht.

1. Die Tarifzuständigkeit als Beschränkung der Vertretungsmacht auf den satzungsmäßig festgelegten Organisationsbereich

Nach *Kraft* wird durch die satzungsmäßige Niederlegung des Organisationsgebietes die Vertretungsmacht der Verbandsorgane im Außenverhältnis beschränkt. Die Satzung als Verfassung eines rechts- bzw. nichtrechtsfähigen Vereins, nach der die herrschende Meinung die Tarifzuständigkeit als Wirksamkeitsvoraussetzung bestimme, wirke grundsätzlich nicht gegenüber Außenste-

---

[177] Wiedemann/Arnold, ZTR 1994, S. 443, 444.
[178] Wiedemann, Festschrift für H.-J. Fleck, S. 447, 452 spricht in diesem Fall von einem faktischen Entzug der Tarifzuständigkeit.
[179] BGHZ 42, 210, 211, 50, 325, 330; Reichert, Vereins- und Verbandsrecht, Rn. 2870; a.A. Vorderwülbecke, Rechtsform der Gewerkschaften..., S. 100, der die Gewerkschaften als frei gebildete Körperschaften sui generis einordnet.

henden, sondern nur gegenüber den Mitgliedern, die sich durch den Verbandsbeitritt unter die Verbandsgewalt unterworfen hätten. Nach § 26 Abs. 2 Satz 2 BGB sei aber die Vertretungsmacht des Vorstands auch nach außen hin beschränkbar. Die Tarifzuständigkeit sei damit eine Frage, inwieweit sich das vertretungsberechtigte Organ der Koalition bei Tarifvertragsabschluß - in der Regel der Hauptvorstand, bei regionalen Abmachungen teilweise der Bezirksvorstand[180] - im Rahmen seiner Vertretungsmacht gehalten habe oder nicht[181]. Im Falle der Überschreitung finde § 177 Abs. 1 BGB Anwendung mit der Folge, daß der Tarifvertrag schwebend unwirksam sei und nachträglich, zum Beispiel durch Satzungsänderung gemäß § 184 Abs. 1 BGB genehmigt werden könne. Dadurch würde die Problematik der Rechtsfolgen fehlender Tarifzuständigkeit vermieden[182].

Die Ansicht *Krafts* hat zunächst zu Recht im Hinblick auf die Rechtsfolge des § 177 Abs. 1 BGB Kritik erfahren. Soweit es um die normativen Bestimmungen des Tarifvertrages geht, paßt die schwebende Unwirksamkeit nach den zivilrechtlichen Regeln nicht. Ein Schwebezustand würde der Rechtssicherheit bzw. Tarifklarheit widersprechen und auch mit der Durchführung eines legitimen Streiks nicht übereinstimmen[183]. Dem könnte aber abgeholfen werden, indem in Abweichung von § 177 Abs. 1 BGB von einer Nichtigkeit ohne Genehmigungsmöglichkeit nach § 184 Abs. 1 BGB ausgegangen wird[184].

Fraglich ist aber, ob den Satzungen der Tarifvertragsparteien überhaupt eine derartige Beschränkung der Vertretungsmacht auf den Organisationsbereich zu entnehmen ist.

Beim rechtsfähigen Verein gilt § 26 BGB unmittelbar. Die Vertretungsmacht des grundsätzlich nach § 27 Abs. 1 BGB zu bestellenden Vorstands wird nicht durch Bevollmächtigung durch die Mitglieder, sondern durch Gesetz begründet[185]. Anders als im Handels-, GmbH- und Aktienrecht (§§ 126 Abs. 2 HGB, 37 Abs. 2 GmbHG und 82 Abs. 1 AktG) ist im Vereinsrecht die Vertretungsmacht des Vorstands aber durch die Satzung mit Wirkung gegen Dritte be-

[180] Däubler, Tarifvertragsrecht, Rn. 102.
[181] Kraft, Festschrift für Schnorr von Carolsfeld, S. 255, 262; zustimmend: Heckelmann, ZfA 1973, S. 425, 434; Heß, ZfA 1976, S. 45, 49 (allerdings mit Kritik an der von Kraft angenommenen Rechtsfolge des § 177 Abs. 1 BGB); Hofmann, ZfA 1974, S. 333, 344.
[182] Kraft, Festschrift für Schnorr von Carolsfeld, S. 255, 270.
[183] Heß, ZfA 1976, S. 45, 49; Hillebrand, Das Merkmal „Tarifzuständigkeit"..., S. 90; Kempen/Zachert, TVG, § 2, Rn. 110; Konzen, ZfA 1975, S. 401, 415; ders. Tarifzuständigkeit und Arbeitskampfrecht, S. 301.
[184] Hillebrand, Das Merkmal „Tarifzuständigkeit, S. 91/93 mit dogmatischer Begründung.
[185] Staudinger/Weick, BGB, § 26, Rn. 9.

schränkbar (§ 26 Abs. 2 S. 2 BGB). Beim nichtrechtsfähigen Verein erfolgt die Bestellung des Vorstands aufgrund der Satzung. Diese legt auch den Umfang der Vertretungsmacht fest, die Vertretungsmacht des Vorstands besteht hier also - im Gegensatz zum rechtsfähigen Verein - nicht schon kraft Gesetzes[186]. Allerdings sind auch bei nichtrechtsfähigen Idealvereinen, wie sie insb. die Gewerkschaften darstellen[187], die Vorschriften über den Vorstand (§§ 26-28 BGB) entsprechend anzuwenden[188]. Sowohl beim rechts- als auch beim nichtrechtsfähigen Verein ist demnach gemäß § 26 Abs. 2 S. 2 BGB die Vertretungsmacht des Vorstands durch die Satzung mit Wirkung gegen Dritte beschränkbar.

Die Satzung muß allerdings die Vertretungsmacht des Vorstands eindeutig, klar und nach ihrem Zweck auf Außenwirkung gerichtet begrenzen. Allgemeine satzungsmäßige Beschränkungen des Handlungsspielraums des Vorstands wirken zum Schutze des Rechtsverkehrs lediglich intern, nicht aber im Außenverhältnis, da vereinsrechtliches Innenverhältnis und Vertretungsmacht nach außen in persönlicher und sachlicher Hinsicht auseinanderfallen können[189].

Zu prüfen ist damit, ob den Satzungen der Tarifparteien derartige eindeutige Einschränkungen der Vertretungsmacht der Verbandsorgane zu entnehmen sind. *Hillebrand* untersucht in seiner Arbeit die Satzungen der Gewerkschaften. Bei den DGB-Gewerkschaften bestehen danach in der Regel genaue Satzungsbestimmungen, die bestimmte Wirtschaftszweige und Einrichtungen als Organisationsbereiche festlegen und damit entsprechend der Satzung des Dachverbandes, des Deutschen Gewerkschaftsbundes, der Abgrenzung der Zuständigkeitsbereiche der Einzelgewerkschaften und der Vermeidung von gewerkschaftsinterner Konkurrenz dienen. Bei den Voraussetzungen für den Erwerb der Mitgliedschaft verweisen die Satzungen in der Regel auf den Organisationsbereich. Die Organisationsbestimmungen in Verbindung mit den Regelungen über den Erwerb der Mitgliedschaft wenden sich damit in erster Linie an diejenigen, die eintreten wollen, und nicht an den Vorstand. Eine Beschränkung der Vertretungsmacht, die den Anforderungen des § 26 Abs. 2 Satz 2 BGB genügte, kann dem satzungsmäßig festgelegten Organisationsbereich daher im Ergebnis nicht entnommen werden[190].

---

[186] Staudinger/Weick, BGB, § 54, Rn. 35.
[187] Staudinger/Weick, BGB, § 21. Rn. 9.
[188] MüKo/Reuter, BGB, § 54, Rn. 4; Palandt/Heinrichs, BGB, § 54, Rn. 6.
[189] BGH NJW, 1980, 2799, 2800; MüKo/Reuter, BGB, § 26, Rn. 15; Staudinger/Weick, BGB, § 26, Rn. 11; Stöber, Handbuch zum Vereinsrecht, Rn. 285.
[190] Hillebrand, Das Merkmal „Tarifzuständigkeit"..., S. 71; ebenso: Eisenhart Rothe v., Probleme der Tarifzuständigkeit, S. 47, 49 Fn. 2, der aber die Beschränkung der Vertretungsmacht

Dies gilt auch für die Satzungsbestimmungen, nach denen die Gewerkschaften die Interessen ihrer Mitglieder vertreten. Zwar ist hier zuzugeben, daß der Begriff „Mitglied" notwendig den satzungsmäßigen Organisationsbereich mitumfaßt, was auch die üblicherweise in der Satzung festgelegte Pflicht zum Wechsel zeigt, wenn das bisherige Mitglied eine Tätigkeit im Zuständigkeitsbereich einer anderen DGB-Gewerkschaft aufnimmt. Letztlich ist aber der Organisationsbereich nur für die Aufnahme maßgebend und tritt in den Hintergrund, wenn die Aufnahme vollzogen ist[191]. Denn die Auslegung der Satzung hat sich vor allem am Vereinszweck und den danach zu fördernden Mitgliederinteressen zu orientieren[192]. Da sich aber in den Satzungen der Gewerkschaften keine Regelungen für die Konstellationen finden, in denen die Gewerkschaften ihre Zuständigkeit aufgrund von Veränderungen auf Arbeitgeberseite - zum Beispiel Unternehmens- bzw. Betriebszweckänderungen oder Ausgliederungen von Unternehmensteilen auf einen neuen Rechtsträger - verlieren, kann in diesen Fällen nicht davon ausgegangen werden, daß die betreffenden Gewerkschaften bei derartigen arbeitgeberseitigen Veränderungen automatisch auf die Wahrnehmung der Interessen ihrer Mitglieder verzichten wollen[193]. Gerade wenn durch Umstrukturierungen des Arbeitgebers die Tarifzuständigkeit einer anderen Gewerkschaft begründet wird und die Arbeitnehmer in einen – im Verhältnis zum bisherigen Tarifvertrag – neuen, für sie ungünstigeren Tarifvertrag fallen, sind die Arbeitnehmer auf die Hilfe und Vertretung ihrer alten Gewerkschaft angewiesen[194].

Den Satzungen der Gewerkschaften ist folglich eine Begrenzung der Vertretungsmacht der Verbandsorgane auf den satzungsmäßig festgelegten Organisationsbereich grundsätzlich nicht zu entnehmen. Die Tarifzuständigkeit kann damit nicht als auf den Organisationsbereich der Koalitionen begrenzte Vertretungsmacht verstanden werden.

2. Die Tarifzuständigkeit als Beschränkung der Vertretungsmacht durch den Vereinszweck

Da im Vereinsrecht die Vertretungsmacht des Vorstands auf den Vereinszweck beschränkt sei, sehen andere die Tarifzuständigkeit als durch den Verbands-

---

des Vorstands in erster Linie im Zusammenhang mit dem Problem der Außenwirkung der Satzung untersucht.

191 Hillebrand, Das Merkmal „Tarifzuständigkeit"..., S. 72.

192 Staudinger/Weick, BGB, § 25, Rn. 16; Stöber, Handbuch zum Vereinsrecht, Rn. 41.

193 Hillebrand, Das Merkmal „Tarifzuständigkeit"..., S. 73; s. dazu ausführlich unten 3. Teil C. I.

194 Hillebrand, Das Merkmal „Tarifzuständigkeit"..., S. 74.

zweck beschränkte Vertretungsmacht an[195]. Nach *Hillebrand* sei der Verbandszweck erst überschritten, wenn Tarifverträge für Mitglieder abgeschlossen werden sollen, die objektiv erkennbar nicht mehr in den Organisationsbereich fielen und daher satzungswidrig aufgenommen worden seien[196]. *Blank* zufolge trete die Beschränkung der Vertretungsmacht durch den Vereinszweck nur in Fällen offensichtlicher satzungsmäßiger Unzuständigkeit ein[197]. Hinter beiden Ansätzen steckt der Versuch, die Gewerkschaften durch Kompetenzausweitung vor dem Einwand der mangelnden Tarifzuständigkeit durch die Arbeitgeberseite und damit vor der Durchführung rechtswidriger Arbeitskämpfe zu schützen. In diesem Fall besteht für die Gewerkschaften die Gefahr, durch die Arbeitgeber auf Schadensersatz in Anspruch genommen zu werden. Das Verfahren nach §§ 2a Abs. 1 Nr. 4, 97 ArbGG schaffe keine Abhilfe durch eine rasche Klärung der Tarifzuständigkeit. Vielmehr komme es häufig angesichts langer Verfahrensdauern, wie der Fall Allfloor[198] zeige, zu einem nicht gerechtfertigten Eingriff in die durch Art. 9 Abs. 3 GG geschützte Betätigungsfreiheit der Gewerkschaften[199]. Auch sei die Bestimmung der Tarifzuständigkeit nach der herrschenden Meinung in vielen Fällen, zum Beispiel bei Mischbetrieben, äußerst schwierig[200]. Dabei haben beide vor allem die Konstellationen vor Augen, in denen durch Veränderungen auf Arbeitgeberseite nach der herrschenden Meinung die bisherige Gewerkschaft ihre Tarifzuständigkeit verliert[201]. Hier soll die bisherige Gewerkschaft in dem durch den Satzungszweck vorgegebenen Rahmen weiter tariflich zuständig bleiben. Die Arbeitgeberseite sei in diesen Fällen nicht vor der ihr bekannten Gewerkschaft zu schützen[202].

Hillebrands und *Blanks* Auffassungen können aber nur aufrechterhalten werden, wenn im Vereinsrecht die Vertretungsmacht des Vorstands tatsächlich durch den Vereinszweck begrenzt ist und sich diese Beschränkung auch von ihrer Schutzrichtung her in das Tarifrecht einfügen läßt.

---

[195] Blank, Die Tarifzuständigkeit der DGB-Gewerkschaften, S. 110, 111, der allerdings nur von einer Analogie zu der vereinsrechtlichen Lehre von der Beschränkung der Vertretungsmacht durch den Vereinszweck ausgeht; Hillebrand, Das Merkmal „Tarifzuständigkeit"..., S. 67, 94; Konzen, Festschrift für Alfons Kraft, S. 291, 302, 304.

[196] Hillebrand, Das Merkmal „Tarifzuständigkeit"..., S. 84, 94.

[197] Blank, Die Tarifzuständigkeit der DGB-Gewerkschaften, S. 108, 110.

[198] BAG AP Nr. 4 zu § 2 TVG Tarifzuständigkeit.

[199] Blank, Die Tarifzuständigkeit der DGB-Gewerkschaften, S. 87.

[200] Hillebrand, Das Merkmal „Tarifzuständigkeit"..., S. 83.

[201] Hillebrand, Das Merkmal „Tarifzuständigkeit"..., S. 77 spricht von kurzfristig eintretenden Veränderungen der tarifpolitischen „Landschaft".

[202] Hillebrand, Das Merkmal „Tarifzuständigkeit"..., S. 87.

a) Die Beschränkung der Vertretungsmacht durch den Vereinszweck

Nach einer Ansicht ist im Vereinsrecht die Vertretungsmacht des Vorstands grundsätzlich durch den Vereinszweck beschränkt. Ein an diesem Vereinszweck gemessenes Überschreiten der Vertretungsmacht liege vor, wenn für den Geschäftsgegner ohne Kenntnis der internen Vereinsverhältnisse ohne weiteres erkennbar sei, daß das betreffende Geschäft nach der ganzen Anlage und dem typischen Betätigungsfeld ganz außerhalb des Vereinszwecks liege[203]. Auch der Bundesgerichtshof vertrat zunächst diese Ansicht[204]. In einer späteren Entscheidung hat er aber offengelassen, ob dem weiterhin zu folgen ist[205].

Die Gegenmeinung lehnt eine derartige Begrenzung der Vertretungsmacht ab[206]. Auch wenn der Vereinsvorstand intern gegen bestehende Beschränkungen oder den satzungsmäßigen Vereinszweck verstoße, handele er nach außen im Rahmen seiner durch Gesetz oder Satzung verliehenen Vertretungsmacht[207]. Zur Lösung seien in diesen Fällen die Grundsätze des Mißbrauchs der Vertretungsmacht heranzuziehen Nach diesen Grundsätzen kann der Vertretene einer Inanspruchnahme aus dem geschlossenen Rechtsgeschäft den Einwand der unzulässigen Rechtsausübung gem. § 242 BGB entgegenhalten, soweit der Vertreter von seiner Vertretungsmacht in ersichtlich verdächtiger Weise Gebrauch gemacht hat, so daß beim Geschäftsgegner begründete Zweifel entstehen mußten (objektive Evidenz), ob nicht ein Treueverstoß des Vertreters gegenüber dem Vertretenen vorliege[208]. Hat der Vertretene durch Unterlassen zumutbarer Kontrollmaßnahmen den Mißbrauch ermöglicht, sind die nachteiligen Rechtsfolgen analog § 254 BGB aufzuteilen[209]. Im Fall gesetzlich unbeschränkter Vertretungsmacht wird zum Teil zusätzlich verlangt, daß der Vertreter bewußt zum

[203] Larenz/Wolf, Allgemeiner Teil, § 10, Rn. 75; Palandt/Heinrichs, BGB, § 26, Rn. 5; Sauter/Schweyer, Der eingetragene Verein, Rn. 233; Stöber, Handbuch zum Vereinsrecht, Rn. 286.

[204] BGH JZ 1953, S. 474, 475.

[205] BGH NJW 1980, S. 2799, 2800.

[206] Flume, Die juristische Person, § 10 II, S. 370; MüKo/Reuter, BGB, § 26, Rn. 19, 20; Reichert, Vereins- und Verbandsrecht, Rn. 1396; K. Schmidt, Gesellschaftsrecht, § 8 V. 2.; ders., AcP 184, S. 529, 536, 537; Soergel/Hadding, BGB, § 26, Rn. 20; Staudinger/Weick, BGB, § 26, Rn. 9.

[207] Reichert, Vereins- und Verbandsrecht, Rn. 1459.

[208] BGHZ 50, 112, 114; 113, 315, 320; BGH NJW 1999, S. 2883; Larenz/Wolf, Allgemeiner Teil, § 46, Rn. 150; Palandt/Heinrichs, BGB, § 164, Rn. 14; ebenso MüKo/Schramm, BGB, § 164, Rn. 114 119 und Staudinger/Schilken, BGB, § 167, Rn. 103, die aber hinsichtlich der Rechtsfolgen §§ 177-180 BGB analog anwenden möchte.

[209] BGHZ 50, 112, 114; 113, 315, 320; BGH NJW 1999, S. 2883; Palandt/Heinrichs, BGB, § 164; Rn. 14; ablehnend: Larenz/Wolf, Allgemeiner Teil, § 46, Rn. 150; MüKo/Schramm, BGB, § 164, Rn. 122.

Nachteil des Vertretenen gehandelt hat und dies dem Dritten schuldhaft nicht bekannt geworden ist[210]. Die Beschränkung der Organvertretungsmacht durch den Satzungszweck laufe dagegen letztlich auf eine Übernahme der ultra-vires-Lehre hinaus[211]. Diese sei aber dem deutschen Privatrecht fremd, wie schon § 82 Abs. 1 AktG und § 37 Abs. 2 GmbHG zeigten. Der Verkehrsschutz genieße grundsätzlich Vorrang. Die Beschränkung der Vertretungsmacht durch Vereinszweck widerspreche angesichts weitgehender wirtschaftlicher Betätigung den heutigen Vereinsstrukturen. Zudem sei es problematisch, wo die Grenzen des Vereinszweckes zu ziehen seien[212]. Soweit der Geschäftspartner im konkreten Einzelfall aber erkennen könne, daß das Geschäft in keinem Zusammenhang mit den typischen Zwecken des Vereins stehe, könnten billige Ergebnisse über die Grundsätze des Mißbrauchs der Vertretungsmacht erzielt werden. *Karsten Schmidt* weist für das Liquidationsrecht darauf hin, daß auch die Rechtsprechung des Bundesgerichtshofes nicht konsequent die Beschränkung der Vertretungsmacht auf den Liquidationszweck angenommen, sondern immer wieder zugunsten der Geschäftsgegner Vertrauensschutzerwägungen angestellt habe. Daß der Bundesgerichtshof sich dabei faktisch die Grundsätze des Mißbrauchs der Vertretungsmacht zu eigen mache, zeige auch, daß er die Beweislast für die fehlende Schutzbedürftigkeit des Geschäftsgegners der Liquidationsgesellschaft auferlege[213].

In der Tat erscheint es vorzugswürdig, eine Beschränkung der Organvertretungsmacht durch den Vereinszweck abzulehnen. Denn diese Ansicht schränkt den Rechtsverkehr von vornherein ein, ohne daß dies zum Schutz des Vereins und seiner Mitglieder erforderlich ist. Das Interesse des Vereins und seiner Mitglieder an der Einhaltung des Vereinszwecks kann über die Grundsätze des Mißbrauchs der Vertretungsmacht ausreichend berücksichtigt werden. Diese Grundsätze gewährleisten, daß im konkreten Einzelfall sachgerecht entschieden werden kann, ob dem Verkehrsschutz oder aber dem Schutz des vertretenen Vereins und seiner Mitglieder der Vorrang einzuräumen ist. Danach trägt das Risiko des Mißbrauchs der Vertretungsmacht - ganz im Sinne der von *Karsten Schmidt* skizzierten Rechtsprechung - grundsätzlich der vertretene Verein. Im Falle objektiver Evidenz des Mißbrauchs der Vertretungsmacht muß der Verein das Geschäft aber nicht gegen sich gelten lassen.

Diese Ausführungen zeigen, daß *Blanks* und *Hillebrands* Meinungen bereits in ihrem Ansatz problematisch sind. Aber unabhängig davon, ob man die Vertre-

---

210 BGHZ 50, 112, 114; kritisch dazu: Medicus, Bürgerliches Recht, Rn. 117; MüKo/Schramm, § 164, Rn. 113.
211 Flume, Die juristische Person, § 10 II, S. 370; K. Schmidt, AcP 184, S. 529, 536, 537.
212 Reichert, Vereins- und Verbandsrecht, Rn. 1396.
213 K. Schmidt, Gesellschaftsrecht, § 8 V. 2.

tungsmacht als durch den Vereinszweck begrenzt ansieht, ist zu prüfen, ob sich die (beschränkte) Vertretungsmacht überhaupt von der Schutzrichtung her als Tarifzuständigkeit in das Tarifrecht einfügt.

b) Die Schutzrichtung der Beschränkung der Vertretungsmacht durch den Vereinszweck

Die vorstehenden Erwägungen haben gezeigt, daß es bei der Frage, ob die Vertretungsmacht eines Vereins durch den Vereinszweck begrenzt ist bzw. ob ein Mißbrauch der Vertretungsmacht des Vorstandes vorliegt, um den Schutz des Vereins vor nachteiligen Rechtsgeschäften geht, die der Vorstand unter Außerachtlassung vereinsinterner Beschränkungen abschließt. Letztlich handelt es sich damit um eine Abwägung von Interessen zwischen den beiden Vertragspartnern unter Berücksichtigung der beiderseits zurechenbaren Risiken[214]. Im Ergebnis ist in diesem Zusammenhang also zu ermitteln, wann zum Schutze des Vereins der Rechtsverkehr Einschränkungen hinnehmen muß.

Damit ist aber bereits dargetan, daß die (beschränkte) Vertretungsmacht unmittelbar nicht die Bedeutung der Tarifzuständigkeit erklären kann, die diese im Tarifrecht erfährt. Die Beschränkung der Vertretungsmacht durch den Vereinszweck bzw. nach den Grundsätzen des Mißbrauchs der Vertretungsmacht wird zum Schutz des vertretenen Vereins erhoben, nicht aber zum Schutz des Geschäftsgegners. Die Tarifzuständigkeit spielt aber hauptsächlich - wie bereits oben aufgezeigt - im deutschen Tarifrecht bei der Rechtmäßigkeit von Arbeitskämpfen um (Firmen-) Tarifverträge eine Rolle. Sie wird von der Arbeitgeberseite als Einwand hervorgebracht, um sich so vor der arbeitskampfrechtlichen Inanspruchnahme und damit vor dem Abschluß eines Tarifvertrages mit einer nicht für sie zuständigen Gewerkschaft zu schützen. In dieser Konstellation hat die Tarifzuständigkeit also eine entgegengesetzte Schutzrichtung als die Beschränkung der Vertretungsmacht im Vereinsrecht. Die Tarifzuständigkeit fügt sich damit nicht als Umfang der Vertretungsmacht in die vom Bundesarbeitsgericht vertretene Rechtsprechung ein. Auch kann mit dem Verständnis der Tarifzuständigkeit als Beschränkung der Vertretungsmacht nicht erklärt werden, warum das Bundesarbeitsgericht die Wirksamkeit eines Tarifvertrages mangels Tarifzuständigkeit verneint, obwohl beide Seiten der tarifschließenden Parteien einen Tarifvertrag in Übereinstimmung und mit Zustimmung ihrer Mitglieder

[214] MüKo/Schramm, BGB, § 164, Rn. 106.

geschlossen haben und damit ein Schutzbedürfnis weder der einen noch der anderen Seite vorlag[215].

c) Der Verstoß gegen den Satzungszweck bzw. Mißbrauch der Vertretungsmacht zum Nachteil der Gewerkschaft

Trotz dieser unterschiedlichen Interessenlage ließe sich die Ansicht, die Tarifzuständigkeit als Frage der Vertretungsmacht zu begreifen, aufrecht erhalten, wenn ein Gewerkschaftsvorstand durch den Abschluß von Tarifverträgen, bei denen offensichtlich keine Zuständigkeit der Gewerkschaft gegeben ist, tatsächlich den innergewerkschaftlichen Verbandszweck mißachtet bzw. seine Vertretungsmacht mißbraucht. Derartige Tarifverträge wären bei Nichtanwendung von § 177 Abs. 1 BGB unwirksam[216] bzw. ihnen könnte nach der Lehre vom Mißbrauch der Vertretungsmacht der Einwand der unzulässigen Rechtsausübung entgegengehalten werden. Eine Erzwingung dieser Tarifverträge durch Arbeitskampfmaßnahmen müßte ausscheiden und könnte damit auch von Arbeitgeberseite zurückgewiesen werden. So würde auch nach dieser Begründung zumindest mittelbar die Tarifzuständigkeit die Bedeutung erhalten, die ihr in der tariflichen Praxis als Einwand der Arbeitgeberseite gegen gewerkschaftliche Arbeitskämpfe zuteil wird.

Folglich ist zu prüfen, ob der Abschluß von Tarifverträgen durch den Gewerkschaftsvorstand im Falle offensichtlicher Unzuständigkeit der Gewerkschaft tatsächlich außerhalb des Verbandszwecks liegt. Ausgehend von dem Schutzzweck der Beschränkung der Vertretungsmacht, den Verein vor nachteiligen Folgen eines durch den Vorstand abgeschlossenen Rechtsgeschäfts zu bewahren, muß also mit dem Abschluß ein Verstoß gegen den Vereinszweck verbunden sein, der für den Verein einen Nachteil mit sich bringt. Dies zeigt gerade der Vergleich zur Lehre vom Mißbrauch der Vertretungsmacht. Soweit man - wie hier - die Anwendung der Grundsätze über den Mißbrauch der Vertretungsmacht für vorzugswürdig hält, ist zu untersuchen, ob in diesen Fällen tatsächlich ein Mißbrauch der Vertretungsmacht vorliegt. Dieser ist dann anzunehmen, wenn der Vertreter im Widerspruch zu den objektiven Interessen des Vertretenen handelt und dem Vertretenen dadurch ein Nachteil zufügt[217]. Soweit der Vertretene mit der Vornahme des Rechtsgeschäfts einverstanden ist, scheidet ein

---

[215] BAG AP Nr. 7 zu § 2 TVG Tarifzuständigkeit.

[216] S.o. 1. Teil B. V. 1.

[217] Flume, Die juristische Person, § 10 II, S. 372, 373; MüKo/Schramm, BGB, § 164, Rn. 113; Staudinger/Schilken, BGB, § 167, Rn. 94.

Mißbrauch aus[218]. Die Beschränkung der Vertretungsmacht durch den Vereinszweck verfolgt aber wie die Grundsätze des Mißbrauchs der Vertretungsmacht - wie oben gezeigt - letztlich dasselbe Ziel. Es geht um den Ausgleich der Interessen zwischen Vertretenem und Geschäftsgegner bei Einschaltung eines Vertreters. Auf der einen Seite steht der Schutz des Vertretenen vor nachteiligen Rechtsfolgen, auf der anderen Seite das Interesse des Geschäftsgegners am Bestand des abgeschlossenen Rechtsgeschäfts. Allein Regel und Ausnahme werden vertauscht. Hier trägt das Risiko einer Überschreitung der Vertretungsmacht ausweislich des § 177 BGB grundsätzlich der Geschäftsgegner, dort das Risiko eines Mißbrauch der Vertretungsmacht grundsätzlich der Vertretene[219]. Es kommt also, auch wenn man der Lehre von der Beschränkung der Vertretungsmacht folgt, darauf an, ob mit dem Abschluß eines Tarifvertrages, der offensichtlich außerhalb des Organisationsbereiches der Gewerkschaft liegt, ein Verstoß gegen den Satzungszweck und damit ein Nachteil für die Gewerkschaft einhergeht. Die Satzung als körperschaftliche Verfassung des Vereins ist dabei vor allem am Vereinszweck und an den Interessen der Mitglieder auszulegen[220].

Ein Verstoß gegen die Interessen der Mitglieder kann in einem außerhalb der Zuständigkeit der Gewerkschaft geschlossenen Tarifvertrag aber nicht liegen. Satzungsgemäß aufgenommene Mitglieder werden vom Geltungsbereich derartiger Tarifverträge nicht erfaßt und damit von dessen Regelungen nicht betroffen. Insoweit werden also die Mitgliederinteressen nicht nachteilig berührt. Da sich die Macht und die Bedeutung einer Gewerkschaft auch im Umfang ihrer tariflichen Betätigung zeigt, ist vielmehr davon auszugehen, daß Tarifverträge außerhalb des Organisationsbereichs im Interesse der satzungsmäßigen Mitglieder liegen. Soweit die Gewerkschaft dadurch auch Interessen satzungswidrig aufgenommener Mitglieder wahrnimmt, kann nichts anderes gelten. *Hillebrand*, der die Tarifzuständigkeit als Vertretungsmacht für satzungsgemäß aufgenommene Mitglieder versteht, weist zutreffend darauf hin, daß die Anzahl der Mitglieder für die Stärke und das gesellschaftspolitische Gewicht einer Koalition förderlich sei[221]. Tarifverträge außerhalb des satzungsmäßigen Geschäftsbereiches beeinträchtigen folglich die Belange der Mitglieder nicht, sondern liegen, da sie geeignet sind, die Bedeutung einer Gewerkschaft zu steigern, im Interesse der Mitglieder.

Zu untersuchen bleibt damit, ob der Abschluß derartiger Tarifverträge gegen den Satzungszweck einer Gewerkschaft verstößt. Satzungszweck einer Gewerk-

---

218 BGH NJW 1962, S. 1718, 1719.

219 Flume, Die juristische Person, § 10 II, S. 374; K. Schmidt, AcP 184, S. 529, 537.

220 Soergel/Hadding, § 25, Rn. 32; Stöber, Handbuch zum Vereinsrecht, Rn. 41.

221 Hillebrand, Das Merkmal „Tarifzuständigkeit“..., S. 85.

schaft ist die Sicherung und Verbesserung der Einkommen und Arbeitsbedingungen ihrer Mitglieder durch den Abschluß von Tarifverträgen mit der Arbeitgebeseite. Die Gewerkschaften nehmen nach ihren Satzungen dabei grundsätzlich nur diejenigen Arbeitnehmer als Mitglieder auf, die in den satzungsmäßig festgelegten Organisationsbereich fallen. Soweit man daher den Satzungszweck einer Gewerkschaft in der Wahrnehmung der mitgliedschaftlichen Interessen nur im satzungsmäßig aufgeführten Organisationsbereich einer Gewerkschaft sieht, dienen Tarifverträge außerhalb des Geschäftsbereiches der Gewerkschaft zwar nicht diesem Zweck. Ein Verstoß gegen den Satzungszweck zum Nachteil der Gewerkschaft liegt aber hierin nicht. Wie im Zusammenhang mit der Beschränkung der Vertretungsmacht bereits dargestellt, tritt nach Begründung eines Mitgliedschaftsverhältnisses die Frage des satzungsmäßigen Organisationsbereiches ohnehin zurück[222]. Von diesem Zeitpunkt an ist grundsätzlich von dem Anspruch der Gewerkschaft auszugehen, die Belange ihrer aufgenommenen Mitglieder umfassend zu vertreten. Dies gilt auch und vor allem dann, wenn durch Maßnahmen der Arbeitgeberseite, zum Beispiel Ausgliederungen von Unternehmensteilen auf einen neuen Rechtsträger oder Unternehmens- bzw. Betriebszweckänderungen, die Zuständigkeit der bisherigen Gewerkschaft offensichtlich nicht mehr gegeben ist. Folglich verstößt insoweit der Abschluß von Tarifverträgen auch im Falle offensichtlicher Unzuständigkeit der Gewerkschaft nicht gegen den Satzungszweck, sondern kann sogar dem Satzungszweck dienlich sein.

Hillebrand dagegen bejaht im Falle des Abschlusses eines Tarifvertrages für satzungswidrig aufgenommene Mitglieder einen Verstoß gegen den Satzungszweck. Auch die Koalitionssatzung stehe unter dem Primat der sinnvollen Ordnung des Arbeitslebens. Daher sei im Rahmen des Koalitionszwecks der verfassungsrechtliche Auftrag des Art. 9 GG zu berücksichtigen, gemeinsam mit dem sozialen Gegenspieler Tarifnormen zu vereinbaren. Dabei seien die Koalitionen zur billigen Rücksichtnahme auf die schutzwürdigen Interessen des anderen Teiles verpflichtet. Sofern diese außer acht gelassen werde, werde daher auch gegen den Verbandszweck verstoßen[223]. Dies sei bei der Inanspruchnahme des sozialen Gegenspielers auf Abschluß eines Tarifvertrages für satzungswidrig aufgenommene Mitglieder, das heißt nach *Hillebrands* Auffassung Mitglieder erkennbar außerhalb des Organisationsbereiches einer Koalition, aber gegeben. In diesem Fall sei die gegnerische Partei von der Inanspruchnahme überrascht und könne daher nicht dieselbe Kampfkraft entwickeln, da sie dem Organisationsbereich der Gewerkschaft die Ausdehnung der Zuständigkeit nicht entnehmen könne und nach herrschender Meinung für die Arbeitgeberseite auch kein Fragerecht

---

[222] S.o. 1. Teil V 1.

[223] Hillebrand, Das Merkmal „Tarifzuständigkeit"..., S. 85, 86.

nach der Gewerkschaftszugehörigkeit bestehe[224]. Der einzelne Arbeitgeber oder Arbeitgeberverband habe nicht die Gelegenheit, sich auf die gewerkschaftliche Inanspruchnahme durch Bei- oder Übertritt in einen anderen Arbeitgeberverband bzw. Gründung einer neuen Vereinigung einzustellen. Daher sei in diesem Falle das im Tarifrecht erforderliche Machtgleichgewicht und die damit verbundene Verfahrensgerechtigkeit nicht gewährleistet[225]. Soweit also ein Tarifvertrag für satzungswidrig aufgenommene Mitglieder abgeschlossen werde, liege eine Überschreitung der Vertretungsmacht wegen Widerspruchs zu dem Vereinszweck vor[226].

Unabhängig davon, ob die Koalitionssatzung dem Auftrage des Art. 9 Abs. 3 GG zufolge dem Ziel einer sinnvollen Ordnung des Arbeitslebens verpflichtet ist, ist *Hillebrands* Auffassung dennoch abzulehnen. Eine überraschende Inanspruchnahme des sozialen Gegenspielers würde auch im Falle der offensichtlichen Unzuständigkeit einer Gewerkschaft regelmäßig nicht gegeben sein. Zwar hat der Arbeitgeber in der Tat nach ganz herrschender Meinung bei der Einstellung von Arbeitnehmern nicht das Recht, nach der Gewerkschaftszugehörigkeit zu fragen[227]. Im Zuge der Durchführung des Arbeitsverhältnisses ist ihm aber nach richtiger Ansicht zur Feststellung etwaiger tariflicher Bindungen ein Fragerecht nach der Gewerkschaftszugehörigkeit zuzubilligen[228]. Bereits dadurch würde aber eine überraschende Inanspruchnahme des Arbeitgebers ausscheiden, da eine Gewerkschaft in der Regel nur effektive Tarifpolitik leisten kann, wenn sie sich aufgrund von Mitgliedern in den betreffenden Unternehmen des Rückhalts sicher sein kann. Zudem erscheint die Annahme eines überraschenden Auftretens einer Gewerkschaft realitätsfern. Eine Gewerkschaft ist grundsätzlich daran interessiert, sich in den Unternehmen, für die sie tariflich aktiv werden will, zu präsentieren und die Arbeitnehmer zur Werbung von Mitgliedern über ihre Ziele und Betätigungen zu informieren. Dabei tritt sie auch nach außen, also für die Arbeitgeberseite erkennbar, auf. Eine überraschende Inanspruchnahme der Arbeitgeberseite durch eine offensichtlich unzuständige Gewerkschaft ist mithin ausgeschlossen. Die Ansicht *Hillebrands* krankt aber - wie andere Ansätze auch - an einem unzulässigen Zirkelschluß. Sie geht davon aus, daß bei der Inanspruchnahme des Arbeitgebers durch eine Gewerkschaft, die erkennbar außerhalb ihres Organisationsbereiches auftritt, der Arbeitgeber seine tarifvertraglichen Interessen nicht in dem bisherigen Arbeitgeberverband wahrnehmen kön-

---

224 Hillebrand, Das Merkmal „Tarifzuständigkeit"..., S. 87.

225 Hillebrand, Das Merkmal „Tarifzuständigkeit"..., S. 88.

226 Hillebrand, Das Merkmal „Tarifzuständigkeit"..., S. 89.

227 Hanau/Adomeit, Arbeitsrecht, Rn. 630; Moritz, NZA 1987, S. 329, 332; kritisch: Schaub, Arbeitsrechts-Handbuch, § 26, Rn. 18.

228 GK/Kraft, BetrVG, § 94, Rn. 26; Kasseler Handbuch/Künzl, 2.1, Rn.. 105; MünchArbR/Buchner, § 41, Rn. 18.

ne. Damit setzt *Hillebrand* aber das voraus, was er eigentlich zu begründen versucht. Denn ließe man das Merkmal der Tarifzuständigkeit als Wirksamkeitsvoraussetzung fallen, wäre in diesem Falle auch auf Arbeitgeberseite die Zuständigkeit des bisherigen Arbeitgeberverbandes gegeben. Der Arbeitgeberverband könnte die Interessen seiner Mitglieder auch gegenüber Gewerkschaften, die erkennbar außerhalb ihres satzungsmäßigen Organisationsgebietes auftreten, wahrnehmen und mit diesen wirksame Tarifverträge abschließen. Das für das Tarifrecht erforderliche Machtgleichgewicht wäre mithin nicht gefährdet. *Hillebrands* Ansicht ist damit auch von ihrem Ausgangspunkt her abzulehnen.

Der Abschluß von Tarifverträgen, die offensichtlich außerhalb der satzungsmäßigen Zuständigkeit einer Koalition liegen, verstößt nicht gegen den Koalitionszweck. Soweit man die Begrenzung der Vertretungsmacht durch den Vereinszweck ablehnt und die Grundsätze des Mißbrauchs der Vertretungsmacht anwenden möchte, kann darin auch ein Mißbrauch durch die den Tarifvertrag abschließenden Verbandsorgane zum Nachteil der Gewerkschaft nicht erblickt werden.

d) Die Analogie zu der Lehre von der Beschränkung der Vertretungsmacht durch den Vereinszweck

Blank bejaht unter Hinweis auf die - oben festgestellte - unterschiedliche Schutzrichtung eine analoge Anwendung der vereinsrechtlichen Lehre von der Beschränkung der Vertretungsmacht des Vereinsvorstands durch den Satzungszweck mit der Folge, daß die Tarifunzuständigkeit auf Fälle offensichtlicher, das heißt für Gewerkschafts- und Arbeitgeberseite zweifelsfrei erkennbarer, Unzuständigkeit zu beschränken sei. Wie im Vereinsrecht sei in diesen Fällen beiden Seiten und auch den tarifgebundenen Verbandsmitgliedern klar, daß der Gewerkschaftsvorstand seine satzungsgemäßen Befugnisse überschreite. Die Beteiligten seien in ihrem Vertrauen auf den Bestand des Tarifvertrages nicht schutzwürdig[229].

Eine Analogie setzt neben einer - von *Blank* nicht erläuterten - Regelungslücke aber einen rechtsähnlichen Tatbestand voraus. Für die Übertragung der für einen oder mehrere Tatbestände im Gesetz vorgesehenen Regel auf einen anderen Tatbestand ist also erforderlich, daß die Tatbestände in den für die rechtliche Bewertung maßgeblichen Hinsichten übereinstimmen. Dafür ist die hinter der

---

[229] Blank, Die Tarifzuständigkeit der DGB-Gewerkschaften, S. 109, 110.

gesetzlichen Regel stehende Wertung zu ermitteln[230]. Den Nachweis der Rechtsähnlichkeit der Tatbestände bleibt *Blank* aber schuldig. Er kann im übrigen auch nicht erbracht werden, da die hinter der Beschränkung der Vertretungsmacht auf den Vereinszweck stehende Wertung - der Schutz des Vereins vor nachteiligen Rechtsgeschäften - wie gesehen im Tarifrecht nicht eingreift. *Blanks* Ansatz ist von dem Wunsch gekennzeichnet, eine bestimmte Rechtsfolge, Tarifunzuständigkeit nur bei offensichtlicher Unzuständigkeit der Gewerkschaft, zu erzielen. Eine Analogie zu der vereinsrechtlichen Lehre von der Beschränkung der Vertretungsmacht durch den Vereinszweck stellt dafür aber keine tragfähige dogmatische Grundlage dar.

e) Ergebnis

Die Tarifzuständigkeit ist somit nicht als Beschränkung der Vertretungsmacht auf den Koalitionszweck zu erklären. Soweit diese vereinsrechtliche Lehre nicht bereits grundsätzlich abgelehnt wird, greift sie aber von ihrer Schutzrichtung her im Tarifrecht nicht ein. Auch verstößt der Abschluß eines Tarifvertrages durch den Vorstand einer offensichtlich nicht zuständigen Gewerkschaft weder gegen den Vereinszweck noch birgt er für die vertretene Gewerkschaft einen Nachteil in sich.

VI. Die Tarifzuständigkeit als richterrechtliche Ausgestaltung des Art. 9 Abs. 3 GG

Da das Bundesarbeitsgericht in ständiger Rechtsprechung die Tarifzuständigkeit als Wirksamkeitsvoraussetzung eines Tarifvertrages ansieht, kommt das Merkmal nur noch als richterrechtliche Ausgestaltung des Art. 9 Abs. 3 GG in Betracht. Die Kompetenz der Gerichte zur Ausfüllung von Gesetzeslücken, also planwidrigen Unvollständigkeiten des Gesetzes, ist seit langem anerkannt[231] und hat auch gesetzlich ihren Niederschlag gefunden. Nach § 45 Abs. 4 ArbGG beispielsweise kann der Große Senat beim Bundesarbeitsgericht angerufen werden, wenn dies zur „Fortbildung des Rechts“ erforderlich ist. Auch das Bundesverfassungsgericht hat bereits in seiner frühesten Rechtsprechung auf die Möglich-

---

[230] Larenz/Canaris, Methodenlehre der Rechtswissenschaft, S. 202; Palandt/Heinrichs, BGB, Einleitung, Rn. 40.

[231] Larenz/Canaris, Methodenlehre der Rechtswissenschaft, S. 187; Preis, ZfA 1972, S. 271, 277; Zippelius, Juristische Methodenlehre, S. 80.

keit richterlicher Rechtsfortbildung hingewiesen[232]. In seiner Entscheidung zum Geldersatz für immaterielle Schäden bei schweren Verletzungen des allgemeinen Persönlichkeitsrechts führt es aus, daß - was Art. 20 Abs. 3 GG zeige - gegenüber den positiven Satzungen der Staatsgewalt unter Umständen ein Mehr an Recht bestehen könne, das seine Quelle in der verfassungsmäßigen Ordnung als einem Sinnganzen besitze und dem geschriebenen Recht gegenüber als Korrektiv zu wirken vermöge. Dieses zu finden und in Entscheidungen zu verwirklichen sei Aufgabe der Rechtsprechung[233].

Dabei ist zunächst grundsätzlich zu untersuchen, wann richterliche Rechtsfortbildung an die Stelle von Gesetzesrecht treten darf.

1. Die Zulässigkeit der richterlichen Rechtsfortbildung

Für diese kompetenzrechtliche Frage sind zwei Grundsätze maßgebend. Soweit das Grundgesetz einen ausdrücklichen Gesetzesvorbehalt normiert und damit ein Tätigwerden des Gesetzgebers fordert, ist eine richterliche Rechtsfortbildung von vornherein ausgeschlossen[234]. Die verfassungsrechtliche Grundlage für die Betätigung der Koalitionen, Art. 9 Abs. 3 GG, sieht als schrankenlos gewährleistetes Grundrecht einen Gesetzesvorbehalt aber gerade nicht vor und schließt damit eine richterliche Rechtsfortbildung im vorliegenden Falle nicht aus. Allerdings ist zu beachten, daß spezielle Gesetzesvorbehalte anderer Grundrechte auf Art. 9 Abs. 3 GG zu übertragen sind, wenn die Koalitionsfreiheit diese Grundrechte mitumschließt[235]. Das Merkmal der Tarifzuständigkeit berührt jedoch Schutzbereiche anderer Grundrechte nicht. Es betrifft nur das Verhältnis der Koalitionen zueinander und ist damit allein in den Schutzbereich der Koalitionsfreiheit des Art. 9 Abs. 3 GG einzuordnen. Eine richterrechtliche Rechtsfortbildung ist damit nicht durch einen Gesetzesvorbehalt ausgeschlossen.

Zusätzlich ist für das Verhältnis von Gesetzgebung und richterlicher Rechtsfortbildung die vom Bundesverfassungsgericht entwickelte, aus Art. 20 Abs. 3 GG abgeleitete Wesentlichkeitslehre zu beachten: Danach hat in allen grundlegenden normativen Bereichen, insb. im Bereich der Grundrechtsausübung, grundsätzlich der Gesetzgeber alle wesentlichen Entscheidungen selbst zu treffen[236].

---

[232] BVerfGE 3, 225, 243, 244.
[233] BVerfGE 34, 269, 287.
[234] MünchArbR/Löwisch/Rieble, § 244, Rn. 73.
[235] MünchArbR/Löwisch/Rieble, § 244, Rn. 73, 74.
[236] BVerfGE 49, 89, 126.

Dies ist nicht nur eine selbstverständliche Auswirkung des Gewaltenteilungsprinzips, sondern folgt auch daraus, daß die Legislative durch die Wahl ihrer Vertreter durch das Volk in höherem Maße demokratisch legitimiert ist[237]. Nach dem Bundesverfassungsgericht muß der Gesetzgeber allerdings nur im Verhältnis zwischen Staat und Bürger alle wesentlichen Entscheidungen in grundlegenden normativen Bereichen selbst treffen. Im Verhältnis gleichgeordneter Grundrechtsträger können die Gerichte bei unzureichenden gesetzlichen Vorgaben das materielle Recht mit den anerkannten Methoden der Rechtsfindung aus den allgemeinen Rechtsgrundlagen ableiten, die für das betreffende Rechtsverhältnis maßgebend sind[238]. Da die Tarifzuständigkeit allein das Verhältnis der Tarifvertragsparteien und ihrer Mitglieder untereinander betrifft, sperrt auch die Wesentlichkeitstheorie danach die richterrechtliche Einführung der Tarifzuständigkeit nicht. Nach einer anderen Ansicht gilt im Verhältnis der Koalitionen zueinander und zu ihren und den Mitgliedern der jeweils gegnerischen Koalition die Wesentlichkeitslehre und damit die alleinige Kompetenz des parlamentarisch legitimierten Gesetzgebers aus einem anderen Grund nicht. Die Koalitionen seien im Verhältnis zueinander bereits privatautonom ausreichend legitimiert. Die mitgliedschaftliche Bindung zur jeweils eigenen Koalition schaffe ein privatautonomes Mandat einer jeden Koalition, sich mit dem sozialen Gegenspieler auseinanderzusetzen. In diesem Rahmen sei Richterrecht grundsätzlich zulässig[239].

Nach beiden Ansichten steht damit die Wesentlichkeitslehre einer auf richterlicher Rechtsfortbildung beruhenden Einführung der Tarifzuständigkeit nicht entgegen. Damit bleibt festzuhalten, daß es sich aus kompetenzieller Sicht im vorliegenden Fall um eine zulässige Rechtsfortbildung handelt.

2. Die Voraussetzungen und Grenzen der zulässigen Rechtsfortbildung

Richterliche Rechtsfortbildung beschränkt sich nicht nur auf die Ausfüllung von Gesetzeslücken, sondern kann sich auch durch Aufnahme und Ausbildung neuer Rechtsgedanken vollziehen, die im Gesetz nur eine Andeutung erfahren haben und damit über den Plan des Gesetzes hinausgehen[240]. Das Bundesverfassungsgericht spricht insoweit von „schöpferischer Rechtsfindung“. Die Aufgabe des Richters sei nicht darauf beschränkt, gesetzgeberische Weisungen in den Gren-

---

[237] Wank, Grenzen der Rechtsfortbildung, S. 256.

[238] BVerfGE 84, 212, 226, 227; Jarass/Pieroth, GG, Art. 9, Rn. 39; kritisch: Maunz/Dürig/Scholz, GG, Art. 9, Rn. 168, 312.

[239] MünchArbR/Löwisch/Rieble, § 244, Rn. 78/80.

[240] Larenz/Canaris, Methodenlehre der Rechtswissenschaft, S. 187, 232.

zen des möglichen Wortsinns auf den Einzelfall anzuwenden, sondern erfordere es auch, Wertvorstellungen, die der verfassungsmäßigen Rechtsordnung immanent, aber in den Texten der geschriebenen Gesetze nicht oder nur unvollkommen zum Ausdruck gelangt seien, in einem Akt des bewertenden Erkennens, dem auch willenhafte Elemente nicht fehlten, ans Licht zu bringen und in Entscheidungen zu realisieren[241].

Das Tarifvertragsgesetz beinhaltet eine Ausgestaltung der Tarifautonomie, die sich auf die wesentlichen Merkmale der Voraussetzungen und Wirkungen eines Tarifvertrages beschränkt, der aber einige wichtige Elemente fehlen. Die Voraussetzungen für die Tariffähigkeit von Gewerkschaften und Arbeitgeberverbänden zum Beispiel wurden von der Rechtsprechung aufgestellt und sind später im Staatsvertrag vom 18.05.1990[242] vom Gesetzgeber aufgenommen worden. Die Rechtmäßigkeitsvoraussetzungen für einen Arbeitskampf beruhen vollkommen auf höchstrichterlicher Rechtsprechung. Dies zeigt, daß die geltende gesetzliche Tarifrechtsordnung grundsätzlich keine vollständige und abschließende Regelung der Tarifautonomie darstellt, sondern in vielen Bereichen als Rahmenregelung ergänzungsfähig ist[243]. Anders als bei den genannten Beispielen kann aber im Zusammenhang mit dem Merkmal der Tarifzuständigkeit nicht von einer eigentlichen, also ausfüllungsbedürftigen Unvollständigkeit des Tarifvertragsgesetzes die Rede sein. Das Merkmal der Tarifzuständigkeit geht über die gesetzlichen Anforderungen, die das Tarifvertragsgesetz an einen wirksamen Tarifvertrag stellt, hinaus und stellt ein zusätzliches Wirksamkeitserfordernis dar. Dabei ist zu beachten, daß aufgrund des Gewaltenteilungsprinzips Zweckmäßigkeits- und rechtspolitische Erwägungen grundsätzlich in die Normsetzungsprärogative des Gesetzgebers fallen und damit einer gesetzesübersteigenden Rechtsfortbildung nur wenig Spielraum einzuräumen ist[244]. Auch unter Berücksichtigung der weitgehenden Zurückhaltung des Gesetzgebers im Tarifrecht setzt diese Art der Rechtsfortbildung daher grundsätzlich einen zwingenden Grund voraus[245]. Damit ist also zu prüfen, ob sich das Merkmal der Tarifzustän-

---

[241] BVerfGE 34, 269, 287.
[242] BGBl. II S. 537, Gemeinsames Protokoll über Leitsätze A III 2.
[243] Gaul, ZTR 1991, S. 443, 446.
[244] Jacobs, Tarifeinheit und Tarifkonkurrenz, S. 370, 371.
[245] Larenz/Canaris, Methodenlehre der Rechtswissenschaft, S. 233ff nennt hier die Rechtsfortbildung mit Rücksicht auf die Bedürfnisse des Rechtsverkehrs, mit Rücksicht auf die „Natur der Sache" und mit Rücksicht auf ein rechtsethisches Prinzip als Fallgruppen gesetzesübersteigender Rechtsfortbildung. Für das Merkmal der Tarifzuständigkeit, für das eine Einordnung in die erste Gruppe in Betracht kommt, kann im Hinblick auf den geforderten zwingenden Grund auf die Ausführungen verwiesen werden, die im Rahmen des legitimen Zwecks, s. u. 1. Teil B. VI. 2. c) bb) (2) (a), angestellt werden.

digkeit in den Grenzen hält, die einer solchen gesetzesübersteigenden Rechtsfortbildung gezogen sind.

Zunächst darf die gesetzesübersteigende Rechtsfortbildung nicht mit dem Gesetz unvereinbar sein, d.h. dem Plan des Gesetzes widersprechen, da es sich sonst um ein nur im Ausnahmefall zulässiges contra-legem-Judizieren handeln würde[246]. Die Tarifzuständigkeit schränkt zwar die tariflichen Betätigungsmöglichkeiten der Koalitionen auf ihren satzungsmäßigen Organisationsbereich ein. Damit läuft das Merkmal aber dem Ziel des Tarifvertragsgesetzes, den Tarifpartnern ein funktionsfähiges System der Tarifautonomie bereitzustellen, nicht zuwider. Aufgrund ihrer Satzungsautonomie bleibt es den Tarifparteien selbst überlassen, ihren Organisationsbereich autonom zu bestimmen und damit den Rahmen ihrer tariflichen Betätigungen abzustecken. Zum Teil wird jedoch behauptet, daß der Gesetzgeber mit § 613a BGB eine Norm geschaffen habe, die gegen das Wirksamkeitserfordernis der Tarifzuständigkeit spreche[247]. Die Fortgeltung der bisherigen Tarifnormen nach § 613a Abs. 1 S. 2 BGB werde gerade unabhängig von der Zuständigkeit der alten Tarifparteien angenommen und gelte damit auch für den Fall der möglichen Unzuständigkeit für die veränderte Situation nach dem Betriebsübergang. Das überzeugt aber nicht. § 613a BGB spricht weder für noch gegen die Tarifzuständigkeit, sondern stellt allein eine Regelung für die Problematik des Betriebsinhaberwechsels dar. Die Vorschrift bewirkt ausgehend von den Verhältnissen im Zeitpunkt des Betriebsüberganges für eine Besitzstandswahrung auf arbeitsvertraglicher Grundlage[248] und setzt dabei allein einen Betriebsübergang auf einen anderen Inhaber voraus. Im Mittelpunkt des § 613a BGB steht demnach nur der Betriebsinhaberwechsel, der aber gerade nicht zwangsläufig infolge sich ändernden Betriebsschwerpunktes zu anderen tariflichen Zuständigkeiten für den übergegangenen Betrieb bzw. Betriebsteil führen muß. Zudem ordnet auch § 613a Abs. 1 S. 2 BGB keine unbegrenzte individualrechtliche Weitergeltung der bisherigen Tarifnormen an, sondern beschränkt diese für den Fall nachteiliger Änderungen für den Arbeitnehmer zeitlich unter dem Vorbehalt einer einvernehmlichen Änderung auf ein Jahr nach dem Zeitpunkt des Übergangs. Nimmt man mit der herrschenden Meinung allgemein für das Herausfallen des Arbeitgebers aus dem Zuständigkeitsbereich der Verbände (ohne Betriebsinhaberwechsel) als Rechtsfolge § 4 Abs. 5 TVG analog an[249], läßt sich diese Rechtsfolge durchaus mit der vergleichen, die von § 613a BGB für den Fall des Betriebsinhaberwechsels gegebenenfalls mit veränderten tariflichen Zuständigkeiten angeordnet wird. Auch nach Ansicht des Bundesarbeitsge-

---

[246] Larenz/Canaris, Methodenlehre der Rechtswissenschaft, S. 246.
[247] Blank, Die Tarifzuständigkeit der DGB-Gewerkschaften, S. 80.
[248] BAG AP Nr. 125 zu § 613a BGB.
[249] Dazu s.u. 4. Teil B.

richts unterscheiden sich § 613a BGB und § 4 Abs. 5 TVG in ihren Rechtsfolgen nicht so wesentlich, daß zwischen ihnen unerträgliche Wertungswidersprüche bestünden[250]. § 613a BGB steht damit einer richterrechtlichen Einführung der Tarifzuständigkeit nicht entgegen.

Auch gesetzesübersteigende Rechtsfortbildung muß sich aber - wie die Gesetzgebung auch - im Einklang mit den leitenden Prinzipien der Gesamtrechtsordnung, also insbesondere der Verfassung, halten[251]. Das vom Bundesarbeitsgericht aufgestellte Merkmal der Tarifzuständigkeit kann damit als Wirksamkeitsvoraussetzung eines Tarifvertrages nur dann bestehen, wenn es mit der von Art. 9 Abs. 3 GG geschützten Koalitionsfreiheit vereinbar ist.

a) Der Schutzbereich von Art. 9 Abs. 3 GG

Art. 9 Abs. 3 GG schützt neben der Bildung und dem Bestand sowie der autonomen Regelung der Verbandsorganisation auch die Betätigungsfreiheit der Koalitionen[252]. Nach neuerer Rechtsprechung des Bundesverfassungsgerichts ist dabei die Gewährleistung des Art. 9 Abs. 3 GG nicht von vornherein auf einen sog. Kernbereich beschränkt, der für den Erhalt und die Sicherung einer Koalition als unerläßlich anzusehen ist. Geschützt sind vielmehr alle koalitionsspezifischen Verhaltensweisen[253]. Unabhängig davon fällt der Abschluß von Tarifverträgen durch die Tarifvertragsparteien aber in jedem Fall in den Schutzbereich des Art. 9 Abs. 3 GG. Da die Tarifzuständigkeit als Wirksamkeitsvoraussetzung die tarifliche Rechtssetzungsmacht der Koalitionen auf den satzungsmäßigen Organisationsbereich festlegt, berührt das Merkmal den Schutzbereich von Art. 9 Abs. 3 GG.

---

[250] BAG AP Nr. 123 zu § 613a BGB; ebenso: Kempen/Zachert, TVG, § 3, Rn. 55.

[251] BVerfGE 34, 269, 280; 74, 129, 152; 84, 212, 229; Larenz/Canaris, Methodenlehre der Rechtswissenschaft, S. 232, 246.

[252] MünchArb/Löwisch/Rieble, § 244, Rn. 9; s.o. 1. Teil B. I. 3.

[253] BVerfGE 93, 352, 359; das Bundesverfassungsgericht geht lediglich von einer Klarstellung seiner bisherigen Rechtsprechung aus und macht deutlich, daß die sog. Kernbereichslehre nicht schon tatbestandlich den Schutzbereich von Art. 9 Abs. 3 GG beschränkt, sondern nur schrankenrechtlich Bedeutung hat; Maunz/Dürig/Scholz, GG, Art. 9, Rn. 249, 266.

b) Eingriff oder Ausgestaltung

Zwar ist das Grundrecht der Koalitionsfreiheit vorbehaltlos gewährleistet. Eine Einschränkung ist damit aber nicht von vornherein ausgeschlossen. Sie kann grundsätzlich durch Grundrechte Dritter und andere mit Verfassungsrang ausgestattete Rechte gerechtfertigt sein[254]. Zum Teil wird die Tarifzuständigkeit als Beschränkung der Koalitionsfreiheit und der Tarifautonomie eingeordnet[255].

Dabei stellt aber nicht jede Berührung des Schutzbereichs bei Art. 9 Abs. 3 GG einen Eingriff in die Koalitionsfreiheit dar. Im Rahmen von Art. 9 Abs. 3 GG muß vielmehr zwischen Eingriff und Ausgestaltung differenziert werden. Denn die Koalitionsfreiheit ist in ihrer Bedeutung und in der Vielzahl der von den Tätigkeiten der Koalitionen berührten Belange darauf angewiesen, daß der Gesetzgeber bzw. hilfsweise die Gerichte die von Art. 9 Abs. 3 GG im Prinzip gewährleisteten Rechtspositionen ausgestalten[256]. Die Unterscheidung zwischen Ausgestaltung und Eingriff ist insofern wichtig, da der Grundrechtsschutz des Art. 9 Abs. 3 GG im Bereich der Tarifautonomie nicht für alle koalitionsmäßigen Betätigungen gleich intensiv ist[257]. An die Rechtmäßigkeit einer Ausgestaltung sind mithin geringere Anforderungen zu stellen als an die Rechtfertigung eines Eingriffs.

Zu untersuchen ist damit, ob mit dem Merkmal der Tarifzuständigkeit als Wirksamkeitsvoraussetzung eine Ausgestaltung oder ein Eingriff in den Schutzbereich des Art. 9 Abs. 3 GG gegeben ist.

Ein Eingriff in Art. 9 Abs. 3 GG liegt vor, wenn koalitionsspezifische Tätigkeiten unmöglich gemacht oder erheblich erschwert werden[258]. In Abgrenzung zur Ausgestaltung liegt ein derartiger nur durch immanente Grundrechtsschranken zu legitimierender Eingriff immer dann vor, wenn der Staat nicht das „Wie“, sondern das „Ob“ der Koalitionsbetätigung regelt[259].

---

[254] BVerfGE 84, 212, 228.

[255] Blank, Die Tarifzuständigkeit der DGB-Gewerkschaften, S. 15, 47; Hillebrand, Das Merkmal „Tarifzuständigkeit“..., S. 47; Hromadka/Maschmann/Wallner, Der Tarifwechsel, Rn. 33; Kutscher, Die Tarifzuständigkeit, S. 13 Fn. 55.

[256] BVerfGE 50, 290, 368; 58, 233, 248; 84, 212, 226; 88, 103, 115; Maunz/Dürig/Scholz, GG, Art. 9, Rn. 280, 300.

[257] BVerfGE 94, 268, 284, 285.

[258] BVerfGE 93, 352, 359; Jarass/Pieroth, GG, Art.9, Rn. 32.

[259] Gamillscheg, Kollektives Arbeitsrecht I, § 3 1 b), S. 130; MünchArbR/Löwisch/Rieble, § 244, Rn. 37.

Im Gegensatz dazu bedarf die Koalitionsfreiheit der Ausgestaltung insbesondere dort, wo die individuelle und die kollektive Koalitionsfreiheit oder die Freiheiten verschiedener Koalitionen kollidieren bzw. soweit das Verhältnis der Tarifvertragsparteien, die beide den Schutz des Art. 9 Abs. 3 GG genießen, berührt ist[260]. Dabei stellt eine Ausgestaltung grundsätzlich keine Grundrechtsbeeinträchtigung dar, auch wenn sie sich ungünstig auf die geschützten Grundrechtsausübungen auswirkt[261]. Eine Ausgestaltung liegt vor allem bei Regelungen vor, die dem Funktionieren der Tarifautonomie dienen und das Tarifrecht der jeweiligen gesellschaftlichen Wirklichkeit so anpassen, daß die Koalitionen ihre Aufgabe zur sinnvollen Ordnung und Befriedigung des Arbeitslebens erfüllen können[262]. Soweit also nur das „Wie“ der Koalitionsbetätigung betroffen ist, liegt grundsätzlich eine Ausgestaltung vor.

Mit dem Merkmal der Tarifzuständigkeit wird den Koalitionen nichts von vornherein vorgegeben. Die Tarifvertragsparteien legen in Ausübung ihrer Satzungsautonomie ihren Organisationsbereich selbständig fest und bestimmen damit auch über ihre Tarifzuständigkeit autonom. Die Koalitionen werden daher mit dem Merkmal der Tarifzuständigkeit in ihrer tariflichen Betätigung nur an einen Bereich gebunden, den sie sich selbst gewählt haben[263]. Die Tarifzuständigkeit betrifft also allein das „Wie“ der Koalitionsbetätigung. Es stellt sich mithin als richterrechtliche Ausgestaltung der Koalitionsfreiheit dar.

c) Die Verfassungsmäßigkeit der Ausgestaltung

Zu prüfen ist somit, ob es sich bei der Tarifzuständigkeit als Wirksamkeitsvoraussetzung um eine verfassungsrechtlich zulässige Ausgestaltung der Koalitionsfreiheit handelt, denn auch bei der Ausgestaltung muß der Gesetzgeber bzw. hilfsweise die Rechtsprechung die Grenzen beachten, die Art. 9 Abs. 3 GG einer zulässigen Ausgestaltung zieht. Hinzuweisen ist hier auf den dogmatischen Unterschied zum Eingriff in den Schutzbereich von Art. 9 Abs. 3 GG, der nur durch verfassungsimmanente Schranken gerechtfertigt werden könnte. Eine zulässige Grundrechtsausgestaltung schließt bereits eine Grundrechtsbeeinträchtigung aus. Bei der Zulässigkeit einer Ausgestaltung geht es also nicht um die ver-

[260] BVerfGE 88, 103, 115; 94, 268, 284; Jarass/Pieroth, GG, Art. 9, Rn. 35.
[261] Jarass/Pieroth, GG, Vorb. vor Art. 1, Rn. 34.
[262] BVerfGE 58, 233, 248.
[263] Eisenhart Rothe v., Probleme der Tarifzuständigkeit, S. 30, 31.

fassungsrechtliche Rechtfertigung von Grundrechtsbeeinträchtigungen, wie sie bei Grundrechtseingriffen zu prüfen ist[264].

aa) Der Kernbereich der Koalitionsfreiheit

Zwar ist bei der Ausgestaltung der Koalitionsfreiheit von einem erheblichen Spielraum auszugehen. Der Kernbereich der Koalitionsfreiheit darf aber auch bei der Ausgestaltung nicht schon aus Gemeinwohlinteressen beeinträchtigt werden, sondern nur dann, wenn er durch verfassungsimmanente Schranken, also durch andere Grundrechte oder sonstige Werte mit Verfassungsrang legitimiert wird[265]. In den Kernbereich fallen alle Koalitionsbetätigungen, die für die Verwirklichung der Koalitionsfreiheit unerläßlich sind. Die genaue Bestimmung der Reichweite des Kernbereichs wirft indes Probleme auf[266]. In jedem Fall gehören aber dazu die Verhandlungsfähigkeit beider sozialer Gegenspieler bei Tarifauseinandersetzungen sowie die Fähigkeit, einen wirkungsvollen Arbeitskampf zu führen und Tarifverträge abzuschließen[267]. Daran gemessen berührt das Merkmal der Tarifzuständigkeit den Kernbereich der Koalitionsfreiheit nicht. Zwar begrenzt die Tarifzuständigkeit die Koalitionsbetätigung, da tariffähige Tarifvertragsparteien nicht ohne weiteres wirksam Tarifverträge abschließen können, sondern sich dabei im Rahmen ihres satzungsmäßig festgelegten Organisationsbereiches halten müssen. Die Koalitionen können aber autonom durch satzungsmäßige Festlegung ihres Organisationsbereiches ihre Tarifzuständigkeit bestimmen und in diesem Bereich im Rahmen der sonstigen rechtlichen Vorgaben Arbeitskämpfe führen und Tarifverträge abschließen. Die Tarifzuständigkeit als Wirksamkeitsvoraussetzung von Tarifverträgen hindert die Koalitionen also nicht daran, sich effektiv betätigen zu können. Der Kernbereich der Koalitionsfreiheit ist damit nicht berührt[268]. Der Rahmen der Ausgestaltung ist damit nicht auf das Erfordernis des Schutzes von verfassungsrechtlich mit der Koalitionsfreiheit gleichrangigen Schutzgütern beschränkt.

---

264 Jarass/Pieroth, GG, Vorb. vor Art. 1, Rn. 34; MüchArbR/Löwisch/Rieble, § 244, Rn. 37; Pieroth/Schlink, Grundrechte, Rn. 209.
265 Maunz/Dürig/Scholz, GG, Art. 9, Rn. 266; MünchArb/Löwisch/Rieble, § 244, Rn. 54.
266 Ausführlich: Meik, Der Kernbereich der Tarifautonomie, S. 69.
267 BVerfGE 84, 212, 228, 229; Münch v./Kunig/Löwer, GG, Art.9, Rn.. 58.
268 Ebenso: Hromadka/Maschmann/Wallner, Der Tarifwechsel, Rn. 33.

bb) Die Grenzen der Ausgestaltung

Berührt die Tarifzuständigkeit als richterrechtliche Ausgestaltung somit nur den sonstigen Schutzbereich von Art. 9 Abs. 3 GG, stellt sich aber auch in diesem Falle die Frage, ob die Grenzen einer zulässigen Ausgestaltung eingehalten sind.

Eine zulässige Ausgestaltung der Koalitionsfreiheit muß sich am Normziel von Art. 9 Abs. 3 GG orientieren. In seinem Urteil zum Mitbestimmungsgesetz vom 1.03.1979 hat das Bundesverfassungsgericht zur Tariffähigkeit ausgeführt, daß bei der Ausgestaltung ein Spielraum für den Staat bestehe, die Voraussetzungen der Tariffähigkeit der jeweiligen gesellschaftlichen Wirklichkeit so anzupassen, daß die Koalitionen ihre Aufgabe wahrnehmen könnten. Eine sachgemäße Fortbildung des Tarifvertragssystems sei daher geboten, die gewährleiste, daß die Tarifvertragsparteien diese ihnen obliegende Aufgabe, das Arbeitsleben durch den Abschluß von Tarifverträgen zu ordnen und zu befrieden, erfüllen könnten[269]. In der Literatur wird dieser vom Bundesverfassungsgericht betonten Ordnungsfunktion teilweise widersprochen. Zwar könne in Bezug auf betriebliche und betriebsverfassungsrechtliche Fragen von einer Ordnungsfunktion des Tarifvertrages gesprochen werden. Im übrigen sei die Gleichförmigkeit der tariflichen Arbeitsbedingungen aber kein Anliegen eines Tarifvertrages, sondern vielmehr Folge seiner wettbewerbsbeschränkenden Kartellwirkung[270]. Unabhängig von dieser Differenz gewährleistet Art. 9 Abs. 3 GG aber in jedem Fall die autonome Festsetzung von Arbeitsbedingungen durch die Tarifpartner für ihre tarifgebundenen Mitglieder in einem vom Staat frei gelassenen Bereich. Dieser hat den Tarifpartnern dafür ein funktionsfähiges Tarifvertragssystem bereitzustellen. Dabei ist der Staat bei der Ausgestaltung dieser spezifischen Koalitionsbetätigung im Tarif- und Arbeitskampfrecht nicht an verfassungsimmanente Grundrechtsschranken gebunden. Unter Berücksichtigung des Kernbereichs der Koalitionsfreiheit kann er im Rahmen seiner wirtschafts- und sozialpolitischen Kompetenz auch Zweckmäßigkeitserwägungen anstellen und Gemeinwohlbelange oder andere Rechtsgüter ohne Verfassungsrang berücksichtigen[271]. Grundsätzlich ist dabei von einem weiten Bewertungs- und Einschätzungsspielraum des Staates auszugehen, der als Gesetzgeber oder ersatzweise kraft Rich-

[269] BVerfGE 50, 290, 369.

[270] MünchArbR/Löwisch/Rieble, § 252, Rn. 35, 36; Rieble, Arbeitsmarkt und Wettbewerb, Rn. 1308

[271] MünchArbR/Löwisch/Rieble, § 244, Rn. 39.

terrechts die Koalitionsfreiheit ausgestaltet[272]. Dies bedeutet aber nicht, daß einer Ausgestaltung nicht auch verfassungsmäßige Grenzen gezogen sind[273].

(1) Die Funktionsfähigkeit der Tarifautonomie und die Koalitionsparität

Eine zulässige Ausgestaltung der Koalitionsfreiheit darf zunächst die Funktionsfähigkeit der Tarifautonomie nicht gefährden. Zudem muß die Parität der Tarifpartner rechtlich und faktisch gewährleistet bleiben[274]. Daß die Tarifzuständigkeit von vornherein die Funktionsfähigkeit der Tarifautonomie beeinträchtige, ist ihr auch nicht von ihren Kritikern vorgeworfen worden. Fraglich ist aber, ob das Merkmal der Tarifzuständigkeit nicht die Koalitionsparität beeinträchtigt. Dabei ist in erster Linie die Bedeutung der Tarifzuständigkeit als Rechtmäßigkeitserfordernis im Arbeitskampf zu betrachten. Der Grundsatz der Koalitionsparität in Form der Waffengleichheit im Arbeitskampf (Kampfparität) verbietet dem Staat, die Kampfmittel von Gewerkschaften einerseits und Arbeitgeberseite andererseits ungleich zu behandeln[275]. Soweit allein auf die rechtliche Gleichheit beider Seiten abgestellt wird, bestehen gegen die Tarifzuständigkeit keine Bedenken. Da die Tarifzuständigkeit auf beiden Seiten vorliegen, also korrespondierend gegeben sein muß, sind die Tarifpartner sowohl auf Gewerkschafts- als auch auf Arbeitgeberseite formell in ihren tariflichen Betätigungsmöglichkeiten gleichermaßen an ihren satzungsmäßig festgelegten Organisationsbereich gebunden. Der Grundsatz der Kampfparität erschöpft sich aber nicht nur in einer rein rechtlichen Gleichheit. Zu fordern ist vielmehr auch eine faktische Gleichgewichtigkeit der Tarifparteien, also eine materielle Koalitionsparität in Form von Chancen- und Verhandlungsgleichheit im Arbeitskampf[276]. Die Kampfmittel sind so zu verteilen, daß auf Vertragsebene möglichst gleichgewichtige Verhandlungschancen bestehen[277].

Aufgrund der bestehenden Eigentums- und Wirtschaftsordnung ist es in aller Regel die Arbeitnehmerseite, die den Abschluß eines (neuen) Tarifvertrages ver-

---

[272] BVerfGE 88, 103, 115; 92, 365, 394, 395.
[273] Jarass, AöR 1995, S. 345, 368, der auf die Gefahr hinweist, daß mit der Figur der Ausgestaltung die Grenzen der grundrechtlichen Schranken unterlaufen werden können.
[274] BVerfGE 92, 26, 41; 92, 365, 394, 395; Maunz/Dürig/Scholz, GG, Art. 9, Rn. 287f.
[275] Maunz/Dürig/Scholz, GG, Art. 9, Rn. 288.
[276] BVerfGE 92, 365, 395; BGH AP Nr. 38 zu Art. 9 GG Arbeitskampf; BAG AP Nr. 43 zu Art. 9 GG Arbeitskampf; Maunz/Dürig/Scholz, GG, Art. 9, Rn. 291; Seiter, Streikrecht und Aussperrungsrecht, S. 161, 162; kritisch zum Paritätserfordernis: Mangoldt v./Klein/Starck/Kemper, GG, Art. 9, Rn. 247ff, insb. 253/257.
[277] Seiter, Streikrecht und Aussperrungsrecht, S. 170.

langen und damit im Arbeitskampf in die Angreiferrolle gedrängt wird. Soweit danach die Arbeitgeberseite Forderungen der Gewerkschaften ablehnt, ist es an den Gewerkschaften, zu Arbeitskampfmaßnahmen zu greifen und so ihre Forderungen durchzusetzen. In diesem Zusammenhang erlangt - wie oben zu den Fallgruppen der Tarifzuständigkeit gezeigt[278] - die Tarifzuständigkeit als Erfordernis eines rechtmäßigen Arbeitskampfes in der Tarifpraxis ihre größte Bedeutung. Ein von einer nicht zuständigen Gewerkschaft durchgeführter Streik ist rechtswidrig und kann - soweit die Voraussetzungen gegeben sind - zu haftungsrechtlichen Ansprüchen der Arbeitgeber gegen die streikführende Gewerkschaft führen. Das Fehlen der Tarifzuständigkeit wird hier also von der Arbeitgeberseite vorgebracht, um sich – gegebenenfalls unter Inanspruchnahme der Gerichte - gegen gewerkschaftliche Streikmaßnahmen zu wehren. Im Rahmen von Verbandstarifverträgen hat die Tarifzuständigkeit als Rechtmäßigkeitsvoraussetzung eines Arbeitskampfes kaum Bedeutung erlangt. In erster Linie geht es vielmehr um Konstellationen beim Abschluß eines Firmentarifvertrages, bei denen ein Arbeitgeber sich gegen die Inanspruchnahme durch eine bestimmte Gewerkschaft wehrt. Häufig liegt dem zugrunde, daß nach einer rechtlichen Änderung der Unternehmensstruktur (zum Beispiel einer Auslagerung von Unternehmensteilen) oder auch nur nach Umstellung oder Neuorganisation von Arbeitsprozessen der Arbeitgeber von einer anderen gewerkschaftlichen Zuständigkeit ausgeht, daher in einen anderen Arbeitgeberverband eintritt und damit die Tarifzuständigkeit der Gewerkschaft behauptet, die mit diesem Arbeitgeberverband einen Tarifvertrag abgeschlossen hat. Die bisher zuständige Gewerkschaft, deren Tarifzuständigkeit von Arbeitgeberseite nunmehr bestritten wird, ist jedoch an der dauerhaften Sicherung und Wahrnehmung der Rechte ihrer Mitglieder interessiert. Auch die im Falle eines Betriebsüberganges gemäß § 613a Abs. 1 S. 2 BGB angeordnete Weitergeltung der bisherigen Tarifnormen kann den tariflichen Besitzstand der Arbeitnehmer nur vorübergehend sichern[279]. Die Gewerkschaft versucht daher, nach dem Austritt des Arbeitgebers aus dem Arbeitgeberverband, mit dem sie einen Verbandstarifvertrag abgeschlossen hat, von dem Arbeitgeber einen Firmenvertrag zu erzwingen[280]. In diesem Fall ist die Gewerkschaft dem Risiko eines rechtswidrigen Streiks und damit der Gefahr haftungsrechtlicher Forderungen der Arbeitgeberseite ausgesetzt. Die Tarifzuständigkeit als Erfordernis rechtmäßiger Arbeitskämpfe ist mithin in der tariflichen Praxis vor allem ein rechtliches Abwehrinstrument der Arbeitgeber gegen gewerkschaftliche Arbeitskämpfe. Damit könnte das Merkmal unter Verletzung der materiellen Koalitionsparität die Arbeitgeberseite einseitig zu Lasten der Arbeitnehmerseite übervorteilen, indem de facto allein gewerkschaftliche Ar-

[278] S.o. 1. Teil A. III.
[279] Wiedemann, Festschrift für H.-J. Fleck, S. 447, 456.
[280] Vgl. exemplarisch: BAG AP Nr. 14 zu § 2 TVG Tarifzuständigkeit.

beitskampfmaßnahmen von einer zusätzlichen Rechtmäßigkeitsvoraussetzung abhängig gemacht werden und damit die Kampfbereitschaft der Gewerkschaften über das allgemein mit einem Streik verbundene Risiko hinaus paritätsverletzend beeinflußt wird.

Verfassungsrechtlich relevante Störungen der Koalitionsparität liegen aber erst dort vor, wo das Gleichgewicht zwischen den Tarifpartnern allgemein und evident gestört ist. Maßgebend ist nach herrschender Meinung dabei eine materiell-abstrakte Parität. Ungleichgewichtigkeiten in der konkreten Tarifauseinandersetzung sind als bloße Störungen der konkreten Koalitionsparität ohne Bedeutung. Hätte der Staat hier das Recht einzugreifen, verlöre das gesamte Koalitionsverfahren seine verfassungsrechtlich garantierte Grundstruktur als freier Wettbewerb der antagonistischen Kräfte. Eine relevante Beeinträchtigung der Parität der Tarifpartner liegt damit erst dann vor, wenn die staatliche Ausgestaltung von vornherein darauf hinausläuft, das vorhandene Gleichgewicht der Tarifpartner zu stören und damit die staatliche Neutralitätspflicht im freien Spiel der Kräfte zu verletzen[281]. Allein die Tatsache, daß die Tarifzuständigkeit in der Regel nur auf Gewerkschaftsseite relevant wird und damit faktisch nur deren Kampfmittel von einer zusätzlichen Voraussetzung abhängig gemacht werden, führt also nicht automatisch zu einer Störung der Kampfparität zwischen den Tarifparteien. Zu untersuchen ist, welche Auswirkungen die Tarifzuständigkeit als zusätzliches Erfordernis gewerkschaftlicher Kampfmaßnahmen auf die materiell-abstrakte Kampfparität hat. Zunächst ist festzuhalten, daß die Tarifzuständigkeit als Rechtmäßigkeitsvoraussetzung bei der Erzwingung von Verbandstarifverträgen in der Tarifpraxis keine Rolle spielt. Somit bleibt allein der Bereich der Firmentarifverträge, bei denen sich die gewerkschaftliche Zuständigkeit gemäß der herrschenden Meinung nach dem Unternehmens- bzw. Betriebsgegenstand richtet. In der Regel wird aber auch hier Klarheit bestehen, ob eine Gewerkschaft für ein bestimmtes Unternehmen oder für einen bestimmten Betrieb tarifzuständig ist. Soweit ein Unternehmen nicht einer satzungsmäßig festgelegten Branche zugeordnet werden kann, ist die Gewerkschaft, will sie jegliche Zweifel und Unsicherheiten vermeiden, auf eine Satzungsänderung zur Erweiterung ihres Organisationsgebietes zu verweisen. Damit wird von der Gewerkschaft nichts Unmögliches verlangt. Vielmehr wird damit ausreichend ihrer in Art. 9 Abs. 3 GG wurzelnden Satzungsautonomie Rechnung getragen. Bisweilen wird an dieser Stelle als Einwand auf die Schwierigkeiten und die Dauer verwiesen, die eine Satzungsänderung für die betreffende Gewerkschaft mit sich bringen. Grundsätzlich sind Satzungsänderungen durch den - regelmäßig alle drei

281 BAG AP Nr. 64, 65 zu Art. 9 GG Arbeitskampf; bestätigend: BVerfGE 92, 365, 395; Maunz/Dürig/Scholz, GG, Art. 9, Rn. 292; MünchArbR/Otto, § 282, Rn. 68; Seiter, Streikrecht und Aussperrungsrecht, S. 163.

bis vier Jahre stattfindenden - Gewerkschaftstag zu beschließen. Nach überwiegender Ansicht in Rechtsprechung und Literatur können aber Satzungsänderungen auch durch den Beirat oder den Gewerkschaftsrat kurzfristig vorgenommen werden, sofern dafür eine ausreichende Satzungsgrundlage vorhanden ist[282]. Auf diese Art und Weise ist es einer Gewerkschaft möglich, auch kurzfristig die Tarifzuständigkeit für ein bestimmtes Unternehmen zu erwerben.

(a) Das Verfahren nach §§ 2a Abs. 1 Nr. 4, 97 ArbGG

Damit bleibt allein oben geschilderte Konstellation problematisch, in der die Zuordnung eines Unternehmens zu einem Wirtschaftszweig ungewiß ist und es damit im Hinblick auf die Tarifzuständigkeit zum Streit zwischen den Tarifparteien über die Rechtmäßigkeit eines gewerkschaftlichen Streiks kommt. Hier besteht für die Gewerkschaft die Gefahr, daß sich später nach der Einleitung und Durchführung von Streikmaßnahmen herausstellt, daß das betreffende Unternehmen nicht in ihren Organisationsbereich fällt und damit ihre Tarifzuständigkeit nicht gegeben war. Das Bundesarbeitsgericht hat darauf hingewiesen, daß für die Gewerkschaften die Möglichkeit bestehe, vorab im gerichtlichen Verfahren nach §§ 2a Abs. 1 Nr. 4, 97 ArbGG ihre Tarifzuständigkeit feststellen zu lassen und sich so im Hinblick auf die Tarifzuständigkeit vom Risiko eines rechtswidrigen Arbeitskampfes zu befreien[283]. Im Interesse einer effektiven Wahrnehmung der Belange ihrer Mitglieder, die oftmals gerade nach - hier in Frage stehenden - tariflich relevanten Veränderungen auf Arbeitgeberseite ein zügiges tarifliches Vorgehen der Gewerkschaft verlangt, kann eine Gewerkschaft aber nicht grundsätzlich auf das gerichtliche Verfahren verwiesen werden. Die Allfloor-Entscheidung des Bundesarbeitsgerichts[284] zeigt deutlich, daß eine verbindliche rechtskräftige Klärung der Tarifzuständigkeit längere Zeit in Anspruch nehmen kann[285]. Ein Warten der Gewerkschaft auf eine gerichtliche Klärung ihrer Tarifzuständigkeit käme hier einem Verzicht auf die Wahrnehmung ihrer Mitgliederinteressen gleich und würde die den Gewerkschaften durch Art.

---

[282] BAG AP Nr. 4 zu § 2 TVG Tarifzuständigkeit; Blank, Die Tarifzuständigkeit der DGB-Gewerkschaften, S. 120; Palandt/Heinrichs, BGB, § 33, Rn. 2; Reichert, Vereins- und Verbandsrecht, Rn. 418; a.A. Flume, Allg. Teil des Bürgerlichen Rechts, § 7 I, S. 194; Reuter, Anmerkung zu BAG AP Nr. 4 zu § 2 TVG Tarifzuständigkeit, der im Hinblick auf das Gebot der Organisationsdemokratie nur satzungsmäßige Notstandsregelungen für zulässig hält, die unaufschiebbare Satzungsänderungen durch den Beirat ermöglichen; ausführlich dazu auch unten 2. Teil A. I. 2. a) bb).

[283] BAG AP Nr. 3 zu § 2 TVG Tarifzuständigkeit.

[284] BAG AP Nr. 4 zu § 2 TVG Tarifzuständigkeit.

[285] Darauf verweist auch Blank, Die Tarifzuständigkeit der DGB-Gewerkschaften, S. 56.

9 Abs. 3 GG zugewiesene Aufgabe, die Arbeitsbedingungen zu wahren und zu fördern, unverhältnismäßig erschweren. Daher überzeugt die Ansicht des Bundesarbeitsgerichts nicht, wenn es diese Bedenken mit dem Hinweis auszuräumen versucht, daß demgegenüber die Interessen der Rechtssicherheit und des Rechtsfriedens auf dem Gebiete des Tarifvertragsrechts nicht zurücktreten könnten und zudem die DGB-Gewerkschaften mittels des DGB-Schiedsverfahrens die Gelegenheit hätten, Unklarheiten in kürzester Zeit zu beseitigen[286]. Letzteres gilt allein für Abgrenzungsstreitigkeiten konkurrierender DGB-Gewerkschaften, die aber nicht grundsätzlich der hier interessierenden Konstellation zugrunde liegen müssen. Auch für eine DGB-Gewerkschaft kann das Verfahren keine Abhilfe schaffen, wenn allein der Arbeitgeber ihre Tarifzuständigkeit bestreitet. Daher bleibt es dabei, in dem hier interessierenden Zusammenhang nur auf das Verfahren nach §§ 2a Abs. 1 Nr. 4, 97 ArbGG abzustellen, welches jedoch eine Gefährdung der Koalitionsparität nicht ausschließen kann.

Zudem ist eine Gewerkschaft - wie der Wortlaut von §§ 2a Abs. 1 Nr. 4, 97 ArbGG zeigt - grundsätzlich nicht verpflichtet, sondern nur berechtigt, ihre Tarifzuständigkeit im Zweifelsfalle vorab gerichtlich klären zu lassen[287]. Auch der aus dem ultima-ratio-Prinzip resultierende Vorrang des Rechtsweges und das damit einhergehende Verbot von Kampfmaßnahmen, wie es für Kampfziele besteht, die eine Rechtstreitigkeit zum Gegenstand haben und damit vor den Gerichten geklärten werden können[288], gelten nur im Hinblick auf eben solche Kampfziele, nicht aber für die Tarifzuständigkeit, die vorliegen muß, um gewerkschaftliche Tarifforderungen durchzusetzen.

Festzuhalten bleibt damit, daß das gerichtliche Verfahren zur Klärung der Tarifzuständigkeit gemäß §§ 2a Abs. 1 Nr. 4, 97 ArbGG die Gewerkschaften vom Risiko eines wegen fehlender Tarifzuständigkeit rechtswidrigen Streiks befreien kann und damit für sie von Vorteil ist. Das Verfahren selbst greift nicht in die von Art. 9 Abs. 3 GG geschützte Satzungsautonomie der Koalitionen ein, da es nur verbindlich klärt, welche tariflichen Möglichkeiten und Beschränkungen sich die Koalitionen selbst gesetzt haben[289]. Angesichts der Möglichkeit langer Verfahrensdauern ist das gerichtliche Verfahren aber nicht dazu geeignet, Beeinträchtigungen der Koalitionsparität durch das Merkmal der Tarifzuständigkeit

---

[286] BAG AP Nr. 3 zu § 2 TVG Tarifzuständigkeit.
[287] Konzen, Festschrift für Alfons Kraft, S. 291, 305.
[288] Seiter, Streikrecht und Aussperrungsrecht, S. 496, 517.
[289] BAG AP Nr. 3 zu § 2 TVG Tarifzuständigkeit.

als Wirksamkeits- und Rechtsmäßigkeitsvoraussetzung im Tarifrecht grundsätzlich zu verhindern[290].

(b) Die Haftung der Gewerkschaft nach Deliktsrecht

Die Koalitionsparität ist aber nur dann gefährdet, wenn das von den Gewerkschaften zu tragende Risiko eines wegen fehlender Tarifzuständigkeit rechtswidrigen Streiks sich für die unzuständige Gewerkschaft auch tatsächlich in nachteiligen Folgen, die eine Gewerkschaft bereits von vornherein daran abhalten kann, Kampfmaßnahmen gegen einen Arbeitgeber zu ergreifen, verwirklichen kann[291]. Allein auf die Rechtswidrigkeit eines etwa durchgeführten Streiks und daraus resultierender Unterlassungsansprüche bzw. die Unwirksamkeit des abgeschlossenen Tarifvertrages kann hier nicht abgestellt werden. Diese Umstände sind keine nachteiligen Folgen, die geeignet sind, die materielle Kampfparität zu beeinträchtigen, sondern allein unmittelbare Folge des Merkmals der Tarifzuständigkeit. Ein materieller Nachteil, der eine Gewerkschaft und ihre Mitglieder sowie streikbeteiligte Nichtmitglieder davon abhalten könnte, Arbeitskampfmaßnahmen einzuleiten und durchzuführen, ist damit nicht verbunden. Anders könnte dies aber im Hinblick auf die haftungsrechtlichen Folgen eines derartigen rechtswidrigen Streiks sein. Das Bundesarbeitsgericht hat darauf hingewiesen, daß ein Arbeitskampf um einen Tarifvertrag rechtswidrig sein und zu Schadensersatzverpflichtungen führen könne, wenn der Tarifvertrag wegen Tarifunzuständigkeit einer der tarifvertragsschließenden Parteien unwirksam sei[292]. In diesem Falle sind deliktische Schadensersatzansprüche der Arbeitgeberseite gegen die betreffende Gewerkschaft aus § 823 Abs. 1 BGB zu prüfen, da nach herrschender Meinung ein rechtswidriger Streik für den bestreikten Arbeitgeber einen Eingriff in das Recht am eingerichteten und ausgeübten Gewerbebetrieb[293] und für den Arbeitgeberverband einen Eingriff in seine durch Art. 9 Abs. 3 GG

[290] Ebenso Blank, Die Tarifzuständigkeit der DGB-Gewerkschaften, S. 54, 62, der auf die Gefahr eines Eingriffs in die Tarifautonomie und in die Freiheit der Koalitionsbetätigung hinweist.

[291] Blank, Die Tarifzuständigkeit der DGB-Gewerkschaften, S. 87, 96, will dagegen den Gewerkschaften unter Hinweis auf dieses Haftungsrisiko einen Beurteilungsspielraum bzgl. ihrer Satzung einräumen und hält im Ergebnis nur Arbeitskampfmaßnahmen einer offensichtlich unzuständigen Gewerkschaft für rechtswidrig.

[292] BAG AP Nr. 3 zu § 2 TVG Tarifzuständigkeit.

[293] BAG AP Nr. 76, 81, 85, 108, 109 zu Art. 9 GG Arbeitskampf; BAG, BB 2003, S. 1125, 1126; Gamillscheg, Kollektives Arbeitsrecht I, § 26 II 3 a), S. 1217; Hueck/Nipperdey, Lehrbuch des Arbeitsrechts II/2, S. 995; MünchArbR/Otto, § 289, Rn. 6.

geschützte Rechtsstellung[294] darstellen kann. Daneben können grundsätzlich auch Ansprüche gemäß § 823 Abs. 2 BGB bestehen, da zumindest auch Art. 9 Abs. 3 GG im Hinblick auf seine Drittschutzklausel in S. 2 zugunsten der Koalitionen und ihrer Mitglieder insoweit als Schutzgesetze anzusehen sind, als es um die Gewährleistung einer koalitionsspezifischen Betätigung geht[295]. Abzustellen ist vorliegend allein auf mögliche Schadensersatzansprüche der von den Streikmaßnahmen betroffenen Arbeitgeber gegen die unzuständige Gewerkschaft, da es in der Regel bei den Arbeitgeberverbänden, soweit nicht Aufwendungen zur Unterstützung des angegriffenen Unternehmens geleistet worden sind, ohnehin an einem ersatzfähigen Schaden fehlen wird und daher von Seiten der Arbeitgeberverbände in der Regel Unterlassungsansprüche im Vordergrund stehen werden[296].

Auch ein arbeitgeberseitiges Vorgehen gegen einzelne Streikführer oder mitstreikende Arbeitnehmer kann hier außer Betracht bleiben, da die Voraussetzungen etwaiger Schadensersatzansprüche identisch bzw. - soweit hier auf vertragliche Schadensersatzansprüche abgestellt wird - ebenfalls vom Verschulden abhängig sind und ein derartiges Vorgehen ohnehin die Ausnahme darstellen dürfte[297]. Angesichts ihres Organisationsapparates und des damit einhergehenden Wissensvorsprungs wird regelmäßig ein Verschulden seitens der Gewerkschaft eher in Betracht kommen als bei einzelnen Streikführern oder streikbeteiligten Arbeitnehmern[298]. Was außerordentliche oder ordentliche Kündigungsmöglichkeiten nach dem Kündigungsschutzgesetz gegen die Arbeitnehmer angeht, die an einem von einer unzuständigen Gewerkschaft geführten Streik teilnehmen, so bedürfen diese hier ebenfalls keiner besonderen Prüfung. Die zeigt die Entscheidung des Bundesarbeitsgerichts, der die Kündigung eines Arbeitnehmers

---

[294] Seit BAG AP Nr. 101 zu Art. 9 GG Arbeitskampf (unter Aufgabe der ablehnenden Ansicht in BAG AP Nr. 81 zu Art. 9 GG Arbeitskampf); Dütz, Arbeitsrecht, Rn. 697, 699.

[295] Dütz, Arbeitsrecht, Rn. 698, 699; MünchArbR/Otto, § 289, Rn. 15; a.A. noch BAG AP Nr. 81 zu Art. 9 GG Arbeitskampf; Seiter, Streikrecht und Aussperrungsrecht, S. 466 sieht die richterrechtlich entwickelten Grundsätze des Arbeitskamfprechts als Schutzgesetze i.S.d. § 823 Abs. 2 BGB an.

[296] Gamillscheg, Kollektives Arbeitsrecht I, § 26 II 2 a), S. 1216.

[297] Gamillscheg, Kollektives Arbeitsrecht I, § 26 I 5 a), S. 1207; allgemein zur Schadensersatzpflicht einzelner streikender Arbeitnehmer: BAG AP Nr. 2, 32 zu Art. 9 GG Arbeitskampf; LAGE Nr. 54 zu Art. 9 GG Arbeitskampf; Krichel, NZA 1987, S. 297, 301; kritisch insgesamt zur Haftung des einzelnen Arbeitnehmers: Gamillscheg, Kollektives Arbeitsrecht I, § 26 I 5 b) u. e), S. 1208, 1212, der, soweit die Drohung mit Schadensersatzansprüchen auf den rechtmäßigen Streik herüberstrahle, bei Annahme einer gesamtschuldnerischen Haftung streikbeteiligter Arbeitnehmer eine Gefährdung der Waffengleichheit (!) annimmt; Hueck/Nipperdey, Lehrbuch des Arbeitsrechts II/2, S. 1036; MünchArbR/Otto, § 289, Rn. 39, 41.

[298] MünchArbR/Otto, § 289, Rn. 38, 43.

zugrunde lag, der sich an dem bereits erwähnten Streik gegen die Firma Allfloor[299] beteiligt hatte. Das Bundesarbeitsgericht weist hier zwar darauf hin, daß eine wirksame Kündigung grundsätzlich kein Verschulden voraussetzt, doch legt es im Rahmen einer Zumutbarkeits- bzw. Interessenprüfung die gleichen Maßstäbe an, die auch für die Haftungsfrage maßgeblich sind[300]. Ausreichend ist daher an dieser Stelle, auf die Haftung der Gewerkschaft für einen Streik einzugehen.

Maßgeblich für die Einschätzung einer Störung der materiellen Kampfparität ist damit, unter welchen Voraussetzungen ein Arbeitgeber die Gewerkschaft, die trotz fehlender Tarifzuständigkeit einen - rechtswidrigen - Arbeitskampf eingeleitet und durchgeführt hat, aus § 823 BGB auf Schadensersatz in Anspruch nehmen kann. Als Schaden kommen gemäß §§ 249, 252 BGB die infolge des Produktionsausfalls entgangenen und auch durch Nachholung der Produktion nicht mehr erzielbaren Einnahmen abzüglich konkret ersparter Kosten für solche Güter, die der geschädigte Unternehmer am Markt zu kostendeckenden Preisen abgesetzt hätte, in Betracht[301]. Dabei ist die Gewerkschaft, die zu einem rechtswidrigen Streik aufruft und diesen organisiert, selbst Täter und nicht nur Anstifter oder Gehilfe im Sinne des § 830 Abs. 2 BGB[302]. Für unerlaubte Handlungen ihres Vorstands und der Streikleiter haftet die Gewerkschaft nach § 31 BGB analog[303]. Grundsätzlich kann die Gewerkschaft damit für den gesamten kausal auf dem rechtswidrigen Streik beruhenden Schaden verantwortlich gemacht werden[304]. Zu beachten ist aber die Verschuldensabhängigkeit der Schadensersatzansprüche. Ein Schadensersatzanspruch des Arbeitgebers gegen die unzuständige Gewerkschaft kommt also nur in Betracht, wenn die Gewerkschaft und bzw. die ihr gemäß § 31 BGB (analog) zuzurechnenden Personen schuldhaft im Sinne des § 276 Abs. 1 BGB gehandelt haben. Das Verschulden muß sich neben der Verletzung des geschützten Rechts bzw. Rechtsguts auf die rechtswidrige Verletzungshandlung beziehen[305]. In der vorliegenden Konstellation ist dies die Einleitung und Durchführung eines Streiks trotz fehlender Tarifzuständigkeit. Zu fordern ist damit ein gewerkschaftliches Verschulden auch unmittelbar in

---

[299] BAG AP Nr. 4 zu § 2 TVG Tarifzuständigkeit.

[300] BAG AP Nr. 78 zu § 626 BGB; vgl. aber für die Abmahnung bei Teilnahme an einem rechswidrigen gewerkschaftlichen Streik: LAG Hamm AP Nr. 161 zu Art. 9 GG Arbeitskampf.

[301] BAG AP Nr. 85 zu Art. 9 GG Arbeitskampf; MünchArbR/Otto, § 289, Rn. 31.

[302] BAG AP Nr. 2 zu Art. 9 GG Arbeitskampf; Hueck/Nipperdey, Lehrbuch des Arbeitsrechts II/2, S. 1036; MünchArbR/Otto, § 289, Rn. 26; a.A. Däubler/Colneric, Arbeitskampfrecht, Rn. 1282.

[303] BAG AP Nr. 20, 108 zu Art. 9 GG Arbeitskampf; Dütz, Arbeitsrecht, Rn. 704; MünchArbR/Otto, § 289, Rn. 28; a.A. Däubler/Colneric, Arbeitskampfrecht, Rn. 1265.

[304] BAG AP Nr. 108 zu Art. 9 GG Arbeitskampf.

[305] MünchArbR/Otto, § 289, Rn. 29.

Bezug auf den Mangel der Tarifzuständigkeit, also eine vorsätzliche bzw. fahrlässige Fehleinschätzung über das Vorliegen der eigenen Tarifzuständigkeit. In Bezug auf die Untersuchung der Störung der materiellen Kampfparität interessieren hier allein die Fälle, in denen die Gewerkschaft ihre Tarifzuständigkeit irrig als gegeben und damit den Streik als rechtmäßig, d.h. im Rahmen von § 823 BGB als gerechtfertigt, ansieht. Dabei kann der Irrtum auf einer unvertretbaren Satzungsauslegung und/oder auf einer falschen Zuordnung des Unternehmens bzw. des Betriebs zu einem satzungsmäßig bestimmten Wirtschaftszweig beruhen. Im letzteren Falle, der fehlerhaften Ermittlung eines (überwiegenden) Unternehmens- oder Betriebsgegenstandes, liegt ein Tatsachenirrtum vor, im Falle der unvertretbaren Satzungsauslegung ein Rechtsirrtum. Da nach der im Zivilrecht herrschenden Vorsatztheorie sich der Vorsatz auch auf das Verbotensein der Verletzungshandlung beziehen muß, schließen sowohl ein Irrtum über die tatsächlichen Umstände des Vorliegens eines Rechtfertigungsgrundes als auch ein Rechtsirrtum den Vorsatz aus[306]. Wenn aber bei Anwendung der im Verkehr erforderlichen Sorgfalt der Tatsachen- oder Rechtsirrtum vermieden worden wäre, kommt eine Haftung der Gewerkschaft wegen Fahrlässigkeit in Betracht[307]. Eine Haftung ist allerdings dann ausgeschlossen, wenn der Irrtum unvermeidbar war und damit entschuldbar ist[308]. Zum Rechtsirrtum beim Streik hat das Bundesarbeitsgericht zunächst ausgeführt, daß der Streik einer der schwersten Eingriffe im Wirtschaftsleben sei, weshalb derjenige, der ihn beginne, sich im voraus von seiner Rechtmäßigkeit durch Prüfung zu überzeugen habe. Da einer Gewerkschaft weitergehende Aufklärungsmöglichkeiten zustünden als den sich am Streik beteiligenden Arbeitnehmern, seien an diese erhöhte Anforderungen zu stellen. Bediene sich die Gewerkschaft dieser Möglichkeiten nicht, sei ihr Rechtsirrtum nicht entschuldbar. Wegen der Schwere des mit einem Streik gegebenen Eingriffs sei davon auszugehen, daß sich die Erkenntnis dieser Prüfungspflicht geradezu aufdränge[309]. Des weiteren hat das Gericht darauf aufmerksam gemacht, daß eine Gewerkschaft, die die Zweifelhaftigkeit der Rechtslage erkannt habe, bewußt das Risiko, für einen Rechtsirrtum einstehen zu müssen, übernehme. Ihr sei in diesem Fall vorzuwerfen, daß sie die Gefahr rechtlichen Fehlverhaltens und damit, stelle sich das Verhalten in der Tat als

---

[306] BGHZ 69, 128, 142; 118, 201, 208; Hueck/Nipperdey, Lehrbuch des Arbeitsrechts II/2, S. 1039, 1040; Palandt/Heinrichs, BGB, § 276, Rn. 11 m.w.N. zur Vorsatztheorie; das Bundesarbeitsgericht neigte in seiner früheren Rechtsprechung zunächst der Schuldtheorie zu, BAG AP Nr. 1ff zu § 66 BetrVG 1952; der Theorienstreit ist praktisch ohne Bedeutung, wenn eine zivilrechtliche Haftungsnorm, wie § 823 Abs. 1 BGB, an Vorsatz und Fahrlässigkeit anknüpft.

[307] Palandt/Heinrichs, BGB, § 276, Rn. 11.

[308] BGHZ 89, 296, 303; Hueck/Nipperdey, Lehrbuch des Arbeitsrechts II/2, S. 1041; Palandt/Heinrichs, BGB, § 276, Rn.22.

[309] BAG AP Nr. 32, 33 zu Art. 9 GG Arbeitskampf.

rechtswidrig heraus, dieses Ergebnis willentlich auf sich genommen habe[310]. Diese Rechtsprechung ist kritisiert worden, da sie den Auftrag der Verbände zur sozialen Selbstverwaltung außer acht lasse und eine Art Risiko- bzw. Gefährdungshaftung bedeute[311]. Sie führe zu der mit Blick auf Art. 9 Abs. 3 GG unhaltbaren Folge, daß eine Gewerkschaft auf die Durchsetzung ihrer Forderungen verzichten müsse, solange keine gerichtliche Klärung der Rechtslage vorliege.

Das Bundesarbeitsgericht ist in der Folgezeit von dieser Haltung abgerückt und zu einer arbeitskampffreundlicheren Sicht übergegangen[312]. Sofern ein Rechtsirrtum bei der im Verkehr erforderlichen Sorgfalt unvermeidbar sei, könne schon deswegen ein Schuldvorwurf nicht erhoben werden. Aber auch im Falle eines vermeidbaren Irrtums, welcher nach Ansicht des Bundesarbeitsgerichts bereits dann gegeben sei, wenn der Gewerkschaft bewußt sei, daß hinsichtlich des Streiks unterschiedliche Rechtsauffassungen anzutreffen seien, könne ein Verschulden ausgeschlossen sein. Bei einer unklaren Rechtslage sei es einer Gewerkschaft, die ihre von der Verfassung in Art. 9 Abs. 3 GG zugewiesene Aufgabe, die Arbeits- und Wirtschaftsbedingungen zu wahren und zu fördern, wahrnehme, nicht zumutbar, grundsätzlich auf die Durchsetzung ihrer Forderungen zu verzichten. Die Beantwortung der Zumutbarkeitsfrage setze aber gerade bei einem Streik mit seinen Auswirkungen eine sorgfältige Interessenabwägung und Prüfung der Rechtslage, vor allem die Beachtung höchstrichterlicher Rechtsprechung, voraus. Im Ergebnis könne man jedoch nicht jede Risikoübernahme als Schuld werten und dadurch mit erheblichen Haftungsfolgen belasten. Dabei hat das Bundesarbeitsgericht im Falle tariflicher Differenzierungsregeln aber verlangt, daß vom Streikrecht maßvoll Gebrauch gemacht würde und eine endgültige Klärung der Rechtslage anders nicht zu erreichen sei[313]. Diese vom Bundesarbeitsgericht entwickelten Grundsätze für den Fall rechtlich umstrittener Tarifregelungen können auf alle rechtlich zweifelhaften Streiks und damit auch auf die Konstellation zweifelhafter Tarifzuständigkeit entsprechend übertragen werden[314]. Anders aber als für den Fall tariflicher Differenzierungsklauseln, bei dem nach Ansicht des Bundesarbeitsgerichts eine vorgehende Klärung im Wege der Feststellungsklage nicht möglich sei, da diese auf eine unzulässige Erstattung eines Rechtsgutachtens hinauslaufe, kann die Tarifzuständigkeit vorab im Verfahren nach §§ 2a Abs. 1 Nr. 4, 97 ArbGG geklärt werden. Al-

---

310 BAG AP Nr. 1 zu § 1 TVG Friedenspflicht; BAG AP Nr. 33 zu Art. 9 GG Arbeitskampf.

311 Gamillscheg, Kollektives Arbeitsrecht I, § 26 II 3 f), S. 1223.

312 BAG AP Nr. 62 zu Art. 9 GG Arbeitskampf;bestätigend: BAG, BB 2003, S. 1125, 1131.

313 BAG AP Nr. 62 zu Art. 9 GG Arbeitskampf; BAG, BB 2003, S. 1125, 1131; im Ergebnis ebenso für den Rechtsirrtum sich am Streik beteiligender Arbeitenhmer: BAG AP Nr. 78 zu § 626 BGB (s. bereits oben).

314 Blank, Die Tarifzuständigkeit der DGB-Gewerkschaften, S. 87; Däubler/Colneric, Arbeitskampfrecht, Rn. 1286.

lerdings können hier oben angestellte Ausführungen zu dem Beschlußverfahren herangezogen werden. Im Hinblick auf lange Verfahrensdauern des gerichtlichen Verfahrens kann dies nicht grundsätzlich zu einer anderen Beurteilung der vom Bundesarbeitsgericht geforderten Zumutbarkeitsprüfung führen. In diese Prüfung kann vielmehr eingestellt werden, daß eine Schädigung durch einen möglicherweise rechtswidrigen Streik vom Arbeitgeber durch Erwirken einer einstweiligen Verfügung bei drohendem oder ausgebrochenem Streik abgewendet werden kann[315]. Unabhängig von der genauen Grenzziehung[316], ist im Ergebnis daher festzuhalten, daß eine Gewerkschaft haftungsrechtlichen Ansprüchen der Arbeitgeberseite mangels Verschuldens jedenfalls dann nicht ausgesetzt ist, wenn sie ihre Tarifzuständigkeit sorgfältig und gewissenhaft geprüft hat[317]. Die Darlegungs- und Beweislast dafür trifft in jedem Fall aber die Gewerkschaft[318]. Eine ergangene einstweilige Verfügung kann bei Weiterführung des Streiks zudem den Schuldvorwurf erleichtern[319].

Diese Verschuldensmaßstäbe auf die gewerkschaftliche Prüfung ihrer Tarifzuständigkeit angewandt, führt zunächst dazu, daß im Hinblick auf die Auslegung ihrer Satzung ein strengerer Maßstab angelegt werden kann. Im Zweifelsfall ist für die Gewerkschaft nicht unzumutbar, ihren satzungsmäßigen Organisationsbereich entsprechend zu erweitern. Angesichts der Möglichkeit, mit Hilfe des Gewerkschaftsbeirats auch kurzfristig Satzungsänderungen zur Erweiterung der Tarifzuständigkeit vorzunehmen[320], stellt dies gerade kein erhebliches Hindernis dar. Bei der Zuordnung eines Unternehmens bzw. eines Betriebes beinhaltet eine sorgfältige Prüfung im Zweifelsfall, unter Darlegung des satzungsmäßigen Organisationsbereiches Rücksprache mit dem betreffenden Arbeitgeber zu halten. Bei einer falschen Auskunft des Arbeitgebers wird im Falle später festgestellter Tarifunzuständigkeit der Gewerkschaft ein unverschuldeter haftungsausschlie-

---

[315] Seiter, Anmerkung zu BAG AP Nr. 62 zu Art. 9 GG Arbeitskampf.

[316] Dem Bundesarbeitsgericht folgend: Brox/Rüthers/Brox, Arbeitskampfrecht, Rn. 370; Blank, Die Tarifzuständigkeit der DGB-Gewerkschaften, S. 87 u. Gamillscheg, Kollektives Arbeitsrecht I, § 26 II 3 f), S. 1224 bejahen einen entschuldigenden Irrtum, sofern er nicht auf grober Fahrlässigkeit beruht; Däubler/Colneric, Arbeitskampfrecht, Rn. 1284, 1285 nimmt einen unvermeidbaren Rechtsirrtum dann an, wenn gute Gründe für die Rechtsauffassung der Gewerkschaftsvertreter sprechen; kritisch: Seiter, Anmerkung zu BAG AP Nr. 62 zu Art. 9 GG, der durch die vom Bundesarbeitsgericht eingeleitete Auflockerung seiner älteren Rechtsprechung die Präventivfunktion des Schadensersatzes im Arbeitskampfrecht gefährdet sieht.

[317] Blank, Die Tarifzuständigkeit der DGB-Gewerkschaften, S. 87 verlangt eine objektiv vertretbare Satzungsauslegung; ebenso: Konzen, Festschrift für Alfons Kraft, S. 291, 306;

[318] BGHZ 69, 128, 143; Palandt/Heinrichs, BGB, § 276, Rn. 11.

[319] MünchArbR/Otto, § 289, Rn. 29.

[320] Dazu s.u. 2. Teil A. I. 2. a) bb).

ßender Tatsachenirrtum der Gewerkschaft vorliegen[321]. Ist der Arbeitgeber nicht zur Zusammenarbeit bereit, wird in der Regel ebenfalls ein beachtlicher Tatsachenirrtum der Gewerkschaft und damit kein Verschulden vorliegen, sofern sie sich im nachhinein als unzuständig erweist. Zweifelt die Gewerkschaft an der vom Arbeitgeber geäußerten Einordnung seines Unternehmens/Betriebes, kann die Gewerkschaft vom Arbeitgeber Zutritt zu seinem Unternehmen/Betrieb verlangen und eine eigenständige Prüfung vornehmen. Kommt es hier zu Differenzen, ist die Gewerkschaft zu einer sehr sorgfältigen Interessenabwägung verpflichtet. Eine bisher gegebene Zuständigkeit[322] oder abgeschlossene Tarifverträge mit unmittelbaren Konkurrenten des fraglichen Unternehmens sind hier aber in der Regel Indizien für einen erheblichen Irrtum im Falle einer später festgestellten Tarifunzuständigkeit der Gewerkschaft.

(c) Ergebnis

Damit steht fest, daß eine Gewerkschaft einer deliktischen Haftung nicht ausgesetzt ist, wenn sie ihre Tarifzuständigkeit gewissenhaft und sorgfältig unter Einsatz aller ihr zur Verfügung stehenden und zumutbaren Mitteln geprüft hat. Hat sie aber damit bei Anwendung der im Verkehr erforderlichen Sorgfalt haftungsrechtliche Ansprüche der Arbeitgeberseite nicht zu befürchten, führt das Merkmal der Tarifzuständigkeit als Erfordernis rechtmäßiger Arbeitskämpfe auch bei der Erzwingung von Firmentarifverträgen nicht dazu, eine Gewerkschaft von vornherein von einer kampfweisen Durchsetzung ihrer Forderungen und damit von einer effektiven Wahrnehmung der Interessen ihrer Mitglieder abzuhalten. Mag auch zuzugeben sein, daß in Ausnahmefällen Unsicherheiten über den Sorgfaltsmaßstab der an die Gewerkschaft zu stellenden Anforderungen bestehen können, so gefährdet das Merkmal der Tarifzuständigkeit die Koalitionsparität jedoch nicht im verfassungsrechtlichen Sinne, da eine allgemeine und evidente Störung des Gleichgewichts zwischen den Tarifpartnern mit ihm nicht verbunden ist.

---

[321] Vgl. BAG AP Nr. 116 zu Art. 9 GG Arbeitskampf für den Fall, daß ein Arbeitgeber der Gewerkschaft vor Einleitung eines Arbeitskampfes um einen Verbandstarifvertrag unzutreffend mitteilt, Mitglied im Arbeitgeberverband zu sein.

[322] Vgl. dazu BAG AP Nr. 11 zu § 2 TVG Tarifzuständigkeit.

(2) Die Verhältnismäßigkeit

Das Merkmal der Tarifzuständigkeit als richterrechtliche Ausgestaltung der Koalitionsfreiheit muß sich aber auch am aus dem Rechtsstaatsprinzip abgeleiteten Verhältnismäßigkeitsgrundsatz messen lassen[323]. Jede die Koalitionsfreiheit berührende Regelung muß grundrechtlich geschütztes Interesse und Regelungszweck ins Verhältnis zueinander setzen. Die Ausgestaltung muß damit geeignet, erforderlich und verhältnismäßig sein[324].

(a) Legitimer Zweck

Auch die Ausgestaltung muß grundsätzlich einem legitimen Zweck dienen. Dabei ist grundsätzlich von einem weiten Spielraum des Staates auszugehen, der als Gesetzgeber oder kraft Richterrechts die Koalitionsfreiheit ausgestaltet[325]. Die Ausgestaltung muß sich aber am Normziel von Art. 9 Abs. 3 GG orientieren und damit beachten, daß die Tarifvertragsparteien die Arbeits- und Wirtschaftsbedingungen in einem vom Staat frei gelassenen Bereich autonom regeln können[326]. Wie bereits festgestellt, berührt das Merkmal der Tarifzuständigkeit nicht den Kernbereich der Koalitionsfreiheit, weshalb eine zulässige Ausgestaltung nicht an verfassungsimmanente Schranken gebunden ist. Im Rahmen seiner allgemeinen wirtschafts- und sozialpolitischen Kompetenz kann der Staat im Rahmen der Ausgestaltung Zweckmäßigkeitserwägungen anstellen und Gemeinwohlbelange oder andere Rechtsgüter ohne Verfassungsrang berücksichtigen[327]. Zu prüfen ist damit, welchen Zweck das Merkmal der Tarifzuständigkeit verfolgt und ob dieser Zweck vor dem Normziel des Art. 9 Abs. 3 GG Bestand hat.

Den Entscheidungen des Bundesarbeitsgerichts sind unmittelbare Ausführungen zum Zwecke der Tarifzuständigkeit kaum zu entnehmen. Dies erklärt sich auch daraus, daß sich das Gericht bis jetzt bei der Frage der rechtlichen Herkunft des Merkmals zurückgehalten und sich allein damit begnügt hat, die Tarifzuständigkeit dogmatisch der Tariffähigkeit zuzuordnen[328]. In seiner zweiten Entschei-

[323] BVerfGE 60, 253, 269; 77, 275, 284; Jarass/Pieroth, GG, Art. 9, Rn. 36; MünchArbR/Löwisch/Rieble, § 244, Rn. 41.
[324] MünchArbR/Löwisch/Rieble, § 244, Rn. 42.
[325] S.o. Fn. 260.
[326] BVerfGE 92, 365, 394.
[327] MünchArbR/Löwisch/Rieble, § 244, Rn. 39; vorsichtiger Jarass/Pieroth, GG, Vorb. vor Art. 1, Rn.35, nach denen aber in jedem Fall eine Ausgestaltung zulässig ist, die der realen Entfaltung der mit dem betreffenden Grundrecht verfolgten Ziele dient.
[328] BAG AP Nr. 1, 3 zu § 2 TVG Tarifzuständigkeit; s. dazu im einzelnen 1. Teil C.

dung zur Tarifzuständigkeit vom 19.12.1958 führt es aus, daß die Verbände Arbeitsverhältnisse nicht ordnen könnten, für die sie nicht zuständig seien[329]. Dies deutet darauf hin, daß das Gericht der Tarifzuständigkeit eine Ordnungsfunktion zuschreibt. In der Entscheidung vom 27.11.1964 betont das Bundesarbeitsgericht, daß es im Zusammenhang mit der Tarifzuständigkeit auch um die Frage der Tarifklarheit und das Erfordernis, Unsicherheiten auf dem tariflichen Gebiet weitmöglichst von vornherein auszuschalten, gehe. Dabei lehnt es zwar ein normativ verstandenes Industrieverbandsprinzip ab, verweist aber darauf, daß es auch bei Vorhandensein mehrerer Gewerkschaften möglich sei, für einen Betrieb oder eine Branche einen einheitlichen Tarifvertrag abzuschließen[330].

Diese noch mehr auf eine Ordnungsaufgabe hinweisende Aussage erfährt einen nachhaltigen Sinn, wenn man vor allem die späteren Entscheidungen des Bundesarbeitsgerichts zu den Fällen konkurrierender DGB-Gewerkschaften betrachtet. Das Gericht mißt bei Abgrenzungsstreitigkeiten nicht nur DGB-Schiedssprüchen nach § 16 der DGB-Satzung Außenwirkung zu[331], sondern auch einer zwischen konkurrierenden DGB-Gewerkschaften im Vermittlungsverfahren nach § 16 der DGB-Satzung erzielten Einigung[332]. Schließlich geht es sogar davon aus, daß vor verbandsinterner Klärung im Falle des Auftretens zweier DGB-Gewerkschaften in einem Betrieb/Unternehmen zunächst allein die Gewerkschaft zuständig sei, die vor Entstehen der Konkurrenzsituation als zuständig angesehen worden war[333]. So erreicht das Gericht mit dem Merkmal der Tarifzuständigkeit im Zusammenspiel mit der Zuständigkeitsordnung des Dachverbandes DGB, in dem die größten Gewerkschaften Deutschlands zusammengeschlossen sind, daß grundsätzlich jeder Arbeitgeber bzw. jeder Arbeitgeberverband auch nur einer DGB-Gewerkschaft gegenübersteht und Doppelzuständigkeiten von DGB-Gewerkschaften vermieden werden. Dabei bezweckt es gerade, mit den an den Koalitionssatzungen und nicht an dem tatsächlichen Vorhandensein von Mitgliedern ausgerichteten unterschiedlichen Tarifzuständigkeiten der Verbände eine an den einzelnen Wirtschaftszweigen orientierte tarifliche Ordnung herzustellen. Dieses Anliegen zeigt gerade auch die Allfloor-Entscheidung des Bundesarbeitsgerichts. Obwohl es hier für zulässig gehalten wurde, daß eine Gewerkschaft die Tarifzuständigkeit für ein einzelnes Unternehmen einer Branche in Anspruch nahm, während die übrigen Unternehmen dieses Wirtschaftszweiges von der Tarifzuständigkeit einer anderen Gewerkschaft erfaßt wurden, sah das Gericht hier Störungen einer sinnvollen und praktikablen Ordnung auf beiden Seiten, lehnte aber gleichzeitig ein Eingreifen unter

329 BAG AP Nr. 3 zu § 2 TVG.
330 BAG AP Nr. 1 zu § 2 TVG Tarifzuständigkeit.
331 BAG AP Nr. 3, 10 zu § 2 TVG Tarifzuständigkeit.
332 BAG AP Nr. 14 zu § 2 TVG Tarifzuständigkeit.
333 BAG AP Nr. 11 zu § 2 TVG Tarifzuständigkeit.

Hinweis auf die von Art. 9 Abs. 3 GG geschützte Satzungsautonomie der Verbände und eine dafür fehlende rechtliche Grundlage ab[334].

Aber auch die anderen Entscheidungen des Bundesarbeitsgerichts zur Tarifzuständigkeit können als Indiz für diesen mit dem Merkmal verfolgten Ordnungszweck herangezogen werden. Typisch für diese Verfahren sind die Konstellationen, daß sich ein Arbeitgeber gegen den Abschluß eines Firmentarifvertrages mit einer bestimmten Gewerkschaft wehrt, da er für sein Unternehmen/seinen Betrieb eine andere gewerkschaftliche Tarifzuständigkeit annimmt[335], oder die Fallgestaltung, daß ein Arbeitgeber gegenüber einem für allgemeinverbindlich erklärten Tarifvertrag das Eingreifen eines spezielleren von einer anderen Gewerkschaft geschlossenen und für ihn günstigeren Tarifvertrages behauptet[336]. In dem Beschluß vom 24.07.1990 zum Beispiel sprach das Gericht der Gewerkschaft ÖTV die Tarifzuständigkeit ab und verhalf damit einem für allgemeinverbindlich erklärten Rahmentarifvertrag für das Baugewerbe, der eine Zusatzversorgungskasse als gemeinsame Einrichtung der Tarifvertragsparteien vorsah, zur Anwendung, obwohl der Arbeitgeber und die ÖTV in jahrelanger Praxis übereinstimmend von der beiderseitig vorliegenden Tarifzuständigkeit ausgegangen waren[337]. Auch in der Entscheidung vom 12.12.1995 gingen die Beteiligten insgesamt von der Tarifzuständigkeit der ÖTV aus. Das Bundesarbeitsgericht untersuchte aber, ob die ÖTV aufgrund ihrer satzungsmäßigen Zuständigkeit für das Transportgewerbe als Tarifpartner in Betracht kam und damit das Unternehmen in den von der ÖTV abgeschlossenen (Verbands-)Tarifvertrag für das Transportgewerbe fiel oder ob die ÖTV aufgrund ihrer Tarifzuständigkeit für die Entsorgungswirtschaft das Unternehmen auf Abschluß eines Firmentarifvertrages in Anspruch nehmen durfte[338]. Diese Beispiele verdeutlichen, daß bei der Bestimmung der gewerkschaftlichen Tarifzuständigkeit für ein Unternehmen/Betrieb nicht nur zu ermitteln ist, für welche Wirtschaftsbereiche eine Gewerkschaft nach ihrer Satzung zuständig ist, sondern auch festgestellt werden muß, welchem Wirtschaftszweig das fragliche Unternehmen bzw. der fragliche Betrieb tatsächlich zuzuordnen ist, was umgekehrt natürlich auch für die Zulässigkeit der Mitgliedschaft des Arbeitgebers in seinem Arbeitgeberverband und damit die Möglichkeit der Tarifbindung an die von diesem abgeschlossenen Verbandstarifverträge entscheidend ist[339]. Die Unsicherheit bezüglich der ge-

---

334 BAG AP Nr. 4 zu § 2 TVG Tarifzuständigkeit.

335 BAG AP Nr. 1, 2, 3, 5, 6, 8, 10, 11, 14 zu § 2 TVG Tarifzuständigkeit.

336 BAG AP Nr. 7, 9 zu § 2 TVG Tarifzuständigkeit.

337 BAG AP Nr. 7 zu § 2 TVG Tarifzuständigkeit.

338 BAG AP Nr. 8 zu § 2 TVG Tarifzuständigkeit.

339 Dies zeigen BAG AP Nr. 1, 5, 8, 9, 10, 14 zu § 2 TVG Tarifzuständigkeit; in BAG AP Nr. 5 zu § 2 TVG Tarifzuständigkeit hat das Bundesarbeitsgericht die Beschlußsache zur weiteren Sachverhaltsfeststellung an das Landesarbeitsgericht zurückverwiesen.

werkschaftlichen Tarifzuständigkeit kann sich also darauf beziehen, ob eine Gewerkschaft aufgrund ihrer Satzung für ein(en) Unternehmen/Betrieb einer bestimmten Branche zuständig ist und/oder ob bei feststehender satzungsmäßiger Zuständigkeit ein Unternehmen/Betrieb seiner Art nach überhaupt der satzungsmäßigen Zuständigkeit der Gewerkschaft zuzuordnen ist. Durch diese wechselseitige Zuordnung von Gewerkschaften zu den Unternehmen/Betrieben einerseits und Unternehmen/Betrieben zu Gewerkschaften andererseits entscheidet das Gericht, in welche gewerkschaftliche Tarifzuständigkeit und damit verbunden in welche tarifliche Ordnung ein Unternehmen/Betrieb fällt. Wie gesehen muß es dabei nicht immer um unterschiedliche Tarifzuständigkeiten zweier konkurrierender (DGB-) Gewerkschaften gehen, in Frage können auch einzelne Zuständigkeitsbereiche nur einer Gewerkschaft stehen[340].

Die Rechtsprechung des Bundesarbeitsgerichts zeigt also insgesamt, daß das Bundesarbeitsgericht mit dem Merkmal der Tarifzuständigkeit nicht nur Tarifklarheit schaffen und den Grundsatz der Tarifeinheit bereits vor Entstehen von Tarifkollisionen absichern, sondern auch eine an den einzelnen Wirtschaftszweigen orientierte tarifliche Ordnung herstellen möchte.

Auch in der Literatur wird der Tarifzuständigkeit nahezu einhellig eine Ordnungsfunktion zugesprochen[341]. Durch die Bindung der Koalitionen an ihren Organisationsbereich diene die Tarifzuständigkeit der Tarifklarheit und Rechtssicherheit[342]. Sie verhindere eine Allzuständigkeit eines jeden Verbandes und damit eine Fülle von Tarifkonkurrenzen[343]. Letztlich trage die Tarifzuständigkeit somit dem Ziel der Tarifeinheit bei, daß in einem Unternehmen/Betrieb nur eine Gewerkschaft die Arbeitnehmerinteressen gegenüber dem Arbeitgeber vertrete und damit eine einheitliche tarifliche Behandlung aller Arbeitnehmer gewährleistet sei[344]. Zum anderen wird darauf hingewiesen, daß die Tarifzuständigkeit durch Verhinderung von Allzuständigkeiten der Koalitionen sachnahe Regelun-

---

340 BAG AP Nr. 6, 8 zu § 2 TVG Tarifzuständigkeit.

341 Blank, Die Tarifzuständigkeit der DGB-Gewerkschaften, S. 76; Gamillscheg, Kollektives Arbeitsrecht I, § 14 II 1, S. 530; Hromadka/Maschmann/Wallner, Der Tarifwechsel, Rn. 20; Kutscher, Die Tarifzuständigkeit, S. 25; Link, Die Tarifzuständigkeit, S. 40; Wiedemann/Oetker, § 2, Rn. 49; Wieland, Recht der Firmentarifverträge, Rn. 124.

342 Link, Die Tarifzuständigkeit, S. 40.

343 Blank, Die Tarifzuständigkeit der DGB-Gewerkschaften, S. 76; 155; Gamillscheg, Kollektives Arbeitsrecht I, § 14 II 1, S. 530; Hromadka/Maschmann/Wallner, Der Tarifwechsel, Rn. 20; Link, Die Tarifzuständigkeit, S. 40; Ueberall, Das Problem der Tariflegitimation, S. 39; Wieland, Recht der Firmentarifverträge, Rn. 125.

344 Blank, Die Tarifzuständigkeit der DGB-Gewerkschaften, S. 155; Wiedemann, Festschrift für H.-J. Fleck, S. 447, 456; Wiedemann/Oetker, TVG, § 2, Rn. 49.

gen ermögliche[345] und dazu diene, Kompetenzstreitigkeiten zwischen gleichrangigen Verbänden zu vermeiden[346]. *Nikisch* behauptet gar, daß mit dem Merkmal der Tarifzuständigkeit das Industrieverbandsprinzip gefestigt werden solle[347].

Diese mit dem Merkmal der Tarifzuständigkeit verfolgten Zwecke, Förderung der Tarifeinheit und Gewährleistung von Sachkompetenz der Tarifpartner und einheitlichen Arbeits- und Wirtschaftsbedingungen in den einzelnen Branchen, richten sich in zulässiger Weise am Normziel von Art. 9 Abs. 3 GG aus, nach dem die Tarifvertragsparteien in einem vom Staat überlassenen Bereich selbständig und unter Berücksichtigung der gegenläufigen Interessen die Arbeitsbedingungen ihrer Mitglieder festlegen sollen. Es ist anerkannt, daß der Staat aufgrund seiner wirtschafts- und sozialpolitischen Kompetenz auch Zweckmäßigkeitserwägungen anstellen und Fehlsteuerungen durch Koalitionsverhalten begegnen kann[348]. Die Schaffung eines Merkmals, das der Klarheit und der Übersichtlichkeit des Tarifwesens dienen und eine bestimmte, an den Bedürfnissen der beteiligten Arbeitgeber und Arbeitnehmer ausgerichtete tarifliche Ordnung schaffen soll, verfolgt damit legitime Zwecke.

(b) Geeignetheit

Fraglich ist aber, ob das Merkmal der Tarifzuständigkeit gemessen an den eben dargestellten Zwecken eine geeignete Ausgestaltung ist. Geeignet ist das Merkmal, wenn mit seiner Hilfe der gewünschte Erfolg gefördert werden kann[349]. Die Geeignetheit des Mittels bedeutet aber nicht, daß der Erfolg in jedem Einzelfall auch erreicht werden oder erreichbar sein müsse. Die abstrakte Möglichkeit der Zweckerreichung genügt bereits[350].

---

345 Blank, Die Tarifzuständigkeiten der DGB-Gewerkschaften, S. 14, 154, mit Rechtsvergleich zum Tarifwesen der USA; Eisenhart Rothe v., Probleme der Tarifzuständigkeit, S. 30; Hromadka/Maschmann/Wallner, Der Tarifwechsel, Rn. 20; Link, Die Tarifzuständigkeit, S. 40, der gar von einer Autorität einer Koalition in ihrem satzungsmäßigen Organisationsbereich spricht; Wiedemann/Oetker, TVG, § 2, Rn. 49; Wieland, Recht der Firmentarifverträge, Rn.125.

346 Hromadka/Maschmann/Wallner, Der Tarifwechsel, Rn. 20; Kutscher, Die Tarifzuständigkeit, S. 18; Wiedemann, Festschrift für H.-J. Fleck, S. 447, 456; Wiedemann/Oetker, TVG, § 2, Rn. 49; Wieland, Recht der Firmentarifverträge, Rn. 20.

347 Nikisch, Arbeitsrecht II, S. 239.

348 MünchArbR/Löwisch/Rieble, § 244, Rn. 53.

349 BVerfGE 67, 157, 173; 96, 10, 23; Jarass/Pieroth, GG, Art. 20 GG, Rn. 84.

350 BVerfGE 67, 157, 175.

Damit ist zu prüfen, ob die Tarifzuständigkeit einen Beitrag zur Förderung der ihr zugedachten Zwecke leisten kann. Dies wird zum Teil bestritten. Das Merkmal der Tarifzuständigkeit in dem von der herrschenden Meinung verstandenen Sinne schaffe die Probleme erst, die es zu lösen vorgebe, und kompliziere die Tarifauseinandersetzungen unnötig[351]. *Van Venrooy* untersucht in seinem Beitrag von 1983 die bis dahin zur Tarifzuständigkeit bzw. im Zusammenhang mit der Tarifzuständigkeit ergangenen Entscheidungen des Bundesarbeitsgerichts sowie sonstige abstrakte Fallkonstellationen und gelangt zu dem Ergebnis, daß das Merkmal in keinem der Fälle entscheidungserheblich geworden sei[352]. Er folgert daraus, daß das Merkmal der Tarifzuständigkeit für die Funktion des Tarifwesens nicht erforderlich sei und auch ohne dieses eine sinnvolle tarifliche Ordnung erreicht werden könne[353]. Ausreichend sei, daß eine Gewerkschaft in einem Unternehmen Mitglieder habe und daß sie im Wege des Arbeitskampfes Forderungen durchsetzen könne[354]. Dieser Schluß ist jedoch nicht zwingend. Die Entscheidungserheblichkeit eines Merkmals in bestimmten Fallkonstellationen spricht weder für noch gegen seine Geeignetheit. Auch die Folgeprobleme, die eine Regelung nach sich ziehen, nehmen ihm nicht die sachliche Berechtigung, wenn es nur in der Lage ist, den erstrebten Zweck zu fördern. Maßgebend für die Beurteilung der Geeignetheit der Tarifzuständigkeit muß damit allein der Vergleich sein zwischen der gegenwärtigen Rechtslage mit dem Merkmal der Tarifzuständigkeit und der Rechtslage, die bestünde, wenn das Merkmal als Wirksamkeitsvoraussetzung nicht existierte.

Nach der Ansicht des Bundesarbeitsgerichts sind in einem Unternehmen bzw. Betrieb aufgetretene Tarifkonkurrenzen und Tarifpluralitäten mit Hilfe des Grundsatzes der Tarifeinheit aufzulösen. Ein Merkmal der Tarifzuständigkeit ist in diesem Fall also unerheblich. Die Tarifzuständigkeit ist vielmehr als Wirksamkeitsvoraussetzung von Tarifverträgen dem Tatbestand derartiger Kollisionslagen vorgelagert. Es könnte jedoch in dieser Eigenschaft die Tarifeinheit fördern, indem es Tarifverträgen, die von den Koalitionen für Bereiche außerhalb ihres satzungsmäßigen Zuständigkeitsbereiches abgeschlossen worden sind, die Wirksamkeit versagt. Zwar ließe sich dagegen argumentieren, daß derartige Tarifverträge ohnehin ohne Bedeutung seien, da die Tarifvertragsparteien au-

---

[351] Däubler, Tarifvertragsrecht, Rn. 89a; Hillebrand, Das Merkmal „Tarifzuständigkeit"..., S. 57, 61; Kraft, Festschrift für Schnorr von Carolsfeld, S., 255, 271; Venrooy van, ZfA 1983, S. 49, 82.

[352] Venrooy van, ZfA 1983, S. 49, 53ff.

[353] Venrooy van, ZfA 1983, S. 49, 71.

[354] Venrooy van, ZfA 1983, S. 49, 66, 67; ähnlich: Blank, Die Tarifzuständigkeit der DGB-Gewerkschaften, S. 85, der ebenfalls die Bedeutung der Tarifzuständigkeit in gewissen Fallgruppen untersucht und im Ergebnis der Tarifzuständigkeit letztlich nur einen geringen Beitrag zur Einhaltung des Grundsatzes der Tarifeinheit zuweist.

ßerhalb ihres satzungsmäßigen Geschäftsbereiches grundsätzlich keine Mitglieder hätten und es daher mangels Tarifbindung im Sinne des § 3 Abs. 1 TVG keinen Anwendungsbereich für derartige Tarifverträge gebe. Dieses Argument setzt aber voraus, daß sich die Tarifvertragsparteien bei der Aufnahme von Mitgliedern tatsächlich an ihren satzungsmäßig festgelegten Organisationsbereich hielten. Daß sie dies – unterstellt es gäbe das Merkmal der Tarifzuständigkeit nicht – aus tarifrechtlichen Gründen gerade nicht tun müßten und damit auch satzungswidrig aufgenommen Mitgliedern gemäß § 3 Abs. 1 TVG an einen von ihnen abgeschlossenen Tarifvertrag binden könnten, ist bereits oben dargelegt worden[355]. Das Merkmal der Tarifzuständigkeit gewährleistet daher, daß die Tarifvertragsparteien sich bei ihrer tariflichen Betätigung an ihren satzungsmäßig festgelegten Organisationsbereich halten müssen, und verhindert so eine mögliche Tarifbindung satzungswidrig aufgenommener Mitglieder[356].

Dies dient einerseits der Tarifklarheit und einer tariflichen (Zuständigkeits-) Ordnung, die nicht durch unrichtig organisierte Mitglieder unterlaufen werden kann[357]. Obwohl - wie oben bereits ausgeführt - dem Arbeitgeber zumindest bei der Einstellung eines Arbeitnehmers kein Fragerecht nach der gewerkschaftlichen Organisation des Arbeitnehmers zusteht, kann er sich unabhängig davon jederzeit durch Einsichtnahme in die jeweiligen Gewerkschaftssatzungen über die für sein Unternehmen/Betrieb in Betracht kommenden Gewerkschaften informieren. Ein überraschendes Auftreten einer Gewerkschaft in seinem Unternehmen/Betrieb ist dadurch ausgeschlossen. Auch für untereinander konkurrierende Koalitionen ist es ohne weiteres möglich, sich über das tarifliche Betätigungsfeld eines jeden Verbandes zu vergewissern und danach zu entscheiden, inwieweit man in Konkurrenz zu diesem treten möchte. Andererseits fördert das Merkmal der Tarifzuständigkeit auch die Tarifeinheit, indem es als Erfordernis wirksamer Tarifverträge konkurrierenden Tarifverträgen, die von den Koalitionen für Bereiche außerhalb ihres satzungsmäßigen Zuständigkeitsgebietes abgeschlossen worden sind, von vornherein die rechtliche Geltung versagt und in diesem Bereich für den Fall satzungswidrig aufgenommener Mitglieder das unbegrenzte und unvorhersehbare Entstehen von Tarifkonkurrenzen und Tarifpluralitäten ausschließt[358]. Als Beleg dafür findet sich in der Literatur der Hinweis darauf, daß seit der Einführung des Merkmals der Tarifzuständigkeit streitige

---

355 S.o. 1 .Teil B. I. 3. b) bb).

356 Insoweit ist es richtig, wenn Kraft, Festschrift für Schnorr von Carolsfeld, S. 255, 269, sagt, daß sich hinter der Maske der Tarifzuständigkeit das Problem der Tarifwirkung eines Tarifvertrages für ein Mitglied der tarifschließenden Parteien verberge.

357 Ebenso: Gumpert, BB 1959, S. 488; Link, Die Tarifzuständigkeit, S. 40, 41; Wiedemann, Festschrift für H.-J. Fleck, S. 447, 457; ders., RdA 1975, S. 78, 81.

358 Ebenso: Blank, Die Tarifzuständigkeit der DGB-Gewerkschaften, S. 75.

Kollisionsfälle im Verhältnis zur Weimarer Zeit, zu der das Merkmal der Tarifzuständigkeit keine Anerkennung gefunden hatte, zurückgegangen sind[359].

Ohne das Merkmal der Tarifzuständigkeit dagegen gäbe es eine Allzuständigkeit und damit unbegrenzte tarifliche Betätigungsmöglichkeiten für die Koalitionen[360]. Jede Koalition könnte im Widerspruch zu ihrem satzungsmäßigen Organisationsbereich für alle Arbeitsverhältnisse Tarifverträge abschließen und damit eine Fülle von Tarifkollisionen herbeiführen. Der Abschluß eines Tarifvertrages wäre mithin nur davon abhängig, ob die Koalitionen aufgrund satzungsgemäß oder auch satzungswidrig aufgenommener Mitglieder ausreichend Durchsetzungskraft in den einzelnen Unternehmen oder Betrieben besäßen. Zwar wäre grundsätzlich zunächst zu erwarten, daß Arbeitnehmer und Arbeitgeber aufgrund ähnlicher Interessenlage aus demselben Wirtschaftszweig koalierten und damit zunächst tariflich dieselbe Ordnung herstellten, wie es auch gegenwärtig mit dem Merkmal der Tarifzuständigkeit der Fall ist. Jedoch gäbe es aufgrund der Allzuständigkeit einer jeden Koalition unbegrenzten Wettbewerb und Konkurrenz in jedem einzelnen Wirtschaftszweig zwischen den Arbeitgeberverbänden bzw. Gewerkschaften untereinander. Dies würde - so sehr auch Wettbewerb sonst im freien Wirtschaftsverkehr erstrebenswert sein mag - dem Grundanliegen des Tarifrechts nicht gerecht werden. Hier geht es grundsätzlich um den Ausgleich der kollidierenden Interessen zweier sich gegenüberstehender Lager. Gerade auf Arbeitnehmerseite setzt eine wirksame und effektive Interessenvertretung eine mitgliederstarke Gewerkschaft voraus, die nicht durch den unbegrenzten Wettbewerb mit sämtlichen Gewerkschaften der Arbeitgeberseite geschwächt gegenübertritt. Ob dies zumindest für die DGB-Gewerkschaften auch unabhängig vom Merkmal der Tarifzuständigkeit der Deutsche Gewerkschaftsbund als Dachverband mit seinen Schlichtungsverfahren im Falle von Abgrenzungsstreitigkeiten der ihm angeschlossenen Einzelgewerkschaften gewährleisten könnte, kann hier dahingestellt bleiben. Denn es kommt - wie oben gezeigt - allein auf die abstrakte Geeignetheit des Merkmals der Tarifzuständigkeit an. Mit einer Allzuständigkeit einer jeden Koalition wäre zudem zu befürchten, daß schließlich im Wettbewerb der Koalitionen untereinander die finanzstarken und größeren Verbände kleinere mit der Folge des Verlustes von Sachnähe und Fachkompetenz in den einzelnen Wirtschaftszweigen verdrängten[361].

---

[359] Hromadka/Maschmann/Wallner, Der Tarifwechsel, Rn. 19; Hueck/Nipperdey, Lehrbuch des Arbeitsrechts II/1, S. 445; Wiedemann/Oetker, TVG, § 2, Rn. 49;.

[360] Wiedemann, RdA 1975, S. 78, 81.

[361] Vgl. Blank, Die Tarifzuständigkeit der DGB-Gewerkschaften, S. 14, 154, der rechtsvergleichend das Tarifrecht der USA untersucht, das auf Repräsentativität statt auf Zuständigkeit setzt. Blank sieht hier den Verlust von Fachkompetenz für den entscheidenden Nachteil.

Mit der Bindung der Koalitionen an ihren satzungsmäßig festgelegten, in aller Regel am Industrieverbandsprinzip[362] ausgerichteten Organisationsbereich geht des weiteren einher, daß in einem Wirtschaftszweig grundsätzlich dieselben Tarifpartner bzw. im Falle der Nichtmitgliedschaft eines Arbeitgebers in dem für ihn zuständigen Verband dieselbe Gewerkschaft tariflich tätig werden. Diese Identität des Tarifpartners auf der einen Seite, also der für diesen Wirtschaftszweig tarifzuständigen Gewerkschaft, garantiert grundsätzlich einheitliche Arbeitsbedingungen in dieser Branche. Jeder Arbeitgeber dieses Wirtschaftszweiges sieht sich danach unabhängig von seiner Mitgliedschaft im entsprechenden Arbeitgeberverband denselben oder ähnlichen tariflichen Forderungen der für diesen Bereich zuständigen Gewerkschaft gegenüber wie seine Konkurrenten. Das Merkmal der Tarifzuständigkeit ebnet damit in rechtlicher Hinsicht den Weg dazu, daß in einem Wirtschaftszweig einheitliche Arbeitsbedingungen gelten. Insofern leistet es - egal ob man in Art. 9 Abs. 3 GG dafür eine normative Vorgabe dafür sieht oder nicht[363] - einen Beitrag für eine an Wirtschaftszweigen orientierte Ordnung des Tarifwesens[364].

Im Ergebnis ist damit festzuhalten, daß die Tarifzuständigkeit gemessen an den oben dargestellten Zwecken eine geeignetes Mittel darstellt. Es dient der Tarifklarheit und Tarifübersichtlichkeit, verhindert unvorhersehbare und unbegrenzt mögliche Tarifkonkurrenzen und fördert damit das Ziel der Tarifeinheit. Des weiteren leistet sie einen Beitrag zur Sicherung von Fachkompetenz der Tarifvertragsparteien und einer an den einzelnen Wirtschaftszweigen ausgerichteten Ordnung des Tarifwesens.

Bedenken gegen die Geeignetheit des Merkmals könnten aber im Hinblick auf die Bestimmung der Tarifzuständigkeit nach den Satzungen der Koalitionen vorgebracht werden. Da im Rahmen ihrer von Art. 9 Abs. 3 GG geschützten Satzungsautonomie die Koalitionen grundsätzlich selbständig ihre Tarifzuständigkeit bestimmen und damit durch eine entsprechende Satzungsänderung ihre Tarifzuständigkeit bis hin zu einer Allzuständigkeit erweitern können, ist ein Erreichen des Zwecks von der entsprechenden Gestaltung der Satzung abhängig und letztlich vom Belieben der Koalitionen selbst[365]. Einige Autoren wollen dagegen die Festlegung der Tarifzuständigkeit durch die Tarifvertragsparteien unter Hinweis auf einen Verfassungsauftrag an die Koalitionen zur sinnvollen Ordnung des Arbeitslebens in der Weise begrenzen, daß die Tarifzuständigkeit

---

[362] Zum Industrieverbandsprinzip: 2. Teil A. I. 2. d) dd) (2).

[363] S.u. 2. Teil A. I. 2. d) cc).

[364] Insofern geht es trotz der Ablehnung eines normativ verstandenen Industrieverbandsprinzips nicht fehl, wenn Nikisch, Arbeitsrecht II, S. 239 davon spricht, daß man anscheinend „mit der Tarifzuständigkeit das Industrieverbandsprinzip festigen möchte".

[365] Ebenso: Kraft, Festschrift für Schnorr von Carolsfeld, S. 255, 264.

nicht funktionswidrig bzw. willkürlich festgelegt werden dürfe und daher grundsätzlich so ausgestaltet werden müsse, daß sie nicht in die Tarifzuständigkeit eines konkurrierenden Verbandes eingreife bzw. die Tariffelder lückenlos aneinander angrenzten[366]. Diese Auffassung ist aber im Hinblick auf den grundsätzlich von Art. 9 Abs. 3 GG geschützten Koalitionspluralismus zurückzuweisen[367]. Bei entsprechender Gestaltung der Koalitionssatzungen kann das Merkmal der Tarifzuständigkeit also das Auftreten von Tarifkonkurrenzen bzw. Tarifpluralitäten nicht verhindern, da sich die Zuständigkeitsbereiche voneinander unabhängiger Gewerkschaften, die keinem gemeinsamen Spitzenverband wie z.B. dem DGB angehören, überschneiden können[368]. Auch der der sog. Allfloor-Entscheidung des Bundesarbeitsgerichts[369] zugrunde liegende Fall, bei dem eine DGB-Gewerkschaft ihre satzungsmäßige Zuständigkeit auf eine ganze Branche erweiterte, aber in Absprache mit der für diese Branche zuständigen DGB-Gewerkschaft ihre Zuständigkeit nur für ein Unternehmen dieser Branche wahrnahm, zeigt, daß durch eine entsprechende Satzungsgestaltung der Koalitionen der mit der Tarifzuständigkeit verfolgte Ordnungsfaktor, einheitliche Arbeitsbedingungen in einem Wirtschaftszweig durch Zuständigkeit einer bestimmten Gewerkschaft zu schaffen, in Frage gestellt werden kann. Aufgrund der Bestimmung der Tarifzuständigkeit nach den Satzungen der Koalitionen ist damit die mit dem Merkmal der Tarifzuständigkeit bezweckte Förderung der Tarifeinheit und Herstellung einer tariflichen Ordnung in das Belieben der Tarifvertragsparteien gestellt.

Diese Einwände vermögen jedoch an der Geeignetheit des Merkmals nichts zu ändern. Der Beitrag der Tarifzuständigkeit zur Tarifklarheit und Tarifübersichtlichkeit läßt sich grundsätzlich nicht bestreiten. Durch die Bindung der Koalitionen an ihre Satzung schafft das Merkmal einen Vertrauenstatbestand, so daß für alle am Tarifgeschehen Beteiligen erkennbar und deutlich ist, wer sich in welchem Bereich tariflich betätigen möchte. Dieses Wissen um die Zuständigkeit konkurrierender Verbände wird aber auch die Wahl der eigenen Tarifzuständigkeit eines jeden Verbandes und so die Entscheidung beeinflussen, ob man in Konkurrenz zu anderen Verbänden tritt. Damit kann der Tarifzuständigkeit auch unter Berücksichtigung der grundsätzlichen Satzungsautonomie der Koalitionen zumindest ein mittelbarer Beitrag zur Förderung der Tarifeinheit und einer tariflichen Ordnung zugeschrieben werden.

---

366 Link, Die Tarifzuständigkeit, S. 44, sieht in der Tarifzuständigkeit einer konkurrierenden Koalition ein vorrangiges „Recht anderer" i.S.d. Art. 2 Abs. 1 GG, das bei der Wahl des eigenen Organisationskreises berücksichtigt werden müsse; Wiedemann, RdA 1975, S. 78, 81, 82.

367 S. dazu im einzelnen 2. Teil A. I. 2. d) cc).

368 Kraft, Festschrift für Schnorr von Carolsfeld, S. 255, 264, 269; Wiedemann/Oetker, TVG, § 2, Rn. 49.

369 BAG AP Nr. 4 zu § 2 TVG Tarifzuständigkeit.

Die Tarifzuständigkeit ist also eine geeignete Ausgestaltung der Koalitionsfreiheit.

(c) Erforderlichkeit und Angemessenheit

Auch bei der Ausgestaltung verlangt das Verhältnismäßigkeitsprinzip die Beachtung des Gebots der Erforderlichkeit und Angemessenheit. Erforderlich ist eine Regelung, wenn es keine gleich geeigneten, aber weniger einschränkenden Regelungen gibt[370]. Angemessenheit und damit Verhältnismäßigkeit im engeren Sinne liegt vor, wenn die Regelung in einem angemessenen Verhältnis zu dem Gewicht und der Bedeutung des Grundrechts steht[371].

Das Merkmal der Tarifzuständigkeit begegnet hinsichtlich der Erforderlichkeit keinen Bedenken. Ein weniger einschränkendes Mittel, mit dem die oben genannten Zwecke herbeigeführt werden könnten, ist nicht ersichtlich. Auch die Verhältnismäßigkeit im engeren Sinne bezüglich der kollektiven Koalitionsfreiheit steht außer Zweifel. Das Merkmal berücksichtigt vollständig die von Art. 9 Abs. 3 GG umfaßte Satzungsautonomie der Koalitionen und führt allein dazu, daß sich die Koalitionen tariflich an dem von ihnen selbst gewählten Organisationsbereich festhalten lassen müssen[372]. Die tarifliche Betätigungsfreiheit der Koalitionen bleibt damit umfassend erhalten. Fraglich ist allein, ob die Tarifzuständigkeit auch in einem angemessenen Verhältnis zur individuellen Koalitionsfreiheit steht. Eine Ansicht sieht das Problem, daß ein Arbeitnehmer im Falle eines Arbeitsplatzwechsels bzw. insbesondere auch bei einer durch Produktionsumstellungen des Arbeitgebers veranlaßten gewerkschaftlichen Zuständigkeitsänderung zur Wahrnehmung seiner Koalitionsfreiheit zu einem Wechsel von seiner bisherigen zur nunmehr zuständigen Gewerkschaft gezwungen sei und somit „zum Wanderer zwischen den Gewerkschaften" werden müsse[373]. Für den Fall sich ändernder Tarifzuständigkeiten auf Arbeitgeberverbandsseite gelten diese Überlegungen aber auch für den Arbeitgeber. Diese Einwände vermögen allerdings nichts an der Angemessenheit des Merkmals der Tarifzuständigkeit zu ändern. Die individuelle Koalitionsfreiheit des Art. 9 Abs. 3 GG schützt in positiver Hinsicht zwar die Gründung, den Beitritt und insbesondere die Betätigung für und in der eigenen Koalition. Die Perpetuierung der Tarifzuständig-

[370] MünchArbR/Löwisch/Rieble, § 244. Rn. 43; allgemein zum Gebot der Erforderlichkeit: BVerfGE 67, 157, 176; Jarass/Pieroth, GG, Art. 20, Rn. 85.
[371] BVerfGE 67, 157, 173, 178; Jarass/Pieroth, GG, Art. 20, Rn. 86.
[372] BAG AP Nr. 3 zu § 2 TVG Tarifzuständigkeit.
[373] Gamillscheg, Kollektives Arbeitsrecht I, § 14 II 3 b), S. 536.

keit des Verbandes, dem der Arbeitnehmer/Arbeitgeber angehört, garantiert sie jedoch nicht[374]. Kommt es somit auf einen Vergleich der mit der Tarifzuständigkeit bezweckten Ziele und der individuellen Koalitionsfreiheit an, läßt sich ein unangemessenes Verhältnis nicht feststellen. Ob dabei mit einem Wechsel zu einer anderen Koalition überhaupt ein wesentlicher Unterschied in der Koalitionsbetätigung oder ein materieller Nachteil verbunden ist, mag dahinstehen[375]. Die mit der Tarifzuständigkeit erstrebten Ziele, Förderung der Tarifklarheit und Tarifeinheit, sachnahe tarifliche Regelungen und eine an Wirtschaftszweigen ausgerichtete tarifliche Ordnung stehen jedoch nicht außer Verhältnis zu diesen Auswirkungen auf den Schutzbereich der individuellen Koalitionsfreiheit. Im Rahmen der von ihm herbeigeführten, dem Tarifrecht und damit aber auch der individuellen Koalitionsfreiheit dienenden Zuständigkeitsordnung läßt das Merkmal den Koalitionsbetätigungsmöglichkeiten einzelner Arbeitnehmer/Arbeitgeber unbegrenzt und damit ausreichend Raum. Bei veränderten Tarifzuständigkeiten kommt als Alternative somit nicht nur ein Wechsel des Berufsverbandes in Betracht, Arbeitnehmer und Arbeitgeber können auch zusammen mit anderen Berufskollegen eine neue Koalition bilden oder auf eine satzungsmäßige Zuständigkeitserweiterung ihrer bisherigen Koalition hinwirken[376].

Die Tarifzuständigkeit stellt sich mithin auch als angemessene Ausgestaltung der Koalitionsfreiheit dar.

(d) Ergebnis

Das Merkmal der Tarifzuständigkeit dient in erster Linie der Klarheit und Übersichtlichkeit des Tarifwesens. Dabei bewirkt es mittelbar die Förderung der Tarifeinheit, die Gewährleistung von Sachkompetenz der Tarifpartner und die Möglichkeit von einheitlichen Arbeits- und Wirtschaftsbedingungen in den ein-

---

[374] Wiedemann, RdA 1975, S. 78, 83.

[375] Gamillscheg, Kollektives Arbeitsrecht I, § 14 II 3 b), S. 536 weist auf ggf. bestehende unterschiedliche politische Einstellungen der Gewerkschaften hin; dagegen: Dutti, DB 1969, S. 218, 219, der einen Nachteil ablehnt, da innerhalb der DGB-Gewerkschaften Beitragshöhen und sonstige Leistungsansprüche unverändert blieben.

[376] Die Rechtslage ähnelt hier der Situation bei auftretenden Tarifpluralitäten: Da das Bundesarbeitsgericht bei Tarifpluralitäten – wie oben gezeigt – den Grundsatz der Tarifeinheit als normatives Prinzip versteht und nach dem Spezialitätsprinzip einem Tarifvertrag den Vorrang einräumt, wird der Arbeitnehmer auch hier – will er tarifliche Rechte genießen – zum Wechsel in eine andere Gewerkschaft, nämlich in die Gewerkschaft gezwungen, „deren" Tarifvertrag sich durchgesetzt hat. Allerdings ist die hier interessierende Konstellation der Problematik auftretender Tarifpluralitäten vorgelagert und damit im Hinblick auf die individuelle Koalitionsfreiheit in jedem Fall anders zu beurteilen.

zelnen Wirtschaftsbereichen. Gemessen an diesem Zweck stellt es eine geeignete, erforderliche und schließlich angemessene Ausgestaltung der Koalitionsfreiheit dar.

3. Die Bindung an die richterrechtliche Ausgestaltung

Fraglich ist aber, inwieweit das Bundesarbeitsgericht für die Zukunft an diese von ihm vorgenommene richterrechtliche Ausgestaltung der Koalitionsfreiheit gebunden ist.

Nach ganz herrschender Meinung kann Richterrecht, solange nicht Gewohnheitsrecht daraus entstanden ist, nicht die Verbindlichkeit von Gesetzesrecht erzeugen[377]. Die gesetzlich verankerte Kompetenz der obersten Gerichtshöfe des Bundes, Rechtsfragen von grundsätzlicher, über den Einzelfall hinausgehender Bedeutung zu beantworten und dadurch das Recht zu vereinheitlichen und fortzubilden, begründet jedoch einen Geltungsanspruch höchstrichterlicher Gerichtsentscheidungen, der als Beachtlichkeitsgebot bezeichnet werden kann[378]. Dabei festigt die Wiederholung einer bestimmten Judikatur bis hin zu einer ständigen Rechtsprechung für den gesamten Rechtsverkehr einen Vertrauenstatbestand, der die Gerichte verfassungsrechtlich durch die Gebote der Gleichbehandlung (Art. 3 Abs. 1 GG) und der Rechtssicherheit (Art. 20 Abs. 3 GG) bindet[379]. Durch die Berücksichtigung der Präjudizien durch die Gerichte und den Rechtsverkehr vermag Richterrecht somit im Ergebnis die gleiche faktische Geltung und Effektivität zu erlangen wie Gesetzesrecht[380].

Das Bundesarbeitsgericht hat die Tarifzuständigkeit bereits in den fünfziger Jahren als Wirksamkeitsvoraussetzung erhoben[381] und bis heute in ständiger Rechtsprechung bestätigt[382]. Trotz aufgezeigter kritischer Stimmen stimmt die ganz

[377] BVerfGE 84, 212, 227; BGHZ 132, 6, 11; 132, 119, 129; Larenz/Canaris, Methodenlehre der Rechtswissenschaft, S. 255, 258; Vogel, Juristische Methodik, S. 83, 84; Gesetzeskraft können aber – aufgrund der gesetzlicher Anordnung des § 31 Abs. 2 BVerfGG – Entscheidungen des Bundesverfassungsgerichts haben.

[378] Larenz/Canaris, Methodenlehre der Rechtswissenschaft, S. 257; Vogel, Juristische Methodik, S. 85.

[379] Langenbucher, Entwicklung und Auslegung von Richterrecht, S. 106, 116; Larenz/Canaris, Methodenlehre der Rechtswissenschaft, S. 259; Vogel, Juristische Methodik, S. 86.

[380] Larenz/Canaris, Methodenlehre der Rechtswissenschaft, S. 255; Maunz/Dürig/Scholz, GG, Art. 9, Rn. 168, spricht sogar von quasi-gesetzlichem Recht.

[381] Erstmals BAG AP Nr. 3 zu § 2 TVG (vgl. oben).

[382] Zuletzt BAG AP Nr. 14 zu § 2 TVG.

herrschende Lehre mit dieser richterrechtlichen Ausgestaltung des Art. 9 Abs. 3 GG überein. Auch der Gesetzgeber hat die Rechtsfortbildung des Bundesarbeitsgerichts gebilligt, ohne aber die Tarifzuständigkeit materiell-rechtlich normiert zu haben. Durch die Bereitstellung von verfahrensrechtlichen Regelungen zur Klärung der Tarifzuständigkeit (§§ 2a Abs. 1 Nr. 4, 97 ArbGG) hat er aber der Tarifzuständigkeit als Wirksamkeitserfordernis eine erhöhte Legitimation verschafft und so ihren Geltungsanspruch verstärkt. Damit ist festzuhalten, daß die Tarifzuständigkeit heute im Rechtsverkehr als richterrechtliche Ausgestaltung anerkannt ist.

Fraglich ist, ob das Merkmal der Tarifzuständigkeit angesichts dessen nicht bereits zu Gewohnheitsrecht erstarkt ist. In diesem Fall entfaltete es gesetzesgleiche Verbindlichkeit[383]. Gewohnheitsrecht entsteht durch längere tatsächliche Übung, die eine dauernde und ständige, gleichmäßige und allgemeine sein muß und die von der Überzeugung der beteiligten Verkehrskreise getragen ist, hierdurch bestehendes Recht zu befolgen[384]. Allein erheblich ist damit nicht nur der Zeitfaktor, also zum Beispiel die widerspruchslose oder nahezu widerspruchslose Hinnahme einer bestimmten Rechtsprechung über einen längeren Zeitraum. Wichtig ist auch eine entsprechende Rechtsüberzeugung der beteiligten Kreise. Das bedeutet nicht nur die Erwartung, daß die Gerichte demgemäß entscheiden werden, sondern vielmehr die Überzeugung, daß diese so verfahren, weil es sich um eine bindende Norm handelt[385]. Unter diesen Voraussetzungen ist davon auszugehen, daß die Tarifzuständigkeit (noch) nicht als Gewohnheitsrecht eingeordnet werden kann. Ob im Hinblick auf die aufgezeigten kritischen Stimmen in der Literatur bereits eine entsprechende Rechtsüberzeugung der beteiligten Kreise zu verneinen ist, mag dahinstehen. Jedoch wird der Zeitfaktor vorliegend noch nicht erfüllt sein. Zwar ist die Tarifzuständigkeit vom Bundesarbeitsgericht bereits Ende der fünfziger Jahre als Wirksamkeitsvoraussetzung erhoben worden und damit seit über 40 Jahren ständige Rechtsprechung. Diese Dauer relativiert sich jedoch gerade dadurch, daß von Beginn des Tarifvertragswesens um 1900 herum bis zu diesem Zeitpunkt die überwiegende Ansicht in der Literatur und auch das Reichsarbeitsgericht zu seiner damaligen Zeit dem Merkmal der Tarifzuständigkeit ablehnend gegenüberstanden. Die Tarifzuständigkeit ist demnach, mag sie sich auch auf dem Weg dorthin befinden, noch nicht als Gewohnheitsrecht einzuordnen. Als richterrechtliche Ausgestaltung des Art. 9 Abs. 3 GG bleibt es demnach bei dem oben dargelegten Geltungsanspruch der vom Bundesarbeitsgericht geschaffenen Tarifzuständigkeit.

---

[383] Larenz/Canaris, Methodenlehre der Rechtswissenschaft, S. 258.
[384] BVerfGE 22, 114, 121; Vogel, Juristische Methodik, S. 39.
[385] Larenz/Canaris, Methodenlehre der Rechtswissenschaft, S. 258.

Eine Aufgabe des Merkmals der Tarifzuständigkeit ist nicht von einem Einschreiten des Gesetzgebers abhängig. Grundsätzlich können auch die Gerichte ihre Rechtsprechung jederzeit aus besserer Einsicht ändern[386]. Ein Wandel der tatsächlichen oder rechtlichen Verhältnisse ist nicht erforderlich[387]. Ausreichend dafür sind bereits gute Gründe, die gegen die bisherige Judikatur sprechen. Dies folgt aus der vorrangigen Bindung des Richters an Gesetz und Recht gemäß Art. 20 Abs. 3 GG. Die bisherige Rechtsprechung tritt dann hinter dem Richtigkeitsanspruch der - erst jetzt erkannten - wahren Rechtslage zurück[388]. Danach ist also das Bundesarbeitsgericht - solange noch nicht Gewohnheitsrecht entstanden ist - für die Zukunft an seine Rechtsprechung zur Tarifzuständigkeit nicht gebunden. Das Vertrauen der Koalitionen darauf, daß es bei einer bestimmten Ausgestaltung der Koalitionsfreiheit bleibt, ist nicht schützenswert[389]. Einer Aufgabe der Tarifzuständigkeit durch das Bundesarbeitsgericht stünden auch die vom Gesetzgeber geschaffenen Verfahrensnormen der §§ 2a Abs. 1 Nr. 4, 97 ArbGG nicht entgegen, da mit diesen allein eine Billigung der Rechtsprechung des Bundesarbeitsgericht, aber nicht zugleich eine materiell-rechtliche Anerkennung der Tarifzuständigkeit durch den Gesetzgeber verbunden ist[390]. Verfassungsrechtlich sind Rechtsprechungsänderungen - auch im Falle der Rückwirkung - grundsätzlich keine Grenzen gezogen, soweit nicht ausnahmsweise berechtigte Gründe der Rechtssicherheit und des Vertrauensschutzes überwiegen. In diesem Fall kann es unter Umständen geboten sein, auf einen Wandel der Rechtsprechung entsprechend die Grundsätze anzuwenden, die bei rückwirkenden Gesetzen zu beachten sind[391]. Inwieweit dies für das Merkmal der Tarifzuständigkeit berücksichtigt werden muß, mag dahinstehen. Festzuhalten bleibt aber, daß das Bundesarbeitsgericht unter Beachtung dieser Grundsätze nicht daran gehindert ist, seine ständige Rechtsprechung zur Tarifzuständigkeit zu ändern und das Merkmal als Voraussetzung wirksamer Tarifverträge aufzugeben.

---

[386] Larenz/Canaris, Methodenlehre der Rechtswissenschaft, S. 256; Preis, ZfA 1972, S. 271, 280; Vogel, Juristische Methodik, S. 167.

[387] Vogel, Juristische Methodik, S. 168.

[388] Larenz/Canaris, Methodenlehre der Rechtswissenschaft, S. 256.

[389] MünchArbR/Löwisch/Rieble, § 244, Rn. 61.

[390] S.o. 1. Teil B. I. 2.

[391] BVerfGE 18, 224, 240; 38, 386, 397; BGHZ 52, 365, 369; 132, 119, 130; Vogel, Juristische Methodik, S. 168; ablehnend: Langenbucher, Entwicklung und Auslegung von Richterrecht, S. 138, 139, nach der Vertrauensschutzgesichtspunkte auf dem Wege der Abwägung in die Entscheidung des Gerichts einzuführen seien, nicht aber durch ein Verbot der Rechtsprechungsänderung überhaupt.

4. Ergebnis

Bei der Tarifzuständigkeit als Wirksamkeitsvoraussetzung eines Tarifvertrages handelt es sich um eine zulässige richterrechtliche Ausgestaltung der Koalitionsfreiheit des Art. 9 Abs. 3 GG[392]. Sie gewährleistet Tarifklarheit und Tarifübersichtlichkeit, indem sie die Verbände bei ihrer tariflichen Betätigung an ihren satzungsmäßig festgelegten Organisationsbereich bindet und damit die Tarifbindung satzungswidrig aufgenommener Mitglieder verhindert. Die Tarifzuständigkeit fördert den Koalitionspluralismus, der dazu führen soll, daß in den einzelnen Wirtschaftsbereichen eine bestimmte Gewerkschaft der Arbeitgeberseite gegenübersteht. Insbesondere durch die Zuständigkeitsaufteilung der im Deutschen Gewerkschaftsbund zusammengeschlossenen Gewerkschaften wird dadurch eine an Wirtschaftszweigen orientierte tarifliche Ordnung hergestellt. Damit wird eine effektive und sachnahe Vertretung der Arbeitnehmerbelange durch die zuständige Gewerkschaft angestrebt, die zum gerechten Ausgleich mit den Arbeitgeberinteressen und zu einheitlichen, der jeweiligen Branche angemessenen Arbeitsbedingungen führen soll. Ein Eingriff in die Koalitionsbetätigungsfreiheit ist mit dem Merkmal der Tarifzuständigkeit nicht verbunden. Allerdings besteht durch überlange Verfahren bei der Feststellung der Tarifzuständigkeit gemäß §§ 2a Abs. 1 Nr. 4, 97 ArbGG die Gefahr, daß vorübergehend eine effektive Wahrnehmung der Koalitionsfreiheit verhindert wird. Ein vereinfachtes Verfahren zur Änderung von Satzungsbestimmungen durch den Gewerkschaftsrat bzw. Beirat ist daher in jedem Fall anzuerkennen. Das Merkmal der Tarifzuständigkeit ist ständige Rechtsprechung des Bundesarbeitsgerichts und daher als Wirksamkeitsvoraussetzung in den beteiligten Rechtskreisen anerkannt. Unter Beachtung der Grundsätze der Rechtssicherheit und des Vertrauensschutzes ist das Bundesarbeitsgericht aber nicht gehindert, seine Rechtsprechung zu ändern und das Merkmal der Tarifzuständigkeit aufzugeben.

C. Die dogmatische Einordnung der Tarifzuständigkeit

Nachdem sich die Tarifzuständigkeit als Wirksamkeitsvoraussetzung eines Tarifvertrages kraft richterrechtlicher Ausgestaltung des Art. 9 Abs. 3 GG erwiesen hat, stellt sich abschließend die Frage, wie das Merkmal im Verhältnis zum Wirksamkeitserfordernis der Tariffähigkeit eingeordnet werden muß. Zwar ist diese Frage rein akademischer Natur und ohne praxisrelevante Auswirkungen, ihre Behandlung soll aber der Vollständigkeit halber hier nicht ausgeklammert werden. Auch der Begriff der Tariffähigkeit selbst wird im Tarifvertragsgesetz

[392] Ebenso: Buchner, SAE 1998, S. 262; MünchArbR/Löwisch/Rieble, § 255, Rn. 62.

nicht verwandt. Gesetzliche Erwähnung findet er in §§ 2 Abs. 1 Nr. 2, 2a Abs. 1 Nr. 4, 97 ArbGG, 74 Abs. 2 S. 1 Halbs. 2 BetrVG, 66 Abs. 2 BPersVG. § 2 Abs. 1 TVG bestimmt jedoch, daß Tarifvertragsparteien Gewerkschaften, einzelne Arbeitgeber und Arbeitgeberverbände sind. Unter Tariffähigkeit wird daher allgemein die Fähigkeit verstanden, Tarifverträge im Sinne des Tarifvertragsgesetzes abschließen zu können und damit Partei eines Tarifvertrages zu sein[393]. Unabhängig von den einzelnen Voraussetzungen, die an die Tariffähigkeit zu stellen sind, ist diese aber unstreitig Wirksamkeitserfordernis eines Tarifvertrages.

I. Die Tarifzuständigkeit als Teil der Tariffähigkeit

Nach einer Ansicht ist die Tarifzuständigkeit als Teil der Tariffähigkeit aufzufassen[394]. Vom Standpunkt her, daß im Tarifrecht die ultra-vires-Lehre gelte und daher die Rechts- und Handlungsfähigkeit der Verbände durch den satzungsmäßig festgelegten Geschäftsbereich begrenzt sei[395], ist dies zwar konsequent. Da aber - wie gezeigt - diese Auffassung zur Begründung der Tarifzuständigkeit als Wirksamkeitsvoraussetzung von Tarifverträgen abzulehnen ist, kann sie auch keine Begründung für die dogmatische Einordnung der Tarifzuständigkeit neben der Tariffähigkeit erbringen. Dennoch tendiert wohl auch die Rechtsprechung des Bundesarbeitsgerichts in diese Richtung. Bereits bevor der Gesetzgeber ausdrücklich im heutigen §§ 2a Abs. 1 Nr. 4, 97 ArbGG normiert hat, daß die Tarifzuständigkeit in einem selbständigen Beschlußverfahren gerichtlich festgestellt werden kann, hat das Bundesarbeitsgericht die gerichtliche Klärung der Tarifzuständigkeit im damaligen für die Tariffähigkeit geltenden Verfahren nach §§ 2 Abs. 1 Nr. 5, 97 ArbGG zugelassen, da der Mangel der Tariffähigkeit und der Mangel der Tarifzuständigkeit nach seiner Ansicht in ihren Auswirkungen die gleichen Rechtsfolgen herbeiführten. Dabei hat das Gericht aber zunächst ausdrücklich offengelassen, ob dies daraus folge, daß die Tarifzuständigkeit ein Teil der Tariffähigkeit sei und daher die Vorschriften direkt anzuwenden seien,

---

[393] BAG AP Nr. 1 zu § 2 Tarifzuständigkeit; BVerfGE 20, 312, 313; Schaub, Arbeitsrechts-Handbuch, § 199, Rn. 1; Söllner, Grundriß des Arbeitsrechts, Rn. 376ff.
[394] Bommarius, Rechtsprobleme der Arbeitsverhältnisse im graphischen Gewerbe, S. 42; Buchner, ZfA 1995, S. 95, 97, der aber aus systematisierender Zweckmäßigkeit die Tarifzuständigkeit von der Tariffähigkeit abspalten möchte; Delheid, Tarifzuständigkeit, S. 33, 34; Germelmann/Matthes, ArbGG, § 2a, Rn. 68; Konzen, ZfA 1972, S. 131, 136; Link, Die Tarifzuständigkeit, S. 55, 56; Richardi, Kollektivgewalt und ..., S. 160; ders., Gemeinsame Anmerkung zu BAG AP Nr. 2 und 3 zu § 2 TVG Tarifzuständigkeit; Ueberall, Das Problem der Tariflegitimation, S. 27, 28; Westenberger, Organisationsrechtliche Probleme im ..., S. 73.
[395] S. o 1 .Teil B II.

oder ob sich dies aus einer analogen Anwendung der Vorschriften ergebe[396]. Daß das Bundesarbeitsgericht in die erste Richtung tendiert und damit dazu neigt, die Tarifzuständigkeit als Teil der Tariffähigkeit zu betrachten, zeigt sich aber, wenn es von der Tarifzuständigkeit als einer Frage des Umfangs der Tariffähigkeit spricht[397]. In einer späteren Entscheidung führt es aus, daß die Frage, ob eine Tarifvertragspartei zuständig sei, in einem weiteren Sinne die Tariffähigkeit betreffe, und spricht an anderer Stelle von einem umfassenden Komplex der Tariffähigkeit. Es gehe nämlich darum, ob eine Tarifvertragspartei von ihrer gegebenen Tariffähigkeit Gebrauch machen könne[398]. *Richardi* weist darauf hin, daß sowohl die Tariffähigkeit als auch die Tarifzuständigkeit vom in der Satzung festgelegten Verbandswillen abhängig seien. Einmal bestimme dieser, ob eine Koalition überhaupt Tarifverträge abschließen könne, zum anderen aber auch, für welchen Tätigkeitsbereich ein Tarifvertrag vereinbart werden könne. Für beide Merkmale sei somit die Satzung maßgebend. Daher sei in der Tarifzuständigkeit nichts anderes als eine im Begriff der Tariffähigkeit liegende Voraussetzung tariflicher Regelungsgewalt. Die Tarifmacht reiche somit nur soweit, wie ein Verband für den Abschluß eines Tarifvertrages auch tarifzuständig sei. Dogmatisch sei die Tarifzuständigkeit somit Teil der Tariffähigkeit[399]. Nach *Delheid* hängt die Tarifzuständigkeit notwendig und logisch mit der Tariffähigkeit zusammen, da sie die Berechtigung einer Tarifvertragspartei, überhaupt Tarifverträge abzuschließen, durch den satzungsmäßigen Geschäftsbereich begrenze. Er unterteilt daher zwischen der Tariffähigkeit im engeren und der Tariffähigkeit im weiteren Sinne, zu der als Voraussetzung die Tarifzuständigkeit gehöre[400].

II. Die Tarifzuständigkeit als selbständige Wirksamkeitsvoraussetzung neben der Tariffähigkeit

Die überwiegende, heute sich offensichtlich durchsetzende Ansicht in der Literatur begreift das Merkmal als selbständiges Erfordernis, das neben die Tariffähigkeit tritt[401]. Die Tariffähigkeit regele, ob ein Verband überhaupt Tarifverträge

---

[396] BAG AP Nr. 1 zu § 2 TVG Tarifzuständigkeit.
[397] BAG AP Nr. 1 zu § 2 TVG Tarifzuständigkeit.
[398] BAG AP Nr. 3 zu § 2 TVG Tarifzuständigkeit.
[399] Konzen, ZfA 1972, S. 131, 136; Link, Die Tarifzuständigkeit, S. 55, 56; Richardi, Gemeinsame Anmerkung zu BAG AP Nr. 2 und 3 zu § 2 TVG Tarifzuständigkeit.
[400] Delheid, Tarifzuständigkeit, S. 33, 34.
[401] Eisenhart Rothe v., Probleme der Tarifzuständigkeit, S. 37, 38; Gumpert, BB 1959, S. 488; Hueck/Nipperdey, Lehrbuch des Arbeitsrechts II/1, S. 445, 446 unter Aufgabe der gegenteiligen Ansicht in der Vorauflage; Kempen/Zachert, TVG, § 2, Rn. 111; Kutscher, Die Tarifzu-

abschließen könne Die Tarifzuständigkeit dagegen bestimme allein den Umfang der Normsetzungsbefugnis[402]. Eine Koalition, die für einen bestimmten Tarifvertrag nicht zuständig sei, verliere nicht die Eigenschaft der Tariffähigkeit. Daher müsse die Tariffähigkeit nur einmal, dagegen die Tarifzuständigkeit in jedem Einzelfall geprüft werden. Nur ein tariffähiger Verband könne überhaupt über seine Tarifzuständigkeit entscheiden. Die Frage der Tarifzuständigkeit stelle sich somit erst dann, wenn eine Koalition überhaupt tariffähig sei[403]. Auch stehe die Abgrenzung der Tarifzuständigkeit nicht mehr im freien Ermessen der Mitglieder, sondern unterliege anderen gesetzlichen und tarifrechtlichen Anforderungen als die Tariffähigkeit[404]. Zudem unterscheide auch §§ 2a Abs. 1 Nr. 4, 97 ArbGG zwischen Tariffähigkeit und Tarifzuständigkeit, was für eine Eigenständigkeit beider Merkmale spreche[405]. Im Ergebnis trete die Tarifzuständigkeit damit als selbständige Wirksamkeitsvoraussetzung neben die Tariffähigkeit.

III. Stellungnahme

Nach den von beiden Seiten vorgetragenen Argumenten fällt eine Streitentscheidung schwer. Daß sowohl Tariffähigkeit als auch Tarifzuständigkeit vom satzungsmäßig festgelegten Verbandswillen abhängen, spricht zwar für eine gewisse Nähe beider Merkmale, kann aber die aufgeworfene Frage weder in die eine noch in die andere Richtung beantworten. Das Verhältnis von Tariffähigkeit und Tarifzuständigkeit wird aber deutlich, wenn man sich die rechtliche Herkunft beider Merkmale vor Augen führt. Bei der Tarifzuständigkeit handelt es sich um eine richterrechtliche Ausgestaltung der tariflichen Betätigungsfreiheit aus Art. 9 Abs. 3 GG. Die Tarifzuständigkeit stellt sich demnach nicht als ein bereits der Tariffähigkeit immanentes Merkmal dar. Sie ist weder gesetzlich im Tarifvertragsgesetz vorgesehen noch in sonstigen tariflichen Rechtsgrundsätzen angelegt. Als eine durch richterliche Rechtsfortbildung erhobene Schranke tariflicher Regelungsmacht begrenzt sie die ursprünglich nach dem Gesetz uneingeschränkt bestehende Tariffähigkeit der Verbände. Eine richterrechtliche Voraussetzung ist also zu einer gesetzlichen Voraussetzung hinzugetreten. Diese unterschiedliche Herkunft beider Erfordernisse verdeutlicht die Selbständigkeit

---

ständigkeit, S. 100; Nikisch, Arbeitsrecht II, S. 239; Söllner, Grundriß des Arbeitsrechts, Rn. 386; Wiedemann, RdA 1975, S. 78, 80; Wiedemann/Oetker, TVG, § 2, Rn. 52; Wieland, Recht der Firmentarifverträge, Rn. 134; Zöllner/Loritz, Arbeitsrecht, § 35 VI, S. 385.

[402] Eisenhart Rothe v., Probleme der Tarifzuständigkeit, S. 38.

[403] Hueck/Nipperdey, Lehrbuch des Arbeitsrechts II/1, S. 446; Kempen/Zachert, TVG, § 2, Rn. 111.

[404] Wiedemann/Oetker, TVG, § 2, Rn. 52.

[405] Zöllner/Loritz, Arbeitsrecht, § 35 VI, S. 385.

beider Merkmale. Dies zeigt auch die ausdrückliche Normierung des gerichtlichen Verfahrens zur Klärung der Tarifzuständigkeit durch den Gesetzgeber, mit dem er die Einführung der Tarifzuständigkeit durch das Bundesarbeitsgericht gebilligt hat. Wäre das Merkmal ohnehin Bestandteil der Tariffähigkeit, hätte das bis dahin allein existierende Verfahren zur Entscheidung über die Tariffähigkeit ausgereicht und der Gesetzgeber diese verfahrensrechtliche Verankerung nicht vornehmen müssen. Im Ergebnis ist daher die Tarifzuständigkeit eine selbständige Wirksamkeitsvoraussetzung eines Tarifvertrages, die neben das Erfordernis der Tariffähigkeit tritt.

2. Teil: Die Bestimmung der Tarifzuständigkeit

A. Die Koalitionssatzung als maßgebliches Kriterium

I. Die Satzung der Koalitionen

Die Tarifzuständigkeit der Gewerkschaften und Arbeitgeberverbände richtet sich grundsätzlich nach dem in ihrer Satzung festgelegten Organisationsbereich. Mit dieser Festlegung des Organisationsbereiches bestimmen die Verbände selbständig ihren tariflichen Betätigungsbereich und damit ihre Tarifzuständigkeit[1].

Zunächst hatte das Bundesarbeitsgericht noch betont, daß Gewerkschaften und Arbeitgeberverbände Tarifverträge nur im Rahmen ihrer Satzung *und* der die Verbände konstituierenden Prinzipien abschließen könnten[2]. Seit der ersten in der Arbeitsrechtlichen Praxis unter dem Stichwort Tarifzuständigkeit geführten Entscheidung vom 27.11.1964 stellt das Gericht bei der Bestimmung der Tarifzuständigkeit nur noch auf die Satzung ab. Eine Bindung an das Industrieverbandsprinzip[3] bei der Festlegung der Tarifzuständigkeit sei mit der von Art. 9 Abs. 3 GG geschützten Satzungsautonomie der Verbände nicht vereinbar[4]. Nach anderer Ansicht überzeugt diese Begründung nicht. Sie verweist darauf, daß das Bundesverfassungsgericht einen Verstoß gegen Art. 9 Abs. 3 GG und damit eine unzulässige Ausgestaltung der Koalitionsfreiheit nicht festgestellt habe, wenn die Tariffähigkeit auf fachlich organisierte Verbände beschränkt und gemischtfachlichen Verbänden die Tariffähigkeit versagt werde[5]. Dies müsse aber auch für das Merkmal der Tarifzuständigkeit und das Industrieverbandsprinzip gelten, so daß ein gesetzlich oder richterrechtlich für zwingend erklärtes Industrieverbandsprinzip nicht unzulässig in die von Art. 9 Abs. 3 GG geschützte Satzungsautonomie der Verbände eingriffe[6]. Die Ablehnung der Bindung der Verbände an das Industrieverbandsprinzip folgt aber nach heute einhelliger Meinung daraus, daß das Industrieverbandsprinzip keinen zwingenden Normcharakter besitze, sondern lediglich einen innerverbandlichen Organisationsgrundsatz ohne

---

[1] Ständige Rechtsprechung seit BAG AP Nr. 1 zu § 2 TVG Tarifzuständigkeit, zuletzt BAG AP Nr. 14 zu § 2 TVG Tarifzuständigkeit; Hueck/Nipperdey, Lehrbuch des Arbeitsrechts II/1, S. 447; Kempen/Zachert, TVG, § 2, Rn. 113, 114; Kutscher, Die Tarifzuständigkeit, S. 25; MünchArbR/Löwisch/Rieble, § 255, Rn. 68; Richardi, Kollektivgewalt und ..., S. 160, 161; Wiedemann/Oetker, TVG, § 2, Rn. 53.

[2] BAG AP Nr. 3 zu § 2 TVG.

[3] Zum Industrieverbandsprinzip s. u. 2. Teil A. I. 2. d) dd).

[4] BAG AP Nr. 1 zu § 2 TVG Tarifzuständigkeit.

[5] BVerfGE 4, 96, 109.

[6] Isele, SAE 1965, S. 204, 205.

rechtliche Bindung darstelle[7]. Auch das Bundesarbeitsgericht hat in späteren Entscheidungen darauf hingewiesen, daß es sich bei dem Industrieverbandsprinzip nicht um einen verbindlichen Rechtssatz handele[8]. Unabhängig von der Begründung ist damit aber festzuhalten, daß die Koalitionen im Rahmen ihrer von Art. 9 Abs. 3 GG geschützten Betätigungsfreiheit bei der Festlegung ihres satzungsmäßigen Organisationsbereiches grundsätzlich frei und nicht an bestimmte Organisationsprinzipien, insb. das Industrieverbandsprinzip, gebunden sind[9]. Dies gilt nicht nur für die Festlegung des Zuständigkeitsbereiches im Gründungsstadium einer Koalition. Die Satzungsautonomie schließt auch das Recht eines Verbandes ein, seine Tarifzuständigkeit zu ändern, wenn er dies für zweckmäßig hält[10].

Eine Minderansicht möchte die Tarifzuständigkeit vor allem unter Hinweis auf die fehlende Außenwirkung von Vereinssatzungen nicht nach der Koalitionssatzung, sondern unabhängig davon durch die tatsächliche Handhabe der Mitgliederaufnahme bestimmen, so daß auch satzungswidrig aufgenommene Mitglieder tarifgebunden werden könnten. Maßgebend sei also allein, ob der Verband in dem betreffenden Bereich Mitglieder aufgenommen habe oder nicht[11]. Eine derartige Bestimmung der Tarifzuständigkeit ist jedoch abzulehnen. Sie verhinderte nicht nur eine eindeutige Feststellung der Tarifzuständigkeit bei Verbänden mit starkem Mitgliederwechsel, sondern wäre auch ständig der Möglichkeit von Veränderungen unterworfen[12]. Letztlich führte diese Ansicht zu einer Allzuständigkeit der Verbände und gefährdete damit gerade die mit dem Merkmal der Tarifzuständigkeit intendierte Klarheit und Übersichtlichkeit im Tarifrecht. Sie ist damit bereits als dem Zweck des Merkmals zuwiderlaufend zurückzuweisen[13]. Bedenken gegen diese Ansicht ergeben sich auch aus der Tatsache, daß es sich bei der Tarifzuständigkeit um eine nicht aus tarifrechtlichen Grundsätzen resul-

---

[7] Eisenhart Rothe v., Probleme der Tarifzuständigkeit, S. 40, 41; Isele, SAE 1965, S. 204, 205; Kutscher, Die Tarifzuständigkeit, S. 31; Wiedemann/Oetker, TVG, § 2, Rn. 54; s. bereits oben 1. Teil B. III.

[8] BAG AP Nr. 4, 10 zu § 2 TVG Tarifzuständigkeit.

[9] BAG AP Nr. 10, 14 zu § 2 TVG Tarifzuständigkeit; Blank, Die Tarifzuständigkeit der DGB-Gewerkschaften, S. 62, 63; Bommarius, Rechtsprobleme der Arbeitsverhältnisse im graphischen Gewerbe, S. 43; Däubler, Tarifvertragsrecht, Rn. 87; Hromadka/Maschmann/Wallner, Der Tarifwechsel, Rn. 26, 27; Richardi, Kollektivgewalt und ..., S. 160; Wiedemann/Oetker, TVG, § 2, Rn. 54.

[10] BAG AP Nr. 4, 5, 7, 8, 10, 14 zu § 2 TVG Tarifzuständigkeit.

[11] Bommarius, Rechtsprobleme der Arbeitsverhältnisse im graphischen Gewerbe, S. 44, 45; ähnlich: Westenberger, Organisationsrechtliche Probleme im deutschen Gewerkschaftswesen, S. 73, 74, der als maßgebend die tatsächliche Handhabung der Satzung ansieht, da das Vorhandensein einer schriftlichen Satzung keine Voraussetzung der Tariffähigkeit sei.

[12] Link, Die Tarifzuständigkeit, S. 80.

[13] Ebenso: Wiedemann/Oetker, TVG, § 2, Rn. 55.

tierende, sondern durch Richterrecht geschaffene Wirksamkeitsvoraussetzung eines Tarifvertrages handelt. Als Konsequenz folgt daraus aber letztlich, daß auch dem Bundesarbeitsgericht als dem Erzeuger des Merkmals dessen Bestimmung vorbehalten bleiben muß. Zudem spricht auch die Nähe von Tariffähigkeit und Tarifzuständigkeit für eine Bestimmung der Tarifzuständigkeit nach der Satzung einer Koalition. Auch das Merkmal der Tariffähigkeit hängt wie die Tarifzuständigkeit vom Verbandswillen (Tarifwilligkeit) ab. Unabhängig davon, ob die Tarifwilligkeit sich (gegebenenfalls nach ihrer Auslegung) unmittelbar aus der Satzung heraus ergeben muß[14], ist es nach ganz herrschender Meinung einem Verband grundsätzlich möglich, sich durch entsprechende Satzungsgestaltung für tarifunfähig zu erklären und damit seine Tariffähigkeit auszuschließen[15]. Wird also der Verbandswille beim Merkmal der Tariffähigkeit durch die Satzung artikuliert, ist es konsequent, auch die vom Verbandswillen abhängige Tarifzuständigkeit durch die Satzung zu bestimmen.

Die Tarifzuständigkeit wird also in Ausübung der von Art. 9 Abs. 3 GG geschützten Betätigungsgarantie ausschließlich durch die Satzung der Verbände festgelegt.

1. Die Außenwirkung der Satzung

Damit stellt sich die Frage, ob den Satzungen der Verbände im Hinblick auf die Bestimmung der Tarifzuständigkeit Außenwirkung beigemessen werden kann. Die Tarifvertragsparteien sind grundsätzlich als Vereine organisiert, wobei die Arbeitgeberverbände meist die Form des rechtsfähigen Vereins gewählt haben, während die Gewerkschaften historisch bedingt in aller Regel nichtrechtsfähige Vereine geblieben sind[16] Die Satzung ist die von einem rechtsfähigen oder nichtrechtsfähigen Verein im Rahmen des zwingenden Rechts verbindliche festgeleg-

---

[14] Bejahend: Gamillschegg, Kollektives Arbeitsrecht I, § 14 I 2 a), S. 522; Wiedemann/Oetker, TVG, § 2, Rn. 292; verneinend: Bruhn, Tariffähigkeit von Gewerkschaften und Autonomie, S. 157; 184, der die Tarifwilligkeit generell nicht für eine Voraussetzung der Tariffähigkeit hält; Kempen/Zachert, TVG, § 2, Rn. 17.

[15] BAG AP Nr. 34, 36 zu § 2 TVG; Gamillscheg, Kollektives Arbeitsrecht I, § 14 I 2 a) und 6 a), S. 522, 527; MünchArbR/Löwisch/Rieble, § 255, Rn. 18, 19; Wiedemann/Oetker, TVG, § 2, Rn. 18, 22; 292ff; ob in diesem Fall auch die Koalitionseigenschaft i.S.d. Art. 9 Abs. 3 GG entfällt, ist strittig: bejahend: Däubler, Tarifvertragsrecht, Rn. 73; Gamillschegg, Kollektives Arbeitsrecht I, § 14 I 6 a), S. 528; Kempen/Zachert, TVG, § 2, Rn. 103; verneinend: MünchArbR/Löwisch/Rieble, § 243, Rn. 10; Wiedemann/Oetker, TVG, § 2, Rn. 298.

[16] MünchArbR/Löwisch/Rieble, § 249, Rn. 3, 5; zur Anwendbarkeit der vereinsrechtlichen Bestimmungen auf nichtrechtsfähige (Ideal-)Vereine entgegen der Anordnung des § 54 S. 1 BGB s. bereits oben 1. Teil B. I. 3. b) bb).

te Verfassung, die als Mindestinhalt Bestimmungen über Namen, Zweck und Sitz des Vereins, über Erwerb und Verlust der Mitgliedschaft, Bildung des Vorstands, Einberufung der Mitgliederversammlung und über die Beitragspflicht enthält[17]. Die Rechtsnatur der Vereinssatzung ist seit langem umstritten. Nach der Vertragstheorie ist die Satzung ein von den Vereinsgründern geschlossener Vertrag, deren Verbindlichkeit für spätere Mitglieder sich aus den Beitrittsverträgen rechtfertigt[18]. Nach der sog. Normentheorie ist die Satzung auf die Vereinsautonomie gegründetes objektives Recht, das durch schöpferischen Gesamtakt entsteht und durch den Erwerb der Mitgliedschaft verbindlich wird[19]. Die herrschende sog. modifizierte Normentheorie verbindet beide Ansätze. Sie sieht in der Aufstellung der Satzung zunächst einen Vertrag der Vereinsgründer. Mit der Entstehung des Vereins löse sich die Satzung aber von der Person der Gründer, werde zu Korporationsrecht und objektiviere von da an das rechtliche Wollen des Vereins als der Zusammenfassung der Mitglieder[20]. Unabhängig von diesem Streit um die Rechtsnatur der Vereinssatzung ist aber einhellig anerkannt, daß sich die Mitglieder durch den Verbandsbeitritt der Satzung unterwerfen. Daher wirkt die Satzung grundsätzlich nur gegenüber dem Verein und seinen Mitgliedern im Innenverhältnis und nicht gegenüber außenstehenden Dritten[21]. Da die Tarifzuständigkeit aber gerade auch im Außenverhältnis, insbesondere gegenüber dem tariflichen Gegenspieler die tariflichen Betätigungsmöglichkeiten eines Verbandes verbindlich festlegen soll, stellt sich die Frage, ob in Abweichung von obigem Grundsatz dem satzungsmäßig festgelegten Organisationsbereich im Hinblick auf die Tarifzuständigkeit Außenwirkung beigemessen werden kann.

Eine Minderansicht verneint dies. Die Satzung der Verbände wirke nur im Innenverhältnis und könne daher das tarifliche Handeln der Tarifvertragsparteien im Außenverhältnis nicht begrenzen[22].

---

[17] MüKo/Reuter, BGB, § 25, Rn. 1-3; Palandt/Heinrichs, BGB, § 25, Rn. 1, 2.

[18] Soergel/Hadding, BGB, § 25, Rn. 17; Staudinger/Weick, BGB, § 25, Rn. 15.

[19] Larenz, Gedächtnisschrift für Dietz, S. 45, 49; MüKo/Reuter, BGB, § 25, Rn. 16, 17.

[20] BGHZ 21, 370, 373; 47, 172, 179, 180, 181; BGH NJW-RR 1996, S. 866, 867 weist darauf hin, daß Vereinssatzungen hinsichtlich Auslegung und Revisibilität ähnlich wie Rechtsnormen zu behandeln seien, wendet aber auf eine in einer Vereinssatzung vorgeschriebene Schriftform einer Austrittserklärung § 127 BGB und nicht § 126 BGB an, da Vereinssatzungen nicht gesetzliche, sondern privatautonome Rechtssetzungen seien; Hübner, Allgemeiner Teil des BGB, Rn. 215; Meyer-Cording, Die Rechtsnormen, S. 83, 84; Palandt/Heinrichs, BGB, § 25, Rn. 3; Reichert, Vereins- und Verbandsrecht, Rn. 286; Sauter/Schweyer, Der eingetragene Verein, Rn. 36; Stöber, Handbuch zum Vereinsrecht, Rn. 41.

[21] MüKo/Reuter, BGB, § 25, Rn. 11, 18, 20; Soergel/Hadding, BGB, § 25, Rn. 4.

[22] Bommarius, Rechtsprobleme der Arbeitsverhältnisse im graphischen Gewerbe, S. 44, 45; Nikisch, Arbeitsrecht II, S. 370.

Von Eisenhart Rothe dagegen begründet die Außenwirkung der Satzung aus der Tarifbindung nach § 3 Abs. 1 TVG. Er zeigt auf, daß satzungswidrig aufgenommenen Mitgliedern vereinsintern keine Rechte und Pflichten zustehen. Da sie sich deshalb nicht wirksam am demokratischen Willensbildungsprozeß des Verbandes beteiligen könnten, sei es nicht zulässig, sie einer Tarifbindung gemäß § 3 Abs. 1 TVG zu unterwerfen. Da aber die Tarifbindung zum verbandsexternen Bereich gehöre, sei erwiesen, daß die rein vereinsinterne Bedeutung der Satzung im Tarifrecht aufgehoben sei[23]. Die Außenwirkung der Satzung resultiert damit nach seiner Ansicht letztlich aus dem Erfordernis der Teilnahme der Mitglieder an der demokratischen Legitimation tarifvertraglicher Normsetzung. Das Erfordernis demokratischer Legitimation kann aber - wie oben gezeigt[24] - eine Tarifbindung satzungswidriger Mitglieder nicht grundsätzlich verhindern. Die Tarifzuständigkeit ist nicht Folge des Erfordernisses demokratischer Legitimation, sondern eine aus Ordnungsgesichtspunkten richterrechtlich eingeführte Wirksamkeitsvoraussetzung eines Tarifvertrages. *Von Eisenhart Rothes* Ansatz ist daher abzulehnen. Zuzustimmen ist ihm allein insoweit, als er die Satzung im Ergebnis als den Bereich der potentiellen Tarifbindung beschreibt.

Zweck des Merkmals der Tarifzuständigkeit als tarifvertragliches Wirksamkeitserfordernis ist - wie im ersten Teil gezeigt - in erster Linie die Schaffung von Klarheit und Übersichtlichkeit im Tarifrecht. Dies wird dadurch gewährleistet, daß die Tarifvertragsparteien bei ihrer tariflichen Betätigung an ihren satzungsmäßig festgelegten Organisationsbereich gebunden werden und somit eine Tarifbindung satzungswidrig aufgenommener Mitglieder verhindert wird. Der mit dem richterrechtlich geschaffenen Merkmal der Tarifzuständigkeit gewünschte Zweck kann demnach nur erreicht werden, wenn dem satzungsmäßig festgelegten Organisationsbereich im Hinblick auf die Tarifzuständigkeit Außenwirkung beigemessen werden kann. Das Merkmal setzt also zwingend die Außenwirkung der Satzung voraus. Es geht also vorliegend nicht mehr darum, eine Begründung für die Außenwirkung der Satzung zu finden, sondern allein um die Frage, ob es überhaupt möglich ist, einer Vereinssatzung Außenwirkung beizumessen, oder ob der Grundsatz, daß Satzungen nur vereinsintern wirken, ausnahmslos existiert. Sollte letzteres aber der Fall sein, könnte das richterrechtlich geschaffene Merkmal der Tarifzuständigkeit nicht als Wirksamkeitsvoraussetzung aufrechterhalten werden.

Daß einer Vereinssatzung auch Außenwirkung zukommen kann, zeigt aber die gesetzliche Regelung des § 26 Abs. 2 S. 2 BGB, die für den rechtsfähigen als auch nach ganz herrschender Meinung entsprechend für den nichtrechtsfähigen

---

[23] Eisenhart Rothe v., Probleme der Tarifzuständigkeit, S. 58.
[24] Teil 1 B. I. 3. b) bb).

Verein eine Beschränkung der Vertretungsmacht des Vorstands nach außen ermöglicht[25]. Hier mißt der Gesetzgeber der Vereinssatzung eindeutig Außenwirkung bei. Dies berechtigt die Frage, ob nicht auch dem Richter - wenn er mit der Tarifzuständigkeit eine richterrechtliche Wirksamkeitsvoraussetzung eines Tarifvertrages schafft und deren Bestimmung nach der Satzung der Koalition treffen möchte – die Befugnis zugebilligt werden kann, den Verbandssatzungen im Hinblick auf die Tarifzuständigkeit selbständig Außenwirkung einzuräumen. Die Außenwirkung der Koalitionssatzungen wäre mithin von der richterrechtlichen Ausgestaltung der Koalitionsfreiheit des Art. 9 Abs. 3 GG in Form der Tarifzuständigkeit mitumfaßt. Diese Frage kann allerdings auf sich beruhen, da § 26 Abs. 2 S. 2 BGB zeigt, daß es bereits von Gesetzes wegen her nicht notwendig ist, einer Verbandssatzung ausschließliche innerverbandliche Wirkung beizumessen. Soweit dies mit dem Eintragungserfordernis nach § 64 S. 2 BGB bzw. nach §§ 59 Abs. 2 S. 1, 71 BGB gerechtfertigt wird, spricht dies aber nicht gegen eine Außenwirkung auch im vorliegenden Falle. Dies kann allein dazu führen, auch die Koalitionssatzungen der als nichtrechtsfähige Vereine organisierten Tarifvertragsparteien einem Publizitätszwang zu unterwerfen[26]. Im übrigen ist darauf hinzuweisen, daß die genannten Bestimmungen nur auf rechtsfähige, nicht aber auf nichtrechtsfähige Vereine Anwendung finden, für die die herrschende Meinung aber auch die Beschränkbarkeit der Vertretungsmacht nach § 26 Abs. 2 S. 2 BGB annehmen möchte.

Im Tarifrecht bestehen darüber hinaus vielfältige Zusammenhänge zwischen Innen- und Außenverhältnis[27]. Die besondere Bedeutung der Koalitionssatzungen für das Außenverhältnis verdeutlichen die oben genannten Grundsätze zur Tariffähigkeit, insbesondere § 2 Abs. 3 TVG, und die Tarifbindung nach § 3 Abs. 1 TVG. Die Tariffähigkeit als die Fähigkeit, durch Vereinbarung mit dem sozialen Gegenspieler unter anderem die Arbeitsbedingungen des Einzelarbeitsvertrages mit der Wirkung zu regeln, daß sie für tarifgebundene Personen unmittelbar und unabdingbar wie Rechtsnormen gelten[28], betrifft unmittelbar das Außenverhältnis. Da deren Festlegung aber - bei Spitzenorganisationen im übrigen ausdrücklich durch das Gesetz gemäß § 2 Abs. 3 TVG - in die Satzungsautonomie der Verbände gelegt wird[29], ist den Koalitionssatzungen bereits in diesem Zusammenhang Außenwirkung eingeräumt worden. Die Bedeutung der Koaliti-

---

[25] S.o. Teil B. V. 1; auf diese durch das Gesetz vorgesehene Außenwirkung geht gerade die – wie aber gezeigt abzulehnende – Auffassung zurück, daß die Tarifzuständigkeit als Beschränkung der Vertretungsmacht der handelnden Organe durch die Satzung bzw. den Satzungszweck zu verstehen sei.
[26] S.u. 2. Teil A. I. 2. c).
[27] Reuter, Anmerkung zu BAG AP Nr. 4 zu § 2 TVG Tarifzuständigkeit.
[28] BVerfGE 20, 312, 313.
[29] S.o. 2. Teil A. I.

onssatzungen im Tarifrecht zeigt auch § 3 Abs. 1 TVG, der die zum Außenverhältnis zählende Frage der Tarifbindung regelt. Die Tarifbindung selbst beruht danach zwar auf der gesetzlichen Anordnung des § 3 Abs. 1 TVG. Die für die Tarifbindung maßgebliche Mitgliedschaft wird aber bezüglich Zulässigkeit, Begründung und Ende durch die Koalitionssatzungen festgelegt. Auch das Erfordernis demokratischer Willensbildung zumindest für den gewerkschaftsinternen Willensbildungsprozeß resultiert auch aus dem Bedürfnis, die von den Gewerkschaften im Außenverhältnis ausgeübte Rechtssetzungsmacht ausreichend zu legitimieren[30]. Zwischen Innen- und Außenverhältnis bestehen demnach gerade im Tarifrecht intensive Zusammenhänge, so daß keine dogmatischen Bedenken dagegen bestehen, den Satzungen der Gewerkschaften und Arbeitgeberverbände im Hinblick auf die Tarifzuständigkeit Außenwirkung beizumessen.

Der satzungsmäßig festgelegte Organisationsbereich der Koalitionen bestimmt damit ihre Tarifzuständigkeit sowohl im Innenverhältnis gegenüber ihren Mitgliedern als auch im Außenverhältnis gegenüber dem tariflichen Gegenspieler.

2. Die Grundsätze bei der Festlegung der Tarifzuständigkeit

Bevor auf einzelne satzungsmäßige Ausgestaltungsmöglichkeiten einzugehen ist, sollen zunächst die allgemeinen Grundsätze aufgezeigt werden, die die Koalitionen bei der Festlegung ihrer Tarifzuständigkeit zu beachten haben.

a) Die Kompetenz zur Festlegung der Tarifzuständigkeit

Zuerst stellt sich damit die Frage, wem innerhalb der Koalitionen die Befugnis zusteht, die Tarifzuständigkeit des Verbandes festzulegen.

aa) Die grundsätzliche Kompetenz

Als satzungsmäßige Angelegenheit fällt die Festlegung der Tarifzuständigkeit nach der Gründung der Koalition gemäß den vereinsrechtlichen Bestimmungen in die alleinige Zuständigkeit der Mitgliederversammlung, sofern die Satzung selbst nicht eine andere Zuständigkeit festlegt (§§ 32, 33, 40 BGB). Durch die

[30] Reuter, Anmerkung zu BAG AP Nr. 4 zu § 2 TVG Tarifzuständigkeit.

Satzung kann daher die Zuständigkeit zu Satzungsänderungen auf eine Delegiertenversammlung übertragen werden. Dies ist insbesondere bei großen Koalitionen mit mehreren rechtlich selbständigen oder unselbständigen Untergliederungen (z.B. Orts- und Bezirksverbände) geboten, um dem Erschwernis der Willensbildung bei großer Mitgliederzahl effektiv zu begegnen und ein Übergewicht einer aktiven Minderheit zu verhindern[31]. Dabei bestehen auch keine Bedenken dagegen, daß die Mitglieder von Ortsvereinen die Delegierten für Bezirksverbandstage und die Bezirksverbandstage sodann die Delegierten für den Gewerkschaftstag wählen[32]. Die Koalitionssatzung muß aber regeln, nach welchem Verfahren die Delegierten gewählt werden, aus welchen Personen sich die Delegierten zusammensetzen und wie die Mitglieder die einzelnen Delegierten bestimmen[33]. Bei den großen, insbesondere den DGB-Gewerkschaften ist die Festlegung der Tarifzuständigkeit nach diesen Grundsätzen dem Gewerkschaftstag eingeräumt, der als Delegiertenversammlung in der Regel alle vier Jahre zusammenkommt[34].

bb) Die Kompetenz anderer Verbandsorgane

Fraglich ist aber, ob neben der Mitglieder- bzw. Delegiertenversammlung auch anderen Verbandsorganen die Zuständigkeit zur Festlegung der Tarifzuständigkeit eingeräumt werden kann. In den Entscheidungen des Bundesarbeitsgerichts ist dabei in der Vergangenheit immer wieder die Frage aufgetaucht, ob auf Gewerkschaftsseite auch einem Beirat eine solche Kompetenz übertragen werden kann. Der Beirat ist insbesondere bei den großen Gewerkschaften neben dem Vorstand und der Mitglieder- bzw. Delegiertenversammlung ein zusätzliches satzungsmäßig vorgesehenes Organ, dem je nach Satzungsgestaltung Koordinations- und Überwachungsaufgaben, aber auch teilweise in Vertretung des Gewerkschaftstages Entscheidungskompetenzen eingeräumt werden[35]. Regelmäßig

---

[31] OLG Frankfurt a.M., ZIP 1985, S. 213, 215; Soergel/Hadding, BGB, § 32, Rn. 3; MüKo/Reuter, BGB, § 32, Rn. 4, 5, der § 43a GenG entsprechend auf Großvereine anwenden will und in diesen Fällen eine Delegiertenversammlung anstelle einer Mitgliederversammlung für obligatorisch hält; ausführlich zur Delegiertenversammlung als repräsentative Mitgliederversammlung: Säcker, Probleme der Repräsentation von Großvereinen, S. 2ff, 16ff.

[32] OLG Frankfurt a.M., ZIP 1985, S. 213, 215.

[33] Palandt/Heinrichs, BGB, § 32, Rn. 1; Reichert, Vereins- und Verbandsrecht, Rn. 2783, 2785, 2789; Stöber, Handbuch zum Vereinsrecht, Rn. 494, 495; zu den Anforderungen im einzelnen: Säcker, Probleme der Repräsentation von Großvereinen, S. 16ff.

[34] Blank, Die Tarifzuständigkeit der DGB-Gewerkschaften, S. 120.

[35] Blank, Die Tarifzuständigkeit der DGB-Gewerkschaften, S. 120; Leßmann, Die öffentlichen Aufgaben und Funktionen privatrechtlicher Wirtschaftsverbände, S. 256.

liegt dieser Problematik ein Wandel der Produktion des Arbeitgebers zugrunde, der zu sich ändernden gewerkschaftlichen Tarifzuständigkeiten im Unternehmen oder Betrieb des Arbeitgebers führt. Will die bisher zuständige Gewerkschaft ihre Mitglieder weiterhin tariflich vertreten, ist sie auf eine rasche Erweiterung ihres satzungsmäßig festgelegten Organisationsbereiches angewiesen. Da der für Satzungsänderungen zuständige Gewerkschaftstag in der Regel ordentlich nur alle vier Jahre tagt, stellt sich hier die Frage, ob auch durch einen Beschluß eines ständigen Beirats die gewünschte Tarifzuständigkeit herbeigeführt werden kann.

Das Bundesarbeitsgericht hat die Möglichkeit von Satzungsänderungen zur Erweiterung der gewerkschaftlichen Tarifzuständigkeit durch den Gewerkschaftsbeirat auf satzungsmäßiger Grundlage und bei Einhaltung des satzungsmäßig vorgeschriebenen Verfahrens nicht beanstandet[36]. Teilweise wird in der Literatur dagegen eine derartige Kompetenz des Gewerkschaftsbeirats abgelehnt[37].

Zu untersuchen ist damit, ob überhaupt und - wenn dies bejaht werden sollte - unter welchen Voraussetzungen und in welchem Umfang ein Beirat Satzungsänderungen zur Festlegung der Tarifzuständigkeit vornehmen kann.

Für die grundsätzliche Möglichkeit im Vereinsrecht, die Kompetenz zu Satzungsänderungen auf andere Verbandsorgane, wie z.B. den Gewerkschaftsbeirat, zu übertragen, ist Anknüpfungspunkt zunächst § 40 BGB. Dieser stellt nach zutreffender Ansicht nicht nur die Mehrheitsqualifikation, sondern grundsätzlich die nach §§ 32, 33 BGB gegebene Satzungsgewalt der Mitgliederversammlung zur Disposition der Mitglieder, so daß eine Übertragung von Satzungsgewalt auf andere Verbandsorgane auf satzungsmäßiger Grundlage grundsätzlich möglich ist[38]. Dafür spricht, daß die Übertragung selbst auf den Willen der Mitgliederversammlung rückführbar und damit ausreichend legitimiert ist und die Befugnis zur Disposition über die Satzungsklausel, die die Satzungsänderungskompetenz einem anderen Verbandsorgan einräumt, bei der Mitgliederversammlung verbleibt[39]. Nach einer Ansicht sei dies aber bei Großverbänden, für die die großen DGB-Gewerkschaften gerade der Prototyp seien, abzulehnen. Hier lebe der

[36] BAG AP Nr. 4 zu § 2 TVG Tarifzuständigkeit, offengelassen in BAG AP Nr. 8 zu § 2 TVG Tarifzuständigkeit; ihm folgend: Blank, Die Tarifzuständigkeit der DGB-Gewerkschaften, S. 120.

[37] Leßmann, Die öffentlichen Aufgaben und Funktionen privatrechtlicher Wirtschaftsverbände, S. 249; 254, 256; Martens, SAE 1987, S. 7, 8; MünchArbR/Löwisch/Rieble, § 249, Rn. 26, 27 u. § 251, Rn. 13; differenzierend: Reuter, Anmerkung zu BAG AP Nr. 4 zu § 2 TVG Tarifzuständigkeit.

[38] Palandt/Heinrichs, BGB, § 33, Rn. 2; Reichert, Vereins- und Verbandsrecht, Rn. 418; Soergel/Hadding, BGB, § 33, Rn. 6; a.A. Flume, Allg. Teil des Bürgerlichen Rechts I/2, S. 194.

[39] MüKo/Reuter, BGB, § 33, Rn. 17, 18.

Geltungsanspruch politischer Kontrolle in Gestalt demokratischer Willensbildung in dem Maße wieder auf, in dem die Freiwilligkeit der Mitgliedschaft als Ausfluß der Privatautonomie ihre Disziplinierungsfunktion gegenüber den Funktionärseliten verfehle. Die Ausübung der Satzungsautonomie bleibe daher bei Großverbänden in der ausschließlichen Zuständigkeit der Mitglieder- bzw. Delegiertenversammlung[40]. Dies gelte zudem auch bei Verbänden mit öffentlicher Bedeutung, wie es auch kleinere Koalitionen seien. Aus der von Art. 9 Abs. 3 GG geschützten Betätigungsfreiheit der Koalitionsmitglieder innerhalb der Koalition und dem Erfordernis der besonderen Legitimation der tariflichen Regelungsmacht der Verbände folge ein besonderer Vorrang innerverbandlicher Willensbildung, der einer satzungsautonomen Ausgestaltung der Binnenorganisation bei den Koalitionen Grenzen ziehe[41]. Da die Tarifzuständigkeit wegen der §§ 3 Abs. 1, 4 Abs. 1 TVG insbesondere für die Mitglieder der Gewerkschaft als auch für den tariflichen Gegenspieler von elementarer Bedeutung sei, bedürfe es hier einer besonderen, basisdemokratischen Legitimationsgrundlage, die allein die Mitglieder- bzw. Delegiertenversammlung schaffen könne[42]. Eine Verflüchtigung des mitgliedschaftlichen Willensbildungsprozesses durch delegatorische Betrauung eines Bereits sei daher im Ergebnis nicht zulässig; Satzungsänderungen seien zwingend der Mitgliederversammlung oder doch der zulässigerweise an ihre Stelle tretenden Delegiertenversammlung vorbehalten[43].

Diese von der Gegenansicht vorgebrachten Argumente können jedoch an der grundsätzlich gegebenen Möglichkeit auch der großen Koalitionen, Satzungsänderungskompetenzen zur Festlegung der Tarifzuständigkeit auf andere Verbandsorgane, zum Beispiel einen Beirat, zu übertragen, nichts ändern. Bei den Gewerkschaften und Arbeitgeberverbänden können daher entsprechende Zuständigkeiten anderer Verbandsorgane durch die Satzung gemäß § 40 BGB begründet werden, sofern die Voraussetzungen und der Umfang der Delegation in der Satzung festgelegt werden und die Dispositionsbefugnis der Mitglieder- bzw. Delegiertenversammlung über die Delegation uneingeschränkt erhalten bleibt. Die geäußerten Bedenken beeinflussen aber den zulässigen Umfang der

---

[40] MüKo/Reuter, BGB, vor § 21, Rn. 116 u. § 33, Rn. 22; ders., Anmerkung zu BAG AP Nr. 4 zu § 2 TVG Tarifzuständigkeit.

[41] Oetker, RdA 1999, S. 96, 103.

[42] Martens, SAE 1987, S. 7, 8.

[43] Leßmann, Die öffentlichen Aufgaben und Funktionen privatrechtlicher Verbände, S. 253, 254, 256; Martens, SAE 1987, S. 7, 8; MünchArbR/Löwisch/Rieble, § 249, Rn. 27; Reuter, Anmerkung zu BAG AP Nr. 4 zu § 2 TVG Tarifzuständigkeit, der aber in Ausnahme dazu satzungsmäßige Notstandsregelungen für zulässig hält, die unaufschiebbare Satzungsänderungen durch einen Beirat ermöglichen, sofern der Aufwand einer außerordentlichen Delegiertenversammlung oder das Abwarten des nächsten ordentlichen Gewerkschaftstages unverhältnismäßig erscheint.

Delegation. Im Hinblick auf das zu Recht geforderte Erfordernis demokratischer Willensbildung bei den großen[44] Koalitionen muß der zulässige Umfang der Übertragung bei diesen Verbänden grundsätzlich in Relation zum materiellen Gehalt und zur Bedeutung der Satzungsänderungen gesetzt werden. Daraus folgt, daß nur Änderungen zu Lasten der Mitglieder bzw. Änderungen von grundsätzlicher Bedeutung für die Verfassung des Vereins der unmittelbaren Legitimation durch die Mitglieder- bzw. die Delegiertenversammlung bedürfen. Änderungen, die Rechte und Pflichten der bisherigen Mitglieder jedoch nicht nachhaltig beinträchtigen oder berühren und auch nicht von grundsätzlicher Bedeutung für die Verfassung des Vereins sind, können demnach - wobei die genaue inhaltliche Grenzziehung an dieser Stelle offenbleiben kann - durch einen Beirat vorgenommen werden. Für den hier interessierenden Fall der Tarifzuständigkeit bedeutet dies, daß zwar keine Beschränkung, aber eine satzungsmäßige Erweiterung der Tarifzuständigkeit durch den Gewerkschaftsbeirat auf entsprechender Satzungsgrundlage uneingeschränkt möglich ist. Unmittelbare Rechte und Pflichten der bisherigen Mitglieder oder grundlegende Prinzipien der Vereinsverfassung sind dadurch nicht betroffen. In der Praxis wird eine derartige Erweiterung der Tarifzuständigkeit vielmehr oftmals einem Teil der Mitglieder dienen, indem sie der Gewerkschaft ermöglicht, weiterhin die Rechte der Mitglieder, die durch arbeitgeberseitige Veränderungen zunächst aus dem Organisationsbereich ihrer Gewerkschaft herausgefallen sind, auf tariflicher Ebene wahrzunehmen. Da bei den Koalitionen die Festlegung des Organisationsbereiches als Grundsatzregelung zur Vereinsverfassung gehört[45], ist der Erweiterung der Tarifzuständigkeit durch Beschluß eines Beirats aber insoweit eine Grenze zu ziehen, als der Zuständigkeitsbereich im Verhältnis zum bisherigen Organisationsbereich in bedeutendem Umfang erweitert oder auf gänzlich neue, nicht einmal artverwandte Wirtschaftsbereiche ausgedehnt werden soll[46]. Derartige Erweiterungen betreffen die Vereinsverfassung grundlegend und bedürfen daher der basisdemokratischen Absicherung durch die Mitglieder- bzw. Delegiertenversammlung.

Dieses Ergebnis wird durch die – zumindest auch bei kleineren Tarifvertragsparteien - notwendige Legitimation der tariflichen Regelungsmacht der Verbände gegenüber ihren Mitgliedern nicht weiter eingeschränkt. Wie bereits dargelegt, vollzieht sich die Legitimation der tariflichen Regelungsmacht, soweit von ihr

---

[44] Wann im einzelnen das Kriterium einer „großen" Koalition erfüllt ist, soll an dieser Stelle nicht näher untersucht werden; s. aber auch Fn. 30.

[45] MünchArbR/Löwisch/Rieble, § 249, Rn. 18.

[46] A.A. MünchArbR/Löwisch/Rieble, § 251, Rn. 13; die sämtliche Änderungen im Bereich der Vereinsverfassung als der Mitglieder- bzw. Delegiertenversammlung vorbehalten ansehen und daher auch Erweiterungen der Tarifzuständigkeit durch einen Gewerkschaftsbeirat grundsätzlich nicht anerkennen.

beim Abschluß eines Tarifvertrages Gebrauch gemacht wird, durch die Wahl der handelnden Koalitionsorgane durch die Mitglieder und deren Beteiligung an der Bildung von Tarifkommissionen, die diesen Organen bei Tarifverhandlungen zur Seite stehen[47]. Die satzungsmäßige Festlegung des Organisationsbereiches als Tarifzuständigkeit entscheidet dagegen nur über die vorgelagerte Frage, ob eine Koalition in einem bestimmten Bereich überhaupt Tarifmacht ausüben kann. Daher erscheint es nicht nötig, für die Erweiterung des Zuständigkeitsbereiches einer Koalition eine basisdemokratische Entscheidung durch die Mitglieder- bzw. Delegiertenversammlung zu fordern. Ausreichend ist vielmehr, daß der zur Erweiterung der Tarifzuständigkeit berechtigte Gewerkschaftsbeirat durch seine satzungsmäßige Einrichtung und mittelbar durch seine Wahl durch die Mitglieder- bzw. Delegiertenversammlung oder den Vorstand legitimiert ist. Dabei gilt wie für Großverbände auch für kleinere Koalitionen, daß eine Aufgabe von Zuständigkeitsbereichen durch einen Beirat nicht vorgenommen werden kann und daher eine Delegation in diesem Umfang unzulässig ist. Angesichts der Bedeutung einer Beschränkung der Tarifzuständigkeit für die in diesen Zuständigkeitsbereichen organisierten Mitglieder, die sich zur Wahrnehmung ihrer Koalitionsfreiheit in diesem Fall einer anderen Gewerkschaft anschließen müssen, ist auch hier eine unmittelbare basisdemokratische Entscheidung erforderlich, so daß die Möglichkeit der Kompetenz einer Delegiertenversammlung zwar gegeben sein mag, nicht aber eines Beirats, selbst wenn er nach demokratisch repräsentativen Grundsätzen unmittelbar von der Mitglieder- oder Delegiertenversammlung gewählt sein sollte[48].

Im Ergebnis kann damit durch die Koalitionssatzungen die Kompetenz zur Festlegung der Tarifzuständigkeit im Hinblick auf Erweiterungen des Organisationsgebietes auf andere Verbandsorgane übertragen werden. Einschränkungen und - in jedem Fall bei großen Koalitionen - grundlegende Erweiterungen des Zuständigkeitsbereiches sind dagegen der Mitglieder- oder Delegiertenversammlung vorbehalten.

---

[47] S.o. 1. Teil B. I. 3. b) aa).

[48] Nicht differenzierend: Blank, Die Tarifzuständigkeit der DGB-Gewerkschaften, S. 120, der Änderungen der Tarifzuständigkeit durch einen Gewerkschaftsbeirat grundsätzlich für möglich hält; vgl auch § 20 Abs. 5 der GdP-Satzung i.d.F. v. September 1998, § 18 Ziff. 4 f) der IG BCE-Satzung i.d.F. v. 1996, § 19 Ziff. 1 der IG-Metall-Satzung i.d.F. v. Januar 2000 weisen den Gewerkschaftsbeiräten eine uneingeschränkte Kompetenz zur Änderung der Organisationsbereiche zu, wobei bei den beiden letztgenannten Gewerkschaften der Beirat zumindest direkt von der (Landes-)Bezirksdelegiertenversammlung gewählt wird.

b) Das Verfahren

Soweit die Satzung zu den verfahrensrechtlichen Anforderungen nichts anderes bestimmt (§ 40 BGB), ist für Satzungsänderungen beim rechtsfähigen und entsprechend auch beim nichtrechtsfähigen (Ideal-)Verein aus den vereinsrechtlichen Bestimmungen des Bürgerlichen Gesetzbuches vor allem § 33 BGB zu beachten[49]. Danach bedarf ein Beschluß, der eine Änderung der Satzung enthält, gemäß § 33 Abs. 1 S. 1 BGB einer Mehrheit von drei Vierteilen der erschienenen Mitglieder. Bei Änderung des Zwecks des Vereins ist nach § 33 Abs. 1 S. 2 BGB die Zustimmung aller Mitglieder erforderlich, wobei die Zustimmung der nicht erschienenen Mitglieder schriftlich erfolgen muß. Entscheidend für diese verfahrensrechtlichen Anforderungen ist damit, ob eine Änderung der Tarifzuständigkeit nur als einfache Satzungsänderung oder aber als Änderung des Vereinszweckes einzuordnen ist, zumal eine gegebenenfalls vorhandene Satzungsbestimmung über eine zur Satzungsänderung erforderliche Mehrheit ohne ausdrückliche Einbeziehung von Zweckänderungen grundsätzlich nur für normale Satzungsänderungen, nicht aber für eine Änderung des Vereinszwecks gilt[50].

Ob in einer Satzungsänderung tatsächlich eine Änderung des in der Satzung enthaltenen Vereinszwecks enthalten ist, wird regelmäßig eine Auslegungsfrage sein und kann daher nur anhand aller Besonderheiten des Einzelfalles entschieden werden[51]. Aus den unterschiedlichen verfahrensrechtlichen Anforderungen des § 33 Abs. 1 Satz 1 BGB auf der einen und des § 33 Abs. 1 Satz 2 BGB auf der anderen Seite kann aber der Rückschluß gezogen werden, daß es sich bei einer Zweckänderung um eine so grundlegende Entscheidung für den Verein handeln muß, daß sie nicht einmal von einer qualifizierten Mehrheit des Vereins beschlossen werden kann[52].

In einer Änderung der Tarifzuständigkeit kann jedoch nur dann eine Zweckänderung liegen, wenn der Organisationsbereich einer Tarifpartei überhaupt zum Vereinszweck zu zählen ist. Der Vereinszweck wird allgemein als das die Mitglieder in der Vereinigung verbindende Interesse, auf das die Vereinstätigkeit ausgerichtet ist, als das Lebensgesetz oder als die Leitidee des Vereins definiert[53]. Dabei ist der Vereinszweck von der Vereinstätigkeit und damit von den Mitteln zu trennen, mit denen der Verein den Vereinszweck verfolgt[54]. Da den

---

[49] MüKo/Reuter, BGB, § 33, Rn. 28 und § 54, Rn. 4 ff BGB.
[50] BGHZ 96, 245, 249; Soergel/Hadding, BGB, § 33, Rn. 12; Stöber, Handbuch zum Vereinsrecht, Rn. 628.
[51] Stöber, Handbuch zum Vereinsrecht, Rn. 632.
[52] BGHZ 96, 245, 249.
[53] Soergel/Hadding, BGB, § 33, Rn. 8; Stöber, Handbuch zum Vereinsrecht, Rn. 45.
[54] Stöber, Handbuch zum Vereinsrecht, Rn. 45.

Mitgliedern bekannt sei, daß ein Verein im Laufe der Zeit sich wandelnden Verhältnissen gegenübersehe und daher in der Lage sein müsse, ohne Aufgabe der prinzipiellen Zielrichtung und ohne Rücksicht auf Außenseitermeinungen das Vereinsleben entsprechend den geänderten Verhältnissen anzupassen, stellt nach dem Bundesgerichtshof im Zweifel allein derjenige Satzungsbestandteil den Vereinszweck im Sinne des § 32 Abs. 1 S. 2 BGB dar, in dem der oberste Leitsatz für die Vereinstätigkeit enthalten sei, und mit dessen Abänderung schlechterdings kein Mitglied bei seinem Beitritt zum Verein rechnen könne. Eine Zweckänderung setze demnach praktisch eine Änderung des Charakters des Vereins voraus[55]. Unproblematisch ist danach bei den Tarifvertragsparteien die Wahrung und Förderung der Arbeits- und Wirtschaftsbedingungen ihrer Mitglieder, insbesondere durch den Abschluß von Tarifverträgen, Vereinszweck[56]. Fraglich ist aber, ob zu diesem Vereinszweck auch die Tarifzuständigkeit als der (Organisations-)Bereich gehört, in dem die Koalitionen die Arbeitsbedingungen ihrer Mitglieder tariflich wahrnehmen wollen. Die Ermittlung des Vereinszwecks ist zwar grundsätzlich eine Frage der Auslegung der entsprechenden Satzungsbestimmungen eines jeden Verbandes[57]. Entgegen *Löwisch/Rieble*, die in dem Organisationsbereich eine verfassungsmäßige Grundsatzregelung sehen, ihn jedoch nicht zum Vereinszweck rechnen[58], wird bei den Tarifvertragsparteien der Organisationsbereich grundsätzlich zum Vereinszweck zu zählen sein[59]. Zu der Eigenschaft, überhaupt Tarifvertragspartei zu sein, tritt bei diesen Verbänden als ganz wesentliches Charaktermerkmal der angestammte (Haupt-) Organisationsbereich hinzu, was bereits regelmäßig der Koalitionsname verdeutlicht. Bei der IG Metall zum Beispiel gehören demnach die Gewerkschaftseigenschaft und der Organisationsbereich Metall als Einheit zum Vereinszweck.

Die Tatsache, daß bei den Tarifvertragsparteien der Organisationsbereich zum Vereinszweck zu zählen ist, führt aber nicht dazu, daß jede Änderung der Tarifzuständigkeit als Zweckänderung einzuordnen ist. Grundsätzlich gelten Zweckergänzungen oder –beschränkungen unter Aufrechterhaltung der grundsätzlichen Zweckrichtung nicht als Zweckänderung im Sinne des § 33 Abs. 1 S. 2 BGB[60]. Für sie bleibt es beim Anwendungsbereich des § 33 Abs. 1 S. 1 BGB. Für Änderungen der Tarifzuständigkeit bedeutet dies, daß eine Auslegung, die den bisherigen und den neuen Organisationsbereich in Relation zueinander setzt, darüber entscheidet, ob eine Zweckänderung in Betracht kommt oder nicht. Grundsätzlich aber werden nur Änderungen des Organisationsbereiches von dem Ausmaß

[55] BGHZ 96, 245, 251, 252.
[56] Ebenso: MünchArbR/Löwisch/Rieble, § 249, Rn. 17.
[57] Soegel/Hadding, BGB, § 33, Rn. 9.
[58] MünchArbR/Löwisch/Rieble, § 249, Rn. 18; s.o. Fn. 45.
[59] Ebenso: Blank, Die Tarifzuständigkeit der DGB-Gewerkschaften, S. 114.
[60] LG Bremen, Rpfleger 1989, S. 415, 416; Palandt/Heinrichs, BGB, § 33, Rn. 3.

als Zweckänderungen anzusehen sein, die den bisherigen Organisationsbereich einer Tarifvertragspartei ganz wesentlich zurücktreten läßt und damit nach obigen Grundsätzen den Charakter der Koalition grundlegend verändert. Im Falle der IG Metall zum Beispiel ist erst dann von einer Zweckänderung auszugehen, wenn eine Erweiterung oder Einschränkung des bisherigen Organisationsbereiches eine derartige Größe annimmt, daß es bei Betrachtung des neuen Organisationsgebietes nicht mehr gerechtfertigt ist, (allein) von einer Gewerkschaft Metall zu sprechen.

Regelmäßig werden daher Änderungen des Organisationsbereiches, insbesondere Erweiterungen, keine Änderungen des Vereinszweckes, sondern einfache Satzungsänderungen darstellen. Sofern in der Satzung nichts anderes bestimmt ist, bedürfen Beschlüsse zu einer solchen Änderung nach § 33 Abs. 1 S. 1 BGB der Mehrheit von drei Vierteilen der erschienenen Mitglieder.

c) Die Schriftform

Fraglich ist, ob die in der Satzung festzulegende Tarifzuständigkeit schriftlich niedergelegt werden muß. Im allgemeinen Vereinsrecht ist für die Satzung eine Schriftform nicht vorgeschrieben. Da jedoch die Eintragung in das Vereinsregister gemäß § 59 Abs. 2 Nr. 1 BGB die Satzung in Urschrift und Abschrift verlangt und nach § 71 S. 1 BGB Änderungen der Satzung zu ihrer Wirksamkeit der (konstitutiven) Eintragung bedürfen, ergibt sich beim rechtsfähigen Verein mittelbar ein Schriftformerfordernis[61]. Bei nichtrechtsfähigen Vereinen existiert somit ein Schriftformerfordernis nicht, auch wenn aus Praktikabilitätsgründen in aller Regel die Satzung schriftlich niedergelegt ist. Dies hat zur Folge, daß bei diesen Vereinen die Verfassung im Sinne des § 25 BGB nicht nur durch (förmliche) Satzung, sondern auch durch Vereinsgewohnheitsrecht (Observanz) gebildet werden kann, das wie im staatlichen Recht ohne Beachtung des förmlichen Satzungsverfahrens durch eine langandauernde, von einer Rechtsüberzeugung der Betroffenen getragene Übung entstehen kann[62]. Nach diesen vereinsrechtlichen Grundsätzen des Bürgerlichen Gesetzbuches könnte eine Gewerkschaft, die in der Rechtsform eines nichtrechtsfähigen Vereins organisiert ist, unabhängig von einer schriftlichen Satzung im Wege der Observanz eine Tarifzustän-

[61] Soergel/Hadding, BGB, § 25, Rn. 10a, 26; Staudinger/Habermann, BGB, § 57, Rn. 2, der darauf hinweist, daß für die Satzung § 126 BGB mangels Schriftformerfordernisses unanwendbar ist; Staudinger/Weick, BGB, § 25, Rn. 6.

[62] BGHZ 25, 311, 316; OLG Frankfurt a.M., ZIP 1985, S. 213, 215; MüKo/Reuter, BGB, § 25, Rn. 2; ebenso, aber ausgehend von der Vertragstheorie (s.o. Fn. 18): Soergel/Hadding, BGB, § 25, Rn. 5.

digkeit begründen. Das Bundesarbeitsgericht hat aber in seinem Beschluß vom 24.7.1990 ausdrücklich betont, daß auch durch den übereinstimmenden Abschluß von einer Vielzahl von Tarifverträgen in der Vergangenheit die Tarifpartner eine Tarifzuständigkeit außerhalb der Satzung nicht begründen könnten[63]. Als Konsequenz daraus hat es mangels Zuständigkeit der ÖTV für ein Tauchunternehmen mehreren für allgemeinverbindlich erklärten (Bau-) Tarifverträgen zur Anwendung verholfen, nach dessen Regelungen die Zusatzversorgungskasse des Baugewerbes von dem Tauchunternehmen Zahlungen zu den Sozialkassen verlangen konnte. Genau genommen hat aber das Bundesarbeitsgericht mit dieser Entscheidung nichts zur Möglichkeit der Begründung einer Tarifzuständigkeit kraft Observanz gesagt, da sich beim nichtsrechtsfähigen Verein Satzungsrecht gerade aus Vereinsgewohnheitsrecht ergeben kann. Folglich ist die Feststellung des Bundesarbeitsgerichts, durch ein bloßes Tätigwerden außerhalb der satzungsmäßigen Aufgaben könne eine Tarifzuständigkeit nicht begründet werden, für die hiesige Frage ohne jegliche Aussagekraft. Allerdings weist der Beschluß des Bundesarbeitsgerichts deutlich in eine Richtung. Zur Erreichung des Zwecks des richterrechtlich eingeführten Merkmals der Tarifzuständigkeit ist ein formalisiertes Verfahren zur Feststellung der Tarifzuständigkeit unausweichlich. Durch die Beschränkung tariflicher Betätigung der Koalitionen auf den satzungsmäßigen Organisationsbereich soll Tarifklarheit und auch eine daran sich orientierende tarifliche Ordnung erzielt werden, die für alle am Tarifleben Beteiligten bereits im voraus möglichst einfach und sicher zu ermitteln ist und daher als Kalkulationsgrundlage dem eigenen tariflichen Handeln zugrundegelegt werden kann[64]. Gerade der Beschluß vom 24.7.1990 zeigt deutlich, daß die jeweilige Tarifzuständigkeit nicht nur von Relevanz für die den konkreten Tarifvertrag abschließenden Tarifpartner ist. Grundsätzlich sind daher die Tarifpartner bei ihrer tariflichen Betätigung nicht nur in ihrem eigenen Interesse, sondern im Interesse aller am Tarifleben Beteiligten an ihren schriftlich in der Satzung niedergelegten Organisationsbereich gebunden, der als alleiniges Kriterium maßgeblich ist und für alle am Tarifleben Beteiligten jederzeit Auskunft über die Tarifzuständigkeit einer Koalition gibt[65]. Zur Erreichung dieses Zweckes sind die Satzungen der Tarifvertragsparteien einem Publizitätszwang zu unterwerfen, auch wenn sie als nichtsrechtsfähige Vereine organisiert sind und sie damit nach dem Vereinsrecht (§§ 59 Abs. 2 Nr. 1, 71 Abs. 1 BGB) nicht die Pflicht trifft, ihre Satzungen in das Vereinsregister einzutragen. Gleichzeitig ist jedem Betroffenen oder Interessierten ein Anspruch auf Einsichtnahme in die Satzung zuzubilligen.

---

[63] BAG AP Nr. 7 zu § 2 TVG Tarifzuständigkeit; ebenso: MünchArbR/Löwisch/Rieble, § 255, Rn. 69; Wiedemann/Oetker, TVG, § 2, Rn. 53.
[64] S.o. 1. Teil B. VI. 4.
[65] Wiedemann, TVG, § 2, Rn. 73.

Eine Tarifzuständigkeit daneben kraft Vereinsgewohnheitsrechts ist ausnahmsweise nur dann gegeben, wenn zusätzlich zu den dafür erforderlichen Voraussetzungen diese Observanz auch für alle sonstigen am Tarifleben Beteiligten eindeutig erkennbar und ohne Widerspruch hingenommen worden ist[66]. In diesem Fall ist der mit dem Merkmal der Tarifzuständigkeit angestrebte Zweck nicht gefährdet.

Grundsätzlich bleibt es aber dabei, daß die Tarifvertragsparteien, auch wenn sie nichtrechtsfähige Vereine sind, ihre Tarifzuständigkeit schriftlich in der Satzung festlegen müssen.

d) Die inhaltliche Festlegung der Tarifzuständigkeit

Nach den formellen Voraussetzungen für eine wirksame satzungsmäßige Festlegung der Tarifzuständigkeit sind die materiellen Anforderungen an eine wirksame inhaltliche Festlegung der Tarifzuständigkeit zu untersuchen.

aa) Die tariflichen Regelungsgegenstände

Die der Tarifautonomie unterliegenden Regelungsgegenstände fallen nach herrschender Meinung nicht in die Satzungsautonomie der Verbände. Bei der Festlegung von Tariffähigkeit und Tarifzuständigkeit dürfen die Koalitionen daher einzelne tarifliche Regelungsgegenstände (z.B. vermögenswirksame Leistungen) nicht ausklammern[67]. Anderenfalls könnte ein entsprechender Tabukatalog eine Koalition partiell verhandlungsunfähig und arbeitskampfunfähig stellen. Nach einer Ansicht stellte eine derartige Beschränkung der Tarifzuständigkeit ein unzulässiges, weil widersprüchliches Verhalten dar, da ein Verband nicht einerseits seine Tarifwilligkeit, andererseits aber nur eine beschränkte sachliche Zuständigkeit festlegen dürfe[68]. Gewichtiger sind jedoch die Stimmen, die durch eine solche Differenzierung das Gebot der Rechtsklarheit im Tarifrecht und das grundsätzliche Funktionieren des Tarifvertragssystems und der Arbeitskampf-

---

[66] Zu weit: Blank, Die Tarifzuständigkeit der DGB-Gewerkschaften, S. 115.
[67] Däubler, Tarifvertragsrecht, Rn. 94; Gamillscheg, Kollektives Arbeitsrecht I, § 14 II 2 a), S. 531; Kempen/Zachert, TVG, § 2, Rn. 17, 120; Kutscher, Die Tarifzuständigkeit, S. 23; Löwisch, ZfA 1974, S. 29, 35; Martens, SAE 1987, S. 7; 9; a.A. Bruhn, Tariffähigkeit von Gewerkschaften und Autonomie, S. 164; Richardi, Kollektivgewalt und ..., S. 158.
[68] Wiedemann/Oetker, TVG, § 2, Rn. 66.

ordnung gefährdet sehen. Der soziale Gegenspieler wäre durch entsprechende Satzungsgestaltung nach seinem Belieben in der Lage, seinem Tarifpartner vorzuschreiben, um welche Regelungsgegenstände verhandelt und gekämpft werden könnte[69]. Folge davon könnten eine Vielzahl von Tarifverträgen und Arbeitskämpfen sein, wobei gerade für die Gewerkschaftsseite die Schwierigkeit bestünde, ihre Mitglieder stets erneut wegen anderer Ziele und gegen andere tarifliche Gegenspieler zu mobilisieren[70]. Die Funktionsfähigkeit des Tarifvertragssystems gebietet daher eine Tariffähigkeit bzw. Tarifzuständigkeit, die nicht auf einzelne tarifliche Regelungsgegenstände beschränkt werden kann.

bb) Die Tarifzuständigkeit zum Abschluß von Verbands- und/oder Firmentarifverträgen

Im Hinblick auf die Gewerkschaften stellt sich die Frage, ob sie satzungsmäßig ihre Tarifzuständigkeit nur auf den Abschluß von Verbandstarifverträgen oder nur auf den Abschluß von Firmentarifverträgen beschränken können.

Das Bundesarbeitsgericht hat sich zu dieser Frage bislang nicht ausdrücklich geäußert. Den Antrag einer Gewerkschaft, ihre Tarifzuständigkeit für einen bestimmten Betrieb eines Arbeitgebers zum Abschluß eines Firmentarifvertrages festzustellen zu lassen, hat es aber dahin ausgelegt, daß dieser sich nicht nur auf die Tarifzuständigkeit für Firmentarifverträge, sondern generell auf die Tarifzuständigkeit und damit auch auf die Zuständigkeit für den Abschluß von Verbandstarifverträgen beziehe. Des weiteren hat es in diesem Zusammenhang ausgeführt, daß auch ein Feststellungsinteresse der Gewerkschaft hinsichtlich der Tarifzuständigkeit für den Abschluß von Verbandstarifvertragen unabhängig von einer bestehenden Verbandsmitgliedschaft des Arbeitgebers zu bejahen sei, da der betreffenden Gewerkschaft ihre Tarifzuständigkeit generell bestritten worden sei[71]. Aus diesen Ausführungen könnte im Umkehrschluß gefolgert werden, daß eine Tarifzuständigkeit nur für Firmen- bzw. Verbandstarifverträge anerkennt ist.

Bei der Beschränkung der Tarifzuständigkeit nur auf den Abschluß von Firmentarifverträgen ergeben sich anders als bei der Festlegung des eigenen Organisationsbereiches einer Gewerkschaft nicht nur Auswirkungen für die sich entsprechend ausrichtende Organisation der Arbeitgeberseite. Hier wird dem einzelnen

[69] Martens, SAE 1987, S. 7, 9.
[70] Löwisch, ZfA 1974, S. 29, 36.
[71] BAG AP Nr. 10 zu § 2 TVG Tarifzuständigkeit.

Arbeitgeber zwar nicht unmöglich gemacht, sich mit anderen Arbeitgebern zu einem Arbeitgeberverband zusammenschließen. Ihm wird aber unmittelbar die von Art. 9 Abs. 3 GG geschützte Möglichkeit genommen, seine tarifliche Interessen gegenüber der Gewerkschaft durch einen Arbeitgeberverband vertreten zu lassen. Dadurch wird nicht nur die individuelle Koalitionsfreiheit beeinträchtigt. Da Art. 9 Abs. 3 GG in seiner kollektiven Ausrichtung auch die Betätigung der Koalition selbst schützt[72], stellt eine derartige Ausgestaltung der gewerkschaftlichen Zuständigkeit auch eine Beeinträchtigung der kollektiven Koalitionsfreiheit des tariflichen Gegenspielers dar. Zwar ist dem Bundesarbeitsgericht zuzustimmen, wenn es ausführt, daß die Koalitionsfreiheit kein Recht auf eine bestimmte oder kongruente Arbeitnehmerkoalition beinhalte[73]. Wenn sich aber eine Gewerkschaft für einen bestimmten Organisationsbereich eine Tarifzuständigkeit zulegt, muß es dem freien Spiel der tariflichen Kräfte überlassen bleiben, ob Tarifabschlüsse in Form von Verbands- oder Firmentarifverträgen zustande kommen. Insofern handelt es sich um eine Regelungsfrage, die einer satzungsmäßigen Bestimmung nicht zugänglich ist. Die Beeinträchtigungen der arbeitgeberseitigen Koalitionsfreiheit sind daher nicht durch die gewerkschaftliche Betätigungsfreiheit gerechtfertigt. Ebenso verhält es sich mit der Beschränkung der Tarifzuständigkeit nur auf den Abschluß von Verbandstarifverträgen. Dies verletzt die - auch von Art. 9 Abs. 3 GG gewährleistete[74] - negative Koalitionsfreiheit, die den einzelnen Arbeitgeber vor jedem unmittelbaren und mittelbaren Zwang, einer Koalition beitreten zu müssen, schützt[75]. Bei Zulässigkeit einer derartigen Ausgestaltung wäre der einzelne Arbeitgeber gerade gezwungen, sich dem für ihn zuständigen Arbeitgeberverband anzuschließen, um mit der nach ihrem Organisationsbereich für ihn zuständigen Gewerkschaft tarifliche Regelungen für sein Unternehmen erreichen zu können. Die gesetzlich angeordnete Tariffähigkeit des einzelnen Arbeitgebers nach § 2 Abs. 1 TVG, mit der der Gesetzgeber auch der negativen Koalitionsfreiheit des einzelnen Arbeitgebers hat Rechnung tragen wollen[76], kann daher nicht dadurch umgangen werden, daß eine Gewerkschaft ihre Betätigung nach ihrer Satzung auf den Abschluß von Verbandstarifverträgen begrenzt.

Die Tarifzuständigkeit ist nicht auf den Abschluß von Verbands- oder Firmentarifverträgen beschränkbar. Der satzungsmäßig festgelegte Zuständigkeitsbereich erstreckt sich auf die in diesem Bereich befindlichen einzelnen Arbeitgeber und ihre Verbänden.

---

[72] S.o. 1. Teil B. I. 3. (Fn. 52).
[73] BAG AP Nr. 4 zu § 2 TVG Tarifzuständigkeit.
[74] S.o. 1. Teil B. I. 3. (Fn. 51).
[75] Münch v./Kunig/Löwer, GG, Ar. 9, Rn. 85.
[76] Wiedemann/Oetker, TVG, § 2, Rn. 95.

Parallel zu der vorstehenden Problematik wird im Rahmen der Tariffähigkeit die Frage diskutiert, ob es auf Seiten der Gewerkschaft beim Abschluß eines Firmentarifvertrages eine relative Tariffähigkeit bezogen auf den einzelnen Arbeitgeber gibt. Unabhängig von den allgemeinen Voraussetzungen der Tariffähigkeit[77] geht es hier um das strittige Merkmal der Durchsetzungsfähigkeit (Mächtigkeit)[78] und die Frage, ob diese für eine Gewerkschaft bei einem Firmentarifvertrag bezogen auf den einzelnen Arbeitgeber festgestellt werden muß. Der grundsätzliche Zweck des Merkmals liegt vor allem darin, daß auf Arbeitnehmerseite eine gegenüber der Arbeitgeberseite annähernd gleichstarke Gewerkschaft bereitgestellt und damit ein Mechanismus gewährleistet werden soll, der zu einem gerechten Ausgleich der kollidierenden Interessen und damit zu einer gerechten tariflichen Ordnung führt.

Das Bundesarbeitsgericht hat sich mangels zulässigen Antrags zu dieser Frage ausdrücklich nicht geäußert und für den Fall eines zulässigen Antrags auf die Aussetzung nach § 97 Abs. 5 ArbGG verwiesen, wonach auch im Beschlußverfahren über die Existenz einer relativen Tariffähigkeit zu entscheiden sei[79]. Hinter dieser Frage verbarg sich in der Entscheidung des Bundesarbeitsgerichts das Problem, daß ein nur durch wenige Mitglieder der Gewerkschaft getragener Firmentarifvertrag mit dem Arbeitgeber eine vom Betriebsrat für alle Betriebsangehörigen ausgehandelte Betriebsvereinbarung ablöste. Eine grundlegende Beleuchtung dieses Problems kann an dieser Stelle nicht erfolgen. Formal spricht jedoch gegen eine derartige relative Tariffähigkeit der Gedanke der Rechtssicherheit. Die Zahl der Mitglieder einer Gewerkschaft bei einem Arbeitgeber unterliegt permanenten Schwankungen und bietet daher keine zuverlässige Grundlage für die Feststellung der Tariffähigkeit einer Koalition[80]. Bejahte man zudem eine relative Tariffähigkeit im Hinblick auf einen Firmentarifvertrag müßte auch konsequenterweise die Tariffähigkeit einer Gewerkschaft zum

[77] S. dazu im einzelnen MünchArbR/Löwisch/Rieble, § 255, Rn. 1ff; Schaub, Arbeitsrechts-Handbuch, § 199, Rn. 1, 2 u. § 187.

[78] Allgemein und bejahend zum Merkmal der Durchsetzungsfähigkeit: BAG AP Nr. 48, 55 zu § 2 TVG und BAG AP Nr. 9 zu § 97 ArbGG 1997, wo davon ausgegangen wird, daß das Merkmal mit dem Zustimmungsgesetz zum Staatsvertrag in den Willen des Gesetzgebers Aufnahme gefunden habe (vgl. Staatsvertrag vom 18.05.1990 Art. 17, Gemeinsames Protokoll über Leitsätze, Ziff. A III. 2, BGBl. II, S. 537, 545); BVerfGE 58, 233, 249, 250; Hanau, NZA 2003, S. 128, 129; MünchArbR/Löwisch/Rieble, § 255, Rn. 8/15; ablehnend: Bruhn, Tariffähigkeit von Gewerkschaften und Autonomie, S. 189ff; Gamillscheg, Kollektives Arbeitsrecht I, § 9 IV 3, S. 428ff; Wiedemann/Oetker, TVG, § 2, Rn. 321-325.

[79] BAG AP Nr. 4 zu § 97 ArbGG 1979 = BAG AP Nr. 12 zu § 2 TVG Tarifzuständigkeit.

[80] LAG Hamburg als Vorinstanz zu BAG AP Nr. 4 zu § 2 TVG Tarifzuständigkeit; Oetker, Anmerkung zu BAG AP Nr. 4 zu § 97 ArbGG 1979; ders.: Wiedemann/Oetker, TVG, § 2, Rn. 314.

Abschluß eines jeden Verbandstarifvertrages geprüft werden[81]. Führt man sich den o.g. Zweck des Merkmals vor Augen, erscheint dies jedoch auf den ersten Blick zur Erreichung und Sicherung eines Verhandlungsgleichgewichts als eine nicht unberechtigte Forderung. Gelänge es zudem hinreichend verläßliche Kriterien für die Durchsetzungsfähigkeit aufzustellen, verlöre auch das grundsätzlich gegen das Merkmal anzuführende Argument der Rechtssicherheit seine Bedeutung.

Unabhängig von der Schwierigkeit der Bestimmung der Durchsetzungsfähigkeit und der im Hinblick auf die Koalitionsgarantie des Art. 9 Abs. 3 GG problematische Anwendbarkeit auf kleinere oder gerade entstehende Arbeitnehmerkoalitionen[82] muß aber bei der Streitentscheidung der Zweck des Merkmals im Mittelpunkt der Diskussion stehen. Die Tariffähigkeit von bestimmten Voraussetzungen, insbesondere einer bestimmten Leistungsfähigkeit der Koalitionen[83], abhängig zu machen und nicht jeder beliebigen Vereinigung zuzubilligen, dient dem legitimen Anliegen, das Auftreten zu vieler Tarifvertragsparteien zu verhindern, und steht auch im Hinblick auf die Bedeutung der tariflichen Regelungsmacht der Tarifvertragsparteien nach dem Tarifvertragsgesetz außer Zweifel. Insofern ist es richtig, Verbände, die die Voraussetzungen der Tariffähigkeit nicht erfüllen, auf schuldrechtliche Verträge ohne die tarifvertraglichen Privilegien nach dem Tarifvertragsgesetz zu verweisen[84]. Soweit aber das Merkmal der Durchsetzungsfähigkeit den oben genannten Zweck eines Verhandlungsgleichgewichts gegenüber der Arbeitgeberseite gewährleisten soll, muß bereits seine Erforderlichkeit bezweifelt werden. Dabei geht es nicht darum, daß auch einmal einer dementsprechend mächtigen Gewerkschaft ein unterlegener Arbeitgeber oder Arbeitgeberverband gegenübertreten kann[85], so daß das Kriterium auch für die Arbeitgeberseite gefordert werden könnte[86]. Angesichts der nach ganz allgemeiner Ansicht gegebenen Möglichkeit, daß sich auch nichtorganisierte Arbeitnehmer an einem gewerkschaftlichen Streik beteiligen können[87], was gerade grundsätzlich dann der Fall sein wird, wenn diese sich mit den Streikzielen iden-

[81] So Dütz, DB 1996, S. 2385, 2389, der sich grundsätzlich für das Erfordernis einer konkreten Verbandsmächtigkeit ausspricht.

[82] Dazu: Wiedemann/Oetker, TVG, § 2, Rn. 323 m.w.N.

[83] BAG AP 38, 55 zu § 2 TVG; BVerfGE 58, 233, 249; MünchArbR/Löwisch/Rieble, § 255, Rn. 16.

[84] Allgemein zu kollektiven Schuldverträgen: MünchArbR/Löwisch/Rieble, § 280, Rn. 2ff.

[85] Vgl. BAG AP Nr. 40 zu § 2 TVG: Das Bundesarbeitsgericht hat das Merkmal der Durchsetzungskraft für die Tariffähigkeit sowohl eines einzelnen Arbeitgebers als auch eines Arbeitgeberverbandes grundsätzlich abgelehnt; ebenso: BVerfGE 58, 233, 256: Das Bundesverfassungsgericht sieht als Differenzierungsgrund die Gewährleistung eines Tarifpartners für die Gewerkschaften und verneint daher einen Verstoß gegen Art. 3 Abs. 1 GG.

[86] Hanau, NZA 2003, S. 128, 129; Wiedemann/Oetker, TVG, § 2, Rn. 322.

[87] MünchArbR/Otto, § 285, Rn. 58. m.w.N.

tifizieren und damit von der Gewerkschaft repräsentiert fühlen, erscheint die Befürchtung einer Ungleichgewichtslage, die zu einem unbilligen Tarifabschluß führte, unbegründet. Aber auch sofern man dies nicht gelten lassen wollte und allein auf die Zahl der Mitglieder abstellte, ist der Umstand entscheidend, daß es in der Hand der Arbeitnehmer selbst liegt, sich gewerkschaftlich zu organisieren und so ein Gleichgewicht zum jeweiligen tariflichen Gegenspieler zu schaffen. Insofern sollte mit dem Merkmal der Durchsetzungsfähigkeit kein künstliches Machtgleichgewicht geschaffen, sondern darauf gesetzt werden, daß es auch ohne dieses Merkmal für jede Seite möglich ist, die abstrakt mögliche Gleichgewichtslage, die zu einem gerechten Ausgleich der Interessen im Tarifvertrag führt, durch entsprechende koalitionsmäßige Betätigung zu verwirklichen. Denn je mehr ein Ungleichgewicht vorliegen und die Befürchtung eines unangemessenen Tarifvertrages gegeben sein wird, desto größer wird die Bereitschaft sein, sich zu organisieren und der Gegenseite entgegenzutreten. Im Ergebnis kann damit aber das Merkmal der Durchsetzbarkeit für Gewerkschaften fallengelassen und darauf vertraut werden, daß sich auch im freien Spiel der Kräfte ein Machtgleichgewicht zwischen den sozialen Gegenspielern einstellt, das die Gewähr für angemessene Tarifabschlüsse bietet[88]. Nach hiesiger Ansicht ist also grundsätzlich das Merkmal der Durchsetzungsfähigkeit aufzugeben, so daß auch eine sog. relative Tariffähigkeit nicht anzuerkennen ist.

Gleichwohl ist das Problem in der obigen Konstellation nicht zu übersehen, daß eine Betriebsvereinbarung durch einen Firmentarifvertrag nach §§ 77 Abs. 3, 87 Abs. 1 BetrVG verdrängt wird, dem es unter Umständen an einer ausreichenden Repräsentativität und an einer Legitimation durch den überwiegenden Teil der betroffenen Arbeitnehmer fehlt. Berücksichtigt man aber die – viel diskutierte, aber bis jetzt weiterhin bestehende - eindeutige und auch zulässige Entscheidung des Gesetzgebers in §§ 77 Abs. 3, 87 Abs. 1 BetrVG, der Tarifautonomie uneingeschränkt den Vorrang vor der Betriebsautonomie einzuräumen, muß dieses Ergebnis aber bis zur Grenze des Rechtsmißbrauchs (§ 242 BGB) hingenommen werden[89]. Auch hier ist es Sache der Arbeitnehmer, sich auf tariflicher Ebene zu

---

[88] Ebenso: Bruhn, Tariffähigkeit von Gewerkschaften und Autonomie, S. 203; Gamillscheg, Kollektives Arbeitsrecht I, § 9 IV 3 d) u. e), S. 433ff, im übrigen will er den Gewerkschaftsbegriff je nach Regelungsbereich unterschiedlich auslegen und die Ergebnisse, die mit dem Kriterium der Durchsetzungsfähigkeit erzielt werden, im Falle des § 11 Abs. 2 ArbGG und für die Fälle tarifdispositiven Rechts und der Mitbestimmung des Betriebsrates nach §§ 77 Abs. 3, 87 Abs. 1 BetrVG übernehmen; Wiedemann/Oetker, TVG, § 2, Rn. 324, 326 befürwortet eine erweiterte nachträgliche Inhaltskontrolle der Tarifvereinbarungen und will im übrigen Arbeitsrecht ebenfalls bei Auslegung des Gewerkschaftsbegriffes die Verbandsstärke berücksichtigen.

[89] Zum Rechtsmißbrauch bei Ablösung von Tarifordnungen durch Tarifverträge einer Minderheitsgewerkschaft: BAGE 17, 193, 197; weitere Lösungsansätze: Gamillscheg, Kollektives Arbeitsrecht I, § 9 IV 3 e), S. 438.

organisieren und damit dem Willen der Mehrheit zum Vorrang zu verhelfen. Ansonsten hat die sich nicht engagierende und organisierende Mehrheit - wie bei staatlichen Wahlen auch - die von einer Minderheit (mit dem Arbeitgeber) getroffenen Absprachen hinzunehmen.

Zutreffend ist es daher, es bereits als ausreichende Legitimationsgrundlage für den Abschluß eines Firmentarifvertrags anzusehen, wenn die Gewerkschaft bei dem Arbeitgeber mit einem Mitglied vertreten ist[90].

cc) Die Autonomie bei der Festlegung des Organisationsbereiches

Fraglich ist, ob die Satzungsautonomie der Verbände bei der Festlegung ihrer Tarifzuständigkeit durch staatliche Vorgaben eingeschränkt ist. Dabei geht es vor allem um die Frage, ob die Verbände ihre Tarifzuständigkeit nur nach allgemeinen Merkmalen - zum .Beispiel nach dem Industrieverbandsprinzip oder dem Berufsverbandsprinzip[91] - festlegen können oder ob sie ihre Tarifzuständigkeit auch auf bestimmte oder gar einen Tarifpartner beschränken können. Soweit diese Frage gestellt wird, wird sie uneinheitlich beantwortet[92]. Das Bundesarbeitsgericht hatte in seiner Allfloor-Entscheidung über die Tarifzuständigkeit einer DGB-Gewerkschaft zu befinden, die ihren Organisationsbereich neben anderen Branchen zwar für den gesamten Wirtschaftszweig der Teppichbodenherstellung festgelegt hatte, in der Tarifpraxis aber diese satzungsmäßige Tarifzuständigkeit nur für ein einziges Unternehmen aus diesem Wirtschaftszweig, das Unternehmen Allfloor, wahrnehmen wollte, während die übrigen Unternehmen dieser Branche von einer anderen DGB-Gewerkschaft erfaßt wurden. Das Gericht hat hier zugunsten des Unternehmens Allfloor unterstellt, daß die Gewerkschaft ihre satzungsmäßige Tarifzuständigkeit nur für dieses eine Unternehmen

[90] Auch ohne Vorhandensein eines einzigen Mitglieds mag etwas anderes gelten, wenn die nichtorganisierten Arbeitnehmer durch ihre Streikteilnahme oder durch sonstiges Verhalten den gewerkschaftlichen Firmentarifforderungen eine gewisse Legitimationsgrundlage geben; im Ergebnis ebenso: Wiedemann/Oetker, TVG, § 2, Rn. 78, der insoweit vom Beginn der Tarifzuständigkeit spricht; andersherum, und in diesen Fällen zwar den freiwilligen Abschluß zulassend und den Firmenarbeitskampf gerade ablehnend: Hoyningen-Huene v., ZfA 1980, S. 453, 460; Kutscher, Die Tarifzuständigkeit, S. 43, 44; Nipperdey, Festschrift für Küchenhoff, S. 133, 152, 153; Seiter, Arbeitskampfparität und Übermaßverbot, S. 55, 56. Das Argument dieser Ansicht, daß ein Firmenarbeitskampf nicht schutzwürdig sei, wenn später kein Arbeitnehmer tarifgebunden sei, wird nach hiesiger Ansicht aber für den Fall der Geltung des Tarifverträge kraft einzelvertraglicher Bezugnahme und nach § 3 Abs. 2 TVG entkräftet.

[91] S.u. 2. Teil A. I. 2. d) cc).

[92] Für die Möglichkeit der Beschränkung: ErfK/Schaub, TVG, § 2, Rn. 40; Gamillscheg, Kollektives Arbeitsrecht I, § 14 II 2 a), S. 531; dagegen: Wiedemann/Oetker, TVG, § 2, Rn. 67.

begründete, hat aber im Ergebnis dennoch eine derartige Tarifzuständigkeit nur für ein Unternehmen eines Wirtschaftszweiges für zulässig gehalten[93]. Unabhängig von den problematischen Einzelheiten dieser Fallgestaltung muß daraus aber gefolgert werden, daß nach dem Bundesarbeitsgericht keine Bedenken bestehen, wenn eine Koalition ihre Tarifzuständigkeit ausschließlich auf einzelne Vertragspartner beschränkt.

Hinter der Forderung nach einer allgemeinen Festlegung der Tarifzuständigkeit steckt vor allem das Ziel, durch das Auftreten einer für einen gesamten Wirtschaftszweig zuständigen Gewerkschaft einheitliche Arbeits- und Wirtschaftsbedingungen in den einzelnen Branchen zu erreichen. Der Tatsache, daß die Koalitionen ihre persönliche Tarifzuständigkeit immer nur im Hinblick auf ihre eigene Mitglieder festlegen können, kann zur Beantwortung der aufgeworfenen Frage nichts beitragen. Sie schließt es gerade nicht aus, daß eine Gewerkschaft ihre eigene Tarifzuständigkeit an der Organisationsstruktur der Arbeitgeberseite orientiert und dementsprechend auf bestimmte oder einen bestimmten Arbeitgeber beschränkt. Zu prüfen ist jedoch, ob die Satzungsautonomie der Koalitionen durch normative Vorgaben eingeschränkt wird.

(1) Einschränkung durch eine normative Ordnungsaufgabe

Möglicherweise könnten die Koalitionen durch die Bindung an eine normative Ordnungsaufgabe zu einer besonderen Ausgestaltung ihres Organisationsbereiches verpflichtet sein. Fraglich ist jedoch zunächst, ob eine solche Ordnungsaufgabe der Koalitionen überhaupt besteht.

Die Existenz einer tariflichen Ordnungsaufgabe ist vor allem an die Ansicht geknüpft, die die tarifliche Normsetzungsbefugnis als staatliche Delegation durch Art. 9 Abs. 3 GG und/oder die Bestimmungen des Tarifvertrags begreift[94]. Die Inanspruchnahme der Tarifhoheit als staatsentlastende und gesetzesvertretende Tätigkeit ist nach dieser Ansicht den Gesetzesmäßigkeiten einer rechtssetzenden Tätigkeit unterworfen. Durch den in Art. 9 Abs. 3 GG erteilten Verfassungsauftrag erfahre die Satzungsautonomie der Koalitionen ihre sachliche Grenze. Trotz der grundsätzlichen Autonomie dürfe die Tarifzuständigkeit nicht willkürlich oder funktionswidrig abgegrenzt werden, da die Koalitionsfreiheit in Art. 9 Abs. 3 GG nicht um ihrer selbst willen, sondern funktionsgebunden verliehen worden sei. Das Ergebnis tariflicher Betätigung müsse daher der übernommenen Aufga-

---

[93] BAG AP Nr. 4 zu § 2 TVG Tarifzuständigkeit.
[94] Zur Delegationstheorie: S.o. 1.Teil B. II. 2.

be entsprechen[95]. Auch das Bundesverfassungsgericht geht insbesondere in seiner älteren Rechtsprechung von einer „im öffentlichen Interesse den Koalitionen übertragenen Aufgabe“ oder von einer „öffentlichen Aufgabe“ der Koalitionen aus[96]. Allerdings hat es diese Aussagen nicht in Zusammenhang mit der Satzungsautonomie der Verbände und der Festlegung der Tarifzuständigkeit getätigt. Das Bundesarbeitsgericht hat sich bislang zu Grenzen der Satzungsautonomie aus einer etwaigen Ordnungsaufgabe der Tarifparteien nicht geäußert[97], sondern etwaige Grenzen allein aus kollidierenden Rechten der tariflichen Gegenseite untersucht[98].

Eine normative Vorgabe einer Ordnungsaufgabe besteht jedoch nicht[99]. Nach richtiger Ansicht basiert die Normsetzungsbefugnis nicht auf staatlicher Ermächtigung, sondern ist in ihrem Kern eine privatrechtliche Gestaltungsmacht, die auf privatautonomer Unterwerfung der Verbandsmitglieder beruht[100]. Art. 9 Abs. 3 GG ist daher kein Auftrag an die Tarifpartner zu entnehmen, das Arbeitsleben zu ordnen, sondern gewährleistet in seiner freiheitlichen Richtung allein, daß die Tarifvertragsparteien die Arbeits- und Wirtschaftsbedingungen ihrer Mitglieder vorrangig und in freier Selbstverantwortung regeln. Als soziales Freiheitsrecht garantiert Art. 9 Abs. 3 GG damit die kollektive Selbstbestimmung durch tarifliche Vereinbarungen im Rahmen der Tarifautonomie[101]. Dies gilt ebenfalls für das Tarifvertragsgesetz, mit dem der Gesetzgeber allein die privatrechtliche Gestaltungsmacht der Verbände in einen gesetzlichen Rahmen gegossen hat, wie das mit der Privatautonomie im übrigen - zum Beispiel im

[95] Boldt, RdA 1971, S. 257, 265, 266; Martens, SAE 1987, S. 7, 9; Reuter, Anmerkung zu BAG AP Nr. 4 zu § 2 TVG Tarifzuständigkeit; Wiedemann, RdA 1975, S. 78, 80 u. 81; ders., Festschrift für H.-J. Fleck, S. 447, 458; Wiedemann/Oetker, TVG, § 2, Rn. 61; vgl. allgemein für einen Verfassungsauftrag an die Koalitionen: Maunz/Dürig/Scholz, GG, Art. 9, Rn. 161, 164.

[96] BVerfGE 18, 18, 27; 20, 312, 317; 28, 295, 304; 44, 322, 340; 50, 290, 369; in einem neueren Beschluß (BVerfGE 93, 352, 358) spricht das Gericht von der Erfüllung der in Art. 9 Abs. 3 GG genannten Aufgaben; in keiner der genannten Entscheidungen findet sich aber ein Hinweis darauf, daß sich das Bundesverfassungsgericht grundsätzlich der Delegationstheorie anschließt.

[97] Unter Verweis auf die Rechtsprechung des Bundesverfassungsgericht bejaht aber auch das Bundesarbeitsgericht grundsätzlich eine Ordnungsaufgabe der Tarifvertragsparteien: BAG AP Nr. 25, 30 zu § 2 TVG, BAG AP Nr. 24 zu Art. 9 GG.

[98] BAG AP Nr. 4 zu § 2 TVG Tarifzuständigkeit.

[99] Ebenso: Bruhn, Tariffähigkeit von Gewerkschaften und Autonomie, S. 86 (Fn. 91), 87ff; Däubler, Tarifvertragsrecht, Rn. 18; Hensche, RdA 1971, S. 9, 14; Heß, ZfA 1976, S. 45, 52, 53; Hoyningen-Huene v., ZfA 1980, S. 453, 465; Kempen/Zachert, Grundlagen, Rn. 91; nun auch: Reuter, ZfA 1995, S. 1, 36, 37, 38; Wieland, Recht der Firmentarifverträge, Rn. 141.

[100] S.o. 1. Teil B II. 2.

[101] Bruhn, Tariffähigkeit von Gewerkschaften und Autonomie, S. 59, 88; Kempen/Zachert, TVG, Grundlagen, Rn. 59, 72; MüchArbR/Richardi, § 240, Rn. 30 u. § 241, Rn. 18.

Bürgerlichen Gesetzbuch - auch geschehen ist. Mangels normativer Vorgabe einer Ordnungsaufgabe besteht aus dieser Grundlage auch keine Pflicht der Tarifvertragsparteien zu einer allgemeinen oder besonderen Festlegung ihrer Tarifzuständigkeit.

Die Autonomie der Verbände bei der Festlegung ihrer Tarifzuständigkeit wird also nicht durch die normative Vorgabe einer Ordnungsaufgabe eingeschränkt.

(2) Einschränkungen durch das Tarifvertragsgesetz

Trotz Ablehnung der Delegationstheorie und eines damit verbundenen Auftrages an die Tarifpartner könnte sich das Erfordernis einer bestimmten tariflichen Ordnung aus den Bestimmungen des Tarifvertragsgesetzes ergeben. Dies ist kein Widerspruch zur Einordnung der Tarifnormsetzungsbefugnis als privatrechtliche Gestaltungsmacht, da letztlich auch die Privatautonomie auf der Anerkennung durch die staatliche Rechtsordnung beruht. Aufgabe des Staates ist es dabei grundsätzlich, zur Verhinderung struktureller Ungleichgewichtslagen und damit zur Gewährleistung der Freiheit des einzelnen die Privatautonomie auszugestalten und damit auch zu ordnen. In Anerkennung und unter Berücksichtigung der den Tarifpartnern eingeräumten kollektiven Privatautonomie hat der Gesetzgeber dies auf dem Gebiete des Tarifrechts mit dem Tarifvertragsgesetz getan, das die auf privatautonomem Mandat beruhenden Befugnisse der Tarifpartner in einen gesetzlichen Rahmen bringt und damit auch ordnet. Insoweit kann dem Bundesverfassungsgericht zugestimmt werden, wenn es eine sinnvolle Ordnung des Arbeitslebens als einen der Zwecke des Tarifvertragssystems betrachtet[102]. Aus diesem Blickwinkel ist es auch unerheblich, ob man dem Tarifvertrag selbst eine Ordnungsfunktion zuschreibt[103] oder die Ordnung lediglich als die von einem Tarifvertrag angestrebte Wirkung ansieht[104].

Allerdings ist zu beachten, daß sich das Gesetz in § 3 Abs. 1 TVG darauf beschränkt, die Mitglieder der Tarifvertragsparteien und den Arbeitgeber, der selbst Partei des Tarifvertrages ist, für tarifgebunden zu erklären. Damit wird aber ebenso wenig, wie das Gesetz - im 1. Teil dargelegt - überhaupt ein Merkmal der Tarifzuständigkeit als Wirksamkeitsvoraussetzung eines Tarifvertrages

[102] BVerfGE 4, 96, 107.
[103] Gamillscheg, Kollektives Arbeitsrecht I, § 7 I 1 b), S. 263, 264; Griebeling, Festschrift für Schaub, S. 219; Müller, DB 1975, S. 205, 207; Wiedemann, TVG, Einleitung, Rn. 13.
[104] Hoyningen-Huene v., ZfA 1980, S. 453, 465; Kempen/Zachert, TVG, Grundlagen, Rn. 91; MünchArbR/Löwisch/Riebe, § 252, Rn. 36; Radke, DB 1965, S. 1176.

kennt, eine Aussage über die Frage getroffen, in welchen Bereichen eine Tarifvertragspartei Mitglieder aufnehmen und wie sie ihren Organisationsbereich ausgestalten kann. Die Tarifzuständigkeit ist nicht durch den Gesetzgeber, sondern allein als richterrechtliche Ausgestaltung der Koalitionsfreiheit Bestandteil des geltenden Tarifrechts geworden. Daher trifft das Gesetz erst recht keine inhaltlichen Vorgaben im Hinblick auf Ausgestaltungsmöglichkeiten der Zuständigkeitsbereiche der Verbände. Das Industrieverbandsprinzip oder andere Organisationsgrundsätze sind weder im Tarifvertragsgesetz noch gewohnheitsrechtlich verankert[105].

Auch der Grundsatz der Tarifeinheit als im Tarifrecht anerkannte Auslegungsregel bei der Bestimmung tariflicher Geltungsbereich, nach der in jedem Betrieb grundsätzlich nur ein Tarifvertrag gelten soll[106], schränkt die Satzungsautonomie der Verbände nicht ein. Die Tarifzuständigkeit ist als Wirksamkeitsvoraussetzung der Vereinbarung eines Geltungsbereiches vorgelagert. Als Auslegungsregel greift der Grundsatz nur ein, wenn bereits ein wirksamer, also im Rahmen der Zuständigkeit der Verbände geschlossener Tarifvertrag vorliegt.

Auch das Tarifvertragsgesetz begrenzt also die Autonomie der Verbände bei der Festlegung ihrer Tarifzuständigkeit nicht.

(3) Einschränkung durch richterrechtliche Tarifgrundsätze

Abschließend sind Einschränkungen durch richterrechtliche Tarifgrundsätze zu untersuchen.

Auch soweit der Grundsatz der Tarifeinheit vom Bundesarbeitsgericht zum Rechtssatz erhoben worden ist[107], folgt daraus keine Einschränkung der Satzungsautonomie der Verbände bei der Festlegung der Tarifzuständigkeit. Der Grundsatz der Tarifeinheit stellt den Grund dar, warum das Bundesarbeitsgericht Fälle von Tarifkonkurrenzen und Tarifpluralitäten auflöst und jeweils einem Tarifvertrag in einem Betrieb zum Vorrang verhilft. Der Grundsatz wird hier also ebenfalls erst dann herangezogen, wenn mehrere wirksame Tarifverträge für einen Betrieb vorliegen, und berührt die Frage, ob für einen Betrieb mehrere Gewerkschaften zuständig seien können, nicht. Die Tarifvertragsparteien werden

---

[105] S.o. 1. Teil B. III. und 2. Teil A. I.
[106] Hueck/Nipperdey. Lehrbuch des Arbeitsrechts II/1, S. 516; s. auch oben 1. Teil B IV.
[107] S.o. 1. Teil B. IV.

daher grundsätzlich nicht daran gehindert, eine Tarifzuständigkeit festzulegen, die zu Tarifkonkurrenzen oder Tarifpluralitäten führen kann[108].

Da das Bundesarbeitsgericht selbst dem Industrieverbandsprinzip den Rechtsnormcharakter abspricht[109], kommt eine richterrechtliche Existenz des Industrieverbandsprinzips nicht in Betracht. Damit können Einschränkungen der Satzungsautonomie auch insoweit nicht bestehen.

Das Merkmal der Tarifzuständigkeit selbst in seiner Eigenschaft als Wirksamkeitsvoraussetzung gebietet ebenfalls keine bestimmte Festlegung des satzungsmäßigen Organisationsbereiches. Zwar ist es gerade auch Zweck des richterrechtlich eingeführten Merkmals, eine sich an den einzelnen Wirtschaftszweigen orientierende tarifliche Ordnung zu erreichen. Dieser mit der Tarifzuständigkeit erstrebte Zweck wird aber allein dadurch erreicht, daß die Tarifpartner, wie zum Beispiel die DGB-Gewerkschaften, in Ausübung ihrer Satzungsautonomie das Industrieverbandsprinzip zu dem für sie verbindlichen Organisationsprinzip gewählt haben. Das Bundesarbeitsgericht hat allein die Tarifzuständigkeit als Wirksamkeitsvoraussetzung eingeführt, seine inhaltliche Ausgestaltung aber gerade der Satzungsautonomie der Verbände überlassen. Damit fällt es allein in die Verantwortung der Verbände, durch entsprechende Festlegung ihrer Tarifzuständigkeit eine bestimmte tarifliche Ordnung herbeizuführen. Unabhängig davon, ob die Tarifvertragsparteien in verfassungsrechtlicher Hinsicht zu einer bestimmten Ordnung, zum Beispiel zum Industrieverbandsprinzip verpflichtet werden können, führte aber auch die richterrechtliche Einführung einer derartigen Bindung der Tarifvertragsparteien bei der Ausgestaltung ihres Organisationsbereiches noch nicht unmittelbar zu einer für einen gesamten Wirtschaftszweig geltenden tariflichen Ordnung. Rechtlich verhindert dies, daß sich der Entstehungstatbestand eines Tarifvertrags vollständig nach den Regeln der Privatautonomie vollzieht[110]. Im Rahmen der bestehenden Vertragsfreiheit steht es den Koalitionen damit auch frei, ob sie mit ihrem tariflichen Gegenspieler überhaupt einen Tarifvertrag abschließen oder nicht. Ein Abschlußzwang besteht nicht. Auch in tatsächlicher Hinsicht kann eine Koalition gehindert sein, eine allgemein für einen Wirtschaftszweig zugelegte Tarifzuständigkeit wahrzunehmen, wenn es ihr nicht gelingt, in allen oder in einem großen Teil der Unternehmen ausreichend vertreten zu sein. Dem Tarifvertragsgesetz ist aber nicht zu

---

[108] BAG AP Nr. 1, 4, 14 zu § 2 TVG Tarifzuständigkeit; Jacobs, Tarifeinheit und Tarifkonkurrenz, S. 208; Kutscher, Die Tarifzuständigkeit, S. 30.

[109] BAG AP Nr. 4 zu § 2 TVG Tarifzuständigkeit.

[110] S.o. 1. Teil B II. 3.

entnehmen, daß es in diesem Fall der Gewerkschaft verwehrt ist, ihre Tarifzuständigkeit im übrigen in Anspruch zu nehmen[111].

(4) Ergebnis

Als Ergebnis ist damit festzuhalten, daß die Satzungsautonomie der Verbände bei der Festlegung ihrer Tarifzuständigkeit weder durch eine staatlich übertragene Ordnungsaufgabe noch durch staatliche Eingriffe beschränkt ist. Allerdings bleibt zu prüfen, inwieweit dieser Autonomie durch Rechte anderer Koalitionen bzw. zu ihrem Schutze Grenzen gezogen werden müssen[112]. Durch gesetzliche Vorgaben sind die Tarifvertragsparteien zunächst aber nicht gehindert, ihre Tarifzuständigkeit von einer Allzuständigkeit bis hin zur Beschränkung auf einen bestimmten Vertragspartner auszugestalten. Soweit danach die Tarifzuständigkeit von einer Gewerkschaft auf einen einzigen Arbeitgeber beschränkt wird, sind jedoch die von der Rechtsprechung an die Tariffähigkeit von Gewerkschaften gestellten Anforderungen zu beachten, insbesondere das Erfordernis der Überbetrieblichkeit[113]. Wie das Erfordernis der Durchsetzungsfähigkeit soll auch das Merkmal der Überbetrieblichkeit die Unabhängigkeit der Gewerkschaft vom Arbeitgeber und so durch Herstellen eines Verhandlungsgleichgewichts eine funktionsfähige Tarifautonomie gewährleisten. Jedoch ist auch hier wie schon beim Merkmal der Durchsetzungsfähigkeit Kritik angebracht. Soweit mit dem Merkmal die Entscheidung zugunsten einer überbetrieblichen Tarifautonomie getroffen werden sollte[114], mag es sich um eine zulässige Ausgestaltung der Koalitionsfreiheit handeln. Soweit aber mit dem Merkmal allein oben genannter Zweck gewährleistet werden soll, ist auch hier von einer nicht erforderlichen und damit unzulässigen Ausgestaltung der Koalitionsfreiheit auszugehen. In der Praxis hat sich gezeigt, daß gerade auch Gewerkschaften, die ihre Zuständigkeit - wie zum Beispiel früher die Deutsche Postgewerkschaft - auf einen einzelnen Arbeitgeber beschränkt haben, ausreichende Durchsetzungsfähigkeit aufweisen können. Rechtlich spricht gegen eine Abhängigkeit der umfassende Schutz des einzelnen Arbeitnehmers durch das Kündigungsschutzgesetz, das die Möglichkeit des Arbeitgebers, die Gewerkschaft durch Kündigungen ihrer Mitglieder zu

---

[111] BAG AP Nr. 4 zu § 2 TVG Tarifzuständigkeit.

[112] S. u. 2. Teil A. II.

[113] BAG AP Nr. 14, 36, 39, 55 zu § 2 TVG; AP Nr. 24 zu Art. 9 GG; für verfassungsrechtlich zulässig gehalten: BVerfGE 4, 86, 106; 18, 18, 28; 50, 290, 368; s. auch Staatsvertrag v. 18.05.1990, Art. 17, Gemeinsames Protokoll über Leitsätze III. 2., BGBl. II, S. 537, 545; ebenfalls für das Merkmal: Kempen/Zachert, TVG, § 2, Rn. 45; Söllner, Grundriß des Arbeitsrechts, Rn. 162ff.

[114] Vgl. Wiedemann/Oetker, TVG, § 2, Rn. 279.

schwächen, verhindert. Vor diesem Hintergrund läßt sich folglich das Erfordernis der Überbetrieblichkeit nicht aufrechterhalten[115].

dd) Die Organisationsprinzipien in der Praxis

Wie oben gezeigt, sind die Koalitionen bei der Festlegung rechtlich nicht an bestimmte Organisationsprinzipien gebunden. Gleichwohl haben sich in der Geschichte des Tarifwesens bestimmende Organisationsprinzipien herausgebildet, nach denen die großen Gewerkschaften üblicherweise organisiert sind. Dabei handelt es sich um das Berufsverbands- und das Industrieverbandsprinzip. Beide Prinzipien schließen sich gegenseitig nicht aus, so daß es auch zu - wegen der Satzungsautonomie der Verbände unbedenklichen - Mischformen oder Kombinationen von Berufs- und Industrieverbandsprinzip kommen kann[116].

(1) Das Berufsverbandsprinzip

Bis zur Weimarer Zeit waren auf Gewerkschaftsseite die Verbände vorwiegend nach dem Berufsverbandsprinzip organisiert. Bei dem Berufsverbandsprinzip ist maßgebend, welche Tätigkeit der einzelne Arbeitnehmer ausführt und damit welcher Berufsgruppe der einzelne Arbeitnehmer zugeordnet werden kann. Unerheblich ist dabei, welchem Wirtschaftszweig der Betrieb oder das Unternehmen angehört, in dem der Arbeitnehmer die ihm obliegenden Tätigkeiten ausführt. Regelmäßig schließen auch die nach dem Berufsverbandsprinzip organisierten Koalitionen für ihre Mitglieder gesonderte Tarifverträge in den einzelnen Branchen ab, so daß in der Praxis auch hier eine Orientierung an Wirtschaftszweigen erfolgt[117].

---

[115] Bruhn, Tariffähigkeit von Gewerkschaften und Autonomie, S. 181; Löwisch/Rieble, TVG, § 2, Rn. 37/40 u. MünchArbR/Löwisch/Rieble, § 255; Rn. 14, 15; die aber dagegen am Erfordernis der Mächtigkeit festhalten wollen; Wiedemann/Oetker, TVG, § 2, Rn. 278.

[116] Gamillscheg, Kollektives Arbeitsrecht I, § 14 II 2 b), S. 532; Wiedemann/Oetker, TVG, § 2, Rn. 71.

[117] Delheid, Tarifzuständigkeit, S. 42, 43; Gamillscheg, Kollektives Arbeitsrecht I, § 6 I 2 b), S. 213; MünchArbR/Löwisch/Rieble, § 248, Rn. 1, 10; Westenberger, Organisationsrechtliche Probleme im deutschen Gewerkschaftswesen, S. 35; Wiedemann/Oetker, TVG, § 2, Rn 71 u. 282.

(2) Das Industrieverbandsprinzip

Heute sind die Verbände auf Arbeitgeber- und Arbeitnehmerseite vorwiegend nach dem Industrieverbandsprinzip organisiert[118]. In der Arbeit wird daher nachfolgend grundsätzlich das Industrieverbandsprinzip als maßgebendes Organisationsprinzip zugrunde gelegt, soweit nicht ausdrücklich auf das Berufsverbandsprinzip abgestellt wird. Das Industrieverbandsprinzip stellt im Gegensatz zum Berufsverbandsprinzip nicht auf die Tätigkeit des einzelnen Arbeitnehmers ab, sondern berücksichtigt, welchem Wirtschaftszweig der einzelne Arbeitgeber zuzuordnen ist. Ziel der Gewerkschaften war und ist es dadurch vor allem, Zersplitterungen zu vermeiden und eine möglichst große Durchschlagskraft zu erzielen[119]. Den Koalitionen steht es frei, die Zuständigkeit für mehrere Wirtschaftszweige oder aber auch nur für Teilbereiche einzelner Wirtschaftszweige zu beanspruchen. Dabei kann im Rahmen des Industrieverbandsprinzips auf unterschiedliche arbeitgeberseitige Einheiten angeknüpft werden. In der Regel sind dies das Unternehmen (sog. unternehmensbezogenes Industrieverbandsprinzip) oder der Betrieb (sog. betriebsbezogenes Industrieverbandsprinzip). In diesem einem bestimmten Wirtschaftszweig angehörenden Unternehmen/Betrieb erfaßt das Industrieverbandsprinzip grundsätzlich sämtliche Arbeitnehmer, also nicht nur die Arbeitnehmer, die dem Wirtschaftszweig des Unternehmens/Betriebes entsprechende Facharbeiten leisten, sondern auch diejenigen, deren Tätigkeit von der Fachrichtung abweicht. Dabei wird den unterschiedlichen Berufen regelmäßig durch die Bildung differenzierender Lohngruppen Rechung getragen. Trotz unterschiedlicher Berufe kann so für ein/einen einem bestimmten Wirtschaftszweig angehörendes Unternehmen/angehörenden Betrieb ein einheitlicher Tarifvertrag für alle Arbeitnehmer mit einer gesamtzuständigen Gewerkschaft abgeschlossen werden. Genau darin liegt der entscheidende Grund für die bevorzugte Wahl des Industrieverbandsprinzips zum maßgeblichen Organisationsgrundsatz. Das Industrieverbandsprinzip berücksichtigt, daß sich auf Arbeitgeberseite die Lohnkosten einheitlich am Produktionsergebnis oder am Produktionszweig orientieren und dabei der Beitrag der Facharbeiter einerseits und der Beitrag der übrigen im Unternehmen/Betrieb beschäftigten fachfremden Arbeitnehmer der Eigenart des Unternehmens/Betriebes untergeordnet sind[120]. Innerhalb der nach dem Industrieverbandsprinzip organisierten Verbände werden re-

---

[118] Gamillscheg, Kollektives Arbeitsrecht I,§ 6 I 2 b), S. 213, 214; MünchArbR/Löwisch/Rieble, § 248, Rn. 11, 27, 52; Westenberger, Organisationsrechtliche Probleme im deutschen Gewerkschaftswesen, S. 35; Wiedemann/Oetker, TVG, § 2, Rn. 54.

[119] MünchArbR/Löwisch/Rieble, § 248, Rn. 11.

[120] Delheid, Tarifzuständigkeit, S. 50, 51; Link, Die Tarifzuständigkeit, S. 58; Wiedemann/Oetker, TVG, § 2, Rn. 54.

gelmäßig die unterschiedlichen Interessen durch die Einrichtung berufsspezifischer Fachgruppen zum Ausgleich gebracht[121].

Einige der DGB-Gewerkschaften führen als Namensbestandteil „IG" und weisen damit auf das Industrieverbandsprinzip hin. Der Name entfaltet jedoch keinerlei Bindungswirkungen für eine Koalition. Maßgebend bleibt allein der in der Satzung aufgeführte Wirtschaftszweig, so daß die „IG" in ihrem Namen führenden Gewerkschaften satzungsmäßig auch Handwerk und Dienstleistungsbetriebe erfassen können[122].

3. Die Bestimmung der Tarifzuständigkeit im einzelnen

Die Koalitionen legen ihr Organisationsgebiet und damit ihre Tarifzuständigkeit nach bestimmten Einteilungen fest, die im folgenden näher darzustellen sind. Das Arbeitsgerichtsgesetz spricht in § 97 Abs. 1 ArbGG von räumlich und sachlich zuständigen Vereinigungen, also von einer räumlichen und einer sachlichen Zuständigkeit. Es empfiehlt sich aber die sachliche Tarifzuständigkeit in eine branchenmäßige und in eine personelle Tarifzuständigkeit zu unterteilen[123]. Im Rahmen der personellen Tarifzuständigkeit kann wiederum zwischen persönlicher Tarifzuständigkeit im engeren Sinne und (beruflich-)fachlicher Tarifzuständigkeit unterschieden werden[124]. Eine theoretisch mögliche zeitliche Tarifzuständigkeit kann hier vernachlässigt werden[125].

---

[121] Gamillscheg, Kollektives Arbeitsrecht, § 6 I 2 b), S. 214; MünchArbR/Löwisch/Rieble, § 248, Rn. 28.

[122] Blank, Die Tarifzuständigkeit der DGB-Gewerkschaften, S. 113.

[123] In Literatur und Rechtsprechung sind unterschiedliche Terminologien vorzufinden. Da die Tarifzuständigkeit den maximalen Geltungsbereich eines Tarifvertrages festgelegt, können die Untergliederungen, die beim Geltungsbereich eines Tarifvertrages vorzufinden sind, bei der Tarifzuständigkeit übernommen werden; vgl. dazu: MünchArbR/Löwisch/Rieble, § 264, Rn. 3ff; Wiedemann/Wank, TVG, § 4, Rn. 93ff. Die branchenmäßige Tarifzuständigkeit bzw. der branchenmäßige Geltungsbereich in dem hier verstandenen Sinne wird oftmals in der tariflichen Praxis und auch vom Gesetzgeber in § 146 SGB III als fachliche Tarifzuständigkeit bzw. fachlicher Geltungsbereich bezeichnet.

[124] Vgl. Wiedemann/Wank, TVG, § 4, Rn. 102.

[125] MünchArbR/Löwisch/Rieble, § 255, Rn. 67; Wiedemann/Wank, TVG, § 4, Rn. 96, 102.

a) Die räumliche Tarifzuständigkeit

Im Rahmen der räumlichen Tarifzuständigkeit legen die Verbände ihr Organisationsgebiet in geographischer Hinsicht fest. Auf Arbeitgeberseite sehen die Satzungen regelmäßig vor, daß den Verbänden auch Arbeitgeber angehören können, die im räumlichen Organisationsgebiet nur einen Betrieb oder eine Betriebsstätte, nicht dagegen das übrige Unternehmen unterhalten. Auf Gewerkschaftsseite ist im Zweifel maßgeblich der Betriebssitz des Arbeitgebers als der Leistungsort im Sinne des § 269 Abs. 2 BGB, also regelmäßig der Ort, an dem der Arbeitnehmer seine Arbeitsleistung zu erbringen hat. Bei den nach dem Industrieverbandsprinzip organisierten Gewerkschaften ist jedoch entscheidend, auf welche arbeitgeberseitige Einheit in der Satzung abgestellt wird, so daß für die Zuordnung der Arbeitnehmer das Unternehmen, Betriebe oder auch andere Einheiten des Arbeitgebers in Betracht kommen können. Dem so bestimmten maßgeblichen Anknüpfungspunkt werden grundsätzlich nicht nur die Arbeitsverhältnisse zugerechnet, die Tätigkeiten in oder in unmittelbarer Nähe des Unternehmens/Betriebes beinhalten, sondern auch diejenigen, bei denen die Arbeit vorübergehend oder ausschließlich an Orten außerhalb des Unternehmens/Betriebes und damit außerhalb des Organisationsgebietes der Gewerkschaft geleitstet wird. Voraussetzung dafür ist aber, daß sie weiterhin in der Direktionsgewalt des maßgeblichen Unternehmens/Betriebes stehen und auch arbeitstechnisch und umsatzmäßig diesem zugerechnet werden können. Anders ist daher dann zu entscheiden, wenn der Arbeitgeber außerhalb des Organisationsgebietes der Koalitionen ein weiteres Unternehmen/einen weiteren Betrieb unterhält und das betreffende Arbeitsverhältnis nach seiner Grundlage und seinem Schwerpunkt diesem zuzuordnen ist[126]. Sofern die Gewerkschaft in ihrer Satzung an das Unternehmen als maßgebliche Einheit anknüpft und das bereffende Unternehmen mit seinem (Haupt)Sitz in den Organisationsbereich der Gewerkschaft fällt, sind dieser räumlichen Tarifzuständigkeit auch die Betriebe und damit die Arbeitsverhältnisse zuzuordnen, die außerhalb des Organisationsbereiches des Verbandes liegen[127].

Innerhalb der räumlichen Zuständigkeit besteht die Möglichkeit der Bildung von regionalen Tarifbezirken und auch der Verleihung der Tariffähigkeit an Unter-

[126] BAG AP Nr. 5 zu § 1 TVG Tarifverträge: Großhandel; Kempen/Zachert, TVG, § 4, Rn. 19; Nikisch, Arbeitsrecht II, S. 364, 365; Wiedemann/Oetker, TVG, § 2, Rn. 72 u. Wiedemann/Wank, TVG, § 4, Rn. 129.

[127] Däubler, Tarifvertragsrecht, Rn. 256; Kempen/Zachert, TVG, § 4, Rn. 18; a..A. Link, Die Tarifzuständigkeit, S. 77, 78; ebenso verhält es sich im Verhältnis Haupt- und Hilfsbetrieb, s. dazu Delheid, Die Tarifzuständigkeit, S. 70, 71.

organisationen. Sie richtet sich nach der Tradition und den Bedürfnissen der Praxis[128].

b) Die branchenmäßige Tarifzuständigkeit

Die branchenmäßige Tarifzuständigkeit wird in erster Linie für die Verbände relevant, die ihren Organisationsbereich nach dem Industrieverbandsprinzip ausgestaltet haben. Dabei geht es zum einen um die Festlegung einer bestimmten Branche, also eines bestimmten Wirtschaftszweiges. Zum anderen stellt sich im Rahmen des gewählten Wirtschaftszweiges die Frage, an welche arbeitgeberseitige Einheit angeknüpft und damit dem betreffenden Wirtschaftszweig zugeordnet werden soll. Aufgrund der Satzungsautonomie steht dies grundsätzlich im Belieben der Verbände, rechtlich zulässig wird in der Praxis jedoch vor allem auf den Betrieb, das Unternehmen und den Konzern als maßgeblichen Anknüpfungspunkt abgestellt[129]. Grundsätzlich besteht keine Bindung an die rechtliche Verfassung der Arbeitgeberseite und kein verbindlicher Rechtssatz, wonach sich die Tarifzuständigkeit auf das Unternehmen als ganzes erstrecken muß[130]. Auch auf Arbeitgeberseite besteht für die Verbände je nach ihrer Satzungsgestaltung die Möglichkeit, Mitgliedschaften auf Betriebe, Unternehmen oder Konzerne zu beziehen[131].

Die Koalitionen müssen sich dabei nicht auf eine Einheit beschränken, sondern können sich auch kumulativ eine Zuständigkeit für Betriebe, Unternehmen und Konzerne ihres Wirtschaftszweiges zulegen[132].

---

[128] Hueck/Nipperdey, Lehrbuch des Arbeitsrechts II/1, S. 426; Wiedemann/Oetker, TVG, § 2, Rn. 62.

[129] BAG AP Nr. 10, 11, 14 zu § 2 TVG Tarifzuständigkeit; Gamillscheg, Kollektives Arbeitsrecht I, § 14 II 2 b), S. 532; MünchArbR/Löwisch/Rieble, § 255, Rn. 63; Wiedemann/Oetker, TVG, § 2, Rn. 54;

[130] Oetker, Anmerkung zu BAG AP Nr. 10 u. Nr. 11 zu § 2 TVG Tarifzuständigkeit, mit dem Hinweis, daß aber eine derartige Ausgestaltung durch den Gesetzgeber verfassungsrechtlich nicht zu beanstanden wäre.

[131] Heinze, DB 1997, S. 2122; MünchArbR/Löwisch/Rieble, § 255, Rn. 65.

[132] S. zum Beispiel § 1 Ziff. 3 IG BCE-Satzung.

aa) Die betriebsbezogene Tarifzuständigkeit

Gegen die Möglichkeit, den Betrieb als maßgebliche Tarifeinheit zu wählen, wird teilweise insbesondere im Zusammenhang mit dem Abschluß eines Firmentarifvertrages vorgebracht, daß es sich bei dem Betrieb um eine nicht tariffähige Unterorganisation handele[133]. Unabhängig von dem jeweiligen Anknüpfungspunkt wird aber grundsätzlich beim Abschluß eines Firmentarifvertrages mit dem einzelnen Arbeitgeber als Tarifvertragspartei kontrahiert. Dieser ist aber rechtlich nicht verpflichtet, einen Firmentarifvertrag nur für alle Betriebe seines Unternehmens abzuschließen, so daß es damit auch einer Gewerkschaft grundsätzlich möglich ist, den Abschluß eines Firmentarifvertrages nur für Teile eines Unternehmens, also auch Betriebe, zu verlangen und sich dementsprechend eine Tarifzuständigkeit zuzulegen[134].

Mit dem Betrieb als Anknüpfungspunkt wird vor allem von den Gewerkschaften eine gewisse Unabhängigkeit von der Wahl rechtlicher Organisationsformen auf Arbeitgeberseite erreicht. Als arbeitstechnische Einheit ist der Betrieb Dispositionen des Arbeitgebers nur aufgrund solcher Gründe ausgesetzt, die in der Frage einer effektiven Gestaltung der Arbeitsorganisation, nicht aber in der Frage von Wirtschaftlichkeit wurzeln. Zudem spricht für die tarifliche Zusammenfassung aller branchengleichen Betriebe nicht nur die in diesen Fällen größere Sachnähe der Koalitionen, sondern der auf fachgleiche Tätigkeiten zugeschnittene Arbeitsmarkt und die Wettbewerbsverhältnisse allgemein[135]. Schließlich ist auf die Angleichung zur Rechtsprechung des Bundesarbeitsgerichts hinzuweisen, das Tarifpluralitäten dem Grundsatz der Tarifeinheit zufolge gerade betriebsbezogen auflöst[136].

(1) Die Definition des Betriebes

Damit besteht aber zunächst die Frage, was unter einem Betrieb zu verstehen ist. Diese Frage erfährt eine ganz besondere Bedeutung, wenn von Arbeitgeberseite

---

[133] BAG AP Nr. 5 zu § 2 TVG Tarifzuständigkeit; Heinze, DB 1997, S. 2122, 2125; Henssler, ZfA 1998, S. 517, 522.

[134] Nunmehr eindeutig BAG AP Nr. 10 zu § 2 TVG Tarifzuständigkeit; Däubler, Tarifvertragsrecht, Rn. 93a; Hromadka/Maschmann/Wallner, Der Tarifwechsel, Rn. 40; Oetker, Anmerkung zu BAG AP Nr. 10 und Nr. 11 zu § 2 TVG Tarifzuständigkeit; Stein, RdA 2000, S. 129, 136.

[135] LAG München, LAGE Nr. 1 zu § 2 TVG Tarifzuständigkeit; Oetker, Anmerkung zu BAG AP Nr. 10 und Nr. 11 zu § 2 TVG Tarifzuständigkeit.

[136] LAG München, LAGE Nr. 1 zu § 2 TVG Tarifzuständigkeit.

in dem Wunsch nach unternehmenseinheitlichen tariflichen Regelungen geplanten Arbeitskampfmaßnahmen einer nach dem betriebsbezogenen Industrieverbandsprinzip organisierten Gewerkschaft entgegengehalten wird, daß es sich bei der von der Gewerkschaft ins Auge gefaßten Unternehmenseinheit nicht um einen Betrieb, sondern um einen (unselbständigen) Betriebsteil eines einzigen Betriebes handele[137].

Sofern der Begriff in der Satzung nicht definiert wird, ist davon auszugehen, daß ihn die Tarifvertragsparteien in dem Sinne verstanden wissen wollen, den der Begriff allgemein im Tarifrecht (zum Beispiel auch bei der Bestimmung des Geltungsbereiches eines Tarifvertrages) erfährt, und damit also Identität zwischen dem in der Satzung verwandten und dem tarifrechtlichen Betriebsbegriff besteht[138]. Dafür spricht vor allem der Grundsatz der Tarifeinheit[139], dem zufolge das Bundesarbeitsgericht - wie gerade erwähnt - das Auftreten von Tarifpluralitäten auf den Betrieb bezogen beurteilt und entsprechend nach dem Spezialitätsprinzip auflöst[140]. Das Bundesarbeitsgericht hat es in den genannten Entscheidungen zwar nicht mit der Konstellation zu tun gehabt, daß eine Tarifpluralität im Verhältnis zwischen den Arbeitsverhältnissen eines Unternehmens und eines einzelnen Betriebes dieses Unternehmens vorlag. Da der Grundsatz der Tarifeinheit aber regelmäßig schlagwortartig mit „ein Betrieb – eine Gewerkschaft“ umschrieben wird[141], ist anzunehmen, daß das Bundesarbeitsgericht auch in dieser Konstellation bei einer betriebsbezogenen Sichtweise bleibt und nicht zu einer Auflösung in einem derartigen Kollisionsverhältnis gelangt. Dafür sprechen auch zwei ältere Entscheidungen des Bundesarbeitsgerichts, in denen es bei der Bestimmung des einschlägigen Tarifvertrages nach dem Grundsatz der Tarifeinheit ausdrücklich als Bezugsgröße auf den Betrieb und nicht auf das Unternehmen abstellt[142]. Das davon auch die am Tarifleben Beteiligten ausgehen, zeigt mittelbar auch die Entscheidung des Bundesarbeitsgerichts vom 25.9.1996[143]. Hier beanspruchte die IG Metall eine Zuständigkeit für drei Betriebe eines Unternehmens, das im übrigen nach seinem Schwerpunkt ein Unternehmen der chemischen Industrie war und damit in den Organisationsbereich

[137] Vgl. BAG AP Nr. 10, 11 zu § 2 TVG Tarifzuständigkeit

[138] Vgl. BAG AP Nr. 61 zu § 616 BGB; BAG AP Nr. 35 zu § 1 Tarifverträge: Metallindustrie; BAG AP Nr. 64 zu § 613a BGB. Das LAG München beschränkt sich in LAGE Nr. 1 zu § 2 TVG Tarifzuständigkeit, in der es auf den Betriebsbegriff ankam, auf die Auslegung des satzungsrechtlichen Betriebsbegriffes.

[139] S.o. 1. Teil B. IV.

[140] BAG AP Nr. 16, 19, 20, 22 zu § 4 TVG Tarifkonkurrenz, ohne jedoch den Betrieb zu definieren.

[141] Schaub, Arbeitsrechts-Handbuch, § 203, Rn. 34 u. 57.

[142] BAG AP Nr. 1, 6 zu § 4 TVG Geltungsbereich; zustimmend: Nikisch, Arbeitsrecht II, S. 480.

[143] BAG AP Nr. 10 zu § 2 TVG Tarifzuständigkeit.

der IG Chemie-Papier-Keramik fiel. Ein derartiges Vorgehen der IG Metall und überhaupt ein streitiges Beschlußverfahren nach §§ 2a Abs. 1 Nr. 4, 97 ArbGG wären im Ergebnis sinnlos, wenn die von ihr angestrebten Tarifverträge für die drei Betriebe des Unternehmens ohnehin von einem unternehmensbezogenen Tarifvertrag verdrängt werden könnten. Auch das Bundesarbeitsgericht hat in den Entscheidungen mit keinem Wort auf eine derartige Möglichkeit hingewiesen. Der Grundsatz der Tarifeinheit gilt demnach also nicht unternehmensweit, sondern allein betriebsbezogen[144]. Im übrigen wird allerdings kaum die Frage gestellt, wie der Betriebsbegriff des Grundsatzes der Tarifeinheit zu definieren ist[145].

Damit stellt sich also die Frage, wie der Begriff des Betriebes im Tarifrecht zu definieren ist. Obwohl der Betrieb in allen Gebieten des Arbeitsrechts (zum Beispiel im Betriebsverfassungsrecht und im Kündigungsschutzrecht) eine grundsätzliche Einheit darstellt, ist er gesetzlich an keiner Stelle definiert. Im Tarifvertragsgesetz findet er Erwähnung in § 3 Abs. 2 und § 8 TVG. Dabei ist anerkannt, daß der Begriff des Betriebes als unbestimmter Rechtsbegriff schwer zu präzisieren ist und grundsätzlich im jeweiligen Regelungszusammenhang gesondert bestimmt werden muß[146]. Daher ist es also nicht ausgeschlossen, daß der tarifrechtliche Betriebsbegriff vom Betriebsbegriff des Betriebsverfassungs- oder Kündigungsschutzgesetzes abweicht.

---

[144] Ebenso: LAG München, LAGE Nr. 1 zu § 2 TVG Tarifzuständigkeit; Buchner, ZfA 1995, S. 95, 111, 113; Hromadka/Maschmann/Wallner, Der Tarifwechsel, Rn. 40; Jacobs, Tarifeinheit und Tarifkonkurrenzen, S. 349, 350.

[145] Vgl. Kempen/Zachert, TVG, § 4, Rn. 127 u. Wiedemann/Wank, TVG, § 4, Rn. 286; soweit ersichtlich, ausführlich nur: Jacobs, Tarifeinheit und Tarifkonkurrenz, S. 344, 345, der einen dynamischen Betriebsbegriff vorschlägt: Maßgeblich sei der jeweilige Betriebsbegriff des spezielleren der im Betrieb kollidierenden Tarifverträge. Diese Ansicht ist jedoch abzulehnen, da sie die Tarifklarheit und Rechtssicherheit außer acht läßt. Vorzugswürdig erscheint daher eine feststehende Maßeinheit zu sein, an der sich die Tarifvertragsparteien bei Festlegung von Tarifzuständigkeit und Geltungsbereich orientieren können. Im übrigen ist darauf hinzuweisen, daß auch nach einem so verstandenen Grundsatz der Tarifeinheit nur dann nach der Rechtsprechung des Bundesarbeitsgerichts eine Verdrängungswirkung des spezielleren Tarifvertrages eintritt, wenn beide Tarifverträge sich nach ihrem betrieblichen und persönlichem Geltungsbereich decken und die betreffenden Arbeitnehmer demnach je nach ihrer Wahl an beide gebunden sein könnten. Daher bleiben auch bei diesem Verständnis fachfremde Betriebsteile eines Betriebes von der Verdrängungswirkung unberührt, wenn der im übrigen speziellere Tarifvertrag diese ausnimmt. Vgl. dazu auch BAG AP Nr. 22 zu § 4 TVG Tarifkonkurrenz.

[146] Haase, NZA 1988 Beil. 3, S. 11, 12; Joost, Betrieb und Unternehmen..., S. 396, 399; MünchArbR/Richardi, § 31, Rn. 15; Schaub, Arbeitsrechts-Handbuch, § 18, Rn. 1; a.A. und grundsätzlich für einheitliche Auslegung im gesamten Arbeitsrecht: Hanau, ZfA 1990, S. 115, 117.

Der allgemeine arbeitsrechtliche Betriebsbegriff bezeichnet die organisatorische Einheit, innerhalb derer der Arbeitgeber allein oder mit seinen Arbeitnehmern mit Hilfe von sächlichen und immateriellen Mitteln bestimmte arbeitstechnische Zwecke fortgesetzt verfolgt, die sich nicht in der Befriedigung des Eigenbedarfs erschöpfen[147]. Maßgebend sind dabei vor allem die Einheit der Organisation und nach herrschender Meinung auch ein einheitlicher Leitungsapparat[148]. Für die Frage, ob ein einheitlicher Betrieb oder mehrere getrennte Betriebe vorliegen, ist die Leitungsstruktur des Unternehmens von entscheidender Bedeutung. Ein einheitlicher Betrieb ist gerade dann gegeben, wenn die Unternehmensleitung in arbeitstechnischer Hinsicht eine oder mehrere Arbeitsstätten leitet, mehrere Betriebe liegen demgegenüber vor, wenn die Leitung in der jeweiligen Arbeitsstätte selbst ausgeführt wird. Da der allgemeine arbeitsrechtliche Betriebsbegriff aber nicht aus dem Betriebsverfassungsgesetz zu entwickeln ist[149], ist nach zutreffender Ansicht in Zusammenhang mit der Bestimmung der Einheitlichkeit des Leitungsapparates nicht darauf abzustellen, inwieweit die Leitung auch die Kompetenz für betriebsverfassungsrechtlich relevante Maßnahmen hat[150]. Gerade in mehrbetrieblichen Unternehmen sind die Leitungsstrukturen zudem derart vielschichtig, daß die Ausübung aller oder auch nur wesentlicher betriebverfassungsrechtlich relevanter Leitungsbefugnisse durch dieselbe Stelle im organisatorischen Sinne wirklichkeitsfremd ist und darüber hinaus im Verhältnis zur Unternehmensleitung immer nur relativ gegeben ist[151]. Entscheidende Abgrenzungsmerkmale zur Bestimmung des Betriebes sind daher in einer Gesamtschau aller Umstände die Einheitlichkeit der Organisation, des arbeitstechnischen Zweckes[152] und der technischen Leitung[153], zu denen zusätzlich die räumliche

---

[147] BAG AP Nr. 5, 7, 9, 16 zu § 1 BetrVG 1972, AP Nr. 9 zu § 23 KSchG 1969, AP Nr. 10 zu § 2 TVG Tarifzuständigkeit; MünchArbR/Richardi, § 31, Rn. 5 m.w.N.

[148] MünchArbR/Richardi, § 31, Rn. 7, 8.

[149] Joost, Betrieb und Unternehmen, S. 83, 84.

[150] Schaub, Arbeitsrechts-Handbuch, § 18, Rn. 4; a.A. MünchArbR/Richardi, § 31, Rn. 9.

[151] Joost, Betrieb und Unternehmen, S. 114, 115, 399.

[152] Es ist jedoch anerkannt, daß in einem einheitlichen Betrieb auch verschiedene arbeitstechnische Zwecke verfolgt werden können, die nicht automatisch zu zahlreichen Splitterbetrieben führen (sog. Mischbetrieb). Für die Annahme eines einheitlichen Betriebes genügt es dann, wenn die einzelnen Zwecke in einer einheitlichen, auf einen arbeitstechnischen Gesamtzweck gerichteten Organisation zusammengefaßt sind oder, sofern sich kein Gesamtzweck feststellen läßt, zumindest die Begriffsmerkmale, insbesondere die Einheitlichkeit der Organisation erfüllt sind. S. dazu: FKHES, BetrVG, § 1, Rn. 69; GK/Kraft, BetrVG, § 4, Rn. 15; ausführlich: Hromadka/Maschmann/Wallner, Der Tarifwechsel, Rn. 55/61.

[153] Kritisch: FKHES, BetrVG, § 1, Rn. 73 u. GK/Kraft, BetrVG, § 4, Rn. 16, die wegen der zunehmenden fachlichen Spezialisierung eine einheitliche technische Leitung in allen Fällen für nicht mehr möglich halten. Nach hiesiger Ansicht wird der Begriff der technischen Leitung in diesem Sinne aber zu detailliert verstanden; ausreichend ist vielmehr eine Leitung, die nicht jede fachspezifische Sachkenntnis aufweisen muß, sondern als allgemeine Führung der zur Erreichung des Betriebszweckes eingesetzten Arbeitnehmer verstanden werden muß.

Einheitlichkeit, die Belegschaftsgröße, das Gesamtbild und die Anschauungen der beteiligten Berufskreise als weitere Indizien hinzugenommen werden können[154].

Das Betriebsverfassungsrecht hat demgegenüber einen eigenen Betriebsbegriff, der die Aufgabe hat, die Arbeitnehmer zu bestimmen, die einen Betriebsrat wählen können[155]. Maßgebend für die Bestimmung des Begriffes ist der Gesichtspunkt einer arbeitnehmernahen Gestaltung der Mitbestimmungsordnung[156]. Ein Betriebrat soll unter dieser Prämisse grundsätzlich dort gewählt werden, wo die Entscheidungen des Arbeitgebers fallen[157]. Zu den Merkmalen des allgemeinen arbeitsrechtlichen Betriebsbegriffes tritt daher das Merkmal eines einheitlichen Leitungsapparates gerade in bezug auf den Kern der sozialen und personellen Angelegenheiten im Sinne der §§ 87ff und 92ff BetrVG hinzu[158]. Zu beachten ist im Rahmen der Betriebsverfassung, daß § 4 Abs. 1 S. 1 BetrVG auch unselbständige Betriebsteile unter gewissen Voraussetzungen als Betriebe im betriebsverfassungsrechtlichen Sinne fingiert. Nebenbetriebe, die an sich alle betriebsverfassungsrechtlichen Betriebsmerkmale erfüllen, in ihrer Aufgabenstellung jedoch meist auf Hilfestellung für einen Hauptbetrieb ausgerichtet sind und den dort angestrebten Betriebszweck unterstützen[159], sind nach § 4 Abs. 2 BetrVG dann dem Hauptbetrieb zuzurechnen, wenn sie nicht über in der Regel mindestens fünf ständige wahlberechtigte Arbeitnehmer, von denen drei wählbar sind, verfügen. Nach der Rechtsprechung des Bundesarbeitsgerichts entspricht dem betriebsverfassungsrechtlichen Betriebsbegriff grundsätzlich auch der Betriebsbegriff des Kündigungsschutzgesetzes[160].

Ausgehend von der oben erwähnten Notwendigkeit einer teleologischen Begriffsbestimmung ist für den tarifrechtlichen Betriebsbegriff eigenständig zu ermitteln, welchen Sinn und Zweck der Begriff des Betriebes im Tarifrecht erfährt. Dabei ist von entscheidender Bedeutung, daß es im Tarifrecht vor allem darum geht, vergleichbare Tätigkeiten, sei es dem Industrieverbandsprinzip entsprechend branchengleiche bzw. dem Berufsverbandsprinzip entsprechend fach-

[154] BAG AP Nr. 10 zu § 2 TVG Tarifzuständigkeit.
[155] FKHES, BetrVG, § 1, Rn. 62.
[156] MünchArbR/Richardi, § 31, Rn. 16.
[157] FKHES, BetrVG, § 1, Rn. 58.
[158] BAG AP Nr. 16 zu § 1 BetrVG 1972, AP Nr. 4 zu § 4 BetrVG 1972; FKHES, BetrVG, § 1, Rn. 71; GK/Kraft, BetrVG, § 4, Rn. 6, 20; kritisch: Däubler, Anmerkung zu BAG AP Nr. 8 zu § 1 BetrVG 1972 Gemeinsamer Betrieb, der auch hier die Unabhängigkeit der betrieblichen Interessenvertretung vom Arbeitgeber sichern und daher den betriebsverfassungsrechtlichen Betriebsbegriff ohne Rückgriff auf die Entscheidungsstruktur des Arbeitgebers bestimmen möchte.
[159] BAG AP Nr. 2, 4 zu § 4 BetrVG 1972.
[160] BAG AP Nr. 9 zu § 1 BetrVG 1972.

gleiche, die in einem bestimmten räumlichen und kommunikativen Arbeitszusammenhang stehen, tariflich zu erfassen. Diesem tarifrechtlichen Anliegen würde es widersprechen, wenn nur wegen einer unternehmenszentralen Leitung der sozialen und personellen Angelegenheiten im Sinne der §§ 87ff und 92ff BetrVG Teilorganisationen von Unternehmen, die im übrigen eine weitgehende organisatorische Selbständigkeit und eine gewisse Belegschaftsgröße aufweisen, nicht gesondert tariflich erfaßt werden könnten[161]. Unerheblich muß daher sein, ob diese tariflich zu erfassenden Einheiten einen eigenen Leitungsapparat bezüglich sozialer und personeller Angelegenheiten nach §§ 87ff und 92ff BetrVG aufweisen und sich damit als betriebsratsfähige Betriebe im Sinne des Betriebsverfassungsgesetzes darstellen. Bei dem Erfordernis eines eigenen betriebsverfassungsrechtlichen Leitungsapparates könnte zudem von Arbeitgeberseite einseitig Einfluß auf die maßgebliche tarifliche Einheit genommen werden.

Für eine Identität beider Betriebsbegriffe wird jedoch die Verzahnung zwischen Tarif- und Betriebsverfassungsrecht angeführt, die sich aus §§ 1 Abs. 1, 3 Abs. 2 TVG und §§ 38 Abs. 1, 47 Abs. 4, 55 Abs. 4, 72 Abs. 4, 76 Abs. 8 , 86, 87 Abs. 1 Einleitungssatz BetrVG ergebe[162]. Hier werden den Tarifpartnern weitreichende Kompetenzen zur Gestaltung betriebsverfassungsrechtlicher Angelegenheiten eingeräumt. Angesichts der o.g. Funktion des Tarifrechts kann dies aber nicht dazu führen, grundsätzlich die Tarifautonomie nach der Betriebsautonomie auszurichten und damit die maßgebliche tarifrechtliche Einheit nach der maßgeblichen betriebsverfassungsrechtlichen Einheit zu bestimmen. Vielmehr folgt daraus allein, daß die in einem Tarifvertrag im Hinblick auf betriebsverfassungsrechtliche Angelegenheiten getroffenen Regelungen nur dann eingreifen, wenn tatsächlich ein Betrieb im betriebsverfassungsrechtlichen Sinne vorliegt[163]. Von seiner Zweckrichtung bleibt für den tarifrechtlichen Betriebsbegriff allein die Einheitlichkeit des arbeitstechnischen Zweckes und der Organisation maßgeblich, wie sie auch für den allgemeinen arbeitsrechtlichen Betriebsbegriff entscheidend ist. Im Ergebnis weicht somit der tarifrechtliche Betriebsbegriff vom betriebsverfassungsrechtlichen Betriebsbegriff ab[164]. Wenn für den Betriebsbeg-

[161] Ebenso: LAG München, LAGE Nr. 1 zu § 2 TVG Tarifzuständigkeit.

[162] Delheid, Tarifzuständigkeit, S. 59, 60; Rieble, Arbeitsmarkt und Wettbewerb, Rn. 1799 sieht daher für den vom Bundesarbeitsgericht zur Auflösung von Tarifpluralitäten herangezogenen, von ihm im übrigen aber abgelehnten Grundsatz der Tarifeinheit den betriebsverfassungsrechtlichen Betriebsbegriff als maßgeblich an.

[163] Soweit in einem Tarifvertrag vorwiegend betriebsverfassungsrechtliche Fragen geregelt werden, kann das aber bei der Auslegung des Geltungsbereiches des Tarifvertrages zu berücksichtigen sein. In diesem Fall wird der Tarifvertrag in der Regel nur Betriebe im betriebsverfassungsrechtlichen Sinne erfassen. Ebenso: Kempen/Zachert, TVG, § 4, Rn. 22.

[164] LAG München, LAGE Nr. 1 zu § 2 TVG Tarifzuständigkeit; Blank, Die Tarifzuständigkeit, S. 117; Kempen/Zachert, TVG, § 4, Rn. 22; a.A. Delheid, Tarifzuständigkeit, S. 60, 61. Nicht zu übersehen ist aber, daß § 4 Abs. 1 S. 1 BetrVG den betriebsverfassungsrechtlichen

riff in den einzelnen tarifrechtlichen Zusammenhängen daher auf den allgemeinen arbeitsrechtlichen Betriebsbegriff verwiesen wird[165], ist dem dann zuzustimmen, sofern nur der allgemeine arbeitsrechtliche Betriebsbegriff in obigem Sinne verstanden wird. Ein Betrieb im tarifrechtlichen Sinne wird also entsprechend dem allgemeinen arbeitsrechtlichen Betriebsbegriff bestimmt durch die Einheitlichkeit des arbeitstechnischen Zweckes, der durch die Einheitlichkeit der technischen Leitung, die organisatorische und räumliche Einheitlichkeit sowie der Größe der Belegschaft geprägt wird. Dieser Begriff liegt den auf den Betrieb bezogenen Tarifzuständigkeiten der Tarifvertragsparteien zugrunde, sofern sie in ihrer Satzung keinen davon abweichenden Inhalt bestimmt haben.

(2) Der Umfang der betriebsbezogenen Tarifzuständigkeit

Nach dem so bestimmten Betriebsbegriff erfassen die Tarifvertragsparteien, die dem betriebsbezogenen Industrieverbandsprinzip folgen, nicht nur branchengleiche Betriebe branchengleicher Unternehmen, sondern auch branchengleiche

---

Betriebsbegriff ausweitet. Insoweit wird es regelmäßig zu Überschneidungen mit dem tarifrechtlichen Betriebsbegriff kommen, zwingend ist aber auch dies nicht. Maßgebend bleibt die Einheitlichkeit des arbeitstechnischen Zweckes und der Organisation, so daß auch denkbar ist, daß nach § 4 Abs. 1 S. 1 BetrVG betriebsverfassungsrechtlich ein Betrieb vorliegt, nicht aber tarifrechtlich; insoweit richtig: Buchner, ZfA 1995, S. 95, 112; Hueck/Nipperdey, Lehrbuch des Arbeitsrechts II/1, S. 518, 519 Fn. 32b); Jacobs, Tarifeinheit und Tarifkonkurrenz, S. 344. Das Bundesarbeitsgericht hat in seinen Beschlüssen BAG AP Nr. 10, 11 zu § 2 TVG Tarifzuständigkeit - im erstgenannten Beschluß bei der Überprüfung eines DGB-Schiedsspruches - eine Entscheidung zwischen dem allgemeinen arbeitsrechtlichen und dem betriebsverfassungsrechtlichen Betriebsbegriff offengelassen, da bei allen Betrieben nicht nur die Merkmale des allgemeinen arbeitsrechtlichen Betriebsbegriffes, sondern jeweils auch ein Betriebsrat gegeben waren. Soweit die Satzungen also auf den betriebsverfassungsrechtlichen Betriebsbegriff abstellten, folgt daraus nach dem Bundesarbeitsgericht das Vorliegen eines Betriebes im Sinne der Satzungen, da nicht auszuschließen sei, daß nach den Satzungen auch solche Betriebsstätten erfaßt werden sollten, die gemäß § 4 BetrVG als selbständige Betriebe einzuordnen seien.

[165] Ausdrücklich für die Tarifzuständigkeit: Blank, Die Tarifzuständigkeit der DGB-Gewerkschaften, S. 117; Jacobs, Tarifeinheit und Tarifkonkurrenz, S. 212; mehrdeutig: Buchner, ZfA 1995, S. 95, 112; für den Geltungsbereich: Haase, ZfA 1988 Beil. 3, S. 11, 16; Hoyningen-Huene v., NZA 1996, S. 617, 618; Hromadka/Maschmann/Wallner, Der Tarifwechsel, Rn. 47; Jacobs, Tarifeinheit und Tarifkonkurrenz, S. 227; MünchArb/Löwisch/Rieble, § 264, Rn. 6; Wiedemann/Wank, TVG, § 4, Rn. 145; allgemein für das Tarifrecht: Kempen/Zachert, TVG, § 2, Rn. 67 und § 4, Rn. 22; das Bundesarbeitsgericht spricht in BAG AP Nr. 6 zu § 1 TVG Bezugnahme auf Tarifvertrag im Rahmen des tariflichen Geltungsbereiches von der herkömmlichen Betriebsdefinition, die dem gesamten Tarifvertragsgesetz zugrunde liege.

Betriebe branchenfremder Unternehmen. Dabei ist es unerheblich, welche Funktion diese Betriebe im Verhältnis zu anderen Betrieben des Unternehmens erfüllen, sofern sie nur alle Merkmale des allgemeinen arbeitsrechtlichen/tarifrechtlichen Betriebsbegriffes erfüllen. Auch Neben- und Hilfsbetriebe, die eine selbständige und voll ausgebildete arbeitstechnische Betriebsorganisation aufweisen, in ihrer Funktion aber eine Hilfeleistung für den arbeitstechnischen Zweck des Hauptbetriebes bringen[166], fallen daher als tariflich selbständige Einheiten in die betriebsbezogen ausgestaltete Tarifzuständigkeit der Verbände. Haupt- und Nebenbetriebe können bei unterschiedlicher Branchenzugehörigkeit also unterschiedliche tarifliche Wege gehen[167]. Die betriebsbezogene Tarifzuständigkeit ist auch unabhängig davon, ob der branchengleiche Betrieb wie in der Regel einen Inhaber hat oder als Gemeinschaftsbetrieb von zwei oder mehr Unternehmen geführt wird[168]. Da im letzteren Falle kein einheitlicher Rechtsträger vorliegt[169], bleiben die Arbeitsverhältnisse den einzelnen Unternehmen zugeordnet. Will die für den Gemeinschaftsbetrieb zuständige Gewerkschaft hier alle Arbeitnehmer des Gemeinschaftsbetriebes erfassen, muß sie den Tarifvertrag mit sämtlichen Arbeitgebern des Gemeinschaftsbetriebes abschließen[170].

---

166 BAG AP Nr. 2, 4, 6 zu § 4 BetrVG 1972; AP Nr. 64 zu § 613a BGB betont zugleich, daß es sich bei Hilfs- und Nebenbetrieb um identische Begriffe handele; Hromadka/Maschmann/Wallner, Der Tarifwechsel, Rn. 50, 68; Hueck/Nipperdey, Lehrbuch des Arbeitsrechts II/1, S. 517.

167 BAG AP Nr. 10 zu § 2 TVG Tarifzuständigkeit; LAG München, LAGE Nr. 1 zu § 2 TVG Tarifzuständigkeit; Blank, Die Tarifzuständigkeit der DGB-Gewerkschaften, S. 118; Buchner, SAE 1998, S. 262; Hromadka/Maschmann/Wallner, Der Tarifwechsel, Rn. 40, 68; Hueck/Nipperdey, Lehrbuch des Arbeitsrechts II/1, S. 517, 518; Nikisch, Arbeitsrecht II, S. 369, 370; a.A. Hanau, ZfA 1990, S. 115, 129; Link, Die Tarifzuständigkeit, S. 67, 68, der so unerwünschte Tarifkonkurrenzen mit den Tarifverträgen der Verbände, die für brancheneigene Haupt- und branchenfremde Nebenbetriebe zuständig sind, verhindern will.

168 LAG Hamm, LAGE Nr. 4 zu § 4 TVG Geltungsbereich; vgl. zum Gemeinschaftsbetrieb mehrerer Unternehmen allgemein und zu den im Betriebs- und Kündigungsschutzrecht entwickelten Voraussetzungen: BAG AP Nr. 6 zu § 2 BetrVG 1972, AP Nr. 8 zu § 1 BetrVG 1972 Gemeinsamer Betrieb; AP Nr. 30 zu § 15 KSchG 1969; FKHES, BetrVG, § 1, Rn. 78ff; Haase, NZA 1988 Beil. 3, S. 11, 15; s. auch § 322 Abs. 1 UmwG, der für die Anwendung des Betriebsverfassungsgesetzes vermutet, daß der Betrieb von den an der Spaltung beteiligten Rechtsträgern gemeinsam geführt wird, sofern die Organisation des gespaltenen Betriebes nicht geändert wird.

169 Zu Recht weist das Bundesarbeitsgericht darauf hin, daß ansonsten die Rechtsfigur des gemeinschaftlichen Betriebes mehrerer Unternehmen überflüssig wäre, BAG AP Nr. 8 zu § 1 BetrVG 1972 Gemeinsamer Betrieb.

170 Im übrigen wird hier angesichts der verschiedenen Arbeitgeber im Gemeinschaftsbetrieb vertreten, den betriebsbezogenen Grundsatz der Tarifeinheit nicht streng einzuhalten und bzgl. der Inhalts-, Abschluß- und Beendigungsnormen die Tarifverträge anzuwenden, an die der jeweilige Arbeitgeber und sein Arbeitnehmer gebunden sind. Vgl. ausführlich und auch

Sofern die Verbände dem betriebsbezogenen Industrieverbandsprinzip folgen, sehen die Satzungen oftmals vor, daß die so begründete Tarifzuständigkeit auch Nebenbetriebe einschließt. In diesem Fall kann auch ein branchenfremder Nebenbetrieb von der Koalition erfaßt werden, wenn sie nur für den Hauptbetrieb ihrer Branche zuständig ist. Fraglich ist aber, ob der für einen Hauptbetrieb bestehenden Tarifzuständigkeit auch ein branchenfremder Nebenbetrieb zugerechnet werden kann, wenn die Satzung keine ausdrückliche Regelung für Nebenbetriebe trifft. Diese Frage steht nicht im Widerspruch zu dem oben dargelegten tarifrechtlichen Betriebsbegriff und dem Ergebnis, daß die Koalitionen, die an den Betrieb anknüpfen, grundsätzlich auch branchengleiche Nebenbetriebe branchenfremder Unternehmen erfassen. Hier geht es allein um die Frage, ob - ausgehend von dem oben ermittelten Betriebsbegriff - in Auslegung der Koalitionssatzungen einer für einen Hauptbetrieb bestehenden satzungsmäßigen Tarifzuständigkeit auch branchenfremde Nebenbetriebe tariflich zugeordnet werden können.

Dafür spricht zunächst die dem Hauptbetrieb dienende Funktion des Nebenbetriebs, durch die die in beiden Betrieben verfolgten Arbeitszwecke zu einer Einheit verknüpft sind, in deren Mittelpunkt die Erfüllung des durch den Hauptbetrieb geprägten Produktionszwecks steht. Dagegen wird jedoch angeführt, daß es zu unerwünschten Tarifkonkurrenzen und Tarifpluralitäten in den Nebenbetrieben führe, wenn dieser nicht nur von der bracheneigenen, sondern auch von der für den Hauptbetrieb zuständigen Gewerkschaft in Anspruch genommen wird[171]. Dem kann jedoch entgegengesetzt werden, daß dieser Umstand ebenso auch als Argument gegen die Zuständigkeit der für den Nebenbetrieb zuständigen Gewerkschaft angeführt werden könnte. Des weiteren bestehen für diese Kollisionen verbindliche Auflösungsregeln, die zur Anwendung nur eines Tarifvertrages führen. Schließlich könnten anderenfalls keine unternehmenseinheitlichen Tarifregeln vereinbart und möglicherweise der Nebenbetrieb tariflich gar nicht erfaßt werden, wenn eine für die Branche des Nebenbetriebs zuständige und betriebsbezogen organisierte Gewerkschaft nicht existierte. Mögen dies zwar ergebnisorientierte Erwägungen sein, so können sie aber doch in die Auslegung der Koalitionssatzungen einfließen, die für diese Frage allein maßgeblich bleibt. Das Bundesarbeitsgericht hat in zwei früheren Entscheidungen zur Auslegung des Geltungsbereiches von Tarifverträgen ausgeführt, daß die für den Hauptbetrieb maßgeblichen Tarifverträge mit ihrem Geltungsbereich auch die branchenfremden Nebenbetriebe miterfaßten[172]. Zwar ist dies keine zwingende Vorgabe für

---

zur Anwendbarkeit betrieblicher und betriebsverfassungsrechtlicher Tarifnormen: Däubler, Tarifvertragsrecht, Rn. 273a-d; Hromadka/Maschmann/Wallner, Der Tarifwechsel, Rn. 219ff.

[171] Delheid, Tarifzuständigkeit, S. 63, 64.

[172] BAG AP Nr. 1 zu § 4 TVG Geltungsbereich; AP Nr. 6 zu § 4 TVG Tarifkonkurrenz, wonach die Durchführung des Grundsatzes der Tarifeinheit bei Betrieben mit verschiedenen Be-

die vorgelagerte Frage der Tarifzuständigkeit, vergegenwärtigt man sich aber, daß die Tarifzuständigkeit den Geltungsbereich eines Tarifvertrages in maximaler Hinsicht festlegt, kann diese im Rahmen der Auslegung des Geltungsbereichs getroffene Aussage zumindest für die hiesige Frage berücksichtigt werden. Grundsätzlich muß davon ausgegangen werden, daß die Tarifvertragsparteien ein Interesse an einem ausgedehnten Zuständigkeitsbereich und an einem damit einhergehenden möglichst weitgehenden tariflichen Einfluß haben. Da dies dem sozialen Gegenspieler bekannt ist, ist auch im Falle des Schweigens der Koalitionssatzungen grundsätzlich eine auch für fachfremde Nebenbetriebe bestehende Tarifzuständigkeit anzunehmen[173]. Allerdings ist zu beachten, daß sich in diesen Nebenbetrieben im Falle auftretender Tarifkonkurrenzen bzw. Tarifpluralitäten dann nach dem Spezialitätsprinzip regelmäßig der branchengleiche Tarifvertrag, nicht hingegen der Tarifvertrag des Hauptbetriebes durchsetzt, da der Grundsatz der Tarifeinheit nur auf einheitliche Betriebe und daher nicht auf eine Mehrzahl selbständiger Betriebe, zum Beispiel Haupt- und fachfremde Nebenbetriebe, Anwendung findet[174]. Wenn sich die Betriebe eines Unternehmens jedoch nicht in einem Verhältnis von Haupt- und Nebenbetrieb gegenüberstehen, erfaßt eine Gewerkschaft, die dem betriebsbezogenen Industrieverbandsprinzip folgt, nur die branchengleichen Betriebe[175].

Soweit eine Tarifzuständigkeit eines Verbandes für einen brancheneigenen Hauptbetrieb und einen branchenfremden Nebenbetrieb gegeben ist, stellt sich schließlich die Frage, ob eine tarifliche Inanspruchnahme erfordert, daß beide

---

triebstätigkeiten zur Folge habe, daß der Hauptbetriebszweck auch für fachfremde Nebenbetriebe maßgebend sein müsse (!); allerdings ist anzumerken, daß es in der Entscheidung auf diese Frage überhaupt nicht ankam; später deutlich zurückhaltender: AP Nr. 11 zu § 4 TVG Geltungsbereich, wonach der für den Hauptbetrieb maßgebliche Tarifvertrag nicht ohne weiteres auch fachfremde Nebenbetriebe erfasse, sondern dies durch Auslegung ermittelt werden müsse; ebenso für eine Ausdehnung im Zweifel: Däubler, Tarifvertragsrecht, Rn. 269; Hoyningen-Huene v., NZA 1996, S. 617, 619; Hromadka/Maschmann/Wallner, Der Tarifwechsel, Rn. 68; Wiedemann/Wank, TVG, § 4, Rn. 156, 157, der aber eine ausdrückliche Tarifzuständigkeit für Nebenbetriebe fordert.

[173] Ebenso im Ergebnis: Blank, Die Tarifzuständigkeit der DGB-Gewerkschaften, S. 118; Eisenhart Rothe v., Probleme der Tarifzuständigkeit, S. 94, 95; Link, Die Tarifzuständigkeit, S. 63; Nikisch, Arbeitsrecht II, S. 368; a.A.: Delheid, Tarifzuständigkeit, S, 64, 65; Hueck/Nipperdey, Lehrbuch des Arbeitsrechts, S. 518; Wiedemann/Wank, TVG, § 4, Rn. 156.

[174] Eisenhart Rothe v., Probleme der Tarifzuständigkeit, S. 96; Nikisch, Arbeitsrecht II, S. 480, 485, der darauf hinweist, daß auch in der Vergangenheit in der Praxis der Grundsatz der Tarifeinheit bei der Lösung von Tarifkonkurrenzen nicht auf Haupt- und fachfremden Nebenbetrieb gemeinsam angewendet worden sei.

[175] Zur Frage, nach welchen Kriterien ein Betrieb einem satzungsmäßig festgelegten Wirtschaftszweig zugerechnet wird, s.u. 2. Teil C. II. 2.

Betriebe ein und demselben Unternehmen[176] angehören. Diese Frage wird oftmals relevant, wenn Unternehmen branchenfremde Nebenbetriebe – nicht zuletzt auch, um diese dem niedrigeren Tarifniveau eines anderen Wirtschaftszweiges zuzuführen - aus ihrem Unternehmensverband auslagern und die Nebenbetriebe dann als rechtliche eigenständige Unternehmen weitergeführt werden[177]. Die bisher gegebene arbeitstechnische Verbindung der beiden Betriebe in Form von Haupt- und Nebenbetrieb wird regelmäßig erhalten bleiben. Entscheidend ist damit die oben aufgeworfene Frage, ob neben dieser arbeitstechnischen Verschränkung der Betriebe das Erfordernis derselben Unternehmenszugehörigkeit besteht.

In der Literatur wird dies ganz überwiegend bejaht[178]. Zunächst hat das Bundesarbeitsgericht im Rahmen der Bildung eines Gesamtbetriebsrates in einem Unternehmen gemäß § 47 BetrVG[179] und bei der Auslegung eines tariflichen Geltungsbereiches, der alle Unternehmen einschließlich ihrer Hilfs- und Nebenbetriebe erfaßte[180], ausgeführt, daß die Zuordnung von Betrieben *zu einem Unternehmen* voraussetze, daß Unternehmer und Inhaber der zu dem Unternehmen gehörenden Betriebe identisch seien. Betriebe eines selbständigen Unternehmens könnten nicht Nebenbetriebe eines anderen Unternehmens sein, da das selbständige Unternehmen durch seinen eigenen Unternehmenszweck gekennzeichnet sei[181]. Diese zutreffende Ansicht des Bundesarbeitsgerichts sagt aber ebensowenig wie der Umstand, daß mehrere Unternehmen einen gemeinsamen Betrieb führen können, etwas darüber aus, ob Betriebe verschiedener Unternehmen nicht im Verhältnis von Haupt- und Nebenbetrieb zueinander stehen können. Soweit nämlich der Betrieb und nicht das Unternehmen als Hauptanknüpfungspunkt gewählt wird, steht nicht die wirtschaftliche, sondern gerade die arbeitstechnische Zwecksetzung im Mittelpunkt.

In seiner Entscheidung vom 14.12.1999 hat das Bundesarbeitsgericht die Frage nicht beantworten müssen, da die Satzung der IG Metall die Unternehmenszu-

---

176 Zum Begriff des Unternehmen s.u. 2. Teil A. I. 3. b) bb).

177 Sofern es sich nur um Betriebsteile handelt, ist wiederum an die Möglichkeit eines Gemeinschaftsbetriebes zu denken, s.. LAG Hamm, LAGE Nr. 4 zu § 4 TVG Geltungsbereich. Im Falle einer Unternehmensspaltung im Sinne der §§ 123ff UmwG ist die Vermutung des § 322 UmwG zu beachten, die analog auch auf das Tarifrecht angewendet werden kann. Vgl. Hromadka/Maschmann/Wallner, Der Tarifwechsel, Rn. 218.

178 ErfK/Eisemann, BetrVG, § 4, Rn. 12; Haase, NZA 1988 Beil. 3, S. 11, 14; Hromadka/Maschmann/Wallner, Der Tarifwechsel, Rn. 50, 216; MünchArbR/Richardi, § 31, Rn. 26, 27; a.A.: D/K/K/Trümmer, BetrVG, § 4, Rn. 57ff; wohl Blank, Die Tarifzuständigkeit der DGB-Gewerkschaften, S. 118.

179 BAG AP Nr. 1, 7, 9 zu § 47 BetrVG; AP Nr. 3 zu § 10 ArbGG 1979;

180 BAG AP Nr. 64 zu § 613a BGB.

181 BAG AP Nr. 64 zu § 613a BGB.

gehörigkeit der Nebenbetriebe ausdrücklich als unerheblich erklärte[182]. Bei der Auslegung eines tariflichen Geltungsbereiches, der Betriebe der Land- und Forstwirtschaft samt ihrer Nebenbetriebe umfaßte, hat das Gericht aber eindeutig die Ansicht vertreten, daß Haupt- und Nebenbetrieb denselben Betriebsinhaber aufweisen müßten[183]. Dem ist zu folgen. Es ist also nicht nur zu verlangen, daß die Zwecke der beiden Betriebe miteinander verknüpft sind, sondern auch daß diese Zwecksetzung von ein und demselben Arbeitgeber bestimmt worden ist, um nicht jegliche Klarheit des Begriffes des Nebenbetriebes aufzugeben. Zu beachten ist nämlich, daß über die gesellschaftsrechtlichen Strukturen hinaus vielfältige arbeitstechnische Prozesse in Relation zueinander stehen und miteinander verschränkt sind. So ließen sich gerade bei industriellen Fertigungsketten die (branchenfremden) Betriebe selbständiger kleinerer Zulieferungsunternehmen, die ausschließlich oder im wesentlichen Betriebe großer Unternehmen beliefern, regelmäßig als Nebenbetriebe der von den Großunternehmen geführten Hauptbetriebe einordnen. Daher müssen Haupt- und Nebenbetrieb grundsätzlich zu ein und demselben Unternehmen zugehörig sein. Allerdings ist es in tarifrechtlicher Hinsicht nicht erforderlich, an der formalen Arbeitgeberstellung Halt zu machen[184]. Soweit das Unternehmen des einen Betriebes in der Zusammensetzung seiner Anteilseigner genau dem Unternehmen des anderen Betriebes entspricht oder sich zu hundert Prozent als eine Tochtergesellschaft darstellt, wie das insbesondere bei der Abspaltung zur Neugründung nach § 123 Abs. 2 Nr. 2 UmwG und der Ausgliederung zur Neugründung nach § 123 Abs. 3 Nr. 2 UmwG der Fall sein kann, ist es vertretbar, materiell ein und denselben Arbeitgeber anzunehmen und damit, wenn darüber hinaus die entsprechende Verschränkung der Arbeitszwecke gegeben ist, die Betriebe als Haupt- und Nebenbetrieb zueinander einzuordnen[185]. Die Tarifzuständigkeit für den Hauptbetrieb des einen Unternehmens erfaßt in diesem Fall also auch den dazu als Nebenbetrieb einzuordnenden Betrieb des anderen Rechtsträgers.

---

[182] BAG AP Nr. 14 zu § 2 TVG Tarifzuständigkeit.

[183] BAG AP Nr. 5 zu § 1 TVG Tarifverträge: Land- und Forstwirtschaft.

[184] Ob dies auch für das Betriebsverfassungsrecht im Rahmen von § 4 S. 2 BetrVG gilt, muß an dieser Stelle nicht untersucht werden. Vgl. zu dieser Fragestellung: BAG AP Nr. 77 zu § 613a BGB.

[185] In diese Richtung auch: BAG AP Nr. 1 zu § 2 TVG Tarifzuständigkeit; vgl. aber auch BAG AP Nr. 5 zu § 1 TVG Tarifverträge: Land- und Forstwirtschaft: Hier betonte das Bundesarbeitsgericht die eigene Rechtspersönlichkeit einer Brennereigenossenschaft und lehnte die erforderliche Identität des Inhabers von Neben- und Hauptbetrieb bei einer Brennereigenossenschaft und den einzelnen landwirtschaftlichen Unternehmen der Genossen ab; allgemein zu einem materiellen Arbeitgeberbegriff im Rahmen des Art. 9 Abs. 3 GG: Maunz/Dürig/Scholz, GG, Art. 9, Rn. 184.

(3) Der Betrieb als tarifliche Regeleinheit

Fraglich ist, an welche arbeitgeberseitige Einheit eine Tarifvertragspartei beim Abschluß von Tarifverträgen anknüpft, wenn ihre Satzung nur die satzungsmäßige Zuständigkeit für einen bestimmten Wirtschaftszweig bestimmt. Hier kann ausnahmsweise allein auf den Willen der Verbände abgestellt werden, da er sich in der Satzung gerade nicht verobjektiviert hat. Nach einer Ansicht ist im Zweifel maßgebend das Unternehmen mit allen brancheneigenen und branchenfremden Betriebsabteilungen, Betriebsstätten und Nebenbetrieben[186]. Allerdings ist zu berücksichtigen, daß grundsätzlich auch die nach dem Industrieverbandsprinzip organisierten Koalitionen ein Interesse an einer möglichst weitgehenden Homogenität ihrer Mitglieder haben. Diese Homogenität wird aber bei einer Anknüpfung an Betriebe, bei deren Organisation gerade der Arbeitszweck im Mittelpunkt steht, eher zu erreichen sein als bei einer Anknüpfung an Unternehmen, die als Wirtschaftseinheiten über eine Reihe branchenunterschiedlicher Betriebe verfügen können. Für das unternehmensbezogene Industrieverbandsprinzip sprechen wiederum die größeren tariflichen Handlungsspielräume und die Möglichkeit, entlang den gesellschaftsrechtlichen Strukturen unternehmenseinheitliche Tarifverträge abzuschließen. Mit einer unternehmensbezogenen Tarifzuständigkeit begeben sich die Gewerkschaften aber auch in Abhängigkeit von den von Arbeitgeberseite geschaffenen rechtlichen Strukturen, die anders als die betrieblichen Organisationseinheiten nicht allein von arbeitstechnischen Erfordernissen, sondern ganz wesentlich auch von gesellschafts- und steuerrechtlichen Faktoren geprägt sind[187]. Nach einer weiteren Ansicht sind im Ergebnis die Koalitionssatzungen daher dahingehend auszulegen, daß die Tarifvertragsparteien für Betriebe und Unternehmen ihres Wirtschaftszweiges zuständig sein wollen[188]. So sehr es auch nach den vorstehenden Erwägungen von Vorteil sein mag, beide Anknüpfungspunkte zu verbinden, ist jedoch für den Fall des Schweigens der Koalitionssatzungen zumindest auf Gewerkschaftsseite im Zweifel vom betriebsbezogenen Industrieverbandsprinzip auszugehen, da nach traditionellem Verständnis das Industrieverbandsprinzip entsprechend dem alten Schlagwort „ein Betrieb, eine Gewerkschaft" betriebsbezogen ist[189]. Mithin ist der Betrieb die Regeleinheit, an der das Tarifsystem grundsätzlich ausgerichtet

---

[186] MünchArbR/Löwisch/Rieble, § 255, Rn. 63; Wiedemann/Oetker, TVG, § 2, Rn. 54.
[187] Blank, Die Tarifzuständigkeiten der DGB-Gewerkschaften, S. 119; Oetker, Anmerkung zu BAG AP Nr. 10 u. 11 zu § 2 TVG Tarifzuständigkeit.
[188] Eisenhart Rothe v., Probleme der Tarifzuständigkeit, S. 87, 88
[189] Jacobs, Tarifeinheit und Tarifkonkurrenz, S. 211; für den Betrieb als Regelanknüpfung im Rahmen des tariflichen Geltungsbereiches: Gamillscheg, Kollektives Arbeitsrecht, § 17 III 3 a), S. 747.

ist[190]. Diese Regeleinheit beinhaltet auch der anerkannte Grundsatz der Tarifeinheit sowohl in seiner Funktion bei der Bestimmung und Auslegung tarifvertraglicher Geltungsbereiche als auch soweit, wie ihn das Bundesarbeitsgericht in richterrechtlicher Ausgestaltung als Grund für die Auflösung von Tarifkonkurrenzen und Tarifpluralitäten herangezogen hat[191].

bb) Die unternehmensbezogene Tarifzuständigkeit

Im Rahmen ihrer Satzungsautonomie können die Verbände auch an das Unternehmen anknüpfen.

(1) Die Definition des Unternehmens

Auch hier ist davon auszugehen, daß die Tarifvertragsparteien, sofern sie in ihrer Satzung keine anderweitigen Bestimmungen getroffen haben, an den allgemeinen Unternehmensbegriff anknüpfen wollen[192]. Nach allgemeiner Ansicht handelt es sich dabei um einen wirtschaftsrechtlichen und wirtschaftsverfassungsrechtlichen Begriff. Grundsätzlich wird das Unternehmen durch die Einheit des hinter dem arbeitstechnischen Zweck des Betriebes liegenden wirtschaftlichen oder ideellen Zweckes und durch die Einheit der dieser Zweckerreichung dienenden Organisation bestimmt. Das Unternehmen ist also die Organisations-, Leitungs- und Wirkungseinheit, durch die eine unternehmerische Zweckbestimmung von einer einheitlichen Rechtspersönlichkeit verwirklicht wird[193]. Da eine natürliche Person mehrere Unternehmen betreiben kann und damit das Unternehmen hier nur Rechtsgegenstand, also das ökonomisch-soziale Substrat für die Verwirklichung der unternehmerischen Zweckbestimmung ist, kommt es bei natürlichen Personen entscheidend auf die einheitliche Verwaltung unter einer einheitlichen organisatorischen Leitung an[194]. Bei den juristischen Personen des Privatrechts dagegen ist die Organisations- und Wirtschafts-

---

[190] BAG AP Nr. 6 zu § 1 TVG Bezugnahme auf Tarifvertrag; Kempen/Zachert, TVG, § 2, Rn. 67.
[191] Vgl. BAG AP Nr. 28 zu § 4 TVG Tarifkonkurrenz.
[192] LAG München, LAGE Nr. 1 zu § 2 TVG Tarifzuständigkeit.
[193] BAG AP Nr. 64 zu § 613a BGB, AP Nr. 18 zu § 1 Tarifverträge: Einzelhandel; FKHES, BetrVG, § 47, Rn. 10; MünchArbR/Richardi, § 31, Rn. 20; Schaub, Arbeitsrechts-Handbuch, § 18, Rn. 10.
[194] FKHES, BetrVG, § 47, Rn. 12; GK/Kraft, BetrVG, § 4, Rn. 7; MünchArbR/Richardi, § 31, Rn. 21; a.A. Joost, Betrieb und Unternehmen..., S. 219.

einheit, die das Unternehmen darstellt, als Aktiengesellschaft, Gesellschaft mit beschränkter Haftung oder Genossenschaft rechtlich verselbständigt. Diese juristischen Personen des Privatrechts bilden demnach nur ein Unternehmen und können auch arbeitsrechtlich nicht in mehrere Unternehmen aufgeteilt werden[195]. Auch bei einer offenen Handelsgesellschaft (§§ 105ff HGB), einer Kommanditgesellschaft (§§ 161ff HGB) oder einer als Gesamthand auftretenden Gesellschaft bürgerlichen Rechts (§§ 705ff BGB) handelt es sich stets nur um ein Unternehmen, da bei diesen die den Rechtsgegenstand des Unternehmens bildenden Rechte und Pflichten derselben Personengruppe zugeordnet werden[196]. Im Ergebnis ist damit bei Personen- und Kapitalgesellschaften die Gesellschaft mit dem Unternehmen identisch[197]. Diese Gesellschaften bleiben auch dann selbständige Unternehmen, wenn sie unter einer einheitlichen Leitung zusammengefaßt werden und/oder alle Aktien oder Geschäftsanteile einer bzw. denselben mehreren Personen zustehen[198].

Als Wirtschaftseinheit kann das Unternehmen aus einem oder auch aus mehreren Betrieben bestehen, wobei es auf die arbeitstechnischen Zwecke und damit die Branchenzugehörigkeit der einzelnen Betriebe bei der Zuordnung zu dem Unternehmen nicht ankommt[199].

(2) Der Umfang der unternehmensbezogenen Tarifzuständigkeit

Die Tarifzuständigkeit, die auf das Unternehmen abstellt, folgt damit dessen rechtlicher Struktur. Soweit das Unternehmen mehr als einen Betrieb hat, erfaßt sie das Unternehmen in seiner Gesamtheit und daher auch alle branchenfremden Betriebe und Nebenbetriebe des Unternehmens[200]. Auf der einen Seite bringt dies allgemein den Vorteil der Möglichkeit einer unternehmenseinheitlichen Tarifregelung und für die Arbeitgeberseite im besonderen die Möglichkeit mit sich,

---

[195] FKHES, BetrVG, § 47, Rn. 12; Haase, NZA 1988 Beil. 3, S. 11, 12, 13; MünchArbR/Richardi, § 31, Rn. 20; 21.

[196] MünchArbR/Richardi, § 31, Rn. 21; vgl. zur jetzt vom Bundesgerichtshof angenommenen Rechtsfähigkeit der Gesellschaft bürgerlichen Rechts: BGH, NJW 2001, S. 1056, 1057.

[197] BAG AP Nr. 1 zu § 47 BetrVG 1972; GK/Kraft, BetrVG, § 4, Rn. 7; Haase, NZA 1988 Beil. 3, S. 11, 12, 13; Hanau, ZfA 1990, S. 115, 126; Joost, Betrieb und Unternehmen..., S. 216ff.

[198] BAG AP Nr. 7 zu 47 BetrVG 1972; FKHES, BetrVG, § 47, Rn. 11.

[199] FKHES, BetrVG, § 47, Rn. 12; GK/Kraft, BetrVG, § 4, Rn. 9, 10; Haase, NZA 1988 Beil. 3, S. 11, 13.

[200] BAG AP Nr. 11 zu § 2 TVG Tarifzuständigkeit; LAG München, LAGE Nr. 1 zu § 2 TVG Tarifzuständigkeit; Blank, Die Tarifzuständigkeit der DGB-Gewerkschaften, S. 119; Buchner, ZfA 1995, S. 95, 105; Eisenhart Rothe v., Probleme der Tarifzuständigkeit, S. 89.

durch rechtliche Organisationsentscheidungen (zum Beispiel Ausgliederungen) auf gewerkschaftliche Tarifzuständigkeiten Einfluß zu nehmen. Auf der anderen Seite führt dies allgemein bei Unternehmen mit branchenfremden Betrieben zu der Gefahr von Zuständigkeitsüberschneidungen mit Gewerkschaften, die sich nach dem betriebsbezogenen Industrieverbandsprinzip organisiert haben[201], und für die Gewerkschaften im besonderen zu der Gefahr, sich in Abhängigkeit von rechtlichen Organisationsentscheidungen der Arbeitgeberseite zu begeben[202].

cc) Die konzernbezogene Tarifzuständigkeit

Auch der Konzern kann in Ausübung der Satzungsautonomie der Verbände als Anknüpfungspunkt für die Tarifzuständigkeit gewählt werden[203]. Der Anknüpfung an den Konzern kann - ebenso wenig wie bereits der Anknüpfung an den Betrieb[204] - die mangelnde Tariffähigkeit des Konzerns vorgeworfen werden, da die Verbände bei der Ausgestaltung ihrer Tarifzuständigkeit nicht an gesellschaftsrechtliche Vorgaben gebunden sind. Unerheblich ist daher, daß der Konzern weder als juristische Person noch als Personengesamtheit Rechtsfähigkeit besitzt und damit auch nicht als Arbeitgeber tariffähig sein kann[205]. Bei § 12a Abs. 2 TVG, nach dem mehrere Personen, für die arbeitnehmerähnliche Personen tätig sind, als eine Person gelten, wenn diese mehreren Personen nach der Art eines Konzerns (§ 18 AktG) zusammengefaßt sind, handelt es sich um eine abschließende Fiktion für eine entsprechende Anwendung des Tarifvertragsgesetzes auf arbeitnehmerähnliche Personen, die nichts an der grundsätzlich fehlenden Tariffähigkeit des Konzerns ändert. Auch die Ansicht, die (beim Unterordnungskonzern) der Konzernobergesellschaft aufgrund ihrer umfassenden, konzernweiten Leitungsmacht nicht nur im Hinblick auf die bei ihr beschäftigen Arbeitnehmer, sondern auch im Hinblick auf die Arbeitnehmer der von ihr beherrschten Gesellschaften Tariffähigkeit einräumen möchte[206], wird von der

---

[201] Einsenhart Rothe v., Probleme der Tarifzuständigkeit, S. 85, 86.
[202] Blank, Die Tarifzuständigkeit der DGB-Gewerkschaften, S. 119.
[203] Blank, Die Tarifzuständigkeit der DGB-Gewerkschaften, S. 120; Windbichler, Arbeitsrecht im Konzern, S. 475, 476.
[204] S.o. 2. Teil. A. I. 3. b) bb).
[205] Blank, Die Tarifzuständigkeit der DGB-Gewerkschaften, S. 119, 120; Däubler, Tarifvertragsrecht, Rn. 79; MünchArbR/Löwisch/Rieble, § 255, Rn. 41; Wiedemann/Oetker, TVG, § 2, Rn. 105; Windbichler, Arbeitsrecht im Konzern, S. 461.
[206] Däubler, Tarifvertragsrecht, Rn. 79. 80; ähnlich Kempen/Zachert, TVG, § 2, Rn. 74 mit der Überlegung, den Konzern als Arbeitgeberverband mit der Befugnis zum Abschluß von Tarifverträgen für alle Konzerngesellschaften anzusehen.

ganz überwiegenden Meinung abgelehnt[207]. Eine Gewerkschaft, die einen Konzern als Einheit tariflich in Anspruch nehmen möchte, ist daher gezwungen, mit allen konzernzugehörigen Arbeitgebern einen oder auch mehrere Tarifverträge zu vereinbaren. Zu denken ist auch daran, daß die Konzernobergesellschaft aufgrund privatrechtlicher Vollmacht Tarifverträge mit Wirkung für und gegen die abhängigen Unternehmen abschließt[208].

(1) Die Definition des Konzerns

Der Begriff des Konzerns ist im Arbeitsrecht weitgehend unstreitig. Maßgebend sind die aktienrechtlichen Bestimmungen, insbesondere § 18 AktG. Ein Konzern ist danach die Verbindung mehrerer rechtlich selbständiger Unternehmen, entweder als abhängige Unternehmen unter einer einheitlichen Leitung eines herrschenden Unternehmens (Unterordnungskonzern) oder als Zusammenschluß von Unternehmen unter einer einheitlichen Leitung, bei dem jedoch kein Unternehmen von dem anderen abhängig ist (Gleichordnungskonzern)[209].

(2) Der Umfang der konzernbezogenen Tarifzuständigkeit

Mit der Anknüpfung an den Konzernbegriff erfassen die Verbände im Rahmen ihrer Zuständigkeit alle zum Konzern gehörenden Unternehmen unabhängig davon, welcher Branche diese zuzurechnen sind. Konzern, Unternehmen und Betrieb stellen sich somit von oben nach unten gesehen als drei verschiedene Ebenen dar, von denen die jeweils obere, sieht man einmal von der Möglichkeit eines Gemeinschaftsbetriebes zweier rechtlich selbständiger Unternehmen ab, die untere Einheit notwendigerweise mitenthält. Noch mehr als beim Unternehmen birgt damit eine konzernbezogene Tarifzuständigkeit die Gefahr von Zuständigkeitsüberschneidungen mit Verbänden in sich, die ihre Zuständigkeit unternehmens- oder betriebsbezogen ausgestaltet haben[210].

---

[207] LAG Baden/Württemberg AP Nr. 18 zu § 3 TVG Verbandszugehörigkeit; Gamillscheg, Kollektives Arbeitsrecht I, § 14 I 2 e), S. 525; MünchArbR/Löwisch/Rieble, § 255, Rn. 41; Wiedemann/Oetker, TVG, § 2, Rn. 106; Windbichler, Arbeitsrecht im Konzern, S. 462, 463ff;
[208] MünchArbR/Löwisch/Rieble, § 255, Rn. 42; Schaub, Arbeitsrechts-Handbuch, § 199, Rn. 4; Wiedemann/Oetker, TVG, § 2, Rn. 107.
[209] Haase, NZA 1988 Beil. 3, S. 11, 12; MünchArbR/Richardi, § 32, Rn. 4-6.
[210] Blank, Die Tarifzuständigkeit der DGB-Gewerkschaften, S. 119, 120.

c) Die personelle Tarifzuständigkeit

Zur Satzungsautonomie der Verbände gehört auch die Festlegung der personellen Tarifzuständigkeit. Zur personellen Tarifzuständigkeit wird auf Arbeitgeberseite auch die Möglichkeit der Mitgliedschaft im Arbeitgeberverband ohne Tarifbindung (OT-Mitgliedschaft) gerechnet.

aa) Die persönlichen Eigenschaften als Anknüpfungspunkt

Im Unterschied zu der branchenmäßigen Tarifzuständigkeit knüpft die personelle Tarifzuständigkeit unmittelbar an Eigenschaften an, die in der Person des Arbeitnehmers bzw. des Arbeitgebers begründet sind. Grundsätzlich kann hier zwischen der personellen Tarifzuständigkeit im weiteren und engeren Sinne differenziert werden. Erstere wird auch als beruflich-fachliche Tarifzuständigkeit bezeichnet[211]. Sie wird damit vor allem für die als Berufsverbände organisierten Gewerkschaften relevant, die ihre Mitglieder nach der Zugehörigkeit zu bestimmten Berufsgruppen oder Fachrichtungen organisieren. Zur personellen Tarifzuständigkeit im engeren Sinne zählen alle sonstigen Eigenschaften (Alter, Familienstand etc.), die in der Person von Arbeitnehmern und Arbeitgebern begründet sind[212].

bb) Die Mitgliedschaft ohne Tarifbindung im Arbeitgeberverband

In dem hier interessierenden Zusammenhang geht es nicht um das allgemein für zulässig gehaltene Modell der Funktionsaufteilung auf zwei verschiedene Verbände, unter denen die Unternehmen auswählen können. In diesem Fall werden neben den bisherigen Arbeitgeberverbänden Parallelverbände gegründet und die Aufgaben, Tarifarbeit (mit Tarifbindung) einerseits und allgemeine sozialpolitische Interessenvertretung (ohne Tarifbindung) andererseits, unter diesen Verbänden zur selbständigen Wahrnehmung aufgeteilt[213]. Relevant ist hier die Konstellation, daß Unternehmen, für die ein Arbeitgeberverband branchenmäßig und

---

[211] Vgl. für den Geltungsbereich: Wiedemann/Wank, § 4, Rn. 174.

[212] Vgl. für den Geltungsbereich: Wiedemann/Wank, § 4, Rn. 218.

[213] Däubler, NZA 1996, S. 225, 232; Kempen/Zachert, TVG, § 2, Rn. 90; Wiedemann/Oetker, TVG, § 2, Rn. 64, wobei im Einzelfall strittig ist, inwieweit diese Teilung der Aufgaben auf verschiedene Verbände bei ihrer Organisation beachtet werden muß; dazu: Buchner, NZA 1994, S. 2, 10; Otto, NZA 1996, S. 624, 625.

räumlich tarifzuständig ist, zwischen einer Mitgliedschaft mit und ohne Tarifbindung wählen können[214]. Es wird also eine Differenzierung des mitgliedschaftlichen Status innerhalb eines einheitlichen Verbandes geschaffen.

Die überwiegende Meinung in der Literatur und auch das Bundesarbeitsgericht sehen in der Mitgliedschaft ohne Tarifbindung dogmatisch die Frage, ob ein Arbeitgeberverband seine Rechtssetzungskompetenz und damit seine personelle Tarifzuständigkeit auf einen Teil seiner Mitglieder beschränken kann[215]. Dabei werden im wesentlichen zwei Typen der Mitgliedschaft ohne Tarifbindung unterschieden. Im ersten Fall ist die Mitgliedschaft ohne Tarifbindung einer - vom Bundesarbeitsgericht für zulässig gehaltenen[216] - Gastmitgliedschaft ohne Tarifbindung im Arbeitgeberverband angenähert. Das OT-Mitglied nimmt in dieser Ausgestaltung weder an der tariflichen Willensbildung und Betätigung des Verbandes teil, noch ist der Verband satzungsmäßig verpflichtet, das OT-Mitglied beim Abschluß von Firmentarifverträgen gegenüber der Gewerkschaft zu unterstützen. Auch eine finanzielle Hilfeleistung des Verbands im Falle eines Arbeitskampfes zur Erzwingung eines Firmentarifvertrages ist ausgeschlossen. Im Unterschied zum Gastmitglied stehen dem OT-Mitglied aber allgemeine mitgliedschaftliche Rechte wie das Stimmrecht in der Mitgliederversammlung und das aktive und passive Wahlrecht zu den Vereinsorganen zu. Das Argument des Bundesarbeitsgerichts zur Zulässigkeit der Gastmitgliedschaft im Arbeitgeberverband und dessen fehlender Tarifbindung, das darauf abstellt, daß das Gastmitglied von den wesentlichen Mitgliedschaftsrechten ausgeschlossen sei und damit keine Mitgliedschaft im Sinne des § 3 Abs. 1 TVG vorliege[217], kann hier also nicht herangezogen werden.

Beim zweiten Typus der OT-Mitgliedschaft nimmt ihr Inhaber ebenfalls nicht am Verbandstarifgeschehen teil, hat aber einen Anspruch auf Beratung, Mitwirkung und Vertretung durch den Verband beim Abschluß von Firmentarifverträ-

[214] Ausführlich zur Mitgliedschaft ohne Tarifbindung: Besgen, Mitgliedschaft im Arbeitgeberverband ohne Tarifbindung.; Ostrop, Mitgliedschaft ohne Tarifbindung, S. 103ff.
[215] BAG AP Nr. 13 zu § 2 TVG Tarifzuständigkeit = BAG AP Nr. 15 zu § 3 TVG Verbandszugehörigkeit; Löwisch, ZfA 1974, S. 29, 37; Reuter, RdA 1996, S. 201, 203; a.A. Wiedemann/Oetker, TVG, § 2, Rn. 64, 65 und § 3, Rn. 102, der mit dem Hinweis, daß sich auch die personelle Tarifzuständigkeit aus der Satzung ergeben und die Tarifzuständigkeit grundsätzlich abstrakt-generell festgelegt werden müsse, das Problem allein im Rahmen von § 3 Abs. 1 TVG behandeln will.
[216] BAG AP Nr. 12 zu § 3 TVG Verbandszugehörigkeit.
[217] BAG AP Nr. 12 zu § 3 TVG Verbandszugehörigkeit.

gen. Dies umfaßt auch einen Anspruch auf finanzielle Unterstützung im Falle eines Arbeitskampfes[218].

Die überwiegende Meinung in der Literatur bejaht die Zulässigkeit einer Mitgliedschaft ohne Tarifbindung[219]. Anders als die Vorinstanz, das Landesarbeitsgericht Rheinland-Pfalz, das den ihm vorliegenden Rechtsstreit entschieden hat und dabei ebenfalls von der Zulässigkeit einer OT-Mitgliedschaft ausging[220], hat das Bundesarbeitsgericht das Verfahren gemäß § 97 Abs. 5 ArbGG zur Klärung der Frage ausgesetzt, ob ein Arbeitgeberverband auch für diejenigen Mitglieder tarifzuständig ist, die bei ihm eine Mitgliedschaft ohne Tarifbindung erworben haben[221]. Der Gesetzeswortlaut des Tarifvertragsgesetzes gibt auf die Frage, ob neben einer Voll- bzw. Gastmitgliedschaft auch eine Mitgliedschaft ohne Tarifbindung im Arbeitgeberverband möglich ist, keine eindeutige Antwort[222]. Bedenken gegen eine solche Mitgliedschaft werden aus verbandsrechtlicher und tarifrechtlicher Sicht hervorgebracht. Die verbandsrechtlichen Einwendungen beziehen sich vor allem auf den vereinsrechtlichen Gleichbehandlungsgrundsatz, wobei in diesem Zusammenhang die Ausgestaltung des Stimmrechts für OT-Mitglieder und die Beitragsbelastung der OT-Mitglieder im Vordergrund stehen. Nach ganz herrschender Ansicht greifen diese Bedenken aber nicht durch, wenn durch entsprechende Satzungsgestaltung der Ausschluß der Mitglieder ohne Tarifbindung von der tarifpolitischen Willensbildung berücksichtigt wird[223]. Tarifrechtlich werden Vorbehalte zum einen aus dem Wortlaut des § 3 Abs. 1 TVG vorgebracht, wonach die Mitglieder der Tarifvertragsparteien tarifgebunden seien[224]. Dies lasse sich nicht einseitig durch den Arbeitgeberverband ändern; nur im Wege der Einigung mit der Gewerkschaft könne der Geltungsbereich eines Tarifvertrages gewisse Unternehmen aussparen. Zum anderen komme es zu ei-

[218] Junker, Anmerkung zum Beschluß des Bundesarbeitsgerichts v. 23.10.1996, SAE 1997, S. 172, 173; Reuter, RdA 1996, S. 201, 202;.

[219] Aus dem schier unüberschaubaren Schrifttum: Buchner, NZA 1994, S. 2, 12; Junker, Anmerkung zum Beschluß des Bundesarbeitsgerichts v. 23.10.1996, SAE 1997, S. 172, 180; Konzen, Festschrift für Alfons Kraft, S. 291, 319; MünchArbR/Löwisch/Rieble, § 255, Rn. 64; Reuter, RdA 1996, S. 201, 209; Thüsing, Anmerkung zu LAG Rheinland-Pfalz, LAGE Nr. 10 zu Art. 9 GG; Wiedemann/Oetker, TVG, § 2, Rn. 65 u. § 3, Rn. 102; Wieland, Recht der Firmentarifverträge, Rn. 197; a.A. Däubler, NZA 1996, S., 225, 231; Kempen/Zachert, TVG, § 2, Rn. 90; Schaub, Arbeitsrechts-Handbuch, § 206, Rn. 29.

[220] LAG Rheinland-Pfalz, LAGE Nr. 10 zu Art. 9 GG.

[221] BAG AP Nr. 13 zu § 2 TVG Tarifzuständigkeit = BAG AP Nr. 15 zu § 3 TVG Verbandszugehörigkeit.

[222] Konzen, Festschrift für Alfons Kraft, S. 291, 317; Reuter, RdA 1996, S. 201, 203.

[223] Junker, Anmerkung zum Beschluß des Bundesarbeitsgerichts v. 23.10.1996, SAE 1997, S. 172, 176; Konzen, Festschrift für Alfons Kraft, S. 291, 318; Reuter, RdA 1996, S. 201, 205f; Wiedemann/Oetker, TVG, § 3, Rn. 102.

[224] Kempen/Zachert, § 2, Rn. 90.

ner Störung der Verhandlungsparität, da die Mitglieder ohne Tarifbindung den Verband finanziell in vollem Umfang unterstützten, der Verband aber tariflich nur für die tarifgebundenen Mitglieder handele[225]. Dies sei besonders deshalb gravierend, da gerade die Unternehmen die OT-Mitgliedschaft wählten, bei denen ein niedriger gewerkschaftlicher Organisationsgrad bestehe und damit von Gewerkschaftsseite bei der Forderung nach einem Firmentarifvertrag nur geringer Druck erzeugt werden könne[226]. Dagegen wird jedoch von der überwiegenden Meinung vorgebracht, daß eine Unterstützung durch Mitglieder, für die kein Tarifvertrag abgeschlossen werden kann, auf Gewerkschaftsseite selbstverständlich sei. Eine Paritätsstörung sei zudem nicht zu befürchten[227]. Neben der Möglichkeit, einen Firmentarifvertrag abzuschließen, könnten die Gewerkschaft zudem im Streik um den Verbandstarifvertrag die Arbeitnehmer der OT-Mitglieder im Arbeitgeberverband zum Sympathiearbeitskampf aufrufen[228].

An dieser Stelle muß es bei diesem kurzen Blick auf die grundsätzliche Problematik der Mitgliedschaft ohne Tarifbindung im Arbeitgeberverband verbleiben. Allerdings gilt es, ihre Einordnung in den Bereich der personellen Tarifzuständigkeit zu überprüfen. Zwar ist es dogmatisch nicht unvertretbar, die OT-Mitgliedschaft als eine besondere Beschränkung der personellen Tarifzuständigkeit zu begreifen. In Abgrenzung zu der oben beschriebenen allgemeinen Festlegung, nach welchen persönlichen Merkmalen die Möglichkeit einer Aufnahme in den Verband besteht und damit für wen personell eine Tarifzuständigkeit in Anspruch genommen wird, geht es hier aber um die spezielle Frage, ob die personelle Tarifzuständigkeit auf einen Teil der aufgenommenen Mitglieder beschränkt werden kann. Problematisch ist also aus tarifrechtlicher Hinsicht nicht grundsätzlich die Bestimmung der Tarifzuständigkeit in persönlicher Hinsicht, sondern die Frage, ob die Tarifzuständigkeit in der Weise beschränkt werden darf, daß es neben Mitgliedern, für die der Arbeitgeberverband seine Rechtssetzungskompetenz in Anspruch nimmt, auch noch solche Mitglieder gibt, die zwar alle mitgliedschaftlichen Rechte innehaben, aber nicht auch durch den Arbeitgeberverband tarifgebunden werden können. Der Schwerpunkt des Problems liegt damit im Bereich der Tarifbindung nach § 3 Abs. 1 TVG und der Frage, ob es aus tarifrechtlicher Sicht zulässig ist, in einem Arbeitgeberverband zwischen einer Mitgliedschaft mit oder ohne Tarifbindung zu differenzieren. Verneint man diese Frage, folgt daraus die Konsequenz, daß personelle Tarifzuständigkeit und Tarifgebundenheit i.S.d. § 3 Abs. 1 TVG immer zusammenfallen[229]. Für die Zuordnung des Problems zu § 3 Abs. 1 TVG kann zudem darauf verwiesen wer-

---

225 Schaub, Arbeitsrechts-Handbuch, § 206, Rn. 29.
226 Däubler, NZA 1996, S. 225, 231.
227 Wiedemann/Oetker, § 2, Rn. 65.
228 MünchArbR/Löwisch/Rieble, § 255, Rn. 64.
229 Buchner, NZA 1994, S. 2, 6; Otto, NZA 1996, S. 624, 629.

den, daß es auch für die personelle Tarifzuständigkeit bei dem Grundsatz verbleiben muß, daß sich die Tarifzuständigkeit unmittelbar aus der Satzung ergeben muß. Der Verbandssatzung wird aber regelmäßig nur zu entnehmen sein, daß es neben einer Mitgliedschaft mit Tarifbindung auch eine solche ohne Tarifbindung gibt. Insgesamt spricht dafür mehr, die Zulässigkeit der Mitgliedschaft ohne Tarifbindung vorwiegend in den Bereich von § 3 Abs. 1 TVG einzuordnen[230].

4. Die Grundsätze bei der Satzungsauslegung

Entscheidend für die Frage, nach welchen Regeln die Satzungen der Tarifvertragsparteien auszulegen sind, ist die Rechtsnatur der Satzung[231]. Soweit sie als Vertrag eingeordnet wird, folgt die Auslegung grundsätzlich den bürgerlichrechtlichen Bestimmungen der §§ 133, 157 BGB[232]. Soweit man in der Satzung nach wohl vorzugswürdiger Ansicht Korporationsrecht erblickt, ist eine Auslegung ähnlich den Regeln vorzunehmen, die auch für staatliche Rechtsnormen bestehen[233].

Grundsätzlich ist damit der in der Satzung manifestierte (objektivierte) Wille des Satzungsgebers zugrunde zu legen. Maßgebend ist also nicht, was der Satzungsgeber sich insgeheim vorgestellt hat, sondern das, was für einen außenstehenden Dritten aus der Satzung objektiv erkennbar ist[234]. Die Satzung ist aus sich heraus und einheitlich auszulegen. Nicht zu berücksichtigen sind daher Ziele und Interessen der Gründer und in der Regel auch die Entstehungsgeschichte der Satzung[235]. Maßgebend für die Auslegung sind der erkennbare Vereinszweck und die erkennbaren Interessen der Mitglieder, wie sie bei Fortwirken der unverän-

---

[230] Ebenso: Wiedemann/Oetker, TVG, § 2, Rn. 65.

[231] S.o. 2. Teil A. I. 1.

[232] Soergel/Hadding, BGB, § 25, Rn. 32.

[233] BGH NJW-RR 1996, S. 866, 867; BAG AP Nr. 1, 8 zu § 2 TVG Tarifzuständigkeit. Das Bundesarbeitsgericht stützt seine Ansicht unabhängig von der dogmatischen Ausgangslage zusätzlich mit dem Argument ab, daß eine Satzungsüberschreitung die Nichtigkeit eines Tarifvertrages zur Folge haben könne.

[234] BGHZ 63, 282, 290; 113, 237, 240; BAG AP Nr. 1, 8, 14 zu § 2 TVG Tarifzuständigkeit.

[235] BGHZ 47, 172, 180; BAG AP Nr. 1 zu § 2 TVG Tarifzuständigkeit; MüKo/Reuter, BGB, § 25, Rn. 22; Palandt/Heinrichs, BGB, § 25, Rn. 4; dagegen auch die Entstehungsgeschichte berücksichtigend: BAG AP Nr. 8, 14 zu § 2 TVG Tarifzuständigkeit; Hueck/Nipperdey, Lehrbuch des Arbeitsrechts II/1, S. 447; Wiedemann/Oetker, TVG, § 2, Rn. 73. Voraussetzung dafür dürfte aber die Kenntnis oder zumindest aber die Möglichkeit der Kenntnis der Entstehungsgeschichte durch die Betroffenen sein, vgl. BAG AP Nr. 168 zu § 1 TVG Tarifverträge: Bau.

derlichen Leitidee angesichts der Veränderung von Realitäten und Einstellungen am besten sichergestellt werden können[236]. Davon ausgehend ist zunächst der Satzungswortlaut in seiner typischen Bedeutung maßgebend[237]. Darüber hinaus können im Zweifel der systematische Bezug und der Sinn und Zweck der Regelung berücksichtigt werden, soweit er sich aus objektiv erkennbaren Umständen ergibt. Im Rahmen der Tarifzuständigkeit sind als Auslegungshilfe insbesondere auch die Anschauungen der beteiligten Berufskreise[238] sowie das in der Satzung verankerte Organisationsprinzip des Verbandes heranzuziehen[239].

Aber auch soweit man der Vertragstheorie folgt, dürfte die Auslegung im Ergebnis nicht wesentlich von den dargestellten Grundsätzen abweichen[240]. Trotz der Anwendung der §§ 133, 157 BGB drängen auch deren Vertreter den Willen der Gründer wegen der Einordnung der Satzung als Erklärung an die Öffentlichkeit zurück und fordern unter Hinweis auf die Satzung als Grundlage einer Organisation und eines Dauerrechtsverhältnisses ebenfalls eine einheitliche und objektive Auslegung nach Wortlaut, Sinn und Zweck und Gesamtzusammenhang der Regelung[241].

Maßgebender Zeitpunkt für das Vorliegen der (beiderseitigen) Tarifzuständigkeit der Tarifvertragsparteien ist der Zeitpunkt, in dem der jeweilige Tarifvertrag abgeschlossen wird[242]. Eine beim Tarifvertragsabschluß fehlende Tarifzuständigkeit kann weder rückwirkend noch mit Wirkung für die Zukunft geheilt werden. Grundsätzlich bleibt auch im letzteren Falle ein Neuabschluß des Tarifvertrages erforderlich[243]. Während der Laufzeit des Tarifvertrages muß die Tarifzuständigkeit beider Tarifvertragsparteien ununterbrochen gegeben sein[244].

---

[236] BGHZ 47, 172, 180, MüKo/Reuter, § 25, Rn. 22; Reichert, Vereins- und Verbandsrecht, Rn. 301.

[237] Reichert, Vereins- und Verbandsrecht, Rn. 301.

[238] BAG AP Nr. 1, 8, 14 zu § 2 TVG Tarifzuständigkeit; Hueck/Nipperdey, Lehrbuch des Arbeitsrechts II/1, S. 447; Wiedemann/Oetker, TVG, § 2, Rn. 73.

[239] Eisenhart Rothe v., Probleme der Tarifzuständigkeit, S. 41; Kutscher, Die Tarifzuständigkeit, S. 31, 32.

[240] Palandt/Heinrichs, BGB, § 25, Rn. 3, 4.

[241] Soergel/Hadding, BGB, § 25, Rn. 32; vgl. aber auch: MüKo/Reuter, BGB, § 25, Rn. 22, nach dem die theoretische Distanz zwischen beiden Auffassungen durchaus auch praktisch bedeutsame Akzente setze.

[242] BAG AP Nr. 7, 8 zu § 2 TVG Tarifzuständigkeit.

[243] Wiedemann/Oetker, TVG, § 2, Rn. 45.

[244] Zu den einzelnen Rechtsfolgen beim Wegfall der Tarifzuständigkeit s.u. 4. Teil B.

II. Die Grenzen der autonomen Festlegung

Wenn auch die Autonomie der Tarifvertragsparteien bei der Festlegung ihres Zuständigkeitsbereiches von vornherein weder gesetzlich noch richterrechtlich eingeschränkt ist[245], stellt sich dennoch die Frage, ob den Koalitionen bei der autonomen Festlegung ihrer Tarifzuständigkeit nicht Grenzen aus Rechten Dritter gezogen sind. Dabei handelt es sich um die Problematik, daß mehrere Koalitionen sich überschneidende Zuständigkeitsbereiche aufweisen. Während auf Arbeitgeberseite aber in aller Regel eine strikte Trennung der Zuständigkeitsbereiche besteht, kommen Zuständigkeitsüberschneidungen auf Gewerkschaftsseite nicht selten vor[246]. Zum einen geht es hier um den Schutz einer Gewerkschaft gegenüber nunmehr im selben Zuständigkeitsbereich konkurrierender Gewerkschaften, zum anderen um den Schutz der Arbeitgeberseite, die eine bestimmte von mehreren Gewerkschaften für zuständig hält oder sich der kampfweisen Inanspruchnahme durch mehrere Gewerkschaften gegenübersieht.

1. Die Grenzen aus der Koalitionsfreiheit (Art. 9 Abs. 3 GG)

Nach Art. 9 Abs. 3 S. 2 GG sind Abreden, die die Koalitionsfreiheit einschränken (1. Alt.) oder zu behindern suchen (2. Alt.), nichtig und darauf gerichtete Maßnahmen (3. Alt.) rechtswidrig. Nach ganz herrschender Meinung vermittelt Art. 9 Abs. 3 GG damit nicht nur Grundrechtsschutz gegenüber staatlichen Eingriffen, sondern über diesen Satz 2 auch gegen privatrechtliche Beschränkungen. Art. 9 Abs. 3 S. 2 GG kommt damit unmittelbare Drittwirkung zu[247]. Adressat sind also alle Privatrechtssubjekte, mithin auch die Koalitionen der Arbeitnehmer- und der Arbeitgeberseite[248]. Abreden im Sinne des Art. 9 Abs. 3 S. 2 GG sind alle zwei- oder mehrseitigen Vereinbarungen unabhängig davon, ob es sich um Verträge im rechtstechnischen Sinne handelt oder nicht[249]. Die Satzungen der Koalitionen als Beschlüsse der Gründer bzw. sodann regelmäßig der Mitglieder- oder Delegiertenversammlung fallen unter den Begriff der „Abre-

---

[245] S.o. 2. Teil A. I. 2. d) cc).

[246] Hillebrand, Das Merkmal „Tarifzuständigkeit"..., S. 3.

[247] BVerfGE 57, 220, 245; BAG AP Nr. 89 zu Art. 9 GG; Gamillscheg, Kollektives Arbeitsrecht I, § 5 II 1 a), S. 191; Maunz/Dürig/Scholz, GG, Art. 9, Rn. 332, 333; Münch v./Kunig/Löwer, GG, Art. 9 Abs. 3, Rn. 85.

[248] MünchArbR/Löwisch/Rieble, § 243, Rn. 81.

[249] BK/Münch v., GG, Art. 9, Rn. 158; Münch v./Löwer, GG, Art. 9, Rn. 86; a.A. Mangoldt v./Klein/Starck/Kemper, GG, Art. 9, Rn. 284, der nur rechtsverbindliche Vereinbarungen als „Abreden" ansieht und im übrigen auf das Merkmal „Maßnahmen" abstellen will.

de"[250]. Maßnahmen im Sinne des Art. 9 Abs. 3 S. 2 Alt. 3 GG sind dagegen alle sonstigen einseitigen Rechtsgeschäfte und Handlungen/Unterlassungen[251]. Zu diesen Handlungen gehören insbesondere auch Arbeitskampfmaßnahmen[252].

Einschränkende Abreden im Sinne der ersten Alternative liegen bei objektiver und effektiver Beschränkung der individuellen oder kollektiven Koalitionsfreiheit vor, ohne daß es auf einen dahinzielenden Willen ankäme[253]. Demgegenüber steht bei Abreden im Sinne der 2. Alt., die die Koalitionsfreiheit zu behindern suchen, gerade und ausschließlich die subjektive Tendenz im Mittelpunkt. Ob der angestrebte Erfolg erzielt wird, ist dagegen unbeachtlich[254]. Auch Alt. 3 erfordert nach einer Ansicht aufgrund seines Wortlauts („darauf gerichtet") eine Maßnahme, die willentlich auf den koalitionsfeindlichen Erfolg hinzielt[255]. Aber auch wenn ein willentliches Verhalten nicht vorliegt, wird man nach Sinn und Zweck eine Maßnahme, die die Koalitionsfreiheit tatsächlich objektiv beeinträchtigt, als rechtwidrig anzusehen haben, da es nicht einsichtig ist, wieso insoweit zwischen einer mehrseitigen Vereinbarung und einem nur einseitigen Handeln ein Unterschied gemacht werden sollte[256].

Da nach diesen Grundsätzen die satzungsmäßig festgelegten Zuständigkeitsbereiche der Koalitionen als Abreden im Sinne des Art. 9 Abs. 3 S. 2 GG einzuordnen sind, ist zu untersuchen, ob es sich bei den oben aufgezeigten Zuständigkeitsfestlegungen um unzulässige und damit nichtige Abreden im Sinne von Art. 9 Abs. 3 S. 2 Alt. 1 oder Alt. 2 GG handelt. Zu beachten ist aber dabei, daß nicht jede Abrede, die tatsächlich die Koalitionsfreiheit einschränkt oder zu behindern sucht, unwirksam ist. Dies gilt insbesondere für Abreden, die selbst in den

---

250 Ausdrücklich: BK/Münch v., GG, Art. 9, Rn. 158.

251 BK/Münch v., GG, Art. 9, Rn. 167; Hueck/Nipperdey, Lehrbuch des Arbeitsrechts II/1, S. 129; MünchArbR/Löwisch/Rieble, § 245, Rn. 94; Nikisch, Arbeitsrecht II, S. 35.

252 Ausdrücklich: BK/Münch v., GG, Art. 9, Rn. 167.

253 BK/Münch v., GG, Art. 9, Rn. 159; Hueck/Nipperdey, Lehrbuch des Arbeitsrechts II/1, S. 129; Münch v./Löwer, GG, Art. 9, Rn. 86; a.A. Nikisch, Arbeitsrecht II, S. 34; wohl auch Gamillscheg, Kollektives Arbeitsrecht I, § 5 II 1 b), S. 193, der es wahrscheinlich für ein Redaktionsversehen hält, daß sich das Wort „suchen" in Art. 9 Abs. 3 S. 2 GG entgegen dem früheren Art. 159 S. 2 WRV sprachlich nur auf „behindern" bezieht.

254 BK/Münch v., GG, Art. 9, Rn. 159; Hueck/Nipperdey, Lehrbuch des Arbeitsrechts II/1, S. 129.

255 BK/Münch v., GG, Art. 9, Rn. 168; Mangoldt v./Klein/Starck/Kemper, GG, Art. 9, Rn. 284; Münch v./Löwer, GG, Art. 9 GG, Rn. 88.

256 Ebenso: Hueck/Nipperdey, Lehrbuch des Arbeitsrechts II/1, S. 130; im Ergebnis ebenso: Maunz/Dürig/Scholz, GG, Art. 9, Rn. 333, der das hier gefundene Ergebnis im wesentlichem dadurch erzielt, daß er den Begriff „Abrede" ausweitet und damit den Unterschied zwischen „Abrede" und „Maßnahme" aufweicht; a.A.: BK/Münch v., GG, Art. 9 GG, Rn. 168; Mangoldt v./Klein/Starck/Kemper, GG, Art. 9, Rn. 284; Nikisch, Arbeitsrecht II, S. 35.

Schutzbereich von Art. 9 Abs. 3 S. 1 GG fallen und sich als Ausübung dieser Freiheit darstellen. Gerade dies ist aber bei den satzungsmäßigen Festlegungen der Tarifzuständigkeit der Fall, die selbst in die von Art. 9 Abs. 3 S. 1 GG geschützte Satzungsautonomie der Verbände fallen. Darin liegt grundsätzlich keine „Einschränkung" oder „Behinderung", da ein grundrechtlich geschütztes Verhalten nicht rechtswidrig sein kann[257]. Allerdings ist darauf hinzuweisen, daß die Koalitionsfreiheiten der sozialen Gegenspieler, aber auch der konkurrierenden Verbände nicht grenzenlos bestehen, sondern gerade dort, wo sie sich gegenüberstehen, zum Ausgleich gebracht werden müssen[258]. Damit findet Art. 9 Abs. 3 S. 2 GG nicht nur zwischen miteinander konkurrierenden Verbänden Anwendung, so daß durch Abwägung ermittelt werden muß, welcher grundrechtlich geschützten Betätigungen der Vorrang eingeräumt werden muß[259]. Auch im Verhältnis von Gewerkschaften und Arbeitgeberseite sind alle Verhaltensweisen einer Koalition, also auch satzungsmäßige Festlegungen der Tarifzuständigkeit, nicht mehr von Art. 9 Abs. 3 S. 1 GG geschützt und fallen damit unter Art. 9 Abs. 3 S. 2 GG, wenn sie die Parität zwischen Gewerkschaft und Arbeitgebern/Arbeitgeberverbänden beeinträchtigen bzw. beeinträchtigen sollen[260]. Maßstab ist auch hier eine abstrakt-materielle Parität, so daß im Verhältnis der sozialen Gegenspieler zueinander geprüft werden muß, inwieweit oben beschriebene Zuständigkeitsfestlegungen eine allgemeine und evidente Gleichgewichtsstörung herbeiführen[261].

a) Die Grenzen aus der Koalitionsfreiheit konkurrierender Gewerkschaften

Fraglich ist zunächst, ob die Satzungsautonomie der Gewerkschaften bereits durch den von Art. 9 Abs. 3 S. 1 GG geschützten Zuständigkeitsbereich konkurrierender Verbände begrenzt wird, also ob es einem Verband grundsätzlich möglich ist, seine Zuständigkeit auch im Organisationsbereich eines konkurrierenden Verbandes zu begründen bzw. in diesen Bereich auszudehnen.

Tatsächlich vertritt eine ältere Ansicht, daß die Verbände auch bei der Wahl ihres Zuständigkeitsbereiches einer gegenseitigen Duldungspflicht unterlägen, die es grundsätzlich einer Koalition verbiete, ihren Zuständigkeitsbereich in den eines anderen Verbandes auszudehnen, soweit nicht ihr Interesse an der eigenen

[257] Mangoldt v./Klein/Starck/Kemper, GG, Art. 9, Rn. 281.
[258] BVerfGE 88, 103, 115; 92, 365, 394; Kutscher, Die Tarifzuständigkeit, S. 46; Maunz/Dürig/Scholz, GG, Art. 9, Rn. 334, 354, 355; Sachs/Höfling, GG, Art. 9, Rn. 129, 131.
[259] Gamillscheg, Kollektives Arbeitsrecht I, § 5 II 5 c), S. 205.
[260] AK/Kittner/Schiek, GG, Art. 9, Rn. 150.
[261] Zum Erfordernis der Koalitionsparität s. bereits oben 1. Teil B. VI. 2. c) bb) (1).

Tarifzuständigkeit für dieses Gebiet ebenso schutzwürdig sei wie das des anderen Verbandes. Anderenfalls sei die Tarifzuständigkeit des anderen Verbandes ein vorrangiges Recht im Sinne von Art. 2 Abs. 1 GG, das bei der Wahl der eigenen Tarifzuständigkeit respektiert werden müsse[262]. Soweit dafür auf Art. 2 Abs. 1 GG abgestellt wird, kann dem bereits nicht gefolgt werden, da alle koalitionsspezifischen Tätigkeiten und damit auch die Begründung einer Tarifzuständigkeit sowie der Abschluß von Tarifverträgen von Art. 9 Abs. 3 GG als lex specialis erfaßt sind[263]. Aber auch Art. 9 Abs. 3 GG stützt diese Ansicht nicht, deren Ziel vor allem darin liegt, lückenlos aneinander angrenzende Tarifzuständigkeiten zu schaffen und damit Tarifpluralitäten zu verhindern. Dagegen sprechen nicht nur die praktischen Schwierigkeiten bei einer Abwägung der gegenseitigen Interessen sowie die fehlende Begründung für eine Anwendung des Prioritätsgrundsatzes zugunsten der erstzuständigen Gewerkschaft[264]. Maßgebend ist vielmehr, daß Art. 9 Abs. 3 GG die freie Gründung und Betätigung von Koalitionen schützt und daher Zuständigkeitsüberschneidungen gerade nicht zu verhindern beabsichtigt. Vielmehr gewährleistet Art. 9 Abs. 3 GG einen freien Wettbewerb konkurrierender Koalitionen und damit einen Koalitionspluralismus[265].

Die Satzungsautonomie einer Koalition wird also nicht dadurch beschränkt, daß in dem erfaßten Organisationsgebiet bereits andere Verbände eine Tarifzuständigkeit in Anspruch nehmen[266]. Eine entsprechende Ausgestaltung der Satzung fällt danach nicht unter Art. 9 Abs. 3 S. 2 1. Alt. GG. Sie ist auch keine Abrede, die die Koalitionsfreiheit der konkurrierenden Gewerkschaft zu behindern sucht (Art. 9 Abs. 3 S. 2 2. Alt. GG), da eine Koalition, die mit einer anderen konkurriert, grundsätzlich darauf aus ist, den konkurrierenden Verband zum eigenen Vorteil zu schwächen[267]. In der bloßen Herbeiführung von Konkurrenz und Wettbewerb liegt jedoch keine koalitionsfeindliche Willensrichtung, wie sie Art. 9 Abs. 3 S. 2 2. Alt. GG erfordert.

---

262 Link, Die Tarifzuständigkeit, S. 44; wohl auch: Hueck/Nipperdey, Lehrbuch des Arbeitsrechts II/1, S. 145, 149.
263 Kempen/Zachert, TVG, § 2, Rn. 118.
264 Kraft, Festschrift für Schnorr von Carolsfeld, S. 255, 269.
265 AK/Kittner/Schiek, GG, Art. 9, Rn. 149; Eisenhart Rothe v., Probleme der Tarifzuständigkeit, S. 64; Kempen/Zachert, TVG, § 2, Rn. 118; Maunz/Dürig/Scholz, GG, Art. 9, Rn. 253.
266 S. bereits oben 2. Teil A. I. 2. d) cc) (3); Blank, Die Tarifzuständigkeit der DGB-Gewerkschaften, S. 121; Delheid, Tarifzuständigkeit, S. 36; Eisenhart Rothe v., Probleme der Tarifzuständigkeit, S. 66, 67; Heß, ZfA 1976, S. 45, 75; Hromadka/Maschmann/Wallner, Der Tarifwechsel, Rn. 27.
267 Kempen/Zachert, TVG, § 2, Rn. 118.

b) Die Grenzen aus der Koalitionsfreiheit der Arbeitgeberseite

Grenzen einer autonomen gewerkschaftlichen Festlegung der Tarifzuständigkeit könnten sich aber aus der Koalitionsfreiheit der Arbeitgeberseite ergeben. Wie oben aufgezeigt, wäre dies vor allem dann der Fall, wenn die Gewerkschaften durch die Festlegung bestimmter Zuständigkeitsbereiche die zur Gewährleistung einer gerechten Tarifautonomie erforderliche Parität der Tarifgegner gefährdeten oder gefährden wollten. Dabei ist anzumerken, daß die von Art. 9 Abs. 3 GG gewährte Koalitionsfreiheit auch die Arbeitgeberseite in vollem Umfang schützt[268].

aa) Die Beschränkung der gewerkschaftlichen Tarifzuständigkeit auf einen bestimmten oder mehrere Arbeitgeber

Fraglich ist, ob eine Gewerkschaft ihre Tarifzuständigkeit allein auf einen bestimmten oder mehrere bestimmte Arbeitgeber beschränken darf. Dabei ist zunächst wiederum auf das vom Bundesarbeitsgericht für die Tariffähigkeit der Tarifvertragsparteien aufgestellte Erfordernis der Überbetrieblichkeit hinzuweisen[269]. Im Rahmen der hier anzustellenden Überlegungen soll das Merkmal jedoch außer Betracht bleiben.

Nach einer Meinung seien die Koalitionsfreiheiten der sich gegenüberstehenden Tarifpartner untrennbar miteinander verknüpft, so daß nicht nur die Satzungsautonomie einer Seite betrachtet werden, sondern vielmehr ein besonderer Verfahrensschutz beachtet werden müsse[270]. Eine Beschränkung der Tarifzuständigkeit auf bestimmte Tarifpartner sei daher rechtswidrig, da sie die positive Koalitionsfreiheit des tariflichen Gegenspielers unzulässig einschränke[271].

Ohne auf die Frage, ob bereits in der bloßen Ausgestaltung der Satzung eine Einschränkung der Koalitionsfreiheit liegen kann, einzugehen[272], kann dieser Ansicht auch im übrigen, eine Einschränkung unterstellt, nicht gefolgt werden. Dem einzelnen Arbeitgeber, der auch bei einer Verbandsmitgliedschaft gemäß § 2 Abs. 1 TVG tariffähig bleibt[273], wird dadurch zunächst nicht die von Art. 9

---

[268] Ausführlich dazu unten 3. Teil C. I. 4 a) bb).

[269] S. zu dieser Voraussetzung der Tariffähigkeit und zu der Kritik an dem Merkmal oben 2. Teil A. I. 2. d) cc) (4).

[270] Martens, SAE 1987, S. 7, 9.

[271] Wiedemann/Oetker, TVG, § 2, Rn. 67.

[272] S. dazu sogleich 2. Teil A. II. 1. b) bb).

[273] S.u. 3. Teil C. I. 1.

Abs. 3 GG geschützte Möglichkeit genommen, einem Arbeitgeberverband beizutreten und mit den anderen Arbeitgebern an der gemeinsamen Zweckverfolgung, dem Abschluß von Verbandstarifverträgen, teilzunehmen. Dieser Verband kann gegenüber der Gewerkschaft, die nur für eines oder mehrere seiner Mitglieder zuständig ist, die tariflichen Interessen seines Mitglieds ohne Rücksicht darauf, ob die Gewerkschaft allein an den Arbeitgeber herantritt oder nicht, umfassend wahrnehmen. Der Arbeitgeberverband kann sein Mitglied finanziell und im Rahmen anderer Solidaritätsmaßnahmen Unterstützung zuteil werden lassen. Sofern man Sympathiearbeitskämpfe rechtlich für zulässig hält, ist schließlich an eine Abwehraussperrung durch die übrigen Verbandsmitglieder zu denken[274]. Allerdings ist der Einwand zu beachten, daß in der Praxis das Interesse an Unterstützung und Solidarität der anderen in dem Verband organisierten Arbeitgeber gering sein wird, da sie eine tarifliche Inanspruchnahme durch diese Gewerkschaft gerade nicht befürchten müssen. Damit besteht zwar rechtlich die Möglichkeit, im Rahmen der Ausübung der positiven Koalitionsfreiheit an der kollektiven Betätigung des Verbandes teilzunehmen, im Ergebnis läuft diese aber aufgrund der aufgezeigten Interessenlage praktisch zumindest zu einem großen Teil leer. Da die Grundrechte mit Rücksicht auf die anzutreffende Verfassungswirklichkeit auszulegen und daher grundsätzlich auch rechtstatsächliche Umstände zu berücksichtigen sind[275], liegt demnach eine Beschränkung der positiven Koalitionsfreiheit des Arbeitgebers bzw. der Arbeitgeber vor. Damit stehen sich also die positive Koalitionsfreiheit der Arbeitnehmer bzw. die kollektive Koalitionsfreiheit der für diese(n) bestimmte(n) Arbeitgeber zuständigen Gewerkschaft auf der einen und die positive Koalitionsfreiheit des betroffenen Arbeitgebers/der betroffenen Arbeitgeber auf der anderen Seite unversöhnlich gegenüber. Im Rahmen einer Abwägung der sich gegenüberstehenden Koalitionsfreiheiten ist daher zu ermitteln, welcher Seite der Vorrang eingeräumt werden muß. In diesem Zusammenhang ist aber wiederum zu berücksichtigen, daß auf Arbeitgeberseite in jedem Fall zumindest rechtlich die Ausübung der Koalitionsfreiheit gewahrt bleibt, während eine negative Entscheidung zu Lasten der Gewerkschaft deren Koalitionsfreiheit ganz vereitelte. Der Koalitionsfreiheit der Gewerkschaft ist daher der Vorrang einzuräumen, wenn durch die Beschränkung ihrer Tarifzuständigkeit auf einen bestimmten oder mehrere Arbeitgeber die von Art. 9 Abs. 3 GG vorausgesetzte abstrakt-materielle Koalitionsparität[276] zwischen den Tarifpartnern nicht beeinträchtigt wird.

Eine Beeinträchtigung des tatsächlichen Gleichgewichts zwischen dem einzelnen Arbeitgeber und „seiner" Gewerkschaft besteht aber nicht. Da die Gewerk-

---

[274] S.u. 3. Teil C. I. 4. c) bb) (1).
[275] BVerfGE 73, 118, 154; 74, 297, 350; Hesse, Grundzüge des Verfassungsrechts, Rn. 36, 45ff.
[276] S. dazu oben 1. Teil B. VI. 2. c) bb) (1).

schaft tariflich nur im Hinblick auf diese(n) Arbeitgeber tätig wird und sich damit allein aus dessen/deren Arbeitnehmern zusammensetzt, steht die tarifliche Verhandlungs- und Arbeitskampfstärke der Gewerkschaft in unmittelbarer Relation zu der des Arbeitgebers/der Arbeitgeber. Die Gefahr eines Ungleichgewichts ist daher grundsätzlich nicht gegeben. Daß dem Arbeitgeber/den Arbeitgebern möglicherweise eine weitere Gewerkschaft, die ggf. branchenweit auftritt, gegenübersteht, stellt für den Arbeitgeber eine zusätzliche Belastung dar, die aber nicht dazu führen kann, die Koalitionsfreiheit der Arbeitnehmer bzw. ihrer Gewerkschaft zurücktreten zu lassen. Soweit hier eine mehrfache arbeitskampfrechtliche Inanspruchnahme des Arbeitgebers/der Arbeitgeber droht, kann ihm/ihnen gegebenenfalls nach arbeitskampfrechtlichen Grundsätzen geholfen werden. Im übrigen wird dem Arbeitgeber/den Arbeitgebern bezüglich der branchenweit auftretenden Gewerkschaft der durch den Arbeitgeberverband vermittelte Schutz zuteil.

Auch die kollektive Koalitionsfreiheit des Arbeitgeberverbandes, die diesen in seinem Bestand und seiner Betätigung schützt, wird nicht unzulässig beeinträchtigt. Die Koalitionen genießen weder im Hinblick auf ihren Mitgliederbestand noch im Hinblick auf ihre tariflichen Betätigungen Schutz vor Veränderungen, die sich im freien Wettbewerb aus der Wahrnehmung der Koalitionsfreiheit des sozialen Gegenspielers ergeben. Der Entschluß der Arbeitnehmerseite, sich nur für einen bestimmten oder mehrere bestimmte Arbeitgeber zu organisieren, der auf vielfältigen Motiven, zum Beispiel fehlender Attraktivität oder Organisationsfähigkeit bei den Arbeitnehmern anderer Arbeitgeber, beruhen kann, ist als freie Entscheidung bei der Ausübung der Koalitionsfreiheit hinzunehmen. Würde man etwas anderes verlangen, bedeutete dies, eine Gewerkschaft in Bestand und tariflicher Betätigung in Relation zu der Größe des Arbeitgeberverbandes zu setzen. Dies allerdings wäre ein unzulässiger Eingriff in die Koalitionsfreiheit der Arbeitnehmerseite und damit in das freie Spiel der Kräfte. Dies gilt auch dann, wenn es sich um ein besonders großes Unternehmen des Arbeitgeberverbandes handelt, das die Kampfkraft des Verbandes ganz wesentlich bestimmt. Selbst wenn hier das Unternehmen seinen Arbeitgeberverband verläßt, da es seine tariflichen Interessen bezogen auf „seine“ Gewerkschaft in der Praxis nicht mehr durch den Verband gewahrt sieht, besteht die Gefahr einer Beeinträchtigung der materiellen Koalitionsparität nicht. Mit dem Erstarken einer für einen bestimmten Arbeitgeber des Verbandes zuständigen (Zweit-)Gewerkschaft geht gleichzeitig auch ein Machtverlust der Gewerkschaft einher, die im übrigen dem betroffenen Arbeitgeberverband korrespondierend gegenübersteht. Da somit Organisationsbereiche und Machtpotential der Koalitionen grundsätzlich in unmittelbarem Verhältnis zueinander stehen, ist ein Eingriff in das freie Spiel der Kräfte nicht erforderlich.

Die Koalitionsfreiheit der Arbeitnehmerseite wird damit bei der Wahl des Zuständigkeitsbereiches weder durch die Koalitionsfreiheit eines Arbeitgebers noch seines Arbeitgeberverbandes beschränkt, so daß eine Gewerkschaft die Möglichkeit hat, ihre Tarifzuständigkeit auch allein auf einen Arbeitgeber zu beschränken. Der von *Martens* bei der Ausübung der Koalitionsfreiheiten geforderte Verfahrensschutz[277] wird grundsätzlich im freien Wettbewerb der tariflichen Gegenspieler erreicht.

Soweit damit die fraglichen gewerkschaftlichen Zuständigkeitsfestlegungen keine unzulässige objektive Beschränkung der Koalitionsfreiheit eines Arbeitgebers oder seines Arbeitgeberverbandes im Sinne von Art. 9 Abs. 3 S. 2 Alt. 1 GG enthalten, bleibt noch auf den subjektiven Tatbestand von Art. 9 Abs. 3 S. 2. Alt. 2 GG hinzuweisen. Unabhängig von der insoweit schwierigen Beweisführung[278] müssen jedoch Umstände vorliegen, die eine koalitionsfeindliche Absicht ganz eindeutig in den Vordergrund treten lassen. Bei der Festlegung bestimmter Tarifzuständigkeiten, die regelmäßig von Zweckmäßigkeitserwägungen, gegebenenfalls auch von dem Willen getragen sein wird, sich Vorteile in der tariflichen Auseinandersetzung zu verschaffen, wird dies grundsätzlich aber nicht der Fall sein.

bb) Die Einbeziehung eines branchenfremden Arbeitgebers in eine für einen anderen Wirtschaftszweig bestehende gewerkschaftliche Tarifzuständigkeit bzw. die gewerkschaftliche Tarifzuständigkeit für einzelne Betriebe eines Unternehmens

Des weiteren stellt sich die Frage nach Grenzen der autonomen Festlegung aus der Koalitionsfreiheit der Arbeitgeberseite zum einen bei Konstellationen, für die stellvertretend die Allfloor-Entscheidung des Bundesarbeitsgerichts[279] steht. Durch entsprechende Satzungsgestaltung (gegebenenfalls nach Änderung der Satzung) erfaßt eine DGB-Gewerkschaft ein Unternehmen, das eigentlich nach seiner Branchenzugehörigkeit in die Zuständigkeit einer anderen DGB-Gewerkschaft fiel. Regelmäßig handelt es sich in diesen Fallgestaltungen um eine bisher zuständige DGB-Gewerkschaft, die zum Beispiel infolge von Produktionsumstellungen oder rechtlichen Umstrukturierungen (insbesondere Unternehmensauslagerungen) ihre Tarifzuständigkeit nach ihrem angestammten

---

[277] Martens, SAE 1987, S. 7, 9.
[278] Vgl. dazu Gamillscheg, Kollektives Arbeitsrecht I, § 5 II 1 b), S. 194; Mangoldt v./Klein/Starck/Kemper, GG, Art. 9, Rn. 285.
[279] BAG AP Nr. 4 zu § 2 TVG Tarifzuständigkeit.

satzungsmäßigen Wirtschaftszweig verloren hat. Die bisher zuständige DGB-Gewerkschaft verlangt nach entsprechender Zuständigkeitsausdehnung von dem Unternehmen den Abschluß eines Firmentarifvertrages. An den Arbeitgeberverband, dem das betroffene Unternehmen nach der Produktionsumstellung/Umstrukturierung neu beigetreten ist, wendet sich die Gewerkschaft nicht, da sie allein ein Interesse daran hat, das Unternehmen bzw. den Unternehmensteil, für das/den sie bisher zuständig war, zu erfassen. Das (rechtlich verselbständigte) Unternehmen dagegen wünscht sich die Tarifzuständigkeit der DGB-Gewerkschaft, die grundsätzlich ihrem neuen Arbeitgeberverband und damit auch den anderen Unternehmen seiner Branche korrespondierend gegenübersteht. In dieser Konstellation möchte eine Ansicht vor allem im Hinblick auf die von Art. 9 Abs. 3 GG geschützte individuelle Koalitionsfreiheit des Arbeitgebers die Satzungsautonomie der bisher zuständigen Gewerkschaft einschränken[280].

Zum anderen geht es um die Frage, ob eine Gewerkschaft für einzelne Betriebe eines Unternehmens eine Tarifzuständigkeit begründen kann, während im übrigen für das Gesamtunternehmen eine andere Gewerkschaft zuständig ist. Hier treffen regelmäßig das Interesse der Gewerkschaft, für einzelne Betriebe einen Firmentarifvertrag abzuschließen, und das Interesse des Arbeitgebers, durch die Mitgliedschaft in einem für das Gesamtunternehmen zuständigen Arbeitgeberverband unternehmenseinheitliche (Verbands-)Tarifregelungen zu erreichen, aufeinander[281]. Im Falle der Zulässigkeit der betriebsbezogenen Tarifzuständigkeit sieht sich der einzelne Arbeitgeber mehreren Gewerkschaften gegenüber und könnte daher tariflich mehrmals in Anspruch genommen werden. Auch hier wird daher von einer Ansicht zum Schutze des Arbeitgebers verlangt, entweder die Satzungsautonomie in der Weise, daß sie nur unternehmensbezogen ausgestaltet werden dürfe, zu beschränken oder eine Wahl einer eigenen Tarifzuständigkeit des einzelnen Arbeitgebers zuzulassen, um eine mehrfache arbeitskampfrechtliche Inanspruchnahme des Arbeitgebers auszuschließen[282]. Teilweise wird dieses Ergebnis auch auf die durch Art. 12 Abs. 1 GG geschützte Unternehmensautonomie gestützt[283].

Ohne - wie oben unter aa) - in eine Abwägung der sich gegenüberstehenden Koalitionsinteressen einzutreten, soll hier bereits von vornherein der Tatbestand des

[280] Hromadka/Maschmann/Wallner, Der Tarifwechsel, Rn. 175; Kutscher, Die Tarifzuständigkeit, S. 59ff; Martens, SAE 1987, S. 7, 10; Wiedemann, Festschrift für H.-J. Fleck, S. 447, 458.

[281] Fallgestaltung BAG AP Nr. 10, 11 zu § 2 TVG Tarifzuständigkeit.

[282] Buchner, ZfA 1995, S. 106ff; ders., SAE 1995, S. 262ff; Heinze, DB 1997, S. 2126; Henssler, ZfA 1998, S. 517, 522; kritisch auch: Hanau, ZfA 1990, S. 115, 129.

[283] Henssler, ZfA 1998, S. 517, 524.

Art. 9 Abs. 3 S. 2 1. Alt. GG abgelehnt werden. Die Forderungen nach Beschränkungen der gewerkschaftlichen Satzungsautonomie zum Schutze der Arbeitgeberseite sind nämlich zurückzuweisen, da sie zu früh eingreifen und zum Schutze der Arbeitgeber nicht erforderlich sind. Zunächst wäre den Tarifpartnern unnötig die Möglichkeit eines freiwilligen Tarifvertragsschlusses genommen. Problematisch ist zudem in den aufgezeigten Konstellationen nicht die Begründung der gewerkschaftlichen Tarifzuständigkeit durch entsprechende Satzungsgestaltungen, sondern allein die arbeitskampfweise Inanspruchnahme des Arbeitgebers aufgrund derartig begründeter Tarifzuständigkeiten. Nur durch Arbeitskampfmaßnahmen erzwungene Tarifverträge können etwaige Rechte der Arbeitgeberseite beeinträchtigen. Eine Verletzung ist aber ausgeschlossen, wenn ein Arbeitgeber freiwillig einen Tarifvertrag mit der Gewerkschaft, die ihre Tarifzuständigkeit dementsprechend begründet hat, abschließt und damit auf die Wahrnehmung etwaiger Rechte verzichtet[284]. So hat auch das Bundesarbeitsgericht im Rahmen der Allfloor-Entscheidung zunächst die Zulässigkeit entsprechender gewerkschaftlicher Satzungsgestaltungen aufgezeigt und erst dann geprüft, ob Rechte der Arbeitgeberseite durch eine so begründete Tarifzuständigkeit verletzt werden[285]. Im Rahmen seiner Entscheidung, die die oben erwähnte Konstellation der Inanspruchnahme von Betrieben eines Unternehmens betraf, hat es ebenfalls eine Einschränkung der Tarifzuständigkeit abgelehnt und darauf verwiesen, daß einer unzumutbaren Belastung durch Kampfmaßnahmen konkurrierender Gewerkschaften vorrangig durch entsprechende Anpassung arbeitskampfrechtlicher Grundsätze zu begegnen sei[286]. Eine objektive Beschränkung der Koalitionsfreiheit des sozialen Gegenspielers liegt in den genannten Fällen demnach nicht vor. Art. 9 Abs. 3 S. 2. 1. Alt. GG ist also nicht erfüllt.

Die Satzungsautonomie einer Gewerkschaft zur Festlegung ihrer Tarifzuständigkeit wird damit nicht durch die Koalitionsfreiheit der Arbeitgeberseite beschränkt. Ihre satzungsmäßigen Zuständigkeitsfestlegungen sind und bleiben ohne Rücksicht auf die Rechte der Arbeitgeberseite wirksam. Allerdings ist damit nicht die Frage beantwortet, ob eine gewerkschaftliche Tarifzuständigkeit unter Beachtung der Rechte der Arbeitgeberseite uneingeschränkt im Arbeitskampf wahrgenommen werden kann. Dies ist eine spezifische Frage der Zulässigkeit gewerkschaftlicher Arbeitskampfmaßnahmen und daher auch an dieser Stelle zu behandeln[287]. Aufgrund der grundsätzlich unbeschränkten Tarifzustän-

---

[284] Kutscher, S. 92, 102, 104 erkennt dies auch; er sieht aber die vorliegenden satzungsmäßigen Zuständigkeiten nur bis zur Ablehnung eines freiwilligen Tarifvertragsschlusses als zeitlich befristet wirksam an und geht im Falle eines Arbeitskampfes dann von einer Nichtigkeit der entsprechenden Satzungsbestimmungen gemäß Art. 9 Abs. 3 S. 2 GG aus.
[285] BAG AP Nr. 4 zu § 2 TVG Tarifzuständigkeit.
[286] BAG AP Nr. 10 zu § 2 TVG Tarifzuständigkeit.
[287] S.u. 3. Teil C. I.

digkeit bleibt den Tarifparteien die Möglichkeit freiwilliger Tarifabschlüsse offen. Ein Arbeitgeber kann daher auch in den vorliegenden Konstellationen mit der Gewerkschaft freiwillig einen Tarifvertrag abschließen, zumal nicht grundsätzlich von vornherein ausgeschlossen werden kann, daß ein solcher Abschluß auch einmal gerade im Interesse des betreffenden Arbeitgebers liegt.

Für das Eingreifen des subjektiven Tatbestandes des Art. 9 Abs. 3 S. 2 2. Alt. GG gelten obige Grundsätze. Auch in der Konstellation der Einbeziehung eines branchenfremden Arbeitgebers in eine für einen anderen Wirtschaftszweig bestehende gewerkschaftliche Tarifzuständigkeit wird nur ausnahmsweise die erforderliche koalitionsfeindliche Absicht vorliegen.

2. Sonstige rechtliche Grenzen

Da der Abschluß eines Tarifvertrages von der Begründung der Tarifzuständigkeit der Tarifvertragsparteien, über den Arbeitskampf bis hin zu seinem Abschluß ein zivilrechtlicher Entstehungstatbestand ist, könnten sich Grenzen der Satzungsautonomie aus sonstigen zivilrechtlichen Bestimmungen ergeben, die zum Schutze der Rechte Dritter bestehen. Aber auch hier ist wiederum darauf zu verweisen, daß mit der Begründung einer Tarifzuständigkeit noch keine Rechtsverletzung verbunden ist. Soweit daher auf § 826 BGB abgestellt wird, ist auch nach dieser Grundlage mangels Schadens eine Beschränkung der Tarifzuständigkeit durch Arbeitgeberrechte zurückzuweisen.

Eine Nichtigkeit der Satzungsbestimmungen nach § 138 Abs. 1 BGB, nach dem „anerkannte Ordnungen" geschützt seien[288], kommt nicht in Betracht. Unabhängig von der Frage, ob § 138 Abs. 1 BGB überhaupt einen derartigen Schutzgehalt aufweist, genießen bestimmte tarifliche Ordnungen, die sich durch entsprechende Koalitionsbetätigungen in der Praxis herausgebildet haben, rechtlich jedoch keine Statusgarantie. Zudem gilt auch hier wieder, daß allein die Begründung einer bestimmten Tarifzuständigkeit durch eine Seite noch nicht eine tarifliche Ordnung berührt, mag sie auch auf eine Veränderung dieser gerichtet sein.

---

[288] Reuter, Anmerkung zu BAG AP Nr. 4 zu § 2 TVG Tarifzuständigkeit.

III. Die Tarifzuständigkeit der im Deutschen Gewerkschaftsbund zusammengeschlossenen Gewerkschaften

Auf Gewerkschaftsseite ist von besonderer Bedeutung, ob die Tarifzuständigkeiten der DGB-Gewerkschaften durch ihre Mitgliedschaft im Deutschen Gewerkschaftsbund beeinflußt werden. Der Deutsche Gewerkschaftsbund wurde auf Bundesebene im Oktober 1949 als Spitzenorganisation von 16 Einzelgewerkschaften gegründet. Seit Juli 2001 sind in ihm nach dem Zusammenschluß der ÖTV, DPG, HBV, IG Medien und der bis dahin nicht dem Deutschen Gewerkschaftsbund angehörenden DAG zur Dienstleistungsgewerkschaft ver.di folgende acht Einzelgewerkschaft vertreten: IG BAU, IG BCE, GEW, IG Metall, NGG, GdP, Transnet Gewerkschaft GdED und ver.di[289].

1. Der Deutsche Gewerkschaftsbund als Dachverband tariflich selbständiger Mitgliedsgewerkschaften

Der Deutsche Gewerkschaftsbund ist ein nichtrechtsfähiger Verein, dessen Mitglieder allein die einzelnen Gewerkschaften, nicht aber die einzelnen Gewerkschaftsmitglieder sind. Er ist damit der Dachverband autonomer Mitgliedsgewerkschaften, mithin ein Verband von Verbänden (sog. Vereinsverband)[290]. Die Mitgliedsgewerkschaften als nicht- oder rechtsfähige Vereine sind organisatorisch und rechtlich selbständig und damit keine Untergliederungen des Deutschen Gewerkschaftsbundes, wie zum Beispiel dessen Bezirke (§ 11 der DGB-Satzung[291]) oder Regionen (§ 12 der DGB-Satzung), die ihr Existenzrecht vom Gesamtverband ableiten. Daher kann der Deutsche Gewerkschaftsbund aufgrund seiner Satzungsgewalt gegenüber den Mitgliedsgewerkschaften nur Rechte und Pflichten begründen, wie sie auch ein Verein natürlichen Personen als Mitgliedern gegenüber begründen könnte. Der Deutsche Gewerkschaftsbund hat damit aus eigenem Recht keinen unmittelbaren Einfluß auf die Satzungen der ihm angehörenden Mitgliedsgewerkschaften. Satzungsmäßige Entscheidungen fallen allein in die Autonomie der einzelnen Gewerkschaften. Jedoch können nach § 3 Ziff. 1 i.V.m. § 2 Ziff. 2 c) S. 3 der DGB-Satzung nur Gewerkschaften aufge-

---

289 Vgl. dazu http://www.dgb.de mit weiteren links zu den einzelnen DGB-Mitgliedsgewerkschaften.

290 Reichert, Vereins- und Verbandsrecht, Rn. 2774; Säcker, Probleme bei der Repräsentation von Großvereinen, S. 10; allgemein zum Vereinsverband: Reichert, Vereins- und Verbandsrecht, Rn. 2758, 2776ff; Sauter/Schweyer, Der eingetragene Verein, Rn. 323ff; Steinbeck, Vereinsautonomie und Dritteinfluß, S. 147ff; Stöber, Handbuch zum Vereinsrecht, Rn. 873ff.

291 DGB-Satzung, Ausgabe Juni 2002, zuletzt geändert vom 17. ordentlichen Bundeskongreß 2002 in Berlin.

nommen werden, die die Satzung des Bundes anerkennen und deren Satzungen nicht der Satzung des Bundes widersprechen. Nach § 3 Ziff. 2 S. 2 der DGB-Satzung setzt die Aufnahme einer Gewerkschaft zudem die Übereinstimmung mit der Gewerkschaft oder den Gewerkschaften voraus, die für diesen Organisationsbereich bereits Mitglied des Bundes sind.

Die unmittelbare Durchsetzung tariflicher Forderungen und der Abschluß von Tarifverträgen in ihren satzungsmäßigen Wirtschaftszweigen obliegt den Einzelgewerkschaften. Bei ihnen ist damit die Tarifautonomie verblieben[292]. Da die einzelnen Gewerkschaften ihre grundsätzliche Selbständigkeit nicht durch den Beitritt zum Deutschen Gewerkschaftsbund verloren haben, legen sie in Ausübung der Tarifautonomie grundsätzlich auch ihre Tarifzuständigkeit eigenverantwortlich fest. Ihre Tarifzuständigkeit ergibt sich folglich zunächst allein aus ihren Satzungen, nicht dagegen aus der Satzung des Deutschen Gewerkschaftsbundes. Der Deutsche Gewerkschaftsbund als Dachverband nimmt demgegenüber allgemein die Interessenvertretung der Arbeitnehmer in Politik und Gesellschaft wahr, § 2 Ziff. 1 b) und Ziff. 3 der DGB-Satzung. Da der Deutsche Gewerkschaftsbund den Abschluß von Tarifverträgen nicht zu seinen satzungsmäßigen Aufgaben zählt und daher mangels Tarifwilligkeit keine Tariffähigkeit im Sinne von §§ 2 Abs. 3, 12 TVG besitzt, nimmt er auch selbst keine eigene Tarifzuständigkeit in Anspruch. Allerdings gehören zu den Organisationsaufgaben des Bundes nach § 2 Ziff. 4 der DGB-Satzung für den hier interessierenden Zusammenhang f) die Erarbeitung von Grundsätzen für die Tarifpolitik, g) die Schaffung von Richtlinien zur Führung und Unterstützung von Arbeitskämpfen, h) die Abgrenzung und Änderung der Organisationsgebiete der Gewerkschaften und i) die Schlichtung von Streitigkeiten zwischen den Gewerkschaften. Es wird zu untersuchen sein, inwieweit der Deutsche Gewerkschaftsbund in Wahrnehmung seiner Aufgaben aus § 2 Ziff. 4 h) u. i) der DGB-Satzung unmittelbar auf die satzungsmäßigen Tarifzuständigkeiten der Einzelgewerkschaften Einfluß nehmen kann.

2. Die Organisationsgrundsätze des Deutschen Gewerkschaftsbundes

Innerhalb des Deutschen Gewerkschaftsbundes sind zwei wesentliche Organisationsgrundsätze für die Ausübung der Tarifautonomie durch die Mitgliedsgewerkschaften anzutreffen.

---

[292] Blank, Die Tarifzuständigkeit der DGB-Gewerkschaften, S. 123.

a) Das Prinzip der Einheitsgewerkschaft

Nach § 2 Ziff. 1 a) der DGB-Satzung vereinigt der Deutsche Gewerkschaftsbund die Gewerkschaften zu einer wirkungsvollen Einheit und vertritt ihre gemeinsamen Interessen. Die in ihm vereinigten Gewerkschaften sind dabei Teile der einheitlichen Gewerkschaftsbewegung, § 2 Ziff. 2 c) der DGB-Satzung. Bereits in dieser Leitidee kommt das Ziel zum Ausdruck, daß Zuständigkeitsüberschneidungen der Mitgliedsgewerkschaften grundsätzlich zu vermeiden sind. In Ausführung dieses Prinzips der Einheitsgewerkschaft soll nach Ziff. 2 a) der auf § 15 Ziff. 1 der DGB-Satzung beruhenden Richtlinien für die Abgrenzung von Organisationsbereichen und die Veränderung der Organisationsbezeichnung, die ebenfalls Satzungsbestandteil sind, für einen Betrieb jeweils nur eine DGB-Mitgliedsgewerkschaft zuständig sein und damit eine Überschneidung konkurrierender DGB-Gewerkschaften ausscheiden. Verfahrensmäßig wird dies durch das Zustimmungserfordernis nach § 15 Ziff. 2 und das Schiedsgerichtsverfahren nach § 16 der DGB-Satzung abgesichert[293]. Zum Prinzip der Einheitsgewerkschaft gehört auch, daß die Mitgliedsgewerkschaften nach § 2 Ziff. 2 b) der Satzung des Deutschen Gewerkschaftsbundes Arbeitnehmer aller weltanschaulichen, religiösen und politischen Richtungen ohne Rücksicht auf Rasse, Alter und Geschlecht vertreten sollen[294].

b) Das Industrieverbandsprinzip

Gerade um das Prinzip der Einheitsgewerkschaft zu gewährleisten und Tarifpluralitäten zu vermeiden, sind die im Deutschen Gewerkschaftsbund zusammengeschlossenen Gewerkschaften grundsätzlich nach dem Industrieverbandsprinzip, also nach Wirtschaftszweigen, organisiert[295]. Dieses gewährleistet, daß im Interesse einer effektiven, nicht durch Konkurrenz geschwächten Gewerkschaftsarbeit die Arbeitnehmer eines Wirtschaftszweiges nur durch eine DGB-Gewerkschaft vertreten werden. Allerdings ist das Industrieverbandsprinzip in der Satzung des Deutschen Gewerkschaftsbundes nicht ausdrücklich festgeschrieben. Es ist jedoch davon auszugehen, daß es kraft Observanz Satzungsrang einnimmt[296]. Allerdings gibt es in einigen Satzungen der Einzelgewerkschaften

[293] S. DGB-Schiedsgericht AP Nr. 16 zu § 2 TVG Tarifzuständigkeit.
[294] MünchArbR/Löwisch/Rieble, § 248, Rn. 35.
[295] MünchArbR/Löwisch/Rieble, § 248, Rn. 27.
[296] Blank, Die Tarifzuständigkeit der DGB-Gewerkschaften, S. 125; ähnlich: Jacobs, Tarifeinheit und Tarifkonkurrenz, S. 209; siehe zur Observanz (Vereinsgewohnheitsrecht) oben 2. Teil A. I. 2. c).

auch Elemente des Berufsverbandsprinzips[297]. Diese stehen aber unabhängig davon, wie man das Verhältnis von den Satzungen der Einzelgewerkschaften und der DGB-Bundessatzung sieht, nicht im Widerspruch zur DGB-Satzung, da sie als historisch überkommene oder sachlich gerechtfertigte Ausnahmen zum nach der DGB-Satzung vorgeschriebenen Industrieverbandsprinzip zu begreifen sind.

Das Industrieverbandsprinzip wird nach Ziff. 2 a) der Richtlinien für die Abgrenzung von Organisationsbereichen und die Veränderung der Organisationsbezeichnung gemäß § 15 Ziff. 1 der DGB-Satzung - wie bereits beim Prinzip der Einheitsgewerkschaft gezeigt - grundsätzlich betriebsbezogen verstanden. Dabei ist zu beachten, daß nach einem Beschluß des DGB-Bundesvorstands vom 31.10.2000[298] für den Begriff des Betriebs der betriebsverfassungsrechtliche Begriff maßgebend sein soll[299].

c) Die Organisationsüberschneidungen der DGB-Mitgliedsgewerkschaften in der Praxis

Trotz dieser Organisationsgrundsätze des Dachverbandes kommt es auch bei den im Deutschen Gewerkschaftsbund zusammengeschlossenen Einzelgewerkschaften immer wieder zu Zuständigkeitsüberschneidungen und Abgrenzungsstreitigkeiten. Grund dafür sind nicht nur Veränderungen auf der Arbeitgeberseite, sondern auch die Tendenzen der Gewerkschaften, ihren Zuständigkeitsbereich, insbesondere in Randbereichen, im Rahmen ihrer Satzungsautonomie möglichst weit zu ziehen[300]. So wenig wie andere Gewerkschaften auch werden die DGB-Gewerkschaften bei der Begründung ihrer Tarifzuständigkeit grundsätzlich daran gehindert, ihren Zuständigkeitsbereich auf bereits bestehende Zuständigkeitsbereiche anderer DGB-Gewerkschaften auszudehnen[301]. Die Zuständigkeitsüberschneidungen unter den DGB-Gewerkschaften sind damit letztlich eine Folge davon, daß den Einzelgewerkschaften trotz ihrer Mitgliedschaft im Deutschen Gewerkschaftsbund die Kompetenz zur Festlegung ihrer Tarifzuständigkeit vorbehalten ist.

---

[297] S. zum Beispiel § 1 Abs. 3 GdP-Satzung i.d.F. v. September 1998.
[298] S. http://www.einblick.dgb.de/archiv/0021/tx002101.htm.
[299] S. aber oben 2. Teil A. I. 3. b) aa) (1); zu Recht kritisch daher: Rieble, Anmerkung zu BAG AP Nr. 14 zu § 2 TVG Tarifzuständigkeit.
[300] Blank, Die Tarifzuständigkeit der DGB-Gewerkschaften, S. 28, 114.
[301] BAG AP Nr. 1 zu § 2 TVG Tarifzuständigkeit; vgl. dazu oben 2. Teil A. II. 1. a).

Da Organisationsüberschneidungen der Mitgliedsgewerkschaften aber in Widerspruch zu dem aufgezeigten satzungsmäßigen Prinzip der Einheitsgewerkschaft stehen, sieht die Satzung des Deutschen Gewerkschaftsbundes Verfahren vor, die diese Organisationsüberschneidungen vermeiden bzw. im Streitfalle beheben sollen. Dabei handelt es sich präventiv um das Verfahren zur Abgrenzung der Organisationsbereiche nach § 15 Ziff. 2 der DGB-Satzung und um das - für sämtliche Streitigkeiten der Mitgliedsgewerkschaften bestehende - Schiedsgerichtsverfahren gemäß § 16 der DGB-Satzung. Zunächst soll hier das Verfahren nach § 16 der DGB-Satzung behandelt werden, da in der Rechtsprechung wie in der Literatur meist in diesem Zusammenhang die Probleme behandelt werden, die auch für das Verfahren zur Abgrenzung der Organisationsbereiche nach § 15 der DGB-Satzung von Bedeutung sind.

3. Das Schiedsgerichtsverfahren nach § 16 der DGB-Satzung

Nach § 16 Ziff. 1 der DGB-Satzung sind Organisationsstreitigkeiten zwischen den Mitgliedsgewerkschaften dann im Schiedsgerichtsverfahren zu entscheiden, wenn eine Vermittlung durch den DGB-Bundesvorstand gescheitert ist. Dabei richtet sich gemäß § 16 Ziff. 2 der DGB-Satzung das Schiedsgerichtsverfahren nach der vom DGB-Bundesausschuß am 2.12.1997 beschlossenen und am 8.3.2000 ergänzten Schiedsgerichtsordnung, die Bestandteil der DGB-Satzung ist. Das Schiedsgerichtsverfahren gliedert sich in ein Vermittlungsverfahren (Ziff. 1 der Schiedsgerichtsordnung) und ein Schiedsgerichtsverfahren (Ziff. 2ff der Schiedsgerichtsordnung). Kommt zwischen den Parteien eine Einigung im Vermittlungsverfahren zustande, ist diese nach Ziff. 1 c) der Schiedsgerichtsordnung schriftlich niederzulegen, von den Mitgliedern der Vermittlungsstelle zu unterzeichnen und hat dann die Wirkung eines Schiedsurteils. Das Schiedsgerichtsverfahren findet nach Ziff. 2 der Schiedsgerichtsordnung auf Antrag einer der streitenden Parteien statt, wenn das Vermittlungsverfahren erfolglos geblieben ist. Sofern auch im Schiedsgerichtsverfahren keine Einigung erzielt wird, wird das Verfahren durch Schiedsurteil des Schiedsgerichts beendet (Ziff. 5 b) der Schiedsgerichtsordnung)[302]. Nach Ziff. 5 d) der Schiedsgerichtsordnung hat das Schiedsurteil unter den Parteien die Wirkung eines rechtskräftigen Urteils. Im Schiedsgerichtsverfahren besteht nach Ziff. 8 der vom DGB-Bundesausschuß am 8.3.2000 ergänzten Schiedsgerichtsordnung nunmehr die Möglichkeit, einstweilige Regelungen zu beantragen. Nach Ziff. 8 c) S. 1 der Schiedsgerichtsordnung hat auch eine einstweilige Regelung die Wirkung eines Schiedsurteils.

---

[302] Vgl. DGB-Schiedsgericht AP Nr. 16 zu § 2 TVG Tarifzuständigkeit.

Grundlage für die Entscheidungsfindung im Schiedsgerichtsverfahren stellen vor allem die Richtlinien für die Abgrenzung von Organisationsbereichen und die Veränderung der Organisationsbezeichnung dar, die nach § 15 Ziff. 1 der DGB-Satzung Bestandteil der DGB-Satzung sind.

a) Das Schiedsgerichtsverfahren im Innenverhältnis

Zunächst ist darzustellen, wie das Schiedsgerichtsverfahren im Innenverhältnis, also im Verhältnis des Deutschen Gewerkschaftsbundes und der DGB-Gewerkschaften untereinander, einzuordnen ist. Zu beachten ist dabei insbesondere, daß das Verfahren nach § 16 der DGB-Satzung seit der vom DGB-Bundesausschuß am 2.12.1997 beschlossenen und am 8.3.2000 ergänzten Schiedsgerichtsordnung nicht mehr nur als Schiedsverfahren, sondern nunmehr als Schiedsgerichtsverfahren ausgestaltet ist. Anders als in den früheren Richtlinien über die Durchführung des Vermittlungs- und Schiedsverfahrens vom 11.3.1992 wird der jetzigen Schiedsgerichtsordnung nach § 16 Ziff. 2 DGB-Satzung Satzungsrang zugewiesen.

aa) Die Rechtsnatur des DGB-Schiedsgerichts

Fraglich ist, welche Rechtsnatur dem Schiedsgericht nach § 16 der DGB-Satzung einzuräumen ist. Dabei soll zunächst auf das Schiedsgerichtsverfahren nach Ziff. 2ff der Schiedsgerichtsordnung, dann auf das Vermittlungsverfahren nach Ziff. 1 der Schiedsgerichtsordnung eingegangen werden.

(1) Die Einordnung als DGB-Vereinsorgan

Vor der vom DGB-Bundesausschuß am 2.12.1997 beschlossenen Schiedsgerichtsordnung wurde die DGB-Schiedsstelle nicht als Schiedsgericht im Sinne der §§ 1025ff ZPO angesehen. Für die Einordnung als Schiedsgericht fehle es an den von der Zivilprozeßordnung aufgestellten Voraussetzungen. Da die Schiedsgerichtsbarkeit materiell Rechtsprechung darstelle, müsse sie von unbeteiligten Dritten ausgeübt werden, die Distanz und Neutralität gewährleisteten. Dies sei bei dem DGB-Schiedsverfahren nicht gegeben. Zudem fehle der

Ausschluß des ordentlichen Rechtsweges[303]. Vielmehr wurde die Schiedsstelle als zusätzliches, im Rahmen der Satzungsautonomie gemäß § 25 BGB eingesetztes DGB-Vereinsorgan angesehen, das mit einem Vereinsgericht vergleichbar sei und nicht einen Rechtsstreit entscheide, sondern die Befugnis zur Durchsetzung der vom Verband satzungsmäßig gesetzten Verhaltenspflichten für die Mitglieder bezüglich der Abgrenzung ihrer Organisationsbereiche[304] wahrnehme. Ihre Zuständigkeit finde sich in der Satzung und den darin vorgesehenen und gesetzten Richtlinien[305].

Aber auch die Einstufung als Vereinsgericht wurde kritisiert. Da das Schiedsverfahren zur Verfassung eines Vereins zähle, müsse sich - selbst wenn man die Schiedsstelle nicht als Schiedsgericht, sondern als Vereinsgericht einordnete - aus der Satzung des Vereins insbesondere die Zusammensetzung und die Auswahl und Bestellung der Schiedsstelle ergeben. An dieser Grundlage in der DGB-Satzung und damit an einer ausreichenden Legitimation mangele es aber bei der DGB-Schiedsstelle[306]. Diese Kritik ist nunmehr jedoch gegenstandslos, nachdem die diese Punkte regelnde Schiedsgerichtsordnung gemäß § 16 Ziff. 2 der DGB-Satzung zum Bestandteil der DGB-Satzung geworden ist. Unschädlich ist dabei auch, daß die Schiedsgerichtsordnung vom DGB-Bundesausschuß und nicht vom DGB-Bundeskongreß beschlossen wurde, der als Delegiertenversammlung nach § 7 Ziff. 3 c) der DGB-Satzung Satzungsänderungen zu beschließen hat. Wie oben gezeigt, können jedoch Satzungsänderungskompetenzen grundsätzlich auch anderen Vereinsorganen übertragen werden[307]. Nach §§ 8 Ziff. 3 j), 16 Ziff. 2 der DGB-Satzung ist dies im Falle der Schiedsgerichtsordnung und nach §§ 8 Ziff. 3 i), 15 Ziff. 1 der DGB-Satzung im Falle der Richtlinien für die Abgrenzung von Organisationsbereichen und die Veränderung der Organisationsbezeichnung geschehen. Angesichts des Charakters des Deutschen Gewerkschaftsbundes als Vereinsverband von acht Mitgliedsgewerkschaften ist hier auch im Hinblick auf den Umfang der vorliegenden Delegation nicht das Erfordernis einer basisdemokratischen Entscheidung durch die Mitglieder- bzw. Delegiertenversammlung zu erheben[308]. Bedenken gegen die Einordnung als Vereinsgericht ergeben sich nicht daraus, daß in § 6 der DGB-Satzung, der die DGB-Organe aufzählt, nur der Bundeskongreß, der Bunde-

---

[303] BAG AP Nr. 10 zu § 2 TVG Tarifzuständigkeit; Blank, Die Tarifzuständigkeit der DGB-Gewerkschaften, S. 129; MünchArbR/Hanau, § 62, Rn. 31.
[304] S. dazu oben 2. Teil III. 2.
[305] BAG AP Nr. 10 zu § 2 TVG Tarifzuständigkeit; Blank, Die Tarifzuständigkeit der DGB-Gewerkschaften, S. 129, 130; Oetker, Anmerkung zu BAG AP Nr. 10 u. 11 zu § 2 TVG Tarifzuständigkeit.
[306] MünchArbR/Löwisch/Rieble, § 255, Rn. 75.
[307] S.o. 2. Teil A. I. 2. a) bb).
[308] S. nochmals oben 2. Teil A. I. 2. a) bb).

sausschuß, der Bundesvorstand und die Revisionskommission Erwähnung finden. Eine Institution des Vereins, dem vom Verein die Durchsetzung der Vereinsordnung übertragen ist, ist auch dann ein Vereinsorgan, wenn es nicht in der Satzung als solches bezeichnet ist. Man kann insoweit auch von einem Vereinsorgan im weiteren Sinne sprechen[309].

Damit kann das DGB-Schiedsgericht im Verhältnis des Deutschen Gewerkschaftsbundes zu den Mitgliedsgewerkschaften als DGB-Vereinsorgan im weiteren Sinne eingeordnet werden, mit dem der Bund gegenüber den Gewerkschaften seinen satzungsmäßigen Grundsatz „ein Betrieb - eine Gewerkschaft" durchsetzt.

(2) Die Einordnung als Schiedsgericht im Sinne der §§ 1025ff ZPO

Nach den erwähnten Satzungsänderungen könnte aber auch in der Schiedsgerichtsordnung im Verhältnis der Einzelgewerkschaften zueinander ein Schiedsgericht im Sinne der §§ 1025ff ZPO installiert sein. Ein Vereinsschiedsgericht ist wegen des Erfordernisses der Neutralität und Unabhängigkeit grundsätzlich kein Vereinsorgan, sondern eine außerhalb der Vereinsorganisation stehende Einrichtung des Vereins[310]. Daß nach der DGB-Satzung, den Richtlinien für die Abgrenzung von Organisationsbereichen und die Veränderung der Organisationsbezeichnung und vor allem der Schiedsgerichtsordnung eine derartige Einordnung durchaus naheliegt, zeigen nicht nur die Begrifflichkeiten der Schiedsgerichtsordnung, sondern insbesondere auch die Ziff. 5 d) der Schiedsgerichtsordnung, die in Anlehnung an die Wirkung des Schiedsspruches nach § 1055 ZPO dem DGB-Schiedsurteil unter den Parteien die Wirkung eines rechtskräftigen Urteils beimißt. Fraglich ist jedoch, ob das DGB-Schiedsgerichtsverfahren nach § 16 der DGB-Satzung in Verbindung mit der Schiedsgerichtsordnung die von der Zivilprozeßordnung für ein Schiedsgericht aufgestellten Voraussetzungen (§§ 1025-1066 ZPO) einhält[311].

Grundsätzlich können einem Schiedsgericht anstelle eines ordentlichen Gerichts durch eine satzungsmäßige Schiedsklausel Streitigkeiten zwischen Mitgliedern eines Vereins und/oder zwischen Mitgliedern und einem Verein übertragen wer-

---

[309] Reichert, Vereins- und Verbandsrecht, Rn. 2533.

[310] Reichert, Vereins- und Verbandsrecht, Rn. 2530; Stöber, Handbuch zum Vereinsrecht, Rn. 760.

[311] S. Reichert, Vereins- und Verbandsrecht, Rn. 2531 zu den wesentlichen Voraussetzungen eines Schiedsgerichts im Sinne der §§ 1025 ff.

den, wenn sie auf der Mitgliedschaft in dem Verein und damit auf korporationsrechtlichen Pflichten beruhen[312]. Nach der DGB-Satzung ist den Mitgliedsgewerkschaften auferlegt, daß - wie oben gezeigt - für einen Betrieb nur eine DGB-Gewerkschaft zuständig sein soll. Da diese Frage Gegenstand des DGB-Schiedsgerichtsverfahrens im Rahmen von Abgrenzungsstreitigkeiten ist, handelt es sich vorliegend um eine korporationsrechtliche Streitigkeit, die durch die DGB-Satzung auf ein Schiedsgericht delegiert werden könnte. Dabei wird von der Meinung, die der Satzung normativen und nicht vertraglichen Charakter einräumt[313], überwiegend vertreten, daß zur wirksamen Errichtung die Form des § 1031 ZPO nicht eingehalten werden müsse. Es sei allein § 1066 ZPO anzuwenden[314]. Auch durch Satzungsänderungen kann nach dieser Ansicht gegen den Willen einer überstimmten Minderheit eine für alle Mitglieder verbindliche Schiedsgerichtsbarkeit eingeführt werden[315].

Folgt man dieser Ansicht bestehen hier gegen Verfahren und Form der Errichtung der Schiedsgerichtsbarkeit in § 16 DGB-Satzung keine Einwände. Insoweit erscheint auch die satzungsmäßige Delegation der Festlegung der Schiedsgerichtsordnung auf den DGB-Bundesausschuß unbedenklich. In jedem Fall ist aber erforderlich, daß die Satzung die wesentlichen Punkte der Schiedsvereinbarung selbst festlegt. Dazu gehören die Zusammensetzung, Auswahl und Bestellung der Schiedsrichter, da davon abhängt, daß das Schiedsgericht die Gewähr für eine unparteiische und sachkundige Entscheidung bietet[316]. Ausreichend ist dabei jedoch, wenn in der Satzung die Schiedsgerichtsordnung zu ihrem Bestandteil erklärt ist[317]. Die alle diese Fragen regelnde Schiedsgerichtsordnung ist - wie oben gezeigt - nunmehr wirksamer Bestandteil der DGB-Satzung geworden. Auch der Mangel an der von Zivilprozeßordnung für ein Schiedsgerichtsverfahren zwingend vorausgesetzten Verfahrensgarantien kann nicht mehr ge-

---

[312] Schwab/Walter, Schiedsgerichtsbarkeit, Kapitel 32, Rn. 9; Stöber, Handbuch zum Vereinsrecht, Rn. 757.

[313] S.o. 2. Teil A. I. 1.

[314] BGHZ 48, 35, 43; BGH NJW 1980, S. 1069; MüKo/Münch, ZPO, § 1066, Rn. 4; MüKo/Reuter, BGB, § 25, Rn. 26; Stöber, Handbuch zum Vereinsrecht, Rn. 755; a.A. Reichert, Vereins- und Verbandsrecht, Rn. 2541/2544; Schwab/Walter, Schiedsgerichtsbarkeit, Kapitel 32, Rn. 6.

[315] Stöber, Handbuch zum Vereinsrecht, Rn. 755; a.A. Reichert, Vereins- und Verbandsrecht, Rn. 2545, der die Zustimmung aller Vereinsmitglieder für erforderlich hält.

[316] BGHZ 88, 314, 316; Reichert, Vereins- und Verbandsrecht, Rn. 2552; Stöber, Handbuch zum Vereinsrecht, Rn. 756a.

[317] Sauter/Schweyer, Der eingetragene Verein, Rn. 316.

rügt werden[318]. Ziff. 4 b) S. 2 der Schiedsgerichtsordnung läßt im Gegensatz zu der früheren Regelung nunmehr ausdrücklich eine anwaltliche Vertretung zu.

Für die Bildung des Schiedsgerichts und die Voraussetzungen des Schiedsrichteramtes sind die §§ 1034-1039 ZPO zu beachten. Nach Ziff. 3 der Schiedsgerichtsordnung besteht das DGB-Schiedsgericht aus jeweils bis zu drei von den streitenden Parteien benannten Beisitzerinnen/Beisitzern und einer/einem unparteiischen Vorsitzenden und zwei unparteiischen stellvertretenden Vorsitzenden, wobei der/die Vorsitzende und die stellvertretenden Vorsitzenden vom Bundesvorstand für die Dauer von zwei Jahren gewählt und der/die Vorsitzende die Befähigung zum Richteramt haben muß. Grundsätzlich bestehen bei einem satzungsmäßig angeordneten Schiedsgericht keine Bedenken dagegen, daß die Streitbeteiligten - wie hier die streitenden Mitgliedsgewerkschaften - jeweils dieselbe Anzahl an Schiedsrichtern bestellen[319]. Auch die Wahl von Schiedsrichtern durch Verbandsorgane – wie hier durch den DGB-Bundesvorstand – schließt die Annahme eines Schiedsgerichts nicht aus[320]. Da Schiedsgerichte an die Stelle staatlicher Gerichte treten und damit materiell Rechtsprechung ausüben, müssen die Schiedsrichter aber Gewähr für Neutralität, Überparteilichkeit und Unabhängigkeit der Schiedsrichter bieten[321]. Daher dürfen dem Schiedsgericht weder die Parteien noch ihre Vertreter angehören. In einem Vereinsverband sind bei Verbandsstreitigkeiten sämtliche Mitglieder der Verbandsorgane einschließlich der Vertretungsorgane der Anschlußkörperschaften grundsätzlich schiedsrichterunfähig[322].

Blank hat daher gegen die frühere Regelung, nach der neben zwei von den streitenden Parteien benannten Beisitzern zur Schiedsstelle ein/eine unparteiische Vorsitzende gehörte, der/die im Einvernehmen der Parteien, anderenfalls durch den Geschäftsführenden Bundesvorstand bestellt wurde, eingewandt, daß in einem Vereinsverband sämtliche Mitglieder der Verbandsorgane schiedsrichterunfähig seien, da ihnen beim Streit im Verband die Neutralität eines Dritten fehle. Nach den DGB-Bestimmungen sei aber die Bestellung eines Mitglieds des Geschäftsführenden Bundesvorstandes oder des Bundesvorstandes zum Vorsitzenden der Schiedsstelle möglich[323]. Des weiteren wird grundsätzlich gerügt, daß

---

318 Blank, Die Tarifzuständigkeit der DGB-Gewerkschaften, S. 129 zu Ziff. 4 b) der (früheren) Richtlinien über die Durchführung des Vermittlungs- und Schiedsverfahrens.
319 Reichert, Vereins- und Verbandsrecht, Rn. 2609.
320 Schwab/Walter, Schiedsgerichtsbarkeit, Rn. 17; Stein/Jonas/Schlosser, ZPO, vor § 1025, Rn. 5.
321 Reichert, Vereins- und Verbandsrecht, Rn. 2531; Schwab/Walter, Schiedsgerichtsbarkeit, Kapitel 9, Rn. 4.
322 Reichert, Vereins- und Verbandsrecht, Rn. 2615.
323 Blank, Die Tarifzuständigkeit der DGB-Gewerkschaften, S. 129.

die Entscheidung im DGB-Schiedsgerichtsverfahren nicht unbeteiligten Dritten übertragen wurde. Ob nach der heutigen Regelung der Ziff. 3 der Schiedsgerichtsordnung überhaupt noch die Wahl eines Mitglieds des Geschäftsführenden Bundesvorstands oder des Bundesvorstands in das DGB-Schiedsgericht möglich ist, erscheint bei Auslegung der Vorschrift zweifelhaft. Selbst wenn man dies aber bejahen wollte, führte das nicht zur Unwirksamkeit dieser Schiedsvereinbarungsklausel und verhinderte nicht die Einordnung als Schiedsgericht[324]. Vielmehr wäre in diesem Fall allein an § 1036 Abs.2 ZPO und an § 1034 Abs. 2 ZPO zu denken, wonach im Falle eines aufgrund der Schiedsvereinbarung bestehenden Übergewichts einer Partei bei der Zusammensetzung des Schiedsgerichts die benachteiligte Partei die Möglichkeit hat, bei Gericht zu beantragen, den oder die Schiedsrichter abweichend von der erfolgten Ernennung oder der vereinbarten Ernennungsregelung zu bestellen[325].

Schließlich sprechen aber hier auch Gründe dafür, eine Wahl eines Mitglieds des Geschäftsführenden Vorstandes oder des Bundesvorstandes in das DGB-Schiedsgericht zuzulassen. Zu Recht wird nämlich danach differenziert, ob der Vereinsverband selbst am betreffenden Schiedsgerichtsverfahren beteiligt ist oder nicht[326]. Parteien in dem DGB-Schiedsverfahren sind aber gerade nicht der Deutsche Gewerkschaftsbund und einzelne Mitglieder, sondern zwei sich streitende Mitgliedsgewerkschaften. Der Verband ist damit niemals streitende Partei im DGB-Schiedsgerichtsverfahren. Es besteht daher kein Anlaß zur Sorge um Neutralität oder Unabhängigkeit des Geschäftsführenden Bundesvorstands bzw. des Bundesvorstands, da aufgrund der Eigenschaft des Deutschen Gewerkschaftsbundes als Vereinsverband die Zusammensetzung seiner Organe durch alle Mitgliedsgewerkschaften mitbestimmt wird. Eine Parteilichkeit zugunsten einer der streitenden Parteien ist daher genau so wenig bzw. genau so sehr zu befürchten wie bei einer anderen außerhalb des Deutschen Gewerkschaftsbundes stehenden dritten Person. Damit bestehen hier nicht nur gegen die Wahl eines Mitglieds des Geschäftsführenden Bundesvorstandes bzw. des Bundesvorstandes in das DGB-Schiedsgericht keine Bedenken. Die Ausführungen haben auch gezeigt, daß Ziff. 3 der Schiedsgerichtsordnung, die die Wahl des/der Vorsitzenden und der beiden Stellvertreter/Stellvertreterinnen *durch den Bundesvorstand* vorsieht, grundsätzlich keinen Zweifeln ausgesetzt ist, da sie Neutralität und Unabhängigkeit des Schiedsgerichts zu gewährleisten vermag. Damit kann dem Schiedsgerichtsverfahren auch nicht insgesamt vorgeworfen werden, daß die Entscheidung nicht unbeteiligten Dritten übertragen sei[327]. Ziff. 3 der

---

324 Schwab/Walter, Schiedsgerichtsbarkeit, Kapitel 32, Rn. 15.
325 MüKo/Münch, ZPO, § 1034, Rn. 8.
326 Reichert, Vereins- und Verbandsrecht, Rn. 2615.
327 So aber MünchArbR/Hanau, § 62, Rn. 31.

Schiedsgerichtsordnung steht damit der Einordnung des DGB-Schiedsgerichts als Schiedsgericht im Sinne der §§ 1025ff ZPO nicht entgegen.

Allerdings muß sich aus der Schiedsklausel der Satzung ergeben, daß das Schiedsgericht unter Ausschluß des Rechtsweges zu den ordentlichen Gerichten zur Streitentscheidung berufen ist, wobei auch eine Wahl zwischen Schiedsgericht und staatlichem Gericht zulässig ist[328]. Dabei muß der Ausschluß nicht ausdrücklich in der Satzung enthalten sein; ausreichend ist, wenn dies einer Auslegung der Satzung entnommen werden kann. Wie bereits gezeigt, sieht eine Meinung diesen Ausschluß des ordentlichen Rechtsweges in der DGB-Satzung nicht. Auch in der Regelung, daß der (frühere) Schiedsspruch gemäß § 5 c) der Richtlinien über die Durchführung des Vermittlungs- und Schiedsverfahrens (heute das Schiedsurteil nach § 5 d) der Schiedsgerichtsordnung) die Wirkung eines rechtskräftigen Urteils habe, sei nach Ansicht des Bundesarbeitsgerichts kein Hinweis darauf, daß der ordentliche Rechtsweg ausgeschlossen sei[329]. Zieht man aber § 16 Ziff. 1 der DGB-Satzung heran, könnte ein Ausschluß des ordentlichen Rechtsweges vertreten werden. Parallel zu § 1029 Abs. 1 ZPO wird hier bestimmt, daß Streitigkeiten zwischen den im Bund vereinigten Gewerkschaften, die trotz Vermittlung des Bundesvorstandes nicht geschlichtet werden können, durch Schiedsgerichtsverfahren zu entscheiden sind.

Fraglich ist jedoch, ob im DGB-Schiedsgerichtsverfahren über eine objektiv schiedsfähige Streitigkeit zwischen den Mitgliedsgewerkschaften entschieden wird. Nach §§ 1066, 1029 Abs. 1 ZPO können Gegenstand einer Schiedsvereinbarung alle oder einzelne Streitigkeiten sein, die zwischen den Parteien in bezug auf ein bestimmtes Rechtsverhältnis vertraglicher oder nichtvertraglicher Art entstanden sind oder künftig entstehen. Der die Schiedsfähigkeit ausdrücklich regelnde § 1030 Abs. 1 ZPO führt dazu aus, daß jeder vermögensrechtliche Anspruch Gegenstand einer Schiedsvereinbarung sein kann (Satz 1) sowie jeder nichtvermögensrechtliche Anspruch, soweit die Parteien berechtigt sind, über den Gegenstand des Streites einen Vergleich zu schließen (Satz 2). Das Zusammenspiel dieser Bestimmungen zeigt, daß es sich bei dem schiedsfähigen Streitgegenstand nicht notwendig um eine Rechtsfrage handeln muß, sondern nur um eine Streitigkeit im Rahmen eines Rechtsverhältnisses. Der Begriff des Anspruchs gemäß § 1030 Abs. 1 ZPO ist daher keinesfalls nur materiell-rechtlich im Sinne von § 194 Abs. 1 BGB zu verstehen. Erfaßt werden alle Streitigkeiten im Zusammenhang mit subjektiven Rechten, ohne daß es auf die Rechtsschutz-

---

[328] BGH NJW 1984, S. 669, OLG Köln, NVwZ 1991, S. 1116; Reichert, Vereins- und Verbandsrecht, Rn. 2558.
[329] BAG AP Nr. 10 zu § 2 TVG Tarifzuständigkeit.

form (Leistung, Feststellung, Gestaltung) ankäme[330]. Anerkannt ist, daß einem Schiedsgericht im Rahmen eines Rechtsverhältnisses auch die Bestimmung einer Leistung (§§ 317ff BGB) oder die Festsetzung sonstiger Tatsachen übertragen werden können, sofern nach dem Parteiwillen eine endgültige, urteilsgleiche Entscheidung unter Ausschluß der inhaltlichen Nachprüfung durch staatliche Gerichte getroffen werden soll[331]. Da die Gewerkschaften berechtigt sind, über die Frage der Ausübung der Tarifzuständigkeit einen Vergleich (§ 779 Abs. 1 BGB) zu schließen, kann die Festlegung der Tarifzuständigkeit grundsätzlich Gegenstand einer Schiedsvereinbarung sein. Allerdings muß es sich auch in diesem Fall gerade um eine Streitigkeit handeln, die unmittelbar aus rechtlichen Beziehungen zwischen den Parteien resultiert. Daher liegt bei Vereinen und Gesellschaften dann keine Rechtsstreitigkeit und damit kein schiedsrichterliches Verfahren im Sinne der §§ 1025ff ZPO vor, wenn bei Fehlen „eines Schiedsgerichtes" ein Beschlußorgan zuständig wäre und es um die Zweckmäßigkeit von Verwaltungsmaßnahmen geht[332]. Fraglich ist damit, ob die vorliegende Organisationsstreitigkeit gerade auf zwischen den einzelnen Gewerkschaften bestehenden satzungsmäßigen Rechten und Pflichten beruht. Dies ist zu verneinen. Die DGB-Satzung legt in dem hier interessierenden Bereich der Organisationsabgrenzung keine unmittelbaren korporativen Rechte und Pflichten der einzelnen Gewerkschaften untereinander fest. Die Streitigkeit basiert allein darauf, daß sich die Gewerkschaften mit ihrer Mitgliedschaft im Deutschen Gewerkschaftsbund *dem Vereinsverband* gegenüber verpflichtet haben, daß grundsätzlich für einen Betrieb nur eine Gewerkschaft zuständig sein soll. Diese Pflicht wirkt sich zwar auf das Verhältnis zwischen den einzelnen Gewerkschaften aus, besteht aber nur unmittelbar gegenüber dem Deutschen Gewerkschaftsbund. Damit erweist sich das Schiedsurteil des DGB-Schiedsgerichtsverfahrens nicht als Entscheidung über die Rechtspositionen der Mitgliedsgewerkschaften zueinander, sondern als eine verbandsinterne Auswahl unter mehreren zuständigen DGB-Gewerkschaften nach bestimmten Kriterien.

(3) Ergebnis

Bei dem Vermittlungs- und dem Schiedsgerichtsverfahren nach § 16 der DGB-Satzung in Verbindung mit der Schiedsgerichtsordnung handelt es sich auch nach der DGB-Satzungsänderung nicht um ein schiedsrichterliches Verfahren

[330] MüKo/Münch, ZPO, § 1030, Rn. 8.
[331] BGH MDR 1982, 36; Baumbach/Lauterbach/Albers/Hartmann, ZPO, Grundz § 1025, Rn. 13/15; MüKo/Münch, ZPO, Vor § 1025, Rn. 24.
[332] Zöller/Geimer, ZPO, § 1029, Rn. 7.

im Sinne der §§ 1025ff ZPO. Vermittlungsstelle und Schiedsgericht stellen DGB-Vereinsorgane im weiteren Sinne dar, die unter Beteiligung der streitenden Mitgliedsgewerkschaften in dem formalisierten Verfahren der Schiedsgerichtsordnung und nach den Kriterien der Richtlinien zur Abgrenzung von Organisationsbereichen und für die Änderung der Organisationsbezeichnungen eine verbandsinterne Entscheidung darüber treffen, welche DGB-Gewerkschaft in einem bestimmten Organisationsbereich entsprechend dem DGB-Grundsatz „ein Betrieb - eine Gewerkschaft" alleinzuständig ist[333].

bb) Die Wirkung der Schiedsurteile

Bereits dem früheren Schiedsverfahren ist von der ganz herrschenden Meinung eine im Verhältnis der DGB-Gewerkschaften zueinander und zum Deutschen Gewerkschaftsbund bindende Wirkung beigemessen worden[334]. In dem freiwilligen DGB-Beitritt, also dem Willen, sich an die DGB-Satzung zu binden, liegt eine zulässige Selbstbeschränkung im DGB-Innenverhältnis vor. Schiedsurteile führen damit für die unterlegene Gewerkschaft zu der aus der Mitgliedschaft im Deutschen Gewerkschaftsbund resultierenden und auf der DGB-Satzung beruhenden verbandsinternen Pflicht, ihre Tarifzuständigkeit für den fraglichen Bereich nicht wahrzunehmen[335]. Diese Pflicht ist in Ziff. 1 f) der Richtlinien für die Abgrenzung von Organisationsbereichen und die Veränderung der Organisationsbezeichnung und in Ziff. 6 der Schiedsgerichtsordnung ausdrücklich festgelegt.

Die bindende Wirkung gilt auch für Einigungen im Vermittlungsverfahren[336]. Nach Ziff. 1 c) S. 3 der Schiedsgerichtsordnung gemäß § 16 der DGB-Satzung werden sie in ihrer Wirkung den Schiedsurteilen gleichgestellt. Insofern gelten die folgenden die Schiedsurteile des Schiedsgerichtsverfahrens betreffenden Ausführungen entsprechend für die Einigungen im Vermittlungsverfahren.

---

[333] Ebenso: Hanau, NZA 2003, S. 128, 130.

[334] Bereits BAG AP Nr. 1, 3 zu § 2 TVG Tarifzuständigkeit; Buchner, SAE 1998, S. 262, 264; Däubler, Tarifvertragsrecht, Rn. 88; Delheid, Tarifzuständigkeit, S. 37; MünchArbR/Löwisch/Rieble, § 255, Rn. 71; Wiedemann/Oetker, TVG, § 2, Rn. 68; ders., Anmerkung zu BAG AP Nr. 10 u. 11 zu § 2 TVG Tarifzuständigkeit.

[335] BAG AP Nr. 3 zu § 2 TVG Tarifzuständigkeit; DGB-Schiedsgericht AP Nr. 16 zu § 2 TVG Tarifzuständigkeit.

[336] Ebenso bereits für das frühere Vermittlungsverfahren: BAG AP Nr. 14 zu § 2 TVG Tarifzuständigkeit.

cc) Der Inhalt und Umfang der Schiedsurteile

Mit dem DGB-Schiedsurteil wird damit die Tarifzuständigkeit der obsiegenden DGB-Gewerkschaft und die Unzuständigkeit der unterlegenen DGB-Gewerkschaft im Innenverhältnis verbindlich festgestellt[337]. Allerdings ist zu beachten, daß das Schiedsgerichtsverfahren nur im Falle von (Organisations-) Streitigkeiten durchzuführen ist. Eine Streitigkeit zwischen den DGB-Gewerkschaften kann insoweit aber nur bestehen, wenn beide Gewerkschaften für einen bestimmten Bereich satzungsmäßig zuständig sind. Daß beide Gewerkschaften die Zuständigkeit nur tatsächlich in Anspruch nehmen reicht nicht aus. Im Schiedsgerichtsverfahren kann daher nur die Tarifzuständigkeit einer Gewerkschaft festgestellt werden, die nach ihrer Satzung für den fraglichen Organisationsbereich zuständig ist[338]. Eine weiterreichende Kompetenz, nämlich über die Satzungen der beteiligten Gewerkschaften hinaus den Mitgliedsgewerkschaften im Sinne einer Erweiterung eine nicht in ihren Satzungen enthaltene Zuständigkeit einzuräumen, will das DGB-Schiedsgericht nach der DGB-Satzung nicht in Anspruch nehmen, so daß es also im vorliegenden Zusammenhang nicht darauf ankommt, daß die Einzelgewerkschaften dem Dachverband eine entsprechende Satzungsautonomie eingeräumt haben. Dies zeigt auch Ziff. 1 e) der Richtlinien für die Abgrenzung von Organisationsbereichen und die Veränderung der Organisationsbezeichnungen, wonach Schiedsurteile des Schiedsgerichtsverfahrens nach § 16 der DGB-Satzung die Satzungen der DGB-Gewerkschaften im Innenverhältnis interpretierten. Von diesem Begriff der Satzungsinterpretation sind nur Entscheidungen im Schiedsgerichtsverfahren gedeckt, die sich im Rahmen einer vertretbaren Satzungsauslegung nach den oben dargestellten Grundsätzen[339] halten[340]. Soweit das Bundesarbeitsgericht im Rahmen des früheren Schiedsverfahrens einem DGB-Schiedsspruch nicht nur die Wirkung einer authentischen Interpretation, sondern auch einer Ergänzung beimessen möchte[341], ist damit also nicht eine Ergänzung im Sinne einer echten

[337] Ebenso für das frühere Vermittlungs- und Schiedsverfahren: BAG AP Nr. 10, 14 zu § 2 TVG Tarifzuständigkeit; Blank, Die Tarifzuständigkeit der DGB-Gewerkschaften, S. 66, 132; Kempen/Zachert, TVG, § 2, Rn. 116; DGB-Schiedsgericht AP Nr. 16 zu § 2 TVG Tarifzuständigkeit; vgl. nach der Änderung der Schiedsgerichtsordnung durch den 17. Bundeskongreß 2002 in Berlin auch Ziff. 5 b) S. 4, wonach das Schiedsgericht im Schiedsurteil für eine Übergangszeit die Bildung einer Tarifgemeinschaft vorsehen kann.

[338] Kempen/Zachert, TVG, § 2, Rn. 114; Schaub, Arbeitsrechts-Handbuch, § 199, Rn. 15.

[339] S.o. 2. Teil A. I. 4.

[340] BAG AP Nr. 10, 14 zu § 2 TVG Tarifzuständigkeit: Das Bundesarbeitsgericht spricht insoweit auch von einem „Beurteilungsspielraum“ der früheren Schiedsstelle; DGB-Schiedsgericht AP Nr. 16 zu § 2 TVG Tarifzuständigkeit.

[341] BAG AP Nr. 3, 5 zu § 2 TVG Tarifzuständigkeit.

Zuständigkeitserweiterung gemeint[342]. Vielmehr gelten insoweit die Ausführungen des Bundesarbeitsgerichts aus der Allfloor-Entscheidung, wonach sich die Tarifzuständigkeit der DGB-Gewerkschaften allein aus ihren Satzungen ergebe und der (damalige) Schiedsspruch die Tarifzuständigkeiten der DGB-Gewerkschaften nur dahingehend bestimme, daß eine von mehreren zuständigen Gewerkschaften allein zuständig sei[343]. Daher ist es konsequent, wenn das Gericht in seinen Beschlüssen vom 25.9.1996 und 14.12.1999 nachprüft, ob sich die Einigungen bzw. Entscheidungen im Schiedsverfahren im Rahmen einer zulässigen Interpretation der einzelgewerkschaftlichen Satzungen halten[344]. Für die Möglichkeit der Tarifzuständigkeit ist somit allein die Satzung der DGB-Mitgliedsgewerkschaft maßgeblich[345]. Nur für den Fall der satzungsmäßigen Konkurrenz mehrerer Mitgliedsgewerkschaften wird die Tarifzuständigkeit einer DGB-Gewerkschaft unter Einschränkung der Zuständigkeit der anderen DGB-Gewerkschaften durch das Schiedsgerichtsverfahren im Innenverhältnis verbindlich festgestellt. Da sich nach den vorstehenden Ausführungen die Tarifzuständigkeit der obsiegenden Gewerkschaft ohnehin aus deren Satzung ergibt, bewirkt im Ergebnis das Schiedsurteil nur für die unterlegene Gewerkschaft eine Änderung.

Zu beachten ist aber, daß die Tarifzuständigkeit der unterlegenen DGB-Gewerkschaft weiterhin nach ihrer Satzung besteht. Durch das Schiedsurteil ist sie aber in jedem Fall verbandsintern, unabhängig von der Frage einer Außenwirkung des Schiedsurteiles, ex nunc daran gehindert, für das betreffende Organisationsgebiet/den einzelnen Arbeitgeber ihre Tarifzuständigkeit wahrzunehmen und neue Tarifverträge abzuschließen[346]. Diese ruht im Sinne eines dilatorischen Ausübungsverbotes, solange der anderen Gewerkschaft im Schiedsgerichtsverfahren der Vorrang eingeräumt ist[347] bzw. solange das Schiedsurteil Bestandskraft hat[348] und die betreffende Gewerkschaft Mitglied im Deutschen Gewerkschaftsbund ist. Verliert der Schiedsspruch danach seine Wirkung, kann die

[342] BAG AP Nr. 10 zu § 2 TVG Tarifzuständigkeit; Blank, Die Tarifzuständigkeit der DGB-Gewerkschaften, S. 66.

[343] BAG AP Nr. 4 zu § 2 TVG Tarifzuständigkeit.

[344] BAG AP Nr. 10 und 14 zu § 2 TVG Tarifzuständigkeit.

[345] Kutscher, Die Tarifzuständigkeit, S. 39.

[346] Blank, Die Tarifzuständigkeit der DGB-Gewerkschaften, S. 133; zu den Auswirkungen auf bestehende Tarifverträge s.u. 4. Teil B.

[347] Kempen/Zachert, TVG, § 2, Rn. 115, 116, der einen Vergleich zu konkurrierenden Gesetzgebung im Sinne des Art. 72 GG zieht.

[348] Zur Bestandskraft des Schiedsurteils s.u. 5. Teil A. III. 1.

DGB-Gewerkschaft ihre satzungsmäßig bestehende Tarifzuständigkeit wieder in Anspruch nehmen, ohne daß es einer Satzungsänderung bedürfte[349].

dd) Die verbandsinternen Rechtsbehelfe und die Durchsetzbarkeit der Schiedsurteile

Gegen die Entscheidung des Schiedsgerichts kann nach Ziff. 7 der Schiedsgerichtsordnung Rechtsmittel eingelegt werden. Nach Ziff. 7 a) können innerhalb von einer Frist von vier Wochen nach Zustellung des Schiedsurteils die am Verfahren beteiligten Gewerkschaften und der Geschäftsführende Bundesvorstand (§ 9 Ziff. 3 der DGB-Satzung) den Bundesvorstand gegen das Schiedsurteil mit der Begründung (Ziff. 7 b)) anrufen, daß das Schiedsgerichtsverfahren nicht ordnungsgemäß eingeleitet wurde, das Schiedsgericht nicht entsprechend besetzt war, Verfahrensverstöße nach Ziff. 4 und 5 der Schiedsgerichtsordnung vorliegen oder das Schiedsurteil gegen die Satzung des Deutschen Gewerkschaftsbundes verstößt. Zu beachten ist jedoch, daß nach Ziff. 7 c) die Anrufung des Bundesvorstands keine aufschiebende Wirkung hat.

Nach Ziff. 1 f) der Richtlinien für die Abgrenzung von Organisationsbereichen und die Veränderung der Organisationsbezeichnung gemäß § 15 Ziff. 1 der DGB-Satzung sind die beteiligten Gewerkschaften verpflichtet, alle erforderlichen Maßnahmen zu treffen, um das Schiedsurteil wirksam werden zu lassen und den Organisationsstreit zu beenden. Nach Ziff. 6 b) S. 1 der Schiedsgerichtsordnung hat die unterlegene Gewerkschaft ihre Mitglieder im umstrittenen Organisationsbereich unter Darlegung des Schiedsurteils im Einvernehmen mit der obsiegenden Partei aufzufordern, in die zuständige Gewerkschaft überzutreten. Ferner ist sie nach S. 2 verpflichtet, nach außen hin nicht mehr als zuständige Gewerkschaft aufzutreten, insbesondere keine neuen Tarifverträge abzuschließen. Fraglich ist, welche Möglichkeiten der Deutsche Gewerkschaftsbund bzw. die obsiegende DGB-Gewerkschaft haben, wenn die unterliegende Gewerkschaft das Schiedsurteil im Widerspruch dazu mißachtet. Soweit später eine Außenwirkung der Schiedsurteile festgestellt werden sollte[350], sei darauf hingewiesen, daß die Durchsetzbarkeit der Schiedsurteile im Innenverhältnis an Bedeutung verlöre.

Nach der DGB-Satzung besteht allein gemäß § 3 Ziff. 4 S. 2 die Möglichkeit, die Gewerkschaft durch Beschluß einer Zweidrittelmehrheit aus dem Bund aus-

[349] Blank, Die Tarifzuständigkeit der DGB-Gewerkschaften, S. 137.
[350] S. dazu sogleich 3. Teil A. III. 3. b).

zuschließen. Da sich der Deutsche Gewerkschaftsbund dadurch selbst schwächen würde, dürfte diese Sanktion kaum jemals in Betracht kommen[351].

Daneben bleibt jedoch sowohl für den Dachverband als auch für die im Schiedsgerichtsverfahren obsiegende Gewerkschaft die zivilprozessuale Durchsetzung der aus dem Schiedsurteil resultierenden Verhaltenspflichten möglich. Da die Einzelgewerkschaften sich mit ihrem Beitritt der bestehenden Verbandsorganisation und spezifischen Verbandsordnungen unterworfen haben, kann der Deutsche Gewerkschaftsbund aufgrund dieser Rechtsbeziehung die Erfüllung der Mitgliederpflichten verlangen, zu denen nicht nur die finanziellen Verpflichtungen, sondern auch die Verhaltenspflichten gehörten, die hier im Schiedsgerichtsverfahren bindend festgelegt werden. Der Deutsche Gewerkschaftsbund kann somit die unterlegene Gewerkschaft auf Erfüllung der sich aus Ziff. 1 f) der Richtlinien für die Abgrenzung von Organisationsbereichen und die Veränderung der Organisationsbezeichnung und Ziff. 6 der Schiedsgerichtsordnung ergebenden Pflichten verklagen[352]. Auch die obsiegende Partei kann zivilprozessual gegen die im DGB-Schiedsgerichtsverfahren unterlegene Partei vorgehen. Nach Ziff. 5 d) der Schiedsgerichtsordnung hat das Schiedsurteil unter den Parteien die Wirkung eines rechtskräftigen Urteils. Damit werden mit Bestehen des Schiedsurteils unmittelbar zwischen den streitenden Parteien korporative Pflichten erzeugt, an denen es vor dem Schiedsurteil noch fehlte[353]. Ebenso wie dem Dachverband stehen somit der obsiegenden Gewerkschaft aus eigenem Recht Erfüllungs- und Unterlassungsansprüche aus dem Schiedsurteil in Verbindung mit Ziff. 5 d) der Schiedsgerichtsordnung gegen die unterlegene Gewerkschaft zu, die sie gerichtlich durchsetzen kann[354].

ee) Ergebnis

Damit ist festzuhalten, daß im Falle von satzungsmäßigen Zuständigkeitsüberschneidungen mehrerer DGB-Gewerkschaften nach der Schiedsgerichtsordnung ergangene Schiedsurteile im Verhältnis der DGB-Gewerkschaften zueinander verbindlich festlegen, welche der konkurrierenden Gewerkschaften für den streitigen Organisationsbereich zuständig ist.

---

[351] Blank, Die Tarifzuständigkeit der DGB-Gewerkschaften, S. 133.
[352] Ebenso für das frühere Vermittlungs- und Schiedsverfahren: Blank, Die Tarifzuständigkeit der DGB-Gewerkschaften, S. 133, 134.
[353] S. dazu oben 2. Teil A. III. 3. a) aa) (2).
[354] Ebenso für das frühere Vermittlungs- und Schiedsverfahren: Blank, Die Tarifzuständigkeit der DGB-Gewerkschaften, S. 134, 135; Kempen/Zachert, TVG, § 2, Rn. 116.

b) Das Schiedsgerichtsverfahren im Außenverhältnis

Fraglich ist, ob durch ein entsprechendes Schiedsurteil die Tarifzuständigkeit auch im Außenverhältnis, also insbesondere gegenüber dem einzelnen Arbeitgeber und den Arbeitgeberverbänden, verbindlich festgelegt wird, also unmittelbar zur Tarifzuständigkeit der einen und zur Tarifunzuständigkeit der anderen DGB-Gewerkschaft führt, so wie es für das Innenverhältnis soeben ermittelt worden ist. Die im Schiedsgerichtsverfahren unterlegene Gewerkschaft könnte dann ihre nach ihrer Satzung bestehende Tarifzuständigkeit im Außenverhältnis gegenüber der Arbeitgeberseite nicht mehr wirksam wahrnehmen bzw. wirksame Tarifverträge abschließen. Der Deutsche Gewerkschaftsbund will nach seiner Satzung eine derartige Kompetenz für das Außenverhältnis in Anspruch nehmen[355]. Dies ergibt sich zwar noch nicht aus Ziff. 1 a) der Richtlinien für die Abgrenzung von Organisationsbereichen und die Veränderung der Organisationsbezeichnung gemäß § 15 Ziff. 1 der DGB-Satzung, wonach sich die Organisationszuständigkeit der einzelnen Gewerkschaften grundsätzlich aus ihrer Satzung in Verbindung mit der Satzung des Deutschen Gewerkschaftsbundes ergibt. Auch Ziff. 1 f) dieser Richtlinien und Ziff. 6 b) der Schiedsgerichtsordnung enthalten die offenen, eine Außenwirkung nicht voraussetzenden Bestimmungen, daß die von einem Schiedsurteil betroffenen Gewerkschaften verpflichtet sind, alle erforderlichen Maßnahmen zu treffen, um das Schiedsurteil wirksam werden zu lassen und den Organisationsstreit zu beenden bzw. daß die unterliegende Partei verpflichtet ist, nach außen hin nicht mehr als zuständige Gewerkschaft in Erscheinung zu treten, insbesondere keine neuen Tarifverträge abzuschließen. Dies gilt ebenfalls für Ziff. 5 e) der Schiedsgerichtsordnung, wonach das Schiedsurteil unter den Parteien die Wirkung eines rechtskräftigen Urteils hat. Ziff. 1 e) der Richtlinien besagt aber ausdrücklich, daß Schiedsurteile die Satzungen der Mitgliedsgewerkschaften im Innenverhältnis und mit verbindlicher Wirkung nach außen interpretieren. Gleichwolhl sieht § 3 Ziff. 4 S. 2 der DGB-Satzung, nach dem eine Gewerkschaft aus dem Bund ausgeschlossen werden kann, wenn sie sich einem Schiedsverfahren nicht stellt oder dessen Spruch nach der Verwerfung einer etwaigen Beschwerde nicht anerkennt[356], trotz der angemomennen Außenwirkung auch die Möglichkeit einer innerverbandlichen Sanktion für den Falle des Verstoßen gegen ein DGB-Schiedsurteil vor.

[355] Ausdrücklich auch: DGB-Schiedsgericht AP Nr. 16 zu § 2 TVG Tarifzuständigkeit.

[356] Auffällig ist an dieser Bestimmung, daß eine Satzungsanpassung nach der Änderung des Schiedsverfahrens in ein Schiedsgerichtsverfahren nicht vollzogen wurde.

aa) Die Ansichten in Rechtsprechung und Literatur

Das Bundesarbeitsgericht hat sich zur Außenwirkung des früheren Schiedsverfahrens in mehreren Entscheidungen geäußert[357]. Zunächst konnte es offenlassen, ob der Deutsche Gewerkschaftsverband in der Lage ist, als Dachverband Zuständigkeitsüberschneidungen der ihm angehörenden Gewerkschaften zu vermeiden. Es fügte jedoch hinzu, dieser könne dies jedenfalls nur durch die Anregung erreichen, daß die DGB-Gewerkschaften ihre Satzungen entsprechend gestalteten. Stets blieben aber ihre Satzungen für die Kompetenzabgrenzung maßgeblich[358]. In seinem Beschluß vom 17.2.1970 hat das Bundesarbeitsgericht dann aber festgestellt, daß durch den streitentscheidenden Schiedsspruch nach § 19 der DGB-Satzung[359] die Tarifzuständigkeit auch gegenüber dem Arbeitgeber abschließend geklärt werde. Der Schiedsspruch interpretiere die Satzung der obsiegenden Gewerkschaft authentisch oder ergänze ihn, da die DGB-Gewerkschaften durch ihre Zugehörigkeit zum Deutschen Gewerkschaftsbund das jeweilige Ergebnis als für sich maßgebend erklärt hätten. Für den Arbeitgeber bedeute dies, daß er die Tarifzuständigkeit der obsiegenden Gewerkschaft nicht mehr mit dem Argument ablehnen könne, daß die im DGB-Schiedsverfahren unterliegende Gewerkschaft zuständig sei. Andernfalls würde er sich eines unzulässigen Eingriffs in die Autonomie der obsiegenden Gewerkschaft als einer von Art. 9 Abs. 3 GG geschützten Vereinigung schuldig machen, die das Recht habe, ihren Tätigkeitsbereich selbst festzulegen[360]. In der Allfloor-Entscheidung weist das Bundesarbeitsgericht darauf hin, daß es mit seiner Rechtsprechung zum DGB-Schiedsspruch den Satzungsbestimmungen des Deutschen Gewerkschaftsbundes hinsichtlich des Organisationsbereiches der Einzelgewerkschaften nicht schlechthin eine Außenwirkung zuerkannt habe. Mit dem Schiedsspruch sei lediglich festgelegt, in welchen Zuständigkeitsbereich ein bestimmtes Unternehmen falle. Die Zuständigkeit der nach dem Schiedsspruch für zuständig erklärten Gewerkschaft müsse sich aus deren Satzung ergeben, die durch den Schiedsspruch nur dahingehend bestimmt werde, daß die Gewerkschaft mit keiner anderen DGB-Gewerkschaft konkurriere[361]. In seiner

[357] BAG AP Nr. 1, 3, 4, 5, 10, 14 zu § 2 TVG Tarifzuständigkeit.

[358] BAG AP Nr. 1 zu § 2 TVG Tarifzuständigkeit.

[359] Die Bestimmung entspricht weitgehend dem heutigen § 16 der DGB-Satzung mit dem Unterschied, daß das Streitverfahren heute als Schiedsgerichtsverfahren eingerichtet ist.

[360] BAG AP Nr. 3 zu § 2 TVG Tarifzuständigkeit.

[361] BAG AP Nr. 4 zu § 2 TVG Tarifzuständigkeit; siehe dazu auch den Beschluß BAG AP Nr. 10 zu § 2 TVG Tarifzuständigkeit, in dem das Bundesarbeitsgericht darauf hinweist, daß diese Entscheidung eine Klarstellung, aber keine Abweichung von der Rechtsprechung aus dem Beschluß vom 17.2.1970 (BAG AP Nr. 3 zu § 2 TVG Tarifzuständigkeit) darstelle.

Entscheidung vom 22.11.1988[362] verweist das Bundesarbeitsgericht zur Begründung der Außenwirkung wiederum auf den Beschluß vom 17.2.1970[363]. Auch in zwei neueren Entscheidungen bestätigt das Bundesarbeitsgericht unter Erweiterung der Begründung seine Rechtsprechung. Das Selbstverwaltungsrecht könne in der Weise ausgeübt werden, daß es satzungsmäßig zugunsten Dritter beschränkt werde, so daß die Selbstbeschränkung der DGB-Gewerkschaften durch Anerkennung eines Schiedsverfahrens unbedenklich sei[364]. In seinem Beschluß vom 14.12.1999 weist das Bundesarbeitsgericht auch im Vermittlungsverfahren erzielten Einigungen wie den im Schiedsverfahren ergangenen Schiedssprüchen Außenwirkung zu. Während bei bloßen Erklärungen einer DGB-Gewerkschaft, nicht tarifzuständig zu sein, nicht gewährleistet sei, daß sie die Sach- und Rechtslage eingehend geprüft habe, seien Einigungen im Vermittlungsverfahren und Schiedssprüche im Schiedsverfahren zwei gleichrangige Abschlüsse innerhalb eines formalisierten Verfahrens. Daß auch das Schiedsverfahren noch durch eine Vereinbarung beendet werden könne und an Einigungen im Vermittlungs- und Schiedsverfahren dieselben verfahrensmäßigen Anforderungen gestellt würden, zeige im übrigen, daß einer Einigung im Vermittlungsverfahren dieselbe Wirkung wie ein Schiedsspruch zukommen solle[365].

Ein großer Teil in der Literatur[366] und auch teilweise die unterinstanzliche Rechtsprechung[367] lehnt die vom Bundesarbeitsgericht vertretene Außenwirkung des Schieds(gerichts)verfahrens ab. Derartige Auswirkungen auf die Satzung einer Gewerkschaft und damit auf die Tarifzuständigkeit auch im Außenverhältnis müßten auf den mitgliedschaftlichen Willen der Einzelgewerkschaften rückführbar sein und seien daher zwingend der Mitgliederversammlung (Gewerkschaftstag) bzw. den Organen der Einzelgewerkschaften vorbehalten, zu denen

---

362 BAG AP Nr. 5 zu § 2 TVG Tarifzuständigkeit; bei dem Verweis auf den Beschluß vom 27.11.1964 (BAG AP Nr. 1 zu § 2 TVG Tarifzuständigkeit) im Tenor handelt es sich um ein Versehen, da in dieser Entscheidung die in Bezug genommenen Aussagen nicht getätigt worden sind.

363 BAG AP Nr. 3 zu § 2 TVG Tarifzuständigkeit.

364 BAG AP Nr. 10 zu § 2 TVG Tarifzuständigkeit; eine gegen diese Entscheidung eingelegte Verfassungsbeschwerde ist vom Bundesverfassungsgericht nicht zur Entscheidung angenommen worden, Beschluß vom 21.2.1999 – 1 BvR 522/97.

365 BAG AP Nr. 14 zu § 2 TVG Tarifzuständigkeit.

366 Eisenhart Rothe v., Probleme der Tarifzuständigkeit, S. 105, 106; Jacobs, Tarifeinheit und Tarifkonkurrenz, S. 220, 221; Konzen, Festschrift für Alfons Kraft, S. 291, 313; Kutscher, Die Tarifzuständigkeit, S. 40, 41; Martens, SAE 1987, S. 7, 8; MünchArbR/Löwisch/Rieble, § 255, Rn. 73; Rieble, Anmerkung zu BAG AP Nr. 14 zu § 2 TVG Tarifzuständigkeit; Wiedemann, Festschrift für H.-J. Fleck, S. 447, 458 (a.A. aber noch in RdA 1975, S. 78, 82); Weyand, SAE 1991, S. 323, 325.

367 LAG München, LAGE Nr. 1 zu § 2 TVG Tarifzuständigkeit; LAG Hamm, LAGE Nr. 41 zu Art. 9 GG Arbeitskampf.

das DGB-Schiedsgericht nicht gehöre. Eine Übertragung eines solchen Rechts führe daher zu einer unzulässigen Fremdbestimmung und verstoße gegen das für die Tarifvertragsparteien bestehende Erfordernis demokratischer Organisation bzw. mitgliedschaftlicher Legitimation tarifpolitischer Entscheidungen[368]. Auch könnten die dem Deutschen Gewerkschaftsbund vorbehaltenen Zustimmungsrechte bzw. das ihm eingeräumte Schieds(gerichts)verfahren im äußersten Fall zum Verbandsaustritt/Verbandswechsel bis hin zu einer Veränderung der gewerkschaftlichen Mitgliederstrukturen führen und daher nicht selten mit den individuellen Mitgliederinteressen kollidieren[369]. Soweit die Möglichkeit der Übertragung von Satzungsautonomie bzw. die Satzungsbezugnahme auf die Satzung eines Dachverbandes in Erwägung gezogen werden, wird darauf verwiesen, daß die Satzungen der einzelnen DGB-Gewerkschaften diese nicht beinhalteten[370]. Zudem bezwecke die Ansicht, die dem Schiedsgerichtsverfahren nach § 16 der DGB-Satzung Außenwirkung beimesse, nur den Schutz der Arbeitgeberseite, die sich nur einer DGB-Gewerkschaft gegenübersehen solle. Übergeordnete ordnungspolitische Interessen und Zweckmäßigkeitsgesichtspunkte seien aber nicht geeignet, die Regelungsautonomie der einzelnen Mitgliedsgewerkschaften einzugrenzen[371]. Abgesehen davon, daß in Randbereichen Tarifkonkurrenzen hinzunehmen und über die vom Bundesarbeitsgericht entwickelten Grundsätze aufzulösen seien, diene das DGB-Schiedsgerichtsverfahren eben nicht diesem Zweck. Vielmehr ziele es allein zur Stärkung der gewerkschaftlichen Interessen auf eine möglichst klare Abgrenzung der Organisationsbereiche der DGB-Gewerkschaften ab, so daß der Vorteil für die Arbeitgeberseite nur eine zwangsläufige Folge der Zielsetzung des Deutschen Gewerkschaftsbundes sei[372]. Schließlich könne auf der Gegenseite eine Gewerkschaft auch mit einem Arbeitgeber wirksame Tarifverträge abschließen, dem (im Innenverhältnis) nach der Satzung seines Arbeitgeberverbandes der Abschluß von Firmentarifverträgen verwehrt sei. Nach dieser Ansicht ist eine Außenwirkung der Schiedsurteile nur mittelbar erreichbar, indem die obsiegende Gewerkschaft ihren Unterlassungsanspruch gerichtlich (gegebenenfalls durch einstweilige Verfügung) durchsetzt.

Eine andere Ansicht in der Literatur befürwortet dagegen die Haltung des Bundesarbeitsgerichts, dem Verfahren nach der § 16 DGB-Satzung unmittelbare

---

[368] Kutscher, Die Tarifzuständigkeit, S. 39; Martens, SAE 1987, S. 7, 9; MünchArbR/Löwisch/Rieble, § 255, Rn. 73; Rieble, Anmerkung zu BAG AP Nr. 14 zu § 2 TVG Tarifzuständigkeit; Wiedemann, Festschrift für H.-J. Fleck, S. 447, 458.
[369] Martens, SAE 1987, S. 7, 9.
[370] LAG München, LAGE Nr. 1 zu § 2 TVG Tarifzuständigkeit; Jacobs, Tarifeinheit und Tarifkonkurrenz, S. 218, 221; Weyand, SAE 1991, S. 323, 325.
[371] Konzen, Festschrift für Alfons Kraft, S. 291, 313; Rieble, Anmerkung zu BAG AP Nr. 14 zu § 2 TVG Tarifzuständigkeit.
[372] Kutscher, Die Tarifzuständigkeit, S. 39.

Außenwirkung beizumessen[373]. Die Richtlinien und Schiedssprüche wirkten mit statutarischer Wirkung auf die Satzungen der Einzelgewerkschaften ein und legten, wie die Verbandssatzung selbst, die Tarifzuständigkeit gegenüber Dritten fest[374]. Darin sei zugleich eine Stärkung der sozialen Autonomie zu sehen[375]. Auch wird betont, daß es angesichts der langen Verfahrensdauer vor den Arbeitsgerichten erforderlich sei, daß über die (früheren) Schiedssprüche als schnellem Lösungsmechanismus eine verbindliche und schnelle Lösung für die beteiligten Gewerkschaften und die betroffenen Arbeitgeber erreicht werde[376]. Zudem fehle es an wirksamen verbandsinternen Sanktionen auf der DGB-Ebene, da lediglich nach § 3 Ziff. 4 der DGB-Satzung die Möglichkeit bleibe, die betreffende Gewerkschaft mit Zweidrittelmehrheit auszuschließen[377]. Schließlich wird hervorgehoben, daß die Außenwirkung des innerverbandlichen Grundsatzes „ein Betrieb - eine Gewerkschaft" die Tarifeinheit fördere und damit einen wichtigen Beitrag zum Funktionieren des Tarifvertrages leiste[378].

bb) Stellungnahme

Will man sich nicht dem Vorwurf einer unzulässigen rechtsfolgeorientierten Begründung, die zum Schutz der Arbeitgeberseite und zur Vereinfachung des Tarifvertragssystems zu einer Alleinzuständigkeit einer DGB-Gewerkschaft gelangen möchte, aussetzen, muß in den Mittelpunkt der Untersuchung die grundsätzliche Bestimmung der Tarifzuständigkeit nach der Satzung der Tarifvertragsparteien gerückt werden. Hält man konsequent auch für die in einem Dachverband zusammengeschlossenen, aber tariflich selbständigen Gewerkschaften an diesem Grundsatz fest, können im Rahmen eines satzungsmäßigen Schiedsgerichtsverfahrens des Dachverbandes ergangene Einigungen und Entscheidungen nur dann

---

[373] Buchner, SAE 1998, S. 262, 264, 265; Däubler, Tarifvertragsrecht, Rn. 88; Delheid, Tarifzuständigkeit, S. 37; Hanau, NZA 2003, S. 128, 130; Hromadka/Maschmann/Wallner, Der Tarifwechsel, Rn. 28; Kempen/Zachert, TVG, § 2, Rn. 114, 115; Richardi, Gemeinsame Anmerkung zu BAG AP Nr. 2 und 3 zu § 2 TVG Tarifzuständigkeit; Schaub, Arbeitsrechts-Handbuch, § 199, Rn. 15; Wiedemann, RdA 1975, S. 78, 82 (a.A. dann aber in Festschrift für H.-J. Fleck, S. 447, 458); mehrdeutig: Gamillscheg, Kollektives Arbeitsrecht I, § 14 II 2 b), S. 533.

[374] Buchner, SAE 1998, S. 262, 265; Wiedemann, RdA 1975, S. 78, 82.

[375] Blank, Die Tarifzuständigkeit der DGB-Gewerkschaften, S. 66; Richardi, Gemeinsame Anmerkung zu BAG AP Nr. 2 und 3 zu § 2 TVG Tarifzuständigkeit.

[376] Blank, Die Tarifzuständigkeit der DGB-Gewerkschaften, S. 67; Kempen/Zachert, TVG, § 2, Rn. 142.

[377] Blank, Die Tarifzuständigkeit der DGB-Gewerkschaften, S. 131.

[378] Blank, Die Tarifzuständigkeit der DGB-Gewerkschaften, S. 140, 141.

die Tarifzuständigkeit der Einzelgewerkschaften beeinflussen, wenn diese unmittelbar auf die Satzungen der Einzelgewerkschaften einzuwirken vermögen.

(1) Die Übertragung von Satzungsautonomie auf den Deutschen Gewerkschaftsbund

Dies ist dann der Fall, wenn die Mitgliedsgewerkschaften im Zusammenhang mit der Festlegung der Tarifzuständigkeit Satzungsautonomie teilweise auf den Deutschen Gewerkschaftsbund übertragen haben.

(a) Der Gegenstand der Übertragung

Zunächst ist es aber erforderlich zu klären, welche Art von Kompetenz der Deutsche Gewerkschaftsbund mit dem Schiedsgerichtsverfahren im Außenverhältnis überhaupt wahrnehmen möchte. Teilweise wird vertreten, daß das Schiedsgerichtsverfahren unmittelbar satzungsgestaltende Wirkung anstrebe[379] oder mit ihm ein (zulässiger) Eingriff in die Satzungsautonomie der Mitgliedsgewerkschaften verbunden sei[380]. Nach *Kempen* dagegen wirke das Schiedsgerichtsverfahren nicht satzungsrechtsgestaltend, sondern allein tarifpolitisch handlungsleitend, da es allein um die Festlegung gehe, wer seine satzungsmäßig bestehende Tarifzuständigkeit im Einzelfall in Anspruch nehmen könne. Dies sei keine Satzungsfrage, sondern allein eine Entscheidung tarifpolitischen Ermessens. Da ein Eingriff in Satzungsrecht damit gar nicht vorliege, könnten auch geringere Anforderungen an eine Delegation der betreffenden Autonomie gestellt werden[381]. Betrachtet man den Inhalt und den Umfang der im Schiedsgerichtsverfahren ergangenen Entscheidungen[382], liegt in der Tat die Ansicht *Kempens* nahe, da die Begründung der satzungsmäßigen Tarifzuständigkeiten den Mitgliedsgewerkschaften vorbehalten bleibt und im Schiedsgerichtsverfahren lediglich unter mehreren satzungsmäßig tarifzuständigen DGB-Gewerkschaften einer Gewerkschaft der Vorrang eingeräumt wird. Allerdings läßt sich auch die Konstruktion vertreten, daß die Vermittlungsstelle/das Schiedsgericht wie einzelgewerkschaftliche Satzungsgeber auf die Satzungen der DGB-Gewerkschaften dergestalt einwirken, daß für die Dauer der Bestandskraft eines

[379] Buchner, SAE 1998, S. 262, 264.
[380] BAG AP Nr. 10 zu § 2 TVG Tarifzuständigkeit.
[381] Kempen/Zachert, TVG, § 2, Rn. 115.
[382] S.o. 2. Teil A. III. 3. a) cc).

Schiedsurteils die Tarifzuständigkeit der unterlegenen DGB-Gewerkschaften nach ihrer einzelgewerkschaftlichen Satzung für den betroffenen Bereich/Arbeitgeber aufgegeben wird. Das im Schiedsgerichtsverfahren den unterlegenen Gewerkschaften auferlegte Ausübungsverbot kann demnach sowohl satzungsrechtsgestaltend als auch nur handlungsleitend verstanden werden. Wenn aber auch nach der Ansicht *Kempens* Schiedsurteile so wirken, als ob eine Tarifzuständigkeit der im Schiedsgerichtsverfahren unterlegenen Mitgliedsgewerkschaft nach ihrer Satzung für den fraglichen Bereich/Arbeitgeber nicht bestünde, müssen auch bei der Annahme einer Delegation von Handlungsautonomie dieselben Anforderungen an diese angelegt werden, die auch an eine Übertragung von Satzungsautonomie gestellt werden. Mithin kann es vorliegend im Ergebnis bei der Untersuchung bleiben, ob die Einzelgewerkschaften dem Deutschen Gewerkschaftsbund Satzungsautonomie übertragen haben. Wenn man die Entscheidungen des Bundesarbeitsgerichts zum DGB-Schieds(gerichts)verfahren heranzieht, in denen es jeweils um die Tarifzuständigkeit mehrerer DGB-Gewerkschaften für einen Arbeitgeber ging, betrifft die Übertragung dabei grundsätzlich nur einfache Satzungsänderungen im Sinne von § 33 Abs. 1 S. 1 BGB, nicht jedoch Zweckänderung gemäß § 33 Abs. 1 S. 2 BGB[383].

(b) Die Übertragbarkeit auf den Deutschen Gewerkschaftsbund als Vereinsverband

Fraglich ist aber, ob rechts- bzw. nichtrechtsfähige Vereine überhaupt satzungsgestaltende Befugnisse auf vereinsfremde Dritte übertragen können[384].

Die ganz herrschende Meinung verneint dies. Als essentieller Bestandteil seiner Selbstbestimmung könne ein Verein die Kompetenz zur alleinigen Satzungsgestaltung nicht auf Dritte übertragen[385]. Zum Teil wird es jedoch für zulässig gehalten, daß die Wirksamkeit von Satzungsänderungen von der Zustimmung eines Dritten abhängig gemacht wird, da damit nicht die Befugnis verbunden

[383] Vgl. dazu oben 2. Teil A. I. 2. b).

[384] Vgl. auch oben 2. Teil A. I. 2. a) bb) zu der Frage, inwieweit Satzungsänderungskompetenzen auf andere Vereinsorgane als die Mitglieder- bzw. Delegiertenversammlung übertragen werden können.

[385] Palandt/Heinrichs, BGB, § 33, Rn. 2; Reichert, Vereins- und Verbandsrecht, Rn. 418; Soergel/Hadding, BGB, § 33, Rn. 7;; Steinbeck, Vereinsautonomie und Dritteinfluß, S. 90, 91; Stöber, Handbuch zum Vereinsrecht, Rn. 619; a.A. Mummenhof, Gründungssysteme und Rechtsfähigkeit, S. 169, 170.

sei, die Satzung gegen den Willen des Satzungsorgans des Vereins zu ändern[386]. Unzulässig sei aber auch hier, daß der Verein in seiner Handlungsfreiheit so weit beschränkt werde, daß ihm als selbständiger Personengemeinschaft keine Bedeutung mehr zukomme, was insbesondere der Fall sei, wenn er nicht mehr von der Willensbildung seiner Mitglieder getragen angesehen werden könne, sondern nur noch als Verwaltungsstelle oder Sondervermögen des Dritten erscheine. Das Bundesverfassungsgericht hat ein Genehmigungserfordernis für einen religiösen (kirchlichen) Verein, der sich als Teilgliederung einer Religionsgemeinschaft verstand, im Hinblick auf den verfassungsrechtlichen Einfluß von Art. 4 GG und die Gewährleistung des Art. 140 GG i.V.m. Art. 137 Abs. 3 WRV für zulässig gehalten[387].

In der Tat ist es vorzugswürdig, einen Zustimmungsvorbehalt durch vereinsfremde Dritte zuzulassen. Ein Grundsatz, der jeglichen Fremdeinfluß auf die Satzungsgestaltung von Vereinen ausschließt, läßt sich weder dem Gesetz noch sonstigen Rechtsgrundsätzen entnehmen. Solange der Verein die Dispositionsbefugnis über die Satzung behält und es ihm damit zu jeder Zeit möglich ist, das Genehmigungserfordernis zurückzunehmen, erscheint ein Zustimmungsvorbehalt auch unabhängig von der Berücksichtigung der verfassungsrechtlichen Besonderheiten des Art. 4 GG möglich[388]. Im Sinne der oben aufgezeigten Ansicht darf dies aber nicht zu einer völligen Entrechtung des Vereins führen, so daß Selbständigkeit und Selbstverantwortung des Vereins in ihrem Kern betroffen sind[389]. Des weiteren ist das Bestehen eines sachlichen Grundes für die Übertragung eines Zustimmungsvorbehalts zu fordern, der in angemessenem Verhältnis zum Umfang der Übertragung steht.

Für den hier interessierenden Zusammenhang ist jedoch darauf hinzuweisen, daß die Kompetenz des Deutschen Gewerkschaftsbundes im Rahmen des DGB-Schiedsgerichtsverfahrens - anders als in § 15 Ziff. 2 der DGB-Satzung - nicht als Zustimmungsvorbehalt ausgestaltet ist und in ihrem Ausmaß auch darüber hinausgeht. Zwar kann die Kompetenz in ihren Rechtswirkungen zumindest teilweise einem Genehmigungserfordernis gleichgesetzt werden, wenn man mit dem Beitritt der Einzelgewerkschaften zum Deutschen Gewerkschaftsbund alle bestehenden Satzungen der DGB-Gewerkschaften für den Fall satzungsmäßiger

---

[386] KG, OLGZ 1974, S. 385, 387ff; MüKo/Reuter, BGB, Rn. 20/22 zumindest für Vereine mit Aufnahmefreiheit, da hier die von § 40 BGB vorausgesetzte Kontrolle der Herrschaftsmacht durch die Möglichkeit des Austritts (§ 39 BGB) gegeben sei; Palandt/Heinrichs, BGB, § 33, Rn. 2; Soergel/Hadding, BGB, § 33, Rn. 7 mit der Forderung nach einer Gesamtabwägung der Umstände des Einzelfalles; Steinbeck, Vereinsautonomie und Dritteinfluß, S. 107.
[387] BVerfGE 83, S. 341, 360ff; ebenso: OLG Köln, NJW 1980, S. 1048, 1049, 1050.
[388] Steinbeck, Vereinsautonomie und Dritteinfluß, S. 102ff.
[389] Soergel/Hadding, BGB, Vor § 21, Rn. 54.

Zuständigkeitsüberschneidungen und damit verbundener mehrfacher tariflicher Inanspruchnahme als unter dem Erfordernis einer Genehmigung durch die DGB-Vermittlungsstelle bzw. das DGB-Schiedsgericht stehend ansieht. Die Rechtswirkungen gehen aber über ein Genehmigungserfordernis hinaus, wenn eine DGB-Gewerkschaft aufgrund wirksamer satzungsmäßiger Grundlage eine bestimmte Zuständigkeit bereits in zulässiger Weise in Anspruch genommen hat, diese aber nachträglich in einem DGB-Schiedsgerichtsverfahren verliert. Hier führt das Schiedsurteil für die Dauer seines Bestehens zu einer Aufgabe der Tarifzuständigkeit, die als vorübergehende Satzungsänderung verstanden werden kann[390]. Allerdings ist zu beachten, daß diese Kompetenz des Deutschen Gewerkschaftsbundes grundsätzlich auf die Organisationsabgrenzung begrenzt ist und damit die Selbständigkeit der Mitgliedsgewerkschaften nicht grundsätzlich berührt, sondern mit dem Zuständigkeitsbereich nur einen Teilbereich ihrer Vereinsautonomie. Damit besteht also nicht die Gefahr, daß die Mitgliedsgewerkschaften durch die Delegation der fraglichen Kompetenz zu einer nicht mehr von ihrem Willen getragenen bloßen Verwaltungsstelle mutieren. Hinzu kommt, daß der Deutsche Gewerkschaftsbund keineswegs wie ein Fremder den DGB-Gewerkschaften gegenübersteht, sondern als Vereinsverband materiell gerade aus den Einzelgewerkschaften als Mitgliedern besteht. Für dieses Verhältnis zwischen Vereinsverbänden und Mitgliedsvereinen wird aber zur Erreichung des mit dem Vereinsverband angestrebten Zweckes auch in der Literatur überwiegend eine weitergehende Einflußmöglichkeit des Dachverbandes angenommen[391]. Daher ist davon auszugehen, daß die Kompetenz, die der Deutsche Gewerkschaftsbund mit der Abgrenzung der Zuständigkeitsbereiche im Schiedsgerichtsverfahren beansprucht, grundsätzlich übertragbar ist.

Die DGB-Gewerkschaften sind im Deutschen Gewerkschaftsbund zusammengeschlossen, um ihr Handeln einheitlich und effektiv zu koordinieren und abzustimmen. Damit soll eine Stärkung der Gewerkschaftsbewegung erreicht und eine Schwächung durch Konkurrenz untereinander vermieden werden. Im Rahmen des DGB-Schiedsgerichtsverfahrens wird dieses Ziel durch eine Abgrenzung der einzelgewerkschaftlichen Organisationsbereiche realisiert. Damit besteht auch ein ausreichender sachlicher Grund für die Übertragung der vorliegenden Kompetenz auf den Deutschen Gewerkschaftsbund, wie er oben für die Zulässigkeit einer Delegation von Satzungsautonomie auf vereinsfremde Dritte gefordert worden ist. Da die dem DGB-Schiedsgericht eingeräumte Befugnis zur Abgrenzung der einzelgewerkschaftlichen Organisationsbereiche auch gerade

[390] S. dazu oben 2. Teil A. III. 3. b) bb) (1) (a).

[391] Reichert, Vereins- und Verbandsrecht, Rn. 2776; Sauter/Schweyer, Der eingetragene Verein, Rn. 323; Soergel/Hadding, BGB, Vor § 21, Rn. 54; zurückhaltend: Stöber, Handbuch zum Vereinsrecht, Rn. 619.

von dem Zweck des Zusammenschlusses der Einzelgewerkschaften im Deutschen Gewerkschaftsbund gedeckt ist, steht dieser Grund für die Übertragung auch in einem angemessenen Verhältnis zum Umfang der vorliegenden Delegation.

Fraglich ist aber, ob hier die Kompetenzübertragung wegen der Bedeutung des Regelungsgegenstandes in §§ 15 Ziff. 2, 16 der DGB-Satzung für Art. 9 Abs. 3 GG ausgeschlossen ist. Da diese Bestimmungen mit der Festlegung des Organisationsbereiches und damit der Tarifzuständigkeit den Betätigungskern der Koalitionsfreiheit, nämlich den Abschluß von Tarifverträgen durch die Koalitionen für ihre Mitglieder, betreffen, ist nach einer Ansicht in der Tat eine Übertragung von Autonomie hier nicht möglich[392]. Die kollektive Koalitionsfreiheit der unterlegenen DGB-Gewerkschaft selbst steht aber der Übertragung bereits deshalb nicht im Wege, da sich der Autonomieverlust als Folge eines freiwilligen Beitritts zum Deutschen Gewerkschaftsbund darstellt[393]. Zu untersuchen bleibt aber, ob hier im Hinblick auf die Koalitionsfreiheit der einzelnen Mitglieder der DGB-Gewerkschaften Grenzen für eine Übertragung bestehen. Zu beachten ist nämlich, daß der einzelne Arbeitnehmer zur Ausübung der ihm garantierten Koalitionsfreiheit grundsätzlich auf „seine" Gewerkschaft angewiesen ist, die für ihn mit dem zuständigen Arbeitgeber bzw. Arbeitgeberverband Tarifverträge abschließt. Soweit aber im Schiedsgerichtsverfahren einer anderen DGB-Gewerkschaft die Tarifzuständigkeit zugesprochen wird, kann die Gewerkschaft in dem fraglichen Bereich keine wirksamen Tarifverträge abschließen und ihre Mitglieder in diesem Bereich nicht mehr tariflich vertreten. In diesem Fall führt die Übertragung zu einer völligen Entrechtung und einem Eingriff in die Koalitionsfreiheit dieser Mitglieder, der nur durch eine unmittelbare Entscheidung der Mitglieder- bzw. Delegiertenversammlung gerechtfertigt und einer Fremdbestimmung nicht zugänglich sein könnte[394].

Allerdings ist hier zu beachten, daß die in einem Verfahren des Deutschen Gewerkschaftsbundes getroffene Entscheidung zwar dazu führt, daß der betreffende Arbeitnehmer sich nicht mehr durch seine bisherige DGB-Gewerkschaft tariflich vertreten lassen kann, ihm aber mit der im Schiedsgerichtsverfahren obsiegenden Partei eine andere Gewerkschaft des Vereinsverbandes zur Verfügung gestellt wird, über die er im Falle seines Übertritts in dem fraglichen Bereich seine tariflichen Rechte wahrnehmen kann. Da alle Gewerkschaften durch die

---

[392] Jacobs, Tarifeinheit und Tarifkonkurrenz, S. 214.

[393] Blank, Die Tarifzuständigkeit der DGB-Gewerkschaften, S. 139.

[394] So: Rieble, Anmerkung zu BAG AP Nr. 14 zu § 2 TVG Tarifzuständigkeit; vgl. auch die Ausführungen oben 2. Teil A. I. 2. a) bb)), wo Einschränkungen des Zuständigkeitsbereiches für nicht auf andere Vereinsorgane übertragbar, sondern als zwingend der Mitglieder- bzw. Delegiertenversammlung vorbehalten angesehen wurden.

Bindung an die DGB-Satzung in weiten Teilen einheitliche Grundzüge aufweisen und auch Mitgliedschaften in anderen DGB-Gewerkschaften im Rahmen der einzelnen Leistungen (Ansprüche auf Streikunterstützung, etc.) angerechnet werden, erscheint auch im Übertritt keine schwerwiegende Beeinträchtigung der Rechte der einzelnen Mitglieder zu liegen. Schließlich dient gerade auch der Zweck des betreffenden Abgrenzungsverfahrens des Dachverbandes den Interessen der einzelnen Mitglieder der Einzelgewerkschaften. Das Verfahren soll gewährleisten, daß zur effektiven und starken Vertretung der Belange der Arbeitnehmer nur eine DGB-Gewerkschaft in einem bestimmten Organisationsbereich auftritt und eine Schwächung durch konkurrierende DGB-Gewerkschaften vermieden wird. Damit ist die vom Dachverband vorgenommene Organisationsabgrenzung im Ergebnis auch darauf gerichtet, den einzelgewerkschaftlichen Mitgliedern eine effektive Wahrnehmung ihrer Koalitionsfreiheit durch eine vor verbandsinterner Konkurrenz geschützte und dadurch starke DGB-Gewerkschaft zu ermöglichen. Die Beeinträchtigung der Koalitionsfreiheit der Mitglieder einer in einem DGB-Schiedsgerichtsverfahren unterlegenen Gewerkschaft ist damit durch den Zweck der Organisationsabgrenzung ausreichend gerechtfertigt. Damit hindern weder die den DGB-Gewerkschaften noch die ihren Mitgliedern zustehende Koalitionsfreiheit eine Übertragung der Kompetenz zur Abgrenzung der Organisationsbereiche auf den Deutschen Gewerkschaftsbund. Betrachtet man die mit dem Schiedsgerichtsverfahren angestrebten Ziele, Garantie einer starken DGB-Gewerkschaft durch Vermeidung von Zuständigkeitsüberschneidungen und damit eine effektive Wahrnehmung der Koalitionsfreiheit des einzelnen, erscheint es vielmehr - in Anlehnung an die ganz wesentlich auf Art. 4 GG abstellende Bahá'í-Entscheidung des Bundesverfassungsgerichts[395] - gerade von Art. 9 Abs. 3 GG verfassungsrechtlich geboten, eine Delegation in dem hiesigen Umfang zuzulassen[396].

(c) Die Anforderungen an die Satzungen der Mitgliedsgewerkschaften für die Übertragung von Satzungsautonomie

Zunächst ist zu fordern, daß die Übertragung von Satzungsautonomie von den Mitgliedsgewerkschaften auf den Vereinsverband auf die autonome, jederzeit rücknehmbare Entscheidung der Mitglieder der einzelnen Vereine rückführbar ist. Des weiteren muß sie auf einer Ermächtigung beruhen, die in den einzelnen Vereinssatzungen - genau so wie auch im Falle der Übertragung von Satzungsautonomie von der Mitgliederversammlung auf andere Organe innerhalb des

[395] BVerfGE 83, S. 341, 360ff.
[396] Ebenso: Hanau, NZA 2003, S. 128, 131.

Vereins[397] - im Hinblick auf Inhalt und Ausmaß in ausreichend bestimmter Weise niedergelegt ist.

Die Satzungen der DGB-Mitgliedsgewerkschaften erfüllen diese Anforderungen jedoch nicht. Bei Durchsicht der einzelnen Gewerkschaftssatzungen findet sich neben Bestimmungen bei einigen Gewerkschaften, die sich in Anlehnung an § 3 Ziff. 3 der DGB-Satzung ausdrücklich die Einhaltung der DGB-Satzung auferlegen, bei allen Gewerkschaften allein eine satzungsmäßige Verankerung der Mitgliedschaft im Deutschen Gewerkschaftsbund[398]. Eine ausreichende Ermächtigung des DGB-Schiedsgerichts liegt damit in den einzelgewerkschaftlichen Satzungsbestimmungen nicht vor[399].

Däubler will jedoch eine Ermächtigung in den Satzungen der Einzelgewerkschaften aufgrund von Verbandsgewohnheitsrecht (Observanz) annehmen[400]. Dies scheint ein gangbarer konstruktiver Weg zu sein, soweit man auch für eine derartige Übertragung von Satzungskompetenzen Vereinsgewohnheitsrecht als ausreichende Grundlage ansieht[401]. Wie bereits oben gezeigt, kann bei nichtrechtsfähigen Vereinen Satzungsrecht auch kraft Observanz (Vereinsgewohnheitsrecht) entstehen[402]. Voraussetzung dafür ist aber eine langandauernde von einer entsprechenden Rechtsüberzeugung getragene tatsächliche Übung des Vereins. Mag man auch eine derartige langandauernde Verhaltensweise der Gewerkschaften bejahen, so ist aber die Ansicht *Däublers* dem Einwand ausgesetzt, die geforderte Rechtsüberzeugung nicht nachweisen zu können, denn die Einhaltung der im DGB-Schiedsgerichtsverfahren zustande gekommenen Schiedsurteile ist in jedem Fall eine die DGB-Gewerkschaften aufgrund ihrer Mitgliedschaft treffende verbandsinterne Pflicht. Damit kann aber nicht bewiesen werden, ob die Einzelgewerkschaften die DGB-Schiedssprüche (heute: DGB-Schiedsurteile) allein aufgrund ihrer verbandsinternen Pflicht oder aber

---

397 Vgl. dazu: Säcker, Probleme der Repräsentation von Großvereinen, S. 33, 23ff.

398 S. zum Beispiel: § 2 der IG BCE-Satzung i.d.F. v. 1996; § 32 der IG Metall-Satzung i.d.F. v. Januar 2000; § 1 Abs. 2 der GdP-Satzung i.d.F. v. September 1998.

399 Ebenso: LAG München, LAGE Nr. 1 zu § 2 TVG Tarifzuständigkeit;MünchArbR/Löwisch/Rieble, § 255, Rn. 74; 76; Jacobs, Tarifeinheit und Tarifkonkurrenz, S. 221; Konzen, Festschrift für Alfons Kraft, S. 291, 313; LAG München, LAGE Nr. 1 zu § 2 TVG Tarifzuständigkeit; Weyand, SAE 1991, S. 323, 325; a.A. Kempen/Zachert, TVG, § 2, Rn. 115.

400 Däubler, Tarifvertragsrecht, Rn. 88a.

401 Vgl. dazu OLG Frankfurt a.M., ZIP 1985, S. 213, 215, 216, das von der Möglichkeit einer Regelung, aus welchen Personen sich die Delegierten eines Gewerkschaftstages zusammensetzen, wie sie bestellt werden, wie lange ihre Amtsdauer ist und auf wieviele Vereinsmitglieder ein Delegierter entfällt, kraft Observanz ausgeht.

402 S.o. 2. Teil A. I. 2. c).

auch in der Überzeugung, dem Deutschen Gewerkschaftsbund eine entsprechende Satzungsermächtigung eingeräumt zu haben, befolgen.

(2) Die DGB-Satzung als Bestandteil der Satzungen der Einzelgewerkschaften kraft Verweisung

Die Bestimmungen der DGB-Satzung betreffend die Organisationsabgrenzung zwischen den Mitgliedsgewerkschaften und damit auch die im DGB-Schiedsgerichtsverfahren ergangenen Schiedsurteile wirken aber dann mit der unmittelbaren Außenwirkung auf die Satzungen der Einzelgewerkschaften ein, wenn sie Bestandteil dieser Satzungen sind. Grundsätzlich können Vereinssatzungen durch statische Verweisung zumindest Teile von Fremdsatzungen zu ihrem Bestandteil erheben[403]. Dies gilt insbesondere auch für die Satzung eines Mitgliedsvereins im Verhältnis zu der Satzung eines Vereinsverbandes[404]. Eine ausdrückliche Wiederholung der Satzungsbestimmungen, auf die verwiesen wird, ist dabei nicht zu fordern. Es genügt auch nach überwiegender Ansicht eine sinngemäße Verweisung, die aber aus Gründen der ausreichenden Legitimation und zum Schutze der Mitglieder des Vereins widerspruchsfrei, verständlich und so hinreichend bestimmt sein muß, daß keine Zweifel darüber bestehen, welche Bestimmungen der in Bezug genommenen Fremdsatzung gemeint sind[405].

Hier ist aber wiederum festzustellen, daß die in den Satzungen aller DGB-Gewerkschaften bestehenden Bestimmungen diesen Anforderungen nicht ge-

---

[403] BAGE 27, 163, 170; BGH, NJW 1995, S. 583, 585; Reichert, Vereins- und Verbandsrecht, Rn. 297, 348; Stöber, Handbuch zum Vereinsrecht, Rn. 34; eine sog. dynamische Verweisung, nach der der in Bezug genommene Satzungsinhalt in der jeweils geltenden Fassung einbezogen werden soll, wird dagegen für unzulässig gehalten.

[404] Sauter/Schweyer, Der eingetragene Verein, Rn. 323; Soergel/Hadding, BGB, Vor § 21, Rn. 54; weitergehend: Reichert, Vereins- und Verbandsrecht, Rn. 2776, nach dem der Vereinsverband im Falle einer Doppelverankerung in der Satzung der Mitgliedskörperschaft einerseits und in der Satzung des Vereinsverbands andererseits seine Satzung sowie erlassene Ordnungen bzw. Richtlinien bei den Mitgliedsvereinen und bei deren Mitgliedern zur Geltung bringen kann; gegen eine dynamische Verweisung im Verhältnis von Mitgliedsverein und Vereinsverband: MüKo/Reuter, BGB, Vor § 21, Rn. 120; Steinbeck, Vereinsautonomie und Dritteinfluß, S. 160ff, insb. 175, 176.

[405] OLG Hamm, NJW-RR 1988, S. 183; Sauter/Schweyer, Der eingetragene Verein, Rn. 132; Steinbeck, Vereinsautonomie und Dritteinfluß, S. 167, 168; Stöber, Handbuch zum Vereinsrecht, Rn. 34, der aber für rechtsfähige Vereine wegen § 59 Abs. 2 BGB die Abgabe der betreffenden Bestimmungen der Fremdsatzungen beim Registergericht als nicht ausreichend ansieht, sondern eine wörtliche Übernahme in die Vereinssatzung fordert.

recht werden[406]. Auch die Bestimmungen in den einzelgewerkschaftlichen Satzungen, wonach die Gewerkschaften die DGB-Satzung einzuhalten und die DGB-Beschlüsse durchzuführen haben[407], genügt dem nicht[408]. Sie weisen auf eine satzungsmäßig festgelegte innerverbandliche Selbstverpflichtung[409], nicht aber darauf hin, daß die Bestimmungen Bestandteil der einzelgewerkschaftlichen Satzungen werden sollen.

Daher ist das DGB-Schiedsgericht durch diese Bestimmungen in den Einzelsatzungen auch nicht zu einem Organ der Mitgliedsgewerkschaften selbst geworden, wodurch eine Verbindlichkeit der im DGB-Schiedsgerichtsverfahren ergangenen Schiedsurteile im Außenverhältnis hätte erreicht werden können[410]. Auch hier spricht eine Auslegung der Formulierung „einzuhalten ... und durchzuführen haben“ gegen eine derartige Sichtweise. Ihr kann nicht entnommen werden, daß es sich bei dem DGB-Schiedsgericht gleichzeitig um ein Organ der Einzelgewerkschaften handelte. Da die Klauseln im übrigen allgemein gehalten sind, würden bei einer anderen Ansicht sämtliche Organe des Deutschen Gewerkschaftsbundes gleichzeitig solche der Einzelgewerkschaften sein. Eine derartige Auslegung liegt aber fern.

Damit ist festzuhalten, daß weder die DGB-Satzungsbestimmungen über die Abgrenzung der Organisationsbereiche kraft Verweisung zum Bestandteil der einzelgewerkschaftlichen Satzungen noch das DGB-Schiedsgericht durch Einrichtung in den Einzelsatzungen zum Organ der Mitgliedsgewerkschaften geworden sind. Eine Außenwirkung der DGB-Schiedsurteile scheidet daher auch über diesen Weg aus.

---

[406] Ebenso: Jacobs, Tarifeinheit und Tarifkonkurrenz, S. 221, 217, 218; Oetker, Anmerkung zu BAG AP Nr. 10 u. 11 zu § 2 TVG Tarifzuständigkeit; Weyand, SAE 1991, S. 323, 325.
[407] § 32 S. 2 der IG Metall-Satzung i.d.F. v. Januar 2000.
[408] Ebenso: Jacobs, Tarifeinheit und Tarifkonkurrenz, S. 221, 218; Oetker, Anmerkung zu BAG AP Nr. 10 und 11 zu § 2 TVG Tarifzuständigkeit; a.A. Konzen, Festschrift für Alfons Kraft, S. 291, 312.
[409] Jacobs, Tarifeinheit und Tarifkonkurrenz, S. 218; Oetker, Anmerkung zu BAG AP Nr. 10 u. 11 zu § 2 TVG Tarifzuständigkeit.
[410] Vgl. dazu nochmals Reichert, Vereins- und Verbandsrecht, Rn. 2776.

(3) Das Einwirken der DGB-Organisationsabgrenzungsbestimmungen über die DGB-Mitgliedschaftsklausel in den Satzungen der Einzelgewerkschaften

Möglicherweise wirken die DGB-Organisationsabgrenzungsbestimmungen aber über die Verankerung der DGB-Mitgliedschaft in die Satzungen der Einzelgewerkschaften ein, so daß ihre satzungsmäßige Tarifzuständigkeit im Falle der Konkurrenz mehrerer DGB-Gewerkschaften nach der DGB-Satzung ausgelegt und bestimmt werden muß.

Zwar sind zwischen Vereinsverbänden und den Mitgliedsvereinen zur Erreichung des angestrebten Verbandszwecks wechselseitige Verknüpfungen unerläßlich. Aufgrund der Selbständigkeit und Unabhängigkeit der Mitgliedsvereine vom Dachverband kann aber grundsätzlich nicht ohne weiteres eine statutarische Verbindung beider Satzungsebenen angenommen werden. Allerdings bestehen in den Satzungen der DGB-Gewerkschaften - wie oben gezeigt - teilweise die Bestimmungen, wonach die Gewerkschaften die Satzung des Deutschen Gewerkschaftsbundes einzuhalten und seine Beschlüsse durchzuführen haben. In jedem Fall ist aber in allen Satzungen eine satzungsmäßige Verankerung der Mitgliedschaft im Deutschen Gewerkschaftsbund vorhanden. Auch wenn man ohnehin für den Beitritt zu einem Vereinsverband die Zustimmung der Mitliederversammlung in Form eines mit satzungsändernder Mehrheit gefaßten Beschlusses oder einer entsprechenden Satzungsbestimmung fordert[411], besteht mit den aufgezeigten Festlegungen zumindest bei allen Einzelgewerkschaften eine satzungsmäßige Grundlage, die auch für außenstehende Dritte eine Verbindung zum Deutschen Gewerkschaftsbund und seinen Organisationsabgrenzungsbestimmungen erkennbar macht. Die Tarifzuständigkeit einer DGB-Gewerkschaft kann danach aus den einzelgewerkschaftlichen Satzungen in Verbindung mit den entsprechenden DGB-Bestimmungen ermittelt werden. Damit wird aber auch bei dieser Konstruktion der Grundsatz gewahrt, daß die Tarifzuständigkeit der Tarifvertragsparteien nach ihrer Satzung zu bestimmen ist.
Zu beachten ist aber, daß auch über den vorliegenden Weg eine Außenwirkung der DGB-Organisationsbestimmungen erreicht wird, die gewöhnlich nur durch eine Übertragung von Satzungsautonomie auf den Vereinsverband bzw. durch eine satzungsmäßige Verweisung auf die Vereinsverbandssatzung herbeigeführt werden kann. Damit besteht aber die Gefahr einer unzulässigen Umgehung der Anforderungen, die im Falle der beiden genannten Konstruktionen eingehalten werden müssen. Soweit aber die von diesen Anforderungen angestrebten Zwecke auch in der vorliegenden Konstruktion gewährleistet sind, kann auch ohne

---

[411] Steinbeck, Vereinsautonomie und Dritteinfluß, S. 203.

eine Übertragung von Satzungsautonomie oder eine Verweisung ein Einfluß der DGB-Satzung auf die einzelgewerkschaftlichen Satzungen angenommen werden. Die Forderung nach einer genau bestimmten satzungsmäßigen Ermächtigung bzw. Verweisung ist darauf zurückzuführen, daß für den Inhalt und das Ausmaß des Fremdeinflusses eine ausreichende mitgliedschaftliche Legitimationsgrundlage vorhanden sein muß. Zudem sollen den Mitgliedern Inhalt und Umfang des Fremdeinflusses vor Augen geführt und sie vor einer darüber hinausgehenden Einflußnahme geschützt werden. Damit muß auch der sich in dem hier aufgezeigten Weg vollziehende Einfluß der DGB-Satzung auf die einzelgewerkschaftliche Satzung ausreichend legitimiert und zum Schutze der Mitglieder deutlich erkennbar sein.

Nach einer Ansicht fehle es für eine Außenwirkung der Organisationsabgrenzungsbestimmungen der DGB-Satzung an einer ausreichenden Legitimation durch die Mitglieder der einzelnen Gewerkschaften[412]. Zu beachten ist jedoch, daß die Mitgliedschaft im Deutschen Gewerkschaftsbund in den Satzungen der Einzelgewerkschaften verankert und damit durch die einzelnen Mitglieder der DGB-Mitgliedsgewerkschaften legitimiert ist. Soweit die Satzungen der Einzelgewerkschaften zusätzlich die Bestimmung enthalten, die DGB-Satzung einzuhalten und seine Beschlüsse durchzuführen, ist bereits durch diese statutarische Selbstverpflichtung erkennbar, daß die Gewerkschaften die im Rahmen des Vereinsverbandes getroffenen Entscheidungen zu befolgen und umzusetzen haben[413]. Aber auch allein durch die satzungsmäßige Verankerung der DGB-Mitgliedschaft wird hinreichend deutlich, daß die einzelnen Gewerkschaften als Mitglied an die DGB-Satzung und an die aus der DGB-Mitgliedschaft resultierenden Pflichten - nach § 3 Ziff. 3 der DGB-Satzung die Einhaltung der DGB-Satzung und die Durchführung der Beschlüsse seiner Organe - gebunden sind. Aufgrund dieser statutarisch festgelegten Mitgliedschaft kommt den betreffenden Pflichten damit ebenfalls Satzungsqualität zu[414]. Damit hat der einzelgewerkschaftliche Satzungsgeber zwar nicht die vom Deutschen Gewerkschaftsbund gefaßten Beschlüsse bzw. die DGB-Satzung selbst legitimiert. Gemäß der statutarischen Selbstverpflichtung entspricht es jedoch seinem Willen, daß die Gewerkschaft und alle ihre Organe die DGB-Satzung sowie die Entscheidungen, die auf der DGB-Ebene getroffen werden, umsetzen. Dabei richtet sich dieser Wille insbesondere auch auf die Bestimmungen und Beschlüsse im Zusammenhang mit der Organisationsabgrenzung der Einzelgewerkschaften, da die einzelgewerkschaftlichen Satzungsgeber in Kenntnis des Verbandszweckes und der

---

412 Konzen, Festschrift für Alfons Kraft, S. 291, 312, 313; MünchArbR/Löwisch/Rieble, § 255, Rn. 73; Rieble, Anmerkung zu BAG AP Nr. 14 zu § 2 TVG Tarifzuständigkeit.
413 Wiedemann/Oetker, TVG, § 2, Rn. 70.
414 Oetker, Anmerkung zu BAG AP Nr. 10 u. 11 zu § 2 TVG Tarifzuständigkeit.

Aufgaben des Deutschen Gewerkschaftsbundes ihre DGB-Mitgliedschaft satzungsmäßig verankert haben. Zu einer der Hauptaufgaben des Deutschen Gewerkschaftsbundes gehören aber gerade die Abgrenzung der Zuständigkeitsbereiche der Einzelgewerkschaften, wie § 2 Ziff. 4 h) und §§ 15, 16 der DGB-Satzung in Verbindung mit den Bestimmungen der Schiedsgerichtsordnung zeigen.

Möglicherweise besitzen jedoch auch die DGB-Satzung selbst sowie die auf ihr beruhenden Beschlüsse gegenüber den DGB-Gewerkschaften und ihren Mitgliedern eine gewisse Legitimation, die für den eben ermittelten Willen der einzelgewerkschaftlichen Satzungsgeber eine zusätzliche Begründung geben kann. Die Zusammensetzung der Organe des Bundes (§ 6 der DGB-Satzung) zeigen auf eine besondere Verbindung zwischen den Einzelgewerkschaften und dem Deutschen Gewerkschaftsbund hin, die über das gewöhnliche Verhältnis zwischen Einzelverein und Dachverband hinausgeht. Der Bundeskongreß als die Mitglieder- bzw. Delegiertenversammlung des Deutschen Gewerkschaftsbundes besteht nicht aus den Vorständen der Einzelgewerkschaften, sondern nach § 7 Ziff. 5 S. 1 der DGB-Satzung aus Delegierten, die von den Gewerkschaften nach demokratischen Grundsätzen gewählt werden. Der Bundesausschuß als höchstes Organ zwischen den Bundeskongressen besteht aus 70 jeweils von den Gewerkschaften zu entsendenden Mitgliedern, dem DGB-Bundesvorstand und den DGB-Landesbezirksvorsitzenden (§ 8 Ziff. 2 S. 1 der DGB-Satzung). Nach § 9 der DGB-Satzung besteht der Bundesvorstand neben dem Geschäftsführenden Bundesvorstand aus den Vorsitzenden der im Bund vereinigten Gewerkschaften. Diese Verflechtungen zeigen, daß die Einzelgewerkschaften nicht nur einfache Mitglieder eines Dachverbandes, sondern darüber hinaus gleichsam Teil einer einheitlichen, durch den Deutschen Gewerkschaftsbund getragenen Gewerkschaftsbewegung sind. *Oetker* bezeichnet den Deutschen Gewerkschaftsbund auch als einen von den DGB-Gewerkschaften installierten Sachwalter ihrer Interessen[415]. Damit erhalten aber auch die DGB-Satzung und die auf ihr beruhenden Beschlüsse eine erhöhte Legitimation gegenüber den Einzelgewerkschaften, die über das durch eine Mitgliedschaft vermittelte Maß hinausgeht. Dies gilt auch für den DGB-Bundeskongreß. Seine Mitglieder sind zwar nicht Vertreter der Mitgliedsgewerkschaften, sondern zur Willensbildung des Dachverbands berufene Funktionäre[416]. Durch ihre Wahl durch die Delegierten der Einzelgewerkschaften besteht aber eine besondere Rückkopplung an deren mitgliedschaftlichen Willen. Damit haben die DGB-Gewerkschaften im Rahmen des Dachverbandes in besonderer Weise an der Errichtung der DGB-Satzung und

---

[415] Oetker, Anmerkung zu BAG AP Nr. 10 u. 11 zu § 2 TVG Tarifzuständigkeit.

[416] Blank, Die Tarifzuständigkeit der DGB-Gewerkschaften, S. 123; Sauter/Schweyer, Der eingetragene Verein, Rn. 326.

des Schiedsgerichtsverfahren mitgewirkt. Soweit es hier um die Einwirkung von DGB-Schiedsurteilen im Vermittlungs- bzw. Schiedsgerichtsverfahren geht, ist zu beachten, daß die Beisitzer der Vermittlungsstelle bzw. des Schiedsgerichts von den streitenden Gewerkschaften selbst benannt werden. Damit besteht auch in diesen Verfahren eine unmittelbare Mitwirkung der betroffenen Mitgliedsgewerkschaften. Mit diesem Ausmaß der Mitwirkung der Einzelgewerkschaften auf der Dachverbandsebene geht aber auch einher, daß ihnen und ihren Mitgliedern der Einfluß der DGB-Satzung auf die einzelgewerkschaftliche Satzung in besonderer Weise vor Augen geführt wird. Diese aufgezeigten Verschränkungen zwischen dem Deutschen Gewerkschaftsbund und seinen Mitgliedsgewerkschaften begründen damit den statutarisch festgelegten Willen der einzelgewerkschaftlichen Satzungsgeber, die DGB-Satzung und die in ihrem Rahmen zustande gekommenen Beschlüsse umzusetzen.

Der für das Außenverhältnis beachtliche Einfluß der DGB-Satzung und ihrer Organisationsabgrenzungsbestimmungen auf die einzelgewerkschaftlichen Satzungen ist nach diesen Ausführungen legitimiert und in seinem Umfang für die Mitglieder ausreichend erkennbar. Es kommt daher zu einer auch im Außenverhältnis wirkenden Selbstbeschränkung der DGB-Gewerkschaften im Rahmen der Wahrnehmung ihrer satzungsmäßig festgelegten Zuständigkeitsbereiche. Vermittelt über die satzungsmäßige Verankerung der Mitgliedschaft im Deutschen Gewerkschaftsbund wirken die Bestimmungen damit in die Satzungen der Mitgliedsgewerkschaften ein, so daß der Zuständigkeitsbereich der einzelnen DGB-Gewerkschaften im Falle der Konkurrenz mehrerer DGB-Gewerkschaften nach der DGB-Satzung ausgelegt und bestimmt werden muß[417].

Allerdings ist darauf hinzuweisen, daß diese Wirkung der DGB-Organisationsabgrenzungsbestimmungen allein auf dem Willen der einzelgewerkschaftlichen Satzungsgeber beruht. Da anders als bei einem Gesamtverein, von dem die Untergliederungen ihr Existenzrecht und damit auch ihre Satzungsgewalt ableiten[418], bei einem Vereinsverband die Satzungsautonomie der Mitgliedsvereine ursprünglich und unveränderlich ist, steht es den Gewerkschaften frei, den Einfluß der DGB-Satzung auf ihre Satzungen wieder zu beseitigen. Als actus contrarius ist dafür aber ebenfalls eine statutarische Grundlage zu fordern, aus der eindeutig der Wille hervorgeht, daß die Gewerkschaft die aus der DGB-Satzung herrührenden Pflichten nicht zu beachten hat[419]. Diese satzungsmäßige Auflehnung setzt nicht die Aufgabe der satzungsmäßigen Verankerung der DGB-Mitgliedschaft voraus. Ausreichend ist eine Bestimmung, aus der sich er-

---

[417] Ebenso: Wiedemann/Oetker, TVG, § 2, Rn. 70.
[418] MüKo/Reuter, BGB, vor § 21, Rn. 127; Reichert, Vereins- und Verbandsrecht, Rn. 298.
[419] Oetker, Anmerkung zu BAG AP Nr. 10 u. 11 zu § 2 TVG Tarifzuständigkeit.

gibt, daß die Gewerkschaft im konkreten Fall die DGB-Organisationsbestimmungen, insb. also § 15 Ziff. 2 der DGB-Satzung sowie im Schiedsgerichtsverfahren ergangene Schiedsurteile, nicht zu befolgen hat. Da eine derartige Auflehnung als eine grundlegende Entscheidung der Gewerkschaft zu werten ist und bei ihrer Umsetzung im Vereinsverband nach § 3 Ziff. 4 S. 2 der DGB-Satzung der Ausschluß aus dem Deutschen Gewerkschaftsbund droht, erfordert sie grundsätzlich eine basisdemokratische Entscheidung. Sie fällt damit zwingend in die Kompetenz der Mitglieder- bzw. Delegiertenversammlung.

cc) Ergebnis

Im DGB-Schiedsgerichtsverfahren wird demnach auch im Außenverhältnis gegenüber der Arbeitgeberseite im Falle konkurrierender DGB-Gewerkschaften die Tarifzuständigkeit der einen und die Tarifunzuständigkeit der anderen DGB-Gewerkschaft verbindlich festgelegt. Nach dem Willen der einzelgewerkschaftlichen Satzungsgeber wirken die DGB-Organisationsabgrenzungsbestimmungen und die auf diesen beruhenden Schiedsurteile in die einzelgewerkschaftlichen Satzungen ein, so daß im Fall der Konkurrenz die Tarifzuständigkeit mehrerer DGB-Gewerkschaften nach der DGB-Satzung ausgelegt und bestimmt werden muß. Insoweit ergibt sich - wie Ziff. 1 a) der Richtlinien für die Abgrenzung von Organisationsbereichen und die Veränderung der Organisationsbezeichnung gemäß § 15 Ziff. 1 der DGB-Satzung es bestimmt - die Organisationszuständigkeit der einzelnen DGB-Gewerkschaften aus ihren Satzungen in Verbindung mit der Satzung des Deutschen Gewerkschaftsbundes. Die unterlegene Gewerkschaft kann daher in dem streitigen Bereich nach dem Schiedsurteil aufgrund ruhender eigener Tarifzuständigkeit keine wirksamen Tarifverträge mehr abschließen[420]. Der Arbeitgeberseite ist es nicht möglich, die im Schiedsgerichtsverfahren obsiegende Gewerkschaft mit dem Argument der Tarifzuständigkeit der unterlegenen Gewerkschaft zurückzuweisen. Ob die im Schiedsgerichtsverfahren festgestellte Tarifzuständigkeit einer DGB-Gewerkschaft überhaupt noch (von Arbeitgeberseite) angegriffen werden kann, ist eine Frage der Bindungswirkung der Schiedsurteile und soll daher unten im Zusammenhang mit der gerichtlichen Überprüfbarkeit der DGB-Schiedsurteile dargestellt werden[421].

---

[420] Zu den Rechtsfolgen auf bereits abgeschlossene Tarifverträge, wenn die Tarifzuständigkeit der DGB-Gewerkschaft nach einem Schiedsspruch nachträglich wegfällt, s.u. 4.Teil B.

[421] S.u. 5. Teil A. III. 1.

4. Das Zustimmungserfordernis nach § 15 Ziff. 2 der DGB-Satzung

§ 15 der DGB-Satzung sieht bei Organisationsbereichs- und Namensänderungen der Mitgliedsgewerkschaften ein Abstimmungsverfahren vor. Nach § 15 Ziff. 2 S. 1 der DGB-Satzung können diese Änderungen nur mit Zustimmung des Bundesausschusses rechtswirksam geändert werden; nach S. 2 sind die betroffenen Gewerkschaften und der Bundesvorstand von der Änderungsabsicht unverzüglich zu informieren[422]. Beurteilungsmaßstab für die Entscheidung nach § 15 Ziff. 2 S. 1 der DGB-Satzung und auch die im Schiedsgerichtsverfahren nach § 16 der DGB-Satzung ergangenen Entscheidungen sind die nach § 15 Ziff. 1 der DGB-Satzung vorgesehenen und vom DGB-Bundesausschuß am 11.3.1992 beschlossenen sowie am 8.3.2000 ergänzten Richtlinien für die Abgrenzung von Organisationsbereichen und die Veränderung der Organisationsbezeichnung, die Satzungsbestandteil sind. Da materielle Abgrenzungskriterien seit je her als problematisch angesehen wurden[423], enthalten die Richtlinien allein formale Abgrenzungskriterien. In Ziff. 1 b) der Richtlinien findet sich wiederum ein Hinweis darauf, daß Änderungen der in den Satzungen der Gewerkschaften angegebenen Organisationsbereiche und Organisationsbezeichnungen zu ihrer Wirksamkeit des Verfahrens nach § 15 Ziff. 2 der DGB-Satzung bedürfen. Die Verbindlichkeit des Verfahren nach § 15 Ziff. 2 der DGB-Satzung im Innenverhältnis ist unbestritten. Es ist eine zulässige Selbstbeschränkung, wenn die DGB-Gewerkschaften sich durch ihre Mitgliedschaft im Deutschen Gewerkschaftsbund verpflichteten, Organisationsüberschneidungen in ihren Einzelsatzungen zu vermeiden[424].

Fraglich ist, ob § 15 Ziff. 2 S. 1 der DGB-Satzung auch Außenwirkung zukommt, so daß die Begründung einer Tarifzuständigkeit durch eine DGB-Gewerkschaft ohne Beachtung des Verfahrens nach § 15 Ziff. 2 S. 1 der DGB-Satzung auch im Außenverhältnis gegenüber dem sozialen Gegenspieler unwirksam ist. Nach seinem Wortlaut (...*rechts*wirksam...) ist nunmehr eindeutig davon auszugehen, daß § 15 Ziff. 2 S. 1 der DGB-Satzung nicht nur im Innenverhältnis, sondern auch im Außenverhältnis Geltung für sich in Anspruch nimmt. Das Bundesarbeitsgericht hat einem Verstoß gegen § 15 Ziff. 2 der DGB-Satzung zunächst nur im Innenverhältnis, nicht aber im Außenverhältnis Bedeutung beigemessen. Auch ohne Zustimmung des Bundesausschusses er-

---

422 Der frühere § 15 Ziff. 2 der DGB-Satzung lautete demgegenüber: „Die in den Satzungen der Gewerkschaften angegebenen Organisationsbereiche und Organisationsbezeichnungen können nur in Übereinstimmung mit den betroffenen Gewerkschaften und nach Zustimmung des Bundesausschusses geändert werden".

423 Blank, Die Tarifzuständigkeit der DGB-Gewerkschaften, S. 28.

424 Eisenhart Rothe v., Probleme der Tarifzuständigkeit, S. 77; MünchArbR/Löwisch/Rieble, § 255, Rn. 70; Wiedemann/Oetker, TVG, § 2, Rn. 68.

folgte Satzungsänderungen seien gegenüber möglichen Tarifpartnern wirksam. Auf einen Verstoß gegen § 15 Ziff. 2 der DGB-Satzung könne sich die Arbeitgeberseite daher nicht berufen[425]. In seiner Entscheidung vom 25.9.1996 hat es dann aber die Frage ausdrücklich offengelassen[426]. Die überwiegende Literaturansicht mißt § 15 Ziff. 2 der DGB-Satzung ebenfalls keine Außenwirkung zu[427]. *Blank* möchte im Falle besonders schwerwiegender Verstöße, zum Beispiel der Erklärung einer Allzuständigkeit oder der branchenübergreifenden Einführung des Berufsgruppenprinzips, einem Verstoß gegen § 15 Ziff. 2 der DGB-Satzung Außenwirkung beimessen[428]. Von *Reuter* wird in Erwägung gezogen, § 15 Ziff. 2 der DGB-Satzung mit Hilfe des Grundsatzes der Tarifeinheit in zwingendes Tarifrecht umzusetzen, ähnlich wie das ultima-ratio-Prinzip das in den Gewerkschaftssatzungen enthaltene Erfordernis der Urabstimmung in zwingendes Arbeitskampfrecht transformiere[429]. Dem widerspricht jedoch, daß der Grundsatz der Tarifeinheit selbst nach dem Bundesarbeitsgericht, das diesen Grundsatz zu einem Rechtssatz erhoben hat, erst im Falle entstandener Tarifkonkurrenzen bzw. Tarifpluralitäten, nicht aber im Vorfeld zu ihrer Vermeidung Anwendung findet[430].

Nach hiesiger Auffassung ist von einer Außenwirkung des § 15 Ziff. 2 der DGB-Satzung auszugehen. Zwar fehlt es auch hier - wie bereits bei der Kompetenz des DGB-Schiedsgerichtsverfahrens[431] - an einer ausdrücklichen Grundlage in den einzelgewerkschaftlichen Satzungen, die einen Zustimmungsvorbehalt des DGB-Bundesausschusses nicht vorsehen. § 15 Ziff. 2 der DGB-Satzung wirkt aber nach hier vertretener Auffassung entsprechend den zum Schiedsgerichtsverfahren getätigten Ausführungen wie die anderen DGB-Satzungsbestimmungen über die Abgrenzung der Organisationsbereiche über die satzungsmäßige Verankerung der Mitgliedschaft im Deutschen Gewerkschaftsbund in die Satzungen der Mitgliedsgewerkschaften ein. Zu einer - im Innen- und Außenverhältnis wirksamen - Änderung ihrer satzungsmäßigen Organisationsbereiche und Organisationsbezeichnungen bedürfen die Mitgliedsgewerkschaften daher der Zustimmung des DGB-Bundesausschusses. Allerdings besteht auch hier die Möglichkeit einer statutarischen Auflehnung der

---

[425] BAG AP Nr. 4 zu § 2 TVG Tarifzuständigkeit; ebenso: LAG München, LAGE Nr. 1 zu § 2 TVG Tarifzuständigkeit.
[426] BAG AP Nr. 10 zu § 2 TVG Tarifzuständigkeit.
[427] Eisenhart Rothe v., Probleme der Tarifzuständigkeit, S. 77; Heß, ZfA 1976, S. 45, 53; Jacobs, Tarifeinheit und Tarifkonkurrenz, S. 213ff; MünchArbR/Löwisch/Rieble, § 255, Rn. 70; Oetker, Anmerkung zu BAG AP Nr. 10 und 11 zu § 2 TVG Tarifzuständigkeit.
[428] Blank, Die Tarifzuständigkeit der DGB-Gewerkschaften.
[429] Reuter, Anmerkung zu BAG AP Nr. 4 zu § 2 TVG Tarifzuständigkeit.
[430] S. auch oben 1. Teil B. IV.
[431] S.o. 2. Teil A. III. 3. b) bb) (1) (c).

Einzelgewerkschaft gegen § 15 Ziff. 2 der DGB-Satzung, die in der bloßen Nichtbeachtung des Zustimmungserfordernisses jedoch nicht gesehen werden kann.

In Anlehnung an §§ 182ff BGB kann die nach § 15 Ziff. 2 der DGB-Satzung erforderliche Zustimmung als vorherige Einwilligung oder nachträgliche Genehmigung ausdrücklich oder aber auch konkludent erteilt werden.

5. Die Tarifzuständigkeit konkurrierender DGB-Gewerkschaften vor Einleitung bzw. bei Nichteinleitung des Schiedsgerichtsverfahrens nach § 16 der DGB-Satzung

Fraglich ist schließlich, ob Doppelzuständigkeiten konkurrierender DGB-Gewerkschaften anzunehmen sind, wenn die beteiligten Gewerkschaften das Verfahren nach § 16 der DGB-Satzung noch nicht eingeleitet haben oder unter Verstoß gegen die DGB-Satzung nicht einleiten und jede Gewerkschaft für sich tariflich vorgehen möchte.

a) Die Pflicht zur Einleitung eines Schiedsgerichtsverfahrens aus dem Prinzip des Übermaßverbotes

Um eine arbeitskampfweise Inanspruchnahme eines Arbeitgebers durch zwei oder mehrere DGB-Gewerkschaften auszuschließen, wird teilweise aus dem Prinzip des Übermaßverbotes (Verhältnismäßigkeitsgrundsatz) eine Verpflichtung der DGB-Gewerkschaften und korrespondierend dazu ein Anspruch der Arbeitgeberseite hergeleitet, wonach die betreffenden DGB-Gewerkschaften vor Einleitung eines (Firmen-)Arbeitskampfes das Schiedsgerichtsverfahren durchführen lassen müssen. Ohne die Durchführung eines DGB-Schiedsgerichtsverfahrens sei in diesen Fällen der Streik einer zweiten DGB-Gewerkschaft gegen den bzw. die Arbeitgeber rechtswidrig[432]. Über diesen Weg wird bei Arbeitskämpfen bereits vor Einleitung eines DGB-Schiedsgerichtsverfahrens eine Außenwirkung des Prinzips „ein Betrieb - eine Gewerkschaft“ nach Ziff. 2 a) der Richtlinien für die Abgrenzung von Organisationsbereichen und die Veränderung der Organisationsbezeichnung gem. § 15 Ziff. 1 der DGB-Satzung erreicht. Das nach herrschender Meinung im Verhält-

[432] Blank, Die Tarifzuständigkeit der DGB-Gewerkschaften, S. 93, 94; Heß, ZfA 1976, S. 45, 76.

nis der beiden sozialen Gegenspieler für die Durchführung des Arbeitgebers geltende Prinzip des Übermaßverbotes[433] könnte im hiesigen Zusammenhang jedoch nur dann zur Anwendung gelangen, wenn das Schiedsgerichtsverfahren gerade auch darauf gerichtet wäre, im Verhältnis Gewerkschaft und Arbeitgeberseite zu wirken und die Arbeitgeberseite zu schützen. Dem ist aber, wie bereits gesehen, nicht so. Vielmehr dient dieses gewerkschaftsinterne Verfahren allein der Koordinierung der einzelgewerkschaftlichen Tarifzuständigkeiten, um eine effektive und einheitliche Gewerkschaftsarbeit aller DGB-Mitgliedsgewerkschaften sicherzustellen. Eine Pflicht zur Einleitung eines DGB-Schiedsgerichtsverfahrens kann daher aus dem Übermaßprinzip nicht hergeleitet werden.

b) Die Alleinzuständigkeit einer DGB-Gewerkschaft nach der DGB-Satzung

Das Bundesarbeitsgericht gelangt auch hier entgegen einer Ansicht in der Literatur, die bereits den Verfahren nach § 15 Ziff. 2 und § 16 der DGB-Satzung keine Außenwirkung beigemessen hat[434], zur Alleinzuständigkeit nur einer DGB-Gewerkschaft im Außenverhältnis. Solange das Schiedsgerichtsverfahren nicht durchgeführt sei, solle es bei der Alleinzuständigkeit der Gewerkschaft bleiben, die vor Entstehen der Konkurrenzsituation als zuständig angesehen worden war, so daß sich alle Beteiligten (Verbände, Arbeitgeber und Arbeitnehmer) darauf einstellen konnten. Im zugrunde liegenden Sachverhalt ging es um einen Papiererzeugnisse verarbeitenden Betrieb, der nach den Satzungen der damaligen IG Medien und der damaligen IG Chemie in die Tarifzuständigkeit beider Gewerkschaften fiel. Der Arbeitgeber war mit diesem Betrieb zunächst Mitglied des Arbeitgeberverbandes der Papier, Pappe und Kunststoff verarbeitenden Industrie und damit an den von diesem Verband mit der IG Medien abgeschlossenen Verbandstarifvertrag gebunden. Durch den Verbandswechsel auch mit diesem Betrieb in den Arbeitgeberverband der Papier erzeugenden Industrie wurde dann die Tarifbindung an den von diesem Verband mit der IG Chemie abgeschlossenen Verbandstarifvertrag bewirkt. Das Bundesarbeitsgericht sprach der IG Me-

[433] Vgl. allgemein zum Übermaßverbot etwa: BAG AP Nr. 43, 84 zu Art. 9 GG Arbeitskampf; Gamillscheg, Kollektives Arbeitsrecht I, § 24 I 2 a), S. 1130; MünchArbR/Otto, § 285, Rn. 119.

[434] Gamillscheg, Kollektives Arbeitsrecht I, § 14 II 2 b), S. 533; Jacobs, Tarifeinheit und Tarifkonkurrenz, S. 223; Konzen, Festschrift für Alfons Kraft, S. 291, 314; MünchArbR/Löwisch/Rieble, § 255, Rn. 72.

dien die Alleinzuständigkeit für den betreffenden Betrieb zu[435]. Wenn das Gericht dieses Ergebnis auch mit dem Gedanken der Rechtssicherheit für die Arbeitgeberseite und dem regelmäßig höheren Organisationsgrad der bisher in dem fraglichen Bereich aufgetretenen Gewerkschaft abstützt[436], sind diese Umstände aber lediglich praktikable Folgen, die mit einer objektiven Auslegung der entsprechenden DGB-Bestimmungen verbunden sind. Auch die Tatsache, daß mangels Sanktionsmöglichkeiten gegen die Zweitgewerkschaft ein Schutz der Erstgewerkschaft nicht möglich sei, da ein Ausschluß der Zweitgewerkschaft nach § 3 Ziff. 4 der DGB-Satzung eine Zweidrittelmehrheit der Mitglieder des Bundesausschusses und ein gravierendes Fehlverhalten gegen die DGB-Satzung voraussetze[437], ist kein Argument für die vertretene Auffassung, sondern zeigt lediglich ihre Zweckmäßigkeit.

Da nach den vorstehenden Erwägungen die Satzungen der Mitgliedsgewerkschaften kraft ihrer Mitgliedsklausel im Falle der Konkurrenz mehrerer DGB-Gewerkschaften nach der DGB-Satzung auszulegen und zu bestimmen sind[438], kann das Ergebnis des Bundesarbeitsgerichts aufrecht erhalten werden, wenn der Satzung des Deutschen Gewerkschaftsbundes eine Alleinzuständigkeit derjenigen Gewerkschaft entnommen werden kann, die das Bundesarbeitsgericht als alleinzuständig ansieht.

aa) Das Prinzip der Einheitsgewerkschaft

Nach dem Grundsatz der Einheitsgewerkschaft[439] entspricht es zunächst der DGB-Satzung, daß nur eine DGB-Gewerkschaft für den Betrieb eines Arbeitgebers zuständig ist[440]. Dagegen kann nicht eingewandt werden, daß die DGB-Satzung gar keine Regelung enthalte, wie im Falle von Doppelzuständigkeiten vor Einleitung des Schiedsgerichtsverfahrens nach § 16 der DGB-Satzung zu verfahren sei, und auch Ziff. 2 a) der Richtlinien für die Abgrenzung von Organisationsbereichen und die Veränderung der Organisationsbezeichnung die bis-

---

435 BAG AP Nr. 11 zu § 2 TVG Tarifzuständigkeit; ihm folgend: Hanau, NZA 2003, S. 128, 130; Oetker, Anmerkung zu BAG AP Nr. 10 u. 11 zu § 2 TVG Tarifzuständigkeit; Schaub, Arbeitsrechts-Handbuch, § 199, Rn. 15.

436 BAG AP Nr. 11 zu § 2 TVG Tarifzuständigkeit.

437 BAG AP Nr. 11 zu § 2 TVG Tarifzuständigkeit.

438 S.o. 2. Teil A. III. 3. b) bb) (3) u. 4.

439 S.o. 2. Teil A. III. 2. a.

440 Vgl. dazu die Ausnahmeregelung der Ziff. 5 b) S. 3 der Schiedsgerichtsordnung, wonach das Schiedsgericht im Schiedsurteil auch die Bildung einer Tarifgemeinschaft für eine Übergangszeit vorsehen kann.

herige Organisationspraxis nur als *ein* Kriterium der Organisationsabgrenzung ansehe[441]. Die genannten Bestimmungen betreffen nur die Frage, welches Verfahren im Falle von Zuständigkeitsüberschneidungen einzuschlagen und anhand welcher Kriterien eine Entscheidung in diesem Fall zu treffen ist. Auch sie haben ihren Grund aber darin, daß nach dem Prinzip der Einheitsgewerkschaft der DGB-Satzung dem Grundsatz „ein Betrieb – eine Gewerkschaft" zufolge grundsätzlich nur eine DGB-Gewerkschaft für den Betrieb eines Arbeitgebers zuständig sein soll[442].

bb) Die Bestimmung der alleinzuständigen DGB-Gewerkschaft

Fraglich ist jedoch, wie die alleinzuständige Gewerkschaft zu bestimmen ist. Nach dem Beschluß des Bundesarbeitsgerichts ist es diejenige Gewerkschaft, die vor Entstehen der Konkurrenzsituation als zuständig angesehen worden war, so daß sich alle Beteiligten (Verbände, Arbeitgeber und Arbeitnehmer) einstellen konnten. Es entspreche auch dem allgemeinen Rechtsverständnis und der Zweckmäßigkeit, es bis zur Klärung einer Rechts- oder Regelungsstreitigkeit beim „status quo" zu belassen. So gelangte das Gericht in seiner Entscheidung zur Zuständigkeit der Gewerkschaft, „deren" (Verbands-) Tarifverträge in dem fraglichen Betrieb (kraft Verbandszugehörigkeit des Arbeitgebers) zuerst tarifliche Wirkung entfalteten[443]. Eine Ansicht in der Literatur kritisiert dies als unzulässige Blockade eines Verbandswechsels eines Arbeitgebers. Der Arbeitgeber würde so an der einmal gewählten Verbandszugehörigkeit mit der Unterstellung festgehalten, daß er damit die Tarifzuständigkeit der mit dem Arbeitgeberverband kontrahierenden Gewerkschaft festgelegt habe[444].

Zunächst ist festzuhalten, daß die zuerst bestehende unmittelbare Wirkung eines Verbandstarifvertrages gemäß §§ 3 Abs. 1, 4 Abs. 1 TVG keinen Einfluß auf die Tarifzuständigkeit der DGB-Gewerkschaften hat. Sofern man die vom Bundesarbeitsgericht entwickelten Grundsätze im Zusammenhang mit dem Auftreten von Tarifpluralitäten hier für anwendbar hielte, entfaltete ein (Verbands-) Tarifvertrag schon nach §§ 3 Abs. 1, 4 Abs. 1 TVG unmittelbare Wirkung, wenn der Arbeitgeber nach § 3 Abs. 1 TVG tarifgebunden wäre und die Möglichkeit eines

---

[441] Konzen, Festschrift für Alfons Kraft, S. 291, 314.
[442] S.o. 2. Teil A. III. 2. a); vgl. in diesem Zusammenhang auch Kania, DB 1996, S. 1921, 1922, der zwar Doppelzuständigkeiten von DGB-Gewerkschaften zulassen, dadurch auftretenden Tarifpluralitäten aber aufgrund des satzungsmäßigen DGB-Prinzips der Einheitsgewerkschaft und des Industrieverbandsprinzips auflösen möchte.
[443] BAG AP Nr. 11 zu § 2 TVG Tarifzuständigkeit.
[444] Buchner, SAE 1998, S. 262, 265.

an diesen Tarifvertrag gebundenen Arbeitnehmers bestünde. Damit könnte der Arbeitgeber durch die Wahl des Arbeitgeberverbandes die Zuständigkeit der DGB-Gewerkschaften festlegen[445]. Darin läge aber eine Fremdbestimmung und damit ein unzulässiger Eingriff in die von Art. 9 Abs. 3 GG geschützte Autonomie des sozialen Gegenspielers. Ein Wahlrecht des Arbeitgebers unter mehreren zuständigen DGB-Gewerkschaften sieht auch die DGB-Satzung nicht vor. Auch der Literaturansicht, die das Prioritätsprinzip allein auf den Zeitpunkt der satzungsmäßigen Begründung der Tarifzuständigkeit beziehen will, kann nicht gefolgt werden. Zwar weisen die präventiven Verfahren der § 3 Ziff. 2 S. 2 und § 15 Ziff. 2 der DGB-Satzung auf einen Vorrang der DGB-Gewerkschaft hin, die ihre satzungsmäßige Zuständigkeit zuerst begründet hat. Im hier interessierenden Fall bereits bestehender Organisationsüberschneidungen ist aber allein Ziff. 2 der Richtlinien für die Abgrenzung von Organisationsbereichen und die Veränderung der Organisationsbezeichnung maßgebend, die als Entscheidungsgrundlage dafür dient, eine aus mehreren zuständigen konkurrierenden DGB-Gewerkschaften auszuwählen und dafür unter a) die zwingenden („...sind"), unter b) die fakultativen („...können u.a. sein") und unter c) die unerheblichen („...sind grundsätzlich nicht") Kriterien liefert. Nach Ziff. 2 a) der Richtlinien ist neben der DGB-Satzung, der Beachtung des Prinzips „ein Betrieb - eine Gewerkschaft" und den Satzungen der betroffenen Gewerkschaften die bisherige Organisationspraxis zwingendes Kriterium zur Organisationsabgrenzung. Darin kommt zunächst eine Vorrangsvermutung zugunsten der Gewerkschaft zum Ausdruck, die zuerst im Betrieb des Arbeitgebers vertreten war[446]. Soweit hier auf die Satzung der betroffenen Gewerkschaften abgestellt wird, ist damit nur das Bestehen der satzungsmäßigen Zuständigkeitsbereiche an sich gemeint. Eine Bedeutung des Inhalts, daß dabei der Zeitpunkt der Begründung der satzungsmäßigen Zuständigkeit erheblich sein sollte, ist dem aber nicht zu entnehmen und kann auch vom Satzungsgeber nicht gewollt sein. Eine derartige Lösung würde Zufälligkeiten in sich bergen, die der tariflichen Praxis nicht gerecht werden würde. Entscheidend ist daher allein, welche Mitgliedsgewerkschaft sich in dem fraglichen Betrieb zuerst mit dem Ziel organisiert hat, diesen tariflich in Anspruch zu nehmen.

Grundsätzlich kann damit dem oben zitierten Leitsatz des Bundesarbeitsgerichts uneingeschränkt gefolgt werden, daß es im Falle Organisationsstreitigkeiten zweier oder mehrerer DGB-Gewerkschaften vor Einleitung des Schiedsgerichts-

[445] Vgl. auch Ziff. 2 c) der Richtlinien für die Abgrenzung von Organisationsbereichen und die Veränderung der Organisationsbezeichnung gem. § 15 Ziff. 1 der DGB-Satzung, wonach der Eintritt in einen und/oder Austritt aus einem Arbeitgeberverband grundsätzlich kein Kriterium zur Organisationsabgrenzung ist.

[446] Blank, Die Tarifzuständigkeit der DGB-Gewerkschaften, S. 126; DGB-Schiedsgericht AP Nr. 16 zu § 2 TVG Tarifzuständigkeit.

verfahrens bei der Alleinzuständigkeit der DGB-Gewerkschaft bleibt, die vor Entstehen der Konkurrenzsituation als zuständig angesehen worden war. Die zurückstehende Gewerkschaft ist darauf angewiesen, ein Schiedsgerichtsverfahren nach § 16 der DGB-Satzung einzuleiten und in diesem ihre satzungsmäßig bestehende Tarifzuständigkeit gegenüber der konkurrierenden DGB-Gewerkschaft durchzusetzen[447].

Nach der hier vertretenen Ansicht wirft auch die Frage keine Probleme auf, welche Gewerkschaft vor Einleitung des Schiedsgerichtsverfahrens nach dem Prinzip der Einheitsgewerkschaft allein zuständig sein soll, wenn ein Betrieb nach Änderung seines branchenmäßigen Schwerpunktes aus der Tarifzuständigkeit der bisherigen und in die Tarifzuständigkeit einer anderen DGB-Gewerkschaft fällt und beide Gewerkschaften den Betrieb tariflich in Anspruch nehmen wollen. Die bisher zuständige DGB-Gewerkschaft ist in diesem Fall wegen des Erfordernisses der Tarifzuständigkeit darauf angewiesen, ihren satzungsmäßigen Organisationsbereich nachträglich entsprechend zu erweitern. Nach hiesiger Rechtsauffassung bedarf diese Zuständigkeitserweiterung zu ihrer Wirksamkeit im Außenverhältnis der Zustimmung des Bundesausschusses, da auch dem Verfahren nach § 15 Ziff. 2 der DGB-Satzung Außenwirkung gegenüber dem tariflichen Gegenspieler beizumessen ist. Diese Zustimmung wird der Bundesausschuß, der nach § 8 Ziff. 2 S. 1 der DGB-Satzung aus 70 jeweils von den Gewerkschaften zu entsendenden Mitgliedern, dem Bundesvorstand und den Landesbezirksvorsitzenden besteht, regelmäßig nur erteilen, wenn die für diesen Organisationsbereich üblicherweise zuständige DGB-Gewerkschaft damit einverstanden ist und für den fraglichen Bereich ihre angestammte Tarifzuständigkeit nicht in Anspruch nehmen möchte. Erfolgt jedoch auch gegen ihr Einverständnis die Zustimmung des DGB-Bundesausschusses zur Satzungsänderung, ist die im Verfahren nach § 15 Ziff. 2 der DGB-Satzung getroffene Entscheidung maßgeblich und die bisher zuständige Gewerkschaft vor Einleitung eines Schiedsverfahrens weiterhin allein tarifzuständig.

Schließlich hat es das Bundesarbeitsgericht dahingestellt bleiben lassen, ob dem Arbeitgeber ein Wahlrecht zusteht, wenn ein Unternehmen neu gegründet ist und von vornherein mehrere DGB-Gewerkschaften ihre Zuständigkeit geltend machen[448]. Auch in dieser Konstellation bleibt es aber bei dem Grundsatz, daß der Arbeitgeber nicht die Möglichkeit hat, die Tarifzuständigkeit des sozialen Gegenspielers verbindlich festzulegen. Da aber das Kriterium der bisherigen Organisationspraxis hier nicht brauchbar ist und nach Ziff. 2 a) der Richtlinien für die Abgrenzung von Organisationsbereichen und die Veränderung der Orga-

---

[447] Ebenso: Oetker, Anmerkung zu BAG AP Nr. 10 u. 11 zu § 2 TVG Tarifzuständigkeit.
[448] BAG AP Nr. 11 zu § 2 TVG Tarifzuständigkeit; dafür Hanau, NZA 2003, S. 128, 130.

nisationsbezeichnung gemäß § 15 Ziff. 1 der DGB-Satzung keine anderen verbindlichen Kriterien vorhanden sind, um einer DGB-Gewerkschaft zunächst den Vorrang einzuräumen, kommt es im Widerspruch zur DGB-Satzung zu einer echten Mehrfachzuständigkeit der DGB-Gewerkschaften. Der Arbeitgeber besitzt hier die Möglichkeit, einen Tarifvertrag mit der Gewerkschaft seiner Wahl abzuschließen. Geschieht dies, kann die andere DGB-Gewerkschaft den Arbeitgeber nicht zum Abschluß eines Tarifvertrages drängen, da das DGB-Prinzip der Einheitsgewerkschaft in ihre Satzung einfließt und ihre satzungsmäßige Tarifzuständigkeit ruht, solange ihr nicht in einem Schiedsverfahren nach § 16 der DGB-Satzung die Tarifzuständigkeit für den betreffenden Arbeitgeber zugesprochen worden ist.

6. Sonstige Absprachen von DGB-Mitgliedsgewerkschaften

Außerhalb des Verfahrens der Schiedsgerichtsordnung gemäß § 16 der DGB-Satzung werden Organisationsstreitigkeiten unter den DGB-Gewerkschaften teilweise bereits einvernehmlich durch Vereinbarung beigelegt. Eine DGB-Gewerkschaft kann sich gegenüber einer anderen DGB-Gewerkschaft dazu verpflichten, ihre satzungsmäßig bestehende Tarifzuständigkeit für einen bestimmten Bereich nicht auszuüben[449]. In der DGB-Satzung finden sich dazu Bestimmungen in Ziff. 1 d) der Richtlinien für die Abgrenzung von Organisationsbereichen und die Veränderung der Organisationsbezeichnung gemäß § 15 Ziff. 1 der DGB-Satzung und in § 16 Nr. 1 der DGB-Satzung, die im Fall auftretender Organisationsstreitigkeiten die Vorstände der beteiligten Gewerkschaften zu einer Einigung im Wege von Verhandlungen und unter Vermittlung des DGB-Bundesvorstandes anhalten. Selbst wenn darin eine satzungsrechtliche Verankerung gesehen werden sollte, wirken diese Vereinbarungen, die nicht im Rahmen des Vermittlungs- bzw. Schiedsgerichtsverfahren nach der Schiedsgerichtsordnung gemäß § 16 der DGB-Satzung getroffen werden, nur im Verhältnis zwischen den vertragsschließenden Gewerkschaften, nicht aber im Außenverhältnis gegenüber der Arbeitgeberseite[450]. Der DGB-Satzung selbst kann nämlich nicht entnommen werden, daß derartigen Vereinbarungen Außenwirkung zukommen soll. Damit kann auch die bloße Erklärung einer DGB-Gewerkschaft, für einen fraglichen Bereich nicht zuständig zu sein, keine Bedeutung für ihre eigene bzw.

---

[449] BAG AP Nr. 3 zu § 2 TVG Tarifzuständigkeit; Blank, Die Tarifzuständigkeit der DGB-Gewerkschaften, S. 146; Eisenhart Rothe v., Probleme der Tarifzuständigkeit, S. 101, 102; a.A. Biedenkopf, Grenzen der Tarifautonomie, S. 90, der darin einen Verstoß gegen die individuelle Koalitionsfreiheit sieht.

[450] Ebenso: BAG AP Nr. 3 zu § 2 TVG Tarifzuständigkeit; Blank, Die Tarifzuständigkeit, S. 146; Eisenhart Rothe v., Probleme der Tarifzuständigkeit, S. 102, 103.

die Tarifzuständigkeit der konkurrierenden DGB-Gewerkschaft im Außenverhältnis und damit auch für den tariflichen Gegenspieler haben[451]. Die vereinbarten Tarifzuständigkeiten können aber von den Parteien der Vereinbarung auch im Außenverhältnis mittelbar durchgesetzt werden, indem sie den aus der Vereinbarung resultierenden Unterlassungsanspruch gerichtlich, gegebenenfalls im einstweiligen Rechtsschutz, geltend machen[452]. Diese Grundsätze gelten auch für Vereinbarungen zwischen nicht dem Deutschen Gewerkschaftsbund angehörigen Gewerkschaften oder einer solchen und einer DGB-Gewerkschaft.

Allerdings ist für das Verhältnis der DGB-Gewerkschaften untereinander zu beachten, daß nach der tatsächlichen Inanspruchnahme der Tarifzuständigkeit durch die eine DGB-Gewerkschaft und der Aufgabe der Tarifzuständigkeit durch die andere DGB-Gewerkschaft gemäß ihrer Vereinbarung die eben unter 5. b) dargestellten Grundsätze Anwendung finden. Es kommt damit durch den Einfluß der DGB-Satzung zur alleinigen Tarifzuständigkeit derjenigen DGB-Gewerkschaft, die nach der Vereinbarung ihre Tarifzuständigkeit tatsächlich in Anspruch nimmt. Die DGB-Gewerkschaft, die sich in der Vergangenheit zum Zurückstehen verpflichtet hat, ist damit zwar nicht durch die getroffene Vereinbarung, wohl aber durch diese Grundsätze der DGB-Satzung an der Ausübung ihrer satzungsmäßigen Tarifzuständigkeit im Außenverhältnis gehindert. Es bleibt ihr allein die Möglichkeit, ein DGB-Schiedsgerichtsverfahren nach § 16 der DGB-Satzung einzuleiten und in diesem ihre satzungsmäßig bestehende Tarifzuständigkeit gegenüber der anderen DGB-Gewerkschaft durchzusetzen.

7. Die Beeinträchtigung der Koalitionsfreiheit der Arbeitgeber oder der Arbeitgeberverbände durch §§ 15, 16 der DGB-Satzung

Für die Arbeitgeber führt zwar die Mitgliedschaft der Einzelgewerkschaften im Deutschen Gewerkschaftsbund zu dem aufgezeigten Vorteil, daß sie sich grundsätzlich nur einer DGB-Gewerkschaft gegenübersehen. Allerdings ist damit auch ein Nachteil verbunden, wenn sie die Tarifzuständigkeit einer DGB-Gewerkschaft anstreben bzw. beibehalten wollen, die durch die Zuständigkeit der konkurrierenden DGB-Gewerkschaft verdrängt wird. Daher ist zu klären, inwieweit der ermittelte Einfluß der DGB-Satzung auf die einzelgewerkschaftli-

[451] BAG AP Nr. 5 zu § 2 TVG Tarifzuständigkeit; Weyand, SAE 1991, S. 323, 325; Wiedemann/Oetker, TVG, § 2, Rn. 69.
[452] Blank, Die Tarifzuständigkeit der DGB-Gewerkschaften, S. 146.

chen Tarifzuständigkeiten auch im Außenverhältnis die Koalitionsfreiheit der Arbeitgeberseiteite beeinträchtigt[453].

Da durch diese Wirkung der DGB-Satzung auf die Satzungen der Einzelgewerkschaften die Friedensfunktion für einzelne Arbeitgeber beseitigt werden und zu einer Umorganisation auf der Arbeitgeberseite führen könnte, wird darin teilweise eine Verletzung der individuellen Koalitionsfreiheit des Arbeitgebers und auch der Koalitionsfreiheit des Verbandes gesehen, die dessen Bestandsschutz einschließt[454].

Diese Ansicht ist jedoch zurückzuweisen. Die Festlegung der eigenen Tarifzuständigkeit auf Gewerkschaftsseite - auch im Rahmen des Schiedsgerichtsverfahrens gemäß § 16 der DGB-Satzung - beruht auf der jeder Seite zustehenden und durch Art. 9 Abs. 3 GG geschützten Autonomie. Daß sich damit auch Auswirkungen auf die Verbandsorganisation der Arbeitgeber, die sich entsprechend der gewerkschaftlichen Organisation ausrichtet, ergeben können, stellt grundsätzlich keine unzulässige Beeinträchtigung in die arbeitgeberseitige Koalitionsfreiheit dar[455]. Die Arbeitgeber können sich jeder Arbeitgeberkoalition anschließen, von der sie glauben, daß sie ihre Interessen gegenüber der durch den Schiedsspruch für zuständig erklärten Gewerkschaft wirksam vertreten, oder auf eine entsprechende Anpassung der Satzung der Arbeitgeberkoalition hinwirken[456]. Es gelten sowohl in Bezug auf die Koalitionsfreiheit des einzelnen Arbeitgebers als auch auf den Bestandsschutz der Arbeitgeberverbände uneingeschränkt die Grundsätze, die oben bei den Grenzen der autonomen Festlegung der Tarifzuständigkeit entwickelt worden sind[457]. Allerdings darf von Seiten des Deutschen Gewerkschaftsbundes und seiner Mitgliedsgewerkschaften nicht nachträglich mittels des Schiedsgerichtsverfahrens in Tarifverträge eingegriffen werden, die der Arbeitgeber (beim Verbandstarifvertrag) nach seinem Verbandsbeitritt im berechtigten und schützenswerten Vertrauen auf die Zuständigkeit der Gewerkschaft bzw. (beim Firmentarifvertrag) nach Abschluß mit einer für ihn zuständigen Gewerkschaft angewandt hat. Andernfalls wäre es der Gewerkschaftsseite möglich, durch fortlaufende Neuverteilung der Tarifzuständig-

---

453 Eine Beeinträchtigung der kollektiven Koalitionsfreiheit der verdrängten DGB-Gewerkschaft und ihrer Mitglieder ist bereits oben abgelehnt worden, s.o. 2. Teil A. III. 3. b) bb) (1) (b).

454 Kraft, Festschrift für Schnorr von Carolsfeld, S. 255, 268.

455 Ebenso: Blank, Die Tarifzuständigkeit der DGB-Gewerkschaften, S. 138, 139; Kempen/Zachert, TVG, § 2, Rn. 117; Konzen, Festschrift für Alfons Kraft, S. 291, 316; beachte aber auch Teil 3 C. II. zu der Frage, inwieweit sich die DGB-Gewerkschaften an der von ihnen geschaffenen Ordnung festhalten lassen müssen.

456 BAG AP Nr. 3 zu § 2 TVG Tarifzuständigkeit.

457 S.o. 2. Teil A. II. 1. b).

keiten die Geltung bestehender Tarifverträge zu unterlaufen und die tarifvertragliche Friedenspflicht leerlaufen zu lassen. Dies führt aber nicht dazu, die Autonomie der freien Zuständigkeitswahl einschränken zu müssen oder der Arbeitgeberseite Einfluß darauf zu gestatten, wie die DGB-Gewerkschaften das Problem überschneidender Tarifzuständigkeiten lösen. Erforderlich ist hier allein, die bestehenden Tarifverträge für die Dauer ihrer Laufzeit in ihrer Tarifwirkung zu schützen bzw. die Arbeitgeber währenddessen vor der arbeitskampfweisen Inanspruchnahme durch eine andere DGB-Gewerkschaft zu bewahren[458]. Das Vertrauen in die fortwährende Tarifzuständigkeit des tariflichen Gegenspielers ist demgegenüber nicht geschützt[459]. So kann in diesem Zusammenhang dem Bundesarbeitsgericht grundsätzlich gefolgt werden, wenn es betont, daß es kein Recht eines Arbeitgebers oder seines Verbandes auf eine bestimmte Gewerkschaft als Tarifpartnerin gebe[460].

8. Ergebnis

Die Tarifzuständigkeit der DGB-Gewerkschaften richten sich nach der jeweiligen Satzung der Mitgliedsgewerkschaften. Für eine wirksame Änderung ihres Zuständigkeitsbereiches haben die DGB-Gewerkschaften nach § 15 Ziff. 2 der DGB-Satzung verfahrensrechtlich die Zustimmung des Bundesausschusses einzuholen. Soweit mehrere DGB-Gewerkschaften ihre satzungsmäßig bestehende Tarifzuständigkeit für einen bestimmten Bereich/Arbeitgeber beanspruchen, stellen im Rahmen des Schiedsgerichtsverfahrens ergangene Schiedsurteile die Alleintarifzuständigkeit einer DGB-Gewerkschaft auch Außenverhältnis verbindlich fest. Die im Schiedsgerichtsverfahren unterlegene Gewerkschaft kann in dem betreffenden Bereich daher weder Tarifverträge erzwingen noch freiwillig mit der Arbeitgeberseite vereinbaren. Vor Einleitung eines Schiedsgerichtsverfahrens verbleibt es gegenüber dem Arbeitgeber bei der Zuständigkeit der DGB-Gewerkschaft, die ihre satzungsmäßige Tarifzuständigkeit zuerst in Anspruch genommen hat. Eine Zuständigkeit einer zweiten DGB-Gewerkschaft besteht dagegen nicht. Eine Beeinträchtigung der Koalitionsfreiheit der unterlegenen DGB-Gewerkschaft und ihrer Mitglieder bzw. der Arbeitgeberseite ist mit diesen Grundsätzen nicht verbunden.

---

[458] Siehe dazu unten 4. Teil B II. 2. a) bb) und 3. b).
[459] Konzen, Festschrift für Alfons Kraft, S. 291, 316.
[460] BAG AP Nr. 10, 11 zu § 2 TVG Tarifzuständigkeit; zustimmend: Oetker, Anmerkung zu BAG AP Nr. 10 u. 11 zu § 2 TVG Tarifzuständigkeit; vgl. aber 3. Teil C. II.

B. Die Tarifzuständigkeit beim Verbandstarifvertrag

I. Die übereinstimmende Tarifzuständigkeit von Gewerkschaft und Arbeitgeberverband

Die Wirksamkeit des Verbandstarifvertrages hängt von der korrespondierenden Tarifzuständigkeit von Gewerkschaft und Arbeitgeberverband ab[461]. Maßgebend ist also demnach allein, inwieweit die Satzungen der beiden Verbände einen übereinstimmenden Organisationsbereich aufweisen, in dessen Rahmen ein wirksamer Tarifvertrag vereinbart werden kann. Dieser ist unproblematisch zu bestimmen, soweit die Zuständigkeitsbereiche der Tarifvertragsparteien nach demselben (betriebs- oder unternehmensbezogenen) Industrieverbandsprinzip oder aber auch nach dem Berufsverbandsprinzip ausgestaltet sind. Für den Fall, daß die Tarifpartner auf der einen Seite dem betriebsbezogenen und auf der anderen Seite dem unternehmensbezogenen Industrieverbandsprinzip folgen, ist zu beachten, daß der eine Tarifpartner hier nur für die brancheneigenen Betriebe des Unternehmens die Tarifzuständigkeit besitzt, so daß der Verbandstarifvertrag nicht das Unternehmen samt anderer branchenfremder Betriebe insgesamt erfassen kann. Soweit der Tarifpartner aber für den Hauptbetrieb des Unternehmens zuständig ist, können nach obigen Grundsätzen[462] auch branchenfremde Nebenbetriebe des Hauptbetriebes in den Verbandstarifvertrag einbezogen werden. Dagegen kann der Tarifpartner, der nach dem betriebsbezogenen Industrieverbandsprinzip auch brancheneigene Betriebe branchenfremder Unternehmen erfaßt, für derartige Betriebe keine Verbandstarifverträge mit einem Tarifpartner abschließen, der nur Unternehmen dieser Branche, nicht aber einzelne Betriebe dieser Branche als Mitglied aufnimmt[463]. Vor allem den Gewerkschaften ist im Interesse eines möglichst weiten Organisationsbereiches daher grundsätzlich zu empfehlen, ihre Tarifzuständigkeit betriebs- und unternehmensbezogen auszugestalten. Im übrigen ist in der Praxis nicht die völlige, sondern nur eine teilweise Inkongruenz der satzungsmäßigen Zuständigkeitsbereiche beider Verbände relevant, da sich die tariflichen Tätigkeitsbereiche von Gewerkschaften und Arbeitgeberverbänden meist unter gegenseitiger Berücksichtigung entwickelt und gegeneinander abgegrenzt haben[464].

Von besonderem Interesse ist regelmäßig die Frage, ob ein bestimmter Arbeitgeber mit seinem Unternehmen/Betrieb satzungsmäßiges Mitglied in einem Arbeitgeberverband ist und damit an die von diesem abgeschlossenen Verbandsta-

---

[461] S.o. bereits 1. Teil A. I.
[462] S.o. 2. Teil A. I. 3. b) aa) (2).
[463] Buchner, SAE 1998, S. 262.
[464] Kutscher, Die Tarifzuständigkeit, S. 26.

rifverträge nach § 3 Abs. 1 TVG gebunden werden kann bzw. bereits gebunden ist[465]. Vor allem infolge Produktionsumstellungen bzw. Unternehmensauslagerungen kann es bei neuen branchenmäßigen Schwerpunkten der Unternehmen/Betriebe zu Verbandswechseln der betroffenen Arbeitgeber kommen. Insofern kann auch von der Tarifzuständigkeit des Arbeitgeberverbandes für ein bestimmtes/einen bestimmten, seinem Organisationsbereich angehörendes/angehörenden Unternehmen/Betrieb gesprochen werden. Das Bundesarbeitsgericht hat ausdrücklich darauf hingewiesen, daß eine Gewerkschaft die Tarifzuständigkeit des Arbeitgeberverbandes für ein bestimmtes Mitglied als eine Rechtsfrage im Beschlußverfahren nach §§ 2a Abs. 1 Nr. 4, 97 ArbGG klären lassen könne[466]. Für eine Gewerkschaft hängt von dieser Frage die Entscheidung ab, ob sie sich bei der Wahrnehmung der tariflichen Interessen ihrer Mitglieder allein an deren Arbeitgeber wenden muß oder auch an einen Arbeitgeberverband herantreten kann, an dessen abgeschlossene Verbandstarifverträge der betreffende Arbeitgeber nach § 3 Abs. 1 TVG tarifgebunden werden kann. Auch kann in diesem Zusammenhang eine tarifvertragliche Friedenspflicht relevant werden, wenn der Arbeitgeber satzungsgemäß in einem Arbeitgeberverband organisiert ist, mit dem die Gewerkschaft bereits einen Verbandstarifvertrag abgeschlossen hat[467]. Zudem sind Streikmaßnahmen bei den einzelnen verbandsangehörigen Arbeitgebern zu koordinieren, soweit die Gewerkschaft gegen den Arbeitgeberverband zum Streik aufruft. Falls der Arbeitgeberverband einen größeren Zuständigkeitsbereich als die Gewerkschaft aufweist, geht es auch darum zu ermitteln, welche Arbeitgeber des Arbeitgeberverbandes dem Zuständigkeitsbereich zuzuordnen sind, für den die Gewerkschaft tarifzuständig ist.

Aus diesen Erwägungen folgt auch, daß zur Sicherung einer funktionsfähigen Tarifautonomie der für einen Arbeitgeber bzw. Arbeitgeberverband zuständigen Gewerkschaft nicht nur gegenüber dem einzelnen Arbeitgeber ein Auskunftsanspruch über eine eventuelle Verbandsmitgliedschaft[468], sondern auch gegenüber dem Arbeitgeberverband ein Auskunftsanspruch darüber einzuräumen ist, welche Arbeitgeber verbandszugehörig sind und damit von ihm tarifgebunden werden können[469]. Dadurch ist die Gewerkschaft, verlangt sie von einem Arbeitgeberverband den Abschluß eines Verbandstarifvertrages, nicht vor die unnötige Schwierigkeit gestellt, jeden Arbeitgeber über seine Verbandsmitgliedschaft be-

---

465 Vgl. dazu Sachverhalte von BAG AP Nr. 2, 3, 5, 6, 8, 10, 11 , 14 zu § 2 TVG Tarifzuständigkeit.

466 BAG AP Nr. 6, 8 zu § 2 TVG Tarifzuständigkeit; zustimmend: Wiedemann/Oetker, TVG, § 2, Rn. 86.

467 BAG AP Nr. 8 zu § 2 TVG Tarifzuständigkeit.

468 So ausdrücklich: BAG AP Nr. 116 zu Art. 9 GG Arbeitskampf.

469 Speziell für die Frage einer OT-Mitgliedschaft: Buchner, NZA 1994, S. 2, 3; Ostrop, Mitgliedschaft ohne Tarifbindung, S. 123.

fragen zu müssen. Ob dogmatisch zur Verankerung dieser Auskunftsansprüche auf Art. 9 Abs. 3 GG zurückgegriffen werden muß, kann dahingestellt bleiben. Soweit eine nach ihrer Satzung her für den Arbeitgeber bzw. den Arbeitgeberverband zuständige Gewerkschaft den Abschluß eines Tarifvertrages anstrebt, kann von einem besonderen tariflichen Anbahnungsverhältnis ausgegangen werden, aus dem schuldrechtlich die Pflicht erwächst, über bestehende Verbandsmitgliedschaften Auskunft zu geben.

Die Tarifzuständigkeit der Verbände ist dogmatisch von der Tarifbindung ihrer Mitglieder nach § 3 Abs. 1 TVG zu trennen. Gleichwohl stellen die Tarifzuständigkeit und die Möglichkeit der Tarifbindung Einheiten dar, die beide gleichermaßen in ihrem maximalen Umfang nach dem Organisationsbereich der Verbände zu bestimmen sind. Für die Wirksamkeit eines Verbandstarifvertrages kommt es aber allein auf die satzungsmäßigen Tarifzuständigkeiten der abschließenden der Verbände an. Davon zu trennen ist die Frage, ob ein Mitglied überhaupt satzungsmäßiges Mitglied seines Verbandes ist und damit in dessen tariflichen Zuständigkeitsbereich fällt bzw. von diesem nach § 3 Abs. 1 TVG tariflich gebunden werden kann. Wenn dem nicht so ist, besteht dennoch ein wirksamer Verbandstarifvertrag, soweit sich die Verbände beim Abschluß nur im Rahmen der übereinstimmenden satzungsmäßigen Zuständigkeit gehalten haben.

II. Keine Tarifbindung satzungswidrig organisierter Mitglieder

Aus den eben vorangegangenen Ausführungen ist bereits deutlich geworden, daß satzungswidrig aufgenommene Mitglieder von ihrem Verband nicht gemäß § 3 Abs. 1 TVG tariflich gebunden werden können[470]. Dies folgt unmittelbar aus dem Merkmal der Tarifzuständigkeit. Da der Bereich, in dem eine Tarifvertragspartei wirksame Tarifverträge abschließen kann, identisch ist mit ihrem Organisationsbereich, also dem Bereich, in dem sie satzungsgemäß Mitglieder aufnehmen kann, vermag eine Tarifvertragspartei für satzungswidrig aufgenommene Mitglieder keine wirksamen Tarifverträge abzuschließen. Damit scheidet aber auch andersherum eine Tarifbindung satzungswidrig aufgenommener Mitglieder an einen Tarifvertrag, den der Verband wirksam im Rahmen seiner satzungsmäßigen Zuständigkeit abgeschlossen hat, aus. Die Tarifzuständigkeit der Tarifvertragsparteien legt nämlich - wie gezeigt - den maximalen Geltungsbe-

[470] Ebenso: Delheid, Tarifzuständigkeit, S. 114, 117; Eisenhart Rothe v., Probleme der Tarifzuständigkeit, S. 61, 62; Link, Die Tarifzuständigkeit, S. 79; Wiedemann, RdA 1975, S. 78, 84; kritisch: Gamillscheg, Kollektives Arbeitsrecht I, § 14 II 3 b), S. 536, 537.

reich eines Tarifvertrages fest, so daß ein satzungswidrig aufgenommenes Mitglied niemals dem Geltungsbereich eines wirksam abgeschlossenen Tarifvertrages seines Verbandes unterfallen kann.

Der satzungsmäßig festgelegte Organisationsbereich ist also die Grenze sowohl für den Abschluß von Tarifverträgen als auch für die Aufnahme von Mitgliedern, die der Tarifbindung zugeführt werden können. Damit handelt es sich bei dem Bereich, für den eine Tarifvertragspartei tarifzuständig ist, und bei dem Bereich, in dem eine Tarifvertragspartei Mitglieder gemäß § 3 Abs. 1 TVG tariflich binden kann, um identische Einheiten. Die Zulässigkeit der die Tarifbindung nach § 3 Abs. 1 TVG auslösenden Mitgliedschaft eines Arbeitgebers/Arbeitnehmers in seinem Verband folgt daher denselben Kriterien, die auch für die Zuordnung eines Arbeitgebers und seiner Arbeitnehmer zur Tarifzuständigkeit einer Gewerkschaft bestehen. Insoweit kann hier auf die Ausführungen dazu verwiesen werden[471].

C. Die Tarifzuständigkeit beim Firmentarifvertrag

I. Die Tariffähigkeit des einzelnen Arbeitgebers als alleiniges Wirksamkeitserfordernis

Zunächst stellt sich die Frage, ob es zusätzlich zur Tariffähigkeit gemäß § 2 Abs. 1 TVG auch eine Tarifzuständigkeit des einzelnen Arbeitgebers gibt, die - wie beim Verbandstarifvertrag auch - korrespondierend zur Tarifzuständigkeit der Gewerkschaft vorliegen muß.

Eine Ansicht fordert eine Tarifzuständigkeit des Arbeitgebers. Bei einem aus mehreren Betrieben unterschiedlicher Branchen zusammengesetzten Unternehmen könne der Arbeitgeber daher nach seiner Wahl darüber entscheiden, ob er mit den jeweils entsprechend zuständigen Gewerkschaften für das gesamte Unternehmen oder nur für einzelne Betriebe Tarifverträge abschließe bzw. entsprechend an Verbandstarifverträge gebunden werde[472]. Systematisch wird dafür auf die Parallele zum Verbandstarifvertrag verwiesen[473]. Das Ziel dieser Forderung liegt aber in dem Schutz des Arbeitgebers, der vor einer mehrfachen arbeitskampfweisen Inanspruchnahme durch Gewerkschaften geschützt werden soll.

---

[471] S.u. 2. Teil C. II. 2.

[472] Buchner, ZfA 1995, S. 95, 118; ders., SAE 1998, S. 262, 263; Heinze, DB 1997, S. 2122, 2123, 2124; Henssler, ZfA 1998, S. 517, 521, 527.

[473] Buchner, ZfA 1995, S. 95, 118; Heinze, DB 1997, S. 2122, 2123.

So wie beim Verbandstarifvertrag die beiderseitige Kollektivautonomie zu beachten sei, stehe beim Firmentarifvertrag der Gewerkschaft die Privatautonomie des einzelnen Arbeitgebers gegenüber. Durch privatautonome Wahl seiner Zuständigkeit bestimme der Arbeitgeber daher selbst, ob er nur einen unternehmenseinheitlichen Tarifvertrag oder aber auch einzelne Tarifverträge für branchenunterschiedliche Betriebe seines Unternehmens abschließen möchte. Dabei wird die Entscheidung des Arbeitgebers zu einer betriebsbezogenen Tarifzuständigkeit in der gesellschaftsrechtlichen Verselbständigung von Betrieben, in dem Beitritt zu mehreren branchenmäßig verschiedenen Arbeitgeberverbänden jeweils für verschiedene Betriebe oder in dem Abschluß mehrerer betriebsbezogener Tarifverträge gesehen[474].

Das Bundesarbeitsgericht hat sich dazu bislang nicht ausdrücklich äußern müssen. In der Entscheidung vom 25.9.1996 hatte die Arbeitgeberin den Antrag auf Feststellung, daß sie für den Abschluß eines Firmentarifvertrags mit der IG Metall nicht tarifzuständig sei, nur hilfsweise für den Fall gestellt, daß der Antrag auf Feststellung der Tarifzuständigkeit der IG Metall als unzulässig abgewiesen worden wäre. Da dies nicht der Fall war, beschied das Bundesarbeitsgericht den Antrag nicht[475]. Letztlich ist aber wohl davon auszugehen, daß auch das Bundesarbeitsgericht eine Wahl der Tarifzuständigkeit des Arbeitgebers ablehnt. Dafür spricht, daß das Gericht an vorderer Stelle der Entscheidung unter Verweis auf *Löwisch/Rieble*[476] davon spricht, daß der einzelne Arbeitgeber kraft Gesetzes für sein gesamtes Unternehmen tarifzuständig sei.

Die Wahl einer Tarifzuständigkeit des Arbeitgebers ist in der Tat nicht anzuerkennen. Maßgebend dafür ist aber nicht, daß beim einzelnen Arbeitgeber mangels satzungsmäßig festgelegten Organisationsbereiches die Bestimmung der Tarifzuständigkeit problematisch wäre. Diese Schwierigkeit könnte durch eine für alle am Tarifleben Beteiligten zugängliche Anzeige des Arbeitgebers bereinigt werden. Entscheidend ist, daß eine Tarifzuständigkeit des Arbeitgebers nicht von dem Zweck gedeckt ist, der zur richterrechtlichen Einführung des Merkmals der Tarifzuständigkeit geführt hat. Zweck des Merkmals ist die Schaffung einer tariflichen Ordnung und die Gewährleistung von Tarifklarheit und -übersichtlichkeit, indem die Tarifvertragsparteien bei ihrer tariflichen Betätigung an ihren satzungsmäßigen Organisationsbereich gebunden werden und dadurch die Tarifbindung satzungswidrig aufgenommener Mitglieder verhindert wird[477]. Dieser Zweck greift bei dem einzelnen nach § 2 Abs. 1 TVG für tariffä-

[474] Buchner, ZfA 1995, S. 95, 119; Heinze, DB 1997, S. 2122, 2123.
[475] BAG AP Nr. 10 zu § 2 TVG Tarifzuständigkeit.
[476] Löwisch/Rieble, TVG, § 2, Rn. 101.
[477] S.o. ausführlich 1. Teil B. VI.

hig erklärten Arbeitgeber nicht ein. Für die vom Merkmal der Tarifzuständigkeit angestrebte tarifliche Ordnung ist es allein notwendig, die Branchenzugehörigkeit des Unternehmens bzw. der Betriebe des Arbeitgebers festzustellen und diese danach den einzelnen Organisationsbereichen der Verbände zuzuordnen. Die Wahl des Arbeitgebers zwischen einer unternehmenseinheitlichen und einer nach den einzelnen branchenunterschiedlichen Betrieben ausgerichteten Tarifordnung liegt dagegen nicht mehr innerhalb dieses Zweckes. Formal wird dieses Ergebnis auch durch den Wortlaut der §§ 2a Abs. 1 Nr. 4, 97 Abs. 1 und 5 ArbGG gestützt, die allein von der „Tarifzuständigkeit einer Vereinigung" sprechen.

Beim Firmentarifvertrag ist daher der Arbeitgeber ohne Wahlmöglichkeit für sein Unternehmen und alle seine Betriebe tarifzuständig[478]. Der Abschluß eines Firmentarifvertrages hängt daher allein davon ab, ob die Gewerkschaft nach ihrer Satzung für den Arbeitgeber zuständig ist. Ob eine Gewerkschaft eine betriebsbezogenen Tarifzuständigkeit durch Streikmaßnahmen wahrnehmen darf, ist im Rahmen der arbeitskampfrechtlichen Grundsätze zu beurteilen[479].

II. Die Tarifzuständigkeit der Gewerkschaft

1. Die Satzung der Gewerkschaft

Auch beim Firmentarifvertrag ergibt sich die Tarifzuständigkeit einer Gewerkschaft aus ihrer Satzung. Sofern die Gewerkschaft in ihrer Satzung an das Industrieprinzip anknüpft, kann sie an den Konzern, das Unternehmen, den Betrieb oder auch andere arbeitgeberseitige Einheiten anknüpfen. Eine Beschränkung auf das Unternehmen, wie sie das Bundesarbeitsgericht wohl zunächst noch vertreten[480], dann aber doch aufgegeben hat[481], ist - wie oben gezeigt - we-

[478] LAG München, LAGE Nr. 1 zu § 2 TVG Tarifzuständigkeit; Däubler, Tarifvertragsrecht, Rn. 93a; Kasseler Handbuch/Dörner, 8.1, Rn. 100; MünchArbR/Löwisch/Rieble, § 255, Rn. 77 sprechen insoweit von einer gesetzlichen Tarifzuständigkeit des Arbeitgebers; Oetker, Anmerkung zu BAG AP Nr. 10 und 11 zu § 2 TVG Tarifzuständigkeit; Stein, RdA 2000, S. 129, 137.

[479] S. dazu bereist oben 2. Teil A. II. 1. b) bb).

[480] BAG AP Nr. 5 zu § 2 TVG Tarifzuständigkeit; ihm folgend: Weyand, SAE 1991, S. 323, 325.

[481] BAG AP Nr. 10 zu § 2 TVG Tarifzuständigkeit, mit dem Hinweis, daß in BAG AP Nr. 5 zu § 2 TVG Tarifzuständigkeit kein Anlaß bestanden habe, sich mit der vorliegenden Problematik auseinanderzusetzen, da Streitgegenstand nur der Antrag gewesen sei, die Zuständigkeit einer Gewerkschaft bei einem Firmentarifvertrag für alle Betriebe des Unternehmens festzustellen; bestätigt in BAG AP Nr. 11, 14 zu § 2 TVG Tarifzuständigkeit; ebenso bereits die

der zum Schutze von Arbeitgeberrechten noch aus anderen rechtlichen Gründen erforderlich. Durch die Zulässigkeit einer entsprechenden gewerkschaftlichen Satzungsgestaltung bleibt den Tarifvertragsparteien - unabhängig von der Frage ihrer Erstreikbarkeit - die Möglichkeit eines freiwilligen Abschlusses betriebsbezogener Tarifverträge erhalten.

2. Die Einordnung des Arbeitgebers in die Tarifzuständigkeit der Gewerkschaft

Fraglich ist damit, wann ein Arbeitgeber in die satzungsmäßige Tarifzuständigkeit der Gewerkschaft fällt[482].

Keine Probleme bestehen bei Gewerkschaften, die nach dem Berufsverbandsprinzip organisiert sind. Hier ist eine Gewerkschaft schon dann zuständig, wenn die von ihr vertretene Berufsgruppe in der arbeitgeberseitigen Einheit (Betrieb, Unternehmen, Konzern, etc.), für die ein Firmentarifvertrag abgeschlossen werden soll, überhaupt vorhanden ist. Insoweit stellt sich also die Frage der Zuordnung der arbeitgeberseitigen Einheit zur Satzung der Gewerkschaft nicht. Allerdings ist die Gewerkschaft hier von sich aus bemüht, auf die vom Bundesarbeitsgericht entwickelten Grundsätze zu Tarifpluralität bzw. Tarifkonkurrenz[483] zu achten, da sonst die Gefahr besteht, daß die von ihr abgeschlossenen Tarifverträge durch speziellere Tarifverträge verdrängt werden. Insofern werden auch Fachtarifverträge grundsätzlich nur für arbeitgeberseitige Einheiten, also Unternehmen und Betriebe geschlossen, in denen überwiegend die von ihnen vertretenen Berufsgruppen vertreten sind[484]. Die Grundsätze des Bundesarbeitsgerichts zu Tarifpluralität und Tarifkonkurrenz bewirken damit, daß auch nach dem Berufsverbandsprinzip organisierte Gewerkschaften bei ihrer tariflichen Betätigung den Betrieb als die für tarifliche Normenkollisionen maßgebliche Einheit berücksichtigen müssen.

Bei den nach dem Industrieverbandsprinzip organisierten Gewerkschaften ist zunächst zu ermitteln, ob die Satzungen als Anknüpfungspunkt auf den Konzern, das Unternehmen, den Betrieb etc. abstellen. Wann eine derartige arbeit-

---

Vorinstanz LAG München, LAGE Nr. 1 zu § 2 TVG Tarifzuständigkeit; Oetker, Anmerkung zu BAG AP Nr. 11 zu § 2 TVG Tarifzuständigkeit.

[482] Daß es sich dabei um dieselbe Frage handelt, wie sie sich auch bei der Zulässigkeit der Mitgliedschaft eines Arbeitgebers im Arbeitgeberverband stellt, ist bereits oben - 2. Teil B. II. - gezeigt worden.

[483] S.o. 1. Teil B. IV.

[484] Delheid, Tarifzuständigkeit, S. 43; Nikisch, Arbeitsrecht II, S. 366.

geberseitige Einheit - sofern sich keine abweichende Bestimmung in der gewerkschaftlichen Satzung findet - gegeben ist, ist bereits oben dargelegt worden[485]. Sodann ist festzustellen, ob die betreffende Einheit der in der Gewerkschaftssatzung festgelegten Branche zuzuordnen ist. Da der Geltungsbereich eines Tarifvertrages Schnittmenge der Tarifzuständigkeit ist, kann auch für diese Frage wiederum auf die Grundsätze zurückgegriffen werden, die bei der Feststellung der Branchenzugehörigkeit von Unternehmen bzw. einzelner Betriebe bei der Auslegung von Geltungsbereichen verschiedener Tarifverträge entwickelt worden sind[486]. Werden in der maßgeblichen Organisationseinheit mehrere Zwecke verfolgt, ist grundsätzlich entscheidend, daß die maßgebliche Einheit nach ihrem Gesamtgepräge bzw. ihrem Schwerpunkt in den von den Verbänden vertretenen Wirtschaftszweig fällt[487].

Fraglich ist jedoch, nach welchen Kriterien das Gesamtgepräge zu bestimmen ist, soweit dafür keine verbindliche Vorgaben in den Koalitionssatzungen gemacht werden. Die herrschende Meinung sieht im Rahmen der Tarifzuständigkeit als maßgebend den arbeitstechnischen Zweck und die Zahl der einschlägig beschäftigten Facharbeiter an. Der entsprechende Anteil am Umsatz und Gewinn könne als Indiz zusätzlich herangezogen werden[488]. Dem kann in mehrfacher Hinsicht nicht uneingeschränkt gefolgt werden. Die Eigenart eines Unternehmens, Betriebes etc., auf die das Industrieverbandsprinzip gerade abstellt, wird nicht in erster Linie durch die Tätigkeit der beschäftigten Arbeitnehmer bestimmt. Maßgebend ist vielmehr der Zweck der jeweiligen Einheit, im industriellen und handwerklichen Bereich also insbesondere das Produktionsergebnis, wobei es entsprechend den obigen Definitionen[489] beim Unternehmen auf den wirtschaftlichen Zweck, beim Betrieb mehr auf den arbeitstechnischen Zweck ankommt. Bereits oben ist bei der Darstellung des Industrieverbandsprinzips gezeigt worden, daß sich auf Arbeitgeberseite die Lohnkosten einheitlich am Produktionsergebnis oder am Produktionszweig orientieren und dabei der Beitrag der Facharbeiter einerseits und der Beitrag der übrigen im Unternehmen/Betrieb beschäftigten fachfremden Arbeitnehmer andererseits der Eigenart des Unternehmens/Betriebes untergeordnet sind[490]. Gerade auch durch den zunehmenden Ersatz manueller Arbeitskräfte durch Maschinen und andere Tech-

[485] S.o. 2. Teil A. I. 3. b) aa)-cc).
[486] Wiedemann/Oetker, TVG, § 2, Rn. 56.
[487] BAG AP Nr. 5, 10 zu § 2 TVG Tarifzuständigkeit; Weyand, DB 1997, S. 2122, 2125.
[488] BAG AP Nr. 5 zu § 2 TVG Tarifzuständigkeit; Hromadka/Maschmann/Wallner, Der Tarifwechsel, Rn. 37; Hueck/Nipperdey, Lehrbuch des Arbeitsrechts II/1, S. 513, 514; Link, Die Tarifzuständigkeit, S. 59, 60; Nikisch, Arbeitsrecht II, S. 372, 373; Wiedemann/Oetker, TVG, § 2., Rn. 56.
[489] S.o. 2. Teil A. I. 3. b) aa) (1) und bb) (1).
[490] S.o. 2. Teil A. I. 2. d) dd) (2).

nologien wird die Eigenart eines Unternehmens, Betriebes etc. immer weniger zwingend durch die beschäftigten Arbeitnehmer geprägt[491].

Daraus folgt, daß zur Ermittlung der Zugehörigkeit eines Konzerns, Unternehmens, Betriebes etc. zu einem bestimmten Wirtschaftszweig zunächst der jeweilige überwiegende Zweck der maßgebenden Organisationseinheit maßgebend ist[492]. Dabei kommt es auf den tatsächlichen Zweck an. Das bedeutet, daß handels- und gewerberechtliche Kriterien wie Handelsregistereintragungen, Firmierung, Gewerbeanmeldung und Registrierung bei der Industrie- und Handelskammer oder Handwerkskammer[493] oder andere Angaben des Arbeitgebers[494] nicht entscheidend sind. Ihnen kann allein eine gewisse Indizwirkung zukommen. Der Wille des Arbeitgebers ist also unerheblich, da es um eine an objektiven Kriterien zu beurteilende Zuordnung des Arbeitgebers zu den einzelnen Wirtschaftszweigen geht, durch die das Merkmal der Tarifzuständigkeit eine an Wirtschaftszweigen orientierte tarifliche Ordnung zu erreichen sucht. Damit sind auch Umsatz und Gewinnanteile als stark von Arbeitgeberseite beeinflußbare Faktoren nur als Indizien zu berücksichtigen[495].

Sind in der maßgeblichen Organisationseinheit mehrere (gleichwertige) Zwecke (sog. Mischbetriebe bzw. Mischunternehmen) anzutreffen oder läßt sich ein Zweck nicht eindeutig feststellen, führt das noch nicht automatisch zu mehrfachen Tarifzuständigkeiten. Nach dem Grundsatz der Tarifeinheit, der als Auslegungsregel nicht nur bei tariflichen Geltungsbereichen, sondern auch im Rahmen der Tarifzuständigkeiten herangezogen werden kann, ist auch in diesen Fällen eine eindeutige Zuordnung vorzunehmen[496]. Entscheidend ist dann, welchem Zweck die Arbeitnehmer der betreffenden Organisationseinheit nach ihrer Tätigkeit überwiegend dienlich sind[497]. Um eine einheitliche Beurteilungsgrundla-

---

[491] Delheid, Tarifzuständigkeit, S. 67; Link, Die Tarifzuständigkeit, S. 60; Wiedemann/Wank, TVG, § 4, Rn. 141.

[492] Beim Konzern ist daher auf den überwiegenden Zweck aller zum Konzern gehörenden Unternehmen abzustellen und nicht etwa allein auf das Produktionsziel der herrschenden Muttergesellschaft. Vgl. dazu Wiedemann, Festschrift für H.-J. Fleck, S. 447, 452.

[493] BAG AP Nr. 18 zu § 1 TVG Einzelhandel; Hromadka/Maschmann/Wallner, Der Tarifwechsel, Rn. 65, 66.

[494] BAG AP Nr. 1 zu § 2 TVG Tarifzuständigkeit.

[495] Hromadka/Maschmann/Wallner, Der Tarifwechsel, Rn. 66; Weyand, SAE 1991, S. 323, 326.

[496] Eisenhart Rothe v., Probleme der Tarifzuständigkeit, S. 71; Hromadka/Maschmann/Wallner, Der Tarifwechsel, Rn. 51.

[497] Zur Einordnung in den branchenmäßig-betrieblichen Geltungsbereich: BAG AP Nr. 9, 81 zu § 1 Tarifverträge: Bau; BAG AP Nr. 18 zu § 1 TVG Tarifverträge: Einzelhandel: hier kam es für die Anwendbarkeit eines unternehmensbezogenen Tarifvertrages des Einzelhandels auf die Einordnung eines Unternehmens an, das aus einem Verkaufsladen und einer Reparatur-

ge zu erreichen, sollte dafür Berechnungszeitraum das Kalenderjahr sein, das dem Zeitpunkt des Tarifvertragsschlusses vorangegangen ist[498]. Dabei sind gewerkschaftlich organisierte und nichtorganisierte Arbeitnehmer gleichermaßen zu berücksichtigen, da diese Unterscheidung für die Branchenzugehörigkeit der arbeitgeberseitigen Einheit unerheblich ist. Die überwiegende Tätigkeit ist nach der Mehrzahl der Arbeitsstunden der Beschäftigten, die auf denselben Zweck oder - sofern sich ein Zweck nicht eindeutig feststellen läßt - auf dieselbe Tätigkeiten entfallen, zu bestimmen[499]. Nicht entscheidend ist die größere Anzahl der Arbeitnehmer, die in der maßgeblichen Organisationseinheit dieselbe überwiegende Tätigkeit ausüben oder demselben überwiegenden Zweck dienen[500], auch wenn in der Regel beide Berechnungsmethoden zum selben Ergebnis führen werden. Sind aber zum Beispiel[501] in einem Unternehmen 99 Arbeitnehmer nur mit dem Zweck Fertigung/Reparatur, 101 Arbeitnehmer dagegen zu 60% ihrer Arbeitszeit mit dem Zweck Vertrieb/Verkauf und zu 40% mit dem Zweck Fertigung/Reparatur beschäftigt, gilt das Unternehmen nicht etwa als Einzelhandelsunternehmen, sondern als Unternehmen für Fertigung/Reparaturarbeiten. Insgesamt wird die Eigenart des Unternehmens in diesem Fall mehr durch die Fertigung/Reparatur als durch den Vertrieb/Verkauf geprägt.

---

werkstatt bestand; MünchArbR/Löwisch/Rieble, § 264, Rn. 7; Wiedemann/Wank, TVG, § 4, Rn. 151.

498 Zur Einordnung in den branchenmäßig-betrieblichen Geltungsbereich: BAG AP Nr. 82, 106 zu § 1 TVG Tarifverträge: Bau mit der Begründung so zu erzielender Rechtssicherheit, da sich saisonbedingt der Tätigkeitsumfang im Baugewerbe von Jahreszeit zu Jahreszeit ändere; Jacobs, Tarifeinheit und Tarifkonkurrenz, S. 231.

499 Zur Einordnung in den branchenmäßig-betrieblichen Geltungsbereich: BAG AP Nr. 24, 82, 88, 106, 181 zu § 1 Tarifverträge: Bau; BAG AP Nr. 19, 21 zu § 4 TVG Tarifkonkurrenz; Däubler, Tarifvertragsrecht, Rn. 268; Gamillscheg, Kollektives Arbeitsrecht I, § 17 III 3 b), S. 748; Heinze, DB 1997, S. 2122, 2125; Hoyningen-Huene v., NZA 1996, S. 617, 619; Hromadka/Maschmann/Wallner, Der Tarifwechsel, Rn. 52, 62, 63; Kempen/Zachert, TVG, § 4, Rn. 24;.

500 So aber Gaul, ZTR 1991, S. 443, 452.

501 Beispiel in Anlehnung an den Sachverhalt von BAG AP Nr. 18 zu § 1 TVG Tarifverträge: Einzelhandel.

3. Teil: Die Inanspruchnahme der Tarifzuständigkeit im Arbeitskampf

A. Die Tarifzuständigkeit als Rechtmäßigkeitsvoraussetzung eines Arbeitskampfes

Die Tarifzuständigkeit der Verbände ist grundsätzlich Rechtmäßigkeitsvoraussetzung eines Arbeitskampfes[1]. Dies folgt unmittelbar aus der Anerkennung der Tarifzuständigkeit als Wirksamkeitsvoraussetzung eines Tarifvertrages. Denn ein Arbeitskampf zur Erzwingung eines Tarifvertrages, der keine Rechtswirkung entfalten kann, kann von der Rechtsordnung nicht zugelassen werden[2]. Aus den obigen Ausführungen zur Tarifzuständigkeit der Tarifpartner beim Verbands- und Firmentarifvertrag[3] folgt daher, daß ein Streik einer Gewerkschaft gegenüber einem Arbeitgeberverband nur rechtmäßig ist, wenn beide Tarifpartner nach ihrer Satzung für den von der Gewerkschaft angestrebten Verbandstarifvertrag zuständig sind. Ein Arbeitskampf zur Erzwingung eines Firmentarifvertrages ist rechtmäßig, wenn die Gewerkschaft nach ihrer Satzung für den Arbeitgeber zuständig ist. Maßgebend ist dabei das Vorliegen der Tarifzuständigkeit zum Zeitpunkt des Einleitens der Arbeitskampfmaßnahmen.

Die Tarifzuständigkeit selbst, also die Festlegung eines bestimmten Zuständigkeitsbereiches durch den Tarifgegner, kann nach ganz einhelliger Meinung nicht Ziel eines Arbeitskampfes sein, da sie in die von Art. 9 Abs. 3 GG geschützte Autonomie eines jeden Verbande fällt und daher nicht fremdbestimmt werden darf[4]. Als Rechtsfrage ist sie damit einer vertraglichen Regelung, die durch Arbeitskampf erzwungen werden könnte, nicht zugänglich. Die Tarifvertragsparteien haben daher bei der Erhebung und Durchsetzung ihrer tariflichen Forderungen die Tarifzuständigkeit des tariflichen Gegenspielers zu beachten. Ein von einem nicht zuständigen Verband geführter Arbeitskampf ist rechtswidrig und führt zu Unterlassungs-, Beseitigungs- und Schadensersatzansprüchen des Tarif-

---

[1] BAG AP Nr. 3 zu § 2 TVG Tarifzuständigkeit; Brox/Rüthers/Rüthers, Arbeitskampfrecht, Rn. 135; Buchner, ZfA 1995, S. 95, 106; Delheid, Tarifzuständigkeit, S. 89; Richardi, Anmerkung zu BAG AP Nr. 2 und 3 zu § 2 TVG Tarifzuständigkeit; Wiedemann/Oetker, TVG, § 2, Rn. 83.

[2] Richardi, Gemeinsame Anmerkung zu BAG AP Nr. 2 und 3 zu § 2 TVG Tarifzuständigkeit.

[3] S.o. 2. Teil B. und C.

[4] Buchner, ZfA 1995, S. 95, 105; Heinze, DB 1997, S. 2122, 2126; Hromadka/Maschmann/Wallner, Der Tarifwechsel, Rn. 21; Kempen/Zachert, TVG, § 2, Rn. 123 (mißverständlich); Kutscher, Die Tarifzuständigkeit, S. 116; Martens, SAE 1987, S. 9; MünchArbR/Löwisch/Rieble, § 255, Rn. 68; MünchArbR/Otto, § 285, Rn. 6; Wiedemann/Oetker, TVG, § 2, Rn. 59.

gegners gegenüber dem streikenden Verband nach den allgemeinen Grundsätzen[5].

Das arbeitsgerichtliche Verfahren nach §§ 2a Abs. 1 Nr. 4, 97 ArbGG beschränkt das Recht der Verbände zum Arbeitskampf nicht. Eine Gewerkschaft kann daher auch vor oder während eines eingeleiteten Beschlußverfahrens über ihre Tarifzuständigkeit nach §§ 2a Abs. 1 Nr. 4, 97 ArbGG Streikmaßnahmen einleiten, sofern keine gerichtliche einstweilige Unterlassungsverfügung gegen den Streik besteht[6]. Eine Pflicht, die Tarifzuständigkeit gerichtlich feststellen zu lassen, wenn diese insgesamt zweifelhaft ist oder von der Arbeitgeberseite bestritten wird, besteht nicht. Die Gewerkschaft trägt jedoch das Risiko, bei einem wegen fehlender Tarifzuständigkeit rechtswidrigen Streik dem Begehren der Arbeitgeberseite nach Schadensersatz ausgesetzt zu sein. Allerdings kommt eine Haftung hier nur dann in Betracht, wenn der Gewerkschaft mangels sorgfältiger Prüfung der Tarifzuständigkeit ein Verschulden vorzuwerfen ist[7].

B. Die Tarifzuständigkeit zur Erzwingung eines Verbandstarifvertrages

Die Tarifzuständigkeit zur Erzwingung eines Verbandstarifvertrages richtet sich - wie der Abschluß des Tarifvertrages selbst[8] - allein nach den Satzungen der beiden Verbände[9]. Grundsätzlich kann die Gewerkschaft daher bei allen Mitgliedern des Arbeitgeberverbandes, für den sie nach ihrer Satzung tarifzuständig ist, Kampfmaßnahmen durchführen. Dabei begründet die tatsächliche - gegebenenfalls von der Gewerkschaft im Rahmen ihres Auskunftsanspruches gegenüber dem Arbeitgeber oder dem Arbeitgeberverband ermittelte[10] - Mitgliedschaft einen Rechtsschein dafür, daß der betreffende Arbeitgeber satzungsrechtlich zulässig Mitglied im Arbeitgeberverband ist und daher von diesem auch gegenüber der Gewerkschaft tarifvertraglich vertreten werden kann[11]. Zu den Aufgaben der Gewerkschaft gehört also nicht die Prüfung, ob alle Mitglieder des

---

[5] BAG AP Nr. 3 zu § 2 TVG Tarifzuständigkeit; allgemein zu den Ansprüchen im Falle rechtswidriger Arbeitskampfmaßnahmen, MünchArbR/Otto, § 289 m.w.N.; vgl. auch bereits oben 1. Teil B. VI. 2. c) bb) (1) (b).
[6] Blank, Die Tarifzuständigkeit der DGB-Gewerkschaften, S. 149; Kempen/Zachert, TVG, § 2, Rn. 121, 122; Kutscher, Die Tarifzuständigkeit, S. 117, 118;.
[7] S.o. 1. Teil B. VI. 2. c) bb) (1) (b).
[8] S.o. 2. Teil B. I.
[9] Wiedemann/Oetker, TVG, § 2, Rn. 82.
[10] S.o. 2. Teil B. I.
[11] Ebenso: Kutscher, Die Tarifzuständigkeit, S. 120; Richardi, Anmerkung zu BAG AP Nr. 2. u. 3 zu § 2 TVG Tarifzuständigkeit; Wiedemann/Oetker, § 2, Rn. 84.

Arbeitgeberverbandes richtig organisiert sind. Die Prüfungspflicht beschränkt sich grundsätzlich darauf, ob eine korrespondierende satzungsmäßige Tarifzuständigkeit der beiden Verbände gegeben ist. Gewerkschaftliche Kampfmaßnahmen zur Erzwingung eines Verbandstarifvertrages werden demnach nicht dadurch rechtswidrig, daß ein einzelner, im Rahmen eines Verbandsarbeitskampfes bestreikter Arbeitgeber satzungswidrig im Arbeitgeberverband Mitglied ist und daher von diesem mangels eigener Zuständigkeit nicht gemäß § 3 Abs. 1 TVG an einen Verbandstarifvertrag gebunden kann. Der Rechtsschein wird allerdings dann zerstört, wenn der Arbeitgeberverband oder der einzelne Arbeitgeber selbst darauf hinweisen, daß der Arbeitgeber nach Feststellen der Unzulässigkeit der Mitgliedschaft aus dem Verband ausgetreten ist.

Fraglich ist aber aus Sicht der Tarifzuständigkeit, ob auch bei Mitgliedern des Arbeitgeberverbandes gewerkschaftliche Streikmaßnahmen im Rahmen eines Verbandsarbeitskampfes durchgeführt werden können, für die der umkämpfte Tarifvertrag nicht gelten soll oder nicht gelten kann. Ersteres ist zum Beispiel der Fall, wenn beide Verbände mehrere Zuständigkeitsbereiche aufweisen und in einem dieser Bereiche bereits einen Verbandstarifvertrag vereinbart haben[12]. Der zweite Fall kommt dann in Betracht, wenn der Arbeitgeberverband Mitglieder in einem Organisationsgebiet hat, für das die Gewerkschaft nach ihrer Satzung nicht zuständig ist. Hier müßte sie sich der Hilfe der Gewerkschaft bedienen, die dem Arbeitgeberverband in diesem Organisationsbereich korrespondierend gegenübersteht.

Bei der Beurteilung der Rechtmäßigkeit entsprechender Kampfmaßnahmen muß nach dem Kampfziel differenziert werden. Aufgrund des Merkmals der Tarifzuständigkeit bzw. einer bestehenden Friedenspflicht können die gewerkschaftlichen Kampfmaßnahmen weder zu tariflichen Regelungen in den betreffenden

---

[12] Nicht zu verwechseln ist dies mit der Konstellation, in der sich die Arbeitnehmer desselben räumlichen und branchenmäßigen, nicht aber persönlichen Geltungsbereiches des erstrebten Tarifvertrags am Arbeitskampf beteiligen. Ein Sympathiearbeitskampf dieser Arbeitnehmer liegt hier nach zutreffender Ansicht nicht vor. Auch wenn ihre eigenen Arbeitsbedingungen nicht Gegenstand des Arbeitskampfes sind und sie gegebenenfalls zusätzlich von einer gewerkschaftlichen Friedenspflicht aus einem bereits für sie nach §§ 3 Abs. 1, 4 Abs. 1 TVG geltenden Tarifvertrag erfaßt werden, können sich die Arbeitnehmer nach herrschender Meinung ohne weitere Voraussetzungen an diesem Arbeitskampf beteiligen, da eine Aufspaltung der Arbeitnehmer insoweit eine wesentliche Schwächung der Kampfmacht der Arbeitnehmerseite bedeutete und gleichzeitig eine Gegenwehr der Arbeitgeberseite durch die dann notwendige Differenzierung erschwerte (sog. Einheit der Belegschaft): Birk/Konzen/Löwisch/Raiser/Seiter, Gesetz zur Regelung kollektiver Arbeitskonflikte („sog. Professoren/Entwurf"), S. 44; Däubler/Bieback, Arbeitskampfrecht, Rn. 368; Konzen, DB 1990, Beilage 6, S. 1, 12, 13; MünchArbR/Otto, § 285, Rn. 61; a.A. LAG Köln, LAGE Nr. 45 zu Art. 9 GG Arbeitskampf; Lieb, RdA 1991, S. 145, 152, 153.

verbandsangehörigen Unternehmen/Betrieben führen noch bereits bestehende tarifliche Regelungen ändern. Ist der Arbeitskampf daher auf derartige tarifliche Regelungen für diese Arbeitgeber und die bei ihnen beschäftigen Arbeitnehmer gerichtet, ist er rechtswidrig. Umstritten ist aber, ob nicht auch gewerkschaftliche Kampfmaßnahmen zulässig sein können, die der Unterstützung eines rechtmäßigen Hauptstreikes dienen, in den bestreikten Unternehmen/Betrieben selbst, da diese außerhalb des indentierten räumlichen oder fachlichen/branchenmäßigen Geltungsbereiches des begehrten Tarifvertrages liegen[13], jedoch keine tarifliche Regelungen anstreben.

Dabei handelt es sich um sog. Sympathiearbeitskämpfe, die dadurch gekennzeichnet sind, daß sie einen Hauptarbeitskampf, der auf einen Tarifvertrag in einem anderen räumlichen oder branchenmäßigen/fachlichen Geltungsbereich gerichtet ist, unterstützen[14]. Die Ansichten in Literatur und in Rechtsprechung über die Zulässigkeit derartiger Sympathiestreiks sind geteilt. Teilweise werden sie generell für rechtmäßig[15] bzw. rechtswidrig[16] gehalten. Sofern eine Zulässigkeit bejaht wird, finden sich jedoch meist zahlreiche Einschränkungen[17]. Eine Meinung hält einen Sympathiestreik für zulässig, wenn er einen rechtmäßigen Hauptarbeitskampf unterstütze, im übrigen die Rechtmäßigkeitsvoraussetzungen für gewerkschaftliche Kampfmaßnahmen einhalte und gegen einen Gegner geführt werde, der auf den Gegner des Hauptarbeitskampfes einwirken könne[18]. Das Bundesarbeitsgericht hält Sympathiestreikmaßnahmen grundsätzlich für unzulässig, deutet aber Ausnahmetatbestände für die Fälle an, daß der von den Sympathiestreikmaßnahmen betroffene Arbeitgeber seine Neutralität im Hauptarbeitskampf - zum Beispiel durch die Übernahmen der Produktion - verletzt, daß der betroffene Arbeitgeber zwar rechtlich selbständig, wirtschaftlich aber betrachtet nur ein Betriebsteil des sich im Hauptarbeitskampf befindlichen Unternehmens darstellt oder daß der betroffene Arbeitgeber mit dem Arbeitgeber des Hauptarbeitskampfes wirtschaftlich so eng verflochten ist, daß er nicht mehr

---

[13] Für diese grundsätzliche Voraussetzung eines (Haupt-)Arbeitskampfes: BAG AP Nr. 64, 65 zu Art. 9 GG Arbeitskampf; Brox/Rüthers, Arbeitskampfrecht, Rn. 204; Gamillscheg, Kollektives Arbeitsrecht I, § 20 IV 5 a), S. 979, 980; Konzen, DB 1990, Beilage 6, S. 1, 11, 12; MünchArbR/Otto, § 285, Rn. 161; der personelle Geltungsbereich (s. Fn. 12) gehört also nicht zu dieser Voraussetzung.

[14] MünchArbR/Otto, § 285, Rn. 40; vgl. auch zu einem anderen Verständnis eines Sympathiearbeitskampfes: LAG Köln, LAGE Nr. 45 zu Art. 9 GG Arbeitskampf.

[15] Däubler/Bieback, Arbeitskampfrecht, Rn. 372.

[16] Brox/Rüthers, Arbeitskampfrecht, Rn. 144/151.

[17] Vgl. zur Übersicht: Brox/Rüthers, Arbeitskampfrecht, Rn. 143.

[18] LAG Hamm EzA Nr. 39 zu Art. 9 GG Arbeitskampf; zurückhaltender nun in AP Nr. 161 zu Art. 9 GG Arbeitskampf.

als außenstehender Dritter angesehen werden kann[19]. Im Regelfall sei aber ein Sympathiestreik nicht erforderlich, um eine Kampfparität der den Hauptarbeitskampf führenden Tarifvertragsparteien herzustellen, da im Verhältnis der Parteien des Hauptarbeitskampfes für jede Seite bei entsprechender Organisation grundsätzlich eine abstrakt-materielle Kampparität im Kampfgebiet erreichbar sei[20].

Kombiniert man die genannten Voraussetzungen, kann die Rechtmäßigkeit eines Sympathiestreiks neben den vom Bundesarbeitsgericht betonten, besonders gelagerten Ausnahmetatbeständen, in denen sich ein Berufen auf die Unzulässigkeit als mißbräuchlich darstellte, zumindest aber dann bejaht werden, wenn - trotz eines an sich ausreichenden Organisationsgrades der den Hauptarbeitskampf führenden Gewerkschaft - dieser zur Herstellung einer Kampfparität erforderlich ist[21] und die von den Sympathiestreikmaßnahmen betroffenen Arbeitgeber bzw. ihr Arbeitgeberverband auf den den Hauptarbeitskampf führenden Arbeitgeberverband einwirken können. Diese Voraussetzungen können zumindest dann vorliegen, wenn eine Gewerkschaft einem Arbeitgeberverband gegenübertritt, der einen weitaus größeren Zuständigkeitsbereich als die Gewerkschaft aufweist. Nach hiesiger Ansicht erfordert nämlich das Bestehen einer abstrakt-materiellen Parität der Tarifpartner regelmäßig eine vergleichbare Größe der gesamten Organisationszuständigkeit der kämpfenden Verbände, da neben dem Organisationsgrad in dem betroffenen Tarif- und Kampfgebiet die Größe und die Zahl der Mitglieder eines Verbandes insgesamt die Stärke und das Machtpotential einer Tarifvertragspartei ganz wesentlich mitbestimmen[22]. Danach können zumindest in der zweiten hier interessierenden Fallgestaltung neben den verbandsangehörigen Arbeitgebern, für die die Gewerkschaft nach ihrem Organisationsbereich zuständig ist und für die sie im Hauptarbeitskampf tarifliche Regelungen anstrebt, auch weitere Verbandsmitglieder unter Mithilfe der für diesen Verbandsbereich zuständigen Gewerkschaft im Wege von Sympathiearbeitskampfmaßnahmen bestreikt werden. Aus ihrer Zugehörigkeit zum selben Arbeitgeberverband und der damit verbundenen Interesseneinheit ergibt

---

[19] BAG AP Nr. 85, 90 zu Art. 9 GG Arbeitskampf; kritisch: Konzen, DB 1990, Beilage 6, S. 1, 14.

[20] BAG AP Nr. 90 zu Art. 9 GG Arbeitskampf; ebenso: Konzen, DB 1990, Beilage 6, S. 1, 10, 14; MünchArbR/Otto, § 286, Rn. 44.

[21] Ebenso: Birk/Konzen/Löwisch/Raiser/Seiter, Gesetz zur Regelung kollektiver Arbeitskonflikte (sog. „Professoren/Entwurf"), § 5 Abs. 3 und Begründung S. 45; Gamillscheg, Kollektives Arbeitsrecht, § 24 II 3 c), S. 1139; Konzen, DB 1990, Beilage 6, S. 1, 9; Maunz/Dürig/Scholz, GG, Art. 9, Rn. 318, der für diesem Fall die Verfassungsmäßigkeit des Sympathiestreiks hervorhebt; MünchArbR/Otto, § 286, Rn. 45, 46.

[22] S. bereits oben 2. Teil A. II. 1. b) aa); vgl. dagegen Konzen, DB 1990, Beilage 6, S. 1, 10, nach dem grundsätzlich eine Paritätsvermutung in dem angestrebten Tarifgebiet besteht.

sich hier auch ohne weiteres die als zweite Voraussetzung geforderte Einwirkungsmöglichkeit der von den Sympathiestreikmaßnahmen betroffenen Arbeitgeber auf die Tarifvertragspartei des Hauptarbeitskampfes[23]. Diesen Sympathiestreikmaßnahmen kann als Einwand nicht das Bestehen einer relativen Friedenspflicht entgegengehalten werden, da sich diese Friedenspflicht auf die im Tarifvertrag geregelten Rechte und Pflichten bezieht, die aber gerade nicht Gegenstand des Sympathiearbeitskampfes sind[24]. In der Praxis dürften Sympathiestreikmaßnahmen jedoch heute unabhängig von ihren rechtlichen Grenzen nur geringfügige Bedeutung zukommen, da es den Gewerkschaften schwer fallen wird, die Arbeitnehmer in einem Unternehmen/Betrieb zu einem Arbeitskampf zu mobilisieren, der sich auf die Verbesserung ihrer eigenen Arbeitsbedingungen richtet.

Ein Arbeitgeber, der satzungswidrig in einem Arbeitgeberverband organisiert ist, darf nicht durch gewerkschaftliche Streikmaßnahmen zum Austritt aus diesem Arbeitgeberverband gezwungen werden[25]. Die Frage, ob ein Arbeitgeber aufgrund satzungsmäßig zulässiger Mitgliedschaft in einem Arbeitgeberverband an einen bestimmten Verbandstarifvertrag gebunden ist und gegebenenfalls ihm gegenüber eine Friedenspflicht besteht oder nicht, ist eine nach der Satzung des Verbandes zu überprüfende Rechtsfrage, die nach §§ 2a Abs. 1 Nr. 4, 97 ArbGG geklärt werden kann[26].

C. Die Tarifzuständigkeit zur Erzwingung eines Firmentarifvertrages

Ein Arbeitskampf zur Erzwingung eines Firmentarifvertrages erfordert nach den obigen Grundsätzen allein die satzungsmäßige Tarifzuständigkeit der Gewerkschaft. Da eine Wahlmöglichkeit der Tarifzuständigkeit für den einzelnen Arbeitgeber nicht besteht, ist er für sein gesamtes Unternehmen samt der Untergliederungen, also auch der einzelnen Betriebe, gesetzlich zuständig[27]. Maßgebend ist daher aus der Sicht der Tarifzuständigkeit für die Rechtmäßigkeit eines Arbeitskampfes um einen Firmentarifvertrag allein, daß sich die fragliche arbeitgeberseitige Einheit, in der Regel also das Unternehmen oder der Betrieb,

---

[23] So: Blank, Die Tarifzuständigkeit der DGB-Gewerkschaften, S. 96; Däubler, Tarifvertragsrecht, Rn. 86; Delheid, Tarifzuständigkeit, S. 88, 89; Richardi, Anmerkung zu BAG AP Nr. 2 und 3 zu § 2 TVG Tarifzuständigkeit; Wiedemann/Oetker, TVG, § 2, Rn. 85; a.A. Lieb, RdA 1991, S. 145, 153.
[24] BAG AP Nr. 76, 85 zu Art. 9 GG Arbeitskampf; MünchArbR/Otto, § 286, Rn. 41.
[25] Vgl. dazu aber die Konstellation unten 3. Teil C. I.
[26] Wiedemann/Oetker, TVG, § 2, Rn. 86.
[27] S.o. 2. Teil C. I.

unter den satzungsmäßigen Organisationsbereich der Gewerkschaft einordnen läßt[28].

Gleichwohl sind Fallgestaltungen denkbar, in denen trotz Bestehens einer satzungsmäßigen Tarifzuständigkeit der Gewerkschaft und der Einhaltung der richterrechtlich vom Bundesarbeitsgericht entwickelten Rechtmäßigkeitsvoraussetzungen[29] für Arbeitskämpfe im übrigen die Zulässigkeit der kampfweisen Inanspruchnahme der Tarifzuständigkeit zur Erzwingung eines Firmentarifvertrages als fraglich erscheint. Zum einen betrifft dies die hier nicht zu untersuchende Frage der Erstreikbarkeit eines Firmentarifvertrages bei einem verbandsangehörigen Arbeitgeber durch die (Erst)-Gewerkschaft, die auch für den Verband des Arbeitgebers insgesamt zuständig ist[30]. Problematisch ist dabei nicht nur der Streik um den Abschluß eines den Verbandstarifvertrag ergänzenden Firmentarifvertrages, sondern auch um den Abschluß eines Firmentarifvertrages, der unabhängig von den anderen Verbandsmitgliedern nach Ablauf des Verbandstarifvertrages allein von dem Arbeitgeber verlangt wird. Zum anderen sind vom Merkmal der Tarifzuständigkeit aus von besonderem Interesse die beiden Konstellationen, die im folgenden näher untersucht werden sollen.

I. Der Arbeitskampf einer Zweitgewerkschaft gegen einen verbandsangehörigen Arbeitgeber

Fraglich ist zum einen, ob eine Zweitgewerkschaft gegen einen verbandsangehörigen Arbeitgeber einen Arbeitskampf zur Erzwingung eines Firmentarifvertrages führen darf.

---

[28] Zur Einordnung des Arbeitgebers in die Tarifzuständigkeit der Gewerkschaft s.o. 2. Teil C. II.

[29] Vgl. dazu im einzelnen: MünchArbR/Otto, § 285 m.w.N.

[30] Grundsätzlich bejahend nunmehr: BAG, BB 2003, S. 1125ff; vgl. im übrigen zu dieser in der unterinstanzlichen Rechtsprechung (regelmäßig im einstweiligen Rechtsschutzverfahren) und Literatur umstrittenen Frage, Rechtsprechung: LAG Düsseldorf, LAGE Nr. 21 zu Art. 9 GG Arbeitskampf; LAG Hamm, DB 1985, S. 2155; LAG Köln, NZA 1997, S. 327ff; LAG Schleswig-Holstein AP Nr. 157 zu Art. 9 GG Arbeitskampf; ArbG Wesel, DB 1985, S. 2051 - älteres Schrifttum: Boldt, RdA 1971, S. 257ff; Buchner, DB 1970, S. 2025ff u. 2074ff; Hensche, RdA 1971, S. 9ff; Heß, ZfA 1976, S. 45, 61-71; Hoyningen-Huene v., ZfA 1980, S. 453ff; Krichel, NZA 1986, S. 731; Lauschke, AuR 1965, S. 102ff; Richardi, JurA 1971, S. 141ff; Weiss, Koalitionsfreiheit und betriebsnahe Tarifverträge, S. 52ff; neueres Schrifttum: Gamillscheg, Kollektives Arbeitsrechts I, § 21 II 5 c), S. 1005, 1006; Henssler, ZfA 1998, S. 517, 534ff; Jacobs, ZTR 2001, S. 249; Kempen/Zachert, TVG, § 2, Rn. 99; Lieb, DB 1999, S. 2058ff; Reuter, NZA 2001, S. 1097ff; Schleusener, NZA 1998, S. 239ff; Stein, RdA 2000, S. 129, 138ff; Thüsing, NZA 1997, S. 294; Wiedemann/Oetker, TVG, § 2, Rn. 129ff.

Diese Fragestellung soll anhand des folgenden Sachverhalts untersucht werden[31]: Ein verbandsangehöriges Unternehmen, für das in seiner Gesamtheit bisher eine im Deutschen Gewerkschaftsbund zusammengeschlossene Gewerkschaft (im folgenden DGB-Zweitgewerkschaft genannt) zuständig war, lagert einen Unternehmensteil rechtlich aus und überträgt diesen im Wege der Einzelrechtsnachfolge oder im Wege der Gesamtrechtsnachfolge nach dem Umwandlungsgesetz (zum Beispiel durch Abspaltung nach §§ 1 Abs. 1 Nr. 2, 123 Abs. 2 Nr. 2 UmwG oder durch Ausgliederung nach §§ 1 Abs. 1 Nr. 2, 123 Abs. 3 Nr. 2 UmwG) auf einen neuen Rechtsträger. Dieser Rechtsträger wird damit selbständiger Arbeitgeber, wobei alleiniger Anteilsinhaber des neuen Rechtsträgers bei der Abspaltung die Anteilsinhaber des gespaltenen Unternehmens bzw. bei der Ausgliederung das Unternehmen selbst bleiben.

Der ausgelagerte Unternehmensteil gehört dabei aber nicht der Branche an, die dem Gesamtunternehmen das Gepräge gibt. Im übrigen bleibt jedoch sein Betriebszweck, nach dem er wie bisher für das gespaltene Unternehmen unterstützend tätig wird, unverändert erhalten. Aus der Rechtsprechung des Bundesarbeitsgerichts können für diesen Vorgang als Beispiele genannt werden: Die Auslagerung einer Verkaufsabteilung aus einem Metallunternehmen[32], einer Küchenabteilung aus einer Privatkrankenanstalt[33] oder auch von Restaurantabteilungen aus einer Kaufhauskette[34]. Daher fällt der Unternehmensteil nach der Auslagerung entsprechend seiner Eigenschaft als selbständiger Rechtsträger in den Zuständigkeitsbereich einer anderen DGB-Gewerkschaft (im folgenden DGB-Erstgewerkschaft genannt). Die Zugehörigkeit zu der anderen Branche manifestiert der neue Arbeitgeber durch den Beitritt zu dem Arbeitgeberverband, der der DGB-Erstgewerkschaft gegenübersteht. Durch die Tarifbindung an den von diesen beiden Tarifvertragsparteien vereinbarten Verbandstarifvertrag nach § 3 Abs. 1 TVG strebt der neue Rechtsträger die Anwendung dieser tariflichen Normen an, die für ihn im Verhältnis zum Tarifniveau vor der Auslagerung günstiger sind. Die bisher im Rahmen des Gesamtunternehmens auch für den Unternehmensteil zuständige DGB-Gewerkschaft hat ihre Tarifzuständigkeit für den rechtlich verselbständigten Unternehmensteil aus der Sicht des neuen Arbeitgebers verloren[35]. Da sie die tariflichen Rechte ihrer in diesem ehemaligen Unternehmensteil beschäftigten Mitglieder aber auch nach dessen rechtlicher Verselbständigung wahrnehmen und ihnen weiterhin das bisherige Tarifniveau sichern möchte, erweitert die nunmehr der Branche nach nicht mehr zuständige,

---

[31] Vgl. dazu die Tatbestände von BAG AP Nr. 4 und 14 zu § 2 TVG Tarifzuständigkeit.
[32] BAG AP Nr. 14 zu § 2 TVG Tarifzuständigkeit.
[33] BAG AP Nr. 12 zu § 1 TVG Bezugnahme auf Tarifvertrag.
[34] BAG AP Nr. 64 zu § 613a BGB.
[35] Vgl. dazu aber oben 2. Teil A. I. 3. b) aa) (2) zum Umfang der betriebsbezogenen Tarifzuständigkeit einer Gewerkschaft.

bisherige DGB-Gewerkschaft ihre satzungsmäßige Tarifzuständigkeit, um den rechtlich verselbständigten Unternehmensteil in jedem Fall tariflich erfassen zu können. Mit der eigentlich der Branche nach zuständigen DGB-Erstgewerkschaft wird vereinbart bzw. bei fehlender Einigung der beiden Gewerkschaften im Wege des Schiedsgerichtsverfahrens nach § 16 der DGB-Satzung festgelegt, daß die bisherige DGB-Gewerkschaft - aus der Sicht des rechtlich verselbständigten Unternehmensteiles die DGB-Zweitgewerkschaft - für den neuen Arbeitgeber allein tarifzuständig ist[36]. Da der neue Arbeitgeber an den für seine Branche geltenden tariflichen Normen, die von der DGB-Erstgewerkschaft mit seinem Arbeitgeberverband vereinbart worden sind, teilnehmen möchte, scheitert der Abschluß eines Firmentarifvertrages. Der neue Arbeitgeber hält die DGB-Erstgewerkschaft für allein zuständig. Es kommt daher zu einem Arbeitskampf der DGB-Zweitgewerkschaft um den Abschluß eines Firmentarifvertrages, der auf die Herbeiführung des Tarifniveaus gerichtet ist, das in dem zwischen der DGB-Zweitgewerkschaft und dem bisherigen Arbeitgeberverband des Arbeitgebers geschlossenen Verbandstarifvertrag enthalten ist. Der neue Arbeitgeber soll also weiterhin tariflich den Mitgliedern dieses Verbandes gleichgestellt werden.

Als Abwandlung soll zum einen in die rechtlichen Überlegungen einfließen, daß es nicht durch Auslagerungen, also gesellschaftsrechtliche Änderungen, sondern durch Produktionsumstellungen zu einem Branchenwechsel auf Arbeitgeberseite kommt. Der Arbeitgeber verläßt auch in diesem Fall den bisherigen Arbeitgeberverband und tritt zur Anwendung des einschlägigen Tarifvertrages in den Arbeitgeberverband ein, der mit der nunmehr für ihn zuständigen DGB-Gewerkschaft einen Verbandstarifvertrag abgeschlossen hat. Zum anderen soll untersucht werden, ob sich Unterschiede daraus ergeben, wenn es sich bei der Zweitgewerkschaft nicht um eine im Deutschen Gewerkschaftsbund stehende Arbeitnehmervereinigung handelt[37].

Die vorliegend zu untersuchende Konstellation darf - wie bereits gerade erwähnt - nicht mit der sogenannten betriebsnahen Tarifpolitik verwechselt werden, die nicht Gegenstand der nachstehenden Prüfung sein soll. Zwar besteht durchaus eine Parallele, da in beiden Fällen vor allem das Bestehen einer Verhandlungs- und Kampfparität der sich gegenüberstehenden Tarifpartner zu untersuchen ist.

---

[36] Im Prinzip ist aus dieser Sicht der Begriff Zweitgewerkschaft verfehlt, da es sich nach dem DGB-Schiedsurteil um die allein zuständige Gewerkschaft handelt. Im folgenden soll jedoch der Begriff Zweitgewerkschaft verwendet werden.

[37] Vgl. BAG AP Nr. 2 zu Art. 9 GG Arbeitskampf: Hier versuchte der „Deutsche Senefelderbund“ als Zweitgewerkschaft kampfweise einen Firmentarifvertrag bei einem aufgrund seiner Verbandszugehörigkeit bereits an einen anderen Verbandstarifvertrag gebundenen Arbeitgeber durchzusetzen.

Bei der betriebsnahen Tarifpolitik geht es jedoch um die Problematik, inwieweit eine (Erst-)Gewerkschaft, die auch bereits in Ausübung ihrer für den Wirtschaftszweig bestehenden Zuständigkeit mit dem Arbeitgeberverband einen Verbandstarifvertrag vereinbart hat, einen verbandsangehörigen Arbeitgeber durch Arbeitskampfmaßnahmen zum Abschluß eines den Verbandstarifvertrag ergänzenden Firmentarifvertrages zwingen darf. Die Frage nach den Grenzen einer derartigen Tarifpolitik rückt vor allem dann in den Mittelpunkt, wenn eine Gewerkschaft ihren Mitgliedern über den Verbandstarifvertrag hinaus tariflich eine Beteiligung an überdurchschnittlichen Unternehmensgewinnen einzelner Arbeitgeber absichern möchte oder Verbandstarifverträge geschlossen werden, die zur Schaffung einer größeren Flexibilität und Unternehmensnähe auf die Ergänzung durch Firmentarifverträge angewiesen sind. Im Gegensatz zu der hier interessierenden Konstellation soll der Arbeitgeber also nicht den Verbandsmitgliedern des Arbeitgeberverbandes gleichgestellt werden, sondern einer besonderen tarifvertraglichen Regelung zugeführt werden.

1. Die Tariffähigkeit des verbandsangehörigen Arbeitgebers nach § 2 Abs. 1 TVG

Die Rechtmäßigkeit des zu untersuchenden Arbeitkampfes zur Durchsetzung eines Firmentarifvertrages erfordert zunächst die Tariffähigkeit des verbandsangehörigen Arbeitgebers.

Nach § 2 Abs. 1 TVG ist der einzelne Arbeitgeber tariffähig. Nach Sinn und Zweck dient die Norm damit zum einen der negativen Koalitionsfreiheit der Arbeitgeber, die sich an der Tarifautonomie beteiligen wollen, ohne einem Arbeitgeberverband beitreten zu müssen. Zum anderen sichert § 2 Abs. 1 TVG für die Arbeitnehmerseite die Existenz eines Tarifpartners[38]. Die Arbeitgeber sollen sich nicht durch eine fehlende Mitgliedschaft im Arbeitgeberverband der Tarifautonomie entziehen können. Zur Sicherung dieses Zwecks hält das Bundesarbeitsgericht daher einen Arbeitgeber zu Recht ohne Rücksicht auf eine bestimmte Durchsetzungskraft (Mächtigkeit) für tariffähig, da die Existenz eines Tarifpartners höher zu veranschlagen sei als die Durchsetzungsfähigkeit eines einzelnen Arbeitgebers gegenüber der Gewerkschaft[39].

---

[38] BAG AP Nr. 40 zu § 2 TVG; Wiedemann/Oetker, TVG, § 2, Rn. 95.

[39] BAG AP Nr. 40 zu § 2 TVG unter Bezugnahme auf BVerfGE 58, 233, 256; ebenso: LAG Hamm, LAGE Nr. 18 zu Art. 9 GG Arbeitskampf; Wiedemann/Oetker, TVG, § 2, Rn. 104.

Fraglich ist aber, ob auch der verbandsangehörige Arbeitgeber nach § 2 Abs. 1 TVG tariffähig ist. Der Wortlaut der Norm ordnet die Tariffähigkeit des einzelnen Arbeitgebers unabhängig von einer eventuellen Verbandsmitgliedschaft an. Eine Ansicht will jedoch § 2 Abs. 1 TVG mit Blick auf den ausgeführten Schutzzweck dahingehend einschränken, daß die Tariffähigkeit des einzelnen Arbeitgebers im Falle einer Verbandsmitgliedschaft entfalle. Durch die Verbandsmitgliedschaft beteilige sich der einzelne Arbeitgeber an der Tarifautonomie, so daß eine weiterhin bestehende Tariffähigkeit des Arbeitgebers nicht erforderlich sei. Da der Gesetzgeber zudem anders als zu Zeiten der Tarifvertragsverordnung ein System großer Freiheit geschaffen habe, in dem jeder Verband autonom über seine Tariffähigkeit entscheiden könne, müsse auch der Wille des Arbeitgebers berücksichtigt werden. Seine Tariffähigkeit nach § 2 Abs. 1 TVG entfalle daher dann, wenn er sich auf den Verbandsbeitritt berufe[40]. Eine historische Auslegung der Norm spricht aber gegen diese Sichtweise. Eine Beschränkung der Tariffähigkeit auf nicht verbandsangehörige Arbeitgeber war bei Entwurf des Tarifvertragsgesetzes in der Diskussion. Da sie sich aber nicht im Wortlaut der Norm niedergeschlagen hat, ist gerade davon auszugehen, daß der historische Gesetzgeber von einer derartigen Beschränkung bewußt Abstand genommen hat. Eine einschränkende Auslegung des § 2 Abs. 1 TVG ist daher mit dem Willen des Gesetzgebers nicht vereinbar[41].

Da alle Gesetze im Lichte der Verfassung auszulegen sind, könnte § 2 Abs. 1 TVG aber im Hinblick auf die Koalitionsfreiheit des einzelnen Arbeitgebers dahingehend einzuschränken sein, daß verbandsangehörige Arbeitgeber grundsätzlich nicht tariffähig sind. Vor allem Vertreter der Ansicht, die die Erstreikbarkeit von Firmentarifverträgen bei verbandsangehörigen Arbeitgebern aufgrund der arbeitgeberseitigen Koalitionsfreiheit ablehnen, gelangen zu diesem Ergebnis[42]. Unabhängig von der Frage, ob die Koalitionsfreiheit verbandsangehöriger Arbeitgeber bei einem Streik um einen Firmentarifvertrag tatsächlich verletzt wird oder nicht, kann dem jedoch nicht gefolgt werden. Eine von vornherein bestehende Beschränkung der Tariffähigkeit des einzelnen, in einem Arbeitgeberverband organisierten Arbeitgebers verhinderte auch einen freiwilligen Abschluß eines Firmentarifvertrages zwischen einem Arbeitgeber und einer Gewerkschaft. Sie ist daher zum Schutze des Arbeitgebers nicht erforderlich und daher bereits abzulehnen. Ob dagegen eine kampfweise Inanspruchnahme eines verbandsangehörigen Arbeitgebers im Hinblick auf seine Koalitionsfreiheit nach Art. 9

---

[40] LAG Schleswig-Holstein AP Nr. 157 zu Art. 9 GG Arbeitskampf; Delheid, Tarifzuständigkeit, S. 103; Matthes, Festschrift für Günter Schaub, S. 477, 482.

[41] LAG Düsseldorf, LAGE Nr. 21 zu Art. 9 GG Arbeitskampf; Heß, ZfA 1976, S. 45, 54, 65; Rieble, NZA 2000, S. 225, 229; Wiedemann/Oetker, TVG, § 2, Rn. 128.

[42] LAG Schleswig/Hostein AP Nr. 157 zu Art. 9 GG Arbeitskampf; Delheid, Tarifzuständigkeit, S. 102.

Abs. 3 GG ausscheiden muß, ist erst im Rahmen arbeitskampfrechtlicher Grundsätze zu untersuchen. § 2 Abs. 1 TVG präjudiziert als unter der Verfassung stehende einfachgesetzliche Rechtsnorm diese Frage nicht[43].

Der einzelne Arbeitgeber verliert also durch die Mitgliedschaft in einem Arbeitgeberverband seine individuelle Tariffähigkeit nicht[44].

2. Die Friedenspflicht und Beschränkungen aus der Satzung des Arbeitgeberverbandes

Dem Arbeitskampf der Zweitgewerkschaft könnten jedoch eine Friedenspflicht oder Beschränkungen aus der Satzung des Arbeitgeberverbandes, dem der Arbeitgeber angehört, entgegenstehen.

Aus einem wirksamen Tarifvertrag resultiert für die Tarifparteien grundsätzlich die schuldrechtliche Pflicht, seine Regelungen bis zur Beendigung als rechtsverbindlich zu akzeptieren. Während der Laufzeit des Tarifvertrages dürfen die Tarifparteien nicht versuchen, Tarifforderungen, die inhaltlich vom Regelungskomplex des Tarifvertrages erfaßt sind, kampfweise durchzusetzen oder ihre Mitglieder dazu anzuhalten. Schuldner dieser relativen, also auf den Tarifinhalt bezogenen, Friedenspflicht sind nach herrschender Meinung die Tarifvertragsparteien selbst, die zur Durchsetzung dieser Friedenspflicht zu einer entsprechenden Einwirkung auf ihre Mitglieder mit den ihnen zur Verfügung stehenden verbandsrechtlichen Mitteln verpflichtet sind. Die einzelnen Verbandsmitglieder selbst können jedoch als Gläubiger dieser Friedenspflicht sich zu ihren Gunsten gegenüber dem gegnerischen Verband auf die Friedenspflicht berufen, da die betreffenden Tarifverträge regelmäßig als Verträge zugunsten Dritter oder zumindest mit Schutzwirkung für Dritte eingeordnet werden können[45]. Zu ihren Lasten besteht dagegen nach der herrschenden Meinung eine unmittelbare Frie-

---

[43] BAG AP Nr. 10 zu § 2 TVG Tarifzuständigkeit; Boldt, RdA 1971, S. 257, 261; Heß, ZfA 1976, S. 45, 65.
[44] Ebenso die herrschende Meinung: BAG AP Nr. 10 zu § 2 TVG Tarifzuständigkeit; AP Nr. 26 zu § 4 TVG Tarifkonkurrenz; BAG, BB 2003, S. 1125, 1126; LAG Köln AP Nr. 160 zu Art. 9 GG Arbeitskampf; Brox/Rüthers/Rüthers, Arbeitskampfrecht, Rn. 137; Jacobs, ZTR 2001, S. 249, 250; Kempen/Zachert, TVG, § 2, Rn. 70; Lieb, DB 1999, S. 2058, 2059; MünchArbR/Otto, § 285, Rn. 66; Wiedemann/Oetker, TVG, § 2, Rn. 112; a.A. LAG Schleswig-Holstein AP Nr. 157 zu Art. 9 GG Arbeitskampf; Matthes, Festschrift für Günter Schaub, S. 477, 483.
[45] BAG AP Nr. 3 zu § 1 TVG Friedenspflicht; Brox/Rüthres/Rüthers, Arbeitskampfrecht, Rn. 219/222; MünchArbR/Otto, § 285, Rn. 80/87.

denspflicht nicht. Insoweit sind die Mitglieder allein durch die Mitgliedschaft in ihrem Verband diesem gegenüber zur Einhaltung der ihm obliegenden Friedenspflicht gehalten.

Nach diesen Grundsätzen kann die Friedenspflicht als zwischen den vertragsschließenden Verbänden wirkende Pflicht anderen Tarifvertragsparteien, die nicht an dem betreffenden Tarifvertrag beteiligt sind, nicht entgegengehalten werden[46]. Daher kann sich der Arbeitgeber in der vorliegenden Konstellation gegenüber der (Zweit-)Gewerkschaft nicht auf die aus dem Verbandstarifvertrag mit der Erstgewerkschaft resultierenden Friedenspflicht berufen[47]. Dies gilt auch dann, wenn es sich bei der von ihm für zulässig gehaltenen und der an ihn nunmehr herantretenden Gewerkschaft um DGB-Gewerkschaften handelt. Auch wenn diese Gewerkschaften sich in dem Deutschen Gewerkschaftsbund als Vereinsverband zusammengeschlossen und nach dem Zusammenspiel der beiden Satzungsebenen bestimmte Einschränkungen ihrer Tarifzuständigkeit vorgenommen haben[48], bleiben sie (tarif)rechtlich selbständig handelnde Gewerkschaften. Sie werden daher nicht von einer Friedenspflicht aus Tarifverträgen anderer DGB-Gewerkschaften erfaßt.

Fraglich ist des weiteren, ob ein in der Satzung des Arbeitgeberverbandes enthaltenes oder durch Verbandsbeschluß gefaßtes Verbot, Firmentarifverträge abzuschließen, dem Arbeitskampf der Zweitgewerkschaft zur Erzwingung eines Firmentarifvertrages im Wege steht. Dabei soll die Frage, ob derartige Bestimmungen in den Satzungen der Arbeitgeberverbände bzw. Beschlüsse überhaupt wirksam sind[49], hier nicht untersucht, sondern grundsätzlich von ihrer Wirksamkeit ausgegangen werden.

Unmittelbar auf die Tariffähigkeit des einzelnen Arbeitgebers im Außenverhältnis hat das Verbot keinen Einfluß. Insoweit besteht auch keine Parallele zu den satzungsmäßigen Regelungen des Deutschen Gewerkschaftsbundes für Tarifzuständigkeitsüberschneidungen seiner Mitgliedsgewerkschaften, denn in dem Fall der DGB-Gewerkschaften kommt es infolge der Verschränkung der Satzungen der Einzelgewerkschaften und des Dachverbandes zu einer auch im Außenverhältnis zu beachtenden Beschränkung der einzelgewerkschaftlichen Zuständigkeiten[50]. Dieses Verhalten, das sich unmittelbar auf die Tarifzuständigkeit im

---

[46] MünchArbR/Otto, § 285, Rn. 80; Wiedemann/Oetker, TVG, § 2, Rn. 138.
[47] Ebenso: Heß, ZfA 1976, S. 45, 72.
[48] S.o. 2. Teil A. III.
[49] Dafür die ganz herrschende Meinung: Boldt, RdA 1971, S. 257, 264; Buchner, DB 1970, S. 2025, 2029; Matthes, Festschrift für Günter Schaub, S. 477, 479; Reuter, NZA 2001, S. 1097, 1101; Wiedemann/Oetker, TVG, § 2, Rn. 116; dagegen: Hensche, RdA 1971, S. 9, 17.
[50] S.o. 2. Teil A. III. 3., 4. u. 5..

Außenverhältnis auswirkt, liegt jedoch in der von Art. 9 Abs. 3 GG geschützten Autonomie der Verbände, ihr Organisationsgebiet selbständig festzulegen. Demgegenüber betreffen die vorgestellten Beschränkungen in der Satzung des Arbeitgeberverbandes die Tariffähigkeit des einzelnen Arbeitgebers. Diese steht jedoch weder in der Autonomie des Arbeitgeberverbandes noch des einzelnen Arbeitgebers, sondern ist in § 2 Abs. 1 TVG zwingend angeordnet[51]. Die aufgezeigten Beschränkungen in der Satzung des Arbeitgeberverbandes stehen daher als rein verbandsinterne Regelungen der Wirksamkeit eines Firmentarifvertrages im Außenverhältnis nicht entgegen[52]. Einem Arbeitskampf stehen daher insoweit keine Bedenken entgegen.

Fraglich ist aber, ob sich das Verbot mittelbar auf die Erstreikbarkeit eines Firmentarifvertrages auswirkt. Soweit der verbandsangehörige Arbeitgeber einen Firmentarifvertrag abschließt, verhält er sich satzungswidrig und begeht daher seinem Arbeitgeberverband gegenüber eine Pflichtverletzung, die verbandsintern zu Sanktionen gegen ihn führen könnte. Daraus könnte die Schlußfolgerung zu ziehen sein, daß ein Arbeitskampf, der einen Arbeitgeber dazu drängt, sich innerverbandlich pflichtwidrig zu verhalten, für den Arbeitgeber unzumutbar und damit insgesamt rechtswidrig ist. Auch dies ist aber abzulehnen. Anderenfalls hätte die Arbeitgeberseite durch entsprechende Satzungsgestaltung des Arbeitgeberverbandes einseitig die Möglichkeit, den tariflichen von Art. 9 Abs. 3 GG geschützten Betätigungsspielraum der Gewerkschaften einzuengen. Eine Zweitgewerkschaft - wie im vorliegenden Falle - hätte von vornherein keine Möglichkeit, ihre von Art. 9 Abs. 3 GG geschützte tarifliche Betätigungsfreiheit auszuüben. Dies widerspräche jedoch dem Grundsatz der Abwägung verschiedener gleichgewichtiger Interessen im Rahmen der Freiheitsrechte[53], die auch hier zwischen den Koalitionsfreiheiten der Gewerkschaften und der Arbeitgeberseite vorgenommen werden muß[54]. Diese Abwägung kann nicht durch die einseitige Satzungsgestaltung eines Arbeitgeberverbandes vorweggenommen oder beeinflußt werden.

---

[51] S.o. 3. Teil C. I. 1.

[52] Ganz herrschende Meinung: BAG AP Nr. 26 zu § 4 Tarifkonkurrenz; BAG, BB 2003, S. 1125, 1127; Boldt, RdA 1971, S. 257, 264; Brox/Rüthers/Rüthers, Arbeitskampfrecht, Rn. 137; Jacobs, ZTR 2001, S. 249, 251; Hensche, RdA 1971, S. 9, 10; Henssler, ZfA 1998, S. 517, 520; Heß, DB 1975, S. 548; Richardi, JurA 1971, S. 141, 150; Wiedemann/Oetker, TVG, § 2, Rn. 114.

[53] Kutscher, Die Tarifzuständigkeit, S. 52.

[54] S.u. 3. Teil C. I. 4.

Damit stehen auch verbandsrechtliche Beschränkungen, die für einen verbandsangehörigen Arbeitgeber bestehen, der Erzwingung eines Firmentarifvertrages durch gewerkschaftliche Kampfmaßnahmen nicht entgegen[55].

3. Die Zulässigkeit der Erzwingung von Firmentarifverträgen bei verbandsangehörigen Arbeitgebern durch Kampfmaßnahmen

Zu untersuchen ist nunmehr, inwieweit die Erzwingung von Firmentarifverträgen bei verbandsangehörigen Arbeitgebern überhaupt rechtlich zulässig ist. Wie bereits oben ausgeführt, präjudiziert der auch die Tariffähigkeit des einzelnen verbandsangehörigen Arbeitgebers anordnende § 2 Abs. 1 TVG diese Frage nicht.

a) Die grundsätzliche Erstreikbarkeit von Firmentarifverträgen

Bei nicht verbandsangehörigen Arbeitgebern sind Arbeitskämpfe zur Durchsetzung von Firmentarifverträgen grundsätzlich durch Art. 9 Abs. 3 GG geschützt. Dafür kann auf die Gründe verwiesen werden, aus denen der Gesetzgeber den einzelnen Arbeitgeber für tariffähig erklärt hat. Ohne die grundsätzliche Möglichkeit für die Arbeitnehmerseite, Firmentarifverträge zu erstreiken, könnte der Arbeitgeber Tarifforderungen der Arbeitnehmerseite, die ihm nicht angemessen erscheinen oder für ihn ungünstig sind, unabhängig von seiner nach § 2 Abs. 1 TVG bestehende Tariffähigkeit einseitig zurückweisen. Die Erstreikbarkeit von Firmentarifverträgen ist daher grundsätzlich zur Funktionsfähigkeit der Tarifautonomie und zur effektiven Wahrnehmung der Koalitionsfreiheit der Arbeitnehmerseite erforderlich und daher grundsätzlich von Art. 9 Abs. 3 GG gewährleistet[56].

---

[55] Ebenso: BAG AP Nr. 2 zu Art. 9 GG Arbeitskampf; BAG, BB 2003, S. 1125, 1127; LAG Hamm, LAGE Nr. 18 zu Art. 9 GG Arbeitskampf; Kutscher, Die Tarifzuständigkeit, S. 37.
[56] Henssler, ZfA 1998, S. 517, 519; Kempen/Zachert, TVG, § 2, Rn. 101.

b) Die Erstreikbarkeit von Firmentarifverträgen bei verbandsangehörigen Arbeitgebern

Fraglich ist jedoch, ob dies auch bei verbandsangehörigen Arbeitgebern gilt.

Nur kurz anzuführen ist zunächst eine vor allem früher vertretene Auffassung, wonach Firmentarifverträge bei verbandsangehörigen Arbeitgebern generell nicht zu erstreiken seien. Dies wurde zum einen unter Verweis auf §§ 74 Abs. 2 S. 1, 2 Abs. 1 BetrVG herzuleiten versucht. Danach dürften auf der Betriebsebene keine Arbeitskämpfe geführt werden, da die Betriebspartner nach den genannten Normen zu einer vertrauensvollen Zusammenarbeit verpflichtet seien. Derartige Arbeitskämpfe seien dagegen geeignet, den betrieblichen Frieden zu gefährden, da mit einem Anwachsen von Tarifverhandlungen auf Betriebsebene und dabei mit einer führenden Rolle der Betriebsräte im Rahmen der Arbeitskampfmaßnahmen zu rechnen sei. Zudem bestehe im Falle von Firmentarifverträgen die Gefahr einer Verwischung von Betriebsvereinbarung und Tarifvertrag[57].

Diese Ansicht wird nach ganz herrschender Meinung zu Recht abgelehnt[58]. Die Vorschriften des Betriebsverfassungsgesetzes betreffen allein das Verhältnis zwischen Arbeitgeber und Betriebsrat bzw. Arbeitnehmern im Hinblick auf die im Betriebsverfassungsgesetz geregelte Mitbestimmung der Arbeitnehmer. Auch allein auf einen Arbeitgeber beschränkte Arbeitskämpfe zur Durchsetzung von Firmentarifverträgen werden aber auf Arbeitnehmerseite von einer Gewerkschaft geführt. Von seinem Geltungsbereich her kann daher das Betriebsverfassungsgesetz bereits keine generelle Aussage zur kampfweisen Durchsetzung von Firmentarifverträgen, also zum grundsätzlichen Verhältnis von einzelnen Arbeitgebern und Gewerkschaften auf Tarif- und Arbeitskampfebene, enthalten. § 74 Abs. 2 S. 1 Hs. 2 BetrVG sagt darüber hinaus ausdrücklich, daß Arbeitskämpfe tariffähiger Parteien vom Verbot von Kampfmaßnahmen zwischen Arbeitgeber und Betriebsrat unberührt bleiben[59]. Da § 2 Abs. 1 TVG den einzelnen Arbeitgeber für tariffähig erklärt, spricht § 74 Abs. 2 BetrVG damit gerade für eine Erstreikbarkeit von Firmentarifverträgen. Daß Betriebs- und Tarifebene sich im übrigen nicht grundsätzlich trennen lassen, zeigt auch § 74 Abs. 3 BetrVG. Danach werden Arbeitnehmer, die im Rahmen des Betriebsverfassungsgesetzes Aufgaben übernommen haben, also zum Beispiel auch Betriebsratsmitglieder, nicht in ihrer gewerkschaftlichen Betätigung eingeschränkt. Im

[57] Boldt, RdA 1971, S. 257, 267, 268; Mayer-Maly, DB 1965, S. 32, 33.
[58] Hensche, RdA 1971, S. 9, 16; Heß, ZfA 1976, S. 45, 63; Kutscher, Die Tarifzuständigkeit, S. 34, 35.
[59] Heß, ZfA 1976, S. 45, 63.

übrigen ist nicht ersichtlich, inwieweit Arbeitskämpfe um Firmentarifverträge von vornherein eine größere Gefahr für den Betriebsfrieden darstellen als Arbeitskämpfe um Verbandstarifverträge. Nicht anders als Firmentarifverträge sind auch Verbandstarifverträge auf die kampfweise Durchsetzung in den einzelnen Unternehmen, also auch auf der betrieblichen Ebene, angewiesen. Im übrigen mag das Anwachsen von Tarifverhandlungen zwar ordnungspolitisch unerwünscht sein; es ändert aber nichts daran, daß nach der einfachgesetzlichen Rechtslage Arbeitskämpfe zur Durchsetzung von Firmentarifverträgen auch bei verbandsangehörigen Arbeitgebern grundsätzlich zulässig sind.

Auch eine Schranke aus einer Ordnungsfunktion der Koalitionen oder der von ihnen abgeschlossenen Verbandstarifverträge besteht nicht[60]. Eine Ordnungsaufgabe obliegt - wie oben gezeigt[61] - den Tarifpartnern nicht. Eine bestimmte tarifliche Ordnung ist daher allein die - angestrebte - Folge bzw. Wirkung ihres grundsätzlich autonomen tarifvertraglichen Handelns[62].

Möglicherweise könnte aber Art. 9 Abs. 3 GG in seiner freiheitlichen Gewährleistung als Grenze in Betracht kommen. Nach einer Ansicht hat sich ein verbandsangehöriger Arbeitgeber für eine kollektive Wahrnehmung seiner Interessen entschieden und kann aufgrund des ihm nach Art. 9 Abs. 3 GG zustehenden Koalitionsrechts grundsätzlich verlangen, nicht durch gewerkschaftliche Arbeitskampfmaßnahmen zum Abschluß eines Firmentarifvertrages gedrängt zu werden. Firmentarifverträge mit verbandsangehörigen Arbeitgebern seien grundsätzlich nicht durch Arbeitskampfmaßnahmen erzwingbar[63]. Zunächst kann festgehalten werden, daß anders als bei nicht in einem Verband organisierten Arbeitgebern die Erstreikbarkeit von Firmentarifverträgen bei verbandsangehörigen Arbeitgebern nicht mehr zur Funktionsfähigkeit der Tarifautonomie erforderlich ist, da mit dem Arbeitgebeverband dieser Arbeitgeber ein tariffähiger Vertragspartner zur Verfügung steht, mit dem tarifliche Vereinbarungen für den betreffenden Arbeitgeber vereinbart werden können[64]. Zu beachten ist aber in diesem Zusammenhang auch die Koalitionsfreiheit der Arbeitnehmerseite aus Art. 9 Abs. 3 GG. Erkennt man nach den allgemeinen Grundsätzen auch eine Vereinigung von Arbeitnehmern, die nur für einen oder mehrere einzelne Arbeitgeber eines Arbeitgeberverbandes, nicht aber für den Arbeitgeberverband insgesamt zuständig ist, als Gewerkschaft an und weist ihr damit den Schutzbereich des Art. 9 Abs. 3 GG zu, liegt darin die Konsequenz, daß die Gewerkschaft

[60] So aber: Boldt, RdA 1971, S. 257, 265, 266.
[61] S.o. 2. Teil A. I. 2. d) cc) (1).
[62] Hensche, RdA 1971, S. 9, 14, 15; Heß, DB 1975, S. 548.
[63] Buchner, SAE 1998, S. 262, 266; Delheid, Die Tarifzuständigkeit, S. 100, 104; Krichel, NZA 1986, S. 731, 735, 736.
[64] Henssler, ZfA 1998, S. 517, 535.

zur effektiven Wahrnehmung ihrer Koalitionsfreiheit auf Kampfmaßnahmen nur bei diesem bzw. diesen einzelnen verbandsangehörigen Arbeitgeber(n) angewiesen ist, um für ihre Mitglieder tarifliche Regelungen abschließen zu können. Zieht man diese Konsequenz nicht, setzte man die Möglichkeit der Arbeitnehmerseite, ihre Koalitionsfreiheit durch Kampfmaßnahmen wahrzunehmen, unzulässig in Abhängigkeit zur Größe des betreffenden Arbeitgeberverbandes. Arbeitskämpfe gegen einzelne verbandsangehörige Arbeitgeber sind daher grundsätzlich insoweit von Art. 9 Abs. 3 GG verbürgt, als die betreffende Gewerkschaft tarifliche Regelungen für diese Arbeitgeber erstreiken möchte[65].

Damit ist jedoch noch nicht die hier interessierende Frage beantwortet, ob neben dem Verband als Adressat der Tarifforderungen der Gewerkschaft auch der betreffende Arbeitgeber einzeln in Anspruch genommen werden darf. Nach § 2 Abs. 1 TVG ist auch der verbandsangehörige Arbeitgeber - wie oben dargelegt[66] - Tarifvertragspartei. Da jede Tarifvertragspartei als Adressat tariflicher Forderungen in Betracht kommt, kann nach dieser einfachgesetzlichen Rechtslage auch von einem verbandsangehörigen Arbeitgeber ein Firmentarifvertrag erzwungen werden. Daraus darf jedoch noch nicht zwingend auf eine uneingeschränkte Möglichkeit einer Gewerkschaft geschlossen werden, bei einem verbandsangehörigen Arbeitgeber Firmentarifverträge zu erzwingen. Art. 9 Abs. 3 GG steht in der Normenhierarchie als Verfassungsrecht über dem einfachgesetzlichen Recht und bestimmt daher den Normengehalt des § 2 Abs. 1 TVG und nicht umgekehrt. Die vorstehenden Ausführungen haben allein gezeigt, daß Arbeitskämpfe der entsprechend zuständigen Gewerkschaft bei dem betreffenden Arbeitgeber grundsätzlich von ihrer Betätigungsfreiheit geschützt sind. Treffen damit bei der kampfweisen Inanspruchnahme eines verbandsangehörigen Arbeitgebers auf Abschluß eines Firmentarifvertrages die Koalitionsfreiheiten des Arbeitgebers und der Gewerkschaft aufeinander, erfordert dies eine Abwägung dieser kollidierenden Freiheitsrechte. Diese Abwägung kann daher nicht von vornherein durch den Hinweis auf die Koalitionsfreiheit des Arbeitgebers ersetzt werden[67]. Es muß für die einzelnen Fallgestaltungen geprüft werden, welcher Koalitionsfreiheit der Vorrang einzuräumen ist. Der Erzwingung eines Firmentarifvertrages bei einem verbandsangehörigen Arbeitgeber stehen damit nicht von vornherein grundsätzliche rechtliche Bedenken entgegen[68].

---

[65] Ähnlich: BAG, BB 2003, S. 1125, 1127.
[66] S.o. 3. Teil A. C. I. 1.
[67] Ebenso: Henssler, ZfA 1998, S. 517, 535, 536.
[68] Ebenso: BAG, BB 2003, S. 1125, 1127, 1128.

c) Der Schutz der Anwendung der bestehenden Tarifnormen beim Arbeitgeber

Fraglich ist aber schließlich, ob nicht die Anwendung der bestehenden Tarifnormen beim Arbeitgeber geschützt ist. Folglich wäre auch ein Arbeitskampf, der auf die Herbeiführung eines Firmentarifvertrages gerichtet wäre, der als speziellere Regelung die bisherigen Tarifnormen nach dem vom Bundesarbeitsgericht auf die Fälle der Tarifkonkurrenz und der Tarifpluralität angewandten Grundsatz der Tarifeinheit[69] verdrängte[70], ausgeschlossen. Voraussetzung eines entsprechenden Schutzes ist jedoch das berechtigte Vertrauen des Arbeitgebers auf die weitere Anwendung des bisherigen Tarifvertrages, welches in Betracht kommt, wenn es sich bei Erst- und Zweitgewerkschaft um DGB-Gewerkschaften handelt[71]. Ein derartiges Vertrauen kommt jedoch hier nicht in Betracht. Ein Arbeitgeber, der nach einer rechtlichen Umstrukturierung oder einer Produktionsumstellung in einen anderen Arbeitgeberverband eintritt und die von diesem mit einer anderen Gewerkschaft in einem Verbandstarifvertrag vereinbarten Tarifnormen zur Anwendung bringen möchte, kann nicht von vornherein davon ausgehen, daß dies von der bisher für ihn zuständige Gewerkschaft hingenommen wird. Der Arbeitgeber muß vielmehr damit rechnen, daß diese Gewerkschaft zur Wahrnehmung der tariflichen Rechte ihrer bei ihm beschäftigten Mitglieder beschließt, ihn nach dem Austritt aus dem Arbeitgeberverband, der ihr korrespondierend gegenübersteht, auf Abschluß eines Firmentarifvertrages in Anspruch zu nehmen. Der Arbeitskampf ist also auch aus diesen Gründen nicht unzulässig.

4. Die Koalitionsfreiheit der Arbeitgeberseite (Art. 9 Abs. 3 GG)

Möglicherweise ergeben sich Grenzen für die Streikmaßnahmen der Zweitgewerkschaft aus der Koalitionsfreiheit der Arbeitgeberseite. Zum einen kommt hier die Koalitionsfreiheit des einzelnen Arbeitgebers, zum anderen die Koalitionsfreiheit des Arbeitgeberverbandes, dessen Mitglied der betreffende Arbeitgeber ist, in Betracht.

---

[69] S. dazu oben 1. Teil B. IV.

[70] BAG AP Nr. 20 zu § 4 TVG Tarifkonkurrenz; Wiedemann/Wank, TVG, § 4, Rn. 289ff m.w.N.; s. dazu auch unten 3. Teil C. I. 4. b) aa) (1).

[71] Ausführlich dazu: s.u. 4. Teil B. II. 2. a) bb) u. 3. a).

a) Der Tatbestand des Art. 9 Abs. 3 S. 2 Alt. 3 GG

Nach Art. 9 Abs. 3 S. 2 GG sind Abreden, die die Koalitionsfreiheit einschränken oder zu behindern suchen, nichtig, darauf gerichtete Maßnahmen rechtswidrig. Damit ist - wie oben gezeigt[72] - eine unmittelbare Drittwirkung der Koalitionsfreiheit angeordnet. Es sind also nicht nur die Träger der öffentlichen Gewalt, sondern auch alle Privatrechtssubjekte, insbesondere die Koalitionen selbst, durch Art. 9 Abs. 3 GG unmittelbar gebunden. Entsprechend den obigen Ausführungen stellen Arbeitskampfhandlungen dabei Maßnahmen im Sinne des Art. 9 Abs. 3 S. 2 Alt. 3 GG dar. Der vorliegende gewerkschaftliche Streik ist damit im Rahmen des Tatbestandes des Art. 9 Abs. 3 S. 2 Alt. 3 GG nach seiner Vereinbarkeit mit der Koalitionsfreiheit der Arbeitgeberseite zu untersuchen. Da nach zutreffender Ansicht Maßnahmen im Sinne der Alt. 3 den Abreden im Sinne der Alt. 1 und 2 des Art. 9 Abs. 3 S. 1 GG gleichzustellen sind, kommt eine Verletzung der Koalitionsfreiheit der sozialen Gegenspieler, also des Arbeitgebers und seines Arbeitgeberverbandes, nicht nur in Betracht, wenn der gewerkschaftliche Streik gerade willentlich auf diese abzielt, sondern ohne Rücksicht auf einen entsprechenden Willen vielmehr auch dann, wenn allein objektiv eine rechtswidrige Beeinträchtigung vorliegt.

aa) Die Notwendigkeit der Abwägung der Koalitionsfreiheiten der tariflichen Gegenspieler

An dieser Stelle ist jedoch wiederum darauf hinzuweisen, daß gewerkschaftliche Kampfmaßnahmen zur Erzwingung von Tarifverträgen grundsätzlich durch Art. 9 Abs. 3 GG geschützt werden[73]. Die Koalitionsfreiheit in Form der Betätigungsfreiheit gewährleistet daher zunächst auch im vorliegenden Fall der Zweitgewerkschaft, unter Beachtung der allgemeinen Rechtmäßigkeitsvoraussetzungen für gewerkschaftliche Streikmaßnahmen einen Arbeitskampf zum Abschluß eines Firmentarifvertrages durchzuführen. Nach der herrschenden Meinung kommen dafür sowohl die individuelle Koalitionsfreiheit des einzelnen Arbeitnehmers als auch die kollektive Koalitionsfreiheit der Gewerkschaft selbst jeweils mit dem Inhalt in Betracht, durch spezifisch koalitionsmäßige Betätigung die in Art. 9 Abs. 3 GG genannten Zwecke zu verfolgen[74]. Dabei kann im

---

[72] S.o. 2. Teil A. II. 1.

[73] Heute ganz herrschende Meinung: BVerfGE 84, 212, 225; 92, 365, 393f; BAG AP Nr. 81 zu Art. 9 GG Arbeitskampf; MünchArbR/Otto, § 284, Rn. 17ff.

[74] S.o. 1. Teil B. I. 3.

folgenden zunächst die Koalitionsfreiheit der betreffenden Gewerkschaft und der ihr angehörenden Arbeitnehmer gleichgesetzt werden[75].

Da die Koalitionsfreiheit zum Schutze von Grundrechten Dritter und anderer mit Verfassungsrang ausgestatteten Rechte beschränkt werden kann, kommt als Schranke der Betätigungsfreiheit der Gewerkschaft vorliegend die Koalitionsfreiheit der Arbeitgeberseite in Betracht. Es stehen sich vorliegend also die Koalitionsfreiheiten der sozialen Gegenspieler gegenüber, die im Wege der praktischen Konkordanz zu einem angemessenen Ausgleich gebracht werden müssen. Grundsätzlich ist dabei nach Maßgabe des allgemeinen Übermaßverbots das Prinzip des nach beiden Seiten hin schonendsten Ausgleichs zu verwirklichen[76]. Allerdings ist zu beachten, daß hier eine Entscheidung nur dahingehend getroffen werden kann, ob der zu untersuchende Streik rechtmäßig oder rechtswidrig ist. Ein Ausgleich, der Grenzen für die Art und Weise und den Umfang der gewerkschaftlichen Kampfmaßnahmen setzte, griffe unzulässig in das autonome Koalitionsverfahren der Tarifpartner ein. Im Rahmen der erforderlichen Abwägung ist daher zu ermitteln, ob in der vorliegenden Konstellation der Koalitionsfreiheit der Arbeitgeberseite der Vorrang einzuräumen ist und der gewerkschaftliche Streik damit den Tatbestand des Art. 9 Abs. 3 S. 2 Alt. 3 GG erfüllt oder nicht.

Dabei muß die vorzunehmende Abwägung insbesondere das Verhandlungs- und Kampfgleichgewicht zwischen den tariflichen Gegenspielern bei Tarifverhandlungen und Arbeitskampfmaßnahmen sicherstellen[77]. Wird dieses durch eine Maßnahme des Tarifgegners gefährdet oder beeinträchtigt, liegt eine Verletzung der gegnerischen Koalitionsfreiheit vor. Eine Rechtfertigung kommt in diesen Fällen grundsätzlich nicht in Betracht. Die Verhandlungs- und Kampfparität selbst ist entsprechend den bereits dargelegten Grundsätzen abstrakt und materiell zu bestimmen[78]. Die materielle Parität verlangt nicht nur eine rechtliche Gleichbehandlung der Kampfmittel der Gewerkschaften und Arbeitgeber bzw. Arbeitgeberverbände. Sie gebietet darüber hinaus auch ein tatsächliches, also faktisches Gleichgewicht zwischen den Koalitionspartnern. Die Kampfmittel sind so zu verteilen, daß auf der Vertragsebene möglichst gleichgewichtige Verhandlungschancen bestehen. Dies hat aber nicht für jede einzelne Tarifauseinandersetzung gesondert zu geschehen. Vielmehr ist die Verhandlungs- und Kampfparität abstrakt zu beurteilen, damit die Tarifautonomie nicht ihren verfassungsrechtlich garantierten Charakter als freier Wettbewerb der tariflichen

---

[75] S. aber unten 3. Teil C. I. 4 c) bb) (2).
[76] BVerfGE 39, 1, 43; Maunz/Dürig/Scholz, GG, Art. 9, Rn. 353.
[77] BVerfGE 84, 212, 229; Maunz/Dürig/Scholz, GG, Art. 9, Rn. 284.
[78] S. dazu ausführlich oben 1. Teil B. VI. 2. c) bb) (1).

Gegenspieler verliert. Ein Arbeitskampf ist daher nicht bereits dann rechtswidrig, wenn in der konkreten Auseinandersetzung Ungleichgewichtigkeiten zwischen den sozialen Gegenspielern auftreten können. Verfassungsrechtlich zu beanstanden sind allein Arbeitskämpfe, in denen grundsätzlich eine allgemeine und evidente Gefahr bzw. Störung des Gleichgewichts zwischen den Tarifpartnern vorliegt. Zu untersuchen ist damit insbesondere, ob und gegebenenfalls unter welchen Voraussetzungen die Inanspruchnahme der Tarifzuständigkeit durch die Zweitgewerkschaft in der hiesigen Konstellation die Verhandlungsparität in struktureller Weise verletzt.

Diese von Art. 9 Abs. 3 GG geschützte Verhandlungsparität ist grundsätzlich nicht nur vom Gesetzgeber zu beachten. Nach Art. 1 Abs. 3 GG binden die Grundrechte Gesetzgebung, vollziehende Gewalt und Rechtsprechung als unmittelbar geltendes Recht. Daher ist auch die Rechtsprechung zur Berücksichtigung der Koalitionsparität bei der Beurteilung gewerkschaftlicher Streikmaßnahmen verpflichtet, auch wenn der Gesetzgeber auf eine einfachgesetzliche Ausgestaltung des Arbeitskampfrechts verzichtet hat[79]. Dies gilt im Rahmen der Koalitionsfreiheit um so mehr, als Art. 9 Abs. 3 S. 2 GG unmittelbare Drittwirkung zukommt und damit eine unmittelbare Abwägung der Koalitionsfreiheiten nach Maßgabe des Erfordernisses einer abstrakt-materiellen Verhandlungs- und Kampfparität der sich im Arbeitskampf gegenüberstehenden Tarifpartner erfordert.

bb) Der Umfang der Abwägung der sich gegenüberstehenden Koalitionsfreiheiten

Ein besonderer Umfang der Abwägung ergäbe sich aber, wenn die Koalitionsfreiheiten der Arbeitgeber- und Arbeitnehmerseite einen unterschiedlichen Schutzgehalt aufwiesen, bzw. eine Abwägung entfiele gänzlich, wenn Art. 9 Abs. 3 GG nur die Arbeitnehmerseite, nicht aber auch die Arbeitgeber schützte. In der Tat sieht eine ältere Ansicht die Arbeitgeberseite durch Art. 9 Abs. 3 GG nicht bzw. nicht in dem Umfange wie die Arbeitnehmerseite geschützt[80]. Das Privateigentum an Produktionsmitteln führe zu einem systembedingten Übergewicht der Arbeitgeber, das ihre Schutzbedürftigkeit relativiere und nur den

[79] Mißverständlich insoweit BAG AP Nr. 4 zu § 2 TVG Tarifzuständigkeit, wo sich das Bundesarbeitsgericht im Rahmen der Überprüfung der gewerkschaftlichen Satzung darauf zurückzieht, daß nur der Gesetzgeber die Tragweite der Koalitionsfreiheit bestimmen könne.

[80] Däubler/Hege, Koalitionsfreiheit, Rn. 87-90; Hensche, RdA 1971, S. 9, 12; Lauschke, AuR 1965, S. 102, 107.

Schutz der Arbeitnehmer existentiell notwendig mache[81]. Folglich stellten die Arbeitgeberkoalitionen auch nur eine Reaktion auf den Zusammenschluß der Arbeitnehmer dar, die für die Arbeitnehmerseite die Wirksamkeit der Arbeitnehmerkoalitionen erleichterten und für die Arbeitgeberseite nur der Koordination der Tarifpolitik, der Schaffung von Solidarität und dem Schutz schwacher Arbeitgeber dienten[82].

Dies wird heute zu Recht nahezu einhellig abgelehnt[83]. Zwar ist historisch gesehen die Koalitionsfreiheit zunächst ursprünglich der Arbeitnehmerseite eingeräumt worden, um die strukturelle Unterlegenheit des einzelnen Arbeitnehmers beim Abschluß von Arbeitsverträgen durch kollektives Handeln gegenüber der Arbeitgeberseite auszugleichen[84]. Trotz dieses unbestrittenen historischen Ursprungs der Koalitionsfreiheit gibt aber bereits der Wortlaut des Art. 9 Abs. 3 GG für eine derartige Beschränkung des Schutzes der Arbeitgeberseite nichts her[85]. Gerade im Zusammenhang mit der hier vorzunehmenden Abwägung sprechen auch die praktischen Schwierigkeiten, eine hinreichend genaue Bestimmung der geforderten unterschiedlichen Schutzrichtungen zu treffen, gegen die obige Ansicht. Methodisch ist es zudem nicht erforderlich, den Schutz der Arbeitgeberseite von vornherein zu begrenzen. Vielmehr können gegebenenfalls bestehende unterschiedliche Ausgangslagen und Schutzbedürfnisse der sozialen Gegenspieler im Rahmen der Abwägung der kollidierenden Interessen ausreichend berücksichtigt werden. Inhaltlich ist zu beachten, daß die Grundrechte mit Rücksicht auf die anzutreffende Verfassungswirklichkeit auszulegen sind, in die Wertewandel und Änderungen tatsächlicher Verhältnisse einzubeziehen sind[86]. Daß jedoch auch heute ein derartiges Machtgefälle, wie sie der Schaffung der Koalitionsfreiheit zugrunde lag, zwischen den sozialen Gegenspielern besteht, wird nicht vertreten. Gerade kleinere und mittlere Unternehmen erreichen - ähnlich wie der einzelne Arbeitnehmer gegenüber seinem Arbeitgeber - regelmäßig erst über ihren Arbeitgeberverband einen ausreichenden Machtausgleich gegenüber den für sie zuständigen Gewerkschaften. Vor allem die im Deutschen Gewerkschaftsbund zusammengeschlossenen Einzelgewerkschaften, die über den Dachverband auch weitreichenden gesellschaftlichen und politischen Einfluß üben, treten den Arbeitgebern als gleichwertige und ernst zu nehmende Tarif-

---

[81] Hensche, RdA 1971, S. 9, 12.
[82] Hensche, RdA 1971, S. 9, 12; Lauschke, AuR 1965, S. 102, 107.
[83] BVerfGE 84, 212, 224; Hoyningen-Huene v., ZfA 1980, S. 453, 457; MünchArbR/Otto. § 284, Rn. 16; Reuter, NZA 2001, S. 1097, 1099; Sachs/Höfling, GG, Art. 9, Rn. 124.
[84] BVerfGE 84, 212, 224.
[85] MünchArbR/Otto, § 284, Rn. 16.
[86] BVerfGE 73, 118, 154; 74, 297, 350; Hesse, Grundzüge des Verfassungsrechts, Rn. 36, 45ff.

partner gegenüber[87]. Die Koalitionsfreiheit ist daher nicht allein als Arbeitnehmer-Grundrecht ausgestaltet, sondern steht ebenso in vollem Umfang der Arbeitgeberseite zu[88]. Art. 9 Abs. 3 S. 2 GG schützt demzufolge - mag die Vorschrift vom historischen Ausgangspunkt auch zunächst gegen die Arbeitgeberseite gerichtet gewesen sein - allseitig und umfassend[89].

Daher sind im folgenden im Rahmen des Art. 9 Abs. 3 S. 2 GG die Koalitionsfreiheiten der sozialen Gegenspieler uneingeschränkt gegeneinander abzuwägen. Der vorliegende Streik ist damit nach Art. 9 Abs. 3 S. 2 Alt. 3 GG rechtswidrig, wenn er objektiv die Koalitionsfreiheit der sozialen Gegenspieler verletzt oder subjektiv von einem derartigen Willen getragen ist. Die subjektiv intendierte Koalitionsbeeinträchtigung dürfte dabei jedoch eher theoretischer Natur sein[90]. Dies liegt zum einen daran, daß sich ein entsprechender Wille in der Praxis nur schwer nachweisen lassen wird. Zum anderen wird eine Gewerkschaft ihre Arbeitnehmer nur dann zu einem Arbeitskampf mobilisieren können, wenn damit auch Verbesserungen ihrer eigenen Arbeits- und Wirtschaftsbedingungen verfolgt werden. In diesem Fall wird das Bestehen einer koalitionsfeindlichen Willensrichtung regelmäßig nicht vorliegen. Denn für das Vorliegen der subjektiven Tatbestände des Art. 9 Abs. 3 S. 2 GG ist es nicht ausreichend, daß ein entsprechender Wille neben andere tarifpolitische Zielsetzungen tritt. Erforderlich ist, daß die Absicht des koalitionsfeindlichen Verhaltens eindeutig im Vordergrund steht[91]. Im folgenden soll daher allein geprüft werden, inwieweit durch das Verhalten der Zweitgewerkschaft objektiv die Koalitionsfreiheit der Arbeitgeberseite verletzt wird.

b) Die Koalitionsfreiheit des Arbeitgeberverbandes

Die Koalitionsfreiheit schützt nach herrschender Meinung in ihrer kollektiven Ausprägung auch die Koalition als solche sowie ihr Recht, durch spezifisch koalitionsmäßige Betätigung die in Art. 9 Abs. 3 GG genannten Zwecke zu verfolgen[92]. Zu untersuchen ist, ob die geschilderten Kampfmaßnahmen der Zweitgewerkschaft unzulässig in die Koalitionsfreiheit des Arbeitgeberverbandes, in dem der betreffende Arbeitgeber Mitglied ist, eingreifen.

---

[87] Kutscher, Die Tarifzuständigkeit, S. 49.
[88] BVerfGE 84, 212, 224.
[89] Sachs/Höfling, GG, Art. 9, Rn. 124.
[90] S. dazu bereits oben 2. Teil A. II. 1 b) aa).
[91] BK/Münch v., GG, Art. 9, Rn. 159.
[92] S.o. 1. Teil B. I. 3.

aa) Der Bestandsschutz des Arbeitgeberverbandes

Art. 9 Abs. 3 GG schützt zunächst die Bildung und den Bestand sowie das Recht zur autonomen Regelung der inneren Organisation der Koalitionen[93]. Der Bestandschutz umfaßt dabei nicht nur die Existenz der Koalition und ihre Eigenschaft als eine solche, sondern auch ihren Mitgliederbestand[94].

(1) Beeinträchtigung

Fraglich ist, ob die Kampfmaßnahmen der Zweitgewerkschaft den von Art. 9 Abs. 3 GG gewährleisteten Bestandsschutz des Arbeitgeberverbandes beeinträchtigen.

Die arbeitskampfrechtliche Inanspruchnahme des verbandsangehörigen Arbeitgebers durch die Zweitgewerkschaft berührt den Bestand des Arbeitgeberverbandes nicht unmittelbar. Wird der Arbeitgeber durch die Zweitgewerkschaft auf Abschluß eines Firmentarifvertrages in Anspruch genommen, besteht aber die Gefahr, daß dieser seine tariflichen Interessen durch den Arbeitgeberverband nicht mehr ausreichend gewahrt sieht und infolgedessen aus dem Arbeitgeberverband austritt. Dies liegt zum einen daran, daß im Falle des Abschlusses des Firmentarifvertrages eine Bindung an die vom Arbeitgeberverband abgeschlossenen Verbandstarifverträge regelmäßig leerlaufen wird. Bei den DGB-Gewerkschaften ist dies bereits dann gegeben, wenn die DGB-Zweitgewerkschaft nunmehr, gegebenenfalls im Wege eines DGB-Schiedsgerichtsverfahrens, für alleinzuständig erklärt worden ist und eine Tarifbindung mangels Zuständigkeit der dem Arbeitgeberverband gegenüberstehenden DGB-Erstgewerkschaft an die zwischen diesen beiden Verbänden abgeschlossenen Verbandstarifverträge für den Arbeitgeber künftig nicht mehr erreicht werden kann[95]. Aber auch wenn Erst- und Zweitgewerkschaft nicht gleichzeitig dem Deutschen Gewerkschaftsbund angehören und es daher nicht um eine neue Zuständigkeitsaufteilung der DGB-Gewerkschaften geht, verliert die Tarifbindung an den Verbandstarifvertrag für den Arbeitgeber an Bedeutung. Ob zur Begründung dafür tatsächlich auf den nach dem Bundesarbeitsgericht auf Tarifpluralitäten anzuwendenden Grundsatz der Tarifeinheit abgestellt werden

[93] BVerfGE 84, 212, 224; MünchArbR/Löwisch/Rieble, § 244, Rn. 9.
[94] Maunz/Dürig/Scholz, GG, Art. 9, Rn. 245; MünchArbR/Löwisch/Rieble, § 246, Rn. 10, 13.
[95] Vgl. aber zum Schutz der bisherigen Tarifbindung des Arbeitsgebers an den von seinem Arbeitgeberverband mit der DGB-Erstgewerkschaft abgeschlossenen Verbandstarifvertrag, oben 3. Teil C. I. 3. c) sowie ausführlich unten 4. Teil B. II. 2. a) bb) u. 3. a).

kann, nach dem im hiesigen Fall der erzwungene Firmentarifvertrag den Verbandstarifvertrag verdrängte, erscheint zweifelhaft. Denn der Grundsatz dient vor allem auch dem Schutz des Arbeitgebers, der nicht vor die praktischen Schwierigkeiten gestellt werden soll, in seinem Betrieb mehrere Tarifverträge anwenden zu müssen. Läßt man dahinter den Zweck des Grundsatzes, zur Schaffung von Tarifklarheit allgemein Tarifpluralitäten zu vermeiden, zurücktreten, erscheint es nicht ausgeschlossen, den Grundsatz der Tarifeinheit arbeitgeberseitig für disponibel zu halten. Das Interesse des Arbeitgebers an der Tarifbindung an den Verbandstarifvertrag wird aber in jedem Fall insoweit entscheidend gemindert sein, als in der vorliegenden Konstellation der überwiegende Teil der (organisierten) Arbeitnehmer Mitglied in der Zweitgewerkschaft sein wird und daher tariflich nur an den von der Zweitgewerkschaft begehrten Firmentarifvertrag gebunden werden kann. Wäre dies nicht der Fall, würde bereits ein Arbeitskampf der Zweitgewerkschaft mangels Unterstützung wenig erfolgversprechend sein. Zum anderen besteht die Wahrscheinlichkeit eines Verbandsaustritts des Arbeitgebers, da eine uneingeschränkte Unterstützung und Solidarität des Arbeitgeberverbandes für den Arbeitgeber ungewiß ist. Soweit die anderen Verbandsmitglieder eine tarifliche Inanspruchnahme durch die Zweitgewerkschaft (mangels Tarifzuständigkeit) nicht befürchten müssen, wird sich ihr Interesse, dem betreffenden Arbeitgeber zu Hilfe zu kommen, in Grenzen halten[96].

Die Inanspruchnahme des Arbeitgebers durch die Zweitgewerkschaft, die zu seinem Austritt aus dem Verband führt, könnte demnach den Arbeitgeberverband mittelbar in seinem Bestandsschutz beeinträchtigen. Wie bei staatlichen Eingriffen kann auch im Rahmen von Art. 9 Abs. 3 GG eine nur mittelbare Beeinträchtigung durch Private den Schutzbereich berühren, wenn sie final im Rahmen des subjektiven Tatbestandes auf eine Grundrechtsbeeinträchtigung gerichtet ist oder - was im vorliegenden Fall allein untersucht werden soll - eine grundrechtserhebliche Intensität aufweist[97]. Fraglich ist damit, ob bereits in der Inanspruchnahme eines Arbeitgebers durch die Zweitgewerkschaft eine derartige Beeinträchtigung des Bestandschutzes des Arbeitgeberverbandes liegen kann. Dies könnte aber nur dann bejaht werden, wenn der Schutzbereich des Art. 9 Abs. 3 GG einen absoluten Bestandsschutz, also bezogen auf alle Mitglieder der Koalition, umfaßt. Dies ist jedoch nicht der Fall. Art. 9 Abs. 3 GG enthält keine Statusgarantie mit der Folge, daß jegliche Veränderung des Mitgliedesbestandes als Beschränkung zu berücksichtigen ist[98]. Die Inanspruchnahme eines ver-

---

[96] Vgl. dazu unten 4. Teil C. I. 4. c) bb) (1).

[97] Vgl. für mittelbare bzw. faktische Eingriffe durch den Staat: BVerfGE 71, 183, 192, 193; 90, 112, 121, 122; Jarass/Pieroth, GG, Art. 9, Rn. 32 u. Vorb. Vor Art. 1, Rn. 26, 27.

[98] Kutscher, Die Tarifzuständigkeit, S. 52; Richardi, JurA 1971, S. 141, 159f.

bandsangehörigen Arbeitgebers durch die Zweitgewerkschaft beeinträchtigt daher - unabhängig von der insoweit schwierigen Grenzziehung für die Grundrechtserheblichkeit einer mittelbaren Beeinträchtigung - den Arbeitgeberverband in seinem verfassungsrechtlich gewährleisteten Bestandsschutz grundsätzlich nicht. Handelt es sich bei dem Arbeitgeber jedoch um ein besonders großes Unternehmen, das die Stärke und Kampfkraft des Arbeitgeberverbandes ganz wesentlich prägt, oder entsprechend um mehrere Unternehmen des Verbandes, erscheint dagegen eine Beeinträchtigung des Bestandsschutzes des Arbeitgeberverbandes durch die Kampfmaßnahmen der Zweitgewerkschaft nicht ausgeschlossen. Daher soll hier im folgenden von einer grundrechtserheblichen mittelbaren Beschränkung des Bestandsschutzes ausgegangen werden.

(2) Rechtfertigung

Eine Ansicht nimmt in diesen Fällen ohne weiteres einen unzulässigen Eingriff in den Bestandsschutz des Arbeitgeberverbandes an[99]. Eine Beeinträchtigung ist grundsätzlich jedoch erst dann rechtswidrig, wenn sie nicht gerechtfertigt werden kann. Dies ist aber vorliegend der Fall, wenn die (Zweit-)Gewerkschaft mit den Kampfmaßnahmen von ihrer Koalitionsfreiheit Gebrauch macht und ihrer Koalitionsfreiheit im Rahmen der erforderlichen Abwägung der Vorrang vor dem Bestandsschutz des Arbeitgeberverbandes eingeräumt werden muß. Ersteres ist hier der Fall. Auch die Kampfmaßnahmen der Zweitgewerkschaft fallen vorliegend in den Schutzbereich des Art. 9 Abs. 3 GG, da sie zur effektiven Wahrnehmung der Koalitionsfreiheit erforderlich sind[100].

Damit stehen sich vorliegend die Betätigungsfreiheit der Zweitgewerkschaft und der Bestandsschutz des Arbeitgeberverbandes als von Art. 9 Abs. 3 GG geschützte kollidierende Rechtspositionen gegenüber. Dabei ist auf Arbeitnehmerseite zu beachten, daß die Gewerkschaft im Falle der Weigerung des Arbeitgebers unmittelbar auf Arbeitskampfmaßnahmen angewiesen ist, wenn sie entsprechend ihrer Tarifzuständigkeit bei dem betreffenden Arbeitgeber tarifliche Regelungen für ihre Mitglieder durchsetzen möchte. Auf Seiten des Arbeitgeberverbandes ist dagegen - wie bereits dargelegt - nur eine mittelbare Beeinträchtigung des Bestandsschutzes zu befürchten, die zudem aus eigener Kraft abgewendet werden kann, wenn der Arbeitgeberverband seinem bedrängten Mitglied bzw. seinen bedrängten Mitgliedern ausreichend Unterstützung zukommen läßt und für diese die Mitgliedschaft im Arbeitgeberverband dadurch

[99] Kutscher, Die Tarifzuständigkeit, S. 53.
[100] S.o. 3. Teil A. I. 3 b).

weiterhin attraktiv bleibt[101]. Kann damit der Arbeitgeberverband seinen Mitgliederbestand selbst aus eigener Kraft wahren, ist es insoweit nicht erforderlich, von außen in das autonome Spiel der tariflichen Kräfte einzugreifen und die Betätigungsfreiheit der Zweitgewerkschaft einzuschränken. Der Bestandsschutz der Koalitionen genießt keinen Vorrang vor Veränderungen, die sich im freien Wettbewerb aus der zulässigen Wahrnehmung der Koalitionsfreiheit des sozialen Gegenspielers ergeben[102]. Dies gilt auch dann, wenn durch eine neue Zuständigkeitsverteilung unter den Einzelgewerkschaften des Deutschen Gewerkschaftsbundes mehrere Arbeitgeber nunmehr einer anderen DGB-Gewerkschaft zugeteilt werden, mit der der Arbeitgeberverband nicht den bisherigen Verbandstarifvertrag abgeschlossen hat. Ein Recht einer Seite auf einen bestimmten Tarifpartner existiert grundsätzlich nicht. Anderenfalls bestünden auf beiden Seiten unveränderliche Tarifzuständigkeiten, was mit der von Art. 9 Abs. 3 GG geschützten Satzungsautonomie der Koalitionen nicht vereinbar wäre. Jede Seite kann nur ihre eigene Tarifzuständigkeit für einen bestimmten Organisationsbereich bzw. für bestimmte Mitglieder ausgestalten, nicht aber den Zuständigkeitsbereich der Gegenseite festlegen. Daher ist es auch im Falle der Neuaufteilung der Tarifzuständigkeiten unter den DGB-Gewerkschaften dem Arbeitgeberverband möglich, der für zuständig erklärten DGB-Gewerkschaft zur Vertretung der tariflichen Interessen der fraglichen Mitglieder entgegenzutreten und seinen bisherigen Mitgliederbestand vor der Abwanderung der Mitglieder in den Arbeitgeberverband, der der nunmehr für sie zuständigen DGB-Gewerkschaft ansonsten gegenübersteht, zu verhindern.

(3) Ergebnis

Der Betätigungsfreiheit der Zweitgewerkschaft ist daher der Vorrang vor dem Bestandsschutz des Arbeitgeberverbandes einzuräumen. Der Tatbestand des Art. 9 Abs. 3 S. 2 Alt. 3 GG ist nicht erfüllt.

bb) Die Betätigungsfreiheit

Neben dem Recht auf Bildung und Bestand schützt Art. 9 Abs. 3 GG das Recht der Koalitionen, die Arbeits- und Wirtschaftsbedingungen ihrer Mitglieder zu wahren und zu fördern. In der Konsequenz der herrschenden Meinung, Art. 9

---

[101] S. dazu unten 3. Teil C. I. 4 c) bb) (1).

[102] S. bereits oben 2. Teil A. II. 1. b) aa).

Abs. 3 sowohl als individuelles als auch als kollektives Grundrecht aufzufassen, kommt diesem Schutzbereich auch eine eigenständige Bedeutung gegenüber der individuellen Koalitionsfreiheit zu. Die Betätigungsfreiheit der Koalitionen erschöpft sich also nicht in der Wahrnehmung der Summe der individuellen Koalitionsrechte ihrer Mitglieder[103]. Art. 9 Abs. 3 GG gewährleistet den Koalitionen, im Rahmen der koalitionsmäßigen Betätigung durch den Abschluß von Tarifverträgen kollektive Regelungen der Arbeitsbedingungen für ihre Mitglieder zu vereinbaren. Zu dieser Betätigungsfreiheit zählen im Bereich der Tarifautonomie neben dem Abschluß der Tarifverträge selbst auch das Recht zum Arbeitskampf sowie ganz allgemein das Recht eines Verbandes, die tariflichen Interessen seiner Mitglieder gegenüber den Tarifpartnern wahrzunehmen. Zu prüfen ist damit, ob die Kampfmaßnahmen der Zweitgewerkschaft gegen den verbandsangehörigen Arbeitgeber diese Betätigungsrechte des Arbeitgeberverbandes rechtswidrig beeinträchtigen. Der von Art. 9 Abs. 3 GG gewährleistete Schutz bleibt allerdings nicht dabei stehen, diese tariflichen Tätigkeiten nur an sich zu ermöglichen. Vielmehr umfaßt er - wie oben dargelegt[104] - ihre Ausübung im Rahmen eines abstrakt-materiellen Gleichgewichts (Koalitionsparität) der Tarifpartner. Auch wenn also das Verhalten der Zweitgewerkschaft die Möglichkeit, die tariflichen Betätigungsrechte überhaupt auszuüben, nicht einschränkt, muß jedoch weitergehend untersucht werden, ob nicht dadurch die Betätigungsfreiheit des Verbandes, tariflich im Rahmen eines Gleichgewichts zu den sozialen Gegenspielern tätig zu werden, beeinträchtigt wird.

(1) Beeinträchtigung

Für eine Beeinträchtigung der Betätigungsmöglichkeit an sich könnte bereits sprechen, daß die Zweitgewerkschaft nach der hiesigen Konstellation nicht an den Arbeitgeberverband, sondern an den verbandsangehörigen Arbeitgeber zum Zwecke des Abschlusses eines Firmentarifvertrages herantritt. Dies kann nicht mit dem Argument entkräftet werden, daß § 2 Abs. 1 TVG auch den einzelnen verbandsangehörigen Arbeitgeber für tariffähig erklärt und die Zweitgewerkschaft nur von der ihr gesetzlich eingeräumten Möglichkeit Gebrauch macht, den einzelnen Arbeitgeber als Tarifvertragspartei in Anspruch zu nehmen. Wie oben schon dargelegt, kann der Inhalt einer einfachgesetzlichen Norm nicht über den Umfang einer in der Normenhierarchie über ihr stehenden verfassungsrechtlichen Norm bestimmen[105]. Daher muß selbständig ermittelt werden, ob durch

[103] Kutscher, Die Tarifzuständigkeit, S. 57, 58.
[104] S.o. 3. Teil C. I. 4. a) aa).
[105] S.o. 3. Teil C. I. 3. b).

das Verhalten der Zweitgewerkschaft die Betätigungsfreiheit des Arbeitgeberverbandes beeinträchtigt wird. Die vorstehenden Ausführungen haben aber bereits gezeigt, daß eine Beeinträchtigung insoweit nicht vorliegt. Der Arbeitgeberverband kann auch bei einem Firmenarbeitskampf Unterstützungs- und Solidaritätsmaßnahmen, sogar Kampfmaßnahmen in Form von (Sympathie-)Aussperrungen, zugunsten seines bedrängten Verbandsmitglieds ergreifen[106]. Er kann dadurch das Verhandlungsgeschehen an sich ziehen und wie bei einem Arbeitskampf um einen (firmenbezogenen) Verbandstarifvertrag die tariflichen Interessen seines Mitglieds umfassend wahrnehmen. Die Möglichkeit, die Tarifzuständigkeit für den gesamten Verbandsbereich auszuüben, wird also trotz des Versuchs der Zweitgewerkschaft, allein den verbandsangehörigen Arbeitgeber in Anspruch zu nehmen, nicht beeinträchtigt.

Zu prüfen bleibt aber, ob die Zweitgewerkschaft durch ihr Verhalten nicht paritätsverletzend in die Betätigungsfreiheit des Arbeitgeberverbandes eingreift, so daß der Arbeitgeber den Gewerkschaften nicht mehr als gleichgewichtiger Tarifpartner gegenübertreten kann. Soweit sich der Verband entschließt, seinem Verbandsmitglied zu Hilfe zu kommen und für dieses gegenüber der Zweitgewerkschaft als tariflicher Gegenspieler aufzutreten, kann ein Verstoß gegen das Paritätsgebot im Verhältnis zu dieser Gewerkschaft nicht festgestellt werden. Der bisherige Arbeitgeberverband tritt der Zweitgewerkschaft dann uneingeschränkt in seiner bisherigen Stärke entgegen.

Fraglich ist aber, ob die Koalitionsparität auch im Verhältnis zur Erstgewerkschaft, die dem Arbeitgeberverband ansonsten in seinem Zuständigkeitsbereich als tariflicher Gegenspieler gegenübertritt, gewahrt bleibt[107]. Wie bereits bei der Prüfung der Beeinträchtigung des Bestandsschutzes des Arbeitgeberverbandes dargelegt, besteht durch die Inanspruchnahme eines verbandsangehörigen Arbeitgebers durch die Zweitgewerkschaft die Möglichkeit, daß dieser seine tariflichen Interessen durch den Verband nicht mehr ausreichend wahrgenommen sieht und infolgedessen aus dem Arbeitgeberverband austritt. Trotz des Angebots von Unterstützungsleistungen durch den Arbeitgeberverband tritt dies vor allem dann ein, wenn der Arbeitgeber seine Interessen nunmehr in dem Arbeitgeberverband, der üblicherweise der Zweitgewerkschaft gegenübersteht, besser gewahrt sieht oder auch sich gänzlich zu einer eigenständigen tariflichen Betätigung ohne Mitgliedschaft in einem Arbeitgeberverband entschließt. In diesem Fall verliert der Arbeitgeberverband nicht nur ein Mitglied, sondern mit diesem auch einen Teil seiner Kampfkraft. Dies könnte Auswirkungen auf die Koaliti-

---

[106] S. dazu ausführlich unten 3. Teil C. I. 4. c) bb) (1).

[107] An dieser Stelle wird unterstellt, daß eine Koalitionsparität zwischen Arbeitgeberverband und Erstgewerkschaft vor Auftreten der Zweitgewerkschaft vorgelegen hat.

onsparität im Verhältnis zur Erstgewerkschaft haben, der der Arbeitgeberverband nunmehr nicht mehr in der alten Stärke gegenübersteht. Möglicherweise liegt damit durch die Kampfmaßnahmen der Zweitgewerkschaft gegen den bzw. die verbandsangehörigen Arbeitgeber eine der Zweitgewerkschaft zurechenbare, grundrechtserhebliche mittelbare Beeinträchtigung der Verhandlungs- und Kampfparität im Verhältnis zur Erstgewerkschaft vor. Dabei soll hier wiederum davon ausgegangen werden, daß es sich bei dem Arbeitgeber um ein besonders großes Unternehmen handelt, das die Stärke des Arbeitgeberverbandes ganz wesentlich prägt, oder - über den zu untersuchenden Ausgangsfall hinaus - entsprechend um mehrere verbandsangehörige Unternehmen handelt.

Eine Ansicht bejaht in diesen Fällen eine Störung des Gleichgewichts zwischen den Tarifvertragsparteien, da der Verband der Gewerkschaft nicht mehr mit der gleichen Macht entgegentreten könne, die er mit der gesamten Arbeitgeberschaft im Rücken habe[108]. Das (Nicht-)Bestehen einer Gleichgewichtslage kann jedoch nicht allein durch den Blick auf nur eine Koalitionsseite untersucht werden. Methodisch setzt die Prüfung der Koalitionsparität voraus, daß die faktische Stärke und Kampfkraft beider Seiten ermittelt und dann in Relation zueinander gesetzt wird. Eine Verletzung der Koalitionsparität kann daher nur angenommen werden, nachdem auch die Stärke der Gegenseite, hier also der Erstgewerkschaft, untersucht und dann ein Ungleichgewicht festgestellt worden ist.

Fraglich ist daher, wie es sich auf Stärke der Erstgewerkschaft im Verhältnis zum Arbeitgeberverband auswirkt, wenn die Zweitgewerkschaft einen verbandsangehörigen Arbeitgeber tariflich in Anspruch nimmt und der Arbeitgeber infolgedessen aus seinem bisherigen Arbeitgeberverband austritt. Ausgangspunkt dafür ist die Überlegung, daß die Gewerkschaften untereinander in einem unmittelbaren Konkurrenzverhältnis zueinander stehen. Erweist sich eine Zweitgewerkschaft bei einem Arbeitgeber als so stark, daß sie einen (Firmen-)Tarifvertrag durch Kampfmaßnahmen ihrer Mitglieder und der sich anschließenden nichtorganisierten Arbeitnehmer durchsetzen kann, wird regelmäßig der Einfluß der bisherigen Gewerkschaft völlig verloren gehen. Dem Erstarken der Zweitgewerkschaft steht also grundsätzlich in gleichem Maße der schwindende Einfluß der anderen Gewerkschaft in diesem Unternehmen gegenüber. Nach dem Tarifvertragsabschluß mit der Zweitgewerkschaft beschleunigt dies auch der vom Bundesarbeitsgericht vertretene Grundsatz der Tarifeinheit, nach dem der erzwungene Firmentarifvertrag den bisherigen Verbandstarifvertrag verdrängt. Die bisher bei der Erstgewerkschaft organisierten Arbeitnehmer werden gegebenenfalls der Zweitgewerkschaft beitreten, regelmäßig aber - da durch die Verdrängung des Verbandstarifvertrags tariflich ihre Mitgliedschaft nutzlos wird

108 Kutscher, Die Tarifzuständigkeit, S. 59.

- ihre bisherige (Erst-)Gewerkschaft verlassen. Soweit es sich um DGB-Gewerkschaften handelt, die gegebenenfalls nach einem DGB-Schiedsgerichtsverfahren die Zuständigkeitsordnung neu aufgeteilt haben, ist dies unabhängig von den vorstehenden Überlegungen immer dann der Fall, wenn die bisherige Gewerkschaft danach nicht mehr für den bzw. die Arbeitgeber zuständig ist. Die Erstgewerkschaft wird hier also in ihrer Verbandsstärke in dem gleichen Umfang beeinträchtigt wie der Arbeitgeberverband. Denn so wie der Arbeitgeberverband die von der Zweitgewerkschaft in Anspruch genommenen Arbeitgeber verliert, wird sie um die bei diesen Arbeitgebern beschäftigten Arbeitnehmer geschwächt. Damit kann festgehalten werden, daß im Falle eines erfolgreichen Auftretens der Zweitgewerkschaft der Arbeitgeberverband und die Erstgewerkschaft in der gleichen Größenordnung an Verbandsmacht verlieren. Der Umfang richtet sich jeweils nach der Bedeutung und der Zahl der von der Zweitgewerkschaft in Anspruch genommenen Arbeitgeber. Der Arbeitgeberverband verliert die betreffenden Arbeitgeber, die Erstgewerkschaft die bei diesen beschäftigen Arbeitnehmer als Mitglieder.

Verändert also das Verhalten der Zweitgewerkschaft die Kampfkraft des Arbeitgeberverbandes und der Erstgewerkschaft in gleicher Weise, kann eine Beeinträchtigung des Gleichgewichts auch dieser Tarifpartner zueinander nicht festgestellt werden.

(2) Ergebnis

Die Kampfmaßnahmen der Zweitgewerkschaft beeinträchtigen die Betätigungsfreiheit des Arbeitgeberverbandes nicht. Er kann in vollem Umfang im Rahmen seiner Tarifzuständigkeit für seine Mitglieder tätig werden. Die Koalitionsparität bleibt gegenüber der in seinem Verbandsbereich gegenüberstehenden Erstgewerkschaft in vollem Umfang erhalten. Eine Abwägung kollidierender Koalitionsfreiheiten ist insofern nicht vorzunehmen.

c) Die Koalitionsfreiheit des Arbeitgebers

Art. 9 Abs. 3 GG schützt als positive Koalitionsfreiheit für jeden einzelnen Arbeitgeber das Recht, eine Koalition zu gründen sowie sich im Rahmen des Koalitionszwecks in ihr zu betätigen[109]. Zu untersuchen ist damit, ob die Kampf-

[109] S.o. 1. Teil B. I. 3.

maßnahmen der Zweitgewerkschaft den in Anspruch genommenen Arbeitgeber in dieser Koalitionsfreiheit verletzen.

aa) Die Gründungsfreiheit

Die Gründungsfreiheit im hier verstandenen Sinne schützt nicht nur die Bildung der Koalition selbst, sondern umfaßt auch das Recht des einzelnen, einer Koalition beizutreten und in ihr zu verbleiben[110].

(1) Beeinträchtigung

Die Kampfmaßnahmen der Zweitgewerkschaft beeinträchtigen dieses Recht des Arbeitgebers nicht unmittelbar. Er kann unabhängig von dem Verhalten der Zweitgewerkschaft wie bisher Mitglied in seinem Arbeitgeberverband bleiben.

Eine mittelbare Beeinträchtigung der Verbandsmitgliedschaft durch die Zweitgewerkschaft scheidet auch insoweit aus, als der verbandsangehörige Arbeitgeber im Falle des Abschlusses eines Firmentarifvertrages den Koalitionsinteressen seines Verbandes zuwiderhandelt und daher wegen seines Nachgebens gegenüber der Zweitgewerkschaft künftig in einem schwierigen Verhältnis zu seinem Verband steht bzw. Sanktionen des Arbeitgeberverbandes befürchten muß[111]. Diese innerverbandlichen Schwierigkeiten bzw. Sanktionen können der Zweitgewerkschaft nicht mehr zugerechnet werden. Sie beruhen allein auf einem Dazwischentreten des Arbeitgeberverbandes, das seine Grundlage im verbandsinternen Bereich der Arbeitgeberseite hat. Wie oben bereits gezeigt[112], kann aber durch verbandsinterne Absprachen der Arbeitgeberseite die gewerkschaftliche Betätigungsfreiheit nicht verkürzt werden. Der Verband hat im Rahmen seiner verbandsrechtlichen Pflichten den von der Zweitgewerkschaft in Anspruch genommenen Arbeitgeber zu unterstützen oder, sofern er keine Hilfe leistet, den Abschluß des Firmentarifvertrages durch sein Verbandsmitglied zu akzeptieren. In letzterem Fall kann für den verbandsinternen Bereich auch darauf hingewiesen werden, daß dem von der Zweitgewerkschaft kampfweise an-

[110] Mangoldt v./Klein/Starck/Kemper, GG, Art. 9, Rn. 191.
[111] So aber Kutscher, Die Tarifzuständigkeit, S. 61, 62; für den Fall der sog. betriebsnahen Tarifpolitik mit diesem Argument eine Beeinträchtigung der individuellen Koalitionsfreiheit des Arbeitgebers bejahend: Krichel, NZA 1986, S. 731, 732.
[112] S.o. 3. Teil C. I. 2.

gegangenen Arbeitgeber bei fehlender Unterstützung seines Verbandes der Tarifvertragsabschluß in subjektiver Hinsicht nicht vorgeworfen werden kann. Soweit die Mitgliedschaft aber - wie bereits oben im Rahmen der Beeinträchtigung der Bestandsgarantie des Arbeitgeberverbandes dargelegt[113] - wegen der hinfällig gewordenen Bindung an den Verbandstarifvertrag dem Arbeitgeber und der fehlenden Solidarität der übrigen Mitglieder keinen Nutzen mehr bringt, liegt jedoch eine mittelbare Beeinträchtigung der Koalitionsmitgliedschaft vor.

(2) Ergebnis

Das Recht des verbandsangehörigen Arbeitgebers, weiterhin Mitglied in seinem Arbeitgeberverband zu bleiben, wird durch die Kampfmaßnahmen der Zweitgewerkschaft nicht unmittelbar beeinträchtigt[114]. Es liegt jedoch eine mittelbare Beeinträchtigung vor, da durch das Auftreten der Zweitgewerkschaft die Verbandsmitgliedschaft für den Arbeitgeber unattraktiv wird und damit ein Austritt nahelegt. Ob diese mittelbare Beeinträchtigung durch die Betätigungsfreiheit der Zweitgewerkschaft gerechtfertigt ist, soll an dieser Stelle nicht untersucht werden. Insofern kann inhaltlich auf die unten folgenden Ausführungen zur Rechtfertigung der Beeinträchtigung der Betätigungsfreiheit verwiesen werden[115]. Ist danach die – wie gleich zu zeigen sein wird - unmittelbare Beeinträchtigung der Betätigungsfreiheit des Arbeitgebers, an der Tarifsetzung des Verbandes teilzunehmen, gerechtfertigt, ist auch die genau darauf beruhende Attraktivitätseinbuße der Verbandsmitgliedschaft, die vorliegend zu untersuchen ist, nicht rechtswidrig.

bb) Die Betätigungsfreiheit

Im Rahmen der Betätigungsfreiheit gewährleistet Art. 9 Abs. 3 GG das Recht des einzelnen, zusammen mit den anderen Mitgliedern in der Koalition gemeinsam den Koalitionszweck zu verfolgen. Zu den Mitteln gemeinsamer Zweckverfolgung gehört im Rahmen der Tarifautonomie in erster Linie der Abschluß von Tarifverträgen. Die Betätigungsfreiheit schützt demnach das Interesse des ein-

---

[113] S.o. 3. Teil C. I. 4. b) aa) (1).
[114] Ebenso: Kutscher, Die Tarifzuständigkeit, S. 60.
[115] S.u. 3. Teil C. I. 4. c) bb) (2).

zelnen Arbeitgebers, seine tariflichen Rechte durch den Verband wahrnehmen zu lassen und der verbandsseitigen Tarifsetzung unterworfen zu werden[116].

(1) Beeinträchtigung

Zu prüfen ist also, ob der verbandsangehörige Arbeitgeber durch die Streikmaßnahmen der Zweitgewerkschaft in dieser gemeinsamen Zweckverfolgung beeinträchtigt wird.

Wie bereits oben im Rahmen der Betätigungsfreiheit des Arbeitgeberverbandes gezeigt[117], kann der Arbeitgeberverband das Streikgeschehen an sich ziehen und die tariflichen Interessen seines bedrängten Mitglieds gegenüber der Zweitgewerkschaft umfassend wahrnehmen. Allein die Möglichkeit, sich gegenüber der Zweitgewerkschaft durch den Arbeitgeberverband tariflich vertreten zu lassen, führt jedoch noch nicht zur umfassenden Teilnahme des betroffenen Arbeitgebers an der gemeinsamen Zweckverfolgung durch den Arbeitgeberverband. Entscheidend ist zunächst, in welchem rechtlichen Umfang der Arbeitgeberverband bzw. die einzelnen Verbandsmitglieder dem bedrängten Arbeitgeber durch Verbandsmaßnahmen Hilfe leisten können.

Zu den allgemeinen Solidaritätsmaßnahmen gehören unter anderem das Unterlassen von Kundenabwerbung, die Verlängerung von Lieferfristen untereinander sowie die Absprache, bei der Erteilung neuer Aufträge bzw. bei der Bewerbung um neue Aufträge bestreikte Unternehmen nicht zu benachteiligen[118]. Allerdings können diese Maßnahmen, auch wenn sie einheitlich im Sinne einer Verbandsdisziplin geleistet werden, die Nachteile für den betroffenen Arbeitgeber nur abmildern, nicht jedoch verhindern. Insbesondere weisen sie angesichts des zunehmend grenzüberschreitenden Wettbewerbs die Schwäche auf, nur auf das Gebiet des Arbeitgeberverbandes begrenzt zu sein. Gerade für die Kunden des streikbetroffenen Unternehmens wird grundsätzlich die fristgerechte Erfüllung bestehender Verträge von alleinigem Interesse sein. Rücksicht auf die besondere Situation des bestreikten Arbeitgebers kann von diesen Kunden, die gegebenenfalls selbst im Wettbewerb mit konkurrierenden Unternehmen stehen, nicht erwartet werden. Die Wahrscheinlichkeit, daß sich die Kunden bei Lieferanten außerhalb des Verbandsgebietes eindecken, ist daher - nicht zuletzt wegen der

---

[116] BVerfGE 19, 303, 312; Brox/Rüthers/Rüthers, Arbeitskampfrecht, Rn. 137.
[117] S.o. 4. Teil C. I. 4. b) bb) (1).
[118] MünchArbR/Otto, § 288, Rn. 39; Zöllner, Aussperrung und arbeitskampfrechtliche Parität, S. 45.

zunehmenden Globalisierung der Märkte und der damit einhergehenden Möglichkeit eines überregionalen Handels - groß. Auch wenn das streikbetroffene Unternehmen diese Kunden nicht dauerhaft verlieren sollte, können daher die allgemeinen Solidaritätsmaßnahmen erhebliche Umsatzeinbußen des Unternehmens während der Dauer des Arbeitskampfes nicht verhindern. Die allgemeinen Solidaritätsmaßnahmen sind daher regelmäßig in ihrer Effektivität beschränkt[119]. Allerdings kann dem in größerem Umfang - ihre kartellrechtliche Zulässigkeit unterstellt[120] - durch sogenannte Streikhilfeabkommen begegnet werden, in denen sich die Verbandsmitglieder verpflichten, im Falle eines Arbeitskampfes den bestreikten Mitgliedern Hilfe zur Überbrückung von Lieferschwierigkeiten durch Lieferungen oder sonstige Leistungen zu gewähren[121]. Schließlich kommen als weitere effektive Hilfen finanzielle Leistungen aus Unterstützungsfonds des Arbeitgeberverbands in Betracht, um die durch den Arbeitskampf entstandenen Kosten des betroffenen Arbeitgebers abzufangen und seine Kampfkraft zu erhöhen[122].

Als letzte und zugleich stärkste Form von Solidarmaßnahmen kommt schließlich eine Aussperrung von Arbeitnehmern durch die übrigen Verbandsmitglieder in ihren Unternehmen in Betracht. Da die Zweitgewerkschaft in der vorliegend zu untersuchenden Fallgestaltung nach ihrem satzungsmäßigen Organisationsbereich für diese Unternehmen nicht zuständig ist, ist eine derartige Aussperrung nicht auf die Ausweitung des Tarifgebietes gerichtet[123], sondern soll als Sympathiearbeitskampf den verbandsangehörigen Arbeitgeber in dem Hauptarbeitskampf um den Abschluß eines Firmentarifvertrages mit der Zweitgewerkschaft unterstützen. Dieser dient zwar auch der Verfolgung eigener Interessen des Arbeitgeberverbandes, nämlich dem Schutz des betroffenen Mitglieds vor der

---

119 Kutscher, Die Tarifzuständigkeit, S. 64.

120 Vgl. dazu: MünchArbR/Otto, § 288, Rn. 43, 44 m.w.N.

121 Zöllner, Aussperrung und arbeitskampfrechtliche Parität, S. 45.

122 Kutscher, Die Tarifzuständigkeit, S. 65; allgemein zu Unterstützungsleistungen im Arbeitgeberverband: MünchArbR/Otto, § 282, Rn. 45 u. § 288, Rn. 38.

123 Ob eine über das Tarifgebiet, in dem die Gewerkschaft ihren Streik begonnen hat, hinausgehende Aussperrung, mit der die Arbeitgeberseite für dieses Gebiet eine tarifliche Regelung durchsetzen möchte, überhaupt zulässig ist, ist strittig: dagegen BAG AP Nr. 65 zu Art. 9 GG; Däubler/Wolter, Arbeitskampfrecht, Rn. 938c; dafür: Birk/Konzen/Löwisch/Raiser/Seiter, Gesetz zur Regelung kollektiver Arbeitskonkflikte (sog. „Professorenentwurf"), § 5 Abs. 2 S. 1 und Begründung S. 44; Gamillscheg, Kollektives Arbeitsrecht I, § 21 II 5 c), S. 1007; Konzen, DB 1990, Beilage 6, S. 1, 10; differenzierend: Dütz, Arbeitsrecht, Rn. 658; MünchArbR/Otto, § 286, Rn. 83/85, der dies für zulässig hält, soweit die einseitige Bestimmung des Tarifgebietes durch die Gewerkschaft zu einer Beeinträchtigung der Kampfparität zu Lasten der Arbeitgeberseite führt. Dies sei zum Beispiel der Fall, wenn eine Gewerkschaft zunächst ein Verbandsmitglied auf Abschluß eines Firmentarifvertrages angeht, um später diesen Abschluß als Modell im übrigen Verbandsbereich durchzusetzen.

Zweitgewerkschaft, kann aber mangels Zuständigkeit der Zweitgewerkschaft in den sich an der Abwehraussperrung beteiligenden Unternehmen tarifliche Regelungen nicht herbeiführen. Durch die Kampfmaßnahmen gegen die Arbeitnehmer der anderen Verbandsmitglieder und die im vorliegenden Fall diese Arbeitnehmer organisierende Erstgewerkschaft soll mittelbar Druck auf die streikende Zweitgewerkschaft ausgeübt werden[124]. Anders als bei der betriebsnahen Tarifpolitik, bei der die Erstgewerkschaft für den bestreikten Arbeitgeber und seinen Arbeitgeberverband insgesamt zuständig ist[125], fallen daher bei den vorliegenden Sympathiemaßnahmen auch Kampfgegner (Erstgewerkschaft) und Adressat der Kampfforderung (Zweitgewerkschaft) auseinander. Ob ein derartiges Verhalten des Arbeitgeberverbandes und seiner Mitglieder als zulässig beurteilt werden kann, hängt zunächst davon ab, daß man - wie hier vertreten - die Rechtmäßigkeit von Sympathiearbeitskampfmaßnahmen nicht generell verneint[126]. Wendet man danach die oben für Sympathiestreikmaßnahmen vertretenen Voraussetzungen konsequent auch auf die vorliegenden Aussperrungen des Arbeitgeberverbandes an, hängt die Zulässigkeit der Maßnahmen des Arbeitgeberverbandes in erster Linie davon ab, ob ohne sie eine Beeinträchtigung der Kampfparität zwischen den Tarifpartnern des Hauptarbeitskampfes, also hier des Arbeitgebers auf der einen und der Zweitgewerkschaft auf der anderen Seite, zu befürchten ist. Angesichts der oben beschriebenen möglichen Hilfsmaßnahmen des Arbeitgeberverbandes für sein bestreiktes Mitglied erscheint dies zweifelhaft[127]. Letztlich kann dies aber offenbleiben, da - wie sogleich zu zeigen sein wird - für die Frage, ob eine Beeinträchtigung der Betätigungsfreiheit des betroffenen Arbeitgebers vorliegt, es nicht auf die Zulässigkeit dieser Sympathiearbeitskampfmaßnahmen des Arbeitgeberverbandes ankommt.

---

[124] Sieht man diese Sympathieaussperrungen konsequent als Annex zum Hauptarbeitskampf um den Firmentarifvertrag an, sind diese vorliegend als Abwehraussperrungen zu qualifizieren, da sie allein der Abwehr der von der Gewerkschaft gegenüber dem einzelnen Arbeitgeber erhobenen Tarifforderungen dienen. Vgl. allgemein zur problematischen Abgrenzung von Angriffs- und Abwehraussperrung: MünchArbR/Otto, § 286, Rn. 67-71.

[125] Hier werden Sympathieaussperrungen zur Unterstützung des bedrängten Arbeitgebers überwiegend für zulässig gehalten: Gamillscheg, Kollektives Arbeitsrecht I, § 21 II 5 c), S. 1007; Hensche, RdA 1971, S. 9, 13; Henssler, ZfA 1998, S. 517, 536; Hoyningen-Huene v., ZfA 1980, S. 453, 462; Jacobs, ZTR 2001, S. 249, 253; Matthes, Festschrift für Günter Schaub, S. 477, 481; Richardi, JurA 1971, S. 141, 160f; Stein, RdA 2000, S. 129, 139; Weiss, Koalitionsfreiheit und betriebsnahe Tarifverträge, S. 89; Wiedemann/Oetker, TVG, § 2, Rn. 139. Mit dem Hinweis auf die Identität von Kampfgegner und Kampfadressat werden diese Aussperrungen teilweise auch nicht als Sympathie-, sondern als normale Aussperrungen angesehen.

[126] S.o. 3. Teil B zur Zulässigkeit eines Sympathiestreiks.

[127] Wohl bejahend: MünchArbR/Otto, § 286, Rn. 88; offengelassen bei Kutscher, Die Tarifzuständigkeit, S. 66; Martens, SAE 1987, S. 7, 10.

Zunächst kann jedoch festgehalten werden, daß in rechtlicher Hinsicht dem einzelnen Arbeitgeber durch die Zweitgewerkschaft nicht die von Art. 9 Abs. 3 GG geschützte Möglichkeit genommen wird, an der gemeinsamen Zweckverfolgung des Arbeitgeberverbandes teilzunehmen. Der Arbeitgeberverband bzw. die Verbandsmitglieder können zugunsten des bedrängten Arbeitgebers umfassende Maßnahmen ergreifen. Sie können ihn damit vor der tariflichen Inanspruchnahme durch die Zweitgewerkschaft schützen und in letzter Konsequenz die fortgeltende uneingeschränkte Anwendung des Verbandstarifvertrages auch bei ihm sicherstellen. Eine Beeinträchtigung der Betätigungsfreiheit des einzelnen Arbeitgebers liegt in rechtlicher Hinsicht daher nicht vor. Das Bundesarbeitsgericht hat daher im Allfloor-Fall insgesamt eine Verletzung der Koalitionsfreiheit des bedrängten Arbeitgebers abgelehnt, da die Gewährleistung einer allumfassenden Solidarität das Problem der Arbeitgeber und ihrer Koalitionen sei, das nicht dem tariflichen Gegenspieler entgegengehalten werden könne[128]. Mit diesem Argument verneint im übrigen auch eine Ansicht im Rahmen der Problematik der Durchsetzung von Firmentarifverträgen bei verbandsangehörigen Arbeitgebern durch die Erstgewerkschaft eine Verletzung der Betätigungsfreiheit des verbandsangehörigen Arbeitgebers. Abzustellen sei in diesem Zusammenhang auf die rechtliche Möglichkeit der Solidarität, nicht auf die tatsächliche Ausübung durch die Verbandsmitglieder bzw. den Arbeitgeberverband[129].

Dem kann, unabhängig von der Frage, ob eine Verletzung tatsächlich vorliegt oder nicht, bereits in der Begründung nicht gefolgt werden. Die Grundrechte müssen - wie bereits oben dargelegt[130] - unter Berücksichtigung der Verfassungswirklichkeit ausgelegt werden. Im Rahmen einer Grundrechtsprüfung sind daher nicht nur die von der Rechtsordnung vorgesehenen Möglichkeiten, sondern auch alle rechtstatsächlichen Umstände zu berücksichtigen, wie das entsprechend auch von der herrschenden Meinung bei der Ermittlung der Koalitionsparität gefordert wird[131]. Entscheidend ist also für die Beurteilung der Beeinträchtigung der Betätigungsfreiheit des betroffenen Arbeitgebers nicht die rechtliche Möglichkeit, an dem Verbandszweck teilzunehmen. Maßgeblich ist, ob zusätzlich zur rechtlichen Möglichkeit auch in der Rechtswirklichkeit seine Teilnahme an der gemeinsamen Zweckverfolgung des Arbeitgeberverbandes gewährleistet ist.

Dies ist nicht der Fall. Dabei kann außer Betracht bleiben, ob und in welchem Umfang Arbeitskampfunterstützungen in der Praxis der deutschen Arbeitgeber-

---

[128] BAG AP Nr. 4 zu § 2 TVG Tarifzuständigkeit; Richardi, JurA 1971, S. 160.
[129] Hensche, RdA 1971, S. 9, 13; Richardi, JurA 1971, S. 141, 160.
[130] S.o. 3. Teil C. I. 4. a) bb).
[131] S. dazu 1. Teil VI. 2. c) bb) (1).

verbände bislang geleistet wurden[132]. Entscheidend ist in der vorliegenden Konstellation, daß das Interesse der anderen in dem Verband organisierten Arbeitgeber, Solidarität zu zeigen und dem betroffenen Verbandsmitglied Unterstützung zuteil werden zu lassen, gering sein wird, da sie eine tarifliche Inanspruchnahme durch die Zweitgewerkschaft gerade nicht befürchten müssen. Insbesondere die Vornahme der oben angesprochenen Abwehraussperrungen durch andere Verbandsmitglieder in Form von Sympathiearbeitskampfmaßnahmen erscheint vor diesem Hintergrund nahezu ausgeschlossen. Zudem ist das Ziel des Arbeitgeberverbandes, der Erstgewerkschaft im Rahmen eines tatsächlichen Gleichgewichts entgegenzutreten, - wie in den obigen Ausführungen gezeigt[133] - auch ohne den von der Zweitgewerkschaft in Anspruch genommenen Arbeitgeber erreichbar. Damit besteht weder aus Sicht des einzelnen Verbandsmitglieds noch aus der Sicht des Arbeitgeberverbands ein Bedürfnis danach, dem bedrängten Mitglied zu Hilfe zu kommen. Aufgrund der aufgezeigten Interessenlage läuft daher die rechtlich bestehende Möglichkeit des verbandsangehörigen Arbeitgebers, im Rahmen der Ausübung der positiven Koalitionsfreiheit an der kollektiven Betätigung des Verbandes teilzunehmen, in der Praxis leer. Dies gilt im übrigen auch dann, wenn die Gewerkschaft nicht dem einzelnen Arbeitgeber, sondern dem Arbeitgeberverband gegenübertritt, um für diesen einen Tarifvertrag zu erzwingen (sog. firmenbezogener Tarifvertrag). Denn allein die formale Auswechslung des Tarifpartners auf Arbeitgeberseite ändert nichts an der beschriebenen Interessenlage innerhalb des Arbeitgeberverbandes.

Die Betätigungsfreiheit des verbandsangehörigen Arbeitgebers wird folglich durch die Streikmaßnahmen der Zweitgewerkschaft beeinträchtigt.

(2) Rechtfertigung

Fraglich ist, ob diese Beeinträchtigung durch die Koalitionsfreiheit der Zweitgewerkschaft gerechtfertigt ist. Dies ist wiederum dann der Fall, wenn der Betätigungsfreiheit der Zweitgewerkschaft im Rahmen der Abwägung der sich gegenüberstehenden Koalitionsfreiheiten der Vorrang vor der Betätigungsfreiheit des verbandsangehörigen Arbeitgebers einzuräumen ist.

Zunächst ist festzuhalten, daß bei dieser Fragestellung als Grundrechtsträger auf der einen Seite eine Gewerkschaft und auf der anderen Seite ein einzelner Arbeitgeber stehen. Möglicherweise könnte daher der individuellen Koalitionsfrei-

---

[132] Vgl. dazu Junker, SAE 1997, S. 172, 176; MünchArbR/Otto, § 282, Rn. 45.
[133] S.o. 3. Teil C. I. 4. b) bb) (1).

heit des einzelnen Arbeitgebers, in seinem Verband von seiner Koalitionsfreiheit Gebrauch machen zu können, der Vorrang vor der Betätigungsfreiheit der Gewerkschaft gerade bei diesem Arbeitgeber einzuräumen sein. Der Gewerkschaft bliebe die kollektive Betätigungsgarantie des Art. 9 Abs. 3 GG im Rahmen ihres übrigen Organisationsgebietes uneingeschränkt erhalten, so daß sich die Beschränkung ihrer Befugnisse bei diesem einen Arbeitgeber nur als geringfügiger Eingriff darstellte. Dagegen liefe bei einem umgekehrten Ergebnis die Betätigungsfreiheit des Arbeitgebers in seinem Verband völlig leer.

Schränkte man dementsprechend die Betätigungsfreiheit der Zweitgewerkschaft ein, würde aber auch die individuelle Koalitionsfreiheit der hinter der Zweitgewerkschaft stehenden Arbeitnehmer, gerade an der tariflichen Betätigung ihrer Koalition teilzunehmen, vereitelt. Im Rahmen der vorliegenden Abwägung muß daher zusätzlich zur Koalitionsfreiheit der Zweitgewerkschaft die individuelle Koalitionsfreiheit ihrer in dem betreffenden Unternehmen beschäftigten Mitglieder berücksichtigt werden. Laufen damit aber je nach Ergebnis der Abwägung die individuelle Koalitionsfreiheit des Arbeitgebers oder aber die individuelle Koalitionsfreiheit der beim Arbeitgeber beschäftigten Mitglieder der Zweitgewerkschaft leer, kann nach den bisherigen Ausführungen ein Überwiegen der Koalitionsinteressen einer Seite nicht festgestellt werden.

Zu berücksichtigen ist jedoch auch die Bedeutung für jede Seite, dem tariflichen Gegenspieler überhaupt in einem Verband gegenüberzutreten. Der Möglichkeit des einzelnen Arbeitgebers, seine Koalitionsfreiheit überhaupt ausüben zu können, könnte demnach der Vorrang vor dem Interesse der Arbeitnehmer einzuräumen sein, ihre Koalitionsfreiheit in einer bestimmten Koalition wahrnehmen zu können. Denn auf ihrer Seite steht vorliegend auch die Erstgewerkschaft zur Verfügung, in der sie ihre individuelle Koalitionsfreiheit ausüben können. Allerdings ist umgekehrt für den Arbeitgeber zu untersuchen, ob nicht auch er sich nach einem Verbandswechsel in einem anderen Verband betätigen und damit seine individuelle Koalitionsfreiheit, sich überhaupt an der Zweckverfolgung eines Verbandes beteiligen können, wahren kann. Soweit danach auf beiden Seiten ein Verbandswechsel zur Koalitionsausübung möglich sein sollte, ist in einem dritten Schritt zu prüfen, ob dem Interesse einer Seite, gerade an der Zweckverfolgung eines bestimmten, nämlich des jetzigen Verbandes teilzunehmen, der Vorrang einzuräumen ist.

Dabei ist im folgenden nun danach zu unterscheiden, ob es sich bei den Gewerkschaften um DGB-Gewerkschaften oder aber um Gewerkschaften handelt, die nicht demselben Dachverband angehören.

(a) DGB-Gewerkschaften

In der Ausgangskonstellation handelt es sich bei Erst- und Zweitgewerkschaft um DGB-Gewerkschaften. Für den betreffenden Arbeitgeber ist entsprechend der DGB-Satzung in Verbindung mit den einzelgewerkschaftlichen Satzungen, gegebenenfalls nach Durchführung eines DGB-Schiedsgerichtsverfahrens, unter Ausschluß der Erstgewerkschaft die Zweitgewerkschaft allein zuständig[134], während den anderen Unternehmen der Branche die Erstgewerkschaft gegenübersteht.

(aa) Die Möglichkeit der Ausübung der individuellen Koalitionsfreiheit in der DGB-Erstgewerkschaft

Durch diese Alleinzuständigkeit der Zweitgewerkschaft ist den Arbeitnehmern des betreffenden Arbeitgebers eine Ausübung ihrer Koalitionsfreiheit in der Erstgewerkschaft formal jedoch unmöglich, da diese für ihr Unternehmen keine Tarifzuständigkeit besitzt. Können die Arbeitnehmer des betreffenden Arbeitgebers damit an der tariflichen Betätigung der Erstgewerkschaft nicht teilnehmen, könnte dies entsprechend den obigen Ausführungen im Rahmen der Abwägung mit der Koalitionsfreiheit des Arbeitgebers zu einem Überwiegen der Betätigungsfreiheit der Zweitgewerkschaft führen.

Beide Gewerkschaften sind aber Mitglieder des Deutschen Gewerkschaftsbundes. Dieser vereinigt nach § 2 Ziff. 1 a) seiner Satzung die Einzelgewerkschaften zu einer wirkungsvollen Einheit. Nach § 3 Ziff. 1 der DGB-Satzung werden in den Bund nur Gewerkschaften aufgenommen, die die Satzung des Bundes anerkennen und deren Satzungen nicht der Satzung des Bundes widersprechen. Im Bereich der Tarifpolitik geht damit einher, daß über den Deutschen Gewerkschaftsbund als Dachverband nach § 15 der DGB-Satzung in Verbindung mit den Richtlinien für die Abgrenzung von Organisationsbereichen und die Veränderung der Organisationsbezeichnung die Zuständigkeitsbereiche der einzelnen Mitgliedsgewerkschaften koordiniert und abgegrenzt werden[135]. Im Streitfalle wird eine Entscheidung darüber im Rahmen des DGB-Schiedsgerichtsverfahrens gefunden. Soweit sich durch Entscheidung auf Dachverbandsebene die Tarifzuständigkeiten der Gewerkschaften untereinander ändern, fordern die nunmehr unzuständigen Gewerkschaften ihre Mitglieder aus dem betreffenden Organisationsgebiet auf, in die nunmehr zuständige Gewerk-

[134] S. dazu oben 2. Teil A. III. 3., 4. u. 5.
[135] S. dazu nochmals oben 2. Teil A. III.

schaft überzutreten (§ 16 Ziff. 2 der DGB-Satzung in Verbindung mit Ziff. 6 b) der Schiedsgerichtsordnung). Auch wenn daher im vorliegenden Fall Kampfmaßnahmen der Zweitgewerkschaft bei dem betreffenden Arbeitgeber für unzulässig erklärt werden, ist eine Möglichkeit der Ausübung der individuellen Koalitionsfreiheit der bei diesem Unternehmen beschäftigen Arbeitnehmer gewährleistet. Im Rahmen der DGB-Zuständigkeitsordnung könnte die Erstgewerkschaft umgehend für zuständig erklärt und mit der Wahrnehmung der tariflichen Interessen der Arbeitnehmer betraut werden.

Auf Arbeitnehmerseite ist im Falle des Auftretens zweier DGB-Gewerkschaften die Möglichkeit der Ausübung der individuellen Koalitionsfreiheit auch ohne die DGB-Zweitgewerkschaft gewährleistet.

(bb) Die Möglichkeit der Ausübung der individuellen Koalitionsfreiheit in dem der Zweitgewerkschaft gegenüberstehenden Arbeitgeberverband

Fraglich ist aber, ob nicht auch der verbandsangehörige Arbeitgeber eine Wahrnehmung seiner Koalitionsfreiheit durch einen Verbandswechsel in den Arbeitgeberverband erreichen kann, der der DGB-Zweitgewerkschaft im übrigen nach dem satzungsmäßigen Organisationsbereich korrespondierend gegenübersteht.

Dagegen spricht zunächst, daß der Arbeitgeberverband sich nicht für den Arbeitgeber satzungsmäßig zuständig hält, da der Arbeitgeber einer anderen als der vom Arbeitgeberverband angestammten Branche zugehörig ist[136]. Allerdings könnte der Arbeitgeberverband sein satzungsmäßiges Organisationsgebiet, so wie auf Gewerkschaftsseite geschehen, um den betreffenden Arbeitgeber bzw. um den Wirtschaftszweig, dem dieser angehört, erweitern, um dem Arbeitgeber die Teilnahme an seinem Verbandszweck zu ermöglichen. Eine Ansicht will aber bereits darin einen in der vorliegenden Abwägung zugunsten des Arbeitgebers sprechenden Umstand sehen, da eine Satzungsänderung eines Beschlusses der Mitglieder bedürfe und daher längere Zeit in Anspruch nehme, während der der Arbeitgeber keine Hilfe erlangen könne[137]. Dies ist aber abzulehnen, da die Möglichkeit besteht, Erweiterungen des satzungsmäßigen Organisationsbereiches auf einen Beirat zu übertragen[138], wovon die Koalitionen auch regelmäßig

[136] Vgl. aber wiederum 2. Teil A. I. 3. b) aa) (2) zum Umfang einer betriebsbezogenen Tarifzuständigkeit.
[137] Kutscher, Die Tarifzuständigkeit, S. 68.
[138] Zur Zulässigkeit s.o. 2. Teil A. I. 2. a) bb).

Gebrauch gemacht haben. Dem betreffenden Arbeitgeber kann daher unverzüglich durch eine Satzungserweiterung der Verbandsschutz eingeräumt werden.

Eine Ausübung der Koalitionsfreiheit des Arbeitgebers in dem Arbeitgeberverband könnte aber daran scheitern, daß der Verband kein Interesse an der Aufnahme des Arbeitgebers hat und daher seine Satzung nicht entsprechend erweitert. Dabei kann im vorliegenden Zusammenhang offenbleiben, unter welchen Voraussetzungen ein Aufnahmeanspruch eines einzelnen Arbeitgebers gegenüber einem Verband gegen dessen Willen anzuerkennen ist[139]. Ein Aufnahmeanspruch besteht jedenfalls nicht, wenn der Beitrittswillige nicht die satzungsmäßigen Voraussetzungen der Mitgliedschaft erfüllt. In diesem Fall bleibt es der autonomen Entscheidung des Verbandes vorbehalten, ob er den betreffenden Arbeitgeber aufnimmt oder nicht[140]. Der Arbeitgeberverband ist daher vorliegend nicht verpflichtet, den nicht zu seinem Organisationsgebiet gehörenden Arbeitgeber aufzunehmen. Maßgebend für eine Aufnahme des Arbeitgebers bleibt damit das Interesse des Arbeitgeberverbandes und seiner Mitglieder an dem betreffenden Arbeitgeber als neuem Mitglied. Gegen ein solches Interesse spricht formal der Umstand, daß der Arbeitgeber als Branchenfremder anderen Wettbewerbsanforderungen ausgesetzt ist und daher andere Ziele verfolgt als die im Verband organisierten Arbeitgeber. Mag zwar auch dieselbe Branchenzugehörigkeit der Grund für die Aufnahme eines Mitglieds in den Arbeitgeberverband sein, so ändert dies allerdings nichts daran, daß der Zweck der Koalitionen in der Wahrung und Förderung der Arbeitsbedingungen bei ihren Mitgliedern liegt. Die Arbeitgeber haben sich demnach in dem Verband zusammengeschlossen, um zusammen demselben tariflichen Gegenspieler gegenüberzutreten und ihre tariflichen Interessen gemeinsam durch den Abschluß von Verbandstarifverträgen zu realisieren. Kann der betreffende Arbeitgeber danach dieser Zweckerreichung dienlich sein, ist trotz seiner Branchenfremdheit von einem Interesse des Verbandes an seiner Aufnahme auszugehen.

Zunächst ist dabei festzuhalten, daß der Arbeitgeber in den Zuständigkeitsbereich der Zweitgewerkschaft einbezogen ist, in den auch alle anderen Mitglieder des Arbeitgeberverbandes fallen. Er sieht sich demnach wie die Mitgliedsunternehmen des Verbandes derselben DGB-Gewerkschaft und damit denselben tariflichen Forderungen gegenüber. Diese Tarifzuständigkeit auf Gewerkschaftsseite spricht aus Sicht des Verbandes für eine Aufnahme des betreffenden Arbeitgebers. Aufgrund seiner anderen Branchenzugehörigkeit wird der Arbeitgeber jedoch an der Durchsetzung anderer Arbeitsbedingungen interessiert sein als die Verbandsmitglieder. Ihm geht es gerade um die tarifvertragliche Vereinbarung

[139] S. dazu MünchArbR/Löwisch/Rieble, § 245, Rn. 15, 16 m.w.N.
[140] MünchArbR/Löwisch/Rieble, § 245, Rn. 17.

der Bedingungen, denen auch die Arbeitgeber aus seinem jetzigen Arbeitgeberverband unterworfen sind. Ein Interesse an diesen Bedingungen besteht jedoch bei den Verbandsmitgliedern grundsätzlich nicht. Der Arbeitgeber kann daher keine Unterstützung des Verbandes für die Erreichung der von ihm gewünschten Tarifinhalte gegenüber der DGB-Zweitgewerkschaft erwarten. Dies führt jedoch nicht dazu, daß ein Interesse des Arbeitgeberverbandes an der Aufnahme des betreffenden Arbeitgebers grundsätzlich ausscheidet und damit für diesen Verbandsschutz nicht zu erreichen ist. Unterwirft sich der Arbeitgeber der Tarifpolitik des Verbandes und erklärt sich bereit, die tariflichen Regelungen, die die anderen Verbandsmitglieder anstreben, zu akzeptieren und notfalls solidarisch für ihre Durchsetzung einzutreten, werden der Verband und seine Mitglieder für eine Aufnahme des betreffenden Arbeitgebers stimmen. Ein Interesse des Verbandes an der Aufnahme scheitert auch nicht daran, daß der Verband nach der Aufnahme des Arbeitgebers Tarifauseinandersetzungen mit einer weiteren (DGB-)Gewerkschaft befürchten müßte[141]. Sofern dem Arbeitgeber tatsächlich eine weitere Gewerkschaft gegenüberstehen und diesen tariflich in Anspruch nehmen sollte, könnte der Verband auf Solidaritätsmaßnahmen verzichten. Aufgrund der Außenseiterstellung gegenüber den übrigen Verbandsmitgliedern wäre auch von der Zulässigkeit einer entsprechenden Festlegung in der Satzung des Verbandes auszugehen. Im Rahmen der DGB-Zuständigkeitsordnung ist jedoch entsprechend den vorstehenden Ausführungen ohnehin die DGB-Zweitgewerkschaft, die allen Verbandsmitgliedern gegenübersteht, allein zuständig. Eine Inanspruchnahme des Arbeitgebers durch eine zweite DGB-Gewerkschaft ist daher von vornherein ausgeschlossen. Befürchtungen um eine zwingend mit Aufnahme des Arbeitgebers einhergehende zusätzliche Belastung des Verbandes durch eine weitere (DGB-)Gewerkschaft sind also unbegründet.

Daher ist auch für den Arbeitgeber vorliegend davon auszugehen, daß dieser durch einen Verbandswechsel die Möglichkeit hat, an der tariflichen Betätigung eines Arbeitgeberverbandes teilzunehmen.

(cc) Das Interesse des Arbeitgebers und der Mitglieder der DGB-Gewerkschaften an der Zweckverfolgung in ihrer Koalition

Für beide Seiten ist also gegenüber dem tariflichen Gegenspieler eine Wahrnehmung der individuellen Koalitionsfreiheit auch ohne ihre jetzige Koalition in anderen Verbänden möglich. Allerdings geht es den Arbeitnehmern und Arbeitgebern, was die Ausführungen über die Koalitionsmöglichkeiten des Arbeitge-

[141] So aber: Kutscher, Die Tarifzuständigkeit, S. 69.

bers bereits für diese Seite verdeutlicht haben, nicht allein um die Möglichkeit, überhaupt die individuelle Koalitionsfreiheit in einem Verband auszuüben. Durch ihren Beitritt zu einer bestimmten Koalition zeigt sich ihr Wille, gerade an der tariflichen Betätigung dieser Koalition teilzunehmen. Dafür können auf Arbeitnehmer- und auf Arbeitgeberseite unterschiedliche Beweggründe bestehen. Eine Identifikation mit dem Verband oder eine gewisse Vergleichbarkeit zu den anderen Mitgliedern, die sich bereits in dem Erfüllen der satzungsmäßigen Voraussetzungen für die Verbandsmitgliedschaft zeigen wird, sind regelmäßig die Gründe, die zu einer Vereinigung gerade in dieser Koalition geführt haben. Im Bereich der nach dem Industrieverbandsprinzip organisierten Verbände zeigt sich diese Vergleichbarkeit in der gemeinsamen Branchenzugehörigkeit der Unternehmen. Die Teilnahme an dem Verbandszeck ihrer Koalition garantiert den Mitgliedern auf Arbeitnehmer- und Arbeitgeberseite in diesem Fall eine der Branchenzugehörigkeit des Arbeitgebers entsprechende tarifliche Behandlung. Für die Arbeitgeber bringt dies - wie bereits gezeigt - den Vorteil mit sich, daß sie sich unter der Voraussetzung gleicher tariflicher Bedingungen wie die anderen Unternehmen ihrer Branche in den Wettbewerb mit ihren Konkurrenten begeben können. Zum Schutzbereich der individuellen Koalitionsfreiheit nach Art. 9 Abs. 3 GG gehört also auch der Beitritt zu einer bestimmten Koalition und der damit verbundene Wille, gerade an der tariflichen Betätigung dieser Koalition teilzunehmen. Für die Arbeitnehmer- und die Arbeitgeberseite ist damit zunächst von einem im Rahmen von Art. 9 Abs. 3 GG in gleichem Umfang geschützten Interesse an ihrem jetzigen Verband auszugehen. Fraglich ist jedoch, ob nicht nach diesen individuellen Koalitionsinteressen einem Verband in der vorliegenden Abwägung der Vorrang eingeräumt werden kann.

In diesem Zusammenhang tritt erneut in den Vordergrund, daß Zweit- und Erstgewerkschaft, auf die die Arbeitnehmer gegebenenfalls - wie oben gezeigt - zur Ausübung ihrer Koalitionsfreiheit verwiesen werden könnten, dem Deutschen Gewerkschaftsbund als Dachverband angehören. Zwar entscheiden die Mitglieder beider Gewerkschaften über den Umfang der Organisationsgebiete ihrer Gewerkschaften allein. Durch die von ihnen beschlossene Mitgliedschaft im Deutschen Gewerkschaftsbund haben die Mitglieder aber im Rahmen ihrer Satzungsautonomie dem Umstand zugestimmt, daß bei Überschneidungen der einzelgewerkschaftlichen Tarifzuständigkeiten durch Entscheidung des Dachverbandes auf der Grundlage der DGB-Satzung die einzelnen Arbeitgeber den Zuständigkeitsbereichen der Mitgliedsgewerkschaften zugeteilt werden. Dies bedeutet zwar nicht eine unmittelbare Legitimation der vom Dachverband beschlossenen Zuständigkeitsverteilung unter den einzelnen Mitgliedsgewerkschaften, wie sie für die Festlegung der Einzelsatzungen der Gewerkschaften bestehen. Gemäß der satzungsmäßigen Verankerung, Mitglied des Deutschen Gewerkschaftsbundes zu sein, haben die Mitglieder jedoch ihren Willen kundgetan, daß ihre Gewerkschaft die Entscheidungen, die auf der DGB-Ebene getroffen werden, - insbesondere die im Rahmen des Dachverbandes geschaffene Zuständigkeitsordnung der Einzelgewerkschaften - umsetzt. Diese Zuständigkeitsordnung erfährt darüber hinaus eine Rückkopplung an den mitgliedschaftlichen Willen und damit eine mittelbare Legitimation durch die Beteiligung der von den Mitgliedern der Einzelgewerkschaften gewählten Delegierten bzw. der von ihnen entsendeten Mitglieder sowie ihrer Gewerkschaftsvorstände auf der Ebene des Dachverbandes[142]. Im Ergebnis ist damit festzuhalten, daß der Wille der Mitglieder einer DGB-Gewerkschaft nicht allein auf die Ausübung ihrer Koalitionsfreiheit in ihrer jetzigen DGB-Gewerkschaft, sondern auch in der nach der DGB-Zuständigkeitsordnung zuständigen DGB-Gewerkschaft gerichtet ist. Die Mitglieder der DGB-Zweitgewerkschaft, die bei dem betreffenden Arbeitgeber beschäftigt sind, haben daher auch einem möglichen Wechsel der für ihren Arbeitgeber zuständigen Gewerkschaft innerhalb des Deutschen Gewerkschaftsbundes zugestimmt, soweit er sich im Rahmen der DGB-Satzung hält. Nach dieser Satzung ist in Verbindung mit den einzelgewerkschaftlichen Satzungen unter dem Dach des Deutschen Gewerkschaftsbundes eine bundesweite Zuständigkeitsordnung geschaffen worden, die sich dem Industrieverbandsprinzip zufolge nach der Branchenzugehörigkeit des jeweiligen Arbeitgebers richtet[143]. Für die Arbeitgeber einer Branche soll danach grundsätzlich dieselbe DGB-Gewerkschaft zuständig sein. Im Rahmen des Dachverbandes wird so eine Gleichbehandlung aller bei den Unternehmen einer Branche beschäftigten Arbeitnehmern erreicht.

Entspricht also diese DGB-Zuständigkeitsordnung - vorbehaltlich einer möglichen statutarischen Auflehnung[144] - dem Willen der Mitglieder der DGB-Einzelgewerkschaften, kann auch von einem Willen dieser ausgegangen werden, ihre Koalitionsfreiheit in der DGB-Gewerkschaft auszuüben, die der Branche nach für ihren Arbeitgeber zuständig ist. Die Mitglieder der Zweitgewerkschaft, die bei dem betreffenden Arbeitgeber beschäftigt sind, könnten daher zur Ausübung ihrer Koalitionsfreiheit an Stelle ihrer DGB-Zweitgewerkschaft auch auf die DGB-Erstgewerkschaft verwiesen werden, da es sich bei dieser um die eigentlich branchenmäßig zuständige Koalition handelt.

In diesem Rahmen kann nunmehr bei der vorliegenden Abwägung der Wille des betreffenden Arbeitgebers an seinem jetzigen Arbeitgeberverband berücksichtigt werden. Wie oben gezeigt, geht es dem Arbeitgeber um die Teilnahme an der tariflichen Betätigung des Verbandes, der nach dem Industrieverbandsprinzip

[142] Ausführlich dazu: S.o. 2. Teil A. III. 3. b) bb) (3).
[143] S.o. 2. Teil A. III. 2. b).
[144] S. dazu oben 2. Teil A. III. 3. b) bb) (3).

Mitglieder aus seiner Branche aufnimmt und für diese Tarifverträge abschließt. Bei diesem Arbeitgeberverband handelt es sich um den Tarifpartner, der grundsätzlich der DGB-Erstgewerkschaft gegenübersteht. Beide Koalitionen organisieren in ihrem Zuständigkeitsgebiet nach dem Industrieverbandsprinzip Arbeitnehmer bzw. Arbeitgeber derselben Branche. Haben aber auch die Mitglieder der DGB-Zweitgewerkschaft im Rahmen des Dachverbandes einer Koalitionsausübung nach dem Industrieverbandsprinzip zugestimmt, könnte dem Interesse des Arbeitgebers an der Betätigung in seinem jetzigen Arbeitgeberverband in der vorliegenden Abwägung der Vorrang eingeräumt und die Mitglieder der DGB-Zweitgewerkschaft auf die DGB-Erstgewerkschaft verwiesen werden. Die Koalitionsfreiheit des Arbeitgebers würde danach gegenüber der Betätigungsfreiheit der Zweitgewerkschaft und der hinter ihr stehenden Mitglieder überwiegen. Die Kampfmaßnahmen der DGB-Zweitgewerkschaft wären rechtswidrig und demnach unzulässig.

Allerdings ist zu prüfen, ob der betreffende Arbeitgeber nach der DGB-Zuständigkeitsordnung tatsächlich der DGB-Erstgewerkschaft zugeordnet werden kann. Formal betrachtet, bestehen daran keine Zweifel. Als selbständiges Unternehmen (zum Beispiel als Gesellschaft mit beschränkter Haftung oder als Aktiengesellschaft) betätigt es sich genau in dem Wirtschaftszweig, den die DGB-Erstgewerkschaft organisiert. Allerdings berücksichtigt diese rein formale Betrachtungsweise nicht, daß es sich im vorliegenden Ausgangsfall bei dem Arbeitgeber um einen ehemaligen Teil eines anderen Unternehmens handelt, der in diesem Unternehmen ein Aufgabengebiet erfüllte, das er nunmehr als eigene Rechtspersönlichkeit wahrnimmt. Möglicherweise könnte der betreffende Arbeitgeber daher aus Sicht des Deutschen Gewerkschaftsbundes und seiner Mitgliedsgewerkschaften weiterhin zu der Branche zählen, der auch das gespaltene Unternehmen angehört.

Ziff. 2 c) der Richtlinien für die Abgrenzung von Organisationsbereichen und die Veränderung der Organisationsbezeichnung gemäß § 15 Ziff. 1 der DGB-Satzung bestimmt in diesem Sinne ausdrücklich, daß Änderungen der Unternehmensorganisation, zum Beispiel Aufspaltung, Zusammenlegung, Änderung der Rechtsform, sowie der Eintritt in einen und/oder Austritt aus einem Arbeitgeberverband grundsätzlich keine Kriterien zur Organisationsabgrenzung sind. Demnach könnte der Arbeitgeber, der aus einer Änderung der Unternehmensorganisation in Form der Abspaltung bzw. Ausgliederung hervorgegangen ist, weiterhin der Branche des gespaltenen Unternehmens und damit der DGB-Zweitgewerkschaft zuzuordnen sein. Allerdings ändert auch die Negativregelung der Ziff. 2 c) der Richtlinien für die Abgrenzung von Organisationsbereichen nichts an dem Grundsatz, daß die DGB-Gewerkschaften die Arbeitgeber nach ihrer Branchenzugehörigkeit den Zuständigkeitsbereichen zuweisen. Daher ist auch im Falle einer Umstrukturierung auf Arbeitgeberseite

ist auch im Falle einer Umstrukturierung auf Arbeitgeberseite ein Branchenwechsel möglich. Fraglich ist jedoch, unter welchen Voraussetzungen ein nach einer Änderung der Unternehmensorganisation entstandener neuer Arbeitgeber entsprechend Ziff. 2 c) der Richtlinien für die Organisationsabgrenzung weiterhin der bisherigen Branche zugerechnet werden kann.

Zur Beantwortung dieser Frage ist es erforderlich, Ziff. 2 c) der Richtlinien für die Organisationsabgrenzung teleologisch auszulegen[145]. Hintergrund der Regelung ist das Ziel der Gewerkschaftsseite, eine Zuständigkeitsordnung zu schaffen, die sich an arbeitstechnischen Prozessen, also der Branchenzugehörigkeit als sachlichem Kriterium, orientiert und sich nicht allein gesellschaftsrechtlichen Vorgaben aussetzt. Denn diese stehen unter dem alleinigen Einfluß der Arbeitgeber, die sich für ihre unternehmerischen Tätigkeiten die für sie günstigen aus den vom Gesetzgeber bereitgestellten Rechtsformen heraussuchen. Die DGB-Zuständigkeitsordnung würde also bei der alleinigen Anknüpfung an den Rechtsträger als Arbeitgeber der Gestaltung der Arbeitgeberseite unterliegen.

Der abgespaltene bzw. ausgegliederte Rechtsträger kann daher nach der DGB-Satzung dann der bisherigen Branche zugeordnet werden, wenn er trotz seiner formalen Arbeitgeberstellung personell und sachlich wie bisher dem Unternehmen, aus dem er hervorgegangen ist, zugerechnet werden kann. Dies setzt zum einen voraus, daß sich hinter ihm materiell derselbe Arbeitgeber verbirgt. Entscheidend dafür ist, wer hinter der gesellschaftsrechtlichen Rechtsform als Anteilsinhaber steht. Sind diese bei beiden Rechtsträgern identisch oder im wesentlichen gleich oder wird der übertragende Rechtsträger alleiniger Anteilseigner des neuen Rechtsträgers, ist im Sinne der DGB-Zuständigkeitsordnung materiell nur ein Arbeitgeber anzunehmen. Im Falle der Abspaltung zur Neugründung (§ 123 Abs. 2 Nr. 2 UmwG) kann also unabhängig von der formalen Arbeitgeberstellung dann von einem Arbeitgeber ausgegangen werden, wenn die Anteilsinhaber des übertragenden Rechtsträgers auch die des neuen Rechtsträgers werden. Im Falle der Ausgliederung zur Neugründung (§ 123 Abs. 3 Nr. 2 UmwG) gilt dies, wenn der übertragende Rechtsträger Inhaber des neuen Rechtsträgers wird.

Eine Zurechung zum bisherigen Unternehmen erfordert des weiteren, daß der Rechtsträger wie bisher für das Unternehmen das bereits vor der Spaltung ausgeübte Arbeitsgebiet wahrnimmt. Nur dann sind beide Rechtsträger auch weiterhin als sachliche Einheit anzusehen. Voraussetzung dafür ist nicht, daß sich beide Einheiten - ungeachtet ihrer rechtlichen Selbständigkeit - arbeitstechnisch

[145] Zur Auslegung von Vereinssatzungen siehe bereits oben 2. Teil A. I. 4.

als Haupt- und Hilfsbetrieb gegenüberstehen[146]. Maßgebend ist allein, daß der neue Arbeitgeber wie bereits als Unternehmensteil vor der Umstrukturierung im Interesse des gespaltenen Unternehmens tätig wird und damit durch dieses vor dem Wettbewerb mit den Unternehmen geschützt ist, die - allein beurteilt nach der formalen Rechtsstellung - mit ihm in Konkurrenz stehen. Regelmäßig liegt dieser Konkurrenzschutz vor, wenn dem neuen Arbeitgeber durch die Verbindung zum Unternehmen der bisherige Auftragsumfang im wesentlichen gesichert bleibt[147]. Besteht dagegen dieser Schutz durch das bisherige Unternehmen nicht mehr und ist der neue Arbeitgeber wie alle anderen Unternehmen seiner jetzigen Branche dem Wettbewerb ausgesetzt, besteht auch nach der DGB-Zuständigkeitsordnung kein Grund mehr dafür, den Arbeitgeber nicht den anderen Unternehmen dieser Branche gleichzustellen und ihm die für diese Branche zuständige DGB-Erstgewerkschaft gegenüberzustellen. Nach diesen Grundsätzen kann der Rechtsprechung des Bundesarbeitsgerichts zur Einordnung einer rechtlich verselbständigten Verkaufsabteilung eines Metallunternehmens in den satzungsmäßigen Zuständigkeitsbereich einer Gewerkschaft zugestimmt werden[148]. Hier stritten die IG Metall, die entsprechend Ziff. 2 c) der Richtlinien für die Abgrenzung von Organisationsbereichen und die Veränderung der Organisationsbezeichnung gemäß § 15 Ziff. 1 der DGB-Satzung ihre einzelgewerkschaftliche satzungsmäßige Zuständigkeit auf alle „Betriebe..., die aufgrund von Auf- und Abspaltungen, Ausgliederungen und/oder sonstigen unternehmerischen Veränderungen organisatorischer und/oder gesellschaftsrechtlicher Art entstanden sind oder entstehen bzw. tätig sind oder werden" erweitert hatte, und die HBV um die tarifliche Inanspruchnahme der rechtlich selbständigen Verkaufsabteilung. Nachdem im DGB-Vermittlungsverfahren der Arbeitgeber der IG Metall zugewiesen worden war, bestätigte das Bundesarbeitsgericht im Beschlußverfahren nach §§ 2a, 97 ArbGG die Zugehörigkeit des Arbeitgebers zum satzungsmäßigen Organisationsbereich der IG Metall und damit das Ergebnis des DGB-Vermittlungsverfahrens. Dabei führte es nicht nur aus, daß es sich bei der Arbeitgeberin um eine rechtlich verselbständigte Verkaufsabteilung handele, sondern auch, daß diese Verkaufsabteilung nach ihrem Betriebszweck weiterhin für das Metallunternehmen unterstützend tätig werde, indem es weit überwiegend deren Produkte vertreibe.

---

[146] S. dazu oben 2. Teil A. I. 3. b) aa) (2).

[147] Eine Ungleichbehandlung der - nach dem formalen Rechtsträger beurteilt - bei Arbeitgebern derselben Branche beschäftigten Arbeitnehmer im Hinblick auf die gewerkschaftliche Tarifzuständigkeit, die *Rieble* in seiner Anmerkung zu BAG AP Nr. 14 zu § 2 TVG Tarifzuständigkeit annimmt, liegt in dieser Konstellation also gerade nicht vor. Eine Bindung an einen Gleichbehandlungsgrundsatz bei der Begründung (!) der Tarifzuständigkeit ist darüber hinaus nach dem hiesigen Verständnis einer privatautonomen Legitimation der tarifvertraglichen Normsetzungsbefugnis ohnehin nicht anzuerkennen. Vgl. oben 1. Teil B. II. 2.

[148] BAG AP Nr. 14 zu § 2 TVG Tarifzuständigkeit.

Nach diesen Voraussetzungen einer Zurechnung ist in der zu untersuchenden Ausgangskonstellation der Arbeitgeber, der aus einer Abspaltung bzw. Ausgliederung hervorgegangen ist und weiterhin nach seinem sachlichen Aufgabengebiet für das gespaltene Unternehmen tätig bleibt, nach der DGB-Zuständigkeitsordnung wie bisher allein der Branche zuzuordnen, die die DGB-Zweitgewerkschaft organisiert. Daraus folgt entsprechend den obigen Ausführungen, daß der Wille der bei dem betreffenden Arbeitgeber beschäftigten Mitglieder der DGB-Zweitgewerkschaft allein darauf gerichtet ist, ihre individuelle Koalitionsfreiheit weiterhin in ihrer Koalition und nicht in der nach der formalen Arbeitgeberstellung zuständigen DGB-Erstgewerkschaft auszuüben. Damit stehen sich also in der vorliegenden Abwägung unverändert das Interesse der Arbeitnehmer, sich in der DGB-Zweitgewerkschaft betätigen zu können, und das Interesse des Arbeitgebers, an dem Verbandszweck seines jetzigen Verbandes teilzunehmen, gegenüber.

(dd) Die Verhandlungs- und Kampfparität

Fraglich ist jedoch, ob diese gegensätzlichen Koalitionsinteressen im Rahmen der Abwägung beurteilt werden dürfen. Wie ausgeführt, bedeutet die Mitgliedschaft in einem bestimmten Verband nicht nur die Teilnahme an dessen tariflicher Betätigung, sondern auch an dessen tariflichen Forderungen gegenüber dem sozialen Gegenspieler. Tritt ein Arbeitgeber bzw. Arbeitnehmer einem bestimmten Verband bei, bringt er damit also mittelbar auch zum Ausdruck, welche tariflichen Forderungen er grundsätzlich der Gegenseite gegenüber erheben möchte. In der vorliegenden Konstellation wollen die Arbeitnehmer durch die unveränderte Einbeziehung ihres Arbeitgebers in den Organisationsbereich der DGB-Zweitgewerkschaft, daß dieser weiterhin den tariflichen Forderungen der Branche ausgesetzt wird, die auch an das gespaltene Unternehmen gestellt werden. Der Arbeitgeber strebt dagegen durch seinen Beitritt zu dem der DGB-Erstgewerkschaft gegenüberstehenden Arbeitgeberverband dessen Tarifpolitik an.

Nach ganz herrschender Meinung können Inhalte tariflicher Vereinbarungen gerichtlich auf ihre Vereinbarkeit mit dem geltenden Recht, nicht aber auf Zweckmäßigkeit und Billigkeit überprüft werden, da jede andere gerichtliche Verfahrensweise unzulässig in die Rechtssetzungsautonomie der Tarifvertragsparteien eingriffe[149]. Da die Tarifverträge nur das Ergebnis der zum Ausgleich

[149] BAG AP Nr. 1 u. 2 zu § 1 TVG Billigkeitskontrolle; MünchArbR/Löwisch/Rieble, § 246, Rn. 96; Seiter, Streikrecht und Aussperrungsrecht, S. 165, 166.

gebrachten Forderungen und Ziele der Tarifpartner darstellen, folgt daraus, daß auch die tariflichen Forderungen einer jeden Seite, die dem Tarifpartner gegenüber erhoben werden, keiner Billigkeitskontrolle unterliegen. Das Bundesverfassungsgericht hat zwar die Zivilgerichte zur Billigkeitskontrolle von Verträgen aufgerufen, die einen der beiden Vertragspartner ungewöhnlich stark belasten und das Ergebnis strukturell ungleicher Verhandlungsstärke sind[150]. Auch wenn man die Tarifnormsetzungsbefugnis – wie hier vertreten – als privatrechtliche Gestaltungsmacht egreift[151] und der Entscheidung des Bundesverfassungsgerichts damit in jedem Fall Geltung für das Tarifrecht beimessen muß, spricht dies jedoch nicht gegen die Ablehnung einer derartigen Inhaltskontrolle der durch den Verbandsbeitritt zum Ausdruck gebrachten Tarifforderungen. Eine Billigkeitsüberprüfung darf auch nach der genannten Rechtsprechung des Bundesverfassungsgerichts erst dann vorgenommen werden, wenn nach der Rechtsordnung ein annäherndes Gleichgewicht der Vertragspartner fehlt. Dementsprechend hat das Bundesverfassungsgericht auch für das Tarifrecht ausdrücklich darauf hingewiesen, daß das staatliche Recht ein annähernd gleichgewichtiges Aushandeln der Löhne und Arbeitsbedingungen gewährleisten muß[152]. Die tarifliche Rechtsordnung hat sich daher zunächst darauf zu beschränken, ein Gleichgewicht der Tarifpartner herzustellen, um dadurch Tarifverträge, die eine Seite unangemessen stark belasten, zu verhindern[153].

Eine unmittelbare Bewertung der Tarifforderungen der Arbeitgeber- und Arbeitnehmerseite, die sich in dem Interesse an ihren Koalitionen äußern, darf daher nicht vorgenommen werden. Zu beachten ist jedoch, daß diese Forderungen auf der Arbeitnehmerseite in einem Verband, hier der DGB-Zweitgewerkschaft, gegenüber dem einzelnen Arbeitgeber geltend gemacht werden. Möglicherweise könnte daher in der vorliegenden Abwägung das Bestehen eines Verhandlungsgleichgewichts zwischen dem Arbeitgeber und der DGB-Zweitgewerkschaft für die Zulässigkeit der gewerkschaftlichen Kampfmaßnahmen entscheidend sein. Voraussetzung dafür ist aber, daß die Arbeitskampffähigkeit des einzelnen Arbeitgebers von einer derartigen Parität überhaupt abhängig ist. Das Bundesarbeitsgericht hat sich - soweit ersichtlich – nicht zum Bestehen eines Verhandlungsgleichgewichts bei der tariflichen Inanspruchnahme eines einzelnen Arbeitgebers geäußert, zumindest aber die Kampffähigkeit eines großen einzelnen Arbeitgebers bejaht[154]. Teilweise wird der einzelne Arbeitgeber für uneinge-

---

[150] BVerfGE 81, 242, 255; 89, 214, 232.
[151] S.o. 1 Teil B. II.
[152] BVerfGE 84, 212, 229.
[153] Blank, Die Tarifzuständigkeit, S. 91.
[154] BAG AP Nr. 43 zu Art. 9 GG Arbeitskampf; bejahend wohl auch: BAG AP Nr. 25 zu § 2 TVG.

schränkt kampffähig gehalten[155]. Dagegen betonen vor allem Vertreter, die die Erstreikbarkeit eines Firmentarifvertrages bei einem verbandsangehörigen Arbeitgeber für rechtswidrig halten, daß auf der Ebene des Firmentarifvertrages das verfassungsrechtlich vorausgesetzte Gleichgewicht der tariflichen Gegenspieler gestört sei[156]. Der einzelne Arbeitgeber sei daher nur bei einer gewissen Durchsetzungsfähigkeit tarif- bzw. arbeitskampffähig[157].

Zunächst ist festzuhalten, daß auch auf der Ebene der Firmentarifverträge unbillige tarifliche Vereinbarungen ohne staatlichen Eingriff nur dann verhindert werden können, wenn zwischen den tariflichen Gegenspielern ein Verhandlungs- und Kampfgleichgewicht besteht. Will man daher eine grundsätzliche nachträgliche Billigkeitskontrolle im Tarifrecht vermeiden, ist für die Arbeitskampffähigkeit des einzelnen Arbeitgebers eine Gleichgewichtslage zur Arbeitnehmerseite zu fordern. Entscheidend muß daher sein, ob der einzelne Arbeitgeber seine tariflichen Interessen gegenüber der Gewerkschaft in einem Verhandlungs- und Kampfgleichgewicht wahrnehmen kann.

Dies beurteilt sich jedoch nicht nach einer wie auch immer zu bestimmenden Mächtigkeit (Durchsetzungsfähigkeit) des einzelnen Arbeitgebers[158]. Dagegen sprechen nicht nur Gründe der Rechtssicherheit, da mangels allgemeingültigen Paritätsmaßstabes eine Bestimmung der Durchsetzungsfähigkeit als einzelfallabhängige Entscheidung in der tariflichen Praxis leicht zu Streitigkeiten führen könnte. Ein derartiges Merkmal beschränkte auch die von Art. 9 Abs. 3 GG geschützte Betätigungsfreiheit der Arbeitnehmerseite in nicht erforderlicher Weise. Arbeitgeber ohne Mitgliedschaft in einem Arbeitgeberverband könnten sich auf diese Weise der Tarifautonomie entziehen. Insofern sprechen auch hier genau die Gründe, die bereits zur Tariffähigkeit des einzelnen Arbeitgebers geführt haben[159], für eine Arbeitskampffähigkeit des einzelnen Arbeitgebers ohne Rücksicht auf eine bestimmte Durchsetzungsfähigkeit. Grundsätzlich kann es nicht zu Lasten einer Seite gehen, wenn sich die Gegenseite nicht entsprechend in der ihr möglichen und zumutbaren Weise zusammenschließt und solidarisiert. Die negative Koalitionsfreiheit des einzelnen Arbeitgebers hat insoweit in der Abwä-

[155] LAG Düsseldorf, LAGE Nr. 21 zu Art. 9 GG Arbeitskampf; Hoyningen-Huene v., ZfA 1980, S. 453, 459, der jedoch zur Lösung des Problems eine nachträgliche Inhaltskontrolle des erkämpften Firmentarifvertrages zulassen möchte; MünchArbR/Otto, § 285, Rn. 66.
[156] Boldt, RdA 1971, S. 257, 263.
[157] Müller, Tarifautonomie in der Bundesrepublik Deutschland, S. 262, 264.
[158] Zu Recht ablehnend: Kempen/Zachert, TVG, § 2, Rn. 69; Kutscher, Die Tarifzuständigkeit, S. 72; zu beachten ist auch, daß der Staatsvertrag vom 18.05.1990 Art. 17, Gemeinsames Protokoll über Leitsätze, Ziff. A III. 2 (BGBl. II, S. 537, 545) das Kriterium der Durchsetzungsfähigkeit nur auf Gewerkschaften und Arbeitgeberverbände bezieht.
[159] S.o. 3. Teil C. I. 1.

gung gegenüber der ausgeübten positiven Koalitionsfreiheit der Arbeitnehmerseite zurückzutreten. Entsprechend den obigen Ausführungen[160] kommt es daher grundsätzlich nicht darauf an, ob zwischen Arbeitgeber und Gewerkschaft tatsächlich eine Verhandlungs- und Kampfparität vorliegt, sondern allein darauf, daß diese für beide Seiten im freien Spiel der Kräfte erreichbar ist. Soweit eine aus den Beschäftigten mehrerer Arbeitgeber zusammengesetzte Gewerkschaft diesen Arbeitgebern einzeln gegenübertritt, sind die Arbeitgeber darauf zu verweisen, entsprechend zu koalieren und ihre Interessen gegenüber der Gewerkschaft gemeinsam wahrzunehmen. Dies gilt aber auch dann, wenn einem bereits verbandsangehörigen Arbeitgeber eine Zweitgewerkschaft gegenübertritt, die für keinen weiteren Arbeitgeber des Verbandes zuständig ist. Der Arbeitgeber kann sich daher nicht von vornherein darauf berufen, daß er bereits Mitglied eines Arbeitgeberverbandes sei und daher alles - und wie hier vergeblich - getan habe, um der Zweitgewerkschaft durch eine Verbandsteilnahme in einem Verhandlungsgleichgewicht entgegenzutreten. Wäre dies möglich, könnte der Arbeitgeber durch eine Verbandsteilnahme von vornherein die von Art. 9 Abs. 3 GG geschützte Betätigungsmöglichkeit einer Zweitgewerkschaft leerlaufen lassen. Auch in dieser Konstellation kommt es daher für die Arbeitskampffähigkeit des Arbeitgebers allein darauf an, ob er gegenüber der Zweitgewerkschaft ein Verhandlungsgleichwicht durch die Teilnahme an der tariflichen Betätigung eines der Zweitgewerkschaft gegenüberstehenden Arbeitgeberverbandes erreichen kann[161]. Ist dies zu bejahen, besteht die Arbeitskampffähigkeit des Arbeitgebers uneingeschränkt. Ist dies dagegen nicht der Fall, ist es erforderlich, zum Schutze des betroffenen Arbeitgebers in die Tarifautonomie einzugreifen und Kampfmaßnahmen der (DGB)-Zweitgewerkschaft für unzulässig zu erklären.

In seinem jetzigen Verband ist dem Arbeitgeber ein Verhandlungsgleichgewicht zur branchenweit organisierten DGB-Zweitgewerkschaft nicht gewährleistet. Ihm steht - wie oben gezeigt - die DGB-Zweitgewerkschaft allein gegenüber, weshalb eine Solidarität der übrigen Verbandsmitglieder nicht erwartet werden kann. Soweit der Arbeitgeber der DGB-Zweitgewerkschaft danach allein entgegentreten muß, ist eine Gleichgewichtslage abzulehnen. Dabei kommt es - wie eben gezeigt - nicht darauf an, daß im Einzelfall der Arbeitgeber eine im Verhältnis zur Gewerkschaft vergleichbare Mächtigkeit aufweist. Die Bestimmung der Koalitionsparität ist – wie gezeigt[162]- materiell und abstrakt vorzunehmen, so daß es allein auf eine typisierte Fallbetrachtung ankommt. Danach ist jedoch hier grundsätzlich von einer Beeinträchtigung der Koalitionsparität auszugehen,

[160] S. dazu oben 2. Teil A. I. 2. d) bb).
[161] Auch hier wird wieder davon ausgegangen, daß zwischen den Arbeitgeberverbänden und den ihnen gegenüberstehenden Gewerkschaften ein Gleichgewicht besteht.
[162] S. dazu ausführlich oben 1. Teil B. VI. 2. c) bb) (1) und 3. Teil C. I. 4. a) aa).

da der Arbeitgeber allein einer Gewerkschaft gegenübertritt, die sich aus den bei den Arbeitgebern einer ganzen Branche beschäftigen Arbeitnehmern zusammensetzt. Eine Ausübung seiner Koalitionsfreiheit ist dem Arbeitgeber jedoch nach den obigen Ausführungen auch in dem Arbeitgeberverband möglich, der der DGB-Zweitgewerkschaft als gleichgewichtiger Tarifpartner entgegentritt. Insbesondere das diesem Arbeitgeberverband bereits angehörende Unternehmen, aus dem der neue Rechtsträger hervorgegangen ist und das trotz der Selbständigkeit des neuen Rechtsträgers materiell weiterhin als Arbeitgeber angesehen werden kann, wird zu einer unverzüglichen Aufnahme des neuen Arbeitgebers beitragen können. Allerdings ist der Arbeitgeber auch hier Außenseiter. Dies gilt zwar nicht im Hinblick auf den tariflichen Gegenspieler, da auch für alle anderen Mitglieder dieses Verbandes die DGB-Zweitgewerkschaft der zuständige Tarifpartner ist. Eine Außenseiterrolle kommt ihm aber aufgrund seiner tariflichen Forderungen zu, die er durch den Beitritt zum Arbeitgeberverband, der der DGB-Erstgewerkschaft gegenübersteht, manifestiert hat. Diese Forderungen entsprechen nicht dem gemeinsamen Willen der Mitglieder des Arbeitgeberverbands, der Tarifpartner der DGB-Erstgewerkschaft ist. Eine Verbandssolidarität und damit verbunden ein Verhandlungsgleichgewicht zur DGB-Zweitgewerkschaft kann der Arbeitgeber daher nur erreichen, wenn er sich dem mitgliedschaftlichen Willen dieses Verbandes unterordnet und seine eigenen tariflichen Interessen aufgibt. Damit ist aber zu prüfen, ob nicht auch die tariflichen Interessen des Arbeitgebers bei der Frage, ob eine Parität für den Arbeitgeber gegenüber dem tariflichen Gegenspieler in dem Arbeitgeberverband zu erreichen ist, berücksichtigt werden müssen.

Dabei ist zunächst zu beachten, daß grundsätzlich in einem Arbeitgeberverband wie in anderen Vereinen auch unterschiedliche Mitgliederinteressen aufeinanderprallen und zum Ausgleich gebracht werden müssen. Insoweit liegt es in der Verantwortung einer jeden Seite, einen Konsens bezüglich der zu erhebenden Forderungen und damit Solidarität untereinander herzustellen. Ob und wie diese ausgeübt wird, bleibt also jeder Seite vorbehalten und kann im Falle ihres Fehlens grundsätzlich nicht zu Lasten der Gegenseite geltend gemacht werden. Ein einzelner Arbeitgeber, der seine Interessen in seinem Arbeitgeberverband nicht mehr gewahrt sieht und daraufhin aus dieser Solidargemeinschaft ausscheidet, kann sich daher grundsätzlich nicht auf ein nunmehr fehlendes Verhandlungsgleichgewicht gegenüber der zuständigen Gewerkschaft berufen und dadurch die Rechtswidrigkeit eines Streiks der zuständigen Gewerkschaft herbeiführen. Dies zeigt, daß einzelne Interessen eines Arbeitgebers bei der Prüfung, ob eine Koalitionsparität für diesen erreichbar ist, grundsätzlich nicht berücksichtigt werden können. Etwas anderes muß aber dann gelten, wenn es dem Arbeitgeber trotz seiner formalen Stellung als Mitglied und seiner damit einhergehenden verbandsinternen Rechte unmöglich ist, seine tariflichen Vorstellungen überhaupt in den im Verband herzustellenden Interessenausgleich einzubringen.

Fraglich ist, unter welchen Voraussetzungen dies der Fall ist. Entscheidungsgrundlage dafür können entsprechend obigen Grundsätzen nicht die tariflichen Interessen der einzelnen Mitglieder sein. Diese werden selbst bei Arbeitgebern derselben Branche selten gleich sein, da zwischen ihnen nach ihrer wirtschaftlichen Lage regelmäßig Unterschiede bestehen werden. Ohnehin sind die wirtschaftlichen Situationen einzelner Arbeitgeber durch den fortlaufenden Wettbewerb ständigen Schwankungen unterlegen. Gleichwohl nehmen aber auch der am unteren und der am oberen Ende dieser Skala liegende Arbeitgeber an dem verbandsinternen Ausgleich der einzelnen Interessen teil, der dann die tariflichen Forderungen bzw. die Tarifpolitik gegenüber der Gewerkschaft bestimmt. Maßstab für die hier zu ermittelnde Grenze können daher keine willensabhängigen Kriterien sein. Entscheidend ist vielmehr eine Vergleichbarkeit der Verbandsmitglieder in tatsächlicher Hinsicht, was je nach Zusammensetzung eines Verbandes bzw. den satzungsmäßigen Voraussetzungen für die Verbandsmitgliedschaft Lage und Sitz, Unternehmens- bzw. Betriebsgegenstand und Teilnahme an einem bestimmten Wettbewerb sein können. Diese Kriterien schaffen eine verläßliche Beurteilungsgrundlage dafür, ob ein Mitglied gegenüber den übrigen Verbandsmitgliedern eine derartige Außenseiterstellung einnimmt, daß eine tatsächliche Mitwirkung am verbandsinternen Willensbildungsprozeß grundsätzlich und dauerhaft ausgeschlossen ist. Besteht dagegen eine Vergleichbarkeit zu den übrigen Verbandsmitgliedern in tatsächlicher Hinsicht, kann ein Arbeitgeber zur Wahrnehmung seiner tariflichen Interessen gegenüber der Gewerkschaft und damit zur Herstellung eines Verhandlungsgleichgewichts auf den Arbeitgeberverband verwiesen werden.

Soweit sich der Arbeitgeberverband nach dem satzungsmäßigen Industrieverbandsprinzip aus Arbeitgebern einer Branche zusammensetzt, ist nach diesen Grundsätzen eine effektive Beteiligung nicht mehr gewährleistet, wenn der betreffende Arbeitgeber sich im Verhältnis zu den anderen Verbandsmitgliedern als branchenfremd erweist und daher im Wirtschaftsverkehr an einem anderen Wettbewerb teilnimmt als diese. Daraus resultieren zwar auch andere tarifliche Forderungen gegenüber der Arbeitnehmerseite. Grundlage für diese Forderungen sind aber nicht die andere wirtschaftliche Ertragslage, sondern die andere Branchen- und Wettbewerbszugehörigkeit des Arbeitgebers. In diesem Fall ist es daher dem Arbeitgeber nicht mehr zumutbar, sich zur Herstellung eines Gleichgewichts gegenüber der Gewerkschaft auf die Solidarität dieses Arbeitgeberverbandes verweisen zu lassen.

Damit ist abschließend zu prüfen, ob dies auch in der vorliegenden Ausgangskonstellation der Fall ist. Dies ist zu verneinen, wobei an dieser Stelle auf die Begründung verwiesen werden kann, nach der der Arbeitgeber auch bereits im Rahmen der DGB-Zuständigkeitsordnung der von der DGB-Zweitgewerkschaft organisierten Branche zugewiesen worden war. Materiell steht hinter dem betreffenden Rechtsträger, der formal die Arbeitgeberstellung innehat, weiterhin das Unternehmen, aus dem dieser abgespalten bzw. ausgegliedert wurde. Da der neue Arbeitgeber zudem unverändert für das Unternehmen das Aufgabengebiet wahrnimmt, das er bereits vor seiner rechtlichen Verselbständigung wahrgenommen hatte, nimmt er durch diesen Schutz nicht an dem Wettbewerb der Branche teil, der er allein nach der formalen Rechtsträgereigenschaft zugewiesen werden könnte. Der neue Arbeitgeber muß sich daher der Branche des gespaltenen Unternehmens und damit zur Ausübung seiner Koalitionsfreiheit dem Arbeitgeberverband zuweisen lassen, der grundsätzlich der DGB-Zweitgewerkschaft gegenübersteht. In diesem Arbeitgeberverband ist für ihn gegenüber der DGB-Zweitgewerkschaft ein Verhandlungs- und Kampfgleichgewicht erreichbar[163]. Soweit der Arbeitgeber in diesen Arbeitgeberverband eintritt und damit eine Bindung gemäß § 3 Abs. 1 TVG an den von ihm mit der DGB-Zweitgewerkschaft vereinbarten Verbandstarifvertrag herbeiführt, kommt ihm auch entsprechend der herrschenden Meinung[164] die aus diesem Verbandstarifvertrag resultierende Friedenspflicht unmittelbar zugute. Der Firmenarbeitskampf der DGB-Zweitgewerkschaft ist dann unzulässig.

In der Ausgangskonstellation überwiegt also die individuelle Koalitionsfreiheit der Mitglieder der DGB-Zweitgewerkschaft die individuelle Koalitionsfreiheit des Arbeitgebers. Die Kampfmaßnahmen der DGB-Zweitgewerkschaft sind in diesem Fall zulässig.

---

[163] Dies gilt in der vorliegenden Konstellation in jedem Fall, da die Gewerkschaft den Arbeitgeber mit dem erstrebten Firmentarifvertrag tariflich den übrigen Mitgliedern des Arbeitgeberverbandes gleichstellen möchte. Die Verbandssolidarität ist hier in keinem Fall durch unterschiedliche Tarifforderungen der Gewerkschaft gefährdet. Anders und damit problematischer liegt der Fall insoweit bei der oben angesprochenen betriebsnahen Tarifpolitik, bei der eine Erstgewerkschaft einen verbandsangehörigen Arbeitgeber tariflich gerade anders behandeln möchte als die anderen Verbandsmitglieder.

[164] Konzen, ZfA 1975, S. 401, 425, 426; Löwisch/Rieble, Festschrift für Günter Schaub, S. 457, 470; MünchArbR/Otto, § 285, Rn. 80; Wiedemann/Oetker, TVG, § 2, Rn. 136.

(ee) Ergebnis

Für die vorliegende Abwägung kann, soweit als Erst- und Zweitgewerkschaft dem betreffenden Arbeitgebers zwei DGB-Gewerkschaften gegenüberstehen, festgehalten werden:

Im Falle eines durch Produktionsumstellungen bedingten Branchenwechsels kann dem von Art. 9 Abs. 3 GG geschützten Interesse eines Arbeitgebers, an der tariflichen Betätigung des Arbeitgeberverbandes seiner Branche teilzunehmen, unmittelbar entsprochen werden, da die Mitglieder der DGB-Gewerkschaften einer Ausübung ihrer individuellen Koalitionsfreiheit durch die DGB-Gewerkschaft zugestimmt haben, die nach der Branchenzugehörigkeit des Arbeitgebers zuständig ist und damit dem jetzigen Verband des Arbeitgebers gegenübersteht. Die DGB-Gewerkschaften müssen sich also auf Verlangen des betreffenden Arbeitgebers an der von ihnen geschaffenen DGB-Zuständigkeitsordnung festhalten lassen. Kommt es also zu einem Branchenwechsel eines Arbeitgebers durch Produktionsumstellungen, wie in der Abwandlung des zu untersuchenden Ausgangsfalles, sind Arbeitskampfmaßnahmen der bisher zuständigen DGB-Zweitgewerkschaft unzulässig.

Nach der DGB-Zuständigkeitsordnung fällt ein Arbeitgeber aber in eine andere Branche, wenn er trotz seiner rechtlichen Selbständigkeit einem Unternehmen aus dieser anderen Branche zugerechnet werden muß. Voraussetzung dafür ist zunächst, daß dieses Unternehmen hinter dem formalen Rechtsträger materiell als eigentlicher Arbeitgeber angesehen werden kann. Im Falle der Abspaltung zur Neugründung (§ 123 Abs. 2 Nr. 2 UmwG) ist dies der Fall, wenn die Anteilsinhaber des übertragenden Rechtsträgers auch die des neuen Rechtsträgers sind, im Falle der Ausgliederung zur Neugründung (§ 123 Abs. 3 Nr. 3 UmwG), wenn der übertragende Rechtsträger alleiniger Anteilsinhaber des neuen Rechtsträgers ist. Des weiteren muß zu dieser gemeinsamen Arbeitgeberstellung im materiellen Sinne hinzutreten, daß der neue Arbeitgeber durch den Schutz dieses Unternehmens nicht in gleicher Weise am Wettbewerb teilnimmt wie die anderen Arbeitgeber seiner Branche. Diese Voraussetzungen liegen in der oben geschilderten Ausgangskonstellation gerade vor. Der betreffende Arbeitgeber ist daher nach der DGB-Zuständigkeitsordnung weiter der Branche des übertragenden Rechtsträgers und somit der ihm gegenüberstehenden DGB-Zweitgewerkschaft zuzuordnen.

Damit stehen sich das Interesse des Arbeitgebers an seinem jetzigen Arbeitgeberverband und das Interesse der bei ihm beschäftigen Arbeitnehmer, ihre Koalitionsfreiheit in der DGB-Zweitgewerkschaft auszuüben, gegenüber. In dieser Abwägung ist unter Berücksichtigung der Verhandlungs- und Kampfparität den

Arbeitnehmerinteressen der Vorrang einzuräumen. Der Arbeitgeber kann zur Ausübung seiner Koalitionsfreiheit in zumutbarer Weise auf den der DGB-Zweitgewerkschaft gegenüberstehenden Arbeitgeberverband verwiesen werden, in dem er ein Verhandlungs- und Kampfgleichgewicht zur DGB-Zweitgewerkschaft erreichen kann. Die Kampfmaßnahmen der DGB-Zweitgewerkschaft sind demnach zulässig. Soweit der neue Arbeitgeber seine tariflichen Interessen gegenüber der DGB-Zweitgewerkschaft weiterhin in seinem jetzigen Arbeitgeberverband, der grundsätzlich Tarifpartner der DGB-Erstgewerkschaft ist, verfolgen will, ist er zur Durchsetzung dieser Interessen auf die Solidarität dieser Verbandsmitglieder zu verweisen. Diese ist – wie oben gezeigt[165] – zwar tatsächlich unwahrscheinlich, rechtlich zumindest aber möglich.

(b) Gewerkschaften ohne Zugehörigkeit zum selben Dachverband

Schließlich ist die Abwandlung des Ausgangsfalles zu betrachten, in der die Zweitgewerkschaft anders als die Erstgewerkschaft nicht dem Deutschen Gewerkschaftsbund angehört. In diesem Falle tritt im Unterschied zur Ausgangskonstellation die Zweitgewerkschaft nicht an die Stelle der DGB-Erstgewerkschaft, sondern außerhalb eines gemeinsamen Dachverbandes neben die DGB-Erstgewerkschaft. Dabei ist zunächst darauf hinzuweisen, daß sich ein von der Zweitgewerkschaft erstreikter Tarifvertrag nach dem vom Bundesarbeitsgericht auf die Fälle der Tarifkonkurrenz und der Tarifpluralität angewandten Grundsatz der Tarifeinheit[166] als Firmentarifvertrag dem Spezialitätsprinzip zufolge gegenüber einem beim Arbeitgeber angewandten Verbandstarifvertrag der DGB-Erstgewerkschaft als Firmentarifvertrag durchsetzte[167]. Hält man nur Regelungen für erstreikbar, die nach ihrer kampfweisen Durchsetzung auch zur Anwendung gelangen, ist vorliegend insoweit nichts gegen die Zulässigkeit der Kampfmaßnahmen der Zweitgewerkschaft einzuwenden.

Auch hier ist wiederum eine Abwägung der individuellen Koalitionsfreiheit des Arbeitgebers und der Mitglieder der Zweitgewerkschaft maßgebend. Da die Zweitgewerkschaft nicht dem Deutschen Gewerkschaftsbund angehört, haben ihre Mitglieder einer Ausübung ihrer Koalitionsfreiheit durch die DGB-

---

[165] S.o. 3. Teil C. I. 4. c) bb) (1).

[166] Zur Auflösung von Tarifkonkurrenzen und Tarifpluralitäten s.o. 1. Teil B. IV.

[167] BAG AP Nr. 20 zu § 4 TVG Tarifkonkurrenz; ausführlich zum Spezialitätsprinzip: Wiedemann/Wank, TVG, § 4, Rn. 289/298; s. auch unten 4. Teil B. II. 2. b) aa) (4) (a) zur Forderung, tarifautonom herbeigeführte Tarifpluralitäten nach der größeren Legitimation auf Arbeitnehmerseite aufzulösen.

Erstgewerkschaft nicht zugestimmt. Insoweit kommt es wie in der Ausgangskonstellation, in der die Mitglieder der DGB-Zweitgewerkschaft eine tarifliche Betätigung in der DGB-Erstgewerkschaft abgelehnt haben, zu einer Kollision der Interessen beider Seiten, gerade an dem Verbandszweck ihrer jetzigen Koalition teilzunehmen. Eine Beurteilung der Interessen einer jeden Seite darf auch hier nicht vorgenommen werden. Entscheidend ist wiederum das Bestehen einer Verhandlungs- und Kampfparität zwischen dem Arbeitgeber und der Zweitgewerkschaft.

Soweit es sich bei der Zweitgewerkschaft um eine Gewerkschaft handelt, die die Beschäftigen der Arbeitgeber einer ganzen Branche organisiert, kann im wesentlichen nach oben verwiesen werden[168]. Im Falle eines Branchenwechsels kann dem Arbeitgeber grundsätzlich nicht zugemutet werden, seine Koalitionsfreiheit in dem Arbeitgeberverband auszuüben, der der Zweitgewerkschaft gegenübersteht. Eine Kampfparität gegenüber der Zweitgewerkschaft ist daher für den Arbeitgeber nicht erreichbar. Die Kampfmaßnahmen der Zweitgewerkschaft sind in diesem Fall unzulässig. Etwas anderes gilt jedoch wie oben dann, wenn hinter dem betreffenden Rechtsträger als Anteilsinhaber weiterhin das Unternehmen bzw. dessen Anteilsinhaber stehen und der rechtlich verselbständigte Rechtsträger dadurch, daß er weiterhin für das Unternehmen in dem bisherigen Aufgabengebiet tätig wird, nicht an dem Wettbewerb der formal nach dem Rechtsträger zu beurteilenden Branche teilnimmt. Der neue Arbeitgeber muß sich auch hier zur Wahrnehmung seiner Koalitionsfreiheit auf den Arbeitgeberverband verweisen lassen, der der Zweitgewerkschaft grundsätzlich gegenübersteht. In diesem Arbeitgeberverband ist für ihn ein Verhandlungs- und Kampfgleichgewicht erreichbar, so daß die Kampfmaßnahmen der Zweitgewerkschaft in diesem Fall zulässig sind.

Ist dagegen – abweichend von der hier untersuchten Konstellation - die gesamte Tarifzuständigkeit der Zweitgewerkschaft nur auf diesen einen Arbeitgeber begrenzt, ist dagegen eine Verletzung der Koalitionsparität in keinem Fall zu befürchten[169]. Zwar liegt auch in diesem Falle eine Beeinträchtigung der positiven Koalitionsfreiheit vor, da bei den anderen Verbandsmitgliedern die Bereitschaft, Unterstützung für den Arbeitgeber zu leisten, gering sein wird, da sie eine tarifliche Inanspruchnahme durch diese Gewerkschaft gerade nicht befürchten müssen. Durch die Beschränkung des satzungsmäßigen Zuständigkeitsbereiches steht aber die tarifliche Verhandlungs- und Arbeitskampfstärke der Zweitge-

[168] S.o. 3. Teil B. I. 4. c) bb) (2) (a) (dd).

[169] S. bereits oben bei den Grenzen der autonomen Festlegung der satzungsmäßigen Tarifzuständigkeit 2. Teil A. II. 1. b) aa).

werkschaft in unmittelbarer Relation zu der des Arbeitgebers/der Arbeitgeber. Die Abwägung fällt in diesem Fall dann zugunsten der Gewerkschaft aus.

5. Sonstige rechtliche Grenzen

Nach einer Ansicht kann in der kampfweisen Inanspruchnahme eines verbandsangehörigen Arbeitgebers durch eine Zweitgewerkschaft eine vorsätzliche sittenwidrige Schädigung gemäß § 826 BGB vorliegen, wenn dem Arbeitgeber verbandsintern der Abschluß von Firmentarifverträgen untersagt ist[170]. *Heß* sieht den Tatbestand des § 826 BGB regelmäßig als erfüllt an, wenn eine DGB-Zweitgewerkschaft nicht vor einem Firmenarbeitskampf das DGB-Schiedsverfahren zur Klärung der verbandsinternen Zuständigkeit eingeleitet habe. Der gewerkschaftliche Streik sei daher rechtswidrig[171].

Dies ist jedoch abzulehnen. § 826 BGB setzt ein sittenwidriges Verhaltens voraus, das sich aus dem Mittel, dem Zweck oder der Relation beider ergeben kann. Dabei liegt eine Sittenwidrigkeit nach allgemeiner Ansicht bei einem Verstoß gegen das Anstandsgefühl aller billig und gerecht Denkenden vor[172]. Verbandsinterne Vorgänge können jedoch keine im Außenverhältnis zwischen der Zweitgewerkschaft und dem Arbeitgeber wirkenden Umstände begründen, die zur Sittenwidrigkeit des Verhaltens der Zweitgewerkschaft führen[173]. Zudem setzt § 826 BGB einen Schaden voraus, der wie die die Sittenwidrigkeit begründenden Umstände vom Vorsatz des Schädigers erfaßt sein muß[174]. Nimmt eine Zweitgewerkschaft jedoch wie im vorliegenden Falle ihre von Art. 9 Abs. 3 GG geschützte Betätigungsfreiheit in zulässigem Umfang wahr und führt dadurch bei dem Arbeitgeber geltende tarifvertragliche Normen herbei, kann darin weder eine Schädigung des tariflich in Anspruch genommenen Arbeitgebers noch ein Vorsatz der Zweitgewerkschaft zu einer derartigen Schädigung liegen. Aber auch in der Abwandlung, in der es durch Produktionsumstellungen zu einem Branchenwechsel kommt und daher Arbeitskampfmaßnahmen der (DGB-)Zweitgewerkschaft rechtswidrig sind, ist der Tatbestand regelmäßig nicht erfüllt. Auch ein rechtswidriger Streik erfüllt erst dann das Merkmal der Sittenwidrigkeit, wenn zu ihm besondere Umstände, wie zum Beispiel die Androhung von Gewalt oder Sabotageakte, hinzutreten[175]. Soweit die gewerkschaftlichen

[170] Nikisch, Arbeitsrecht II, S. 242.
[171] Heß, ZfA 1976, S. 45, 76, 77.
[172] BGHZ 10, 228, 232; 69, 295, 297; Palandt/Thomas, BGB, § 826, Rn. 2-5.
[173] Kutscher, Die Tarifzuständigkeit, S. 82; s. dazu auch oben 2. Teil A. III. 5. a).
[174] Palandt/Thomas, BGB, § 826, Rn. 10, 11.
[175] Brox/Rüthers/Brox, Arbeitskampfrecht, Rn. 372.

Streikmaßnahmen - wie hier - auf die Herbeiführung von Tarifnormen bei dem Arbeitgeber gerichtet sind, liegt daher allein in einer paritätsverletzenden rechtswidrigen Inanspruchnahme eines verbandsangehörigen Arbeitgebers noch nicht die für die Sittenwidrigkeit erforderliche Verwerflichkeit[176].

6. Ergebnis

In der Ausgangskonstellation sind die Kampfmaßnahmen der DGB-Zweitgewerkschaft zur Erzwingung eines Firmentarifvertrages zulässig.

Soweit es nach der ersten Abwandlung zu einem Branchenwechsel des Arbeitgebers infolge von Produktionsumstellungen kommt, kann dagegen das Interesse des Arbeitgebers an dem für ihn nach dem Industrieverbandsprinzip zuständigen Arbeitgeberverband und damit verbunden an der Zuständigkeit der DGB-Erstgewerkschaft umfassend berücksichtigt werden. Arbeitskampfmaßnahmen der DGB-Zweitgewerkschaft sind daher unzulässig. Der Arbeitgeber kann in diesem Fall von den DGB-Gewerkschaften die Einhaltung der DGB-Zuständigkeitsordnung verlangen.

Soweit es sich bei der Zweitgewerkschaft - wie in der zweiten Abwandlung - nicht um eine DGB-Gewerkschaft handelt, kommt es in der Abwägung zwischen der Koalitionsfreiheit des Arbeitgebers und der Arbeitnehmerseite allein auf die Erreichbarkeit eines Verhandlungsgleichgewichts an. Dieses ist grundsätzlich nicht erreichbar, wenn eine für die Beschäftigten einer ganzen Branche zuständige Gewerkschaft einen einzelnen branchenfremden Arbeitgeber in Anspruch nimmt. Arbeitskampfmaßnahmen sind insoweit unzulässig. Im Falle einer - wie in der Ausgangskonstellation - vorgenommenen Abspaltung (§ 123 Abs. 2 Nr. 2 UmwG) oder Ausgliederung (§ 123 Abs. 3 Nr. 2 UmwG) kann dem Arbeitgeber dagegen zugemutet werden, eine Kampfparität in dem der Zweitgewerkschaft gegenüberstehenden Arbeitgeberverband zu erreichen. Die Zweitgewerkschaft kann hier gegen den Arbeitgeber Kampfmaßnahmen zur Erzwingung eines Firmentarifvertrages erreichen.

---

176 Ebenso: Kutscher, Die Tarifzuständigkeit, S. 82.

II. Der Arbeitskampf gegen einen Arbeitgeber zur tariflichen Erfassung einzelner Betriebe

Fraglich ist in der zweiten Konstellation, ob eine betriebsbezogen organisierte Gewerkschaft einen Arbeitgeber durch Arbeitskampfmaßnahmen zum Abschluß eines Firmentarifvertrages zur Erfassung einzelner brancheneigener Betriebe seines im übrigen aus ihrer Sicht branchenfremden Unternehmens[177] zwingen darf.

In der Rechtsprechung des Bundesarbeitsgerichts[178] ist diese Frage im Zusammenhang mit der folgenden Konstellation aufgetreten: Einem nach dem Gesamtpräge einer Branche (zum Beispiel der Chemiebranche) zuzuordnenden Unternehmen gehören auch ein Betrieb bzw. einige Betriebe eines anderen Wirtschaftszweiges (zum Beispiel der Metallbranche) an. Der Arbeitgeber ist daher jeweils mit dem Betrieb bzw. den Betrieben und dem übrigen Unternehmen Mitglied in verschiedenen Arbeitgeberverbänden. Dementsprechend kommen in dem Betrieb bzw. in den einzelnen Betrieben die mit einer betriebsbezogen organisierten Gewerkschaft vereinbarten Verbandstarifverträge zur Anwendung, während im übrigen Unternehmen die Tarifverträge der nach dem Unternehmen organisierten Verbände gelten. Dann beschließt das Unternehmen, eine unternehmenseinheitliche Tarifordnung herbeizuführen. Es tritt daher mit dem oder den im Verhältnis zum Gesamtunternehmen branchenfremden Betrieb(en) aus dem betriebsbezogenen Arbeitgeberverband aus und wird auch mit diesem Betrieb bzw. mit diesen Betrieben Mitglied im für das Gesamtunternehmen zuständigen Arbeitgeberverband. Auf diese Weise strebt das Unternehmen danach, über kurz oder lang auch in diesem bzw. diesen Betrieb(en) allein die Anwendung des unternehmensweiten Tarifvertrages herbeizuführen. Soweit es sich bei der betriebsbezogen und der unternehmensbezogen organisierten Gewerkschaft um DGB-Gewerkschaften handelt, wird zwischen diesen daraufhin vereinbart bzw. bei fehlender Einigung der beiden Gewerkschaften im Wege des Schiedsgerichtsverfahrens nach § 16 der DGB-Satzung festgelegt, daß die bisherige, betriebsbezogen organisierte DGB-Gewerkschaft auch weiterhin für den Betrieb bzw. die Betriebe allein tarifzuständig ist. Daher tritt die Gewerkschaft mit der betriebsbezogenen Tarifzuständigkeit, die auch in Zukunft die tariflichen Rechte ihrer Mitglieder in dem betreffenden bzw. den betreffenden Betrieben wahrnehmen möchte, an das Unternehmen heran, um für die fraglichen Betriebe einen Firmentarifvertrag abzuschließen. Das Unternehmen verweigert aus Interesse an dem unternehmensweit geltenden, günstigeren Tarifvertrag den Abschluß

[177] Vgl. zu den Begriffen Betrieb und Unternehmen im Tarifrecht oben 2. Teil A. I. 3. b) aa) und bb).
[178] Vgl. die Sachverhalte: BAG AP Nr. 10 u. 11 zu § 2 TVG Tarifzuständigkeit.

eines Firmentarifvertrages. Daraufhin ruft die Gewerkschaft zu Kampfmaßnahmen in dem betreffenden Betrieb bzw. den betreffenden Betrieben zur Erzwingung eines betriebsbezogenen Firmentarifvertrages auf, um das Tarifniveau des zwischen der betriebsbezogenen Zweitgewerkschaft und dem bisherigen Arbeitgeberverband des Arbeitgebers geschlossenen Verbandstarifvertrages sicherzustellen bzw. wieder herbeizuführen.

Fraglich ist damit, ob ein Arbeitgeber gegen seinen Willen eine arbeitskampfrechtliche Inanspruchnahme einzelner Betriebe seines Unternehmens durch eine betriebsbezogen organisierte Gewerkschaft zur Erzwingung eines Firmentarifvertrages hinnehmen muß. Während das Bundesarbeitsgericht diese Frage ausdrücklich unter Hinweis auf den Streitgegenstand des Verfahrens nach §§ 2a Abs. 1 Nr. 4, 97 ArbGG offengelassen hat[179], wird dies in der Literatur zum Teil bejaht[180], zum Teil abgelehnt[181]. Als konstruktive Wege für eine Lösung werden von der ablehnenden Ansicht eine Beschränkung der gewerkschaftlichen Tarifzuständigkeit oder eine Wahlmöglichkeit des Arbeitgebers bezüglich seiner eigenen Tarifzuständigkeit, für einzelne Betriebe oder nur das gesamte Unternehmen zuständig zu sein, erörtert[182]. Da jedoch nach obigen Ausführungen nach dem Zweck des Merkmals der Tarifzuständigkeit eine Wahlmöglichkeit eines Arbeitgebers bezüglich einer eigenen Tarifzuständigkeit abgelehnt werden muß[183], kann für die folgende Untersuchung Ausgangspunkt allein sein, ob eine Gewerkschaft ihre in zulässiger Weise betriebsbezogen ausgestaltete Tarifzuständigkeit[184] zur Erzwingung eines Firmentarifvertrages wahrnehmen darf. Dabei werden zahlreiche Parallelen zu der soeben untersuchten Konstellation festzustellen sein, da sich für den Arbeitgeber letztlich auch die Kampfmaßnahmen einer Gewerkschaft mit betriebsbezogener Tarifzuständigkeit zur Erzwingung eines Firmentarifvertrages als eine Inanspruchnahme durch eine Zweitgewerkschaft darstellt, wobei diese Inanspruchnahme allerdings im Unterschied zu obiger Konstellation nicht auf das gesamte Unternehmen, sondern mit dem Betrieb nur auf einen Teil des Unternehmens gerichtet ist.

---

[179] BAG AP Nr. 10 zu § 2 TVG Tarifzuständigkeit.

[180] Blank, Die Tarifzuständigkeit der DGB-Gewerkschaften, S. 58, 83; Däubler, Tarifvertragsrecht, Rn. 93a; Kempen/Zachert, TVG, § 2, Rn. 67; Konzen, Festschrift für Alfons Kraft, S. 294, 315, 316; MünchArbR/Otto, § 285, Rn. 66; Stein, RdA 2000, S. 129, 138.

[181] Buchner, ZfA 1995, S. 95, 117; Heinze, DB 1997, S. 2122, 2124; Henssler, ZfA 1998, S. 517, 524, 525.

[182] Buchner, ZfA 1995, S. 95, 117, 118; ders., SAE 1998, S. 262, 263; Heinze, DB 1997, S. 2122, 2123, 2124.

[183] S.o. 2. Teil C. I.

[184] S.o. 2. Teil A. II. 1. b) bb).

1. Die Tariffähigkeit des verbandsangehörigen Arbeitgebers für einzelne Betriebe nach § 2 Abs. 1 TVG

Der verbandsangehörige Arbeitgeber bleibt uneingeschränkt tariffähig. Dies gilt auch für die Tariffähigkeit des Arbeitgebers bezüglich einzelner Betriebe. In vollem Umfang kann hier auf die obigen Ausführungen verwiesen werden[185]. Daher ist auch hier der Ansicht eine Absage zu erteilen, die bereits unter Hinweis auf den Zweck des § 2 Abs. 1 TVG, das Funktionieren der Tarifautonomie sicherzustellen, die Tariffähigkeit des verbandsangehörigen Arbeitgebers für einzelne Betriebe seines Unternehmens ablehnen möchte[186]. Soweit der bereits an einen unternehmensweit geltenden Tarifvertrag gebundene Arbeitgeber tatsächlich vor einer Inanspruchnahme durch eine weitere Gewerkschaft geschützt werden muß, kann dies durch eine entsprechende Beschränkung der gewerkschaftlichen Kampfmaßnahmen geschehen. Eine von vornherein bestehende Beschränkung der Tariffähigkeit des verbandsangehörigen Arbeitgebers verhinderte dagegen auch einen möglichen freiwilligen Abschluß des Arbeitgebers mit der betriebsbezogenen Gewerkschaft und ist daher, unabhängig davon, ob eine Schutzbedürftigkeit des Arbeitgebers besteht oder nicht, bereits als nicht erforderlich zurückzuweisen.

Zum Teil wird gegen den Arbeitskampf einer Gewerkschaft zur Erzwingung eines betriebsbezogenen (Firmen-)Tarifvertrages auch eingewandt, daß es sich bei einem Betrieb um eine nicht tariffähige Unterorganisation handele[187]. Diese Ansicht übersieht jedoch, daß es sich bei dem Betrieb nur um einen Anknüpfungspunkt im Rahmen eines satzungsmäßigen Zuständigkeitsbereiches einer Koalition oder eines Geltungsbereiches eines Tarifvertrages handelt. Als Tarifvertragspartei im Sinne von § 2 Abs. 1 TVG steht der Gewerkschaft immer allein der Arbeitgeber gegenüber, der für alle Betriebe seines Unternehmens zuständig ist[188].

Ein Arbeitgeber ist also ohne Rücksicht auf eine gegebenenfalls bestehende Verbandsmitgliedschaft grundsätzlich für sein Unternehmen und alle Betriebe tariffähig. Eine Möglichkeit, dies arbeitgeberseitig einzuschränken, besteht nicht.

---

[185] S.o. 3. Teil C. I. 1.

[186] Buchner, ZfA 1995, S. 95, 114; Henssler, ZfA 1998, S. 517, 525.

[187] Heinze, DB 1997, S. 2122, 2125; Henssler, ZfA 1998, S. 517, 522.

[188] S. bereits oben 2 .Teil A. I. 3. b) aa); BAG AP Nr. 10 zu § 2 TVG Tarifzuständigkeit; Däubler, Tarifvertragsrecht, Rn. 93a; Hromadka/Maschmann/Wallner, Der Tarifwechsel, Rn. 40; Oetker, Anmerkung zu BAG AP Nr. 10 und Nr. 11 zu § 2 TVG Tarifzuständigkeit.

2. Die Friedenspflicht und Beschränkungen aus der Satzung des Arbeitgeberverbandes

Auch für das Bestehen einer Friedenspflicht und gegebenenfalls vorhandenen Beschränkungen aus der Satzung des Arbeitgeberverbandes kann auf die obigen Ausführungen verwiesen werden[189]. Die betriebsbezogene Gewerkschaft ist nicht Tarifvertragspartei des unternehmensweiten Tarifvertrages. Die daraus resultierende Friedenspflicht trifft sie daher nicht. Soweit der unternehmensbezogen organisierte Arbeitgeberverband seinen Mitgliedern satzungsmäßig den Abschluß von Firmentarifverträgen untersagt hat, steht dies aus denselben Gründen wie oben den Streikmaßnahmen der Gewerkschaft nicht entgegen.

3. Die Zulässigkeit der Erzwingung von Firmentarifverträgen zur tariflichen Erfassung von einzelnen Betrieben bei verbandsangehörigen Arbeitgebern

Soweit es auch in dieser Konstellation wiederum grundsätzlich um die Erstreikbarkeit von Firmentarifverträgen bei einem verbandsangehörigen Arbeitgeber geht, kann zunächst auf die obigen Ausführungen im Zusammenhang mit der Zulässigkeit eines Arbeitskampfes einer Zweitgewerkschaft gegen einen verbandsangehörigen Arbeitgeber verwiesen werden[190]. Für den Fall, daß es sich bei der unternehmensbezogen und bei der betriebsbezogen organisierten Gewerkschaft um DGB-Gewerkschaften handelt, ist - wie in der ersten Konstellation - ein schützenswertes Vertrauen des Arbeitgebers auf die Anwendung des unternehmensweiten Tarifvertrages abzulehnen, denn in der dieser Fallgestaltung wird nicht von Seiten der DGB-Gewerkschaften auf die tarifliche Zuständigkeitsordnung eingewirkt, sondern allein durch den Arbeitgeber, der mit den Betrieben aus dem betriebsbezogenen Arbeitgeberverband aus- und in den unternehmensbezogenen Arbeitgeberverband eingetreten ist.

Fraglich ist jedoch, ob nicht bereits nach allgemeinen tarif- oder arbeitskampfrechtlichen Regeln ein gewerkschaftlicher Streik zur tariflichen Erfassung einzelner Betriebe eines Unternehmens ausgeschlossen ist.

---

[189] S.o. 3. Teil C. I. 2.

[190] S.o. 3. Teil C. I. 3.

a) Der Betrieb als Einheit im Tarifvertragsgesetz

Nach einer Ansicht, die die Zulässigkeit von Kampfmaßnahmen gegen einen Arbeitgeber zur tariflichen Erfassung einzelner Betriebe ablehnt, sind die am Betrieb anknüpfenden Ordnungskriterien weder unmittelbar in Art. 9 Abs. 3 GG noch im Tarifvertragsgesetz als tarifliche Einheit verankert. Eine satzungsmäßige Anknüpfung an den Betrieb auf Gewerkschaftsseite könne daher bereits insoweit nicht gegen den Willen der Arbeitgeberseite durchgesetzt werden[191].

Dem kann nicht gefolgt werden. Ohne Aussagekraft ist die fehlende Regelung in Art. 9 Abs. 3 GG, da dort nur der Träger und der Schutzumfang der Koalitionsfreiheit bestimmt sind. Soweit es danach auf das Tarifvertragsgesetz ankommt, kann jedoch festgestellt werden, daß der Betrieb als tarifrechtliche Einheit eine gesetzliche Verankerung gefunden hat. § 8 TVG ordnet die Pflicht der Arbeitgeber an, die für ihren Betrieb maßgebenden Tarifverträge an geeigneter Stelle im Betrieb auszulegen. § 3 Abs. 2 bestimmt ausdrücklich, daß Rechtsnormen des Tarifvertrages über betriebliche und betriebsverfassungsrechtliche Fragen für alle Betriebe gelten, deren Arbeitgeber tarifgebunden sind. Der Betrieb ist also im Tarifvertragsgesetz als tarifliche Einheit anerkannt[192]. Einem Arbeitskampf einer Gewerkschaft zur Erzwingung von Firmentarifverträgen in einzelnen Betrieben eines Unternehmens kann daher nicht von vornherein entgegengehalten werden, daß es sich bei dem Betrieb nicht um eine tarifliche Einheit handelt, auf die daher nur bei gegenseitigem Einverständnis beider Seiten abgesellt werden dürfe.

b) Der Vergleich zum Verbandstarifvertrag

Des weiteren wird aus einem Vergleich zum Verbandstarifvertrag geschlossen, daß eine streikweise Durchsetzung einer betriebsbezogenen Tarifzuständigkeit beim Firmentarifvertrag unzulässig sei. Der Autonomie der Gewerkschaft bei der Festlegung ihrer Tarifzuständigkeit stehe dieselbe Freiheit des Arbeitgeberverbandes gegenüber, die zudem für die Gegenseite erst durch die Beitrittserklärung des einzelnen Arbeitgebers Relevanz erhalte. Beim Verbandstarifvertrag könne eine Gewerkschaft daher nicht vom Arbeitgeberverband verlangen, Verbandstarifverträge für Betriebe branchenfremder Unternehmen abzuschließen, wenn dieser seine satzungsmäßige Tarifzuständigkeit nur unternehmensbezogen, nicht aber betriebsbezogen ausgestaltet habe. Nur wenn der Arbeitgeberverband

---

[191] Henssler, ZfA 1998, S. 517, 524.
[192] S. bereits oben 2. Teil A. I. 3. b) aa) (3).

ebenfalls seine Tarifzuständigkeit entsprechend festlege und auch der einzelne Arbeitgeber mit seinem Betrieb dem Verband beitrete, seien derartige Tarifverträge möglich. Gegen den Willen des Arbeitgeberverbands und des einzelnen Arbeitgebers könnten also von einer Gewerkschaft Verbandstarifverträge für Betriebe branchenfremder Unternehmen nicht durchgesetzt werden[193]. Nichts anderes müsse daher gelten, wenn der Gewerkschaft beim Firmentarifvertrag nur ein einzelner Arbeitgeber und nicht ein Arbeitgeberverband als Tarifvertragspartei gegenüberstehe. Auch hier dürfe eine Gewerkschaft keinen Anspruch auf eine bestimmte von ihr gewünschte Tarifzuständigkeit haben. Ohne den Willen der Arbeitgeberseite sei es daher grundsätzlich nicht möglich, Tarifverträge für einzelne Betriebe eines im übrigen branchenfremden Unternehmens abzuschließen[194].

Auch dies überzeugt nicht. Zunächst ist jedoch zutreffend, daß ein Arbeitgeberverband, der sich unternehmensbezogen organisiert hat, von einer betriebsbezogenen Gewerkschaft nicht auf Abschluß eines Tarifvertrages für brancheneigene Betriebe in branchenfremden Unternehmen in Anspruch genommen werden kann. Dafür fehlt diesem die Tarifzuständigkeit. Eine Metallgewerkschaft mit betriebsbezogener Tarifzuständigkeit kann danach von einem Metallarbeitgeberverband, der allein Metallunternehmen als Mitglieder aufnimmt, nicht den Abschluß von Verbandstarifverträgen für Metallbetriebe von Chemieunternehmen verlangen. Dies gilt aber nicht gegenüber einem Chemiearbeitgeberverband, der Chemieunternehmen samt einzelner Metallbetriebe als Mitglieder aufnimmt. Die unternehmensbezogene Tarifzuständigkeit erfaßt das Unternehmen in seiner Gesamtheit mitsamt seinen branchenfremden Betrieben[195]. Der unternehmensbezogene Chemiearbeitgeberverband ist demnach auch für die branchenfremden Betriebe, also zum Beispiel die Metallbetriebe, der von ihm aufgenommenen Unternehmen zuständig. Daraus folgt, daß der Chemiearbeitgeberverband nicht nur bezüglich der Chemieunternehmen insgesamt, sondern auch bezüglich fachfremder Betriebe dieser Unternehmen, zum Beispiel Metallbetriebe, von einer betriebsbezogen organisierten Metallgewerkschaft in Anspruch genommen werden kann. Auch im Falle nur unternehmensbezogen organisierter Arbeitgeberverbände kann eine Gewerkschaft mit betriebsbezogener Tarifzuständigkeit demnach einen Verbandstarifvertrag für brancheneigene Betriebe branchenfremder Unternehmen durchsetzen. Soweit im gebildeten Beispiel der Chemiearbeitgeberverband wie die Metallgewerkschaft nur betriebsbezogen organisiert ist, kann zwar der Abschluß des hier in Rede stehenden Verbandstarifvertrages nicht verlangt werden, da eine Tarifzuständigkeit des Arbeitgeberver-

193 Buchner, ZfA 1995, S. 95, 109, 110, 114.
194 Buchner, ZfA 1995, S. 95, 115; Henssler, ZfA 1998, S. 517, 524.
195 S.o. 2. Teil A. I. 3. b) bb).

bandes für die Metallbetriebe nicht besteht. Dieser Fall zeigt aber die Notwendigkeit, daß die Metallgewerkschaft dann von den einzelnen Chemieunternehmen einen Firmentarifvertrag bezüglich der Metallbetriebe des Unternehmens verlangen darf. Andernfalls könnten die Metallbetriebe tariflich gar nicht erfaßt werden. Nach Sinn und Zweck von § 2 Abs. 1 TVG sollen Tariflücken von der Rechtsordnung aber gerade vermieden werden.

Ein Vergleich zum Abschluß von Verbandstarifverträgen spricht also nicht dagegen, daß eine Gewerkschaft einen Firmentarifvertrag bezüglich einzelner Betriebe eines Unternehmen durch Arbeitskampfmaßnahmen durchsetzen kann. Dies gilt unabhängig davon, ob der betreffende Arbeitgeber Mitglied in einem unternehmensbezogen oder einem betriebsbezogen organisierten Arbeitgeberverband ist.

c) Der Grundsatz der Tarifeinheit

Fraglich ist, ob der Grundsatz der Tarifeinheit den Kampfmaßnahmen der betriebsbezogenen Gewerkschaft Schranken setzt.

Nach dem Grundsatz der Tarifeinheit soll dem Bundesarbeitsgericht zufolge nicht nur im Falle der Tarifkonkurrenz, sondern auch im Falle der Tarifpluralität nur ein Tarifvertrag Anwendung finden, wobei nach dem Spezialitätsprinzip der speziellere den allgemeinen Tarifvertrag verdrängen soll[196]. Erkennt man aber den Grundsatz der Tarifeinheit in diesem Sinne für Tarifpluralitäten an, liegt in der Konsequenz darin auch eine Beschränkung gewerkschaftlicher Arbeitskampfmaßnahmen und ein Schutz des Arbeitgebers vor einer unbegrenzten kampfweisen Inanspruchnahme durch verschiedene Gewerkschaften. Als Begründung dafür kann auf die Überlegung zurückgegriffen werden, die bereits das Merkmal der Tarifzuständigkeit zur Rechtmäßigkeitsvoraussetzung eines Arbeitskampfes erhoben hat. Ein Arbeitskampf zur Erzwingung eines Tarifvertrages, der nach seinem Abschluß in dem betreffenden Betrieb keine Rechtswirkung entfalten kann, kann von der Rechtsordnung grundsätzlich nicht zugelassen werden[197]. Der Grundsatz der Tarifeinheit führt damit zu Tarifklarheit und

---

[196] S. ausführlich dazu oben 1. Teil B. IV sowie unten 4. Teil B. II. 2. b) aa) (4) (a) zum Vorschlag, tarifautonom herbeigeführte Tarifpluralitäten nach der größeren Legitimation auf Arbeitnehmerseite aufzulösen.

[197] Vgl. insoweit zu einer anderen Konstellation auch: Hessisches LAG, BB 2003, S. 1229, 1230, 1231, das den Grundsatz der Tarifeinheit ablehnt und daher auch bei Eintreten einer Tarifpluralität den Streik einer Berufsgewerkschaft um einen Spartentarifvertrag grundsätzlich für zulässig erachtet; zustimmend: Rieble, BB 2003, S. 1227, 1228.

verhindert eine unbegrenzte Inanspruchnahme eines Arbeitgebers durch die Arbeitnehmerseite. Ein tarifvertragliches und arbeitskampfmäßiges Chaos, das eine Ansicht durch die Inanspruchnahme eines Arbeitgebers durch eine Vielzahl von Gewerkschaften befürchtet[198], ist daher bereits rechtlich durch den im Sinne des Bundesarbeitsgerichts verstandenen Grundsatz der Tarifeinheit ausgeschlossen.

Die Kampfmaßnahmen der betriebsbezogenen Gewerkschaft sind in der vorliegenden Konstellation daher nur zulässig, wenn der angestrebte (Firmen-) Tarifvertrag in dem fraglichen Betrieb tarifliche Wirkung entfalten kann. Soweit sich für den Grundsatz der Tarifeinheit der Betrieb als maßgebliche Einheit erwiese, wäre dies der Fall. Der erstrebte Tarifvertrag ist branchenmäßig auf den Betrieb zugeschnitten. Er verdrängte demnach nach dem Spezialitätsgrundsatz den bestehenden unternehmensweiten Tarifvertrag, der sich nach dem Gesamtgepräge des Unternehmens richtet. Demgegenüber setzte sich aber in der Kollision der beiden Tarifverträge der unternehmensweite Tarifvertrag durch, wenn der Grundsatz der Tarifeinheit unternehmensbezogen anzuwenden wäre.

Entscheidend für die Zulässigkeit der Kampfmaßnahmen der betriebsbezogenen Gewerkschaft ist damit, auf welche arbeitgeberseitige Einheit der Grundsatz der Tarifeinheit nach der Rechtsprechung des Bundesarbeitsgerichts gerichtet ist. Wie oben bereits ausführlich gezeigt[199], hat das Gericht in seiner bisherigen Rechtsprechung als maßgebliche Einheit ausdrücklich und uneingeschränkt auf den Betrieb und nicht auf das Unternehmen abgestellt[200]. Soweit ersichtlich, hat das Gericht aber bis jetzt nicht über die Auflösung einer Tarifpluralität zwischen einem unternehmensbezogenen und einem betriebsbezogenen Tarifvertrag bei einem Arbeitgeber entscheiden müssen. Gerade die Beschlußverfahren nach §§ 2a Abs. 1 Nr. 4, 97 ArbGG, bei denen es um den vorliegenden Fall, nämlich die gewerkschaftlichen Zuständigkeit für einen Betrieb eines im übrigen aus der Sicht der Gewerkschaft branchenfremden Unternehmens ging[201], sprechen aber wohl für einen betriebsbezogen verstandenen Grundsatz der Tarifeinheit auch in dieser Konstellation. Auch wenn nur die satzungsmäßige Zuständigkeit der Gewerkschaft Gegenstand des Verfahrens war, ging es den streitenden Parteien ersichtlich um die Frage, ob die Gewerkschaft den/die fraglichen Betrieb/Betriebe kampfweise in Anspruch nehmen darf. Zwar hat das Bundesarbeitsgericht ausdrücklich darauf hingewiesen, daß seine Entscheidung nicht die Frage beantwor-

---

198 Buchner, ZfA 1995, S. 95, 120.
199 S.o. 2. Teil A. I. 3. b) aa) (1).
200 BAG AP Nr. 1, 6 zu § 4 TVG Geltungsbereich; AP Nr. 16, 19, 20, 22, 28 zu § 4 TVG Tarifkonkurrenz; zustimmend: LAG München, LAGE Nr. 1 zu § 2 TVG Tarifzuständigkeit; Buchner, ZfA 1995, S. 95, 111, 113; Hromadka/Maschmann/Wallner, Der Tarifwechsel, Rn. 40; Jacobs, Tarifeinheit und Tarifkonkurrenzen, S. 349, 350.
201 BAG AP Nr. 10, 11 zu § 2 TVG Tarifzuständigkeit.

te, ob ein verbandsangehöriger Arbeitgeber kampfweise auf Abschluß eines Firmentarifvertrages in Anspruch genommen werden dürfe[202]. Es wäre aber zu erwarten gewesen, daß das Gericht zumindest einen Hinweis darauf gegeben hätte, wenn sich der erstrebte betriebsbezogene Firmentarifvertrag bereits nach dem Grundsatz der Tarifeinheit nicht gegenüber dem unternehmensbezogenen Tarifvertrag durchsetzte. Entsprechende Hinweise fehlen jedoch in beiden genannten Entscheidungen. Es ist also davon auszugehen, daß das Bundesarbeitsgericht den Grundsatz der Tarifeinheit bei der Auflösung von Tarifpluralitäten uneingeschränkt betriebsbezogen anwendet.

Möglicherweise könnte aber dennoch eine unternehmensbezogene Sichtweise des Grundsatzes der Tarifeinheit zu fordern sein. Einerseits könnte dafür ein praktisches Bedürfnis sprechen, da unternehmensweit konzipierte Leistungssysteme (Zusatzvergütungen, betriebliche Altersversorgung etc.) eine unternehmenseinheitliche tarifliche Regelung nahelegen. Andererseits würde so der Gefahr begegnet werden, daß ein Unternehmen durch mehrere betriebsbezogene Gewerkschaften kampfweise in Anspruch genommen wird. Eine derartige über die vom Bundesarbeitsgericht vorgenommene Rechtsfortbildung hinausgehende Forderung ist jedoch abzulehnen. Rechtssicherheit und Tarifklarheit sind durch betriebsbezogene Tarifverträge nicht gefährdet, da auch bei betriebsbezogenen Tarifverträgen die einzelnen Betriebe und damit auch die dort beschäftigten Arbeitnehmer eindeutig einem Tarifvertrag zugeordnet werden können. Zudem bestehen gegen den dogmatischen Weg, über einen unternehmensbezogen verstandenen Grundsatz der Tarifeinheit eine unternehmenseinheitliche Tarifregelung zu schaffen, bereits methodische Bedenken, so daß es an dieser Stelle keiner Untersuchung bedarf, ob Kampfmaßnahmen betriebsbezogener Gewerkschaften und nur betrieblich anwendbare Tarifverträge ein Unternehmen tatsächlich unverhältnismäßig belasten. Ein unternehmensbezogen verstandener Grundsatz der Tarifeinheit verhinderte den freiwilligen Abschluß betriebsbezogener Tarifverträge und beschränkte daher die durch Art. 9 Abs. 3 GG geschützten Betätigungsfreiheiten der Tarifpartner in nicht erforderlicher Weise. Der Hinweis auf ein etwaiges praktisches Bedürfnis überspielt zudem den Umstand, daß tarifvertragliche Regelungen auf einem Interessenausgleich der sich gegenüberstehenden tariflichen Gegenspieler beruhen. Wollen der Arbeitgeber und die Arbeitnehmer des fraglichen Betriebes eine unternehmenseinheitliche Regelung erreichen, läßt sich dieses Bedürfnis im Rahmen des bestehenden Tarifsystems durch eine inhaltsgleiche Regelung zwischen dem Arbeitgeber und der betriebsbezogenen Gewerkschaft bzw. durch einen Übertritt der Arbeitnehmer in die unternehmensweit organisierte Gewerkschaft mühelos befriedigen. Will eine Seite, im vorliegenden Falle also die Arbeitnehmerseite, dies aber gerade nicht,

---

202 BAG AP Nr. 10 zu § 2 TVG Tarifzuständigkeit.

stellt sich die Frage, ob dem Interesse des Arbeitgebers an einer unternehmenseinheitlichen Tarifregelung der Vorrang vor den gegenläufigen Arbeitnehmerinteressen eingeräumt werden kann. Diese Überlegungen zeigen damit den Ort, an dem das vorliegende Problem zu behandeln ist. Letztlich geht es um den Ausgleich der gegensätzlichen Interessen von Arbeitgeber- und Arbeitnehmerseite, wenn der Arbeitgeber eine unternehmenseinheitliche, die Arbeitnehmer eines Betriebes dagegen eine betriebsbezogene Tarifregelung begehren. Die Frage nach der Zulässigkeit der in Rede stehenden Kampfmaßnahmen ist daher in einer Abwägung zwischen der Koalitionsfreiheit des Arbeitgebers und der Koalitionsfreiheit der Gewerkschaft und ihrer Mitglieder zu prüfen, aus der dann gegebenenfalls nach Art. 9 Abs. 3 S. 2 GG eine Beschränkung der Betätigungsfreiheit der Arbeitnehmerseite erwachsen kann.

Sofern man Tarifpluralitäten tatsächlich auflösen möchte, ist nach der Rechtsprechung des Bundesarbeitsgerichts der Betrieb als maßgebliche Einheit für eine Auflösung heranzuziehen. Der Grundsatz der Tarifeinheit steht daher in der hier vorliegenden Konstellation den Kampfmaßnahmen der betriebsbezogenen Gewerkschaft nicht entgegen[203].

d) Ergebnis

Nach den allgemeinen tarifrechtlichen Grundsätzen darf eine betriebsbezogen organisierte Gewerkschaft bei einem Arbeitgeber einen Firmentarifvertrag zur Erfassung einzelner Betriebe seines Unternehmens durch Arbeitskampfmaßnahmen durchsetzen.

4. Die Koalitionsfreiheit der Arbeitgeberseite (Art. 9 Abs. 3 GG)

Zu untersuchen ist jedoch nach den vorstehenden Ausführungen, ob sich Grenzen für die Kampfmaßnahmen einer betriebsbezogenen Gewerkschaft aus der Koalitionsfreiheit der Arbeitgeberseite ergeben. Diese Frage stellt sich vor allem dann, wenn der betreffende Betrieb bereits durch den Abschluß eines unternehmensbezogenen Tarifvertrages tariflich erfaßt ist.

---

[203] Ebenso: Buchner, ZfA 1995, S. 95, 113.

Auch ein Arbeitskampf zur tariflichen Erfassung von einzelnen Betrieben eines Unternehmens fällt den obigen Ausführungen entsprechend[204] in den Schutzbereich der arbeitnehmerseitigen Koalitionsfreiheit. Entscheidend für die Zulässigkeit eines derartigen gewerkschaftlichen Arbeitskampfes ist damit wiederum der Ausgleich der sich gegenüberstehenden Koalitionsfreiheiten der sozialen Gegenspieler. Dafür gelten auch in dieser Konstellation die Maßstäbe, die oben bereits aufgezeigt wurden[205]. Zu untersuchen ist damit entsprechend der obigen Verfahrensweise erneut, inwieweit im Rahmen der erforderlichen Abwägung die Koalitionsfreiheiten des Arbeitgeberverbandes, der das Unternehmen insgesamt erfaßt, und des einzelnen Arbeitgebers die Koalitionsfreiheit der betriebsbezogen organisierten Gewerkschaft überwiegen. Für die einzelnen Schutzbereiche der Koalitionsfreiheit des Arbeitgeberverbandes und Arbeitgebers kann dabei ebenfalls nach oben verwiesen werden[206].

a) Die Koalitionsfreiheit des unternehmensbezogen organisierten Arbeitgeberverbandes

aa) Der Bestandsschutz

Zunächst ist wiederum eine Beeinträchtigung des Bestandschutzes des unternehmensbezogen organisierten Arbeitgeberverbandes durch die Kampfmaßnahmen der betriebsbezogenen Gewerkschaft im Hinblick auf den Mitgliederbestand zu untersuchen.

(1) Beeinträchtigung

Anders als in obiger Konstellation[207] muß jedoch hier die Gefahr eines Austritts des Arbeitgebers, also einer mittelbaren Beeinträchtigung in dem oben beschriebenen Sinne, nicht zwingend eintreten. Soweit eine betriebsbezogen organisierte DGB-Gewerkschaft für den fraglichen Betrieb im Rahmen der DGB-Zuständigkeitsordnung für alleinzuständig erklärt worden ist, kann der Arbeitgeber zwar auch hier mit dem fraglichen Betrieb eine Tarifbindung an die unternehmensweiten Verbandstarifverträge mangels Tarifzuständigkeit der unter-

---

[204] S.o. 3. Teil C. I. 4. a) aa).
[205] S.o. 3. Teil C. I. 4. a) aa) und bb).
[206] S.o. 3. Teil C. I. 4. b) u c).
[207] S.o. 3. Teil C. I. 4. b) aa) (1).

nehmensbezogenen DGB-Gewerkschaft künftig nicht mehr erreichen. Der Abschluß von Verbandstarifverträgen auch mit der betriebsbezogenen Gewerkschaft nur für die branchenfremden Betriebe seiner Mitgliedsunternehmen ist aber dem unternehmensbezogenen Arbeitgeberverband rechtlich möglich, da der Arbeitgeberverband für diese - wie oben gezeigt - auch die Tarifzuständigkeit besitzt[208]. Dieser ist aber auch unabhängig davon, ob es sich bei der betreffenden Gewerkschaft um eine DGB-Gewerkschaft handelt oder nicht, in der Praxis nicht völlig ausgeschlossen, wenn mehrere Unternehmen des Verbandes branchenfremde Betriebe desselben Wirtschaftszweiges aufweisen, für die die Tarifzuständigkeit der betriebsbezogenen Gewerkschaft besteht. In diesem Fall wird der betreffende Arbeitgeber durch das Auftreten der betriebsbezogenen Gewerkschaft nicht zum Außenseiter in seinem Verband. Dann wird innerhalb des Arbeitgeberverbandes eine verbandsinterne Solidarität für den Abschluß eines derartigen Tarifvertrages mit der betriebsbezogenen Gewerkschaft bestehen, die die weitere Mitgliedschaft für den Arbeitgeber in dem unternehmensweit organisierten Arbeitgeberverband interessant macht. Die Gefahr, daß der Arbeitgeber bezüglich dieses Betriebes den Arbeitgeberverband verläßt, ist in diesem Fall ausgeschlossen.

Aber auch wenn der Arbeitgeber in Ermangelung vergleichbarer Unternehmen bezüglich des betreffenden Betriebes in seinem Arbeitgeberverband zum Außenseiter wird, erscheint eine Beeinträchtigung des Bestandsschutzes fraglich, da die betriebsbezogen organisierte Gewerkschaft nicht das gesamte Unternehmen, sondern nur einen bzw. einige Betriebe des Unternehmens tariflich in Anspruch nehmen möchte. Diese tarifliche Inanspruchnahme durch die betriebsbezogene Gewerkschaft verursacht daher nur die Gefahr, daß der Arbeitgeber, da er durch den Arbeitgeberverband seine tariflichen Interessen insoweit nicht mehr gewahrt sieht, den tariflich in Anspruch genommenen Betrieb aus seiner unternehmensweiten Mitgliedschaft im Arbeitgeberverband ausklammert, nicht jedoch, daß er mit dem gesamten Unternehmen den Verband verläßt. Denn in jedem Fall bleibt unabhängig von dem betreffenden Betrieb die Tarifbindung des Arbeitgebers an den jetzigen unternehmensweiten Verbandsvertrag und auch die künftig entsprechend abgeschlossenen Verbandstarifverträge weiterhin für das Gesamtunternehmen uneingeschränkt möglich.

Beschränkt sich demnach die Gefahr des Austritts auf einen bestimmten Betrieb, scheidet bereits eine grundrechtserhebliche mittelbare Beeinträchtigung des Bestandsschutzes aus, da Art. 9 Abs. 3 GG - wie oben gezeigt - einen absoluten Mitgliederbestand nicht schützt. Eine Beeinträchtigung könnte nur dann angenommen werden, wenn die tarifliche Inanspruchnahme einzelner Betriebe den

[208] S.o. 3. Teil C. II. 3. b).

Arbeitgeber darüber hinaus dazu veranlaßt, den Arbeitgeberverband mit seinem gesamten Unternehmen zu verlassen und dieses Unternehmen entsprechend den Ausführungen in der ersten Konstellation die Stärke des Arbeitgeberverbandes ganz wesentlich prägt. Unabhängig von der Frage, ob diese durch den Verbandsaustritt des Arbeitgebers mit dem gesamten Unternehmen bedingte Beeinträchtigung überhaupt noch der Gewerkschaft als mittelbarer Eingriff zugerechnet werden kann, soll jedoch hier wiederum von einer erheblichen Beschränkung des Bestandsschutzes des Arbeitgeberverbandes durch die betriebsbezogen organisierte Gewerkschaft ausgegangen werden.

(2) Rechtfertigung

Eine Beeinträchtigung ist jedoch in jedem Fall gerechtfertigt. Auch hier kann im wesentlichen auf die obigen Ausführungen verwiesen werden. Der unternehmensweite Arbeitgeberverband kann zugunsten des bedrängten Arbeitgebers tariflich auch gegenüber der betriebsbezogen organisierten Gewerkschaft auftreten und dessen Interessen bezüglich des fraglichen Betriebes wahrnehmen. Damit ist es ihm möglich, selbständig die Abwanderung der betreffenden Mitglieder zu verhindern und seinen bisherigen Mitgliederbestand zu verteidigen. Es ist somit wiederum nicht erforderlich in das freie Spiel der Kräfte einzugreifen und die Kampfmaßnahmen der betriebsbezogenen Gewerkschaft zum Schutze des Arbeitgeberverbandes mit der unternehmensbezogenen Tarifzuständigkeit für unzulässig zu erklären. Ebensowenig wie ein Recht des Arbeitgeberverbandes auf einen bestimmten Tarifpartner ist ein Recht auf eine bestimmte Ausgestaltung der satzungsmäßigen Zuständigkeit des Tarifpartners anzuerkennen. Eine der Gewerkschaft zurechenbare Beeinträchtigung unterstellt, ist damit wiederum der Betätigungsfreiheit der Gewerkschaft der Vorrang vor dem Bestandsschutz des Arbeitgeberverbandes einzuräumen. Der Tatbestand des Art. 9 Abs. 3 S. 2 Alt. 3 GG ist nicht erfüllt.

bb) Die Betätigungsfreiheit

Schließlich sind die Kampfmaßnahmen der betriebsbezogen organisierten Gewerkschaft auch im Hinblick auf die Betätigungsfreiheit des Arbeitgeberverbandes zu prüfen. Diese umfaßt nach obigen Ausführungen nicht nur die Möglichkeit des Verbandes überhaupt, die tariflichen Interessen seiner Mitglieder gegenüber dem tariflichen Gegenspieler wahrzunehmen. Darüber hinaus schützt

Art. 9 Abs. 3 GG die tarifliche Betätigung des Arbeitgeberverbandes im Rahmen eines abstrakt-materiellen Gleichgewichts zum sozialen Gegenspieler.

Eine Beeinträchtigung der tariflichen Handlungsmöglichkeiten des Arbeitgeberverbandes durch die betriebsbezogene Gewerkschaft scheidet jedoch wie in der obigen Konstellation aus. Der Arbeitgeberverband besitzt für die branchenfremden Betriebe seiner Mitgliedsunternehmen die Tarifzuständigkeit und kann daher auch zur Wahrnehmung der Interessen seiner Mitglieder bezüglich der von der Gewerkschaft tariflich in Anspruch genommenen Betriebe in vollem Umfang tariflich tätig werden. Die Kampfmaßnahmen der betriebsbezogenen Gewerkschaft greifen entsprechend den obigen Ausführungen[209] auch nicht paritätsverletzend in die Betätigungsfreiheit des unternehmensbezogenen Arbeitgeberverbandes ein. Eine Beeinträchtigung der Koalitionsparität zwischen dem Arbeitgeberverband und der betriebsbezogenen Gewerkschaft für den Fall, daß der Arbeitgeberverband den Arbeitgeber auch im Hinblick auf den betroffenen Betrieb unterstützt, ist von vornherein nicht ersichtlich. Aber auch die Gleichgewichtslage gegenüber der unternehmensbezogenen Gewerkschaft bleibt unberührt. Soweit die betriebsbezogene Gewerkschaft den Betrieb eines Unternehmens erfolgreich in Anspruch nimmt, wird nicht nur das Machtpotential des unternehmensbezogen organisierten Arbeitgeberverbandes, sondern auch die Stärke der unternehmensbezogenen Gewerkschaft um eben diesen Betrieb geschwächt. Die Koalitionsparität bleibt damit - wiederum unterstellt, daß sie vor Auftreten der betriebsbezogenen Gewerkschaft vorlag - zwischen beiden Tarifpartnern unverändert bestehen. Eine Beeinträchtigung der Betätigungsfreiheit des Arbeitgeberverbandes liegt daher unter keinem Gesichtspunkt vor.

b) Die Koalitionsfreiheit des Arbeitgebers

Zu prüfen ist schließlich, ob die Kampfmaßnahmen der betriebsbezogen organisierten Gewerkschaft in dem einzelnen Betrieb den Arbeitgeber in seiner Koalitionsfreiheit, die er durch den alleinigen Beitritt zum unternehmensbezogenen Arbeitgeberverband ausgeübt hat, verletzen. Dabei ist wiederum zwischen der von Art. 9 Abs. 3 GG geschützten Freiheit, eine Koalition zu gründen, und der Freiheit, sich in ihr zu betätigen, zu differenzieren.

---

[209] S.o. 3. Teil C. I. 4. b) bb) (1).

aa) Die Gründungsfreiheit

Unter die Gründungsfreiheit in dem hier verstandenen Sinne fällt wiederum auch das Recht des einzelnen, einer Koalition beizutreten und in ihr zu verbleiben.

(1) Beeinträchtigung

Eine unmittelbare Beeinträchtigung ist wie oben abzulehnen. Der Arbeitgeber kann unabhängig von der Inanspruchnahme durch die betriebsbezogene Gewerkschaft weiterhin Mitglied in seinem unternehmensbezogen organisierten Arbeitgeberverband bleiben. Die mittelbare Beeinträchtigung fällt hier im Verhältnis zu obiger Konstellation in ihrem Umfang geringer aus. Denn die mangelnde Verbandssolidarität und die leerlaufende bzw. bei DGB-Gewerkschaften unmögliche Bindung an den vom Verband mit der unternehmensbezogenen Gewerkschaft abgeschlossenen Verbandstarifvertrag wird sich im Falle des Fehlens vergleichbarer Unternehmen im Arbeitgeberverband - wie gezeigt - nur auf den von der betriebsbezogenen Gewerkschaft in Anspruch genommenen Betrieb beziehen. Ist diese Attraktivitätseinbuße des Arbeitgeberverbandes, die insoweit die Koalitionsmitgliedschaft faktisch bedeutungslos macht und den Arbeitgeber mit dem fraglichen Betrieb zum Austritt veranlaßt, daher auf diesen Teil begrenzt, beschränkt sich auch die Beeinträchtigung der Mitgliedschaft nur auf diesen Teil.

(2) Ergebnis

Soweit dennoch eine mittelbare Beeinträchtigung der Gründungsfreiheit des einzelnen Arbeitgebers angenommen wird, soll auch hier entsprechend den obigen Ausführungen[210] wiederum an dieser Stelle nicht geprüft werden, ob diese Beeinträchtigung durch die Betätigungsfreiheit der betriebsbezogenen Gewerkschaft gerechtfertigt ist. Ist die - wie sogleich zu zeigen sein wird - unmittelbare Einschränkung der Betätigungsfreiheit des Arbeitgebers, bezüglich des betreffenden Betriebes nicht mehr an der gemeinsamen Zweckverfolgung des unternehmensbezogenen Arbeitgeberverbandes teilnehmen zu können, von der Betätigungsfreiheit der betriebsbezogenen Gewerkschaft und ihrer Mitglieder gedeckt, ist auch wiederum eine etwaige auf diesen Umstand zurückzuführende

[210] S.u. 3. Teil C. I. 4. c) aa) (2).

mittelbare Beeinträchtigung der Gründungsfreiheit des Arbeitgebers gerechtfertigt.

bb) Die Betätigungsfreiheit

Entscheidend ist damit auch in der zweiten Konstellation, ob das Verhalten der betriebsbezogenen Gewerkschaft die Betätigungsfreiheit des einzelnen Arbeitgebers verletzt, die dem Arbeitgeber im vorliegenden Fall gewährleistet, seine tariflichen Interessen gemeinsam mit den anderen Mitgliedern durch den unternehmensbezogenen Arbeitgeberverband wahrnehmen zu lassen und insbesondere an die von ihm vereinbarten Tarifverträge gebunden zu werden.

(1) Beeinträchtigung

Eine Beeinträchtigung setzt wiederum voraus, daß der Arbeitgeber durch die Streikmaßnahmen der betriebsbezogenen Gewerkschaft an dieser gemeinsamen Zweckverfolgung gehindert wird.

Wie bereits im Rahmen der Koalitionsfreiheit des Arbeitgeberverbandes ausgeführt, ist der Arbeitgeberverband auch für den branchenfremden Betrieb des Unternehmens tarifzuständig. Damit kann er für den Arbeitgeber als Tarifpartner gegenüber der betriebsbezogenen Gewerkschaft auftreten und dessen tarifliche Interessen dieser gegenüber umfassend wahrnehmen. Bezüglich der einzelnen Möglichkeiten, dem Arbeitgeber Hilfe zu leisten, kann auf die zuerst untersuchte Fallkonstellation verwiesen werden[211]. Neben allgemeinen Solidaritätsmaßnahmen, Hilfen zur Überbrückung streikbedingter Ausfälle und Lieferschwierigkeiten sowie finanziellen Leistungen aus Unterstützungsfonds des Arbeitgeberverbandes an den Arbeitgeber kommen als stärkste Form der Hilfeleistung wiederum Abwehraussperrungen im Rahmen von Sympathiearbeitskampfmaßnahmen in Betracht. In rechtlicher Hinsicht besteht damit für den Arbeitgeber hinsichtlich des betreffenden Betriebes weiterhin die Möglichkeit, an der gemeinsamen Zweckverfolgung des unternehmensbezogen organisierten Arbeitgeberverbandes teilzunehmen. Wie in der ersten Konstellation können der Arbeitgeberverband bzw. die Verbandsmitglieder den Arbeitgeber vor der tariflichen Inanspruchnahme einzelner Betriebe durch eine betriebsbezogen organisierte Gewerkschaft schützen und in letzter Konsequenz die fortgeltende uneingeschränk-

[211] S.o. 3. Teil C. I. 4. c) bb) (1).

te Anwendung des unternehmensbezogenen Verbandstarifvertrages im gesamten Unternehmen des Arbeitgebers sicherstellen. Aber auch hier ist wie in der obigen Konstellation diese rechtlich mögliche Verbandssolidarität im Falle des Fehlens vergleichbarer Unternehmen im Arbeitgeberverband für den Arbeitgeber in der Praxis nicht erreichbar. Die übrigen Verbandsmitglieder müssen eine Inanspruchnahme ihrer selbst mangels entsprechender Betriebe durch die betriebsbezogen organisierte Gewerkschaft nicht befürchten, so daß eine Bereitschaft, dem betroffenen Arbeitgeber zu Hilfe zu kommen, regelmäßig nicht vorhanden sein wird. Auch im Interesse des Verbandes ist eine Unterstützung des Verbandes nicht notwendig, da auch ohne die tatsächliche Einbeziehung des fraglichen Betriebes in den Arbeitgeberverband die Koalitionsparität gegenüber der unternehmensweiten Gewerkschaft unverändert bestehen bleibt[212].

Da die Grundrechte - wie gezeigt - nach Maßgabe der Rechtswirklichkeit ausgelegt werden müssen, ist eine Beeinträchtigung der Koalitionsfreiheit des Arbeitgebers, an der tariflichen Betätigung des unternehmensweiten Verbandes auch im Hinblick auf den fraglichen Betrieb teilzunehmen, durch die Kampfmaßnahmen der Gewerkschaft in dieser Konstellation ebenfalls zu bejahen.

(2) Rechtfertigung

Diese Beeinträchtigung ist durch die Koalitionsfreiheit der betriebsbezogenen Gewerkschaft gerechtfertigt, wenn dieser im Rahmen der erforderlichen Abwägung der Vorrang vor der Betätigungsfreiheit des Arbeitgebers einzuräumen ist.

Zunächst kann erneut auf die entsprechend getätigten Ausgangsüberlegungen in der zuerst untersuchten Konstellation verwiesen werden[213]. Möglicherweise könnte wiederum im Hinblick auf den Grundrechtsträger und den Umfang der Beschränkung der Koalitionsfreiheit der Betätigungsfreiheit des einzelnen Arbeitgebers der Vorrang einzuräumen sein. Die kollektive Betätigungsfreiheit der betriebsbezogenen Gewerkschaft würde nämlich nur bezüglich dieses - bezogen auf das Gesamtunternehmen - branchenfremden Arbeitgebers eingeschränkt werden, im übrigen bei Arbeitgebern, die nach ihrem Hauptbetrieb, also nach dem Gesamtpräge ihres Unternehmens, dem Wirtschaftszweig der Gewerkschaft zuzuordnen sind, uneingeschränkt erhalten bleiben. Ein Verbot der Kampfmaßnahmen der Gewerkschaft bedeutete aber auch hier einen Eingriff in die individuelle Koalitionsfreiheit der in den fraglichen Betrieben beschäftigen Mitglieder

---

[212] S.o. 3. Teil C. II. 4. a) bb).

[213] S.o. 3. Teil C. I. 4. c) bb) (2).

der Gewerkschaft, deren Teilnahme an der tariflichen Betätigung der betriebsbezogenen Gewerkschaft in diesem Fall gänzlich leerliefe. Damit stehen sich auch hier die individuelle Koalitionsfreiheit des Arbeitgebers und seiner Arbeitnehmer gleichrangig gegenüber.

Der Umstand, dem tariflichen Gegenspieler überhaupt in einer Koalition entgegentreten zu können, wird - wie oben - in der vorliegenden Abwägung ebenfalls nicht erheblich. Der Arbeitgeber könnte seine Koalitionsfreiheit auch in dem Arbeitgeberverband ausüben, der der betriebsbezogenen Gewerkschaft nach dem Wirtschaftszweig im allgemeinen gegenübertritt und aus dem er in der hiesigen Konstellation zunächst ausgetreten ist. Umgekehrt könnten die Arbeitnehmer sich - im Falle zweier DGB-Gewerkschaften möglicherweise nach entsprechender Änderung der DGB-Zuständigkeitsordnung - auch in der Gewerkschaft betätigen, die dem Arbeitgeber unternehmensweit gegenübertritt. Ist damit auf beiden Seiten ein Verbandswechsel zur Koalitionsausübung möglich, stoßen wiederum das Interesse des Arbeitgebers an der Ausübung seiner Koalitionsfreiheit im unternehmensweiten Arbeitgeberverband und das Interesse seiner Arbeitnehmer, gerade an der Zweckverfolgung ihrer betriebsbezogenen Gewerkschaft teilzunehmen, aufeinander. Dabei muß - anders als oben - nicht zwischen DGB-Gewerkschaften und Gewerkschaften, die nicht dem Deutschen Gewerkschaftsbund als Dachverband angehören, unterschieden werden. Nach Ziff. 2 a) der Richtlinien für die Abgrenzung von Organisationsbereichen und die Veränderung der Organisationsbezeichnung gemäß § 15 Ziff. 1 der DGB-Satzung ist ein Kriterium der Organisationsabgrenzung im Rahmen des Dachverbandes die Beachtung des Prinzips „ein Betrieb - eine Gewerkschaft“. Bei der branchenmäßig für den Betrieb zuständigen Gewerkschaft handelt es sich daher auch um die nach der DGB-Zuständigkeitsordnung alleinzuständige Gewerkschaft. Damit haben bei den DGB-Gewerkschaften die Mitglieder der betriebsbezogenen Gewerkschaft einer Ausübung ihrer Koalitionsfreiheit auch durch die unternehmensweit organisierte Gewerkschaft nicht zugestimmt, so daß die Koalitionsinteressen des Arbeitgebers anders als in der obigen Fallgestaltung insoweit nicht berücksichtigt werden können.

Die Interessen des Arbeitgebers und seiner Arbeitnehmer an ihrem Verband bleiben daher in der vorliegenden Konstellation grundsätzlich unvereinbar. Dabei ist in diesem Zusammenhang nochmals darauf hinzuweisen, daß die Interessen der Mitglieder der Gewerkschaft, ihre Koalitionsfreiheit betriebsbezogen, nicht unternehmensweit auszuüben, - zumindest bis zum jetzigen Stand der Prüfung - nicht der Rechtsordnung widersprechen und damit in vollem Umfang in die vorliegende Abwägung einfließen können. Dürfen jedoch entsprechend den obigen Ausführungen[214] die Koalitionsinteressen beider Seiten nicht beurteilt werden, kommt es schließlich wiederum allein darauf an, ob der betroffene Arbeitgeber und die Arbeitnehmer ihre tariflichen Interessen in einem Verhandlungs- und Kampfgleichgewicht wahrnehmen können oder ob die Kampfmaßnahmen der Gewerkschaft in dem Betrieb des Arbeitgebers diese Parität verletzen.

(a) Die Verhandlungs- und Kampfparität gegenüber der betriebsbezogenen Gewerkschaft

Buchner sieht bereits aus rechtlichen Gründen eine Verletzung der Verhandlungs- und Kampfparität[215]. An dem Arbeitskampf einer Gewerkschaft könnten nach der Rechtsprechung[216] und der ihr folgenden Literatur[217] nicht nur ihre Mitglieder, sondern auch anders- und nichtorganisierte Arbeitnehmer teilnehmen. Dementsprechend dürfe nach der herrschenden Meinung[218] zwar auch der einzelne Arbeitgeber bzw. der Arbeitgeberverband die Aussperrung auf nicht- und andersorganisierte Arbeitgeber erstrecken. Nach dem Großen Senat des Bundesarbeitsgerichts[219] gelte dies aber nicht, wenn zugunsten der andersorganisierten Arbeitnehmer eine Friedenspflicht bestehe. Wenn nun eine betriebsbezogene Gewerkschaft in einem Betrieb zum Streik aufrufe, könnten sich nach diesen Grundsätzen auch die in der unternehmensbezogenen Gewerkschaft organisierten Arbeitnehmer des Betriebes an dem Arbeitskampf beteiligen. Dagegen könne der Arbeitgeber nach der zitierten Rechtsprechung des Großen Senats diese Mitglieder nicht aussperren, da zu ihren Gunsten die Friedenspflicht eingreife, die aus dem unternehmensweiten Tarifvertrag resultiere, an den die Arbeitnehmer durch ihre Mitgliedschaft in der unternehmensbezogenen Gewerkschaft sowie der Arbeitgeber nach § 3 Abs. 1 TVG gebunden seien.

Dem kann jedoch nicht gefolgt werden. Dabei kann offen bleiben, ob es - die Voraussetzungen dieser Ansicht unterstellt - tatsächlich zu einer Beeinträchtigung der Verhandlungsparität käme. Dazu ist anzumerken, daß nach einer Ansicht in der Literatur ein Aussperrungsrecht auf Arbeitgeberseite bereits grundsätzlich nicht erforderlich sei, um eine Verhandlungsparität zwischen den sozia-

---

[214] S.o. 3. Teil C. I. 4. c) bb) (2) (a) (dd).
[215] Buchner ZfA 1995, S. 95, 116.
[216] BAG AP Nr. 13 zu Art. 9 GG; AP Nr. 43 zu Art. 9 GG Arbeitskampf.
[217] Brox/Rüthers/Brox, Arbeitskampfrecht, Rn. 289; MünchArbR/Otto, § 285, Rn. 58.
[218] BAG AP Nr. 13 zu Art. 9 GG; AP Nr. 43 zu Art. 9 GG Arbeitskampf; MünchArbR/Otto, § 285, Rn. 59.
[219] BAG AP Nr. 43 zu Art. 9 GG Arbeitskampf.

len Gegenspielern herzustellen[220]. Danach könnte gerade auch im vorliegenden Falle, wenn der Arbeitgeber in einem Betrieb nur Teile der Belegschaft aufgrund einer etwaigen Friedenspflicht nicht aussperren darf, eine Beeinträchtigung der Koalitionsparität abzulehnen sein. Entscheidend ist vorliegend jedoch, daß die Friedenspflicht aus dem unternehmensweiten Tarifvertrag nicht einseitig nur zugunsten der Mitglieder der unternehmensbezogenen Gewerkschaft, sondern auch zugunsten des Arbeitgebers wirkt. Zu Recht weist *Otto* in diesem Zusammenhang darauf hin, daß sich für das Bundesarbeitsgericht die Frage einer Friedenspflicht bei den an einem Streik teilnehmenden Andersorganisierten grundsätzlich nicht gestellt hat, da nach dem von ihm vertretenen Prinzip der Tarifeinheit in einem Betrieb regelmäßig ohnehin nur ein Tarifvertrag normativ gilt, für den dann auch alle Arbeitnehmer müssen kämpfen können[221]. Die auch vom Bundesarbeitsgericht getätigte Aussage, nach der sich Andersorganisierte grundsätzlich an einem Streik einer anderen Gewerkschaft beteiligen können, ist daher kein feststehender Grundsatz, der in jedem Fall Geltung beanspruchte. Er ist dann einzuschränken, wenn die andersorganisierten Arbeitnehmer wie der Arbeitgeber bereits an einen Tarifvertrag mit demselben Regelungsgegenstand gebunden sind[222]. Dies ist hier gerade der Fall, da sie Mitglied der unternehmensweiten Gewerkschaft sind. Nach den obigen Grundsätzen[223] hat danach der Arbeitgeber einen Anspruch gegen die unternehmensbezogene Gewerkschaft, auf ihre in dem fraglichen Betrieb beschäftigten Mitglieder zur Durchsetzung der für sie bestehenden Friedenspflicht einzuwirken. Die aus dem unternehmensweiten Tarifvertrag resultierende Friedenspflicht verhindert demnach eine Beteiligung der an diesen Tarifvertrag nach § 3 Abs. 1 TVG gebundenen Mitglieder.

Fraglich ist, ob diese Mitglieder sich der ihrer Gewerkschaft obliegenden Friedenspflicht entziehen und sich an dem Streik der betriebsbezogenen Gewerkschaft beteiligen können, wenn sie aus der unternehmensbezogenen Gewerkschaft austreten. Im umgekehrten Falle bei der Frage, ob einem aus seinem Verband austretenden Arbeitgeber die Friedenspflicht des Verbandstarifvertrages weiterhin zugute kommt, endet nach der herrschenden Meinung, soweit der Ta-

---

220 Däubler/Wolter, Arbeitskampfrecht, Rn. 842/917, insb. 890; die herrschende Meinung sieht demgegenüber suspendierende Abwehraussperrungen von Art. 9 Abs. 3 GG geschützt, soweit sie der Herstellung einer Verhandlungsparität dienen: BVerfGE 84, 212, 224f; BAG AP Nr. 64, 101, 124 zu Art. 9 GG Arbeitskampf, wobei die Zulässigkeit der Aussperrung in den beiden zuerst genannten Entscheidungen jedoch unmittelbar dem Tarifrecht entnommen wird; Löwisch, RdA 1980, S. 3-9; MünchArbR/Otto, § 284, Rn. 22, 79.

221 MünchArbR/Otto, § 285, Rn. 62.

222 Ebenso: MünchArbR/Otto, § 285, Rn. 62; vgl. auch § 5 Abs. 1 S. 2 des o. g. „Professoren/Entwurfs" für ein Gesetz zur Regelung kollektiver Arbeitskonflikte sowie die Begründung dazu, S. 44; ein Fall der sog. Einheit der Belegschaft liegt hier also gerade nicht vor, s.o. 3. Teil B.

223 S.o. 3. Teil C. I. 2.

rifvertrag nicht etwas anderes ausdrücklich regelt, die schuldrechtliche Friedenspflicht zugunsten des Arbeitgebers, so daß der Arbeitgeber nicht mehr vor Kampfmaßnahmen der an dem Verbandstarifvertrag beteiligten Gewerkschaft geschützt ist[224]. Diese Ansicht erscheint aber vor dem Normzweck des § 3 Abs. 3 TVG zweifelhaft, da die Tarifgebundenheit des Arbeitgebers nach § 3 Abs. 3 TVG bestehen und so die Anwendung des Verbandstarifvertrages zugunsten der Gewerkschaft und ihrer Mitglieder gesichert bleibt[225]. Unabhängig von der Frage, ob die Friedenspflicht zugunsten des austretenden Arbeitgebers besteht, spricht jedoch dieser Normzweck des § 3 Abs. 3 TVG dafür, daß der Arbeitgeber zu seinen Lasten weiterhin an die aus dem Verbandstarifvertrag resultierende Friedenspflicht gebunden ist und selbst keine Kampfmaßnahmen in Form von Angriffsaussperrungen[226] gegenüber der Gewerkschaft und ihren Mitgliedern durchführen darf[227]. Nimmt man mit der herrschenden Meinung[228] auch im Falle des Austritts eines Arbeitnehmers die Fortgeltung seiner Tarifgebundenheit gemäß § 3 Abs. 3 TVG an[229] und läßt also dessen Zweck zugunsten der Arbeitnehmer- und der Arbeitgeberseite eingreifen, wirkt folglich auch die der unternehmensbezogenen Gewerkschaft obliegende Friedenspflicht aus dem Verbandstarifvertrag weiterhin zu Lasten der austretenden Arbeitnehmer[230]. Eine

---

[224] LAG Hamm, LAGE Nr. 41 zu Art. 9 GG Arbeitskampf; LAG Rheinland-Pfalz, NZA-RR 1998, S. 131; Däubler, Tarifvertragsrecht, Rn. 304; Jacobs, ZTR 2001, S. 249; Kempen/Zachert, TVG, § 3, Rn. 35; 255; Konzen, ZfA 1975, S. 401, 420; MünchArbR/Otto, § 285, Rn. 80; a.A. Hoyningen-Huene v., ZfA 1980, S. 453, 470; Schleusener, BB 1998, S. 684, 686; Wiedemann/Oetker, TVG, § 3, Rn. 59.

[225] So: Hueck/Nipperdey, Lehrbuch des Arbeitsrechts II/2, S. 1011, Fn. 37 a.E.; dagegen: Konzen, ZfA 1975, S. 401, 421 mit dem Argument, daß § 3 Abs. 3 TVG nicht den austretenden Arbeitgeber schützen wolle, der freiwillig auf den Schutz seines Verbandes verzichte.

[226] Vgl. zur Frage der Zulässigkeit von Angriffsaussperrungen der Arbeitgeberseite: BAG AP Nr. 43, 65 zu Art. 9 GG Arbeitskampf; MünchArbR/Otto, § 286, Rn. 66ff m.w.N.

[227] Konzen, ZfA 1975, S. 401, 419, nach dem an die Stelle der relativen, nur mittelbar über den Arbeitgeberverband durchsetzbaren Friedenspflicht ein gesetzliches Kampfverbot für den Arbeitgeber aus § 3 Abs. 3 TVG tritt; Schleusener, BB 1998, S. 684, 686.

[228] BAG AP Nr. 26 zu § 4 TVG Tarifkonkurrenz; Däubler, Tarifvertragsrecht, Rn. 299; MünchArbR/Löwisch/Rieble, § 267, Rn. 20; Wiedemann/Oetker, § 3, Rn. 46.

[229] A.A. Jacobs, Anmerkung zu BAG AP Nr. 26 zu § 4 TVG Tarifkonkurrenz. Er lehnt die Anwendung des § 3 Abs. 3 TVG im Falle eines Verbandsaustritts eines Arbeitnehmers ab, da dessen Schutz primär darauf gerichtet sei, die Flucht des Arbeitgebers aus einem Verbandstarifvertrag zugunsten der Arbeitnehmerseite zu verhindern. Der Arbeitgeber könne dagegen bei einer Flucht des einzelnen Arbeitnehmers aus einem arbeitgeberfreundlichen Tarifvertrag auf den Schutz des § 3 Abs. 3 TVG verzichten, da dieser einzelne Arbeitnehmer dem Arbeitgeber danach in einer schwachen Verhandlungsposition gegenübertrete. – Der vorliegende Fall des Auftretens einer (betriebsbezogenen) Zweitgewerkschaft zeigt jedoch, daß dies gerade nicht immer der Fall ist. Allein die herrschende Meinung, die beide Seiten rechtlich gleichbehandelt, führt daher zu systemgerechten Ergebnissen und ist daher vorzuziehen.

[230] Ebenso: Konzen, ZfA 1975, S. 401, 420; vgl. auch BAG AP Nr. 2 zu Art. 9 GG Arbeitskampf.

Streikbeteiligung der Mitglieder der unternehmensbezogenen Gewerkschaft scheidet nach diesen rechtlichen Grundsätzen also für die Dauer des unternehmensweiten Tarifvertrages aus, selbst wenn sie nachträglich aus ihrer Gewerkschaft austreten.

Dürfen sich also nach der tariflichen Rechtsordnung die Arbeitnehmer eines Betriebes, die der Arbeitgeber nicht aussperren darf, an den Streikmaßnahmen der betriebsbezogenen Gewerkschaft nicht beteiligen, ist ein Ungleichgewicht zwischen den Tarifpartnern entgegen *Buchners* Ansicht aus rechtlichen Gründen nicht zu befürchten. Soweit in diesem Zusammenhang schließlich Sympathiestreikmaßnahmen der Andersorganisierten zugunsten der um den Abschluß eines Tarifvertrages kämpfenden Gewerkschaft in Erwägung gezogen werden, sind diese nach den obigen Grundsätzen[231] jedoch gerade nur zuzulassen, wenn sie die Kampfparität gegenüber dem Arbeitgeber nicht beeinträchtigen. Aber auch wenn man statt dessen im Falle des Austritts der Mitglieder der unternehmensbezogenen Gewerkschaft von einer Beendigung der Friedenspflicht und einer Streikmöglichkeit für diese Arbeitnehmer ausginge, führte dies nicht zu einer Beeinträchtigung der Gleichgewichtslage in rechtlicher Hinsicht. Denn in diesem Fall käme es auch auf der anderen Seite entsprechend zur Beendigung der Friedenspflicht, so daß der Arbeitgeber die betreffenden Arbeitnehmer nach ihrem Austritt aus der unternehmensbezogenen Gewerkschaft aussperren könnte. Die Verhandlungs- und Kampfparität zwischen dem Arbeitgeber und der betriebsbezogenen Gewerkschaft ist in rechtlicher Hinsicht also in jedem Fall nicht beeinträchtigt.

Soweit nunmehr das Bestehen einer materiell-abstrakten Verhandlungsparität zu prüfen ist, kommt es nach dem oben aufgestellten Grundsatz[232] wieder allein darauf an, daß diese für beide Seiten im freien Spiel der Kräfte erreichbar ist. Da die Arbeitnehmer ihre Interessen in der betriebsbezogenen, branchenweit tätigen Gewerkschaft wahrnehmen, ist zu prüfen, ob der auf Abschluß eines Firmentarifvertrages allein in Anspruch genommene Arbeitgeber durch eine Verbandsteilnahme ein Verhandlungs- und Kampfgleichgewicht gegenüber dieser betriebsbezogenen Gewerkschaft erreichen kann[233]. Auch hier gleicht das Bild der obigen Ausgangskonstellation. Im unternehmensweit organisierten Arbeitgeberverband kann der Arbeitgeber ein Verhandlungsgleichgewicht zur betriebsbezogenen Gewerkschaft nicht herstellen. Die übrigen Verbandsmitglieder werden – wie eben im Rahmen der Beeinträchtigung der Betätigungsfreiheit des

[231] S.o. 3. Teil B.
[232] S.o. 3. Teil C. I. 4. c) bb) (2) (a) (dd).
[233] Auch hier soll wie oben davon ausgegangen werden, daß zwischen der betriebsbezogenen Gewerkschaft und dem ihr gegenübertretenden Arbeitgeberverband tatsächlich ein Verhandlungsgleichgewicht besteht.

Arbeitgebers gezeigt – in der Praxis Solidarität nicht üben und dem Arbeitgeber keine Unterstützung zuteil kommen lassen, da die betriebsbezogene Gewerkschaft ihnen mangels vergleichbarer Betriebe grundsätzlich nicht gegenüberstehen wird.

Eine Gleichgewichtslage ist jedoch für den Arbeitgeber in dem Arbeitgeberverband erreichbar, der der betriebsbezogen organisierten Gewerkschaft grundsätzlich der Branche nach gegenübersteht. Allerdings wird dieser Arbeitgeberverband, auch wenn er satzungsmäßig Unternehmen und Betriebe aufnimmt, sich hauptsächlich aus Arbeitgebern zusammensetzen, die nach dem Unternehmenszweck dieser Branche (im Ausgangsfall der Metallbranche) zuzuordnen sind. Mitglieder werden demnach regelmäßig Arbeitgeber mit ihren Unternehmen bzw. ihren Haupt- samt Nebenbetrieben[234] sein. Diese werden daher auch maßgeblich die Tarifpolitik beeinflussen, die jedoch nicht mit den tariflichen Interessen des betroffenen Arbeitgebers übereinstimmen werden, die dieser in dem Beitritt mit dem fraglichen Betrieb zum Arbeitgeberverband der Branche seines Gesamtunternehmens (hier zum Chemiearbeitgeberverband) manifestiert hat. Der Arbeitgeber will in dem (Neben-)Betrieb seines Unternehmens zur Durchsetzung einer unternehmenseinheitlichen Tarifordnung die tariflichen Regelungen der Branche, der sein Unternehmen zugehörig ist (also der Chemiebranche), durchsetzen. Eine Verbandssolidarität für diese tariflichen Forderungen ist jedoch nicht gewährleistet. Ein Verhandlungsgleichgewicht ist also auch hier für den Arbeitgeber nur erreichbar, wenn er sich bei seinen tariflichen Forderungen dem Willen der Verbandsmitglieder anpaßt und die am unternehmensweiten Tarifniveau ausgerichteten Forderungen aufgibt. Damit geht es wiederum um die Frage, ob die tariflichen Interessen des betroffenen Arbeitgebers in der vorliegenden Fallgestaltung bei der Ermittlung eines Verhandlungsgleichgewichts zu berücksichtigen sind.

Nach dem oben ermittelten Grundsatz[235] sind aber auch in dieser Konstellation die Interessen einzelner Arbeitgeber unbeachtlich, da es jeder Seite selbst obliegt, einen Konsens bezüglich der einzelnen Forderungen der Verbandsmitglieder herzustellen und die Solidarität der Mitglieder untereinander zu gewährleisten. Ein Arbeitgeber muß sich jedoch dann zur Wahrnehmung seiner tariflichen Interessen nicht mehr auf einen Arbeitgeberverband verweisen lassen, wenn er gegenüber den anderen Verbandsmitgliedern in tatsächlicher Hinsicht eine Außenseiterstellung einnimmt. Maßstab dafür ist auch wiederum nach den obigen Ausführungen eine Vergleichbarkeit der Verbandsmitglieder in tatsächlicher Hinsicht, wofür je nach Zusammensetzung des Verbandes Kriterien wie Lage

---

[234] S. zur Zurechnung von Nebenbetrieben zu Hauptbetrieben oben 2. Teil A. I. 3. b) aa) (2).
[235] S.o. 3. Teil C. I. 4. c) bb) (2) (a) (dd).

und Sitz, Produktionsabläufe, Unternehmensgegenstand und Teilnahme am Wettbewerb heranzuziehen sind.

Danach könnte gegen eine derartige Vergleichbarkeit im vorliegenden Falle sprechen, daß der Arbeitgeber nach dem wirtschaftlichen Zweck, den er verfolgt, einer anderen Branche (Chemiebranche) zuzurechnen ist als die (meisten) übrigen Verbandsmitglieder. Als Bestandteil des Unternehmens leistet auch der Betrieb, selbst wenn er sich im Verhältnis zum Gesamtunternehmen als branchenfremd erweist, einen Beitrag zu dieser unternehmerischen Zweckverfolgung und nimmt umgekehrt am Erfolg der entsprechenden Zweckerreichung teil. Der Arbeitgeber nimmt demnach also nach seiner unternehmerischen Zielsetzung an einem anderen Wettbewerb teil als die Verbandsmitglieder, deren Unternehmen insgesamt der Metallbranche zuzurechnen sind. Jedoch ist zu beachten, daß der Betrieb des Arbeitgebers genau der Branche (Metallbranche) zuzurechnen ist, die auch der Arbeitgeberverband nach seiner satzungsmäßigen Tarifzuständigkeit organisiert. Bezüglich dieser Einheit ist also eine Vergleichbarkeit zu den Verbandsmitgliedern anzunehmen, die auch nach ihrem Unternehmenszweck, also der Summe aller Betriebe nach, der Branche des Arbeitgeberverbandes angehören. Der Zweck eines Teils eines Unternehmens, also eines Betriebes, auf der einen und der Zweck eines ganzen Unternehmens, also der Summe aller Betriebe, auf der anderen Seite stimmen überein. In beiden Einheiten liegt mit der Erzeugung von der Metallbrache zuzurechnenden Produkten dieselbe Zielsetzung vor. Damit sind sie aber nicht nur nach der Zwecksetzung für die in den jeweiligen Einheiten zu leistende Arbeit gleich. Die Einheiten nehmen unabhängig von ihrer Bedeutung für den Arbeitgeber insgesamt auch am selben Wettbewerb teil. Dies zeigt sich, wenn man vorliegend den fraglichen Betrieb (Metallbetrieb) aus dem Unternehmen (Chemieunternehmen) des betroffenen Arbeitgebers hinwegdenken würde. Der Arbeitgeber wäre in diesem Fall gezwungen, die Produkte oder Leistungen, die in dem fraglichen Betrieb hergestellt oder geleistet werden, von Unternehmen dieser Branche zu beziehen. Damit ist jedoch im Ergebnis trotz der unterschiedlichen Größen der beiden Einheiten eine Vergleichbarkeit des Arbeitgebers zu den übrigen Verbandsmitgliedern anzunehmen, soweit sie sich auf die Betriebseinheit beschränkt. Der Arbeitgeber muß sich daher zur Wahrnehmung seiner tariflichen Interessen und damit zur Herstellung eines Verhandlungsgleichgewichts bezüglich des fraglichen Betriebes auf diesen Arbeitgeberverband verweisen lassen.

Darüber hinaus liegt jedoch die Möglichkeit einer effektiven Wahrnehmung der tariflichen Interessen des betreffenden Arbeitgebers im Arbeitgeberverband auch aus anderen Gründen nahe. Ist der Arbeitgeberverband wie hier nicht oder nicht nur unternehmensbezogen organisiert, sondern auch betriebsbezogen, ist es nicht ausgeschlossen, daß neben Arbeitgebern mit ihren Hauptbetrieben auch

Arbeitgeber mit Nebenbetrieben wie der betroffene Arbeitgeber in der vorliegenden Konstellation dem Arbeitgeberverband beigetreten sind. Ist dies der Fall, ist bereits eine Außenseiterstellung des Arbeitgebers auch im Hinblick auf die Bedeutung der organisierten Einheit ausgeschlossen.

Damit kann festgehalten werden, daß eine Beeinträchtigung der Koalitionsparität zwischen dem Arbeitgeber und der betriebsbezogenen Gewerkschaft durch die gewerkschaftlichen Arbeitskampfmaßnahmen nicht zu befürchten ist[236].

(b) Die Verhandlungs- und Kampfparität gegenüber der Arbeitnehmerseite insgesamt

Nach den bisherigen Ausführungen ist für den Arbeitgeber ein Verhandlungs- und Kampfgleichgewicht sowohl gegenüber der betriebsbezogenen Gewerkschaft, die einen Betrieb seines Unternehmens tariflich in Anspruch nehmen möchte, als auch gegenüber der unternehmensbezogenen Gewerkschaft, die für das gesamte Unternehmen zuständig ist, durch die tarifliche Teilnahme in den jeweiligen Arbeitgeberverbänden erreichbar.

Das Auftreten einer betriebsbezogen organisierten Gewerkschaft könnte aber im Rahmen einer Gesamtbetrachtung zu einer relevanten Störung der Verhandlungsparität zwischen dem Arbeitgeber und der Gewerkschaft führen, da ihm zusätzlich auch die unternehmensbezogene Gewerkschaft gegenübersteht. Durch diese tarifliche Betätigung zweier Gewerkschaften in seinem Unternehmen besteht die Gefahr, daß sich der Arbeitgeber Arbeitskampfmaßnahmen beider Gewerkschaften gegenübersieht. Der Grundsatz der Tarifeinheit setzt zwar gewerkschaftlichen Kampfmaßnahmen die oben beschriebenen Grenzen, ändert aber vorliegend daran nichts[237]. Er ist - wie oben gezeigt - betriebsbezogen zu verstehen und verhindert daher gewerkschaftliche Arbeitskampfmaßnahmen in einzelnen Betrieben eines Unternehmens dann nicht, wenn die tariflichen Regelungen, die erzwungen werden sollen, nach dem Grundsatz der Tarifeinheit in dem jeweiligen Betrieb Anwendung finden würden. Es kommt also durch das Auftreten der betriebsbezogen organisierten Gewerkschaften zu einer Verdoppelung, bei Unternehmen mit noch mehr verschiedenartigen Betrieben zu einer Verviel-

---

[236] Wie oben in der ersten Konstellation gilt dies auch hier wiederum uneingeschränkt, da der Arbeitgeber bezüglich seines Betriebes mit dem Abschluß des Firmentarifvertrages an das Tarifniveau des Verbandstarifvertrages gebunden und damit den übrigen Arbeitgebern des Arbeitgeberverbandes gleichgestellt werden soll, wodurch die Verbandssolidarität nicht durch unterschiedlichte Tarifforderungen der Gewerkschaft gefährdet wird.

[237] S.o. 3. Teil C. II. 3. c).

fältigung des Risikos, gewerkschaftlichen Arbeitskampfmaßnahmen ausgesetzt zu sein. Möglicherweise könnten daher Arbeitskampfmaßnahmen betriebsbezogener Gewerkschaften, die nicht das Unternehmen insgesamt, sondern mit dem Betrieb nur einen Teil in Anspruch nehmen möchten, jedenfalls dann unzulässig sein, wenn dem Arbeitgeber bereits eine unternehmensweite Gewerkschaft gegenübersteht, die im gesamten Unternehmen tarifliche Regelungen gewährleistet.

Eine Ansicht bejaht dies[238]. Es bestehe eine fundamentale Störung des Verhandlungsgleichgewichts, da die betroffenen Unternehmen der Gefahr ausgesetzt seien, in einem „rollierenden System" auf den Abschluß von Firmentarifverträgen kampfweise in Anspruch genommen zu werden. Zudem seien die Unternehmen regelmäßig wirtschaftlich nicht in der Lage, mehrere Arbeitskämpfe um den Abschluß betriebsbezogener Firmentarifverträge durchzustehen[239].

Soweit hier im Hinblick auf die angestrebten Firmentarifverträge eine Verhandlungsungleichgewicht befürchtet wird, ist zunächst auf die obigen Ausführungen zu verweisen. Dem Arbeitgeber ist die Teilnahme an der tariflichen Betätigung in den den Gewerkschaften korrespondierend gegenüberstehenden Arbeitgeberverbänden möglich, durch die er ein Verhandlungsgleichgewicht gegenüber den Gewerkschaften erreichen kann. Eine dauernde kampfweise Inanspruchnahme, der der Arbeitgeber sich nicht entziehen kann, ist demnach nicht zu befürchten. Durch diese mögliche Bindung an die von den Arbeitgeberverbänden ausgehandelten Verbandstarifverträge kann sich der Arbeitgeber die daraus resultierende Friedenspflicht verschaffen[240] und sich so einem auf den Abschluß von Firmentarifverträgen gerichteten „rollierenden System" entziehen. Allerdings ändert dies nichts daran, daß es auch im Falle einer Verbandsmitgliedschaft in beiden Arbeitgeberverbänden bei entsprechenden Verbandsarbeitskämpfen zu Streikmaßnahmen beider Gewerkschaften im Unternehmen des Arbeitgebers kommen kann. Der Arbeitgeber bleibt also, auch wenn ihm der entsprechende Verbandsschutz in vollem Umfange zuteil wird, weiterhin der Gefahr einer doppelten kampfweisen Inanspruchnahme ausgesetzt, was zu einer Beeinträchtigung der Verhandlungsparität zwischen dem Arbeitgeber und der Arbeitnehmerseite insgesamt führen könnte.

Dagegen kann nicht bereits vorgebracht werden, daß Art. 9 Abs. 3 GG die Koalitionspluralität gewährleiste und daher jeder Arbeitgeber nach der Rechtsordnung ohnehin mit der Inanspruchnahme durch mehrere Gewerkschaften rechnen

[238] Henssler, ZfA 1998, S. 517, 522.
[239] Henssler, ZfA 1998, S. 517, 533.
[240] S.o. 4. Teil C. I. 4. c) bb) (2) (a) (dd).

müsse. Zwar ist dieser Schutzgehalt des Art. 9 Abs. 3 GG unbestritten. Soweit aber bei einem Arbeitskampf die Betätigungsfreiheiten beider Seiten miteinander kollidieren, ist im Rahmen des insoweit notwendigerweise vorzunehmenden Ausgleichs das Bestehen einer Verhandlungs- und Kampfparität der tariflichen Gegenspieler zu beachten. Diese Parität ist entsprechend den aufgezeigten Grundsätzen[241] nicht nur materiell, sondern auch abstrakt zu bestimmen, so daß als weiterer Einwand auch nicht genügen kann, daß in der tariflichen Praxis eine durch mehrere Gewerkschaften beeinträchtigte Verhandlungsparität noch nicht aufgetreten oder nachgewiesen worden sei. Eine Beeinträchtigung kann in jedem Fall aber bereits dann abgelehnt werden, wenn im Rahmen dieser abstrakt-materiellen Prüfung nicht festgestellt werden kann, daß der betroffene Arbeitgeber durch das Auftreten mehrerer Gewerkschaften mehr als andere Arbeitgeber, die in Konkurrenz zu ihm stehen, belastet wird. Zu ermitteln ist also, ob die bei einem Arbeitskampf einer betriebsbezogenen Gewerkschaft auftretende Belastung für den betroffenen Arbeitgeber größer ist als für vergleichbare, mit ihm konkurrierende Arbeitgeber, die denselben Unternehmenszweck (Chemieunternehmen) verfolgen, jedoch in ihrem Unternehmen nicht über die gleichen im Verhältnis zum Unternehmen branchenfremden Betriebe (Metallbetriebe) verfügen.

Anders als der hier im Mittelpunkt stehende Arbeitgeber sehen diese sich nur der unternehmensbezogenen Gewerkschaft gegenüber und haben daher nur deren Streikmaßnahmen zu befürchten. Insoweit ist unmittelbar von einer Mehrbelastung des betreffenden Arbeitgebers durch die zwei in seinem Unternehmen vertretenen Gewerkschaften auszugehen. Im hier vorzunehmenden Vergleich ist aber zu berücksichtigen, daß bei den konkurrierenden Arbeitgebern die Produkte, die beim betroffenen Arbeitgeber in den branchenfremden Betrieben (Metallbetrieben) für das Unternehmen hergestellt werden, von entsprechenden Zulieferunternehmen bezogen werden müssen. Diese Zulieferer gehören genau der Branche an, der auch der fragliche Betrieb zuzurechnen ist, und sehen sich daher genau der Gewerkschaft gegenüber, die auch den Betrieb des Arbeitgebers tariflich in Anspruch nimmt. Damit besteht aber die Wahrscheinlichkeit, von Streikmaßnahmen dieser Gewerkschaft betroffen zu sein, sowohl für den fraglichen Betrieb als auch für das entsprechende Zulieferunternehmen in gleichem Maße und Umfang. Der Arbeitgeber und die mit ihm zu vergleichenden Konkurrenten sind dementsprechend in gleicher Weise der Gefahr ausgesetzt, daß die für ihr Unternehmen notwendigen Produkte streikbedingt nicht hergestellt werden und daher der Unternehmenszweck nicht oder nur eingeschränkt verfolgt werden kann. Dagegen kann nicht eingewandt werden, daß die konkurrierenden Arbeitgeber sich auch bei anderen Zulieferunternehmen eindecken könnten,

---

[241] S.o. 3. Teil C. I. 4. a) aa).

während dies der betreffende Arbeitgeber, der in dem fraglichen Betrieb speziell auf seinen Unternehmenszweck ausgerichtete Produkte herstelle, dies regelmäßig nicht könne. Sind diese Produkte bzw. die verrichteten Arbeiten jedoch so speziell, daß sie nur für dieses Unternehmen verwendet werden können, werden sie auch bei den konkurrierenden Arbeitgebern regelmäßig nur von einem bestimmten Zulieferer erbracht. Daher ist auch hier nicht von einer Ersatzmöglichkeit durch andere Zulieferer auszugehen. Die Wahrscheinlichkeit und auch die wirtschaftlichen Folgen eines Streiks für die unternehmerische Zweckverfolgung sind daher in beiden Fällen identisch.

Eine Schlechterstellung des betroffenen Arbeitgebers gegenüber dem mit ihm zu vergleichenden Arbeitgeber ergibt sich auch nicht in rechtlicher Hinsicht aus den mittelbaren Arbeitskampffolgen (Fernwirkungen) für das Restunternehmen, insbesondere für die Pflicht zur Vergütung der in den anderen Betrieben des Unternehmens beschäftigten Arbeitnehmer. Nach dem Bundesarbeitsgericht trägt das Vergütungsrisiko im Falle einer arbeitskampfbedingt ganz oder teilweise unmöglichen oder wirtschaftlich unzumutbaren Beschäftigung der am Arbeitskampf nichtbeteiligten Arbeitnehmer der Arbeitgeber, es sei denn, daß die Fernwirkungen das Kräfteverhältnis der kampfführenden Parteien auf der Grundlage einer typisierenden Betrachtung feststellbar beeinflussen könnten und nicht auf einer unternehmerischen Fehldisposition beruhten. Dies sei bei Arbeitskämpfen um Verbandstarifverträge der Fall, wenn die Belastung drittbetroffener Arbeitgeber mit dem Vergütungsrisiko zu einem die Kampfparität schmälernden Binnendruck auf Arbeitgeberseite führe, was angenommen werden könne, wenn die für den mittelbar betroffenen Betrieb zuständigen Verbände mit den unmittelbar kampfführenden Verbänden identisch oder doch aufgrund derselben Branchenzugehörigkeit der Arbeitgeber organisatorisch eng verbunden seien[242]. Trägt nach diesen Grundsätzen des Bundesarbeitsgerichts über die Verteilung des Arbeitskampfrisikos für nicht unmittelbar bestreikte Betriebe der Arbeitgeber, dessen rechtlich selbständiger, nicht in einem Konzernverbund stehender Zuliefererbetrieb einer anderen Branche und damit eines anderen Arbeitgeberverbandes bestreikt wird, das Vergütungsrisiko[243], scheidet insoweit auch in jedem Fall eine Schlechterstellung des von der betriebsbezogenen Zweitgewerkschaft auf Abschluß eines Firmentarifvertrags in Anspruch genommenen Arbeitgebers im Hinblick auf das Restunternehmen aus.

---

[242] BAG AP Nr. 70, 71 zu Art. 9 GG Arbeitskampf; in BAG AP Nr. 147 zu Art. 9 GG Arbeitskampf ordnet das Bundesarbeitsgericht auch einen Teilstreik im selben Betrieb in diese Konstellation ein und verzichtet dann aber auf eine besondere Prüfung der Kampfparität, da durch einen Teilstreik verursachte Betriebsstörungen, die sich in anderen Betriebsteilen auswirkten, sich unmittelbar gegen den Arbeitgeber als Kampfpartei richteten.

[243] Vgl. MünchArbR/Otto, § 290, Rn. 37.

Eine schwächere Position des betroffenen Arbeitgebers gegenüber seinen Konkurrenten kann schließlich nur noch dann bejaht werden, wenn der Streik als solcher bzw. der daraufhin zusätzlich anzuwendende Tarifvertrag dem betreffenden Arbeitgeber Nachteile bringen würde. Denn ein Streik bzw. ein weiterer anzuwendender Tarifvertrag selbst ist mangels entsprechender Betriebe bei den konkurrierenden Arbeitgebern demgegenüber gerade nicht zu befürchten. Wird der fragliche Betrieb des Arbeitgebers von der betriebsbezogenen Gewerkschaft bestreikt, werden zwischen dem Arbeitgeber und den sich am Streik beteiligenden Arbeitnehmern des Betriebes die Hauptpflichten aus dem Arbeitsverhältnis suspendiert. Während die Arbeitnehmer nicht verpflichtet sind, ihre vertragsmäßige Arbeitsleistung zu erbringen, ist der Arbeitgeber nicht zur Zahlung der Arbeitsentgelte verpflichtet[244]. Sofern infolge des Streiks dem Arbeitgeber die Aufrechterhaltung der Arbeit in dem fraglichen Betrieb technisch unmöglich oder wirtschaftlich unzumutbar wird, ist er auch nicht mehr verpflichtet, die sich nicht am Streik beteiligenden Arbeitnehmer des Betriebes weiterzubeschäftigen und zu vergüten[245]. Nach der neueren Rechtsprechung des Bundesarbeitsgerichts besteht zudem für den Arbeitgeber als Reaktion auf den Streik auch ohne Aussperrung die Möglichkeit einer Stillegung des bestreikten Betriebes, wenn dem Arbeitgeber nach seiner eigenen Einschätzung die Fortführung des Arbeitsablaufes in dem Betrieb nicht mehr sinnvoll erscheint. Danach wird auch durch diese Stillegung, die sich innerhalb des zeitlichen und gegenständlichen Rahmens der gewerkschaftlichen Kampfmaßnahmen halten muß, die Vergütungs- und Beschäftigungspflicht des Arbeitgebers gegenüber den arbeitswilligen Arbeitnehmern des bestreikten Betriebes suspendiert[246]. Schließlich kann sich der auf Abschluß eines betriebsbezogenen Firmentarifvertrages in Anspruch genommene Arbeitgeber auch durch eine Abwehraussperrung von der Vergütungspflicht gegenüber den arbeitswilligen Arbeitnehmern des Betriebes befreien[247]. Durch die Streikmaßnahmen in seinem Betrieb ist eine materielle Schlechterstellung des Arbeitgebers gegenüber den zu vergleichenden Konkurrenten nicht festzustellen.

Zu prüfen ist schließlich, ob dies auch im Hinblick auf den dann anzuwendenden Tarifvertrag gilt. Eine unmittelbare Belastung ist auch hier abzulehnen, da das Tarifniveau in dem Betrieb des Arbeitgebers und in dem Zulieferbetrieb identisch ist. Damit sind aber auch in tariflicher Hinsicht die Kosten für das in

---

[244] BAG AP Nr. 43 zu Art. 9 GG Arbeitskampf; Gamillscheg, Kollektives Arbeitsrecht I, § 25 I 1 b), S. 1184, 1185 m.w.N.; MünchArbR/Otto, § 288, Rn. 2.
[245] BAG AP Nr. 129, 138, 147 zu Art. 9 GG Arbeitskampf.
[246] BAG AP Nr. 130, 135, 138 zu Art. 9 GG Arbeitskampf.
[247] BAG AP Nr. 137 zu Art. 9 GG Arbeitskampf; MünchArbR/Otto, § 285, Rn. 184, nach dem der Arbeitgeber bei einem Firmenarbeitskampf grundsätzlich die gesamte Belegschaft aussperren könne.

diesen Betrieben erzeugte Produkt ähnlich, so daß die Herstellungskosten des Arbeitgebers und die Bezugskosten seiner Konkurrenten bei dem Zuliefererbetrieb vergleichbar sind. Fraglich ist aber, ob die Anwendung zweier bzw. mehrerer Tarifverträge, die in dem Unternehmen durch das Auftreten betriebsbezogener Gewerkschaften bestehen, für den Arbeitgeber einen abwägungsrelevanten Nachteil mit sich bringen. Zweifel über die Anwendbarkeit des maßgeblichen Tarifvertrages können nicht entstehen, da jedem Betrieb eines Unternehmens entsprechend der Tarifzuständigkeit der Tarifpartner ein bestimmter Tarifvertrag zugeordnet werden kann[248]. Auch die Ermittlung der Betriebszugehörigkeit einzelner Arbeitnehmer bei häufigem Austausch von Arbeitnehmern unter produktionstechnisch verflochtenen Betrieben stellt keinen derartigen Nachteil dar, da die Arbeitnehmer nach der von ihnen überwiegend geleisteten Tätigkeit entsprechend den obigen Grundsätzen den einzelnen Betrieben eindeutig zugeordnet werden können[249].

Allerdings zeigen diese Ausführungen, daß die Anwendung jedes weiteren Tarifvertrages für den Arbeitgeber zumindest ein Mehr an Verwaltungsaufwand und damit an Kosten mit sich bringt, da bei den Rechten und Pflichten aus dem Arbeitsverhältnis jeweils nach der Betriebszugehörigkeit der unternehmensangehörigen Arbeitnehmer differenziert werden muß. Dabei handelt es sich um ein Argument, das auch zur Rechtfertigung der Anwendung des Grundsatzes der Tarifeinheit zur Auflösung von Tarifpluralitäten herangezogen wird[250]. Unabhängig von der Frage der Relevanz in diesem Zusammenhang kann der erhöhte Verwaltungsaufwand in der vorliegenden Abwägung aber nicht zu einem Vorrang der Betätigungsfreiheit des Arbeitgebers führen. Bei einem aus mehreren Betrieben bestehenden Unternehmen wird regelmäßig eine eigene Verwaltungsabteilung bestehen, die die Personalabrechnung des Unternehmens durchführt. Durch die Zahlung von über- und außertariflichen Entgelten ist in den Unternehmen regelmäßig ohnehin eine individuelle Verdienstabrechnung erforderlich, in deren Rahmen auch ein unterschiedliches unternehmensinternes Tarifniveau beachtet werden könnte. Schließlich sind vor allem die technischen Möglichkeiten der Gegenwart zu berücksichtigen. Der zeitliche und finanzielle Mehraufwand, vorhandene EDV-Programme nach dem Tarifniveau der einzelnen Betriebe und der Betriebszugehörigkeit der einzelnen Arbeitnehmer einzurichten, kann als nicht erheblich angesehen werden[251]. Eine abwägungsrelevante Mehrbelastung kann daher durch die Anwendung mehrerer Tarifverträge in einem Unternehmen nicht angenommen werden.

---

[248] S.o. 2 Teil C. II. 2.
[249] S.o. 2. Teil A. I. 3. a).
[250] Säcker/Oetker, ZfA 1993, S. 1, 12.
[251] Vgl. Jacobs, Tarifeinheit und Tarifkonkurrenz, S. 400ff, der dies allgemein gegen die Anwendung des Grundsatzes der Tarifeinheit bei Tarifpluralitäten anführt.

Der Arbeitgeber wird also im Ergebnis durch das Auftreten mehrerer Gewerkschaften in seinem Unternehmen materiell nicht mehr belastet als mit ihm konkurrierende Arbeitgeber, die nicht über entsprechende branchenfremde Betriebe verfügen. Eine Beeinträchtigung der Verhandlungsparität zwischen dem Arbeitgeber und den ihm gegenübertretenden Gewerkschaften ist folglich auch im Rahmen einer Gesamtbetrachtung abzulehnen.

(3) Ergebnis

Die Kampfmaßnahmen der betriebsbezogenen Gewerkschaft verletzen daher die Betätigungsfreiheit des Arbeitgebers nicht. Sie greifen weder allein noch in einer Gesamtbetrachtung mit etwaigen Kampfmaßnahmen der unternehmensbezogenen Gewerkschaft in die Verhandlungs- und Kampfparität zwischen dem Arbeitgeber und den ihm gegenübertretenden Gewerkschaften ein. Soweit der Arbeitgeber seine tariflichen Interessen im Hinblick auf den fraglichen Betrieb allein im unternehmensbezogenen Arbeitgeberverband verfolgen möchte, ist er wie in der ersten Konstellation auf die rechtlich mögliche Solidarität der Mitglieder dieses Arbeitgeberverbandes zu verweisen.

5. Sonstige rechtliche Grenzen

Wiederum stellt sich die Frage nach sonstigen rechtlichen Grenzen für die Kampfmaßnahmen der betriebsbezogenen Gewerkschaft. Eine Ansicht sieht in der kampfweisen Inanspruchnahme einzelner Betriebe eines Arbeitgebers durch eine betriebsbezogene Gewerkschaft einen rechtswidrigen Eingriff in die durch Art. 12 Abs. 1 GG geschützte Unternehmensautonomie des Arbeitgebers. Folglich führten derartige Kampfmaßnahmen aufgrund der Verletzung des nach § 823 Abs. 1 BGB als Rahmenrecht geschützten Unternehmensrechts zu Schadensersatzansprüchen des Arbeitgebers[252].

Art. 12 Abs. 1 S. 1 GG ist nicht nur ein Grundrecht der Arbeitnehmer, sondern auch ein Grundrecht der Arbeitgeber[253]. Geschützt ist damit auch das Recht des Arbeitgebers, sein Unternehmen rechtlich und auch tatsächlich autonom zu organisieren. Nicht nur die Wahl der Rechtsform, sondern auch Gliederung und Aufteilung des Unternehmens fallen in den Schutzbereich dieser Unternehmens-

---

[252] Henssler, ZfA 1998, S. 517, 524, 526.
[253] Maunz/Dürig/Scholz, GG, Art. 12, Rn. 83.

autonomie[254]. Dabei tritt Art. 12 Abs. 1 GG insoweit auch in Idealkonkurrenz zu Art. 9 Abs. 3[255], so daß in der vorliegenden Untersuchung in der Tat eine mögliche Verletzung der Unternehmensautonomie des Arbeitgebers nach Art. 12 Abs. 1 GG durch die Kampfmaßnahmen der betriebsbezogenen Gewerkschaft geprüft werden muß.

Dabei ist jedoch zunächst zu beachten, daß Art. 12 Abs. 1 GG - anders als die Koalitionsfreiheit nach Art. 9 Abs. 3 S. 2 GG - keine unmittelbare Drittwirkung zukommt. Verpflichtet ist aus Art. 12 GG also zunächst nur der Staat, nicht aber die Gewerkschaften als Privatrechtssubjekte. Eine Beachtung der Unternehmensautonomie durch die betriebsbezogene Gewerkschaft bei ihren Arbeitskampfmaßnahmen kann daher nur über die zivilrechtlichen Generalklauseln erreicht werden, in die die von Art. 12 GG geschützte Unternehmensautonomie des Arbeitgebers miteinfließt. In diesem Rahmen stehen sich daher die Betätigungsfreiheit der betriebsbezogenen Gewerkschaft sowie die Unternehmensautonomie des betreffenden Arbeitgebers gegenüber und sind in einen angemessenen Ausgleich zu bringen.

Fraglich ist damit, ob die betriebsbezogene Gewerkschaft mit ihren Kampfmaßnahmen den aufgezeigten Schutzbereich des Art. 12 Abs. 1 GG überhaupt beeinträchtigt. Die Freiheit des Arbeitgebers, sein Unternehmen autonom auszugestalten, bleibt durch die Gewerkschaft unberührt. Eine unmittelbare Beeinträchtigung scheidet daher aus. In Betracht kommt allein eine mittelbare Beeinträchtigung. Diese kann insofern angenommen werden, als der Arbeitgeber nur bei Ausklammerung des fraglichen Betriebes aus seinem Unternehmen das Auftreten der betriebsbezogenen Gewerkschaft in seinem Unternehmen verhindern kann. Entsprechend den obigen Ausführungen[256] ist aber eine mittelbare Beschränkung nur dann zu beachten, wenn sie eine grundrechtserhebliche Intensität aufweist. Dies ist vorliegend jedoch abzulehnen. Wie im Rahmen der Grundsrechtsabwägung zwischen der Betätigungsfreiheit des Arbeitgebers sowie der unternehmens- und betriebsbezogenen Gewerkschaft und ihrer Mitglieder ausgeführt, erfährt der Arbeitgeber durch das zusätzliche Auftreten der betriebsbezogenen Gewerkschaft gegenüber konkurrierenden Arbeitgebern, die den fraglichen Betrieb nicht in ihrem Unternehmen aufweisen, keine materiellen Nachteile. Ein grundrechtserheblicher Druck auf die organisatorische Ausgestaltungsfreiheit des Arbeitgebers wird daher durch die betriebsbezogene Gewerkschaft nicht ausgeübt. Damit ist bereits der Schutzbereich des Art. 12 Abs. 1 GG

---

[254] BVerfGE 41, 205, 228; 50, 290, 363; LAG Hamm AP Nr. 158 zu Art. 9 GG Arbeitskampf; Müller, Die Berufsfreiheit des Arbeitgebers, S. 22, 25.
[255] Maunz/Dürig/Scholz, GG, Art. 9, Rn. 335.
[256] S.o. 3. Teil C. I. 4. b) aa) (1).

nicht betroffen. Eine Verletzung der Unternehmensautonomie des Arbeitgebers durch die Kampfmaßnahmen der betriebsbezogenen Gewerkschaft scheidet damit aus[257].

Auch § 826 BGB erweist sich vorliegend wiederum nicht als Grenze, da die Gewerkschaft in zulässiger Weise von ihrer durch Art. 9 Abs. 3 GG geschützten Betätigungsfreiheit Gebrauch gemacht hat.

6. Ergebnis

Die Kampfmaßnahmen einer betriebsbezogen organisierten Gewerkschaft gegen einen Betrieb oder mehrere Betriebe eines im übrigen aus ihrer Sicht branchenfremden Unternehmens zur Erzwingung eines betriebsbezogenen Firmentarifvertrages sind zulässig.

---

[257] Ebenso: Stein, RdA 2000, S. 129, 138.

4. Teil: Die Rechtsfolgen fehlender Tarifzuständigkeit

Bei den Rechtsfolgen fehlender Tarifzuständigkeit auf abgeschlossene Tarifverträge muß grundsätzlich zwischen der bereits beim Abschluß des Tarifvertrages fehlenden Tarifzuständigkeit und dem nachträglichen Wegfall der Tarifzuständigkeit der Verbände während der Laufzeit eines Tarifvertrages unterschieden werden. Zudem muß zwischen den Rechtsfolgen beim Verbandstarifvertrag und beim Firmentarifvertrag getrennt werden. Beim Verbandstarifvertrag ist zusätzlich das Problem zu behandel, daß die Arbeitgeber/Arbeitnehmer nicht bzw. nicht mehr dem Geltungsbereich des Verbandstarifvertrages unterfallen[1].

A. Die fehlende Tarifzuständigkeit beim Abschluß des Tarifvertrages

Ein von unzuständigen Tarifvertragsparteien abgeschlossener Tarifvertrag ist wegen des Erfordernisses der Tarifzuständigkeit als Wirksamkeitsvoraussetzung unwirksam. Dabei ist zu beachten, daß die Nichtzuständigkeit der Tarifvertragsparteien nicht erst dann eintritt, wenn diese in einem gerichtlichen Verfahren festgestellt worden ist, wie eine Ansicht dies im Hinblick auf den Schutz bereits angewandter Tarifverträge vertreten möchte[2]. In der Konsequenz als tarifvertragliches Wirksamkeitserfordernis liegt es, daß das Fehlen der Tarifzuständigkeit - wie auch das Fehlen der Tariffähigkeit - auch ohne gerichtliche Feststellung oder sonstigen Publizitätsakt, zum Beispiel einer Kündigung, automatisch zur Unwirksamkeit des abgeschlossenen Tarifvertrages führt. Das Vertrauen auf angewandte, aber nicht wirksame bzw. einschlägige Tarifverträge wird - wie zu zeigen sein wird - auch unabhängig davon ausreichend geschützt.

I. Verbandstarifvertrag

In Betracht kommt beim Verbandstarifvertrag die Unzuständigkeit nur eines Tarifpartners oder auch beider Tarifpartner. Im ersten Fall sind nur die Arbeitnehmer bzw. die Arbeitgeber, im zweiten Fall beide Seiten satzungswidrig in den Verbänden organisiert. Da jedoch ein wirksamer Tarifvertrag die korrespondierende Tarifzuständigkeit beider Seiten erfordert, ist der Tarifvertrag unabhängig vom Vorliegen einer einseitigen oder beiderseitigen Tarifunzuständigkeit un-

---

[1] S.o. 2. Teil B. I. u. II.
[2] Blank, Die Tarifzuständigkeit der DGB-Gewerkschaften, S. 150, 151.

wirksam. Die Unterteilung zwischen einseitiger und beiderseitiger Unzuständigkeit ist daher für die Rechtsfolgen unerheblich.

Des weiteren ist auf das Problem einzugehen, daß ein wirksamer im Rahmen der Zuständigkeit der Tarifpartner geschlossener Verbandstarifvertrag vorliegt, einzelne verbandsangehörige Arbeitgeber und ihre Arbeitnehmer aber nicht dem Geltungsbereich des Verbandstarifvertrages der Verbände unterfallen[3].

1. Die fehlende Tarifzuständigkeit der Tarifvertragspartner

Da Ziel der Verbände beim Abschluß von Verbandstarifverträgen - soweit man die Möglichkeit einer Allgemeinverbindlichkeitserklärung nach § 5 TVG ausklammert - die Tarifbindung ihrer Mitglieder ist, ist das Fehlen der Tarifzuständigkeit beim Verbandstarifvertrag vor allem dann denkbar, wenn beiden Verbänden Arbeitgeber bzw. Arbeitnehmer aus einem Bereich angehören, der nach ihrer Satzung nicht zu ihrem Organisationsbereich gehört. Insofern dürfte hier ein Fall beiderseitiger Tarifunzuständigkeit wahrscheinlicher vorliegen als ein Fall einseitiger Unzuständigkeit. Soweit ein Tarifvertrag nur für diesen nicht zum Organisationsgebiet der Verbände gehörenden Bereich abgeschlossen wird, liegt ein Verbandstarifvertrag vor, der insgesamt nichtig ist. Wahrscheinlicher ist in der Praxis aber der Fall, daß die Tarifvertragsparteien einen Verbandstarifvertrag abschließen, dessen Geltungsbereich nur teilweise nicht von ihrer korrespondierenden Tarifzuständigkeit gedeckt ist. Es stellt sich in diesem Fall aber die Frage, wie das Fehlen der Tarifzuständigkeit für einen Teil des tarifvertraglichen Geltungsbereiches zu behandeln ist.

a) Das Fehlen der Tarifzuständigkeit für einen Teil des tarifvertraglichen Geltungsbereiches

Unstrittig ist der Teil, der nicht von der Tarifzuständigkeit der Tarifpartner gedeckt ist, unwirksam. Aber auch über die Auswirkungen, die dieser nichtige Teil des Verbandstarifvertrages auf den wirksamen Teil hat, besteht im Ergebnis Einigkeit[4].

---

[3] S.o. 2. Teil B. I. u. II.

[4] Vgl. auch den Streit über die Anwendbarkeit zivilrechtlicher Vorschriften auf Vereinssatzungen, oben 1. Teil A. I. 1. u. 4.

Eine ältere Ansicht will auf Tarifverträge grundsätzlich § 139 BGB anwenden, da der Tarifvertrag in seiner Entstehung und im Ergebnis einen zivilrechtlichen Vertrag darstelle[5]. Nach § 139 BGB ist bei Nichtigkeit eines Teiles eines Rechtsgeschäfts das gesamte Rechtsgeschäft nichtig, wenn nicht ein entgegenstehender Wille der Parteien zu entnehmen ist. Maßgebend dafür ist der tatsächliche oder hypothetische Parteiwille, wobei sich die Ermittlung des hypothetischen Parteiwillens nach einer objektiven Bewertung richtet, ob das Rechtsgeschäft bei Kenntnis der Teilnichtigkeit auch ohne den nichtigen Teil vernünftigerweise vorgenommen worden wäre[6]. Kannten die Vertragspartner demgegenüber die Unwirksamkeit des Vertragsteiles, liegt insoweit bereits gar keine Willenserklärung vor, so daß § 139 BGB unanwendbar ist und sich der Vertrag von vornherein auf den wirksamen Teil beschränkt[7]. Nach diesen Grundsätzen sei in der Regel von einem Willen der Tarifvertragsparteien auszugehen, den Tarifvertrag zumindest in den Grenzen ihrer gemeinsamen Zuständigkeit als wirksam aufrechtzuerhalten. Letztlich komme es aber auf die Ermittlung dieses Willens nicht an. Zu beachten sei nämlich, daß die Tarifverträge nach §§ 1 Abs. 1, 4 Abs. 1 TVG im Hinblick auf den Inhalt, den Abschluß und die Beendigung von Arbeitsverhältnissen sowie betriebliche und betriebsverfassungsrechtliche Fragen Rechtsnormen für die Tarifgebundenen schaffe, die auf deren Bestand vertrauten. Dieses Vertrauen der Normunterworfenen müsse auch im Rahmen der Anwendung von § 139 BGB auf Tarifverträge beachtet werden. Die dort aufgestellte Regel der Vermutung einer Gesamtnichtigkeit passe daher nicht, so daß Regel und Ausnahme des § 139 BGB für Tarifverträge umgekehrt werden müßten. Der nicht außerhalb der Zuständigkeitsbereiche der Tarifpartner geschlossene Teil des Tarifvertrages bleibe daher grundsätzlich wirksam, sofern er auch ohne den nichtigen Teil sachlich und rechtlich sinnvoll bleibe und ein entgegenstehender Wille der Tarifpartner nicht ausdrücklich zu Tage trete[8].

Die heute herrschende Meinung möchte auf Tarifverträge aufgrund ihrer Normwirkung von vornherein nicht § 139 BGB, sondern wie bei staatlichen Rechtsak-

---

[5] BAG AP Nr. 4, 18, 136 zu Art. 3 GG; offengelassen in AP Nr. 1 zu § 1 TVG Teilnichtigkeit; Delheid, Tarifzuständigkeit, S. 112; Kutscher, Die Tarifzuständigkeit, S. 113; Link, Die Tarifzuständigkeit, S. 84.

[6] MüKo/Mayer-Maly/Busche, BGB, § 139, Rn. 28, 29; Palandt/Heinrichs, BGB, § 139, Rn. 14.

[7] BGHZ 45, 376, 379; BAG AP Nr. 4 zu Art. 3 GG; im Ergebnis ebenso: MüKo/Mayer-Maly/Busche, BGB, § 139, Rn. 32, die den Parteiwillen in diesem Fall grundsätzlich auf eine Wirksamkeit des übrigen Teiles bezogen sehen.

[8] BAG AP Nr. 4 zu Art. 3 GG; Delheid, Tarifzuständigkeit, S. 112; Kutscher, Die Tarifzuständigkeit, S. 114; Link, Die Tarifzuständigkeit, S. 84; MüKo/Mayer-Maly/Busche, BGB, § 139, Rn. 7.

ten öffentlich-rechtliche Grundsätze anwenden[9]. Für staatliche Rechtssetzungsakte gilt grundsätzlich, daß im Falle der Nichtigkeit eines Teils der verbleibende Rest als gültig aufrecht zu erhalten ist, wenn er auch ohne den nichtigen Teil eine logische und sachliche sinnvolle Regelung enthält[10].

Im Ergebnis bleibt also nach beiden Meinungen auch im Falle der Nichtigkeit eines Teiles eines Verbandstarifvertrages aufgrund fehlender Tarifzuständigkeit der übrige Teil grundsätzlich wirksam.

b) Die Anwendung der Tarifnormen

Bei einem nichtigen Verbandstarifvertrag bzw. einem nichtigen Teil eines Verbandstarifvertrages muß danach differenziert werden, ob dieser bereits in Kraft getreten und damit angewandt worden ist oder noch nicht.

Keine Schwierigkeiten bereitet es, wenn der wegen der fehlenden Tarifzuständigkeit nichtige Verbandstarifvertrag bzw. der nichtige Teil des Verbandstarifvertrages noch nicht in Vollzug gesetzt worden ist bzw., soweit er in Vollzug gesetzt ist, seine tarifrechtliche Behandlung für die Zukunft. Das Vertrauen der Tarifpartner bzw. ihrer Mitglieder, daß der Verbandstarifvertrag bzw. der Teil des Verbandstarifvertrages künftig zur Anwendung gelangen wird, tritt hinter der Einhaltung der mit dem Merkmal der Tarifzuständigkeit angestrebten Zuständigkeitsordnung zurück. Eine künftige Anwendung des Verbandstarifvertrages aufgrund normativer Grundlage nach § 4 Abs. 1 S. 1 TVG ist ausgeschlossen[11]. Arbeitnehmer und Arbeitgeber sind zur Wahrnehmung ihrer Koalitionsfreiheit auf die für sie zuständigen Tarifvertragsparteien zu verweisen[12]. Eine Verletzung ihrer Rechte liegt darin nicht[13].

Problematisch ist jedoch der Fall, daß der nichtige Tarifvertrag bereits in der Vergangenheit zur Anwendung gelangt ist und die Tarifpartner sowie ihre Mit-

---

[9] BAG AP Nr. 12 zu § 4 TVG Ordnungsprinzip; AP Nr. 26 zu § 1 BetrAVG Gleichbehandlung; Gamillscheg, Kollektives Arbeitsrecht I, § 16 VI 3 a), S. 709; Kempen/Zachert, TVG, § 1, 386; MünchArbR/Löwisch/Rieble, § 259, Rn. 62; Wiedemann, TVG, § 1, Rn. 210.
[10] BVerfGE 8, 274, 301; 85, 191, 211f.
[11] Kempen/Zachert, TVG, § 2, Rn. 127.
[12] Unberührt davon bleibt die im Rahmen der Privatautonomie uneingeschränkte Möglichkeit, einen branchenfremden Tarifvertrag einverständlich auf vertraglicher Grundlage anzuwenden. Zur Möglichkeit bzw. den Voraussetzungen einer individualrechtlichen (Fort-)Geltung: Hoyningen-Huene v., NZA 1996, S. 617, 621, 622.
[13] S.o. 1. Teil B. VI. 2. c) bb) (2) (c).

glieder irrtümlich von der Wirksamkeit der abgeschlossenen Verbandstarifverträge und ihrer Tarifbindung ausgegangen sind. Zwar ist auch in diesem Fall aufgrund der Tarifzuständigkeit als tarifvertragliches Wirksamkeitsmerkmal die Wirksamkeit des Tarifvertrages für den vergangenen Zeitraum abzulehnen. Zu beachten ist jedoch, daß - wie bereits oben gezeigt - nach Inkrafttreten eines Tarifvertrags und der Anwendung der Tarifnormen auch im Tarifrecht ein ähnlicher Vertrauenstatbestand bei den Normunterworfenen entsteht, wie das bei staatlichen Gesetzen der Fall ist[14]. Trotz seiner Nichtigkeit ist daher aufgrund des Vertrauens der Tarifpartner und ihrer Mitglieder der in Vollzug gesetzte Verbandstarifvertrag bzw. Teil des Verbandstarifvertrages für die Vergangenheit als wirksam zu behandeln und eine Rückabwicklung der wegen der Nichtigkeit des Tarifvertrages rechtsgrundlos erbrachten Leistungen nach § 812 Abs. 1 S. 1 Alt. 1 BGB nicht zuzulassen[15]. Insofern kann auf die Parallele zu den Grundsätzen bei fehlerhaften Tarifverträgen verwiesen werden, bei denen aus Gründen der Rechtssicherheit ebenfalls eine Rückabwicklung, zum Beispiel durch die Möglichkeit einer rückwirkenden Anfechtung wegen Irrtums, Täuschung oder Drohung, abgelehnt und statt dessen nur eine Kündigung aus wichtigem Grund angenommen wird[16]. Eine Ansicht bejaht dagegen die Möglichkeit einer Rückabwicklung, so daß der Arbeitnehmer nach § 812 Abs. 1 S. 1 Alt. 1 BGB zur Herausgabe des Betrages, der die ihm nach dem branchenmäßig einschlägigen Tarifvertrag zustehende Vergütung übersteigt, verpflichtet sei, soweit er nicht wegen Wegfalls der Bereicherung gemäß § 818 Abs. 3 BGB entreichert sei[17]. Als Beleg dafür wird auf die Rechtsprechung des Bundesarbeitsgerichts[18] und die Literatur[19] zum Rückzahlungsanspruch des Arbeitgebers nach §§ 812ff BGB bei irrtümlicher Überzahlung oder Doppelzahlung hingewiesen. Zu beachten ist aber, daß sich in den betreffenden Entscheidungen des Bundesarbeitsgerichts der Irrtum stets allein auf die Vergütung bzw. die tarifliche Eingruppierung in eine Vergütungsgruppe beschränkte. Dagegen steht in der vorliegenden Konstellation die irrtümliche Anwendung eines Tarifvertrages insgesamt in Frage. Dabei besteht das Problem, daß ein Tarifvertrag nicht nur Normen im Bereich der Vergütung aufstellt, sondern unterschiedliche Sachbereiche zu einem Regelungskom-

---

[14] BAG AP Nr. 14 zu § 3 TVG; Kempen/Zachert, TVG, § 2, Rn. 125.

[15] Ebenso im Ergebnis: Däubler, Tarifvertragsrecht, Rn. 90, der jedoch - ausgehend von seiner Ablehnung der Tarifzuständigkeit als Wirksamkeitsvoraussetzung - eine Unwirksamkeit des Tarifvertrages ablehnt und den Tarifpartnern ein Recht zur außerordentlichen Kündigung einräumt, an die sich dann eine Nachwirkung entsprechend § 4 Abs. 5 TVG anschließe; Kempen/Zachert, TVG, § 2, Rn. 127; Kutscher, Die Tarifzuständigkeit, S. 111.

[16] BAG, SAE 1983, S. 101, 102; Schaub, § 199, Rn. 41.

[17] Hoyningen-Huene v., NZA 1996, S. 617, 622.

[18] Zur Überzahlung: BAG AP Nr. 5 zu § 195 BGB; AP Nr. 5, 13 zu § 812 BGB; zur Doppelzahlung: BAG AP Nr. 22 zu § 812 BGB; NZA 1999, S. 977, 978;

[19] MünchArbR/Hanau, § 76, Rn. 1, 2; Schaub, Arbeitsrechts-Handbuch, § 74, Rn. 1, 6.

plex (gegebenenfalls mit Mantel- und Rahmentarifverträgen) verbindet und sich damit in seiner Gesamtheit als Verhandlungsprodukt der Tarifpartner darstellt. Eine Rückabwicklung einzelner Regelungsbereiche des Tarifvertrags (zum Beispiel Vergütung) - wie sie von der aufgezeigten Ansicht gefordert wird - wird daher dem Tarifvertrag als Regelungseinheit nicht gerecht. Wegen dieser praktischen Schwierigkeiten einer Rückabwicklung bleibt es daher dabei, den aufgrund der Unzuständigkeit der Tarifpartner von Anfang an nichtigen Tarifvertrag für die Vergangenheit als wirksam zu betrachten.

Darüber hinaus will eine Ansicht auch nach dem Feststellungszeitpunkt der Unzuständigkeit der Tarifpartner die Tarifnormen weiter angewendet wissen. Auch hier trete die Nachwirkung analog § 4 Abs. 5 TVG ein[20]. Dem kann aber nicht gefolgt werden. Eine Nachwirkung von § 4 Abs. 5 TVG setzt grundsätzlich voraus, daß die Tarifnormen überhaupt einmal nach § 4 Abs. 1 S. 1 TVG auf die betreffenden Arbeitsverhältnisse anwendbar waren. Dies war jedoch aufgrund des Merkmals der Tarifzuständigkeit zu keiner Zeit der Fall. Damit scheidet eine Nachwirkung analog § 4 Abs. 5 TVG für die Zukunft aus[21]. Besteht ein Interesse der vermeintlichen Normunterworfenen an der Fortgeltung der bisherigen tariflichen Bestimmungen auch in Zukunft, haben sie die Möglichkeit, dies auf individualvertraglicher Ebene zu vereinbaren.

Da in dieser Konstellation regelmäßig - wie oben bereits gezeigt - ein Fall beiderseitiger Tarifunzuständigkeit gegeben sein wird, wird auch grundsätzlich ein beiderseitiger Vertrauenstatbestand der Tarifpartner und ihrer Mitglieder vorliegen, so daß auf den problematischen Fall des nur einseitigen Vertrauens auf die Wirksamkeit bzw. Anwendbarkeit eines Verbandstarifvertrages vorliegend nicht eingegangen werden muß.

2. Die Nichtanwendbarkeit des Verbandstarifvertrages

Praxisrelevanter ist in diesem Zusammenhang wohl der Fall, daß ein Arbeitgeber und damit auch seine Arbeitnehmer von Beginn an nicht in den Geltungsbereich eines Verbandstarifvertrages fallen, den die Verbände im Rahmen ihrer Tarifzuständigkeit wirksam vereinbart haben. Da für die Tarifanwendung in der Praxis grundsätzlich die tarifliche Einordnung des Unternehmens/Betriebes

[20] Däubler, Tarifvertragsrecht, Rn. 91, ausgehend von der Ablehnung des Merkmals der Tarifzuständigkeit im Falle einer außerordentlichen Kündigung wegen Unzuständigkeit des Tarifpartners; Kempen/Zachert, TVG, § 2, Rn. 128.
[21] Ebenso: Hoyningen-Huene v., NZA 1996, S. 617, 621.

maßgebend ist, ist hier allein auf den Arbeitgeber abzustellen. Dies folgt zum einen daraus, daß die Verbände in der Regel nach dem Industrieverbandsprinzip[22] organisiert sind und damit bei ihrer tariflichen Betätigung darauf abstellen, welchem Wirtschaftszweig der betreffende Arbeitgeber angehört. Zum anderen wird der Arbeitgeber den von ihm für einschlägig gehaltenen Tarifvertrag unabhängig von einer beiderseitigen Tarifbindung, also einer Tarifbindung seiner Arbeitnehmer, regelmäßig auch über eine einzelvertragliche Bezugnahme zur Anwendung bringen.

Soweit der Verbandstarifvertrag in seinem Geltungsbereich sich mit den Zuständigkeitsbereichen der Verbände deckt, ist zusätzlich zur Nichteinschlägigkeit des Geltungsbereichs die Tarifzuständigkeit der Verbände für den satzungswidrig organisierten Arbeitgeber/die satzungswidrig organisierten Arbeitnehmer nicht vorhanden[23]. Gleichwohl handelt sich in dieser Konstellation nicht - wie eben gezeigt - um die Behandlung eines wegen fehlender Tarifzuständigkeit nichtigen Verbandstarifvertrages/Teiles eines Verbandstarifvertrages, sondern um die Behandlung eines nach seinem Geltungsbereich nicht einschlägigen, aber dennoch angewandten (wirksamen)Verbandstarifvertrages.

Wenn sowohl Arbeitgeber als auch Arbeitnehmer auf die Einschlägigkeit des Verbandstarifvertrages vertraut haben, sind auch hier die Grundsätze anzuwenden, die soeben für die Anwendung nichtiger Verbandstarifverträge aufgrund fehlender Tarifzuständigkeit der Verbände entwickelt worden sind. Zu untersuchen ist hier allerdings der Fall, daß allein der Arbeitgeber - gegebenenfalls durch eine entsprechende Verbandsmitgliedschaft manifestiert - von der Anwendbarkeit des Verbandstarifvertrages ausgeht, auf der Arbeitnehmerseite aber Bedenken dagegen bestehen. Diese Bedenken können bei einer anderen beim Arbeitgeber vertretenen Gewerkschaft, die nicht den fraglichen Verbandstarifvertrag geschlossen hat, aber auch beim Betriebsrat, bei der Belegschaft oder einem Teil von dieser bestehen. Soweit die Arbeitnehmer entsprechend ihrer Rechtsansicht, den Arbeitgeberverband und die Gewerkschaft für nicht tarifzuständig und damit den betreffenden Verbandstarifvertrag für nicht einschlägig halten, nicht Mitglied in der Gewerkschaft sind, die den betreffenden Verbandstarifvertrag abgeschlossen hat, wird der Arbeitgeber - wie bereits gesagt - regelmäßig den von ihm für einschlägig gehaltenen Verbandstarifvertrag auch bei Nichttarifgebundenheit der Arbeitnehmer über eine einzelvertragliche Bezugnahme zur Anwendung bringen[24]. Fraglich ist hier, ob auch dieses einseitige

[22] S.o. 2. Teil A. I. 2. d) dd) (2).
[23] S.o. 2. Teil. B. I. u. II.
[24] Die im Rahmen der Privatautonomie uneingeschränkte Möglichkeit, daß ein Arbeitgeber und Arbeitnehmer willentlich einen brachenfremden Tarifvertrag per einzelvertraglicher Be-

Vertrauen des Arbeitgebers auf die Anwendbarkeit eines Tarifvertrages geschützt ist und damit auch in diesen Fällen eine Rückabwicklung nicht in Betracht kommt. Dafür sprechen wiederum die Schwierigkeiten, die einer Anwendung des einschlägigen - von den für den Arbeitgeber tatsächlich zuständigen Tarifpartnern geschlossenen - Verbandstarifvertrages für die Vergangenheit entgegenstehen. Der vom Arbeitgeber angewandte Tarifvertrag und der Tarifvertrag, der nach der Branchenzugehörigkeit des Arbeitgebers einschlägig ist, werden regelmäßig zwei komplexe Regelungseinheiten darstellen, die sich nicht nur in der Höhe der Vergütung, sondern auch in vielen anderen Bereichen (Arbeitszeiten, Urlaub, Entgeltfortzahlung im Krankheitsfall etc.) unterscheiden. Zudem bestehen für die Arbeitnehmerseite effektive Möglichkeiten, mit denen sie die Anwendung des für sie einschlägigen Tarifvertrages durchzusetzen vermag. Dazu gehört zunächst einmal die Möglichkeit, in einem Beschlußverfahren nach §§ 2a Abs. 1 Nr. 4, 97 Abs. 1 ArbGG, gegebenenfalls in Verbindung mit § 97 Abs. 5 ArbGG, die Unzuständigkeit des Arbeitgeberverbandes/der Gewerkschaft und damit klären zu lassen, daß der betreffende Verbandstarifvertrag nicht kraft normativer Wirkung gemäß §§ 4 Abs. 1, 3 Abs. 1 TVG Anwendung findet. Zum anderen besteht die Möglichkeit der für den Arbeitgeber zuständigen Gewerkschaft mit dem Arbeitgeber - notfalls nach der Durchführung von Arbeitskampfmaßnahmen - einen Firmentarifvertrag abzuschließen und so einen von füreinander zuständigen Tarifpartnern abgeschlossenen Tarifvertrag durchzusetzen.

In diese Fallgruppe fällt auch die Konstellation, die den Beschlüssen des Bundesarbeitsgerichts vom 25.9.1996[25] und 12.11.1996[26] zugrunde lag. Ein Arbeitgeber strebt hier - offensichtlich in dem Wunsch nach einer unternehmenseinheitlichen Anwendung eines (für ihn günstigeren) Tarifvertrages - für einzelne Betriebe seines Unternehmens statt der betriebsbezogenen Zuständigkeit der bisherigen DGB-(Erst-)Gewerkschaft die unternehmensbezogene Zuständigkeit der DGB-(Zweit-)Gewerkschaft an, die auch für die anderen Betriebe seines Unternehmens die Tarifzuständigkeit bereits in Anspruch nimmt. Er tritt daher aus seinem bisherigen für die betreffenden Betriebe zuständigen Arbeitgeberverband aus und wird auch im Hinblick auf diese Betriebe Mitglied in dem Arbeitgeberverband, der mit der unternehmensweit zuständigen DGB-(Zweit-)Gewerkschaft einen Verbandstarifvertrag abgeschlossen hat. Damit kann der Arbeitgeber - soweit seine Tarifbindung nach § 3 Abs. 3 TVG endet und die Grundsätze über die Tarifkonkurrenz und Tarifpluralität dem betriebsbezogenen Tarifvertrag nicht

zugnahme zur Anwendung bringen, dürfte wohl die Ausnahme darstellen. S. dazu Hoyningen-Huene v., NZA 1996, S. 617, 620.

[25] BAG AP Nr. 10 zu § 2 TVG Tarifzuständigkeit.

[26] BAG AP Nr. 11 zu § 2 TVG Tarifzuständigkeit.

mehr zum Anwendungsvorrang verhelfen - nach dem Eintritt in den Arbeitgeberverband mit der unternehmensbezogenen Tarifzuständigkeit beginnen, auch in den fraglichen Betrieben den mit der entsprechend unternehmensbezogen organisierten DGB-Gewerkschaft abgeschlossenen Verbandstarifvertrag durchzusetzen. Zu beachten ist jedoch, daß nach den Grundsätzen für die Konkurrenz von DGB-Gewerkschaften vor Einleitung eines DGB-Schiedsgerichtsverfahrens die DGB-Erstgewerkschaft mit der betriebsbezogenen Tarifzuständigkeit für den / die fraglichen Betriebe des Arbeitgebers allein tarifzuständig ist, soweit nicht in einem späteren DGB-Schiedsgerichtsverfahren etwas anderes bestimmt wird. Da der Arbeitgeber mit den fraglichen Betrieben zwar zur satzungsmäßigen Tarifzuständigkeit seines Arbeitgeberverbandes, nicht jedoch zum Zuständigkeitsbereich der unternehmensbezogen organisierten DGB-Gewerkschaft gehört, fällt er mit diesen Betrieben nicht unter den Geltungsbereich des unternehmensweiten Verbandstarifvertrages, obwohl sie im übrigen die allgemeinen Anforderungen des branchenmäßigen unternehmensbezogenen Geltungsbereiches erfüllen. Auch hier scheidet entsprechend den obigen Ausführungen eine Rückabwicklung des bereits in den fraglichen Betrieben angewandten unternehmensbezogenen Verbandstarifvertrages aus. Es bleibt dabei, daß die zuständige betriebsbezogen organisierte DGB-Gewerkschaft den Rechtsweg bestreiten oder mit dem Arbeitgeber für die fraglichen Betriebe einen Firmentarifvertrag - notfalls nach Durchführung von Arbeitskampfmaßnahmen - abschließen und so den der DGB-Zuständigkeitsordnung entsprechenden Tarifvertrag durchsetzen muß.

II. Firmentarifvertrag

Beim Firmentarifvertrag bestehen insoweit keine Besonderheiten gegenüber den Ausführungen beim Verbandstarifvertrag. Den oben dargelegten Grundsätzen entsprechend kommt nach Inkrafttreten des Firmentarifvertrages eine Rückabwicklung ebenfalls nicht in Betracht, soweit ein wegen fehlender gewerkschaftlicher Tarifzuständigkeit unwirksamer Tarifvertrag bereits angewandt worden ist. Auch hier ist es ausreichend, daß nur eine Seite auf den Bestand des Firmentarifvertrages vertraut hat. Anders als im obigen Fall des Verbandstarifvertrages, bei dem der Arbeitgeber im Gegensatz zur Arbeitnehmerseite die Anwendbarkeit eines bestimmten Tarifvertrages für gegeben hält, ist es in dieser Konstellation regelmäßig die Gewerkschaft, die auf ihre Tarifzuständigkeit vertraut und diese auch im Falle von Einwänden des Arbeitgebers in Anspruch zu nehmen versucht. Soweit die Gewerkschaft einen derartigen wegen fehlender Tarifzuständigkeit nichtigen Firmentarifvertrag durchgesetzt hat, ist auch hier aus Gründen der Rechtssicherheit und der tatsächlichen Unmöglichkeit eine Rückabwicklung ausgeschlossen. Für die Durchsetzung des für ihn einschlägigen Tarifvertrages ist der Arbeitgeber auf die gerichtliche Hilfe angewiesen, indem er nach §§ 2a Abs. 1 Nr. 4, 97 Abs. 1 ArbGG die Unzuständigkeit der Gewerkschaft feststellen läßt.

B. Der Wegfall der Tarifzuständigkeit nach Abschluß des Tarifvertrages

Anders als bei Tarifverträgen, die von bereits bei Vertragsabschluß unzuständigen Tarifpartnern abgeschlossen werden, liegt beim erst nach dem Abschluß des Tarifvertrages auftretenden Wegfall der Tarifzuständigkeit der Tarifvertragsparteien zunächst ein wirksamer Tarifvertrag vor. Im Falle des Branchen- bzw. Ortswechsels des verbandsangehörigen Arbeitgebers liegt ein wirksamer Verbandstarifvertrag vor, aus dessen Geltungsbereich der Arbeitgeber/Arbeitnehmer herausgewachsen ist. Fraglich ist, ob die zunächst wirksamen Tarifverträge auch nach dem Wegfall der Tarifzuständigkeit aufgrund von Satzungsänderungen der Verbände bzw. ob Verbandstarifverträge im Falle des Herauswachsens des verbandsangehörigen Arbeitgebers aus dem Geltungsbereich des Verbandstarifvertrages noch Tarifwirkung entfalten können.

I. Die Ansichten in Literatur und Rechtsprechung

In der Literatur und Rechtsprechung finden sich dazu unterschiedliche Stimmen.

Nach einer Ansicht führe der Wegfall der Tarifzuständigkeit infolge von Satzungsänderungen der Verbände nicht zur Beendigung des Tarifvertrages, sondern begründe lediglich ein Kündigungsrecht. Wenn dieses Kündigungsrecht ausgeübt und auf diese Weise der Ablauf des Tarifvertrages nach § 4 Abs. 5 TVG herbeigeführt werde, trete die Nachwirkung nach § 4 Abs. 5 TVG ein[27]. Dabei wird von einer Seite[28] dem jeweiligen Tarifgegner, von einer anderen Seite[29] dagegen dem Verband, der seine satzungsmäßiger Zuständigkeit geändert hat, bzw. beiden Tarifpartnern ein Kündigungsrecht anläßlich der Satzungsänderung eingeräumt. Vor einer möglichen Kündigung wird die Fortwirkung des Tarifvertrages teilweise auch auf eine analoge Anwendung des § 3 Abs. 3 TVG

[27] Frölich, NZA 1992, S. 1105, 1109; Kempen/Zachert, TVG, § 2, Rn. 131-133; Wiedemann/Oetker, TVG, § 2, Rn. 46.
[28] Frölich, NZA 1992, S. 1105, 1109.
[29] Kempen/Zachert, TVG, § 2, Rn. 132, 133; Kutscher, Die Tarifzuständigkeit, S. 112.

gestützt[30]. Eine andere Ansicht will demgegenüber die Tarifverträge vom Zeitpunkt des Wegfalls der Tarifzuständigkeit infolge der Satzungsänderung entsprechend § 4 Abs. 5 TVG nachwirken lassen[31]. Das Bundesarbeitsgericht hat sich zu diesem Problem bislang nicht äußern müssen. Beim Wegfall einer Tarifvertragspartei insgesamt nach einer Verbandsauflösung hat es zunächst offengelassen, ob die Rechtsfolge des § 4 Abs. 5 TVG unmittelbar mit der Verbandsauflösung oder erst nach Ablauf des normativen Teiles des Tarifvertrages durch Befristung, Mindestbefristung oder Beendigung mit Ablauf einer vorgesehenen Kündungsfrist eintritt[32], später jedoch ausdrücklich einen sofortigen Eintritt der Nachwirkung bejaht[33]. Nunmehr geht es aber im Falle einer Verbandsauflösung infolge der Eröffnung eines Konkursverfahrens nach § 42 Abs. 1 BGB a.F. von einem Fortbestand der unmittelbaren und zwingenden Wirkung der Tarifnormen aus[34].

Für den Fall des Herauswachsens des Arbeitgebers aus dem tarifvertraglichen Geltungsbereich eines Verbandstarifvertrages nach einem Branchen- oder Ortswechsel vertritt die überwiegende Ansicht in der Literatur eine Nachwirkung in analoger Anwendung des § 4 Abs. 5 TVG[35]. Eine Mindermeinung möchte § 3 Abs. 3 TVG analog anwenden, da auch hier grundsätzlich die Gefahr einer einseitigen Manipulation drohe[36]. Eine weitere Ansicht lehnt nicht nur eine Analogie zu § 3 Abs. 3 TVG, sondern auch zu § 4 Abs. 5 TVG ab[37]. Bei einem Firmentarifvertrag wird nach einem Wechsel der gewerkschaftlichen Tarifzuständigkeit aufgrund Herauswachsens des Arbeitgebers aus dem Zuständigkeitsbereich der Gewerkschaft, der Eintritt der Nachwirkung zum Teil zusätzlich von einer Kündigung abhängig gemacht, die nach einer Ansicht als außerordentliche[38], nach anderer Ansicht als ordentliche Kündigung erfolgen dürfe[39]. Eine

---

[30] Däubler, Tarifvertragsrecht, Rn. 92; 1522; Konzen, ZfA 1975, S. 401, 417.
[31] Gamillscheg, Kollektives Arbeitsrecht I, § 17 I 4 b), S. 723; MünchArbR/Löwisch/Rieble, § 255, Rn. 83; Schaub, Arbeitsrechtshandbuch, § 199, Rn. 46.
[32] BAG AP Nr. 4 zu § 3 TVG.
[33] BAG AP Nr. 26, 27 zu § 4 TVG Nachwirkung.
[34] BAG AP Nr. 56 zu § 2 TVG.
[35] Blank, Die Tarifzuständigkeit der DGB-Gewerkschaften, S. 76, 77; Dräger, BB 1970, S. 1141, 1142; Fröhlich, NZA 1992, S. 1105, 1108; Gamillscheg, Kollektives Arbeitsrecht I, § 17 I 4 b), S. 723; Hromadka/Maschmann/Wallner, Der Tarifwechsel, Rn. 258; Kempen/Zachert, TVG, § 2, Rn. 130; § 3, Rn. 26 u. § 4, Rn. 27; Konzen, ZfA 1975, S. 401, 412; ders., Festschrift für Alfons Kraft, S. 291, 320; MünchArbR/Löwisch/Rieble, § 264, Rn. 26; Schaub, Arbeitsrechts-Handbuch, § 203, Rn. 30; Wiedemann, RdA 1975, S. 78, 83; Wiedemann/Oetker, TVG, § 2, Rn. 80; Wiedemann/Wank, TVG, § 4, Rn. 133, 337.
[36] Däubler, Tarifvertragsrecht, Rn. 264, 271, 1523.
[37] Hoyningen-Huene v., NZA 1996, S. 617, 621.
[38] Wiedemann, RdA 1975, S. 78, 84; Wiedemann/Oetker, TVG, § 2, Rn. 79.

Minderansicht geht dagegen auch hier von einer Fortwirkung der Normen des Firmentarifvertrages nach § 3 Abs. 3 TVG analog aus[40]. Das Bundesarbeitsgericht hat im Zusammenhang mit der Frage der Nachwirkung gemäß § 4 Abs. 5 TVG nach dem Ende der Tarifgebundenheit nach § 3 Abs. 3 TVG allgemein ausgeführt, daß § 4 Abs. 5 TVG in allen Fällen des Wegfalls einer Tarifbindung anzuwenden sei[41]. Entfalle die Tarifbindung wegen Herauswachsens aus dem Geltungsbereich eines Tarifvertrages und dem Austritt aus dem entsprechenden Arbeitgeberverband, gelte daher nach § 4 Abs. 5 TVG analog der Inhalt des Tarifvertrages kraft Nachwirkung für das Arbeitsverhältnis weiter[42]. Für tarifvertragliche Normen zu gemeinsamen Einrichtungen (§ 4 Abs. 2 TVG) hat das Bundesarbeitsgericht dagegen eine Nachwirkung analog § 4 Abs. 5 TVG abgelehnt[43].

II. Stellungnahme

Zu untersuchen ist demnach, ob der Wegfall der Tarifzuständigkeit der oder einer der Tarifvertragsparteien bzw. ob das Herauswachsen der Normunterworfenen aus dem tarifvertraglichen Geltungsbereich/dem Zuständigkeitsbereich der Verbände entsprechend den gesetzlich geregelten Fällen des Wegfalls einer tarifvertraglichen Geltungsvoraussetzung nach §§ 3 Abs. 3, 4 Abs. 5 TVG behandelt werden kann.

1. Die Fälle des Wegfalls einer tarifvertraglichen Geltungsvoraussetzung nach dem Tarifvertragsgesetz

Um die für eine Analogie erforderliche Vergleichbarkeit der Tatbestände untersuchen zu können, gilt es zunächst, die vom Tarifvertragsgesetz geregelten Fälle des Wegfalls einer tarifvertraglichen Geltungsvoraussetzung nach Inhalt, Umfang, Sinn und Zweck aufzuzeigen.

---

[39] Henssler, ZfA 1998, S. 517, 530, der im Ausnahmefall auch eine außerordentliche Kündigung zulassen möchte; Kempen/Zachert, TVG, § 2, Rn. 134; Kutscher, Die Tarifzuständigkeit, S. 112.
[40] Däubler, Tarifvertragsrecht, Rn. 93b.
[41] BAG AP Nr. 13 zu § 3 TVG; AP Nr. 3 zu § 3 TVG Verbandsaustritt.
[42] BAG AP Nr. 20, 21 zu § 3 TVG.
[43] BAG AP Nr. 2, 5 zu § 3 TVG Verbandsaustritt; AP Nr. 42 zu § 1 BetrAVG.

a) Die Fortwirkung nach § 3 Abs. 3 TVG

§ 3 Abs. 3 TVG regelt die tariflichen Rechtsfolgen für den Fall, daß ein Mitglied der Tarifvertragsparteien während der Laufzeit eines Tarifvertrags aus seinem Verband austritt. Da nach § 3 Abs. 1 TVG mit dem Austritt die Tarifgebundenheit und damit eine Voraussetzung der Anwendbarkeit der Tarifnormen auf dieses austretende Mitglied entfiele, ordnet § 3 Abs. 3 TVG das Bestehenbleiben der Tarifgebundenheit an, bis der Tarifvertrag endet. Der Sinn und Zweck des § 3 Abs. 3 TVG liegt demnach darin, daß ein Mitglied einer Tarifvertragspartei für die Laufzeit des Tarifvertrages sich nicht durch eine einseitige Maßnahme, nämlich durch Verbandsaustritt, der Tarifbindung entziehen und damit die Wirkung bestehender Tarifverträge, die durch die Mitgliedschaft legitimiert sind, unterlaufen kann[44]. Die Regelung entfaltet demnach eine Schutzfunktion zugunsten der anderen Tarifvertragspartei und ihrer Mitglieder, die auf die Tarifbindung der Mitglieder des sozialen Gegenspielers vertraut haben. Da im Falle des Austritts eines Arbeitnehmers aus seiner Gewerkschaft der betreffende Tarifvertrag regelmäßig durch einzelvertragliche Bezugnahme ohnehin weiter Anwendung finden wird, wirkt dieser Schutzzweck des § 3 Abs. 3 TVG in erster Linie zugunsten der Arbeitnehmer dahin, daß ein Arbeitgeber sich nicht durch den Austritt aus dem Arbeitgeberverband der Tarifbindung entziehen kann[45]. Gleichzeitig wird damit in Übereinstimmung mit der historischen Entstehungsgeschichte der Vorschrift auch ein gewisser Schutz der Arbeitgeberverbände vor Austritten erreicht und folglich der Abschluß von Verbandstarifverträgen gefördert[46].

§ 3 Abs. 3 TVG ist also insgesamt ein Beleg für den Willen des Gesetzgebers, die Geltung eines wirksam zustande gekommenen Tarifvertrages bis zu seinem Ende zu sichern und vor Manipulationen und einseitigen Maßnahmen einer Seite zu schützen[47].

---

[44] BAG AP Nr. 3, 4 zu § 3 TVG; Kempen/Zachert, TVG, § 3, Rn. 21, 22; Wiedemann/Oetker, § 3, Rn. 46.

[45] Konzen, ZfA 1975, S. 401, 411; MünchArbR/Löwisch/Rieble, § 267, Rn. 23.

[46] Kempen/Zachert, TVG, § 3, Rn. 21; Wiedemann/Oetker, TVG, § 3, Rn. 45, 46.

[47] Däubler, Tarifvertragsrecht, Rn. 78; strittig ist die zeitliche Begrenzung der Tarifbindung nach § 3 Abs. 3 TVG: Däubler, NZA 1996, S. 225, 227 plädiert für eine Anwendung des § 624 BGB analog; MünchArbR/Löwisch/Rieble, § 267, Rn. 24-26 für die nächste Kündigungsmöglichkeit, höchstens aber für die Frist des § 613a Abs. 1 S. 2 von einem Jahr; Wiedemann/Oetker, TVG, § 3, Rn. 69 möchte § 39 Abs. 2 BGB analog heranziehen.

b) Die Nachwirkung nach § 4 Abs. 5 TVG

Nach § 4 Abs. 5 TVG gelten nach Ablauf des Tarifvertrages seine Rechtsnormen weiter, bis sie durch eine andere Abmachung ersetzt werden. Dabei bedeutet der Ablauf des Tarifvertrages seine Beendigung in zeitlicher Hinsicht, also das Außerkrafttreten seiner Normen für die beiderseits Tarifgebundenen, die unter den Geltungsbereich des Tarifvertrages fallen. Nach seinem Zweck hält § 4 Abs. 5 TVG die Normwirkung aufrecht, um zu verhindern, daß die Arbeitsverhältnisse inhaltsleer und aufgrund tariflosen Zustandes durch dispositive Gesetze sowie einseitige Arbeitgeberweisungen ersetzt werden, falls sich nicht unmittelbar eine andere kollektiv- oder einzelvertragliche Abrede, insbesondere ein neuer Tarifvertrag der bisherigen Tarifpartner, an den ausgelaufenen Tarifvertrag anschließt. Der Vorschrift kommt damit die Funktion eines Schutzes der bisherigen Tarifnormen und einer Überbrückung zu[48]. Dabei ist § 4 Abs. 5 TVG in erster Linie eine Schutzvorschrift zugunsten der Arbeitnehmer, die auf die Aufrechterhaltung der bisherigen Arbeitsbedingungen für eine Übergangszeit vertrauen sollen[49]. Die Norm schützt aber auch den Arbeitgeber und die Tarifvertragsparteien selbst, die durch die Kontinuität der tariflichen Ordnung ohne Zeitdruck über neue Abreden bzw. Tarifverträge verhandeln können[50]. § 4 Abs. 5 TVG stellt nach dem Bundesarbeitsgericht einen selbständigen Rechtsgrund für die Weitergeltung (Nachwirkung) der bisherigen Tarifnormen dar, die nicht durch die Legitimation durch die ehemals tarifunterworfenen Mitglieder der Tarifvertragsparteien, sondern kraft Gesetzes gerechtfertigt ist[51]. Die Nachwirkung des Tarifvertrages setzt daher nicht den Fortbestand der beiderseitigen Mitgliedschaft der Arbeitsvertragsparteien in den tarifschließenden Verbänden während der Nachwirkungsphase voraus[52]. Die Tarifpartner haben aber grundsätzlich

---

[48] BAG AP Nr. 13 zu § 3 TVG; Kempen/Zachert, TVG, § 4, Rn. 293; MünchArbR/Löwisch/Rieble, § 273, Rn. 1-3; Wiedemann/Wank, TVG, § 4, Rn. 327.

[49] BAG AP Nr. 14 zu § 3 TVG Verbandszugehörigkeit; Hromadka/Maschmann/Wallner, Der Tarifwechsel, Rn. 248, 249; Wiedemann/Wank, TVG, § 4, Rn. 327.

[50] Wiedemann/Wank, § 4, Rn. 328, 329.

[51] BAG AP Nr. 8 zu § 4 TVG Verbandszugehörigkeit; kritisch: Däubler, Tarifvertragsrecht, Rn. 1464; Kempen/Zachert, TVG, § 4, Rn. 295; Wiedemann, Anmerkung zu BAG AP Nr. 8 zu § 4 TVG Nachwirkkung.

[52] BAG AP Nr. 13 zu § 3 TVG; BAG AP Nr. 14 zu § 3 TVG Verbandszugehörigkeit; Hanau/Peters, Anmerkung zu BAG AP Nr. 14 zu § 3 TVG Verbandszugehörigkeit; a.A. Löwisch/Rieble, TVG, § 4, Rn. 242, wonach auch die Nachwirkung der Legitimation durch die Mitgliedschaft in den Verbänden bedürfe; aufgegeben wohl nunmehr in: MünchArbR/Löwisch/Rieble, § 273, Rn. 19.

auch die Möglichkeit, im Tarifvertrag den Ausschluß der Nachwirkung nach § 4 Abs. 5 TVG zu vereinbaren[53].

Nach der Rechtsprechung des Bundesarbeitsgerichts und der ihm folgenden Literatur findet § 4 Abs. 5 TVG nach Ablauf eines Tarifvertrages auch dann Anwendung, wenn die für die unmittelbare und zwingende Wirkung des § 4 Abs. 1 TVG erforderliche Tarifgebundenheit nicht nach § 3 Abs. 1 TVG oder auch § 5 Abs. 4 TVG[54], sondern nach Austritt aus einer Tarifvertragspartei nur gemäß § 3 Abs. 3 TVG aufrechterhalten bleibt. Das Ende des Tarifvertrages nach § 3 Abs. 3 und nach § 4 Abs. 5 TVG fallen hier zusammen, so daß sich die Nachwirkung nach § 4 Abs. 5 TVG unmittelbar an die Fortwirkung nach § 3 Abs. 3 TVG anschließt[55]. Die Tarifbindung nach § 3 Abs. 3 TVG endet aber in jedem Falle auch mit einer erheblichen Änderung des Tarifvertrages, da eine derartige nicht mehr durch Mitgliedschaft legitimierte Änderung als Beendigung im Sinne von § 3 Abs. 3 TVG anzusehen ist, auch wenn der Tarifvertrag selbst durch die bloße Änderung nicht außer Kraft getreten ist[56]. Obwohl in diesem Fall die Beendigungszeitpunkte nach § 3 Abs. 3 TVG und § 4 Abs. 5 TVG nicht übereinstimmen, wendet die ganz herrschende Meinung auf diesen Wegfall der Tarifbindung ebenfalls § 4 Abs. 5 TVG an, hier in entsprechender Anwendung[57].

Nach der Rechtsprechung ist die Nachwirkung auf den Personenkreis beschränkt, der zuvor von der unmittelbaren und zwingenden Wirkung des Tarifvertrages erfaßt war[58]. Damit können Arbeitnehmer oder Arbeitgeber, die während der unmittelbaren und zwingenden Geltung des nunmehr nachwirkenden Tarifvertrages nicht tarifgebunden waren, durch Verbandseintritt im Nachwir-

---

[53] BAG AP Nr. 12, 19, 29 zu § 4 TVG Nachwirkung; Frölich, NZA 1992, S. 1105; Kempen/Zachert, TVG, § 4, Rn. 308.
[54] BAG AP Nr. 22, 38 zu § 4 TVG Nachwirkung; Frölich, NZA 1992, S. 1105, 1107; Kempen/Zachert, TVG, § 4, Rn. 297; Wiedemann/Wank, TVG, § 4, Rn. 336.
[55] BAG AP Nr. 3, 9, 11 zu § 3 TVG Verbandsaustritt; verfassungsrechtlich nicht beanstandet: BVerfG AP Nr. 36 zu § 4 TVG Nachwirkung; Däubler, Tarifvertragsrecht, Rn. 1511; Frölich, NZA 1992, S. 1105, 1106; Kempen/Zachert, TVG, § 3, Rn. 34.
[56] Strittig sind jedoch der für das Ende im Sinne des § 3 Abs. 3 TVG erforderliche Umfang der Änderung bzw. ihre Folgen: Für ein Ende der Tarifgebundenheit bei jeder Änderung: BAG AP Nr. 13 zu § 3 TVG, AP Nr. 11 zu § 3 TVG Verbandsaustritt; AP Nr. 40 zu § 4 TVG Nachwirkung; LAG Baden/Württemberg AP Nr. 18 zu § 3 TVG Verbandszugehörigkeit; Frölich, NZA 1992, S. 1105, 1106; Wiedemann/Oetker, TVG, § 3, Rn. 76; für eine fortwirkende Tarifbindung an die (ungeänderten) Normen, die allein und aus sich heraus sinnvoll bleiben: Kempen/Zachert, TVG, § 3, Rn. 32.
[57] BAG AP Nr. 13 zu § 3 TVG; AP Nr. 8 zu § 3 TVG Verbandsaustritt; Frölich, NZA 1992, S. 1105, 1106, 1107; Kempen/Zachert, TVG, § 4, Rn. 295.
[58] BAG AP Nr. 14 zu § 3 TVG Verbandszugehörigkeit; AP Nr. 11 zu § 3 TVG Verbandsaustritt.

kungsstadium eine Tarifbindung an den nachwirkenden Tarifvertrag nicht herbeiführen. Auch Arbeitsverhältnisse, die im Nachwirkungsstadium erst begründet werden, können nach der Rechtsprechung trotz beiderseitiger Verbandsmitgliedschaft nicht mehr an der Nachwirkung nach § 4 Abs. 5 TVG teilnehmen[59].

Nach ganz herrschender Meinung ist mit § 4 Abs. 5 TVG eine unmittelbare normative Wirkung der Tarifnormen verbunden, die aber im Gegensatz zu § 4 Abs. 1 TVG nicht zwingend ist[60]. Damit besteht für Arbeitgeber und Arbeitnehmer davon abweichend die Möglichkeit, einverständlich andere, auch ungünstigere Vereinbarungen zu treffen. Dies können bei nachwirkenden Inhalts-, Abschluß- und Beendigungsnormen Tarifverträge oder einzelvertragliche Abreden sein. Soweit diese auf das konkrete Arbeitsverhältnis Anwendung finden, liegt eine die Nachwirkung beendende Abmachung vor[61]. Eine Bindung an das Günstigkeitsprinzip besteht dabei nicht[62]. Nach der überwiegenden Meinung ist auch (im Hinblick auf tarifliche Inhaltsnormen) eine Änderungskündigung des Arbeitgebers möglich, wobei jedoch die jeweiligen Kündigungsvoraussetzungen nicht umgangen werden dürfen[63]. Strittig ist, ob als Abmachung im Sinne des § 4 Abs. 5 TVG nur eine im Nachwirkungszeitraum getroffene Vereinbarung in Betracht kommt[64] oder aber auch frühere Abreden, die dann nach Ende der zwingenden Wirkung eines Tarifvertrags wieder aufleben[65]. Im letzteren Falle stellt sich die - insbesondere für den hier interessierenden Zusammenhang - die Frage, ob eine im Arbeitsvertrag enthaltene allgemeine Verweisungsklausel, die auch für den Fall der Nachwirkung auf die jeweils für den Arbeitgeber geltenden

---

59 BAG AP Nr. 1, 8, 32 zu § 4 TVG Nachwirkung; AP Nr. 20, 21 zu § 3 TVG; ihm folgend: Belling, SAE 1999, S. 181, 184; Frölich, NZA 1992, S. 1105; MünchArbR/Löwisch/Rieble, § 273, Rn. 6; Rüthers, Festschrift für Gerhard Müller, S. 445, 450; a.A. Kempen/Zachert, TVG, § 3, Rn. 6 u. § 4, Rn. 294, 295; Wiedemann, Anmerkung zu BAG AP Nr. 8 zu § 4 TVG Nachwirkung; Wiedemann/Wank, TVG, § 4, Rn. 330-333.

60 BAG AP Nr. 14 zu § 3 TVG Verbandszugehörigkeit; Kempen/Zachert, TVG, § 4, Rn. 293; für die frühere Ansicht einer arbeitsvertragsgestaltenden Wirkung der nachwirkenden Tarifnormen: Rieble, Anmerkung zu BAG AP Nr. 3 zu § 3 TVG Verbandsaustritt.

61 BAG AP Nr. 13 zu § 3 TVG; AP Nr. 26, 27, 38, 40 zu § 4 TVG Nachwirkung; Frölich, NZA 1992, S. 1105, 1109, 1110; Kempen/Zachert, TVG, § 4, Rn. 306, 307; Wiedemann/Wank, TVG, § 4, Rn. 354.

62 Frölich, NZA 1992, S. 1105, 1110.

63 BAG AP Nr. 16, 26 zu § 4 TVG Nachwirkung; Hromadka/Maschmann/Wallner, Der Tarifwechsel, Rn. 303ff; MünchArbR/Löwisch/Rieble, § 273, Rn. 8; Wiedemann/Wank, TVG, § 4, Rn. 356; a.A. Kempen/Zachert, TVG, § 4, Rn. 306.

64 BAG AP Nr. 10 zu § 3 TVG (8.Senat); offengelassen: BAG AP Nr. 4 zu § 101 ArbGG 1979 (10. Senat); Friedrich, Festschrift für Schaub, S. 193, 197, 198; Frölich, NZA 1992, S. 1105, 1110, 1111; Kempen/Zachert, TVG, § 4, Rn. 307; MünchArbR/Löwisch/Rieble, § 273, Rn. 13.

65 BAG AP Nr. 43 zu § 77 BetrVG 1972 (1. Senat), ohne die Frage abschließend entscheiden zu müssen; LAG Berlin, NZA 1995, S. 1174, 1175; Wiedemann/Wank, TVG, § 4, Rn. 359.

Tarifverträge Bezug nimmt, eine derartige Abmachung darstellen kann. Dies ist jedoch in jedem Fall dann abzulehnen, wenn die Tarifverträge nicht von derselben zuständigen Gewerkschaft geschlossen sind und keine für diesen Fall eindeutige Vereinbarung getroffen ist, so daß die betreffenden Arbeitnehmer auf diese Weise nicht um die Nachwirkung ihres Tarifvertrages gebracht werden können[66].

Im Unterschied zu § 3 Abs. 3 TVG ordnet § 4 Abs. 5 TVG im Ergebnis also nicht die Fortgeltung der Tarifnormen nach der Beseitigung einer tarifvertraglichen Geltungsvoraussetzung durch eine einseitige Maßnahme an, sondern hält zur Vermeidung inhaltsleerer, tarifloser Arbeitsverhältnisse die Normwirkung eines Tarifvertrages aufrecht, der nach dem ursprünglichen Willen der beiden Tarifparteien abgelaufen ist.

2. Verbandstarifvertrag

Damit sind nunmehr die Rechtsfolgen des Wegfalls der Tarifzuständigkeit auf den Verbandstarifvertrag zu untersuchen. Da das Tarifvertragsgesetz - wie im 1. Teil bereits gezeigt - das Merkmal der Tarifzuständigkeit nicht kennt, dieses vielmehr auf richterrechtlicher Rechtsfortbildung beruht, ist demzufolge der Wegfall der Tarifzuständigkeit ebenfalls nicht gesetzlich geregelt. Es besteht damit eine Regelungslücke, die dann durch eine entsprechende Anwendung der eben behandelten Vorschriften geschlossen werden kann, wenn diese aufgrund ähnlicher Sachverhalts- und Interessenlage gerechtfertigt ist[67]. Für die Ansicht, die die Tarifzuständigkeit als Beschränkung der Vertretungsmacht begreift[68], stellt sich das Problem des Wegfalls der Tarifzuständigkeit infolge von Satzungsänderungen dagegen nicht, da auch der nachträgliche Wegfall der Vertretungsmacht bestehende Tarifverträge unberührt läßt. Allerdings muß auch diese Ansicht sich damit beschäftigen, daß ein Arbeitgeber infolge Branchen- bzw. Ortswechsels aus dem Geltungsbereich eines Verbandstarifvertrags herausgewachsen ist.

---

[66] BAG AP Nr. 26 zu § 4 TVG Nachwirkung; Friedrich, Festschrift für Schaub, S. 193, 197; Hromadka/Maschmann/Wallner, Der Tarifwechsel, Rn. 298, 389; ähnlich: MünchArbR/Löwisch/Rieble, § 269, Rn. 7.
[67] Larenz/Canaris, Methodenlehre der Rechtswissenschaft, S. 202.
[68] S.o. 1. Teil B. V.

a) Der Wegfall der Tarifzuständigkeit durch Satzungsänderungen der Verbände

Da sich die Tarifzuständigkeit der Verbände allein nach ihrer Satzung richtet, kommt beim Verbandstarifvertrag der Wegfall der Tarifzuständigkeit nur aufgrund einer nachträglichen Satzungsänderung der Verbände in Betracht. In der Konsequenz des Merkmals der Tarifzuständigkeit als Wirksamkeitsvoraussetzung liegt es, daß der Verbandstarifvertrag mit dieser Satzungsänderung unwirksam wird. Insofern unterscheidet sich diese Konstellation von den gesetzlich geregelten Fällen der §§ 3 Abs. 3, 4 Abs. 5 TVG. In den dortigen Fällen tritt nicht die Unwirksamkeit eines Tarifvertrags ein, sondern die Anwendbarkeit der tariflichen Normen auf die Arbeitsverhältnisse wird durch den Wegfall einer von § 4 Abs. 1 S. 1 TVG erwähnten tariflichen Geltungsvoraussetzung ausgeschlossen.

aa) Satzungsänderungen durch die Einzelverbände

Fraglich ist, ob trotz dieses dogmatischen Unterschieds Tatbestände vorliegen, die infolge ihrer Ähnlichkeit rechtlich gleich zu behandeln sind. Im Falle der nachträglichen Satzungsänderung wird von einer Tarifvertragsseite einseitig auf die Wirksamkeit des abgeschlossenen Verbandstarifvertrages eingewirkt. In Betracht kommt damit nach den obigen Ausführungen eine Analogie zu § 3 Abs. 3 TVG. Wie beim Wegfall der Tarifbindung aufgrund Verbandsaustritts entfällt auch mit dem Wegfall der Wirksamkeit des Tarifvertrages insgesamt eine tarifliche Anwendungsvoraussetzung, auf die der gegnerische Tarifpartner und seine Mitglieder vertraut haben. Die Vergleichbarkeit der Tatbestände zeigt sich auch darin, daß der Wegfall der Tarifbindung durch die Beseitigung einer satzungsmäßigen Tarifzuständigkeit im Ergebnis auch dadurch bewirkt werden kann, daß die Arbeitgeber/Arbeitnehmer aus dem betreffenden Zuständigkeitsbereich kollektiv aus ihrem Verband austreten und durch diesen Kollektivaustritt ihre Tarifbindung zu beseitigen versuchen. Allerdings ist zu beachten, daß im gesetzlichen Fall des § 3 Abs. 3 TVG sich der Normunterworfene durch einen Verbandsaustritt der Tarifwirkung zu entziehen versucht, im vorliegenden Fall dagegen der Verband als Normgeber die Wirkung des Tarifvertrages insgesamt beseitigen möchte[69]. Vergegenwärtigt man sich aber den oben aufgezeigten Schutzzweck des § 3 Abs. 3 TVG, kann es auf diesen Unterschied nicht ankommen. § 3 Abs. 3 TVG weist den Regelungszweck auf, den gegnerischen Tarifpartner und seine Mitglieder davor zu schützen, daß die Tarifwirkung durch

[69] MünchArbR/Löwisch/Rieble, § 255, Rn. 82, die mit diesem Argument eine Analogie zu § 3 Abs. 3 TVG ablehnen.

einseitige Maßnahmen des sozialen Gegenspielers beeinträchtigt wird. Zwar stellt § 3 Abs. 3 TVG dabei mit dem Verbandsaustritt nur auf Maßnahmen der Mitglieder des Tarifpartners ab. Wertungsmäßig kann es jedoch keinen Unterschied machen, ob diese Maßnahmen durch die Mitglieder des Tarifpartners oder den Tarifpartner selbst herbeigeführt werden, zumal auch die Willensbildung des Verbandes dem Erfordernis demokratischer Legitimation entsprechend unmittelbar auf die einzelnen Mitglieder rückführbar ist. Der nachträgliche Wegfall der satzungsmäßigen Tarifzuständigkeit fällt somit in den Schutzzweck des § 3 Abs. 3 TVG.

Der Tatbestand des nachträglichen Wegfalls der Tarifzuständigkeit aufgrund Satzungsänderung ist daher dem Tatbestand des § 3 Abs. 3 TVG gleichzustellen. Der Verbandstarifvertrag bleibt für die vereinbarte Laufzeit entsprechend § 3 Abs. 3 TVG anwendbar. Des Rückgriffs auf § 3 Abs. 3 TVG bedarf es schon deshalb, da nach hiesiger Ansicht die Tarifzuständigkeit als Wirksamkeitsvoraussetzung während der Laufzeit eines Tarifvertrages ununterbrochen vorliegen muß[70]. Auch die Tarifbindung bleibt nach § 3 Abs. 3 TVG bestehen, wenn die Mitglieder aufgrund des geänderten satzungsmäßigen Zuständigkeitsbereiches ihren Verband verlassen. Die sich nach den Satzungen der Verbände richtende und mit dem Merkmal der Tarifzuständigkeit angestrebte tarifliche Zuständigkeitsordnung tritt hier zum Schutze einer Vertragsseite für die Dauer der Laufzeit des Tarifvertrages zurück. Wie auch bei der gewollten Tarifunfähigkeit bleibt die unmittelbare und zwingende Normwirkung des Tarifvertrages nach § 3 Abs. 3 TVG analog erhalten[71].

Sofern der Tarifpartner jedoch den Wegfall der Tarifzuständigkeit des sozialen Gegenspielers nach der Satzungsänderung hinnehmen und damit auf den Schutz des Tarifvertrages nach § 3 Abs. 3 TVG analog verzichten möchte, ist es ihm möglich, anläßlich der Satzungsänderung zu kündigen und die Nachwirkung nach § 4 Abs. 5 TVG eintreten zu lassen. Dabei ist es nicht notwendig, ihn auf eine ordentliche Kündigung zu verweisen[72]. Mangels Schutzbedürftigkeit der Tarifvertragspartei, die ihre satzungsmäßige Zuständigkeit geändert hat, ist dem Tarifpartner das Recht zur außerordentlichen Kündigung zuzubilligen. Ein außerordentliches Kündigungsrecht der Tarifpartei, die ihre Tarifzuständigkeit satzungsmäßig geändert hat, ist dagegen nicht anzuerkennen, da dieses den durch die entsprechende Anwendung des § 3 Abs. 3 TVG bewirkten Schutz des Tarifvertrages gerade wieder vereiteln würde. Insoweit verbleibt es für diese Tarif-

[70] S.o. 2. Teil A. II. 4; a.A. Wiedemann/Oetker, TVG, § 3, Rn. 53, der ohne Rückgriff auf § 3 Abs. 3 TVG von einer fortbestehenden unmittelbaren und zwingenden Wirkung des Tarifvertrages ausgeht.
[71] Ebenso: Däubler, Tarifvertragsrecht, Rn. 92.
[72] Frölich, NZA 1992, S. 1105, 1109.

partei bei den Möglichkeiten einer Beendigung des Tarifvertrags in dem Umfang, wie er auch unabhängig von der Änderung der satzungsmäßigen Tarifzuständigkeit besteht.

bb) Satzungsänderungen der DGB-Gewerkschaften

Diese Grundsätze gelten auch dann, wenn die im Deutschen Gewerkschaftsbund zusammengeschlossenen DGB-Gewerkschaften, sei es im Wege des DGB-Schiedsgerichtsverfahrens, sei es außerhalb davon durch Änderung ihrer Satzung nach einer sonstigen gemeinsamen Vereinbarung, die von ihnen hergestellte verbandsinterne Zuständigkeitsordnung ändern. Auch hier wird das bei den Arbeitgeberverbänden und ihrer Mitglieder bestehende Vertrauen auf den Fortbestand des Verbandstarifvertrages für die vereinbarte Laufzeit durch die analoge Anwendung des § 3 Abs. 3 TVG geschützt[73]. Der Deutsche Gewerkschaftsbund und die DGB-Gewerkschaften haben damit auch durch das Schiedsgerichtsverfahren nicht die Möglichkeit, in bestehende Tarifverträge einzugreifen. Allerdings könnte mittelbar in die Verbandstarifverträge eingegriffen werden, wenn eine andere DGB-(Zweit-)Gewerkschaft nach Abschluß des mit der DGB-Erstgewerkschaft abgeschlossenen Verbandstarifvertrages im DGB-Schiedsgerichtsverfahren die Tarifzuständigkeit nachträglich für das Organisationsgebiet zugesprochen bekommt und diese sodann in Anspruch nimmt. Sofern man mit dem Bundesarbeitsgericht eine wegen des Grundsatzes der Tarifeinheit aufzulösende Tarifpluralität auch im Falle eines nach §§ 4 Abs. 1, 3 Abs. 1 TVG wirkenden und eines nach §§ 4 Abs. 1, 3 Abs. 3 TVG fortwirkenden Tarifvertrages für gegeben hält, dürfte auch im hiesigen Falle eine Tarifpluralität zwischen dem nach § 3 Abs. 3 TVG analog fortwirkenden Verbandstarifvertrag und dem von der DGB-(Zweit-) Gewerkschaft abgeschlossenen (Firmen-)Tarifvertrag anzunehmen sein. Damit könnte der entsprechend § 3 Abs. 3 TVG weiterwirkende Verbandstarifvertrag durch den von der DGB-Zweitgewerkschaft abgeschlossenen Tarifvertrag im Wege der Auflösung der Tarifpluralität verdrängt werden. Damit würde jedoch das Vertrauen der Arbeitgeberseite auf den Bestand des mit der zunächst zuständigen DGB-Gewerkschaft vereinbarten Verbandstarifvertrages unzulässig vereitelt. Aus diesem Grunde ist daher die im DGB-Schiedsgerichtsverfahren nunmehr für zuständig erklärte DGB-Gewerkschaft gezwungen, den alten Verbandstarifvertrag für die Dauer der ursprünglich vereinbarten Laufzeit zu akzeptieren. Ein von ihr abgeschlossener Verbandstarifvertrag darf erst nach dem Ende des alten Ver-

---

[73] Für § 4 Abs. 5 TVG entsprechend dagegen: Kempen/Zachert, TVG, § 3, Rn. 44.

bandstarifvertrages Tarifwirkung entfalten, sofern sich der Arbeitgeberverband nicht freiwillig auf den Abschluß eines neuen Tarifvertrages einläßt.

Dies gilt auch dann, wenn in einem DGB-Schiedsgerichtsverfahren allein im Hinblick auf einzelne Arbeitgeber nachträglich eine andere DGB-Gewerkschaft für zuständig erklärt wird[74] und diese Arbeitgeber in berechtigter Weise auf die weitere Anwendung des bisherigen Verbandstarifvertrages vertrauen durften. In diesem Fall ist die im DGB-Schiedsgerichtsverfahren für zuständig erklärte Gewerkschaft daher während der Laufzeit des Verbandstarifvertrages an dem Erzwingen eines Firmentarifvertrages gehindert. Zur Durchsetzung ihrer (neuen) Tarifzuständigkeit ist sie auf den freiwilligen Abschluß eines Firmentarifvertrages oder darauf angewiesen, daß der Arbeitgeber dem ihr korrespondierend gegenüberstehenden Arbeitgeberverband beitritt und so den entsprechenden Verbandstarifvertrag zur Anwendung bringt.

Fraglich ist jedoch, wann ein derartiges berechtigtes Vertrauen der einzelnen Arbeitgeber vorliegt. Uneingeschränkt ist dies zu bejahen, wenn ein Arbeitgeber gewerkschaftlichen Kampfmaßnahmen ausgesetzt war und es im Zuge dessen zum Abschluß des Tarifvertrages gekommen ist. Sorgfältig geprüft werden muß das berechtigte Vertrauen im Falle eines vorherigen Branchenwechsels des Arbeitgebers. Auch hier ist sein Vertrauen im Falle erfolgter gewerkschaftlicher Kampfmaßnahmen geschützt. Tritt der Arbeitgeber aber nach einem Branchenwechsel nur einem neuen Arbeitgeberverband bei, der mit der nunmehr für ihn zuständigen DGB-Gewerkschaft einen Verbandstarifvertrag vereinbart hat, und kommt es infolgedessen zur Anwendung dieses bereits laufenden Verbandstarifvertrages, ist das Vertrauen des Arbeitgebers auf dessen Anwendung grundsätzlich nicht geschützt[75]. Der Arbeitgeber muß hier damit rechnen, daß die bisher zuständige DGB-Gewerkschaft zum Schutze der bei ihm beschäftigen Mitglieder Maßnahmen (in Form einer Satzungserweiterung) ergreift, um ihn auch weiterhin tariflich erfassen zu können. Sofern sich nicht aus anderen Gründen die Unzulässigkeit von Kampfmaßnahmen der bisherigen Gewerkschaft ergibt[76], ist ein Arbeitskampf der bisherigen DGB-Gewerkschaft zulässig.

---

[74] Ähnlich: Henssler, ZfA 1998, S. 517, 528, 529, der dem betroffenen Arbeitgeber zusätzlich Schutz- und Schadensersatzansprüche gegen die bisher zuständige Gewerkschaft einräumen möchte.

[75] S.o. 3. Teil C. I. 3. c).

[76] S. dazu oben 3. Teil C. I. u. II jeweils 4.

cc) Vor Vollzug bzw. nach Vollzug des Tarifvertrages

Fraglich ist, ob beim Wegfall der Tarifzuständigkeit danach differenziert werden muß, ob die bei Abschluß des Verbandstarifvertrages bestehende Tarifzuständigkeit vor oder nach Vollzug des Verbandstarifvertrages wegfällt, also die Tarifnormen bereits angewandt worden sind oder nicht. Dies muß in dieser Konstellation verneint werden. Zwar erfordern § 3 Abs. 1, Abs. 3 TVG grundsätzlich einen nach § 4 Abs. 1 S. 1 BGB wirkenden Verbandstarifvertrag, so daß eine Anwendung von § 3 Abs. 3 TVG grundsätzlich ausscheidet, wenn mit dem zeitlichen Geltungsbereich eine für die unmittelbare und zwingende Wirkung eines Tarifvertrages nach § 4 Abs. 1 S. 1 TVG erforderliche Voraussetzung noch nicht eingetreten ist. Maßgebend muß hier aber sein, daß sich eine Seite durch eine entsprechende Satzungsänderung eines lästigen - gegebenenfalls nach Verhandlungen oder gar nach einem Arbeitskampf zustande gekommenen - Tarifvertrages entziehen könnte, auf dessen künftige Anwendung der Tarifpartner und die ihm angehörenden Mitglieder in berechtigter Weise vertraut. Dieses Vertrauen darf auch vor Inkrafttreten des Tarifvertrages nicht mehr durch eine einseitige nachträgliche Satzungsänderung des tariflichen Gegenspielers zerstört werden. Insofern verhält es sich anders als bei der bereits bei Tarifvertragsabschluß fehlenden Tarifzuständigkeit, wo der Tarifvertrag von Beginn an der tariflichen Zuständigkeitsordnung widerspricht und daher das Vertrauen der Tarifpartner auf den Bestand des Tarifvertrages nicht geschützt ist[77].

b) Das Herauswachsen des Arbeitgebers aus dem Geltungsbereich des Verbandstarifvertrages

Für die Praxis wesentlich bedeutsamer als der Wegfall der Tarifzuständigkeit der Tarifvertragsparteien nach Satzungsänderungen ist das Herauswachsen des Arbeitgebers/der Arbeitnehmer aus dem Geltungsbereich eines Verbandstarifvertrages. Sofern dieser in seinem Umfang identisch mit dem Umfang der Tarifzuständigkeit der Verbände ist, fallen Arbeitgeber und Arbeitnehmer damit zwangsläufig als satzungswidrig organisierte Verbandsmitglieder aus dem Zuständigkeitsbereich der Verbände. Auch hier ist in erster Linie wieder maßgeblich das Herauswachsen des Arbeitgebers aus dem Geltungsbereich, da infolge der weitgehenden Organisation der Arbeitgeber- und der Arbeitnehmerverbände nach dem Industrieverbandsprinzip maßgebend die Branchenzugehörigkeit des Betriebes/Unternehmens des Arbeitgebers ist und damit die Arbeitnehmer automatisch mit ihrem Arbeitgeber aus dem Geltungsbereich des entsprechenden

[77] S.o. 4. Teil A. I. 1. b).

Verbandstarifvertrages herauswachsen. Fraglich ist aber auch hier, ob in entsprechender Anwendung der §§ 3 Abs. 3, 4 Abs. 5 TVG eine Fort- bzw. Nachwirkung der Tarifnormen des betreffenden Verbandstarifvertrages angenommen werden kann.

Da anders als beim Wegfall der Tarifzuständigkeit der Verbände das Herauswachsen aus dem tarifvertraglichen Geltungsbereich bzw. der Wegfall der Tarifbindung auf verschiedene Umstände zurückzuführen sein kann, gilt es hier zu differenzieren.

aa) Der Branchenwechsel des Arbeitgebers infolge von Produktionsumstellungen

Zunächst kann das Herauswachsen aus dem tarifvertraglichen Geltungsbereich durch einen Branchenwechsel des Arbeitgebers infolge von Produktionsumstellungen bedingt sein.

(1) Die Nachwirkung entsprechend § 4 Abs. 5 TVG

§ 4 Abs. 5 TVG fordert in seinem Tatbestand das Auslaufen des Tarifvertrages. Wie gesehen, ist damit die zeitliche Beendigung des Tarifvertrages gemeint. Ordnet man die Laufzeit eines Tarifvertrages als zeitlichen Geltungsbereich ein, läßt sie sich wie der Geltungsbereich in räumlicher, branchenmäßiger und personeller Hinsicht unmittelbar unter die in § 4 Abs. 1 S. 1 TVG genannten tariflichen Geltungsvoraussetzungen subsumieren. § 4 Abs. 5 TVG regelt somit einen besonderen Fall des Wegfalls des tariflichen Geltungsbereiches. Damit liegt aber eine entsprechende Anwendung des § 4 Abs. 5 TVG auch dann nahe, wenn ein Arbeitgeber aus dem branchenmäßigen Geltungsbereich herausfällt. Allerdings ist zu beachten, daß auch die Tarifgebundenheit zu den in § 4 Abs. 1 S. 1 TVG genannten Voraussetzungen gehört. Nach § 3 Abs. 3 TVG bleibt diese bestehen, wenn infolge Austritts eines Normunterworfenen aus seinem Verband die Tarifgebundenheit nach § 3 Abs. 1 TVG entfällt. Regelt damit aber auch § 3 Abs. 1 TVG einen Wegfall einer der in § 4 Abs. 1 S. 1 TVG genannten Geltungsvoraussetzungen, könnte im vorliegenden Falle auch eine entsprechende Anwendung von § 3 Abs. 3 TVG in Betracht kommen.

(a) Der Wegfall der unmittelbaren und zwingenden Tarifwirkung

Entscheidend kommt es damit auf die Vergleichbarkeit der jeweiligen Tatbestände an. § 4 Abs. 5 TVG regelt mit dem Ablauf des zeitlichen Geltungsbereiches eines Tarifvertrages einen Fall, in dem nach dem bei Tarifvertragsschluß vorliegenden Willen der Tarifvertragsparteien die unmittelbare und zwingende Wirkung des Tarifvertrages insgesamt, also für alle Mitglieder, enden soll. Dagegen beruht jedoch das Herauswachsen des Arbeitgebers aus dem tarifvertraglichen Geltungsbereich eines Arbeitgebers zunächst unmittelbar auf einer einseitigen Entscheidung eines Normunterworfenen, nämlich des Arbeitgebers. Formal ist dieser Tatbestand als einseitige Veränderung damit gerade eher § 3 Abs. 3 TVG zuzuordnen.

Fraglich ist jedoch, ob vorliegend auch der Schutzzweck des § 3 Abs. 3 TVG eingreift, der verhindern möchte, daß sich insbesondere der Arbeitgeber willentlich durch eine einseitige Maßnahme der Tarifwirkung eines Verbandstarifvertrages entzieht. Zwar stellt sich der Branchenwechsel und damit das Herausfallen aus dem tarifvertraglichen Geltungsbereich auch hier als eine vom Willen des Arbeitgebers getragene einseitige Maßnahme dar, auf die die Arbeitnehmerseite keinen Einfluß zu nehmen vermag. Anders als im gesetzlichen Fall werden jedoch Produktionsumstellungen grundsätzlich nicht vorgenommen, um sich der tariflichen Bindung zu entziehen. Vielmehr geht es regelmäßig um eine unmittelbare Reaktion auf (neue) arbeitstechnische Erfordernisse bzw. Voraussetzungen, weshalb der Branchenwechsel in dieser Konstellation gerade durch das Vorliegen eines sachlichen Grundes gerechtfertigt ist[78]. Für *Däubler* dagegen sprechen sowohl das Interesse der Arbeitnehmer an einem verläßlichen Schutz als auch das Interesse der Arbeitgeber an konstanten Wettbewerbsbedingungen für eine weite Auslegung des § 3 Abs. 3 TVG mit der Folge, daß die bei Tarifabschluß bestehende bzw. später eintretende Tarifgebundenheit während der ganzen Laufzeit des Tarifvertrags erhalten bleiben soll[79]. Diese Auslegung ist jedoch in jedem Fall dann abzulehnen, wenn man – wie hier vertreten – die Tarifzuständigkeit als auf richterrechtlicher Rechtsfortbildung beruhende, tarifvertragliche Wirksamkeitsvoraussetzung ansieht und damit die von ihr angestrebte tarifliche Ordnung anerkennt. § 3 Abs. 3 TVG sagt über diese Tarifordnung nichts aus und kann daher bei einem Wechsel des Arbeitgebers in einen anderen Zuständigkeitsbereich/Geltungsbereich nicht grundsätzlich angewandt werden. In Betracht kommt eine Analogie allein bei vergleichbarer Interessenlage. Auf

---

[78] Ebenso: Bieback, DB 1989, S. 477, 478; Konzen, ZfA 1975, S. 401, 413 generell für den Branchenwechsel; Wiedemann, RdA 1975, S. 78, 83 u. Wiedemann/Oetker, TVG, § 2, Rn. 80, die die Branchenzugehörigkeit im Gegensatz zur willentlichen Entscheidung über die Verbandszugehörigkeit als objektive Voraussetzung bezeichnen.

[79] Däubler, Tarifvertragsrecht, Rn. 1523.

Arbeitgeberseite liegt diese nicht vor, da es den Arbeitgebern gerade darauf ankommt, den Wettbewerbs- und Konkurrenzbedingungen ausgesetzt zu sein, die für die einschlägige Branche bestehen. Aber auch ein schützenswertes Interesse der Arbeitnehmerseite nach § 3 Abs. 3 TVG ist abzulehnen. Zwar mag auf ihrer Seite ein Vertrauen auf den unmittelbaren und zwingenden Fortbestand der bisherigen Tarifnormen im Sinne des § 4 Abs. 1 S. 1 TVG für die Laufzeit des Tarifvertrages bestehen. Zu beachten ist aber, daß durch die einzelnen Tarifzuständigkeiten und Vereinbarungen von tarifvertraglichen Geltungsbereichen unterschiedliche Branchenzugehörigkeiten berücksichtigt und einer auf sie zugeschnittenen tariflichen Regelung zugeführt werden sollen. Soweit es auf Seiten des Arbeitgebers infolge von Produktionsumstellungen zu einer neuen, nicht tariflich motivierten Branchenzugehörigkeit kommt, ist diese Änderung vom Zweck der mit den Zuständigkeiten und Geltungsbereichen angestrebten Tarifordnung gedeckt und damit auch von der Arbeitnehmerseite akzeptiert. Damit ist der Branchenwechsel des Arbeitgebers infolge von Produktionsumstellungen grundsätzlich nicht vom Schutzbereich des § 3 Abs. 3 TVG erfaßt[80].

Fraglich ist damit, ob eine analoge Anwendung von § 4 Abs. 5 TVG möglich ist. Zu beachten ist, daß, sofern ein Arbeitgeber aus dem tarifvertraglichen Geltungsbereich herauswächst, nicht wie bei § 4 Abs. 5 TVG der Tarifvertrag nach dem Willen der tarifabschließenden Verbände in seiner zwingenden und unmittelbaren Wirkung insgesamt, sondern allein die Anwendbarkeit der unmittelbaren und zwingenden Normen auf ein normunterworfenes Mitglied wegfällt. Gleichwohl kann das Ende der zwingenden und unmittelbaren Wirkung eines Tarifvertrages für einzelne Mitglieder einem Auslaufen des gesamten Tarifvertrages gleichgestellt werden, wenn auch dies dem bei Tarifvertragsabschluß vorhandenen Willen der tarifschließenden Verbände entspricht. Dies ist in der hiesigen Konstellation zu bejahen. Mit der Festlegung eines Geltungsbereiches nicht nur in zeitlicher, sondern auch in räumlicher, branchenmäßiger und personeller Hinsicht bekunden die vertragsschließenden Verbände ihren Willen, diesen bestimmten Bereich unmittelbaren und zwingenden Tarifnormen zu unterwerfen. Wächst ein Arbeitgeber aus den dargelegten, sachlich gerechtfertigten Gründen in branchenmäßiger Hinsicht aus dem Geltungsbereich des Verbandstarifvertrages heraus, entspricht es daher auch dem mit der Vereinbarung eines Geltungsbereiches zu Tage getretenen Willen der Tarifpartner, diesen Arbeitgeber nicht mehr an der unmittelbaren und zwingenden Wirkung des Verbandstarifvertrages teilhaben zu lassen[81]. Aber auch soweit kein Geltungsbereich aus-

---

[80] Im Ergebnis ebenso: BAG AP Nr. 3, 5 zu § 3 TVG Verbandsaustritt; Hromadka/Maschmann/Wallner, Der Tarifwechsel, Rn. 232, 233; Kempen/Zachert, TVG, § 3, Rn. 26; Waas, Anmerkung zu BAG AP Nr. 5 zu § 3 TVG Verbandsaustritt; Wiedemann/Oetker, TVG, § 3, Rn. 52.

[81] Ebenso: Konzen, ZfA 1975, S. 401, 413.

drücklich vereinbart ist, ist der Wille der Tarifpartner darauf gerichtet, Tarifverträge nur im Rahmen ihrer Tarifzuständigkeit abzuschließen und damit nur ihre satzungsmäßigen Mitglieder tariflich zu binden. Ein etwaiger entgegenstehender Wille einer oder beider Tarifpartner, auch nachträglich aus ihrem Zuständigkeitsbereich fallende Mitglieder unmittelbar und zwingend nach § 4 Abs. 1 TVG zu binden, steht im Widerspruch zum Merkmal der Tarifzuständigkeit und ist daher grundsätzlich unbeachtlich. Eine Weitergeltung analog § 3 Abs. 3 TVG ist daher auch dann nicht möglich, wenn die Tarifvertragsparteien im Interesse ihrer Mitglieder den Willen haben sollten, einen/ein aus dem tarifvertraglichen Geltungsbereich herausgewachsenen/herausgewachsenes Betrieb/Unternehmen weiterhin einer unmittelbaren und zwingenden Tarifwirkung zuzuführen. Soll damit im Falle des Herauswachsens der Mitglieder aus dem Geltungsbereich des Verbandstarifvertrages die unmittelbare und zwingende Wirkung des Verbandstarifvertrages bei diesen Mitgliedern nach dem (zulässigen) Willen der Tarifvertragsparteien enden, ähnelt dieser Tatbestand damit dem gesetzlich geregelten Fall des zeitlichen Ablaufs des Tarifvertrages nach § 4 Abs. 5 TVG.

(b) Der Schutzzweck

Fraglich ist aber, ob in dieser Konstellation auch der Schutzzweck des § 4 Abs. 5 TVG eingreift. Dies erscheint fraglich, soweit man der Überbrückungsfunktion der Norm enge Grenzen zieht. § 4 Abs. 5 TVG soll unter anderem die tariflichen Regeln aufrechterhalten, solange die bisherigen Tarifvertragsparteien nicht einen neuen Tarifvertrag abgeschlossen haben, der dem abgelaufenen, nachwirkenden Tarifvertrag nachfolgt. Da jedoch der Arbeitgeber nach dem Branchenwechsel nicht mehr in den Geltungsbereich dieser Tarifverträge, gegebenenfalls auch nicht mehr in den Zuständigkeitsbereich der Verbände überhaupt fällt, kann er der unmittelbaren und zwingenden Wirkung dieses neuen Tarifvertrages nicht mehr unterworfen werden. Eine Überbrückungsfunktion in diesem Sinne zwischen altem und neuem Tarifvertrag kann also in der vorliegenden Konstellation nicht erreicht werden[82].

Das Bundesarbeitsgericht und die überwiegende Literatur nehmen aber - wie oben gezeigt[83] - zu Recht an, daß im Falle eines Verbandsaustritts eines Arbeitgebers nicht nur nach § 3 Abs. 3 TVG die Tarifbindung erhalten bleibt, sondern sich nach Ablauf des Tarifvertrages uneingeschränkt die Nachwirkung nach § 4 Abs. 5 TVG anschließt, auch wenn der Arbeitgeber mit seinem Austritt zum

---

[82] Rieble, SAE 1995, S. 77, 81, der daher § 4 Abs. 5 TVG analog ablehnt.
[83] S.o. 4. Teil B. II. 1. b).

Ausdruck gebracht hat, nicht mehr dieser Tarifordnung unterstellt werden zu wollen, und damit eine Überbrückung in dem engen Sinne gar nicht stattfinden kann. § 4 Abs. 5 TVG zeigt damit, daß die Norm eine über eine reine Überbrückung zwischen altem und neuen Tarifvertrag hinausgehende Funktion besitzt. Die Überbrückungsfunktion besteht unabhängig davon, wer die Partner einer Neuregelung sind[84]. Soweit Arbeitsverhältnisse bislang tariflich erfaßt wurden, sollen sie auch bei Tarifunwilligkeit des Arbeitgebers weiterhin der bisherigen Tarifordnung unterstellt und damit nicht tariffrei werden, sofern nicht Arbeitgeber und Arbeitnehmer dies einvernehmlich aufheben. Zweck des § 4 Abs. 5 TVG ist also ganz allgemein die Verhinderung einer Inhaltsleere und Tariffreiheit der Arbeitsverhältnisse[85]. Unabhängig von der Frage, wer die Partner einer Neuregelung sind, schafft § 4 Abs. 5 TVG eine statische Zwischenregelung mit dem Zweck, daß die Verhandlungspartner für die Neuregelung sich ganz auf diese konzentrieren können und nicht mit der Rechtsunsicherheit bzw. der Gestaltungsaufgabe hinsichtlich des Überbrückungszeitraums belastet werden[86]. Eine automatische Veränderung der Arbeitsbedingungen, insbesondere eine Verschlechterung aus Sicht der bisher tarifgebundenen Arbeitnehmer, soll mit dem Wegfall der Tarifwirkung nach § 4 Abs. 1 S. 1 TVG nicht eintreten[87]. Die Änderungslast bleibt bei demjenigen, der eine Änderung der für ihn ungünstigen statisch nachwirkenden Arbeitsbedingungen herbeiführen möchte.

Fraglich ist, ob dieser Schutzzweck aber auch dann eingreift, wenn der Arbeitgeber aus dem tarifvertraglichen Geltungsbereich/dem Zuständigkeitsbereich der Verbände herausfällt. Der Arbeitgeber fiele in diesem Falle im Hinblick auf die betreffenden Arbeitsverhältnisse unter eine tarifliche Ordnung, die nicht seiner Branchenzugehörigkeit entspräche und damit Wettbewerbs- und Konkurrenznachteile für ihn mit sich bringen könnte. Vor dem Hintergrund des Zwecks des Merkmals der Tarifzuständigkeit, wie er in den satzungsmäßigen Zuständigkeitsbereichen der Verbände und der Vereinbarung von tarifvertraglichen Geltungsbereichen zum Ausdruck kommt, erscheint daher eine analoge Anwendung des § 4 Abs. 5 TVG in der vorliegenden Konstellation zweifelhaft. Allerdings spricht der umfassende Schutzzweck des § 4 Abs. 5 TVG auch in dieser Konstellation für eine Nachwirkung nach § 4 Abs. 5 TVG analog. § 4 Abs. 5 TVG soll für die einzelnen tariflich erfaßten Arbeitsverhältnisse einen statischen Vertragsinhaltsschutz gewährleisten, der Tariffreiheit und Inhaltsleere sowie eine

[84] BAG AP Nr. 38 zu § 4 TVG Nachwirkung; Belling, SAE 1999, S. 181, 184.
[85] BAG AP Nr. 13 zu § 3 TVG; AP Nr. 3 zu § 3 TVG Verbandsaustritt; AP Nr. 22 zu § 4 TVG Nachwirkung; Waas, Anmerkung zu BAG AP Nr. 5 zu § 3 TVG Verbandsaustritt.
[86] BAG AP Nr. 38 zu § 4 TVG Nachwirkung; zur statischen Wirkung: BAG AP Nr. 8, 9 zu § 3 TVG Verbandsaustritt, wonach die Nachwirkung weder Änderungen eines Verweisungstarifvertrages noch eines Bezugstarifvertrages, die im Nachwirkungszeitraum eintreten, erfaßt.
[87] BAG AP Nr. 3 zu § TVG Verbandsaustritt.

automatische, einseitig vorgenommene Änderung der Arbeitsverhältnisse grundsätzlich verhindern soll. Dieser Schutzzweck greift aber grundsätzlich auch beim Wegfall der unmittelbaren und zwingenden Tarifwirkung infolge Herauswachsens des Arbeitgebers aus dem tarifvertraglichen Geltungsbereich der Verbände ein. Es ist daher auch in der vorliegenden Konstellation gerechtfertigt, die bisherigen tariflichen Normen in entsprechender Anwendung des § 4 Abs. 5 TVG nachwirken zu lassen. Unberührt bleibt davon die Frage, ob sich angesichts des Branchenwechsels des Arbeitgebers hinsichtlich der Beseitigungslast Modifizierungen ergeben können[88].

Im Ergebnis wirken also im Falle des Herauswachsens des Arbeitgebers aus dem tarifvertraglichen Geltungsbereich infolge von Produktionsumstellungen die unmittelbar und zwingend nach § 4 Abs. 1 S. 1 TVG wirkenden Normen des bisherigen Verbandstarifvertrages nach § 4 Abs. 5 TVG analog nach.

Fraglich ist, ob dies auch dann gilt, wenn die Normen des Verbandstarifvertrages sich im Zeitpunkt des Branchenwechsels des Arbeitgebers bereits selbst im Nachwirkungsstadium befinden. Dies ist zu bejahen, da der Zeitpunkt, ob die Tarifnormen gerade noch nach § 4 Abs. 1 S. 1 TVG oder bereits nach § 4 Abs. 5 TVG gelten, nicht für das Eingreifen des Schutzzwecks des § 4 Abs. 5 TVG in der hiesigen Konstellation entscheidend ist. Damit werden auch nach § 4 Abs. 5 TVG nachwirkende Tarifnormen im Falle eines Branchenwechsels des Arbeitgebers durch entsprechende Anwendung nach § 4 Abs. 5 TVG aufrechterhalten.

Schließlich ist auch hier der umgekehrte Fall zu untersuchen, nämlich, daß ein bereits abgeschlossener Verbandstarifvertrag noch nicht in Kraft getreten ist und damit die Tarifnormen beim Arbeitgeber vor dem Herauswachen aus dem tarifvertraglichen Geltungsbereich noch nicht angewandt worden sind. Dies ist nach den obigen Grundsätzen zu lösen. Eine Nachwirkung entsprechend § 4 Abs. 5 TVG kommt danach nur in Betracht, wenn die gewerkschaftsangehörigen Arbeitnehmer des betreffenden Arbeitgebers in besonderer Weise auf die künftige Anwendung der betreffenden Tarifnormen vertrauen durften. Für ein derartiges Vertrauen wird die bloße Übereinstimmung, daß ein von den Verbänden abgeschlossener Tarifvertrag beim Arbeitgeber zur Anwendung führen wird, nicht ausreichen. Dagegen wird ein entsprechender Vertrauenstatbestand vorliegen, wenn die Arbeitnehmer durch eine Streikbeteiligung mit zur Durchsetzung des betreffenden Verbandstarifvertrages beigetragen haben und daher von der Anwendung der betreffenden Tarifnormen ausgegangen sind.

---

[88] Dazu unten 4. Teil B. II. 2. b) aa) (4).

(2) Der Umfang und die Grenzen der Nachwirkung in sachlicher Hinsicht

In sachlicher Hinsicht stellt sich die Frage, welche Tarifnormen auch nach dem Branchenwechsel des Arbeitgebers einer Nachwirkung entsprechend § 4 Abs. 5 TVG fähig sind[89]. Für Inhaltsnormen ist grundsätzlich von einer Nachwirkung auszugehen[90]. Diese ist allein dann ausgeschlossen, wenn sich ihre Durchführung nach dem Branchenwechsel als rechtlich oder praktisch unmöglich erweist. Letzteres dürfte im besonderen auch für Normen zu betrieblichen oder betriebsverfassungsrechtlichen Fragen in Betracht kommen, da diese oftmals einen besonderen Bezug zur maßgebenden Branche aufweisen.

Ob nach diesen Grundsätzen der Rechtsprechung des Bundesarbeitsgerichts im Hinblick auf Tarifnormen zu Gemeinsamen Einrichtungen (§ 4 Abs. 2 TVG) zugestimmt werden kann, wonach eine tarifvertragliche Pflicht eines Arbeitgebers des Baugewerbes, seinen Arbeitnehmern Leistungen der betrieblichen Altersversorgung seitens der Zusatzversorgungskasse zu verschaffen, nicht nach § 4 Abs. 5 TVG entsprechend nachwirkt, sondern erlischt, wenn der Arbeitgeber die Branche wechselt und so aus dem betrieblichen Geltungsbereich der Versorgungstarifverträge des Baugewerbes ausscheidet, soll hier nicht nachgegangen werden[91]. Zu beachten ist aber, daß das Bundesarbeitsgericht trotz der Nichtanwendung von § 4 Abs. 5 TVG analog teilweise zu einem Anspruch des Arbeitgebers auf einzelvertraglicher Grundlage kommt. Im Urteil vom 14.6.1994 gelangte es zu einem Anspruch eines Arbeitnehmers, der auf der Grundlage eines zunächst noch einschlägigen, für allgemeinverbindlich erklärten Tarifvertrages im Baugewerbe in den Vorruhestand getreten ist, gegen seinen Arbeitgeber auf Vorruhestandsleistungen aus §§ 611 Abs. 1, 612 Abs. 1 BGB[92]. In der Entscheidung vom 5.10.1993 sah das Gericht im Falle eines Betriebsinhaberwechsels und eines damit verbundenen Herauswachsens aus dem tarifvertraglichen Gel-

---

[89] Vgl. allgemein zur Nachwirkungsfähigkeit von Tarifnormen: Kempen/Zachert, TVG, § 4, Rn. 299, 300; MünchArbR/Löwisch/Rieble, § 273, Rn. 14-18; Wiedemann/Wank, TVG, § 4, 343-346;

[90] Vgl. Wiedemann/Wank, TVG, § 4, Rn. 343.

[91] BAG AP Nr. 2, 5 zu § 3 TVG Verbandsaustritt; AP Nr. 42 zu § 1 BetrAVG; im letzten Falle war nach hiesiger Auffassung mangels Regelungslücke ein Eingehen auf § 4 Abs. 5 TVG analog ohnehin überflüssig, da aufgrund des vorliegenden Betriebsinhaberwechsels § 613a Abs. 1 BGB abschließend eingriff; im Ergebnis zustimmend: Kempen/Zachert, TVG, § 3, Rn. 56 u. § 4, Rn. 156; Waas, Anmerkung zu BAG AP Nr. 5 zu § 3 TVG Verbandsaustritt; Wiedemann/Wank, TVG, § 4, Rn. 352; a.A. MünchArbR/Löwisch/Rieble, § 264, Rn. 28; im unmittelbaren Anwendungsbereich des § 4 Abs. 5 TVG wird nach herrschender Meinung davon ausgegangen, daß Normen eines Tarifvertrages über gemeinsame Einrichtungen nachwirkungsfähig sind: offengelassen in BAG AP Nr. 12 zu § 4 TVG Nachwirkung; bejahend: Kempen/Zachert, TVG, § 4, Rn. 155; Wiedemann/Wank, TVG, § 4, Rn. 349.

[92] BAG AP Nr. 2 zu § 3 TVG Verbandsaustritt; ablehnend: Rieble, SAE 1995, S. 77, 81.

tungsbereich den (neuen) Arbeitgeber zu gleichwertigen Leistungen nach § 613a Abs. 1 S. 2 BGB verpflichtet[93]. Dagegen verneinte das Bundesarbeitsgericht im Urteil vom 9.11.1999 einen derartigen einzelvertraglichen Anspruch, wobei zu beachten ist, daß es in diesem Fall beim Arbeitgeber anders als in den anderen beiden Fällen durch Mitgliedschaft in dem für die neue Branche zuständigen Arbeitgeberverband zur Anwendung des nunmehr branchenmäßigen Tarifvertrages kam[94].

(3) Der Umfang und die Grenzen der Nachwirkung in persönlicher Hinsicht

Von der Nachwirkung nach § 4 Abs. 5 TVG sind grundsätzlich - wie oben gezeigt[95] - nur die Arbeitsverhältnisse erfaßt, bei denen Arbeitgeber und Arbeitnehmer im Zeitpunkt des Eintritts der Nachwirkung nach §§ 3 Abs. 1, 3 Abs. 3 oder 4 Abs. 5 TVG tarifgebunden waren. Dies gilt damit auch im vorliegenden Falle der entsprechenden Anwendung von § 4 Abs. 5 TVG. Weder Arbeitnehmer, deren Arbeitsverhältnisse im Nachwirkungszeitraum analog § 4 Abs. 5 TVG begründet werden und die dann der Gewerkschaft, die den nun nachwirkenden Tarifvertrag abgeschlossen hat, beitreten, noch Arbeitnehmer, die erst in diesem Stadium der Gewerkschaft beitreten, können demnach an der Nachwirkung analog § 4 Abs. 5 TVG teilnehmen[96]. Für letztere, die auch während der unmittelbaren und zwingenden Wirkung des Tarifvertrages glaubten, seines Schutzes nicht zu bedürfen, bleibt es daher wie bisher bei dem Schutz, der ihnen auf einzelvertraglicher Grundlage zuteil wird.

Wie im gesetzlich geregelten Fall, in dem nach herrschender Meinung wegen des gesetzlichen Geltungsgrundes die Nachwirkung nicht durch den Verbandsaustritt des Arbeitgebers bzw. der Arbeitnehmer beendet werden kann[97], ist dies auch beim Herausfallen des Arbeitgebers/der Arbeitnehmer aus dem tarifvertraglichen Geltungsbereich im Rahmen der entsprechenden Anwendung des § 4 Abs. 5 TVG anzunehmen[98]. Soweit der Arbeitgeber bzw. die Arbeitnehmer nicht nur aus dem Geltungsbereich, sondern auch aus dem Zuständigkeitsbereich ihres Verbandes herausfallen, sind sie nunmehr satzungswidrig organisiert und werden bereits aus diesem Grund den Verband verlassen. Dieses

---

[93] BAG AP Nr. 42 zu § 1 BetrAVG; bestätigt in AP Nr. 230 zu § 613a BGB.
[94] S. dazu auch unten 4. Teil B. II. 2. b) aa) (4).
[95] S.o. 4. Teil B. II. 1. b).
[96] Ausdrücklich für den vorliegenden Fall: BAG AP Nr. 20, 21 zu § 3 TVG.
[97] BAG AP Nr. 14 zu § 3 TVG Verbandszugehörigkeit; Hanau/Peeters, Anmerkung zu BAG AP Nr. 14 zu § 3 TVG Verbandszugehörigkeit.
[98] Wiedemann, RdA 1975, S. 78, 83.

Ergebnis rechtfertigt sich auch aus der Überlegung, daß es keinen Unterschied machen kann, ob der Arbeitgeber vor oder nach dem Branchenwechsel aus seinem Verband austritt. Im ersteren Falle, also wenn der Arbeitgeber aus Anlaß eines bevorstehenden Branchenwechsels bereits im voraus seinen Verband verläßt, würde unstreitig zunächst § 3 Abs. 3 TVG eingreifen, an den sich dann - wie oben vertreten - die Nachwirkung entsprechend § 4 Abs. 5 TVG anschlösse. Gleiches muß aber auch dann gelten, wenn sich erst der Branchenwechsel vollzieht und der Arbeitgeber dann seinen Verband verläßt. Auch in diesem Fall bleibt es also bei der Nachwirkung entsprechend § 4 Abs. 5 TVG.

(4) Der Umfang und die Grenzen der Nachwirkung in zeitlicher Hinsicht

Gemäß § 4 Abs. 5 TVG gelten nach Ablauf des Tarifvertrages die Rechtsnormen weiter, bis sie durch eine andere Abmachung ersetzt werden. Eine derartige Abmachung kann - wie bereits gezeigt[99] - bei Inhalts-, Abschluß- und Beendigungsnormen durch Tarifvertrag oder auch durch einzelvertragliche Abrede getroffen werden. Sie liegt aber grundsätzlich nur vor, wenn sie auf das einzelne Arbeitsverhältnis Anwendung findet. Auch bei Abschluß eines der Branche entsprechenden Firmentarifvertrages oder bei Tarifbindung nach § 3 Abs. 1 TVG nach Verbandsbeitritt an den nunmehr einschlägigen Tarifvertrag könnte der Arbeitgeber danach nach der sog. Zeitkollisionsregel eine Ablösung des analog § 4 Abs. 5 TVG nachwirkenden Tarifvertrages nur dann erreichen, wenn dieser branchenmäßige voll wirkende Tarifvertrag auch durch die Tarifbindung des Arbeitnehmers auf das einzelne Arbeitsverhältnis Anwendung findet. Soweit man die herrschende Ansicht, daß eine im Arbeitsvertrag enthaltene allgemeine Verweisungsklausel, die auch für den Fall der Nachwirkung auf die jeweils für den Arbeitgeber nach § 4 Abs. 1 S. 1 TVG geltenden, einschlägigen Tarifverträge Bezug nimmt, keine Abmachung im Sinne des § 4 Abs. 5 TVG darstellt, wenn die Tarifverträge nicht von derselben Gewerkschaft geschlossen sind, auch auf den vorliegenden Fall anwendet, bleibt es für die bisher tarifgebundenen Arbeitsverhältnisse bei der Nachwirkung gemäß § 4 Abs. 5 TVG analog[100]. Kommt es also infolge seines Branchenwechsels zu einer geänderten Tarifzuständigkeit auf Gewerkschaftsseite, ist der Arbeitgeber für die unternehmens- bzw. betriebseinheitliche Anwendung des nunmehr einschlägigen Tarifvertrages darauf

[99] S.o. 4. Teil B. I. 2. b)
[100] Im Hinblick auf die bisher nichtorganisierten Arbeitnehmer ist dagegen davon auszugehen, daß diese Klausel (sog. große dynamische Verweisungsklausel) zur Anwendbarkeit des nunmehr einschlägigen Tarifvertrages führt; dazu: BAG AP Nr. 12, 13, 22 zu § 1 TVG Bezugnahme auf Tarifvertrag; LAG Hamm, AP Nr. 11 zu § 1 TVG Bezugnahme auf Tarifvertrag; Hromadka/Maschmann/Wallner, Der Tarifwechsel, Rn. 386, 565, 569, 575.

angewiesen, daß die betroffenen Arbeitnehmer dem einzelvertraglich zustimmen oder der Gewerkschaft beitreten, die den Tarifvertrag abgeschlossen hat. Andernfalls bleiben den betreffenden Arbeitnehmern die nachwirkenden Tarifnormen erhalten.

Zu untersuchen ist aber gerade für die vorliegende Fallgestaltung, ob die Nachwirkung nach § 4 Abs. 5 TVG analog auch gegen den Willen der betroffenen Arbeitnehmer bzw. unabhängig von ihrem Willen entfallen kann, wenn der Arbeitgeber tarifwillig ist und an den maßgeblichen Branchentarifvertrag gebunden ist.

(a) Tarifpluralität

Fraglich ist, ob nicht hier zwischen dem analog § 4 Abs. 5 TVG nachwirkenden Verbandstarifvertrag und dem nach § 4 Abs. 1 S. 1 TVG wirkenden, neuen branchenmäßigen Tarifvertrag beim Arbeitgeber eine Tarifpluralität entsteht, die nach dem Bundesarbeitsgericht und der ihm folgenden Literatur dem Grundsatz der Tarifeinheit zufolge aufzulösen ist[101]. Da danach die Auflösung anhand des Grundsatzes der Spezialität vorzunehmen ist, verdrängte der branchenmäßige, voll wirkende Tarifvertrag grundsätzlich den entsprechend nachwirkenden Verbandstarifvertrag[102].

Das Bundesarbeitsgericht hat für den Fall, daß zu einem (unmittelbar) nach § 4 Abs. 5 nachwirkenden Tarifvertrag ein neuer nach § 4 Abs. 1 S. 1 TVG wirkender, aber von anderen Tarifpartnern abgeschlossener Tarifvertrag hinzutritt, eine Tarifpluralität abgelehnt und daher beiden Tarifverträgen mangels Vorliegens einer aufzulösenden Tarifpluralität nebeneinander beim Arbeitgeber Geltungsanspruch zugewiesen[103]. Damit hat das Bundesarbeitsgericht zumindest für den Anwendungsbereich des § 4 Abs. 5 TVG anerkannt, daß das Vertrauen der Normunterworfenen auf den Fortbestand „ihrer" Tarifnormen geschützt wird. Ob das Bundesarbeitsgericht mit dieser Rechtsprechung auch den Abschied vom Grundsatz der Tarifeinheit im Rahmen der Tarifpluralität eingeleitet hat, da sich ein derartiges Vertrauen nicht nur bei einem nachwirkenden, sondern auch bei einem nach § 4 Abs. 1 S. 1 TVG wirkenden Tarifvertrag nachweisen läßt, kann an dieser Stelle dahinstehen. Letztlich ist, unabhängig von diesem dogmatischen „Kunstgriff" des Bundesarbeitsgerichts, im vorliegenden Fall bereits das Vorlie-

[101] Zur Tarifpluralität s.o. 1. Teil B. IV.
[102] So: Hromadka/Maschmann/Wallner, Der Tarifwechsel, Rn. 267, 512.
[103] BAG AP Nr. 26, 27 zu § 4 TVG Nachwirkung.

gen einer aufzulösenden Tarifpluralität abzulehnen, aber nicht einzusehen, warum einem nur nachwirkenden Tarifvertrag mehr Geltungsanspruch zukommen sollte als einem voll wirkenden Tarifvertrag, der nach den bisherigen Grundsätzen des Bundesarbeitsgerichts verdrängt werden könnte. In beiden Fällen vertrauen die Normunterworfenen in gleicher Weise auf den Fortbestand „ihrer Tarifnormen" und darauf, daß nur ihre Verbände in diesen Fortbestand eingreifen dürfen. Im Ergebnis käme es allein darauf an, daß der Arbeitgeber vor Auslaufen des zu verdrängenden Tarifvertrages den konkurrierenden Tarifvertrag durch Verbandsbeitritt oder Abschluß eines Firmentarifvertrages nach § 4 Abs. 1 S. 1 TVG zur Anwendung bringt[104].

Auf der Grundlage dieser Rechtsprechung des Bundesarbeitsgerichts ist im Ergebnis jedenfalls davon auszugehen, daß bei einem Zusammentreffen zwischen einem nachwirkenden und einem voll wirkenden Tarifvertrag grundsätzlich eine aufzulösende Tarifpluralität nicht eintritt. Danach könnte auch der hier analog nach § 4 Abs. 5 TVG beim Arbeitgeber nachwirkende Verbandstarifvertrag nicht von dem branchenmäßigen, nach § 4 Abs. 1 S. wirkenden Tarifvertrag verdrängt werden.

Allerdings ist auf die Besonderheit des vom Bundesarbeitsgericht entschiedenen Falles hinzuweisen, in dem es dem Gericht wohl offensichtlich darauf ankam, eine Verdrängung des nachwirkenden Tarifvertrages durch einen auf Arbeitnehmerseite nur durch wenige Mitglieder der Gewerkschaft legitimierten Firmentarifvertrag zu verhindern[105]. Die Entscheidung war damit von dem Grund der unzureichenden Legitimation des nach § 4 Abs. 1 S. 1 TVG wirkenden Tarifvertrages getragen. Damit stellt sich die Frage, ob das Bundesarbeitsgericht auch in der vorliegenden Konstellation entsprechend entscheiden würde. Dies muß bezweifelt werden. Zwar wird auch hier die Tarifwirkung des nunmehr einschlägigen Tarifvertrages - gerade wenn dessen Anwendung im Vergleich zum entsprechend nachwirkenden Tarifvertrag für die Arbeitnehmer ungünstigere Bedingungen mit sich bringt - ebenfalls nur gering legitimiert sein. Maßgebend ist aber hier, daß sich ein analog nachwirkender branchenfremder Tarifvertrag und ein nach § 4 Abs. 1 S. 1 TVG voll wirkender branchenmäßig einschlägiger Tarifvertrag gegenüberstehen. Die Gefahr, daß von der Arbeitgeberseite eine Tarifpluralität mißbräuchlich herbeigeführt und damit die Verdrängung eines

---

[104] Friedrich, Festschrift für Schaub, S. 193, 203; Kania, Anmerkung zu BAG AP Nr. 26 zu § 4 TVG Nachwirkung; MünchArbR/Löwisch/Rieble, § 276, Rn. 17.

[105] Sofern man tatsächlich Tarifpluralitäten weiterhin für nicht hinnehmbar hält, spricht gerade dieses Beispiel nach hiesiger Ansicht dafür, statt des zweifelhaften Umweges über die Ablehnung einer Tarifpluralität die Auflösung von Tarifpluralitäten grundsätzlich nicht nach dem Spezialitätsgrundsatz, sondern – zumindest in den Fällen der tarifautonom ausgelösten Konkurrenz – nach der größeren arbeitnehmerseitigen Legitimation vorzunehmen.

ungünstigen Tarifvertrages beabsichtigt wird, besteht hier gerade nicht. Es sprechen daher einige Gründe dafür, daß das Bundesarbeitsgericht trotz des aufgestellten Grundsatzes in der vorliegenden Konstellation auch heute zu einem Vorrang des branchenmäßigen voll wirkenden Tarifvertrages kommen könnte[106].

(b) Der Schutzzweck des § 4 Abs. 5 TVG

Sofern man aber auch in der vorliegenden Konstellation eine Tarifpluralität ablehnt oder mit der wohl herrschenden Ansicht im Schrifttum den Grundsatz der Tarifeinheit im Falle einer Tarifpluralität generell für nicht anwendbar hält[107], kommt es zu einem Nebeneinander zwischen einem analog nach § 4 Abs. 5 TVG nachwirkenden Verbandstarifvertrag und einem nach § 4 Abs. 1 S. 1 TVG wirkenden Tarifvertrag. Fraglich ist aber, ob nicht die Nachwirkung analog § 4 Abs. 5 TVG nach dem oben aufgezeigten Schutzzweck des § 4 Abs. 5 TVG[108] zu begrenzen ist, wenn beim Arbeitgeber der branchenmäßig einschlägige Tarifvertrag nach § 4 Abs. 1 S. 1 TVG Anwendung findet.

Die Nachwirkung der bisherigen Tarifnormen im Falle eines Branchenwechsels des Arbeitgebers wurde mit dem Sinn und Zweck des § 4 Abs. 5 TVG begründet, grundsätzlich zum Schutze der bisher tarifgebundenen Arbeitsverhältnisse für den Erhalt der tariflichen Ordnung bei einem Arbeitgeber dauerhaft zu sorgen, wenn dieser sich nicht mehr an der Tarifautonomie beteiligt. Dabei greift dieser Zweck nach hiesiger Ansicht auch dann ein, wenn es zu einem Ende der unmittelbaren und zwingenden Tarifwirkung beim Arbeitgeber infolge eines Branchenwechsels kommt. Der gesetzliche Regelfall des § 4 Abs. 5 TVG begrenzt aber die Nachwirkung nur solange, wie sich der Arbeitgeber verbandsflüchtig und/oder tarifunwillig zeigt. Mit dem Wiedereintritt in den tarifschließenden Arbeitgeberverband oder dem Abschluß eines Firmentarifvertrages mit der betreffenden Gewerkschaft kann der Arbeitgeber bei unveränderter Verbandszugehörigkeit seiner Arbeitnehmer die Nachwirkung des § 4 Abs. 5 TVG durch die Bindung an den neuen nachfolgenden Tarifvertrag zu Ende bringen. Diese Möglichkeit besteht aber im vorliegenden Falle nicht unbegrenzt. Auch ein tarifwilliger Arbeitgeber kann die nach § 4 Abs. 5 TVG analog bestehende Nachwirkung des Verbandstarifvertrages dann nicht mehr beenden, wenn zu-

---

[106] So BAG AP Nr. 17 zu § 613a BGB vor Inkrafttreten des § 613a Abs. 1 S. 2-4 BGB für den Fall, daß beim Betriebserwerber ein anderer branchenmäßiger einschlägiger Tarifvertrag nach § 4 Abs. 1 S. 1 TVG Anwendung fand.

[107] S.o. 1. Teil B. IV.

[108] S.o. 4. Teil B. II. 2. b) aa) (1) (b).

sätzlich zu seinem Herauswachsen aus dem tarifvertraglichen Geltungsbereich die bisherigen Tarifpartner, insbesondere die Gewerkschaft, nicht mehr für ihn zuständig sind. In diesem Fall kommt weder eine Bindung an den neuen, von den ursprünglich für ihn zuständigen Tarifpartnern abgeschlossenen Verbandstarifvertrag in Betracht noch ist der Abschluß eines Firmentarifvertrages mit der bisher zuständigen Gewerkschaft für den Arbeitgeber möglich. Auch wenn der Arbeitgeber sich also der Tarifautonomie öffnen möchte, kann er den analog nach § 4 Abs. 5 TVG nachwirkenden Tarifvertrag anders als im gesetzlichen Regelfall durch die Bindung an einen neu abgeschlossenen Tarifvertrag nicht ablösen. Insofern liegt der vorliegende Fall auch anders als der dem Urteil des Bundesarbeitsgerichts vom 28.5.1997 zugrunde liegende Sachverhalt, bei dem das Gericht nicht nur - wie oben gezeigt - eine Tarifpluralität, sondern es auch zutreffend abgelehnt hat, daß eine Nachwirkung bei einem Außenseiter-Arbeitgeber schon dann ausscheidet, wenn bei ihm überhaupt ein neuer Tarifvertrag in Kraft tritt[109]. Hier bestand angesichts unveränderter gewerkschaftlicher Tarifzuständigkeit bei gleichzeitig unveränderter Gewerkschaftszugehörigkeit der Arbeitnehmer eine Möglichkeit für den Arbeitgeber, den nachwirkenden Tarifvertrag durch Abschluß eines neuen (Firmen-)Tarifvertrages mit derselben Gewerkschaft, hier der IG Metall, abzulösen. Durch die beiderseitige Tarifgebundenheit hätte der neue Tarifvertrag den nachwirkenden Tarifvertrag sodann zeitlich abgelöst.

Daher könnte in der vorliegenden Konstellation einer analogen Anwendung des § 4 Abs. 5 TVG ausgehend von dem Schutzzweck der Norm die Nachwirkung dann entfallen, wenn sich der Arbeitgeber tarifwillig zeigt und einen nach § 4 Abs. 1 S. 1 TVG unmittelbar und zwingend geltenden und damit den der Branche nach einschlägigen Tarifvertrag zur Anwendung bringt.

(c) Die gesetzliche Regelung des § 613a Abs. 1 S. 2-4 BGB

Möglicherweise kann zur Gewinnung eines Ergebnisses auch § 613a Abs. 1 S. 2-4 BGB herangezogen werden. Dafür muß zunächst untersucht werden, ob § 613a Abs. 1 S. 2-4 BGB einen vergleichbaren Sachverhalt regelt.

---

[109] BAG AP Nr. 26, 27 zu § 4 TVG Nachwirkung.

(aa) Der Anwendungsbereich

§ 613a Abs. 1. S. 2-4 BGB ordnet im Falle eines Betriebsinhaberwechsels gesetzlich die Weitergeltung der bisherigen Tarifnormen als individualvertragliche Vereinbarungen an[110]. Dabei gelten die Regelungen – wie bereits gezeigt – nach herrschender Meinung auch dann, wenn mit dem Betriebsinhaberwechsel ein Branchenwechsel verbunden ist und die bisherigen Tarifpartner nunmehr unzuständig sind[111]. Zum Teil wird aber auch vertreten, daß § 613a Abs. 1 S. 2 BGB bereits unanwendbar sei, wenn der übergehende Betrieb bzw. Betriebsteil durch den Übergang aus dem bisherigen Geltungsbereich herausfalle. § 613a Abs. 1 BGB solle nach seinem Schutzzweck allein vor den negativen Folgen eines Betriebsüberganges schützen. Der bisherige Tarifvertrag verliere daher mit der Trennung des Betriebes bzw. Betriebsteiles vom bisherigen Unternehmen und damit eine „logische Sekunde“ vor dem Betriebsübergang seinen Geltungsanspruch, so daß eine Transformation ausscheide. § 613a Abs. 1 S. 2 BGB sei nur einschlägig, wenn mit dem Übergang selbst kein Herausfallen aus dem Geltungsbereich verbunden sei und es erst daraufhin beim Erwerber durch Eingliederung zu einer anderen Branchenzugehörigkeit komme[112]. Die herrschende Meinung lehnt dies zu Recht ab, da der Anwendungsbereich des § 613a Abs. 1 S. 2 BGB dadurch zu weitgehend eingeschränkt werde[113]. Im übrigen sind regelmäßig im Falle von Abspaltungen und Ausgliederungen nach §§ 123 Abs. 2, 3 UmwG der gewünschte Branchenwechsel des zu übertragenden Unternehmensteils gerade der Grund des Betriebsüberganges. Der umfassende Schutzzweck spricht damit gegen eine derartige Einschränkung. Da auch gemäß § 4 Abs. 5 TVG nachwirkende Tarifnormen, ohne allerdings durch den Betriebsübergang zusätzliche Wirkungskraft im Sinne des Abänderungsverbots nach § 613a Abs. 1 S. 2 Hs. 2 BGB zu erhalten, nach herrschender Meinung ebenfalls der Transformation unterliegen[114], würde jedoch diese Ansicht, sofern man im

[110] BAG AP Nr. 108 zu § 613a BGB; AP Nr. 12 zu § 1 TVG Bezugnahme auf Tarifvertrag; Gamillscheg, Kollektives Arbeitsrecht I, § 17 V 4 b) S. 780; MüKo/Schaub, BGB, § 613a, Rn. 163; MünchArbR/Wank, § 124, Rn. 183, 184; Waas, Tarifvertrag und Betriebsübergang, S. 26ff u. Anmerkung zu BAG AP Nr. 12 zu § 1 TVG Bezugnahme auf Tarifvertrag; a.A. Staudinger/Richardi/Annuß, BGB, § 613a, Rn. 174; Zöllner, DB 1995, S. 1401, 1402, die parallel zu § 4 Abs. 5 TVG von einer normativen Fortgeltung ausgehen.

[111] BAG AP Nr. 64 zu § 613a BGB; AP Nr. 42 zu § 1 BetrAVG Zusatzversorgungskassen; AP Nr. 12 zu § 1 TVG Bezugnahme auf Tarifvertrag; Hromadka/Maschmann/Wallner, Der Tarifwechsel, Rn. 341; Konzen, Festschrift für Alfons Kraft, S. 291, 320; Wiedeman/Oetker, TVG, § 3, Rn. 193.

[112] Rieble, SAE 1995, S. 77, 79f.

[113] Konzen, Festschrift für Alfons Kraft, S. 291, 320; Wiedemann/Oetker, TVG, § 3, Rn. 193.

[114] BAG AP Nr. 22 zu § 4 TVG Nachwirkung; Däubler, Tarifvertragsrecht, Rn. 1543; Lutter/Joost, UmwG, § 324, Rn. 20; Wiedemann/Oetker, TVG, § 3, Rn. 193; a.A. Heinze, Festschrift für Günter Schaub, S. 275, 279, 280; MünchArbR/Wank, § 124, Rn. 188.

Falle des Herauswachsens aus dem tarifvertraglichen Geltungsbereich (vor dem Betriebsübergang) § 4 Abs. 5 TVG analog für anwendbar hält, nicht zur von dieser Ansicht gewünschten Ausschaltung der betreffenden Tarifnormen führen.

§ 613a Abs. 1 S. 2-4 BGB regelt damit - unter der Voraussetzung eines Betriebsinhaberwechsels - auch den hier vorliegenden Fall, daß Tarifnormen einer Branche auf beim Betriebserwerber nach § 4 Abs. 1 S. 1 TVG geltende Tarifnormen einer anderen, einschlägigen Branche treffen, was insbesondere dann der Fall ist, wenn ein übergehender Betriebsteil in das Unternehmen/den Betrieb des Erwerbers eingegliedert wird. Wegen des Vorliegens eines neuen Rechtsträgers, der zuvor nicht an den betreffenden Verbandstarifvertrag gebunden war, gelten die übergehenden Rechtsnormen hier jedoch grundsätzlich nicht gemäß § 4 Abs. 5 TVG weiter, sondern aufgrund arbeitsvertraglicher Grundlage nach § 613a Abs. 1 S. 2 BGB. In beiden Fällen beruht die Fortgeltung jedoch auf gesetzlichem Geltungsgrund. Damit ist zunächst festzuhalten, daß § 613a Abs.1 S. 2-4 BGB möglicherweise unabhängig von der Voraussetzung des Betriebsinhaberwechsels auch zur Bewertung der vorliegenden Konstellation herangezogen werden kann. Bei § 613a Abs. 1 S. 2-4 BGB wird ebenfalls die hier interessierende Frage geregelt, daß Tarifnormen unterschiedlicher Branchen bei einem Arbeitgeber aufeinandertreffen. Zu untersuchen ist damit, welche Lösung der Gesetzgeber für diesen Fall im Rahmen des Anwendungsbereiches des § 613a BGB vorgesehen hat.

Nach § 613a Abs. 1 S. 2 BGB werden die bisher durch Rechtsnormen eines Tarifvertrages geregelten Rechte und Pflichten eines Arbeitsverhältnisses Inhalt des Arbeitsverhältnisses zwischen dem neuen Inhaber und dem Arbeitnehmer und dürfen nicht vor Ablauf eines Jahres nach dem Zeitpunkt des Übergangs zum Nachteil des Arbeitnehmers geändert werden. Es kommt also zu einer Weitergeltung auf arbeitsvertraglicher Grundlage, die für ein Jahr ab dem Zeitpunkt des Betriebsübergangs zwingend ist, also selbst nicht einvernehmlich zu Lasten der Arbeitnehmer geändert werden kann. Eine einvernehmliche Änderung bereits vor Ablauf dieser Frist ist aber nach § 613a Abs. 1 S. 4 BGB dann möglich, wenn der Tarifvertrag nicht mehr gilt (1.Alt.) oder bei fehlender beiderseitiger Tarifgebundenheit im Geltungsbereich eines anderen Tarifvertrages dessen Anwendung zwischen dem neuen Inhaber und dem Arbeitnehmer vereinbart wird (2.Alt.). Nach § 613a Abs. 1 S. 3 BGB gilt der § 613a Abs. 1 S. 2 BGB nicht, wenn die Rechte und Pflichten beim neuen Inhaber durch Rechtsnormen eines anderen Tarifvertrages geregelt werden. Die Norm betrifft also im Anwendungsbereich des § 613a BGB auch die hier interessierende Frage des Verhältnisses zwischen (nach § 613a Abs. 1 S. 2 BGB auf arbeitsvertraglicher Grundlage) weiterwirkenden Tarifnormen einer nicht mehr einschlägigen Branche und einem nach § 4 Abs. 1 S. 1 TVG voll wirkenden Tarifvertrag der einschlägigen

Branche, an den der neue Betriebsinhaber nach § 3 Abs. 1 TVG tarifgebunden ist. Damit kann also für den hier interessierenden Fall einer möglichen Verdrängung eines analog nachwirkenden Tarifvertrages durch einen einschlägigen Branchentarifvertrag gegen den Willen der betreffenden Arbeitnehmer allein § 613a Abs. 1 S. 3 BGB herangezogen werden.

(bb) Der Regelungsgehalt des § 613a Abs. 1 S. 3 BGB

Der Regelungsgehalt des § 613a Abs. 1 S. 3 BGB ist umstritten.

Nach dem Bundesarbeitsgericht und der weit überwiegenden Ansicht in Literatur regelt § 613a Abs. 1 S. 3 BGB im Interesse einer einheitlichen Ordnung im Betrieb den Vorrang der kollektivrechtlichen Bestimmungen auch im Falle günstigerer nach § 613a Abs. 1 S. 2 BGB individualrechtlich weiterwirkender Tarifnormen. Je nachdem, ob man die nach § 613a Abs. 1 S. 2 BGB transformierten Rechtsnormen eines Tarifvertrages weiterhin als kollektivrechtliche Tarifnormen oder sie mit der vorzugswürdigen und heute herrschendem Meinung nur noch als individualvertragliche Abmachungen betrachtet, wird § 613a Abs. 1 S. 3 BGB danach als Ausprägung des zeitlichen Ablösungsprinzips, wonach die neuen Tarifnormen die bisherigen ablösten, oder aber als Ausnahme vom Günstigkeitsprinzip (§ 4 Abs. 3 TVG) eingestuft. Unabhängig davon findet nach dieser Ansicht die Norm aber nur dann Anwendung, wenn auch der Arbeitnehmer an den bei dem neuen Inhaber geltenden Tarifvertrag unmittelbar nach § 3 Abs. 1 bzw. § 5 Abs. 4 TVG gebunden ist, mithin also eine beiderseitige Tarifgebundenheit vorliegt, und die im Betrieb des Erwerbers geltende tarifliche Bestimmung denselben Regelungsgegenstand der nach § 613a Abs. 1 S. 2 BGB transformierten Tarifnorm betrifft[115]. Dabei ist es unerheblich, ob der andere Tarifvertrag beim Betriebserwerber bereits bei Betriebsübergang galt oder erst einige Zeit nach dem Betriebsübergang Anwendung findet, so daß es davon unabhän-

[115] BAG AP Nr. 108, 153, 242 zu § 613a BGB; AP Nr. 12 zu § 1 TVG Bezugnahme auf Tarifvertrag; AP Nr. 16 zu § 1 Bezugnahme auf Tarifvertrag = AP Nr. 15 zu § 2 TVG Tarifzuständigkeit = AP Nr. 20 zu § 4 TVG; ArbG Stuttgart, NZA 1998, S. 550, 551; Blank, Die Tarifzuständigkeit der DGB-Gewerkschaften, S. 80; Däubler, Tarifvertragsrecht, Rn. 1557; ErfK/Preis, BGB, § 613a BGB, Rn. 119, 120; Gamillscheg, Kollektives Arbeitsrecht, § 17 V 4 c), S. 782; Gussen/Dauck, Die Weitergeltung von Betriebsvereinbarungen und Tarifverträgen..., Rn. 233; Kempen/Zachert, TVG, § 3, Rn. 59, 60; Lutter/Joost, UmwG, § 324, Rn. 23; MünchArbR/Wank, § 124, Rn. 195; Staudinger/Richardi/Annuß, BGB, § 613a, Rn. 193; Waas, Tarifvertrag und Betriebsübergang, S. 64ff, 81; Wiedemann, Festschrift für H.-J. Fleck, S. 447, 454; Wiedemann/Oetker, TVG, § 3, Rn. 199, 200; Wieland, Recht der Firmentarifverträge, Rn. 274/278.

gig im Falle beiderseitiger Tarifgebundenheit zum Ausschluß bzw. zur Ablösung der Transformation komme[116]. Nicht maßgeblich ist auch die Gleichartigkeit der Kollektivvereinbarung. Anders als bei den allgemeinen Regeln der Tarifkonkurrenz können auch die Normen eines Verbandstarifvertrages die eines Firmentarifvertrages ablösen[117]. Eine Tarifpluralität zwischen den nach § 613a Abs. 1 S. 2 BGB arbeitsvertraglich weiterwirkenden branchenfremden Tarifnormen und dem beim Erwerber nach § 4 Abs. 1 S. 1 TVG wirkenden einschlägigen Tarifvertrag, die außerhalb des Anwendungsbereiches von § 613a BGB nach dem vom Bundesarbeitsgericht richterrechtlich entwickelten, betriebsbezogen angewandten Grundsatz der Tarifeinheit aufzulösen wäre, wird im Anwendungsbereich des § 613a BGB abgelehnt[118]. Begründet wird das Erfordernis der beiderseitigen kongruenten Tarifbindung vor allem mit dem umfassenden Schutzzweck des § 613a Abs. 1 S. 2 BGB. Zudem sei in systematischer Hinsicht § 613a Abs. 1 S. 3 BGB gerade auf diesen Satz 2, der unstreitig eine beiderseitige Tarifgebundenheit erfordere, bezogen[119]. Schließlich spreche auch § 613a Abs. 1 S. 4 Alt. 2 BGB dafür, da er für den Fall fehlender beiderseitiger Tarifgebundenheit eine Ablösung der transformierten Tarifnormen vor Ablauf der Frist des Satzes 2 durch vertragliche Einigung zulasse[120].

Nach der Gegenmeinung regelt § 613a Abs. 1 S. 3 BGB die Möglichkeit der Verdrängung durch einen beim neuen Inhaber geltenden Tarifvertrag, so daß auch eine nur einseitige Tarifbindung des Arbeitgebers die auf arbeitsvertraglicher Grundlage nach § 613a Abs. 1 S. 2 BGB weitergeltenden bisherigen Tarifnormen verdränge. Der Zweck des § 613a Abs. 1 S. 3 BGB sei es nämlich, eine Tarifpluralität zu vermeiden und einheitliche tarifliche Verhältnisse beim Betriebserwerber herbeizuführen[121]. Die herrschende Ansicht führe zu einer Ver-

---

[116] BAG AP Nr. 49, 108 zu § 613a BGB; AP Nr. 15 zu § 4 TVG Ordnungsprinzip; Wiedemann/Oetker, TVG, § 3, Rn. 197, 198; a.A. Kempen/Zachert, TVG, § 3, Rn. 60, der § 613a Abs. 1 S. 3 BGB nur auf erst nach dem Betriebsübergang vereinbarte Tarifnormen anwenden möchte.

[117] Gamillscheg, Kollektives Arbeitsrecht, § 17 V 4 c), S. 783; Wiedemann/Oetker, TVG, § 3, Rn. 197.

[118] BAG AP Nr. 20 zu § 4 TVG; vorsichtiger noch: BAG AP Nr. 13 zu § 1 TVG Bezugnahme auf Tarifvertrag; anders vor Inkrafttreten des § 613a Abs. 1 S. 2-4 BGB: BAG AP Nr. 17 zu § 613a BGB; ebenfalls ablehnend: ArbG Stuttgart, NZA-RR 1998, S. 550, 552; Gussen/Dauck, Die Weitergeltung von Betriebsvereinbarungen und Tarifverträgen..., Rn. 239; Waas, Tarifvertrag und Betriebsübergang, S. 83, 85, 87 aufgrund grundsätzlicher Ablehnung des Prinzips der Tarifeinheit für die Fälle der Tarifpluralität.

[119] ArbG Stuttgart, NZA 1998, S. 550, 551; Staudinger/Richardi/Annuß, BGB, § 613a, Rn. 193; Wiedemann/Oetker, § 3, Rn. 199.

[120] Wiedemann/Oetker, TVG, § 3, Rn. 199.

[121] Bauer, Festschrift für Günter Schaub, S. 19, 39; Heinze, Festschrift für Günter Schaub, S. 275, 290; ders.: DB 1998, S. 1861, 1866; Henssler, Festschrift für Günter Schaub, S. 311,

letzung der positiven und der negativen Koalitionsfreiheit des Erwerbers[122]. § 613a Abs. 1 S. 2 BGB wolle einen tariflichen Arbeitnehmerschutz nur für die Betriebseinheiten realisieren, für die beim Erwerber kein kollektives Schutzsystem in Form von Betriebsvereinbarungen oder Tarifverträgen existiere[123].

Zum selben Ergebnis wie die eben aufgezeigte Gegenmeinung gelangt eine dritte Ansicht. Sie geht mit dem Bundesarbeitsgericht und der überwiegenden Literatur für den Anwendungsbereich des § 613a Abs. 1 S. 3 BGB von dem Erfordernis der beiderseitigen Tarifgebundenheit aus, hält dann aber zwischen den nach § 613a Abs. 1 S. 2 BGB weiterwirkenden und den beim Erwerber nach § 4 Abs. 1 S. 1 TVG voll wirkenden Tarifnormen eine Tarifpluralität für gegeben, die nach den vom Bundesarbeitsgericht allgemein entwickelten Grundsätzen aufzulösen sei. Komme es daher beim Erwerber zu einem Nebeneinander von nach § 613a Abs. 1 S. 2 BGB fortgeltenden Tarifnormen einer fremden Branche und nach § 4 Abs. 1 S. 1 TVG geltenden einschlägigen Tarifnormen, verdrängten letztere nach dem Spezialitätsprinzip die fortgeltenden branchenfremden Tarifnormen[124].

Wie sogleich zu zeigen wird, kann eine Streitentscheidung an dieser Stelle jedoch (noch) dahingestellt bleiben.

319, 320; Hromadka/Maschmann/Wallner, Der Tarifwechsel, Rn. 354, 588; Moll, RdA 1996, S. 275, 280, 281; Zöllner, DB 1995, S. 1401, 1403, 1404.

[122] Heinze, Festschrift für Günter Schaub, S. 275, 290.

[123] Henssler, Festschrift für Günter Schaub, S. 311, 319.

[124] MüKo/Schaub, BGB, § 613a, Rn. 184, 186; modifizierend: Kania, Anmerkung zu BAG AP Nr. 26, 27 zu § 4 TVG Nachwirkung u. DB 1996, S. 1921, 1923, der eine Verdrängung nur dann bejaht, wenn die nach § 613a Abs. 1 S. 2 BGB weitergeltenden und die nach § 4 Abs. 1 S. 1 TVG wirkenden Tarifnormen mit unterschiedlichen DGB-Gewerkschaften vereinbart worden sind, da nur diese über die DGB-Satzung an den Grundsatz „ein Betrieb – eine Gewerkschaft“ gebunden seien.

(d) Ergebnis

Im Ergebnis ist hier von einer Verdrängung des nach § 4 Abs. 5 TVG analog nachwirkenden Tarifvertrages durch den einschlägigen Branchentarifvertrag auszugehen.

Dafür kann zunächst nochmals auf den oben unter b) dargelegten Schutzzweck des § 4 Abs. 5 TVG rekurriert werden. Hinzu kommt die Überlegung, daß beim weiterhin tarifwilligen Arbeitgeber, der nur aus dem Geltungsbereich eines Tarifvertrages, nicht aber aus dem Zuständigkeitsbereich der Gewerkschaft insgesamt hinausfällt, der nachwirkende Tarifvertrag aufgrund der Ablösung im Sinne von § 4 Abs. 5 TVG automatisch wegfällt, wenn auch sein bisheriger Arbeitgeberverband in der neuen Branche für ihn zuständig ist und einen Verbandstarifvertrag mit der betreffenden Gewerkschaft abgeschlossen hat, oder aber, wenn er – bei veränderter Zuständigkeit auf Arbeitgeberseite – einen Firmentarifvertrag abschließt bzw. dem nun für ihn zuständigen Arbeitgeberverband beitritt. Ändert sich aber nicht nur der Geltungsbereich, sondern fällt die Tarifzuständigkeit der Gewerkschaft insgesamt weg, hat der tarifwillige Arbeitgeber nicht die Möglichkeit, den entsprechend nachwirkenden Tarifvertrag abzulösen. Dieser allein in Abhängigkeit von dem Fortbestehen der gewerkschaftlichen Tarifzuständigkeit stehende Unterschied beim tarifwilligen Arbeitgeber ist nicht gerechtfertigt.

Entscheidend für die Möglichkeit des Arbeitgebers, durch die Bindung nach § 3 Abs. 1 bzw. § 5 Abs. 4 TVG an den branchenmäßigen Tarifvertrag einen nach einem Branchenwechsel analog nach § 4 Abs. 5 TVG nachwirkenden Tarifvertrag zu verdrängen, spricht jedoch der Sinn und Zweck des Merkmals der Tarifzuständigkeit. Sofern man diese als tarifvertragliches Wirksamkeitserfordernis anerkennt, wird mit dem Merkmal eine tarifliche Ordnung angestrebt, die die Arbeitgeber nach ihrer Branchenzugehörigkeit, also objektiven Kriterien, den satzungsmäßigen Zuständigkeitsbereichen der Verbände zuteilt und damit eine tarifliche Ordnung erreicht. Sofern es aber wie hier im Falle der in Frage stehenden Produktionsumstellungen zu einer sachlich gerechtfertigten Änderung der Branchenzugehörigkeit des Arbeitgebers kommt[125], ist es bei einem auch nach dieser Änderung tarifwilligen Arbeitgeber ausgeschlossen, dem Vertrauen der betroffenen Arbeitnehmer auf den Fortbestand „ihrer“ nachwirkenden Tarifnormen Vorrang vor dem Interesse des tarifgebundenen Arbeitgebers einzuräumen, nur den für seine Branche bestehenden tariflichen Regeln unterworfen zu sein. Es kommt daher zu einer Verdrängung der nach § 4 Abs. 5 TVG analog nachwirkenden Tarifnormen, die vom dem Zweck des Merkmals der Tarifzuständig-

[125] S.o. 4. Teil B. II. 2. b) aa) (1).

keit getragen ist und daher nicht zu einer Verletzung der Koalitionsfreiheit der von der Verdrängung betroffenen Gewerkschaft bzw. Gewerkschaftsmitglieder führt[126]. An diesem Ergebnis ändert auch die Regelung des § 613a Abs. 1 S. 3 BGB unabhängig davon, wie sie verstanden wird, nichts. Zu beachten ist nämlich, daß im Anwendungsbereich des § 613a BGB in die tarifliche Zuständigkeitsordnung nicht aufgrund von Produktionsumstellungen, sondern arbeitgeberseitig durch Änderung der Unternehmensstrukturen eingegriffen wird. In der vorliegenden Konstellation mangelt es daher an einer vergleichbaren Interessenlage, so daß § 613a Abs. 1 S. 3 BGB hier nicht herangezogen werden kann.

Im Falle von Produktionsumstellungen wird also der nach § 4 Abs. 5 TVG entsprechend nachwirkende Tarifvertrag der bisherigen Branchen durch den branchenmäßigen, nach § 4 Abs. 1 S. 1 TVG unmittelbar und zwingend wirkenden Tarifvertrag verdrängt. Damit ist aber keine grundsätzliche Beantwortung der Frage verbunden, ob es zwischen einem nach § 4 Abs. 5 TVG nachwirkenden und einem nach § 4 Abs. 1 S. 1 TVG voll wirkenden Tarifvertrag zu einer Tarifpluralität kommt bzw. ob Tarifpluralitäten dem Grundsatz der Tarifeinheit zufolge aufzulösen sind. Die vorliegende Verdrängung rechtfertigt sich allein daraus, daß zwei Tarifverträge unterschiedlicher Tarifordnungen aufeinandertreffen[127]. Für die Lösung dieser Konstellation kann jedoch auf die vom Bundesarbeitsgericht entwickelten Grundsätze zur Tarifpluralität zurückgegriffen werden. Die Verdrängung vollzieht sich demnach nach dem Spezialitätsprinzip und greift unabhängig von einer konkreten Tarifbindung auf Arbeitnehmerseite bereits dann ein, wenn der Arbeitgeber nach §§ 3 Abs. 1, 5 Abs. 4 TVG tatsächlich und nur ein Arbeitnehmer an den einschlägigen Tarifvertrag gebunden sein könnte. Bei einer entsprechenden Tarifbindung des Arbeitgebers verdrängt der einschlägige Tarifvertrag also den analog § 4 Abs. 5 TVG nachwirkenden Tarifvertrag.

Da sich regelmäßig Bezugnahmeklauseln in den Arbeitsverträgen tarifgebundener und nicht tarifgebundener Arbeitnehmer gleichermaßen finden, stellt sich abschließend die Frage, ob diese als günstigere Individualabsprachen gemäß § 4 Abs. 3 TVG wieder aufleben, wenn sie auf den bisher einschlägigen Tarifvertrag verweisen und für die Arbeitnehmer gleichzeitig durch den Beitritt zur jetzt zuständigen Gewerkschaft die Tarifnormen des nunmehr einschlägigen Tarifvertrages nach § 4 Abs. 1 TVG unmittelbar und zwingend gelten. Legt man die Bezugnahmeklauseln entsprechend aus, ist dies jedoch abzulehnen. Beim tarifge-

[126] S.o. 1. Teil B. VI. 2. c) bb) (2) (c).

[127] Vgl. aber: Hromadka/Maschmann/Wallner, Der Tarifwechsel, Rn. 260, 267 die für die vorliegende Konstellation über die Anwendung der Grundsätze der Tarifpluralität zu dem hier vertretenen Ergebnis gelangen.

bundenen Arbeitgeber ist die arbeitsvertragliche Bezugnahme auf den Tarifvertrag, an den der Arbeitgeber tarifgebunden ist, grundsätzlich als Gleichstellungsabrede zu verstehen[128], damit unabhängig von der Tarifbindung auf Arbeitnehmerseite alle Arbeitnehmer entsprechend der Tarifbindung des Arbeitgebers gleich behandelt werden können[129]. Arbeitsvertraglich soll also gerade das gelten, was tarifrechtlich im Unternehmen/Betrieb gilt. Kommt es aber - wie hier gezeigt - infolge des Merkmals der Tarifzuständigkeit auf tariflicher Ebene zu einer Verdrängung der bisherigen Tarifordnung durch die nunmehr einschlägige Tarifordnung, können die arbeitsvertraglich in Bezug genommenen, bisherigen Tarifnormen auch nicht als günstigere Abmachungen im Sinne des § 4 Abs. 3 TVG aufleben. Es bleibt also bei dem alleinigen Geltungsanspruch des nach § 4 Abs. 1 S. 1 TVG unmittelbar und zwingend wirkenden Tarifvertrages.

Die Verdrängung tritt grundsätzlich auch gegenüber den Arbeitnehmern ein, die bisher nicht tarifgebunden waren und über eine einzelvertragliche Bezugnahme dem bisherigen, nunmehr nicht mehr einschlägigen Tarifvertrag unterstellt waren. Da beim tarifgebundenen Arbeitgeber die arbeitsvertragliche Bezugnahme - wie eben ausgeführt - grundsätzlich als Gleichstellungsabrede auszulegen ist, kommt ihr keine von den einschlägigen Tarifnormen losgelöste Bedeutung zu. Eine Besserstellung der nicht organisierten Arbeitnehmer ist regelmäßig nicht gewollt[130]. Entsprechend den Grundsätzen des Bundesarbeitsgerichts, nach denen bei einer Tarifbindung des Arbeitgebers auch im Verhältnis zu nur einzelvertraglich in Bezug genommenen Tarifverträgen eine aufzulösende Tarifpluralität vorliegt, soweit der Bezugnahme nicht konstitutive Bedeutung zuzumessen ist[131], verdrängt der einschlägige Tarifvertrag auch die nur einzelvertraglich vereinbarten Tarifnormen der fremden Branche. Die bisher nicht tarifgebundenen Arbeitnehmer sind also wie die bisher tarifgebundenen zu behandeln. Ob daneben die Bezugnahme auf einen konkreten Vertrag beim tarifgebundenen Arbeitgeber auf vertraglicher Ebene von vornherein als große dynamische Verweisungsklausel (auf den jeweils einschlägigen Tarifvertrag) ausgelegt werden

[128] BAG AP Nr. 5, 12, 17, 21, 22 zu § 1 Bezugnahme auf Tarifvertrag.

[129] Vgl. dazu Hromadka/Maschmann/Wallner, Der Tarifwechsel, Rn. 103ff.

[130] Vgl. dazu BAG AP Nr. 21, 22 zu § 1 TVG Bezugnahme auf Tarifvertrag: Da die Gleichstellungsabrede die nichttarifgebundenen Arbeitnehmer so stellen solle, wie wenn sie tarifgebunden wären, verneint das Bundesarbeisgericht eine Teilnahme der nichtorganisierten Arbeitnehmer an späteren Tariferhöhungen über die Bezugnahmeklausel, wenn der Arbeitgeber zuvor aus dem Arbeitgeberverband ausgetreten ist. Kritisch dagegen: Thüsing, Anmerkung zu BAG AP Nr. 21 zu § 1 TVG Bezugnahme auf Tarifvertrag.

[131] BAG AP Nr. 20 zu § 4 TVG Tarifkonkurrenz; s. auch oben 1. Teil. B. IV.

kann[132], so daß es insoweit nicht mehr auf eine Verdrängung ankommt, ist an dieser Stelle nicht zu untersuchen.

bb) Der Branchenwechsel des Arbeitgebers infolge von Änderungen der gesellschaftsrechtlichen Unternehmensstrukturen

Fraglich ist, ob sich an dem soeben gefundenen Ergebnis etwas ändert, wenn ein Branchenwechsel des Arbeitgebers infolge von arbeitgeberseitig vorgenommenen Änderungen der gesellschaftsrechtlichen Unternehmensstrukturen herbeigeführt wird.

(1) Die Änderung der gesellschaftsrechtlichen Unternehmensstrukturen

Änderungen der gesellschaftsrechtlichen Unternehmensstrukturen können durch rechtsgeschäftlichen Übergang von Betrieben und Betriebsteilen im Sinne von § 613a Abs. 1 S. 1 BGB, durch Abspaltung nach §§ 1 Abs. 1, 123 Abs. 2 oder durch Ausgliederung nach §§ 1 Abs. 1, 123 Abs. 3 UmwG bewirkt werden. Nicht ausführlich beleuchtet werden soll dabei an dieser Stelle das Schicksal der bisherigen Tarifnormen des Verbandstarifvertrages beim übernehmenden Rechtsträger. Dieser Fall wird grundsätzlich im Hinblick auf die tariflichen Inhaltsnormen[133] von § 613a Abs. 1 S. 2 bis 4 BGB bzw. von § 324 UmwG[134] in Verbindung mit § 613 Abs. 1 S. 2 bis 4 BGB geregelt, wobei nach vorherrschender Meinung § 613a Abs. 1 S. 2 BGB als statische Auffangregel dann ausscheidet, wenn eine kollektivrechtliche (Weiter-)Geltung der bisherigen Tarif-

---

[132] S. dazu bereits oben 4. Teil B. II. 2. b) aa) (4); dagegen: BAG AP Nr. 12, 13, 22 zu § 1 TVG Bezugnahme auf Tarifvertrag; differenzierend: Waas, Tarifvertrag und Betriebsübergang, S. 105 u. Anmerkung zu BAG AP Nr. 12 zu § 1 TVG Bezugnahme auf Tarifvertrag, der danach unterscheiden möchte, ob auf Arbeitnehmerseite mit dem Branchenwechsel die Zuständigkeit einer anderen Gewerkschaft eintritt oder nicht.

[133] Soweit eine Transformation nach § 613a Abs. 1 S. 2 BGB bei einzelnen Tarifnormen aufgrund ihres Regelungsgegenstandes, insbesondere bei betriebsverfassungsrechtlichen Fragen, ausscheidet, kommt nach einer Ansicht jedoch ein Rückgriff auf § 4 Abs. 5 TVG analog in Betracht: Wiedemann/Oetker, TVG, § 3, Rn. 186, 194.

[134] Zur Anwendung des § 613a Abs. 1, 4 BGB für die Fälle der Umwandlungen nach dem UmwG durch den - insoweit mißverständlich formulierten - § 324 UmwG: BAG AP Nr. 1 zu § 20 UmwG; AP Nr. 209 zu § 613a BGB; Kallmeyer/Willemsen, UmwG, § 324, Rn. 1, 2; Lutter/Jost, UmwG, § 324, Rn. 3; MünchArbR/Wank, § 124, Rn. 210; Wiedemann/Oetker, TVG, § 3, Rn. 189; einschränkend: Kempen/Zachert, TVG, § 3, Rn. 49.

normen beim übernehmenden Rechtsträger vorliegt[135]. Dies ist im Hinblick auf einen Verbandstarifvertrag nur dann der Fall, wenn der übernehmende/neue Rechtsträger selbst Mitglied in demselben Arbeitgeberverband ist wie der übertragende Rechtsträger bzw. über eine Allgemeinverbindlicherklärung nach § 5 Abs. 4 TVG an denselben Tarifvertrag gebunden ist oder eine Übertragung der Verbandsmitgliedschaft, soweit die Möglichkeit dazu in der entsprechenden Verbandssatzung gemäß §§ 38, 40 BGB eingeräumt ist, vom übertragenden auf den übernehmenden Rechtsträger gegeben ist. Das Problem des Übergangs der Tarifbindung an Verbandstarifverträge im Falle eines Arbeitgeberwechsels ist im übrigen gesetzlich nicht geregelt[136]. Das Bundesarbeitsgericht und ihm folgend die überwiegende Literatur hat zunächst eine Fortgeltung des bisher anwendbaren Verbandstarifvertrages analog § 3 Abs. 3 TVG und auch mangels Regelungslücke eine Nachwirkung entsprechend § 4 Abs. 5 TVG abgelehnt[137], später aber bei einer im Einigungsvertrag zwingend vorgeschriebenen, also gesetzlich angeordneten Gesamtrechtsnachfolge - von dem Ausgangspunkt aus, mangels rechtsgeschäftlichen Überganges § 613a Abs. 1 S. 2 BGB nicht anwenden zu können - § 4 Abs. 5 TVG analog für anwendbar erklärt[138]. Allerdings ist darauf hinzuweisen, daß es in diesem Falle der Gesamtrechtsfolge nicht dazu kam, daß ein Unternehmen bzw. Unternehmensteil in einen einer anderen Branche angehörenden Rechtsträger integriert wurde, bei dem bereits ein anderer branchenmäßiger Tarifvertrag galt.

Eine andere Ansicht in der Literatur will für den Betriebsübergang bzw. für Unternehmensspaltung unabhängig von der formalen Rechtsträgereigenschaft danach differenzieren, ob der Betriebserwerber mit dem Betriebsveräußerer wirt-

---

[135] BAG AP Nr. 1 zu § 20 UmwG; Tarifvertragsrecht, Rn. 1531, 1533; Kallmeyer/Willemsen, UmwG, § 324, Rn. 27; Lutter/Joost, UmwG, § 324, Rn. 16, 17; MünchArbR/Wank, § 124, Rn. 178; Wiedemann/Oetker, TVG, § 3, Rn. 159, 168ff, 184, 195; vgl. auch zum statisch angelegten Besitzstandsschutz des § 613a Abs. 1 S. 2 BGB: BAG AP Nr. 17, 18 zu § 1 TVG Bezugnahme auf Tarifvertrag.

[136] BAG AP Nr. 17 zu § 613a BGB; AP Nr. 42 zu § 1 BetrAVG Zusatzversorgungskassen; AP Nr. 13, 14 zu § 3 TVG Verbandszugehörigkeit; AP Nr. 1 zu § 20 UmwG; LAG Baden/Württemberg AP Nr. 18 zu § 3 TVG Verbandszugehörigkeit; Kallmeyer/Willemsen, UmwG, § 324, Rn. 27; Lutter/Joost, UmwG, § 324, Rn. 17; Schaub, Arbeitsrechts-Handbuch, § 206, Rn. 35, 36; Wiedemann/Oetker, TVG, § 3, Rn. 163/165 u. 175/177.

[137] Für den Fall der Verschmelzung: BAG AP Nr. 2 zu § 3 TVG; AP Nr. 42 zu § 1 BetrAVG Zusatzversorgungskassen für Tarifnormen über gemeinsame Einrichtungen im Sinne des § 4 Abs. 2 TVG; für den Fall der Unternehmensaufspaltung: BAG AP Nr. 17 zu § 613a BGB; AP Nr. 14 zu § 3 TVG; AP Nr. 13 zu § 3 TVG Verbandszugehörigkeit; s. für den Firmentarifvertrag auch unten 4. Teil B. II. 3.

[138] BAG AP Nr. 14 zu § 3 TVG Verbandszugehörigkeit; ihm folgend: Müller/Peeters, Anmerkung zu BAG AP Nr. 14 zu § 3 TVG Verbandszugehörigkeit, die § 613a Abs. 1 S. 2 ablehnen, da es an der dafür erforderlichen willentlichen, d.h. freiwilligen, Übernahme der betrieblichen Leitungsmacht fehle.

schaftlich identisch ist bzw. ob bei dem übernehmenden Rechtsträger nur eine minimale Fremdbeteiligung vorhanden ist. Ist dies der Fall, so liege kein anderer Inhaber im Sinne des § 613a Abs. 1 BGB vor. Folglich sei § 3 Abs. 3 TVG analog anwendbar. Komme es aber zu einem mit dem Übergang verbundenen Herauswachsen aus dem bisherigen tarifvertraglichen Geltungsbereich, greife § 4 Abs. 5 TVG analog bzw. § 613a Abs. 1 S. 2-4 BGB ein[139].

(2) Die Nachwirkung entsprechend § 4 Abs. 5 TVG als Grundsatz

Zurückzukehren ist in der hier interessierenden Konstellation zum Schicksal des bislang anwendbaren Verbandstarifvertrages beim übertragenden Rechtsträger. Da die Existenz des übertragenden Rechtsträgers von der Abspaltung nach §§ 1 Abs. 1, 123 Abs. 2 UmwG bzw. Ausgliederung nach §§ 1 Abs. 1, 123 Abs. 3 UmwG unberührt bleibt, ist er verbandsrechtlich unverändert an den Verbandstarifvertrag gebunden. Dabei ist zunächst darauf hinzuweisen, daß ein Arbeitgeber meist die Unternehmensteile abspalten bzw. ausgliedern wird, die ohnehin nicht der Branche zugehörig sind, die dem Unternehmen nach seinem Schwerpunkt das Gepräge geben. Insoweit wird regelmäßig der bisherige Verbandstarifvertrag auch nach der Abspaltung/Ausgliederung weiter einschlägig sein. Dennoch ist es auch denkbar, daß das Unternehmen nach einer derartigen Strukturänderung in einen anderen tariflichen Zuständigkeitsbereich fällt und damit aus dem Geltungsbereich des bisherigen Verbandstarifvertrages herausfällt. Fraglich ist damit auch in diesen Fällen, ob eine Normwirkung analog § 3 Abs. 3 TVG bzw. analog § 4 Abs. 5 TVG aufrechterhalten werden kann.

Anders als im Falle der eben behandelten Produktionsumstellungen nimmt der Arbeitgeber hier einen Einfluß auf den Branchenwechsel, der regelmäßig nicht in erster Linie durch arbeitstechnische Gründe geprägt ist. Gesellschaftsrechtliche Änderungen in den Unternehmensstrukturen werden überwiegend von betriebswirtschaftlichen Gründen und Motiven der Arbeitgeber veranlaßt sein. Allerdings rechtfertigt dies nicht ohne weiteres eine analoge Anwendung des § 3 Abs. 3 TVG. Zu beachten ist, daß die Arbeitgeber mit den aufgezeigten gesellschaftsrechtlichen Umstrukturierungen ihrer Unternehmen vom Gesetzgeber bereitgestellte Instrumentarien wahrnehmen, um auf sich ändernde Anforderungen in der Wirtschafts- und Rechtsordnung zu reagieren. Dies ist aber grundsätzlich auch tarifrechtlich anzuerkennen. Zudem haben es die Gewerkschaften in

---

[139] Bieback, DB 1989, S. 477, 478; Birk, ZGR 1984, S. 23, 35; Kempen/Zachert, TVG, § 3, Rn. 27/30, 50; vgl. auch oben 2. Teil A. I. 3. b) aa) (2) zum Umfang einer betriebsbezogen ausgestalteten Tarifzuständigkeit sowie 3. Teil C. I.

der Hand, durch die Anknüpfung an den Betrieb als maßgebliche tarifvertragliche Regeleinheit eine sich an arbeitstechnischen Erfordernissen orientierende tarifliche Ordnung herzustellen und so eine weitgehende Unabhängigkeit vor der arbeitgeberseitig bestimmten gesellschaftsrechtlichen Unternehmensordnung herzustellen.

Fraglich ist aber, ob die oben aufgezeigte gesetzliche Regelung des § 613a Abs. 1 S. 2-4 BGB die vorliegende Fallgestaltung beeinflußt. Anders als im Falle von Produktionsumstellungen betrifft § 613a Abs. 1 BGB auch unmittelbar den vorliegenden Fall von arbeitgeberseitigen Änderungen der Unternehmensstrukturen. § 613a Abs. 1 S. 2-4 regelt das Schicksal bisheriger Tarifnormen beim Betriebserwerber, hier stellt sich die Frage nach der Weiterwirkung der Tarifnormen beim Betriebsveräußerer. Beide Konstellationen stehen sich gleichsam spiegelbildlich gegenüber. Nach § 613a Abs. 1 S. 2 BGB sind die auf arbeitsvertraglicher Grundlage weiterwirkenden bisherigen Tarifnormen grundsätzlich für ein Jahr zwingend festgeschrieben, sofern nicht - vergleichbar mit dem Günstigkeitsprinzip des § 4 Abs. 3 TVG - für den Arbeitnehmer günstigere Regelungen vereinbart werden. Dies könnte auch auf Betriebsveräußerseite für eine unmittelbare und zwingende Fortwirkung analog § 3 Abs. 3 TVG zumindest für ein Jahr ab dem Zeitpunkt der Betriebsveräußerung sprechen.

Entscheidend ist aber, daß die zu vergleichenden Tatbestände, obwohl beide Bestandteil des Vorgangs einer arbeitgeberseitigen Strukturänderung darstellen, nicht völlig gleichwertig sind. Im Falle des § 613a Abs. 1 BGB kommt es zu einem Arbeitgeberwechsel, also einem Wechsel des Vertragspartners, der, nicht zuletzt dann, wenn er mit einem Branchenwechsel verbunden ist, zumindest vorübergehend für ein erhöhtes Schutzbedürfnis der übergehenden Arbeitnehmer spricht. Dies rechtfertigt in besonderer Weise, zumindest für ein Jahr ab Betriebsübergang, eine zwingende Wirkung der übergeleiteten Tarifnormen, wie sie § 613a Abs. 1 S. 2 BGB anordnet. Beim Betriebsveräußerer bleibt dem Arbeitnehmer dagegen auf Arbeitgeberseite der alte Vertragspartner erhalten. Schließlich ist auch auf § 613a Abs. 1 S. 4 BGB hinzuweisen, der die zwingende Tarifwirkung des § 613a Abs. 1 S. 2 BGB relativiert. Überdies will eine Ansicht ein „nicht mehr Gelten" im Sinne des § 613a Abs. 1 S. 4 Alt. 1 BGB gerade in den vorliegenden Fällen annehmen, nämlich, wenn der übergehende Betrieb oder Betriebsteil mit dem Übergang aus dem Geltungsbereich des Tarifvertrages oder dem Zuständigkeitsbereich der Gewerkschaft herausfällt[140]. Im Ergebnis ist daher – wie im Falle der Produktionsumstellungen - auch hier eine Nachwirkung von Anfang an entsprechend § 4 Abs. 5 TVG vorzugswürdig. Für den Umfang

[140] Gamillscheg, Kollektives Arbeitsrecht I, § 17 V 4 b), S. 782; ablehnend: Waas, Tarifvertrag und Betriebsübergang, S. 91.

und die Grenzen in sachlicher und persönlicher Hinsicht gelten die obigen Ausführungen.

(3) Der Umfang und die Grenzen der Nachwirkung in zeitlicher Hinsicht

Fraglich ist im Hinblick auf den Umfang und die Grenzen der Nachwirkung in zeitlicher Hinsicht aber, ob es bei der Möglichkeit der Verdrängung des entsprechend § 4 Abs. 5 TVG nachwirkenden Tarifvertrages durch einen branchenmäßig einschlägigen nach § 4 Abs. 1 S. 1 TVG wirkenden Tarifvertrag bleibt, wie dies oben für den Fall von Produktionsumstellungen vertreten wurde. Anders als im obigen Fall liegt hier gerade eine Änderung der Unternehmensstruktur vor, die die Tatbestände in tariflicher Hinsicht beim Betriebsveräußerer und beim Betriebserwerber vergleichbar macht. In diesem Zusammenhang kann auch nicht - wie eben - mit Blick auf den von § 613a BGB geregelten Arbeitgeberwechsel eine unterschiedliche Behandlung der Konstellationen vertreten werden. Es macht keinen Unterschied, ob nach einer arbeitgeberseitig vorgenommenen Änderung der Unternehmensstrukturen zu einem einschlägigen gemäß § 4 Abs. 1 S. 1 TVG voll wirkenden Tarifvertrag entweder (beim Betriebsveräußerer) nach § 4 Abs. 5 TVG entsprechend nachwirkende oder (beim Betriebswerber) auf arbeitsvertraglicher Grundlage nach § 613a Abs. 1 S. 2 BGB fortgeltende branchenfremde Tarifnormen hinzutreten. Beide Fälle sind nach der Interessenlage gleich zu behandeln. Da mit § 613a Abs. 1 S. 3 BGB möglicherweise eine gesetzliche Regelung besteht, muß eine Untersuchung der vorliegenden Frage zunächst von der Erwerberseite aus erfolgen.

Damit kommt es nunmehr aber entscheidend auf den Regelungsgehalt des § 613a Abs. 1 S. 3 BGB an[141]. Eine ausführliche Auseinandersetzung mit den zu § 613a Abs. 1 S. 3 BGB vertretenen Ansichten würde den Rahmen der Arbeit sprengen. Gefolgt werden soll hier der (herrschenden) Ansicht, die in der Norm eine gesetzliche Ausnahme vom Günstigkeitsprinzip des § 4 Abs. 3 TVG sieht und damit eine beiderseitige Tarifgebundenheit erfordert. Bei unveränderter Gewerkschaftszugehörigkeit der übergehenden Arbeitnehmer kommt eine Ablösung der bisherigen Tarifnormen durch die beim Erwerber geltenden Tarifnormen damit nur dann in Betracht, wenn mit dem Betriebsübergang ein Wechsel der gewerkschaftlichen Zuständigkeit nicht verbunden ist und der Erwerber an einen mit dieser Gewerkschaft geschlossenen Tarifvertrag gebunden ist. Andernfalls kommt es nach der gesetzlichen Regelung des § 613a Abs. 1 S. 3 BGG beim Betriebserwerber zu einem Nebeneinander von zwei Tarifwerken unter-

[141] S.o. 4. Teil B. II. 2. b) aa) (4) (c) (bb).

schiedlicher Branchen. Fraglich ist jedoch, ob der Gesetzgeber mit dieser Regelung auch zum Ausdruck gebracht hat, daß darüber hinaus eine Verdrängung nach allgemeinen tarifrechtlichen Regeln, also hier dem richterrechtlich eingeführten Merkmal der Tarifzuständigkeit, grundsätzlich ausgeschlossen ist. Die Nichtberücksichtigung der Tarifzuständigkeit in § 613a Abs. 1 BGB spricht weder für noch gegen den Willen des Gesetzgebers, daß die Funktion des Merkmals im Anwendungsbereich des § 613a BGB außer Betracht bleiben muß. Da die Tarifzuständigkeit auch im allgemeinen Tarifrecht eine gesetzliche Kodifizierung nicht erfahren hat, kann der Regelung auch die Vorstellung des Gesetzgebers zugrunde gelegen haben, daß die Tarifzuständigkeit auch ohne gesetzliche Niederliegung im Anwendungsbereich des § 613a BGB nach den allgemeinen tarifrechtlichen Grundsätze zu beachten ist. Schließlich läßt sich dem § 613a Abs. 1 S. 4 Alt. 2 BGB auch keine abschließende Regelung entnehmen. Die Norm regelt gerade nicht allein den hier interessierenden Fall der einseitigen Tarifbindung des Betriebserwerbers, sondern in erster Linie, daß sowohl der Erwerber als auch der (übergegangene) Arbeitnehmer nicht tarifgebunden sind[142]. Tritt man - wie gleich zu zeigen sein wird - für eine Verdrängung erst nach einem Jahr nach dem Zeitpunkt des Betriebsüberganges ein, ist auch von dieser Seite aus der Regelungsgehalt des § 613a Abs. 1 S. 4 BGB nicht betroffen, da dieser eine Ablösung der nach § 613a Abs. 1 S. 2 fortgeltenden Tarifnormen durch einvernehmliche vertragliche Änderung gerade vor Ablauf der Jahresfrist ermöglichen soll. Ist also der Anwendungsbereich des § 613a Abs. 1 S. 4 Alt. 2 BGB demnach ein anderer, kann der Norm auch keine abschließende Regelung der vorliegenden Fallgestaltung entnommen werden.

Entscheidend ist damit, ob das Merkmal der Tarifzuständigkeit auch im Rahmen des § 613a BGB nach seinem Zweck Anwendung finden muß. Wie bereits oben dargelegt, nehmen die Arbeitgeber mit der Änderung der gesellschaftsrechtlichen Unternehmensstrukturen vom Gesetzgeber bereitgestellte Möglichkeiten wahr, die daher auch tarifrechtlich zu beachten und – soweit aus der Sicht des Tarifrechts damit kein Mißbrauch formaler Gestaltungsmöglichkeiten verbunden ist – hinzunehmen sind. Grundsätzlich ist daher auch beim Arbeitgeber, der in geschilderter Weise auf die rechtliche Organisation seines Unternehmens eingewirkt hat, das Interesse anzuerkennen, nur den tariflichen Regeln unterstellt zu werden, die der Art des Unternehmens nach der Änderung entspricht. Damit könnte möglicherweise der beim Betriebserwerber nach § 4 Abs. 1 S. 1 TVG wirkende einschlägige Tarifvertrag die nach § 613a Abs. 1 S. 2 BGB individualrechtlich fortgeltenden branchenfremden Tarifnormen verdrängen. Dabei ist an dieser Stelle nochmals hervorzuheben, daß es hier nicht um eine Verdrängung

---

[142] MüKo/Schaub, BGB, § 613a, Rn. 172; MünchArbR/Wank, § 124, Rn. 193; Staudinger/Richardi/Annuß, BGB, § 613a, Rn. 199.

aufgrund des Grundsatzes der Tarifeinheit, wie ihn das Bundesarbeitsgericht für die Fälle der Tarifpluralität vertritt, sondern aufgrund des Merkmals der Tarifzuständigkeit geht. Abzuwägen ist daher wiederum das Interesse des Arbeitgebers an der Anwendung der für ihn einschlägigen Tarifnormen und dem Interesse der übergegangenen Arbeitnehmer an der Fortgeltung ihrer bisherigen, nun nicht mehr einschlägigen Tarifnormen.

Dabei ist in diesem Zusammenhang zu beachten, daß im Verhältnis zu den Fällen der durch arbeitstechnische Erfordernisse gerechtfertigten Produktionsumstellungen hier arbeitgeberseitig in qualifizierter Weise in die bisherige tarifliche Zuständigkeitsordnung eingewirkt wird. Dies könnte zu einem gegenüber der Konstellation der Produktionsumstellungen erhöhten tariflichen Bestandsschutz der bisher tarifgebundenen Arbeitnehmer führen. Anders als in der dortigen Konstellation kann hier mit dem auf der Umsetzung einer EG-Richtlinie[143] beruhenden § 613a Abs. 1 S. 2-4 BGB auf eine Regelung zurückgegriffen werden, in der der Gesetzgeber den Umfang des tariflichen Bestandschutzes niedergelegt hat. § 613a Abs. 1 S. 2 BGB bestimmt eine Fortwirkung der bisherigen tariflichen Normen, die nicht vor Ablauf eines Jahres nach dem Zeitpunkt des Übergangs zum Nachteil des Arbeitnehmers geändert werden dürfen. § 613a Abs. 1 S. 4 BGB läßt vor Ablauf der Frist eine einvernehmliche Änderung nur dann zu, wenn der Tarifvertrag nicht mehr gilt oder bei fehlender beiderseitiger Tarifgebundenheit im Geltungsbereich eines anderen Tarifvertrages dessen Anwendung vereinbart wird. Ordnet also § 613a Abs. 1 S. 2-4 BGB einen zwingenden tariflichen Bestandsschutz von einem Jahr nach dem Betriebsübergang an, der gegen den Willen der betreffenden Arbeitnehmer vor Ablauf der Frist nicht beseitigt werden kann, ist dies auch in der vorliegenden Abwägung zu berücksichtigen. Demnach ist für den Zeitraum von einem Jahr seit dem Betriebsübergang dem Interesse der Arbeitnehmer an dem Erhalt ihrer bisherigen tariflichen Normen Vorrang vor den tariflichen Belangen des Betriebserwerbers einzuräumen. Insoweit ist von einer konstitutiven Geltung auszugehen, die eine Verdrängung grundsätzlich ausschließt. Danach kommt es jedoch parallel zu den bei den Produktionsumstellungen dargelegten Erwägungen zu einem Überwiegen der Arbeitgeberinteressen, was zu einer Verdrängung der branchenfremden individualrechtlich fortgeltenden Tarifnormen durch den beim Betriebserwerber einschlägigen nach § 4 Abs. 1 S. 1 TVG wirkenden Tarifvertrag entsprechend den vom Bundesarbeitsgericht für die Fälle der Tarifpluralität aufgestellten Grundsätzen führt. Unerheblich ist dabei auch, ob man die Fortwirkung des § 613a Abs. 1 S. 2 BGB als eine individualrechtliche oder eine kollektivrechtliche einordnet, da es nach diesen

[143] Richtlinie des Rates vom 14. Februar 1977 zur Angleichung der Rechtsvorschriften der Mitgliedstaaten über die Wahrung von Ansprüchen der Arbeitnehmer beim Übergang von Unternehmen, Betrieben oder Betriebsteilen (77/187/EWG), RdA 1977, S. 162, 163.

es nach diesen Grundsätzen für die Möglichkeit einer Verdrängung nicht auf den Geltungsgrund der Tarifnormen ankommt. Demzufolge kommt es auch bei den Arbeitnehmern, denen die bisherigen Tarifnormen als Nichttarifgebundene über eine einzelvertragliche Bezugnahme zuteil wurden, zu einer Verdrängung der nach § 613a Abs. 1 S. 1 BGB übergeleiteten Tarifnormen, soweit eine Auslegung auf vertraglicher Ebene nicht bereits zur Anwendbarkeit des beim Erwerber einschlägigen Tarifvertrages führt[144]. Fraglich ist jedoch, ob eine Verdrängung der nur in Bezug genommenen und daher nach § 613a Abs. 1 S. 1 BGB übergeleiteten Tarifnormen ebenfalls für ein Jahr ausgeschlossen ist. Dies könnte vor allem dann vertreten werden, wenn mit der Bezugnahme eine Gleichstellung mit den (beim Betriebsveräußerer) tarifgebundenen Arbeitnehmern bezweckt ist. Die überwiegende Ansicht lehnt aber auch in diesem Fall eine entsprechende Anwendung des § 613a Abs. 1 S. 2 BGB auf die bisher nicht tarifgebundenen Arbeitnehmer ab[145]. Auf dieser Grundlage ist bezüglich der bisher nicht tarifgebundenen Arbeitnehmer von der Möglichkeit einer sofortigen Verdrängung auszugehen.

Da nach der Interessenlage - wie oben ausgeführt - die tarifliche Situation beim Betriebserwerber und Betriebsveräußerer vergleichbar ist, sind die soeben entwickelten Grundsätze auch auf den übertragenden Rechtsträger anzuwenden. Ist dieser nach dem infolge von Änderungen der rechtlichen Unternehmensorganisation bewirkten Herauswachsen aus dem tarifvertraglichen Geltungsbereich und dem Zuständigkeitsbereich der bisherigen Gewerkschaft nunmehr an den einschlägigen mit einer anderen Gewerkschaft geschlossenen Tarifvertrag nach §§ 3 Abs. 1, 3 Abs. 3 oder 4 Abs. 5 TVG gebunden, verdrängt dieser entsprechend der gesetzlichen Wertung des § 613a Abs. 1 S. 2 BGB nach dem Ablauf eines Jahres nach der Umstrukturierungsmaßnahme die nach § 4 Abs. 5 TVG analog nachwirkenden Tarifnormen der bisherigen Branche[146]. Kommt es auch bei nicht gebundenen Arbeitnehmern über die Bezugnahme auf einen konkreten nicht mehr einschlägigen Tarifvertrag zur Anwendung branchenfremder Tarifnormen, ist hier entsprechend den Ausführungen beim Betriebserwerber von einer sofortigen Möglichkeit der Verdrängung auszugehen. Im übrigen gelten die Grundsätze, die zum Umfang und den Grenzen in zeitlicher Hinsicht bei den Produktionsumstellungen aufgestellt worden sind[147].

---

[144] S. dazu auch oben 4. Teil B. II. 2. aa) (4) (d).

[145] BAG AP Nr. 101 zu § 613a BGB; AP Nr. 6 zu § 1 TVG Bezugnahme auf Tarifvertrag; Staudinger/Richardi/Annuß, BGB, § 613a, Rn. 200; a.A. Waas, Tarifvertrag und Betriebsübergang, S. 98ff; Wiedemann/Oetker, TVG, § 3, Rn. 279.

[146] Für eine sofortige Verdrängung: Henssler, Festschrift für Schaub, S. 311, 325, 326.

[147] S.o. 4. Teil B. II. 2. b) aa) (4) (d).

(4) Die Fortwirkung analog § 3 Abs. 3 TVG

Jedoch kann auch in der vorliegenden Konstellation eine analoge Anwendung von § 3 Abs. 3 TVG in Betracht kommen, wenn sich die arbeitgeberseitige Umstrukturierungsmaßnahme als eine einseitige Maßnahme darstellt, die nach dem Schutzzweck dem in § 3 Abs. 3 TVG geregelten Fall gleichzusetzen ist. Dies ist dann der Fall, wenn der Arbeitgeber durch die Änderung der rechtlichen Unternehmensorganisation und dem damit verbundenen Herausfallen aus dem branchenmäßigen Geltungsbereich sich wie bei einem Verbandsaustritt gerade der Bindung an den bei ihm einschlägigen Verbandstarifvertrag entziehen möchte.

Maßgebend ist damit in diesen Fällen, ob eine entsprechende Absicht beim Arbeitgeber festgestellt werden kann. Es genügt nicht, daß der Arbeitgeber durch die Umstrukturierung tatsächlich aus dem Geltungsbereich des Verbandstarifvertrages herausfällt. Entscheidend ist vielmehr subjektiv das Element der Absicht, also der Umstand, daß die entsprechenden Maßnahmen gerade vorgenommen werden, um mit dem Herausfallen aus dem tarifvertraglichen Geltungsbereich das Ende der unmittelbaren und zwingenden Tarifwirkung herbeizuführen. Dies muß also gerade das Ziel der Umstrukturierung sein und damit zumindest gleichrangig neben die sonstigen Motive des Arbeitgebers treten. Anders als im obigen Sinne handelt es sich dann bei den Umstrukturierungsmaßnahmen nicht um eine tarifrechtlich hinzunehmende arbeitgeberseitige Wahrnehmung gesetzlich gewährleisteter Gestaltungsbefugnisse, sondern um eine rechtsmißbräuchliche Gestaltung, die die entsprechende Anwendung des § 3 Abs. 3 TVG auslöst. Auch im Falle des Herauswachsens aus dem tarifvertraglichen Geltungsbereich bleibt der übertragende Rechtsträger damit - unabhängig vom Fortbestehen der bisherigen Verbandsmitgliedschaft - analog § 3 Abs. 3 TVG tarifgebunden[148]. Eine derartige Konstellation wird nur ausnahmsweise gegeben sein. Eine (widerlegbare) Vermutung dafür besteht jedoch dann, wenn der übertragende und der übernehmende Rechtsträger sich unabhängig von der formalen Rechtsstellung weiterhin als wirtschaftliche Einheit, also als ein Unternehmen, erweisen. Dies ist regelmäßig gegeben, wenn hinter beiden Rechtsträgern materiell derselbe Unternehmensträger steckt. Vor allem bei der Abspaltung zur Neugründung (§ 123 Abs. 2 Nr. 2 UmwG) bzw. der Ausgliederung zur Neugründung (§ 123 Abs. 3 Nr. 2 UmwG) kommt dies in Betracht, wenn die Anteilseigner des übertragenden und übernehmenden Rechtsträgers identisch sind oder der übertragende Rechtsträger alleiniger Anteilseigner des übernehmenden Rechtsträgers ist. Auch eine nur geringfügige Fremdbeteiligung dürfte unerheblich sein. Ob dies auch für den übernehmenden Rechtsträger gilt, soll hier nicht weiter erörtert werden. Im Grunde sprechen jedoch diese Ausführun-

---

[148] Ebenso: Belling, ZfA 1999, S. 181, 189.

gen dafür, auch für den übernehmenden Rechtsträger bzw. nach einer Aufspaltung für die übernehmenden Rechtsträger trotz der formal fehlenden Mitgliedschaft im Arbeitgeberverband und des mit der Umstrukturierung verbundenen Branchenwechsels in diesen Fällen eine Fortwirkung des bisherigen Tarifvertrages analog § 3 Abs. 3 TVG anzunehmen[149].

Nicht ausführlich untersucht werden soll, ob dieses Ergebnis dogmatisch nicht auch im Wege einer unmittelbaren (gesellschaftsrechtlichen) Zurechnung erzielt werden kann. Als notwendiges Korrektiv erlaubter Arbeitsteilung und Funktionsaufspaltung, die Mißbrauch nicht voraussetzt, ist eine Zurechnung methodisch grundsätzlich vor der Frage der Analogie zu prüfen. Grundsätzlich bedarf sie im Hinblick auf eine anzuwendende Norm aber einer materiellen Rechtfertigung, eines Zurechnungsgrundes, daß gegenüber einem Rechtsträger die Rechtsfolgen eintreten, obwohl er selbst den Tatbestand nicht vollständig erfüllt[150]. Eine Zurechung mit der Folge der Erhaltung der unmittelbaren und zwingenden Tarifwirkung nach §§ 4 Abs. 1, 3 Abs. 1, 3 Abs. 3 TVG könnte demnach erreicht werden, wenn dem übernehmenden Rechtsträger die (bisherige) Tarifgebundenheit des übertragenden Rechtsträgers mitsamt den Arbeitsverhältnissen oder wenn dem übertragenden Rechtsträger weiterhin das Unternehmen des übernehmenden Rechtsträgers zugerechnet werden könnte. Die ganz herrschende Meinung steht dem jedoch ablehnend gegenüber[151]. Angesichts fehlender gesetzlicher Regelung und aus Gründen der Rechtssicherheit ist dem zu folgen und nur in besonders gelagerten Konstellationen eine Zurechnung zuzulassen[152]. In Betracht kommen dabei vor allem die Fälle eines rechtlichen Gestaltungsmißbrauches[153]. Damit könnte eine Zurechnung in der vorliegenden Konstellation aber genau auf die Umstände zurückzuführen sein, auf die auch die Analogie zu § 3 Abs. 3 TVG gestützt wurde. Nach hiesiger Ansicht ist jedoch für den vorliegenden Fall des Branchenwechsels des übertragenden Rechtsträgers eine Ana-

---

[149] Vgl. dazu Gussen/Dauck, Die Weitergeltung von Betriebsvereinbarungen und Tarifverträgen..., Rn. 366; Kempen/Zachert, TVG, § 3, Rn. 27-30, die bei einer wirtschaftlichen Identität den rechtlich verselbständigten Unternehmensteil nach § 3 Abs. 3 TVG analog der bisherigen Tarifbindung zuführen wollen, im Falle eines damit verbundenen Branchenwechsels aber § 4 Abs. 5 TVG analog für einschlägig halten; für eine - in Anlehnung an die sog. Goethe/Institut/Entscheidung des Bundesarbeitsgerichts (BAG NZA 1992, S. 321) - Einwirkungspflicht des übertragenden auf den übernehmenden Rechtsträger im Falle von Firmentarifverträgen: Henssler, Festschrift für Schaub, S. 311, 328.

[150] Bork, ZGR 1994, S. 237, 240, 241.

[151] BAG AP Nr. 29 zu Internat. Privatrecht, Arbeitsrecht; Belling, SAE 1999, SAE 181, 188; Henssler, NZA 1994, S. 294, 300; Kempen/Zachert, TVG, § 3, Rn. 9; Wiedemann, Festschrift für H.-J. Fleck, S. 449-452; Wiedemann/Oetker, TVG, § 3, Rn. 87-89.

[152] Vgl. zu möglichen Zurechnungsgründen bei Vorliegen eines Konzerns: Bork, ZGR 1994, S. 260/264.

[153] Wiedemann/Oetker, TVG, § 3, Rn. 89.

logie zu § 3 Abs. 3 TVG vorzuziehen. Diese bezieht sich nur auf die Aufrechterhaltung des bisherigen Tarifvertrages und hat damit nach dessen Ablauf den Vorteil, daß die Gewerkschaften flexibel darüber entscheiden können, wie sie bei der Ausübung der Tarifzuständigkeit auf die Änderung der gesellschaftsrechtlichen Unternehmensstrukturen reagieren.

Im Ergebnis ist also in dieser Konstellation zum Schutze der tarifschließenden Gewerkschaft und der ihr angehörenden Mitglieder die unmittelbare und zwingende Wirkung der Tarifnormen analog § 3 Abs. 3 TVG aufrechtzuerhalten. Damit liegt ein einvernehmlicher Ablauf des Tarifvertrages bei dem betreffenden Arbeitgeber entsprechend § 4 Abs. 5 TVG gerade nicht vor, da der Wille der Gewerkschaften entsprechend dem dargelegten Schutzbedürfnis in diesen Konstellationen auf die Fortgeltung der Tarifnormen gerichtet ist. Dieser Wille ist hier auch - anders als in der obigen Konstellation des Branchenwechsels des Arbeitgebers infolge von Produktionsumstellungen - beachtlich, da die mit dem Geltungsbereich und dem Merkmal der Tarifzuständigkeit angestrebte tarifliche Ordnung dann zurückzutreten hat, wenn diese von einer Seite dazu ausgenutzt wird, um sich einer unmittelbaren und zwingenden Tarifwirkung zu entziehen. Mit der Tarifwirkung bleibt nach § 3 Abs. 3 TVG auch die Tarifbindung bestehen, wenn der Arbeitgeber infolge nach der Umstrukturierung eingetretener satzungswidriger Mitgliedschaft aus dem Arbeitgeberverband austritt. Nach Ende des Tarifvertrages im Sinne des § 3 Abs. 3 TVG schließt sich die Nachwirkung nach § 4 Abs. 5 TVG an, bis sie durch eine andere Abmachung abgelöst wird. Hier gelten sodann die allgemeinen Grundsätze. Eine Begrenzung der Nachwirkung, wie sie für den (einfachen) Branchenwechsel des Arbeitgebers vertreten wurde, kommt angesichts der mißbräuchlichen Absicht des Arbeitgebers nicht in Betracht.

Ebenso wie beim Wegfall der Tarifzuständigkeit der Verbände ist es in dieser Konstellation aufgrund der mißbräuchlichen Absicht des Arbeitgebers, sich durch Unternehmensänderungen einer Tarifbindung zu entziehen, unerheblich, ob der Verbandstarifvertrag bereits in Kraft getreten und angewandt worden ist oder nicht.

cc) Der Ortswechsel des Arbeitgebers

Zu behandeln ist schließlich der Fall, daß ein Arbeitgeber infolge einer örtlichen Verlegung der Unternehmens- bzw. Betriebsstätte aus dem räumlichen Geltungsbereich eines Verbandstarifvertrages herausfällt. Für diesen Fall kann entsprechend auf die soeben unter bb) zum Branchenwechsel des Arbeitgebers infolge von Änderungen der Unternehmensstrukturen gemachten Ausführungen verwiesen werden. Grundsätzlich verbleibt es damit auch hier bei einer entsprechenden Anwendung von § 4 Abs. 5 TVG. Wird jedoch die Verlegung arbeitgeberseitig gerade in der Absicht vorgenommen, sich einer lästigen Tarifwirkung zu entziehen, sind Tarifwirkung und Tarifbindung analog § 3 Abs. 3 TVG aufrechtzuerhalten.

3. Firmentarifvertrag

Wie bereits beim Fehlen der Tarifzuständigkeit so kann auch für den Wegfall der Tarifzuständigkeit beim Firmentarifvertrag auf die entsprechenden Ausführungen beim Verbandstarifvertrag verwiesen werden.

a) Satzungsänderungen der Gewerkschaft

Es gelten die Grundsätze, die für Satzungsänderungen beim Verbandstarifvertrag aufgestellt worden sind.

Sofern die Gewerkschaft ihre satzungsmäßige Tarifzuständigkeit nachträglich ändert, wirken auch hier Tarifnormen des Firmentarifvertrages analog § 3 Abs. 3 TVG fort. Gleiches gilt im Falle der Änderung der DGB-Zuständigkeitsordnung nach einem DGB-Schiedsurteil. Der Firmentarifvertrag mit der zunächst zuständigen DGB-Gewerkschaft genießt grundsätzlich Bestandsschutz, so daß die nachträglich für zuständig erklärte DGB-Gewerkschaft daran gehindert ist, den geschützten Firmentarifvertrag während der Dauer seiner Laufzeit durch das Erzwingen eines neuen Tarifvertrages über den Grundsatz der Tarifeinheit zu verdrängen. Ein freiwilliger Abschluß mit dem Arbeitgeber oder der Beitritt des Arbeitgebers zu dem der für zuständig erklärten DGB-Gewerkschaft korrespondierend gegenüberstehenden Arbeitgeberverband ist jedoch möglich. Im übrigen gelten die oben ausgeführten Einzelheiten entsprechend[154].

Schließlich ist es auch hier wiederum unerheblich, ob der Firmentarifvertrag bereits in Kraft getreten ist oder nicht.

---

[154] S.o. 4. Teil B. II. 2. a) bb).

b) Das Herauswachsen des Arbeitgebers aus dem Zuständigkeitsbereich der Gewerkschaft

Für den Fall des Herauswachsens des Arbeitgebers aus dem Zuständigkeitsbereich der Gewerkschaft sind die Grundsätze anwendbar, die entsprechend beim Verbandstarifvertrag für das Herauswachsen aus dem tarifvertraglichen Geltungsbereich entwickelt worden sind. Anders als beim Verbandstarifvertrag gelten diese Grundsätze zumindest auch im Falle einer Verschmelzung im Wege der Neugründung nach dem Umwandlungsgesetz, also einer Gesamtrechtsnachfolge. Nach dem Bundesarbeitsgericht und der ihm folgenden Literatur geht nämlich ein Firmentarifvertrag bei einer derartigen Verschmelzung nach § 20 Abs. 1 Nr. 1 UmwG im Wege der Gesamtrechtsnachfolge auf den übernehmenden bzw. neuen Rechtsträger über. §§ 324, 613 Abs. 1 S. 2 BGB finden hier danach keine Anwendung[155]. Dieser Rechtsträgerwechsel ändert jedoch nichts daran, daß auch weiterhin die Tarifzuständigkeit der Gewerkschaft gegeben sein muß, so daß bei der Frage der Weitergeltung eines Firmentarifvertrages nach einem Betriebsübergang nicht allein auf die Betriebsidentität, sondern auf das Fortbestehen der gewerkschaftlichen Tarifzuständigkeit geachtet werden muß.

Im Unterschied zum Verbandstarifvertrag ist beim Firmentarifvertrag der einzelne Arbeitgeber unmittelbar Vertragspartner der Gewerkschaft. Da deshalb ein Geltungsbereich regelmäßig nicht vereinbart wird, sondern der Firmentarifvertrag im gesamten Unternehmen bzw. in einem bestimmten Betrieb des Arbeitgebers gelten soll, ist ein Herauswachsen des Arbeitgebers aus dem tarifvertraglichen Geltungsbereich hier in aller Regel nicht möglich. Mit dem Branchenwechsel fällt der Arbeitgeber vielmehr allein aus der satzungsmäßigen Tarifzuständigkeit der Gewerkschaft, die damit auch für ihre beim Arbeitgeber beschäftigen Mitglieder nicht mehr zuständig ist. In der Behandlung verbleibt es aber entsprechend den obigen Ausführungen beim Verbandstarifvertrag - soweit nicht ausnahmsweise im Falle von Änderungen der Unternehmensstruktur oder eines Ortwechsels eine Fortwirkung analog § 3 Abs. 3 TVG gerechtfertigt ist - bei der Nachwirkung des Firmentarifvertrages analog § 4 Abs. 5 TVG. Die Nachwirkung analog § 4 Abs. 5 TVG tritt auch hier ein, ohne daß es einer Kündigung bedarf[156]. So sehr eine Kündigung auch als Publizitätsakt eine gewisse Rechtssicherheit entfalten mag, steht dies jedoch im Widerspruch zur dogmati-

---

[155] BAG AP Nr. 1 zu § 20 UmwG; BAG AP Nr. 17 zu § 1 TVG Bezugnahme auf Tarifvertrag; Kallmeyer/Willemsen, UmwG, § 324, Rn. 27; Lutter/Joost, UmwG, § 324, Rn. 18; Schaub, Arbeitsrechts-Handbuch, § 117, Rn. 24; Wiedemann/Oetker, TVG, § 3, Rn. 153; eine kollektivrechtliche Weitegeltung, auch nach § 3 Abs. 3 TVG (analog), scheidet aber nach dem Bundesarbeitsgericht im Falle eines einfachen Betriebsüberganges aus: BAG AP Nr. 17, 18 zu § 1 TVG Bezugnahme auf Tarifvertrag.

[156] So aber: Däubler, Tarifvertragsrecht, Rn. 90; Kutscher, Die Tarifzuständigkeit, S. 111.

schen Einordnung der Tarifzuständigkeit. Da diese als tarifvertragliche Wirksamkeitsvoraussetzung während der Laufzeit eines Tarifvertrages ununterbrochen vorliegen muß[157], wird ein Tarifvertrag mit dem Wegfall der Tarifzuständigkeit grundsätzlich unwirksam. Ein Publizitätsakt in Form einer Kündigung erscheint auch praktisch entbehrlich, da die Auffassung des Arbeitgebers, in einen anderen tariflichen Zuständigkeitsbereich zu fallen und damit einen anderen Tarifvertrag anwenden zu können/müssen, bereits vor ihrer praktischen Umsetzung weder den Arbeitnehmern noch der beim Arbeitgeber bisher vertretenen Gewerkschaft verborgen bleiben wird und daher - ggf. mit Hilfe der Inanspruchnahme der Gerichte[158] - ausreichend geprüft werden kann.

Für die Möglichkeit einer Verdrängung gelten die beim Verbandstarifvertrag aufgestellten Grundsätze, wobei zu beachten ist, daß die entsprechend nachwirkenden Tarifnormen auch durch einen nach § 4 Abs. 1 S. 1 TVG voll wirkenden Verbandstarifvertrag verdrängt werden können.

Eine Absprache zwischen dem Arbeitgeber und der bisher zuständigen Gewerkschaft, daß diese auch in Zukunft zuständig bleiben soll, ist nicht möglich. Die Möglichkeit einer Prorogation führte letztlich zu einer Allzuständigkeit der Verbände und gefährdete damit den mit dem Merkmal der Tarifzuständigkeit angestrebten Zweck der Tarifklarheit und der Herstellung einer an Wirtschaftszweigen orientierten tariflichen Ordnung[159]. Wie gezeigt, ergibt sich die Tarifzuständigkeit einer Gewerkschaft allein aus deren Satzung. Die Tarifpartner sind daher auf eine entsprechende Erweiterung des satzungsmäßigen Organisationsbereiches der Gewerkschaft angewiesen. Sofern im Falle der DGB-Gewerkschaften der fragliche Wirtschaftszweig bereits von einer anderen DGB-Gewerkschaft organisiert wird, kann gegen ihren Willen eine Tarifzuständigkeit der bisherigen Gewerkschaft nur in einem DGB-Schiedsgerichtsverfahren erreicht werden[160].

[157] S.o. 2. Teil A. I. 4.
[158] S. dazu unten 5. Teil.
[159] Ebenso: Wiedemann, RdA 1975, S. 78, 83; Wiedemann/Oetker, TVG, § 2, Rn. 76.
[160] S. dazu oben 2. Teil A. III. 3.

5. Teil: Das Beschlußverfahren nach §§ 2a Abs. 1 Nr. 4, 97 ArbGG

A. Zulässigkeit

Die Tarifzuständigkeit einer Tarifvertragspartei kann jederzeit - wie die Tariffähigkeit auch - im besonderen Beschlußverfahren nach §§ 2a Abs. 1 Nr. 4, 97 ArbGG festgestellt werden. Sinn und Zweck des Verfahrens liegt darin, die Frage der Tarifzuständigkeit im Interesse der beteiligten Tarifparteien präventiv in einem gesonderten Verfahren zu klären, um die Tarifparteien vom Risiko unwirksamer Tarifverträge bzw. rechtswidriger Arbeitskämpfe zu befreien[1]. §§ 2a Abs. 1 Nr. 4, 97 ArbGG sichern damit auf prozessualem Wege das Merkmal der Tarifzuständigkeit in seiner Eigenschaft als tarifvertragliches Wirksamkeitserfordernis und arbeitskampfrechtliche Rechtmäßigkeitsvoraussetzung ab. Dabei greift das arbeitsgerichtliche Verfahren nicht in die Satzungsautonomie der Verbände ein, da die Gerichte nur überprüfen, welche tariflichen Grenzen sich die Verbände durch die Festlegung eines bestimmten Organisationsbereiches selbst gesetzt haben, und sich damit auf eine bloße Anwendung und Auslegung der Verbandssatzung beschränken[2].

§§ 2a Abs. 1 Nr. 4, 97 ArbGG sind bei einem entsprechenden Streitgegenstand zwingend und schließen grundsätzlich andere Verfahrensarten aus[3]. Eine Gewerkschaft, die ihre Tarifzuständigkeit für einen Arbeitgeberverband bzw. für einen Arbeitgeber feststellen oder auch klären lassen will, ob ein Arbeitgeberverband für einen bestimmten, ihm als Mitglied angehörenden Arbeitgeber zuständig ist, ihn also tariflich binden kann, ist daher auf das arbeitsgerichtliche Beschlußverfahren angewiesen. Sollte eine Gewerkschaft mehrere Zuständigkeitsbereiche haben, in denen ihr jeweils unterschiedliche Arbeitgeberverbände gegenüberstehen, kann sie auf dem letztgenannten Wege auch in Erfahrung bringen, inwieweit gegenüber einem Arbeitgeber aufgrund seiner Tarifbindung an einen Verbandstarifvertrag bereits eine tarifvertragliche Friedenspflicht besteht[4]. Eine Feststellungsklage einer Gewerkschaft gegenüber einem einzelnen Arbeitgeber zur Klärung, ob dieser unter den Geltungsbereich dieses Verbandstarifvertrags fällt, ist danach also unzulässig[5]. Das Bundesarbeitsgericht begründet die Ablehnung einer derartigen Feststellungsklage aber zunächst nicht mit dem Vorrang des Beschlußverfahrens nach §§ 2a Abs. 1 Nr. 4, 97 ArbGG. Die Feststellungsklage gemäß §§ 2 Abs. 1

[1] BAG AP Nr. 12 zu § 2 TVG Tarifzuständigkeit = AP Nr. 4 zu § 97 ArbGG 1979; MünchArbR/Löwisch/Rieble, § 255, Rn. 84.
[2] BAG AP Nr. 3 zu § 2 TVG Tarifzuständigkeit.
[3] Hauck/Helml, ArbGG, § 97, Rn. 2.
[4] S. dazu die Sachverhalte BAG AP Nr. 6, 8 zu § 2 TVG Tarifzuständigkeit.
[5] BAG AP Nr. 6 zu § 2 TVG Tarifzuständigkeit.

Feststellungsklage gemäß §§ 2 Abs. 1 Nr. 1, 46 Abs. 2 ArbGG, 256 Abs. 1 ZPO setze die Feststellung eines Rechtsverhältnisses voraus, also eine durch die Herrschaft von Rechtsnormen über einen konkreten Sachverhalt entstandene rechtliche Beziehung einer Person zu einer anderen Person oder zu einer Sache. Die Frage des Umfangs des Geltungsbereichs eines Tarifvertrages betreffe aber nicht derartige Rechtsbeziehungen zwischen zwei Personen, sondern allein die Frage, ob der einzelne Arbeitgeber - losgelöst von anderen Personen - vom Geltungsbereich eines Tarifvertrages erfaßt werde. Es handle sich also nur um Vorfragen derartiger Rechtsverhältnisse, die von Bedeutung seien, wenn beispielsweise Arbeitnehmer Ansprüche aus einem bestimmten Tarifvertrag herleiteten. Die Feststellungsklage scheitere damit an einem feststellungsfähigen Rechtsverhältnis[6]. Aber auch einem Antrag der Gewerkschaft gerichtet auf die Feststellung, daß ein bestimmter Tarifvertrag in einem Betrieb zwischen dem Arbeitgeber und seinen Arbeitnehmern keine normative Anwendung findet, da der Arbeitgeber nicht in den Organisationsbereich des Arbeitgeberverbandes fällt[7], erteilt das Bundesarbeitsgericht eine Absage. Unabhängig von der Frage, ob hier der Gewerkschaft bereits das rechtliche Interesse fehle[8], habe eine derartige Feststellungsklage den Nachteil, daß eine Entscheidung hier nur Bindungswirkung zwischen den Parteien und nicht zwischen den Arbeitnehmern und dem betreffenden Arbeitgeber entfalte[9]. Dagegen komme Entscheidungen im Beschlußverfahren nach §§ 2a Abs. 1 Nr. 4, 97 ArbGG entsprechend § 9 TVG eine umfassende Bindungswirkung zu. Der Antrag der Gewerkschaft sei daher dahingehend auszulegen, daß die Gewerkschaft im Beschlußverfahren nach §§ 2a Abs. 1 Nr. 4, 97 ArbGG eine Entscheidung anstrebe, ob der betreffende Arbeitgeberverband für den fraglichen Arbeitgeber zuständig sei oder nicht[10].

Für das Verfahren nach §§ 2a Abs. 1 Nr. 4, 97 ArbGG gelten nach § 97 Abs. 2 ArbGG grundsätzlich die Bestimmungen des normalen Beschlußverfahrens (§§ 80ff ArbGG). Es handelt sich folglich nicht um eine besondere Verfahrensart, sondern um ein Beschlußverfahren für den Fall der Tariffähigkeit und Tarifzuständigkeit[11]. § 97 Abs. 2 ArbGG schließt nur die Anwendbarkeit von § 85 ArbGG, also die Zwangsvollstreckung aus, da im Verfahren nach §§ 2a Abs. 1 Nr. 4, 97 ArbGG nur feststellende Entscheidungen ergehen. Im folgenden soll

---

6 BAG AP Nr. 6 zu § 2 TVG Tarifzuständigkeit.

7 Ein derartiger Antrag war Gegenstand von BAG AP Nr. 8 zu § 2 TVG Tarifzuständigkeit.

8 So: BAG AP Nr. 42 zu § 256 ZPO.

9 Die Anwendbarkeit eines bestimmten Tarifvertrages als Gegenstand einer Feststellungsklage zwischen Arbeitnehmer und Arbeitgeber wird demgegenüber vom Bundesarbeitsgericht anerkannt: BAG AP Nr. 20 zu § 4 TVG, AP Nr. 30 zu § 3 TVG; AP Nr. 17, 21 zu § 1 TVG Bezugnahme auf Tarifvertrag.

10 BAG AP Nr. 6 zu § 2 TVG Tarifzuständigkeit.

11 Germelmann/Matthes, ArbGG, § 97, Rn. 2.

allein auf einige Besonderheiten des Verfahrens gegenüber dem normalen Beschlußverfahren eingegangen werden.

I. Die Antragsberechtigung

Nach § 97 Abs. 1 ArbGG sind im Beschlußverfahren nach § 2a Abs. 1 Nr. 4 ArbGG räumlich und sachlich zuständige Vereinigungen von Arbeitnehmern und Arbeitgebern sowie die oberste Arbeitsbehörde des Bundes und eines Landes, auf dessen Gebiet sich die Tätigkeit der Vereinigung erstreckt, antragsberechtigt. § 97 Abs. 1 ArbGG wird dabei durch § 10 Halbs. 2 ArbGG ergänzt, nach dem diese Antragsberechtigten im Verfahren nach § 2a Abs. 1 Nr. 4 ArbGG beteiligtenfähig sind. Da Antragsgegenstand und Antragsberechtigung sich wechselseitig bedingen und daher nicht voneinander getrennt werden können, sollen beide Punkte vorliegend zusammen dargestellt werden.

Fraglich ist, ob in § 97 Abs. 1 ArbGG die Antragsberechtigten des Beschlußverfahrens abschließend aufgezählt sind. Nach einer Ansicht sind zusätzlich zu den nach § 97 Abs. 1 ArbGG Antragsberechtigten nach den allgemeinen Grundsätzen gemäß §§ 97 Abs. 2, 81 ArbGG alle diejenigen Personen, Stellen und Vereinigungen antragsberechtigt, die durch die angestrebte Entscheidung in ihrer rechtlichen Stellung betroffen sind[12]. Vorzugswürdig erscheint es jedoch, von einer abschließenden Aufzählung in § 97 Abs. 1 ArbGG auszugehen[13]. Dafür spricht § 97 Abs. 5 S. 2 ArbGG, der den Parteien eines Rechtsstreits dann, wenn es in diesem Rechtsstreit auf die Tarifzuständigkeit einer Vereinigung ankommt, ausdrücklich eine Antragsberechtigung für das Beschlußverfahren nach § 2a Abs. 1 Nr. 4 ArbGG einräumt. Diese Regelung wäre überflüssig, wenn ein Arbeitnehmer im Hinblick auf tarifliche Ansprüche gegen seinen Arbeitgeber oder ein Betriebsrat im Hinblick auf die Regelungssperre des § 77 Abs. 3 BetrVG die für die Wirksamkeit des betreffenden Tarifvertrages entscheidende Frage der Tarifzuständigkeit sogleich im Beschlußverfahren nach §§ 2a Abs. 1 Nr. 4, 97 Abs. 1 ArbGG klären könnte. Bei § 97 Abs. 1 ArbGG handelt es sich daher um eine abschließende Aufzählung der Antragsberechtigten.

Obwohl sich § 97 Abs. 1 ArbGG nach seinem Wortlaut zunächst auf die Feststellung der Tarifzuständigkeit einer konkurrierenden Vereinigung oder des sozialen Gegenspielers bezieht, wie das Erfordernis der räumlichen und sachlichen

---

[12] BAG AP Nr. 36 zu § 2 TVG; Germelmann/Matthes, ArbGG, § 97, Rn. 19; Hauck/Helml, ArbGG, § 97, Rn. 4.
[13] Düwell/Lipke/Koch, ArbGV, § 97, Rn. 5.

Tarifzuständigkeit bei der Antragsberechtigung zeigt, kann eine Vereinigung entsprechend auch ihre eigene Zuständigkeit im Verfahren nach § 2a Abs. 1 Nr. 4 ArbGG feststellen lassen. Soweit nach der hier abgelehnten Ansicht § 97 Abs. 1 ArbGG im Hinblick auf die Antragsberechtigten nicht als abschließend angesehen wird, ergibt sich dies unmittelbar aus § 97 Abs. 2, 81 ArbGG. Der Antrag kann sich also grundsätzlich auf die eigene Zuständigkeit, die Tarifzuständigkeit einer konkurrierenden Tarifvertragspartei und die Tarifzuständigkeit des sozialen Gegenspielers beziehen[14].

Im Verfahren nach §§ 2a Abs. 1 Nr. 4, 97 ArbGG können sowohl positive als auch negative Feststellungsanträge des Inhalts gestellt werden, daß eine Vereinigung für einen bestimmten Bereich tarifzuständig bzw. nicht tarifzuständig ist[15]. Auch eine Kombination beider Anträge ist möglich[16].

1. Vereinigung von Arbeitnehmern

Nach § 97 Abs. 1 ArbGG kann eine räumlich und sachlich zuständige Vereinigung von Arbeitnehmern den Antrag auf Entscheidung über die Tarifzuständigkeit einer Vereinigung stellen.

a) Gewerkschaften

Bei dieser Vereinigung von Arbeitnehmern muß es sich im Beschlußverfahren zur Klärung der Tarifzuständigkeit grundsätzlich um eine Gewerkschaft handeln. Dies folgt daraus, daß auch im Beschlußverfahren stets nur derjenige antragsbefugt ist, der geltend machen kann, durch die erstrebte Entscheidung in seiner rechtlichen Stellung betroffen zu sein[17]. Auch wenn dieser aus § 97 Abs. 2 in Verbindung mit § 81 ArbGG folgende Grundsatz wegen der abschließenden Aufzählung in § 97 Abs. 1 ArbGG nicht zu einer Erweiterung der Antragsberechtigten führt, behält er aber auch im Verfahren nach § 2a Abs. 1 Nr. 4 ArbGG für die in § 97 Abs. 1 ArbGG genannten Antragsberechtigten seinen Anwen-

[14] Blank, Die Tarifzuständigkeit der DGB-Gewerkschaften, S. 143; Delheid, Tarifzuständigkeit, S. 129; Grunsky, ArbGG, § 2a, Rn. 36 u. § 97, Rn. 5, 6; Hauck/Helml, ArbGG, § 97, Rn. 4; MünchArbR/Löwisch/Rieble, § 255, Rn. 89; Richardi, Gemeinsame Anmerkung zu BAG AP Nr. 2 und 3 zu § 2 TVG Tarifzuständigkeit.

[15] Grunsky, ArbGG, § 97, Rn. 5.

[16] BAG AP Nr. 10 zu § 2 TVG Tarifzuständigkeit.

[17] BAG AP Nr. 36 zu § 2 TVG; Germelmann/Matthes, § 81, Rn. 52ff.

dungsbereich. Die Frage der Tarifzuständigkeit ist der Tariffähigkeit nachgelagert. Da Inhalt des Beschlußverfahrens aber die Klärung der potentiellen Tarifnormsetzungsbefugnis auf Arbeitnehmer- und Arbeitgeberseite ist[18], werden zum Antrag auf Entscheidung über die Tarifzuständigkeit einer Vereinigung berechtigende Interessen erst dann berührt, wenn die antragstellende Arbeitnehmervereinigung in dem fraglichen Bereich selbst Tarifverträge abschließen kann. Dies setzt aber gerade ihre Tariffähigkeit voraus. Folglich muß es sich im Verfahren über die Tarifzuständigkeit einer Vereinigung bei der Antragstellerin grundsätzlich um eine Gewerkschaft handeln[19]. Anders liegt der Fall nur dann, wenn eine Arbeitnehmervereinigung ihre eigene Tarifzuständigkeit klären lassen möchte, gleichzeitig aber auch ihre Tariffähigkeit zweifelhaft ist. Hier kann sie ihre Anträge auf Entscheidung über ihre Tariffähigkeit und Tarifzuständigkeit verbinden. Für die im Rahmen der Zulässigkeit des Antrags auftretende Frage der Antragsberechtigung bedeutet dies, daß die Möglichkeit der Tariffähigkeit ausreicht, da diese Frage gerade Gegenstand des Beschlußverfahrens ist[20]. Im übrigen gilt aber uneingeschränkt, daß Arbeitnehmervereinigungen, die die Tarifzuständigkeit einer konkurrierenden Koalition oder des sozialen Gegenspielers klären lassen möchten, selbst tariffähig sein müssen.

Fraglich ist, wann Untergliederungen (Landesbezirke, Kreise) von Gewerkschaften im Verfahren nach §§ 2a Abs. 1 Nr. 4, 97 ArbGG antragsberechtigt sind. Voraussetzung dafür ist zunächst, daß sie überhaupt beteiligtenfähig (§ 10 ArbGG) sein können. Nach § 10 ArbGG sind im arbeitsgerichtlichen Verfahren Gewerkschaften und Vereinigungen von Arbeitgebern sowie im Verfahren des § 2a Abs. 1 Nr. 4 ArbGG die nach § 97 Abs. 1 ArbGG antragsberechtigten Vereinigungen von Arbeitnehmern und Arbeitgebern unabhängig von ihrer Rechtsfähigkeit parteifähig[21]. § 10 ArbGG erweitert damit den für alle Verfahren vor den Arbeitsgerichten geltenden § 50 ZPO[22], der zwar auch nichtsrechtsfähigen Vereinen die passive Parteifähigkeit zubilligt (Abs. 2), die aktive Parteifähigkeit aber an die Rechtsfähigkeit knüpft (Abs. 1). Nachdem auch für den Zivilprozeß nach ganz herrschender Meinung in Rechtsprechung und Literatur über den Wortlaut von § 50 Abs. 1 ZPO hinaus den als nichtsrechtsfähige Vereine organisierten Gewerkschaften im Hinblick auf die grundgesetzlich garantierte Koaliti-

---

[18] MünchArbR/Löwisch/Rieble, § 255, Rn. 88.
[19] Ebenso: Grunsky, ArbGG, § 97, Rn. 6; Kempen/Zachert, TVG, § 2, Rn. 140; MünchArbR/Löwisch/Rieble, § 255, Rn. 90.
[20] Grunsky, ArbGG, § 97, Rn. 9.
[21] S. dazu auch BAG DB 1990, S. 1568; Germelmann/Matthes, ArbGG, § 10, Rn. 15, wonach im Beschlußverfahren grundsätzlich von Beteiligtenfähigkeit statt Parteifähigkeit zu sprechen sei, da dieses nur Beteiligte, aber keine Parteien kenne.
[22] Grunsky, ArbGG, § 10, Rn. 3, BAG DB 1990, S. 1568.

onsfreiheit aktive Parteifähigkeit zuzubilligen ist[23], hat § 10 ArbGG insoweit an Bedeutung verloren[24]. Auf dieser Grundlage ist nach der herrschenden Meinung für Untergliederungen der Gewerkschaften dann im arbeitsgerichtlichen Verfahren eine Beteiligtenfähigkeit möglich, wenn sie körperschaftlich organisiert sind, einen Gesamtnamen führen, vom Wechsel ihrer Mitglieder unabhängig sind und neben der unselbständigen Tätigkeit für den Hauptverein Aufgaben auch eigenständig wahrnehmen, wobei eine eigene Satzung nicht gefordert wird. Grundsätzlich ist daher zu fordern, daß es sich bei ihnen selbst um nichtrechtsfähige Vereine handelt[25]. Eine passive Parteifähigkeit kann danach bereits unmittelbar aus § 50 Abs. 2 ZPO hergeleitet werden[26]. Die aktive Parteifähigkeit im arbeitsgerichtlichen Verfahren erfordert aber - sofern man nichtrechtsfähige Vereine weiterhin für grundsätzlich nicht parteifähig hält - auch die Tariffähigkeit, also Gewerkschaftseigenschaft, der Untergliederung selbst[27]. Dafür spricht, daß § 10 Halbs. 1 ArbGG sowie die rechtsfortbildende Erweiterung des § 50 Abs. 1 ZPO sich ausdrücklich auf Gewerkschaften, also tariffähige Vereinigungen, beziehen. Allerdings erklärt § 10 Halbs. 2 ArbGG - wie bereits angeführt - für das Verfahren nach § 2a Abs. 1 Nr. 4 ArbGG ausdrücklich auch Vereinigungen von Arbeitnehmern und Arbeitgebern, also die nach § 97 ArbGG Antragsberechtigten, für parteifähig. Eine Vereinigung von Arbeitnehmern, die ihre eigene Tariffähigkeit feststellen lassen will, ist demnach entsprechend den Erwägungen, die bereits für die Antragsberechtigung angestellt wurden, in diesem Verfahren nach § 10 Halbs. 2 ArbGG schon dann parteifähig, wenn sie nicht offensichtlich tarifunfähig ist[28]. Dies muß auch für die Untergliederungen von Gesamtorganisationen gelten. Unabhängig davon, ob man dem folgt, kommt es hier aber dennoch auf die Tariffähigkeit an. Wie oben gezeigt, ist im Verfahren zur Entscheidung

---

23 BGHZ 42, 210, 211ff; 50, 325, 326ff; 109, 15, 17; Baumbach/Lauterbach/Albers/Hartmann, ZPO, § 50, Rn. 16; Zöller/Vollkommer, ZPO, § 50, Rn. 39; darüber hinaus will eine starke im Vordringen befindliche Ansicht die aktive Parteifähigkeit für alle nichtrechtsfähigen Vereine bejahen: MüKo/Lindacher, ZPO, § 50, Rn. 37; MüKo/Reuter, BGB, § 54, Rn. 16, 20f; Palandt/Heinrichs, BGB, § 54, Rn. 10; Soergel/Hadding, BGB, § 54, Rn. 33.

24 Germelmann/Matthes, ArbGG, § 10, Rn. 8.

25 BAG AP Nr. 4 zu § 2 TVG Tarifzuständigkeit; LAG Hamm AP Nr. 158 zu Art. 9 GG Arbeitskampf; Germelmann/Matthes, § 10, Rn. 11; Grunsky, ArbGG, § 10, Rn. 15.

26 Für den Zivilprozeß beläßt es die herrschende Ansicht bei der passiven Parteifähigkeit nach § 50 Abs. 2 ZPO und lehnt eine aktive Parteifähigkeit von Unterorganisationen der Gewerkschaften ab: BGH LM Nr. 25 zu § 50 ZPO; OLG Düsseldorf, NJW-RR 1986, S. 1506, 1507; Baumbach/Lauterbach/Albers/Hartmann, ZPO, § 50, Rn. 16; Rosenberg/Schwab/Gottwald, Zivilprozeßrecht, S. 219; a.A.: Fenn, ZZP 1973, S. 177, 183ff; MüKo/Lindacher, ZPO, § 50, Rn. 46.

27 BAG AP Nr. 25 zu § 11 ArbGG 1953; AP Nr. 5 zu § 36 ZPO; AP Nr. 4, 11, 14 zu § 2 TVG Tarifzuständigkeit; AP Nr. 2 zu § 19 BetrVG 1972; BAG DB 1990, S. 1568, 1569; Düwell/Lipke/Kröning, ArbGV, § 10, Rn. 5; Hauck/Helml, ArbGG, § 10, Rn. 4.

28 Ähnlich: Hauck/Helml, ArbGG, § 10, Rn. 13.

über die Tarifzuständigkeit nach § 2a Abs. 1 Nr. 4 ArbGG unabhängig von der Frage der Parteifähigkeit grundsätzlich nur diejenige Vereinigung antragsberechtigt, die selbst tariffähig ist. Im Ergebnis ist damit für die Antragsberechtigung einer Untergliederung im Verfahren zur Feststellung der Tarifzuständigkeit zu fordern, daß sie selbst die Merkmale eines nichtrechtsfähigen Vereins erfüllt und tariffähig ist.

Antragsberechtigt sind auch Spitzenorganisationen, soweit sie zum Abschluß von Tarifverträgen bevollmächtigt bzw. selbst tariffähig und tarifzuständig sind. Da sie in diesen Fällen als mögliche Partner eines Tarifvertrages in Betracht kommen, können sie einen Antrag nach § 97 Abs. 1 ArbGG stellen[29].

b) Räumliche und sachliche Zuständigkeit

Die Gewerkschaft muß räumlich und sachlich zuständig sein[30]. Ob dadurch - wie eine Ansicht behauptet - der Gesetzgeber das von den Gerichten notwendig zu berücksichtigende Rechtsschutzbedürfnis näher konkretisiert und zum Bestandteil der Antragsberechtigung gemacht hat[31], kann dahinstehen. Jedenfalls wird auch trotz dieses Merkmals der Antragsberechtigung die Prüfung des Rechtsschutzbedürfnisses nicht inhaltsleer[32]. Die räumliche und sachliche Zuständigkeit einer antragstellenden Gewerkschaft ist grundsätzlich in vollem Umfang nachzuprüfen, wenn diese die Zuständigkeit einer konkurrierenden Gewerkschaft oder eines Arbeitgeberverbandes für einen bestimmten Wirtschaftszweig nachprüfen lassen möchte.

Allerdings kann bei bestimmten Anträgen mit dem Erfordernis der räumlichen und sachlichen Zuständigkeit im Rahmen der Antragsberechtigung eine Überschneidung von Fragen der Zulässigkeit und Begründetheit einhergehen. Dies ist zunächst bei einer Gewerkschaft der Fall, die in einem Beschlußverfahren gerade ihre eigene Tarifzuständigkeit für einen bestimmten Wirtschaftszweig oder einen bestimmten Arbeitgeber gerichtlich klären lassen möchte[33]. Aber auch

---

[29] Düwell/Lipke/Koch, ArbGG, § 97, Rn. 5; Germelmann/Matthes, ArbGG, § 97, Rn. 16; Grunsky, ArbGG, § 97, Rn. 6; MünchArbR/Löwisch/Rieble, § 255, Rn. 90.

[30] Zu den Begriffen räumliche und sachliche Tarifzuständigkeit s.o. 2. Teil A. I. 3.

[31] Düwell/Lipke/Koch, ArbGV, § 97, Rn. 5 will daher die räumliche und sachliche Zuständigkeit allein beim Rechtsschutzinteresse behandeln; Grunsky, ArbGG, § 97, Rn. 6; Kempen/Zachert, TVG, § 2, Rn. 138.

[32] S.u. 5. Teil A. I. 3.

[33] Vgl. dazu Germelmann/Matthes, ArbGG, § 81, Rn. 56, wonach allgemein eine Prüfung der Antragsbefugnis entbehrlich sei, wenn der Antragssteller ein eigenes Recht geltend mache.

wenn eine Gewerkschaft im Verfahren nach §§ 2a Abs. 1 Nr. 4, 97 ArbGG klären lassen möchte, ob ein Arbeitgeber in den Zuständigkeitsbereich eines bestimmten Arbeitgeberverbandes fällt und damit von diesem nach § 3 Abs. 1 TVG an Verbandstarifverträge gebunden werden kann, kann es dazu kommen, wenn gerade die Branchenzugehörigkeit des Arbeitgebers zweifelhaft ist. Die Branchenzugehörigkeit entscheidet in diesen Fällen sowohl über die Zuständigkeit der Gewerkschaft als auch über die - nach dem Antrag der Gewerkschaft festzustellende - Zuständigkeit des Arbeitgeberverbandes. Da in der Zulässigkeit jedoch eine Frage nicht vorwegzunehmen ist, die gerade in der Hauptsache im Verfahren nach §§ 2a Abs. 1 Nr. 4, 97 ArbGG geklärt werden soll, ist es im Rahmen der Antragsbefugnis in diesen Fällen insoweit ausreichend, daß die Gewerkschaft bezogen auf die festzustellende Tarifzuständigkeit bzw. den Arbeitgeber nicht offensichtlich räumlich oder sachlich unzuständig ist[34].

c) Antragsgegenstand

Eine Gewerkschaft kann im Verfahren nach §§ 2a Abs. 1 Nr. 4, 97 ArbGG ihre eigene Tarifzuständigkeit bzw. die Tarifzuständigkeit eines Arbeitgeberverbandes für einen bestimmten Wirtschaftszweig prüfen lassen. Im letzteren Fall ist damit der Vorteil verbunden, daß dadurch automatisch ein gerichtlicher Abgleich der Zuständigkeitsbereiche beider Tarifpartner vorgenommen und damit festgestellt wird, ob die beiden Verbände in dem betreffenden Wirtschaftszweig die füreinander zuständigen Tarifpartner sind. Im Rahmen der Zulässigkeit wird die Zuständigkeit der antragstellenden Gewerkschaft und im Rahmen der Begründetheit die Zuständigkeit des Arbeitgeberverbandes für den betreffenden Wirtschaftszweig festgestellt. Letztlich handelt es sich auch dann um einen derartigen Antrag, wenn die Gewerkschaft unmittelbar festgestellt haben möchte, daß sie die zuständige Tarifpartnerin für einen bestimmten Arbeitgeberverband bzw. andersherum dieser der für sie zuständige Tarifpartner ist.

Soweit die Gewerkschaft die Tarifbindung eines bestimmten Arbeitgebers durch die tarifliche Inanspruchnahme des Arbeitgeberverbandes anstrebt oder wissen möchte, ob der Arbeitgeber bereits unter einen von diesem Arbeitgeberverband geschlossenen Tarifvertrag fällt, kann sie auch im Verfahren nach §§ 2a Abs. 1 Nr. 4, 97 ArbGG klären lassen, ob der Arbeitgeberverband für den bestimmten

[34] Kempen/Zachert, TVG, § 2, Rn. 138; vgl. die ähnlich gelagerte Problematik der sog. doppelrelevanten Tatsachen im Rahmen des Rechtsweges zu den Arbeitsgerichten (sog. sic-non-Fälle): BAG AP Nr. 1, 2, 3 zu § 2 ArbGG 1979 Zuständigkeitsprüfung; Germelmann/Matthes, ArbGG, § 2, Rn. 190a; Grunsky, ArbGG, § 2, Rn. 22.

Arbeitgeber tarifzuständig ist und diesen damit nach § 3 Abs. 1 TVG tariflich binden kann[35]. Auch hier geht aufgrund des Erfordernisses der räumlichen und sachlichen Zuständigkeit im Rahmen der Antragsberechtigung damit die gerichtliche Klärung einher, ob die Gewerkschaft selbst für den betreffenden Arbeitgeber tarifzuständig ist.

Im Hinblick auf den Abschluß eines Firmentarifvertrages kann die Gewerkschaft eine Entscheidung über ihre Tarifzuständigkeit für einen bestimmten Arbeitgeber anstrengen. Aufgrund der fehlenden Möglichkeit des einzelnen Arbeitgebers, eine eigene Tarifzuständigkeit zu wählen[36], kann die Gewerkschaft ihren Antrag hier nicht auf eine etwaige Tarifzuständigkeit des Arbeitgebers richten. Dies ergibt sich auch bereits aus dem Wortlaut von § 2a Abs. 1 Nr. 4 ArbGG, der allein von der Entscheidung über die Tarifzuständigkeit einer *Vereinigung* spricht. Sollte dies dennoch geschehen, ist der Antrag dahingehend auszulegen, daß die Gewerkschaft ihre eigene Tarifzuständigkeit für den betreffenden Arbeitgeber festgestellt wissen möchte.

Eine Gewerkschaft, die Tarifzuständigkeiten aus unterschiedlichen Wirtschaftszweigen besitzt, kann auch feststellen lassen, in welche dieser unterschiedlichen Tarifzuständigkeiten ein bestimmter Arbeitgeber fällt[37]. Dies erlangt auch besondere Bedeutung, wenn ihr in den einzelnen Branchen verschiedene Arbeitgeberverbände gegenüberstehen[38]. Hier kann sich insbesondere die Frage stellen, ob ein Arbeitgeber im für ihn zuständigen Arbeitgeberverband Mitglied ist und damit an die mit diesem abgeschlossenen Tarifverträge gebunden ist. Wenn die Gewerkschaft mit diesem Arbeitgeberverband bereits einen Verbandstarifvertrag abgeschlossen hat, ist für die Gewerkschaft auch gegenüber dem einzelnen Arbeitgeber eine tarifvertragliche Friedenspflicht zu beachten. Der Gewerkschaft ist daher in diesem Fall nicht nur der Antrag, für den betreffenden Arbeitgeber zuständig zu sein, zu empfehlen, sondern auch ein Antrag mit der Frage, ob der Arbeitgeberverband für den betreffenden Arbeitgeber tarifzuständig ist. Sollte auch der Arbeitgeberverband mehrere unterschiedliche Zuständigkeitsbereiche haben, kann die Gewerkschaft auch klären lassen, in welchen dieser satzungsmäßigen Zuständigkeitsbereiche des Verbandes der Arbeitgeber fällt. Mit dieser Möglichkeit, die Tarifzuständigkeit für einen Arbeitgeber aufgrund *eines* bestimmten satzungsmäßigen Zuständigkeitsbereiches feststellen zu lassen, wird

---

[35] BAG AP Nr. 6, 8 zu § 2 TVG Tarifzuständigkeit; Wiedemann/Oetker, TVG, § 2, Rn. 86; vgl. dazu bereits oben 2. Teil B. I u. II.

[36] S. dazu oben 2. Teil C. I.

[37] BAG AP Nr. 8 zu § 2 TVG Tarifzuständigkeit.

[38] S. bereits oben 5. Teil A. zum Verhältnis von Beschlußverfahren nach §§ 2a Abs. 1, Nr. 4, 97 ArbGG und Feststellungsklage.

letztlich die mit dem Merkmal richterrechtlich bezweckte tarifliche Ordnung des Tarifwesens gesichert.

Soweit es um die Betätigungen einer konkurrierenden Koalition geht, bestehen für die antragsstellende Gewerkschaft die aufgezeigten Antragsmöglichkeiten entsprechend.

2. Vereinigung von Arbeitgebern

Antragsberechtigt nach § 97 Abs. 1 ArbGG ist auch eine räumlich und sachlich zuständige Vereinigung von Arbeitgebern.

a) Arbeitgeberverbände

Grundsätzlich muß es sich bei diesen Vereinigungen von Arbeitgebern im Beschlußverfahren zur Entscheidung über die Tarifzuständigkeit um einen Arbeitgeberverband, also einen tariffähigen Verband, handeln. Es gelten die zu den Gewerkschaften gemachten Ausführungen entsprechend.

b) Räumliche und sachliche Zuständigkeit

Auch auf Arbeitgeberseite fordert § 97 Abs. 1 ArbGG eine räumlich und sachlich zuständige Vereinigung von Arbeitgebern. Wiederum kann an dieser Stelle auf die bei den Arbeitnehmervereinigungen gemachten Ausführungen verwiesen werden.

c) Antragsgegenstand

Für die Antragsmöglichkeiten eines Arbeitgeberverbandes ist im wesentlichen ebenfalls auf die Ausführungen zu den gewerkschaftlichen Antragsmöglichkeiten zu verweisen. Er kann damit seine Tarifzuständigkeit oder die Tarifzuständigkeit der Gewerkschaft für einen bestimmten Wirtschaftszweig klären lassen. Ebenso kann er - wie die Gewerkschaftsseite auch - im Verfahren nach §§ 2a

Abs. 1 Nr. 4, 97 ArbGG feststellen lassen, daß er für einen ihm als Mitglied angehörenden Arbeitgeber tarifzuständig ist, diesen also tariflich binden kann.

Da ein Arbeitgeberverband die tariflichen Interessen seiner Mitglieder gegenüber den Gewerkschaften wahrnimmt, kann er auch gegenüber einer Gewerkschaft, die eines seiner Mitglieder auf Abschluß eines Firmentarifvertrages in Anspruch nimmt, den Antrag stellen, daß diese nicht für den ihm angehörenden Arbeitgeber tarifzuständig ist[39]. Diskutiert wird in diesem Zusammenhang, ob für den Antrag des Arbeitgeberverbandes die Mitgliedschaft des Arbeitgebers als solche bereits ausreicht oder ob es auch auf die satzungsgemäße Zulässigkeit der Mitgliedschaft ankommt. Nach dem Bundesarbeitsgericht reicht im Ergebnis allein das Bestehen der Mitgliedschaft aus[40]. Ausgangspunkt für eine Entscheidung dieser Frage muß aber die Erkenntnis sein, daß ein Arbeitgeberverband nur für satzungsgemäß aufgenommene Mitglieder tarifzuständig ist und daher nur in diesem Fall tarifliche Rechte der verbandsangehörigen Mitglieder gegenüber der Gewerkschaft wahrnehmen kann. Daraus könnte demnach gefolgert werden, daß der Arbeitgeberverband nur dann einen Antrag nach § 97 Abs. 1 ArbGG stellen kann, wenn der fragliche Arbeitgeber satzungsgemäßes Mitglied ist[41]. Nur dann käme nämlich der Verband auch als Tarifpartner der Gewerkschaft im Hinblick auf den fraglichen Arbeitgeber in Betracht.

Im Ergebnis ist aber weder dieser noch der Ansicht des Bundesarbeitsgerichts zu folgen. Zu beachten ist nämlich, daß die Zulässigkeit der Mitgliedschaft im Arbeitgeberverband und damit die Einordnung des Arbeitgebers in den Zuständigkeitsbereich des Arbeitgeberverbandes nach denselben Kriterien zu beurteilen ist, wie die Zuordnung des Arbeitgebers zum gewerkschaftlichen Organisationsbereich[42]. Maßgeblich ist in beiden Fällen die Feststellung der – in der vorliegenden Konstellation meist strittigen - Branchenzugehörigkeit des Arbeitgebers. Damit ist aber bei der Prüfung der Zulässigkeit der Mitgliedschaft des Arbeitgebers im Arbeitgeberverband - wie in den oben aufgeführten Fällen bei räumlichen und sachlichen Zuständigkeit - etwas zu untersuchen, was gerade auch Gegenstand der Begründetheitsprüfung, nämlich der gewerkschaftlichen Tarifzuständigkeit, ist. Auch für sie ist die Zuordnung des Arbeitgebers zu einem bestimmten Wirtschaftszweig notwendig. Für die Antragsberechtigung des Arbeitgeberverbandes ist es daher - parallel zu den obigen Ausführungen - ausrei-

---

[39] BAG AP Nr. 2, 4 zu § 2 TVG Tarifzuständigkeit; ebenso: Germelmann/Matthes, ArbGG, § 97, Rn. 16.

[40] BAG AP Nr. 2 zu § 2 TVG Tarifzuständigkeit; ihm im Ergebnis folgend: Grunsky, ArbGG, § 97, Rn. 6.

[41] So Richardi, Gemeinsame Anmerkung zu BAG AP Nr. 2 u. 3 zu § 2 TVG Tarifzuständigkeit.

[42] S.o. 2. Teil B. II.

chend, wenn die Mitgliedschaft des Einzelarbeitgebers im Arbeitgeberverband nicht offensichtlich unzulässig ist.

Nach dem Austritt eines Arbeitgebers, der Mitglied im Arbeitgeberverband war und von der Gewerkschaft weiterhin auf Abschluß eines Firmentarifvertrages in Anspruch genommen wird, ist der Arbeitgeberverband nach einer Ansicht nicht mehr antragsberechtigt, da ihm die räumliche oder sachliche Tarifzuständigkeit fehle[43]. Das Bundesarbeitsgericht stellt in diesem Fall dagegen auf ein fehlendes Rechtsschutzinteresse ab, das noch in der Rechtsbeschwerdeinstanz zu beachten sei. Andernfalls würde das Gericht als Gutachterstelle und nicht mehr als streitentscheidende Stelle tätig, was jedoch auch im arbeitsgerichtlichen Beschlußverfahren nicht Aufgabe der Arbeitsgerichte sei[44]. Richtigerweise wird man differenzieren müssen. Die Antragsberechtigung des Arbeitgeberverbandes ist allein abhängig von der räumlichen und sachlichen Zuständigkeit des Arbeitgeberverbandes für den von der Gewerkschaft in Anspruch genommenen Wirtschaftszweig. Dies richtet sich allein nach seiner Satzung. Mithin kommt es nach obigen Grundsätzen für die Antragsberechtigung allein darauf an, daß der Arbeitgeberverband nach seiner Satzung zuständig ist. Ist dies nicht der Fall, fehlt dem Arbeitgeberverband bereits die Antragsberechtigung. Sofern aber, wie im obigen Fall, der Arbeitgeber aus dem Arbeitgeberverband ausgetreten ist und von ihm danach weiterhin von der Gewerkschaft der Abschluß eines Firmentarifvertrages verlangt wird, fehlt dem Arbeitgeberverband in jedem Fall - unabhängig von seiner satzungsmäßigen Tarifzuständigkeit und der bisherigen Zulässigkeit der Mitgliedschaft des Arbeitgebers - das Rechtsschutzbedürfnis, da er mangels Mitgliedschaft des betreffenden Arbeitgebers im Hinblick auf diesen nicht mehr als Tarifpartner der Gewerkschaft in Betracht kommt. Dieser Grundsatz gilt im übrigen auch dann, wenn im Zusammenhang mit dem Abschluß eines Verbandstarifvertrags ein Arbeitgeberverband oder eine Gewerkschaft die Tarifzuständigkeit des Arbeitgeberverbandes für einen bestimmten verbandsangehörigen Arbeitgeber und damit die Möglichkeit der Tarifbindung klären lassen möchten. Da mit dem Austritt des Arbeitgebers die Möglichkeit der Tarifbindung ausgeschlossen ist, entfällt auch in diesen Fällen für den Antrag das Rechtsschutzbedürfnis.

Unabhängig von der Einordnung im Rahmen der Antragsberechtigung oder - wie hier vertreten - im Rahmen des Rechtsschutzbedürfnisses, fällt aber mit dem Austritt des Arbeitgebers – eine nach herrschender Meinung von Amts wegen in

[43] Grunsky, SAE 1971, S. 24, 25; Richardi, Gemeinsame Anmerkung zu BAG AP Nr. 2 u. 3 zu § 2 TVG Tarifzuständigkeit.
[44] BAG AP Nr. 2 zu § 2 TVG Tarifzuständigkeit.

jeder Lage des Verfahrens, also auch in der Rechtsbeschwerdeinstanz, zu prüfende Voraussetzung weg, die zur Unzulässigkeit des Antrags führt[45].

3. Arbeitgeber

§ 97 Abs. 1 ArbGG nennt den einzelnen Arbeitgeber als möglichen Antragsteller nicht. Aufgrund der Anordnung seiner Tariffähigkeit durch § 2 Abs. 1 TVG kann aber auch für diesen die Frage erheblich werden, ob eine bestimmte Gewerkschaft für ihn als zuständige Tarifvertragspartei eines Firmentarifvertrages in Betracht kommt. Da die Interessenlage insoweit ebenso wie bei den Arbeitgeberverbänden liegt, ist auch der einzelne Arbeitgeber analog § 97 Abs. 1 ArbGG im Verfahren nach § 2a Abs. 1 Nr. 4 ArbGG antragsberechtigt[46]. Mangels Wahlmöglichkeit einer eigenen Tarifzuständigkeit kann sich der Antrag des Arbeitgebers aber nur auf die gewerkschaftliche Tarifzuständigkeit beziehen. Soweit eine Gewerkschaft verschiedene Zuständigkeitsbereiche aufweist, kann der einzelne Arbeitgeber entsprechend zu den obigen Ausführungen zu den Antragsmöglichkeiten einer Gewerkschaft auch feststellen lassen, in welchen dieser Zuständigkeitsbereiche er fällt. Dies ist regelmäßig von Interesse, wenn der Arbeitgeber Mitglied in einem Arbeitgeberverband ist, der mit der betreffenden Gewerkschaft für einen bestimmten Wirtschaftszweig bereits einen Verbandstarifvertrag abgeschlossen hat, und er daher der Gewerkschaft gegenüber das Bestehen einer tarifvertraglichen Friedenspflicht feststellen lassen möchte.

Eine Antragsberechtigung des einzelnen Arbeitgebers besteht aber nicht, wenn der Arbeitgeber als Mitglied eines Arbeitgeberverbandes mit dem Antrag nach § 2a Abs. 1 Nr. 4 ArbGG feststellen lassen möchte, ob eine Gewerkschaft zuständige Tarifpartnerin seines Arbeitgeberverbandes im Hinblick auf einen Verbandstarifvertrag ist. In diesem Fall steht nämlich allein die Tarifzuständigkeit

---

[45] Germelmann/Matthes, ArbGG, § 81, Rn. 27 für das Rechtsschutzbedürfnis u. Rn. 60 für die Antragsberechtigung, m.w.N.

[46] BAG AP Nr. 2 zu § 2 TVG Tarifzuständigkeit; Delheid, Tarifzuständigkeit, S. 128; Germelmann/Matthes, ArbGG, § 97, Rn. 19, der dies, da er § 97 Abs. 1 ArbGG nicht als abschließend ansieht, konsequent unmittelbar §§ 97 Abs. 2, 81 ArbGG entnimmt; Grunsky, ArbGG, § 97, Rn. 7; Hauck/Helml, ArbGG, § 97, Rn. 4; Hromadka/Maschmann/Wallner, Der Tarifwechsel, Rn. 23; Kempen/Zachert, TVG, § 2, Rn. 139; MünchArbR/Löwisch/Rieble, § 255, Rn. 90; Richardi, Gemeinsame Anmerkung zu BAG AP Nr. 2 u. 3 zu § 2 TVG Tarifzuständigkeit; Wiedemann/Oetker, TVG, § 2, Rn. 92.

im Verhältnis von Arbeitgeberverband und Gewerkschaft in Frage[47]. Die Antragsberechtigung des einzelnen Arbeitgebers liegt nämlich nur vor, soweit er in seiner potentiellen Normsetzungsbefugnis als Tarifvertragspartei betroffen ist. Dies ist nur der Fall, wenn sich eine Gewerkschaft unmittelbar an ihn mit dem Ziel, einen Firmentarifvertrag abzuschließen, wendet.

4. Oberste Arbeitsbehörde des Bundes oder eines Landes

Nach § 97 Abs. 1 ArbGG sind auch die oberste Arbeitsbehörde des Bundes und die oberste Arbeitsbehörde eines Landes, auf dessen Gebiet sich die Tätigkeit der Vereinigung erstreckt antragsberechtigt. Diese Antragsberechtigung findet zunächst ihren Grund in den staatlichen Befugnissen bei der Allgemeinverbindlichkeitserklärung gemäß § 5 TVG. Sie ist darüber hinaus aber auch Ausdruck einer präventiven Staatsaufsicht über das Tarifwesen[48]. Erstreckt sich die Tätigkeit einer Vereinigung auf mehrere Länder, kann der Antrag von der obersten Arbeitsbehörde eines jeden dieser Länder gestellt werden. Es ist nicht erforderlich, daß alle antragsberechtigten obersten Arbeitsbehörden von ihrem Antragsrecht gleichzeitig Gebrauch machen[49]. Die Antragsberechtigung der obersten Arbeitsbehörde des Bundes besteht auch dann, wenn sich die Tätigkeit der Vereinigung nicht auf das gesamte Bundesgebiet erstreckt.

II. Die Verfahrensbeteiligten

Beteiligter im Beschlußverfahren nach §§ 2a Abs. 1 Nr. 4, 97 ArbGG ist nicht nur der Antragssteller. Nach den allgemeinen Grundsätzen sind von Amts wegen all diejenigen am Verfahren zu beteiligen, die durch die begehrte Entscheidung in ihrer materiellen Rechtsstellung, also ihrer potentiellen Tarifnormsetzungsbefugnis, unmittelbar betroffen werden[50]. Für das Beschlußverfahren nach §§ 2 Abs. 1 Nr. 4, 97 ArbGG bedeutet dies, daß nicht nur die Vereinigung von Arbeitnehmern und Arbeitgebern, deren Tarifzuständigkeit umstritten ist, son-

---

[47] BAG AP Nr. 2 zu § 2 TVG Tarifzuständigkeit; MünchArbR/Löwisch/Rieble, § 255, Rn. 90; Richardi, Gemeinsame Anmerkung zu BAG AP Nr. 2 u. 3 zu § 2 TVG Tarifzuständigkeit; Wiedemann/Oetker, TVG, § 2, Rn. 92.

[48] MünchArbR/Löwisch/Rieble, § 255, Rn. 91.

[49] Germelmann/Matthes, ArbGG, § 97, Rn. 18; Grunsky, ArbGG, § 97, Rn. 8.

[50] BAG AP Nr. 55 zu § 2 TVG; AP Nr. 10, 14 zu § 2 TVG Tarifzuständigkeit; Germelmann/Matthes, ArbGG, § 97, Rn. 21; Grunsky, ArbGG, § 97, Rn. 10; Hauck/Helml, ArbGG, § 97, Rn. 5.

dem grundsätzlich auch der soziale Gegenspieler, dem gegenüber die Tarifzuständigkeit festgestellt werden soll, zu beteiligen ist[51]. Dies gilt unabhängig davon, ob sich der Antrag gegen diesen richtet oder er selbst einen entsprechenden Antrag gestellt hat[52]. Der einzelne Arbeitgeber ist daher grundsätzlich nur dann Verfahrensbeteiligter, wenn die Zuständigkeit einer Gewerkschaft im Hinblick auf ihn als Tarifvertragspartei fraglich ist[53], nicht dagegen soweit Gewerkschaften und Arbeitgeberverbände um ihre Zuständigkeitsbereiche streiten und der einzelne Arbeitgeber allein als Normunterworfener betroffen ist. Bei einem Antrag einer Gewerkschaft, die für einen verbandsangehörigen Arbeitgeber ihre Tarifzuständigkeit zum Abschluß eines Firmentarifvertrages klären lassen will, ist mit dem einzelnen Arbeitgeber auch der Arbeitgeberverband am Verfahren zu beteiligen, da die Entscheidung auch die Frage seiner Tarifzuständigkeit für den Arbeitgeber, also seine Normsetzungsbefugnis, gegenüber der Gewerkschaft[54] und allgemein den Umfang seiner mitgliedschaftlichen Unterstützungspflichten für den Arbeitgeber berührt[55]. Untergliederungen der Verbände kommen als Verfahrensbeteiligte nur dann in Betracht, wenn sie selbst tariffähig sind, da nur in diesem Fall - unabhängig von der Frage der Beteiligtenfähigkeit überhaupt - die erforderliche rechtliche Betroffenheit möglich ist.

Auch konkurrierende Verbände sind bei einem Verfahren zwischen sozialen Gegenspielern zu beteiligen, da ihnen im Falle der Feststellung der fraglichen Zuständigkeit eine konkurrierende Gewerkschaft zur Seite gestellt wird[56]. Eine Beteiligung scheidet aber mangels rechtlicher Betroffenheit aus, wenn eine Konkurrenz zu der festzustellenden Tarifzuständigkeit ersichtlich nicht in Betracht kommt. Entscheidend ist also nicht eine tatsächliche, sondern eine möglicherweise bestehende Konkurrenz, da die Feststellung der Tarifzuständigkeit des konkurrierenden Verbandes gerade Gegenstand des Beschlußverfahrens nach §§ 2a Abs. 1 Nr. 4, 97 ArbGG ist. Eine DGB-Gewerkschaft, die nach Durchführung des DGB-Schiedsgerichtsverfahrens ihre Tarifzuständigkeit für einen bestimmten Organisationsbereich zugunsten einer anderen DGB-Gewerkschaft verloren hat, ist daher in einem Beschlußverfahren nach §§ 2a Abs. 1 Nr. 4, 97 ArbGG im Hinblick auf die Tarifzuständigkeit dieser Gewerkschaft nicht zu beteiligen, da ihr weder ihre eigene Tarifzuständigkeit abgespro-

[51] Düwell/Lipke/Koch, ArbGV, § 97, Rn. 6; Hauck/Helml, ArbGG, § 97, Rn. 5.
[52] BAG AP Nr. 4 zu § 2 TVG Tarifzuständigkeit.
[53] Germelmann/Matthes, ArbGG, § 97, Rn. 22.
[54] BAG AP Nr. 11 zu § 2 TVG Tarifzuständigkeit.
[55] Vgl. dazu Wiedemann, Anmerkung zu BAG AP Nr. 55 zu § 2 TVG, nach dem grundsätzlich bereits mögliche Unterstützungspflichten die für eine Verfahrensbeteiligung erforderliche unmittelbare Betroffenheit begründen.
[56] Germelmann/Matthes, ArbGG, § 97, Rn. 22; Grunsky, ArbGG, § 97, Rn. 10; Hauck/Helml, ArbGG, § 97, Rn. 5.

chen noch eine Tarifzuständigkeit einer konkurrierenden Gewerkschaft zur Seite gestellt wird[57].

Soweit nach diesen Grundsätzen auf Arbeitnehmer- und/oder Arbeitgeberseite eine Vielzahl von Vereinigungen, die Mitglied einer Spitzenorganisation sind, als Verfahrensbeteiligte in Betracht kommen, was regelmäßig auch im Verfahren zur Entscheidung über die Tariffähigkeit einer Vereinigung der Fall sein dürfte, ist es nach dem Bundesarbeitsgericht und der ihm folgenden Literaturansicht ausreichend, die ihre Interessen vertretenden Spitzenverbände, also in erster Linie auf Arbeitnehmerseite den Deutschen Gewerkschaftsbund und auf Arbeitgeberseite die Bundesvereinigung der deutschen Arbeitgeberverbände, zu beteiligen[58]. Die nicht einer Spitzenorganisation angehörenden Verbände sind dagegen einzeln zu beteiligen[59]. Die einzelnen Mitgliedsvereinigungen können sich aber dadurch am Verfahren beteiligen, indem sie selbst ihre Antragsberechtigung wahrnehmen[60].

Spitzenorganisationen sind im Falle von Anträgen von Einzelverbänden aber auch aufgrund ihrer eigenen Rechtsstellung zu beteiligen, sofern sie selbst tariffähig und tarifzuständig sind bzw. eine entsprechende Vollmacht besitzen (§§ 2 Abs. 2, 3 TVG). Bei einem Antrag durch einen Spitzenverband gilt dies umgekehrt für die Einzelverbände[61]. Im Falle eines Antrags nach § 97 Abs. 5 S. 2 ArbGG durch eine Partei des ausgesetzten Rechtsstreits sind alle übrigen Parteien und Beteiligte dieses Rechtsstreits auch in dem Beschlußverfahren zu beteiligen[62].

Fraglich ist, ob der allgemeine Grundsatz, daß eine Beteiligung im Verfahren nach §§ 2a Abs. 1 Nr. 4, 97 ArbGG die materielle Betroffenheit voraussetzt, auf alle Antragsberechtigten nach § 97 Abs. 1 ArbGG anzuwenden ist, so daß die obersten Arbeitsbehörden nicht notwendig zu beteiligen sind. Eine Ansicht in der Literatur bejaht dies und nimmt daher eine notwendige Beteiligung der obersten Arbeitsbehörde nur dann an, wenn sie selbst einen Antrag nach § 97

---

[57] BAG AP Nr. 4, 14 zu § 2 TVG Tarifzuständigkeit.
[58] BAG AP Nr. 36, 55 zu § 2 TVG; Germelmann/Matthes, ArbGG, § 97, Rn. 22; Hauck/Helml, ArbGG, § 97, Rn. 5; a.A. Düwell/Lipke/Koch, ArbGV, § 97, Rn. 6; Grunsky, ArbGG, § 97, Rn. 10.
[59] BAG AP Nr. 55 zu § 2 TVG.
[60] BAG AP Nr. 36 zu § 2 TVG; Germelmann/Matthes, ArbGG, § 97, Rn. 22.
[61] Düwell/Lipke/Koch, ArbGV, § 97, Rn. 6; Grunsky, ArbGG, § 97, Rn. 10.
[62] Germelmann/Matthes, ArbGG, § 97, Rn. 24; Grunsky, ArbGG, § 97, Rn. 10; Hauck/Helml, ArbGG, § 97, Rn. 5.

Abs. 1 ArbGG gestellt hat[63]. Das Bundesarbeitsgericht hat zunächst die Notwendigkeit einer Beteiligung der obersten Arbeitsbehörden aus ihrer Antragsberechtigung nach § 97 Abs. 1 ArbGG gefolgert[64], später eine Beteiligung der Arbeitsbehörden ohne Rückgriff auf diese Begründung allein in Abhängigkeit vom Gegenstand des arbeitsgerichtlichen Beschlußverfahrens vorgenommen. In Verfahren über die Tariffähigkeit einer nach ihrer Satzung bundesweit bzw. über das Gebiet eines Bundeslandes hinaus tätigen Arbeitnehmervereinigung hat es die oberste Arbeitsbehörde des Bundes als notwendige Verfahrensbeteiligte angesehen, ohne daß sie von ihrem eigenen Antragsrecht Gebrauch gemacht hatte. Sofern danach die oberste Arbeitsbehörde des Bundes zu beteiligen sei, sei sie berufen, ebenso wie die Spitzenverbände für ihre Mitgliedsverbände, die Interessen der betreffenden Arbeitsbehörden der Länder wahrzunehmen[65]. Im Verfahren über die Tarifzuständigkeit hat das Bundesarbeitsgericht dagegen von einer Beteiligung der obersten Arbeitsbehörden von Amts wegen abgesehen[66]. Zu beachten ist jedoch, daß es in allen genannten Entscheidungen regelmäßig nur um die Tarifzuständigkeit für einen einzelnen Arbeitgeber und damit um eine Frage ging, die in ihrer Bedeutung wesentlich hinter der Klärung der Tariffähigkeit einer bundesweit oder landesweit tätigen Arbeitnehmervereinigung zurückbleibt. Dementsprechend begründet das Bundesarbeitsgericht in seinem Beschluß vom 25.9.1996 die Nichtbeteiligung der obersten Arbeitsbehörde im Unterschied zu den genannten Entscheidungen zur Tariffähigkeit mit der nur beschränkten Wirkung des Verfahrens[67]. Wenn daher die im Beschlußverfahren nach §§ 2a Abs. 1 Nr. 4, 97 ArbGG zu klärende Tarifzuständigkeit einer Vereinigung aber einen ganzen Wirtschaftszweig eines Landes oder des Bundes betrifft, ist unter Zugrundelegung dieser Rechtsprechung des Bundesarbeitsgerichts von einer notwendigen Beteiligung der obersten Arbeitsbehörde des Landes bzw. des Bundes auszugehen.

---

[63] Düwell/Lipke/Koch, ArbGV, § 97, Rn. 6; Grunsky, ArbGG, § 97, Rn. 11; Hauck/Helml, ArbGG, § 97, Rn. 5.
[64] BAG AP Nr. 24 zu Art. 9 GG.
[65] BAG AP Nr. 36, 55 zu § 2 TVG; ihm folgend: ErfK/Eisemann, ArbGG, § 97, Rn. 5; Germelmann/Matthes, ArbGG, § 97, Rn. 23; Oetker, Anmerkung zu BAG AP Nr. 55 zu § 2 TVG, der die notwendige Beteiligung der obersten Arbeitsbehörde wie auch ihre Antragsberechtigung in der Aufgabe der präventiven Staatsaufsicht über das Tarifwesen begründet sieht.
[66] BAG AP Nr. 2, 4, 5, 10, 14 zu § 2 TVG Tarifzuständigkeit.
[67] BAG AP Nr. 10 zu § 2 TVG Tarifzuständigkeit.

III. Rechtsschutzbedürfnis / Feststellungsinteresse

Grundsätzlich ist auch für das Verfahren nach §§ 2a Abs. 1 Nr. 4, 97 ArbGG ein Rechtsschutzbedürfnis erforderlich. Dabei ist dieses Rechtsschutzbedürfnis mit dem Feststellungsinteresse im Sinne von § 256 ZPO gleichzusetzen, da es sich bei dem vorliegenden Beschlußverfahren um ein reines Feststellungsverfahren handelt[68]. Das Rechtsschutzbedürfnis besteht nur dann, wenn die festzustellende Tarifzuständigkeit streitig ist. Das Bundesarbeitsgericht hat betont, daß auch im arbeitsgerichtlichen Verfahren nach §§ 2a Abs. 1 Nr. 4, 97 ArbGG die Gerichte als streitentscheidende Stellen und nicht als Gutachterstellen tätig werden[69]. Ein Feststellungsinteresse fehlt daher, wenn weder der Abschluß eines Tarifvertrages noch ein darauf gerichteter Arbeitskampf ersichtlich angestrebt werden oder die Wirksamkeit eines bestehenden Tarifvertrages aus Anlaß der Tarifzuständigkeit in Frage steht[70]. Es liegt dagegen vor, wenn die Tarifzuständigkeit eines Verbandes bestritten wird und daher von am Tarifleben Beteiligten bestimmte Rechtsfolgen behauptet werden[71]. Die Rechtsfolgen können sich dabei auf die Konkurrenz eines Verbandes, auf die Rechtswidrigkeit eines Arbeitskampfes, auf die Nichtigkeit eines Tarifvertrages, auf das Bestehen einer tarifvertraglichen Friedenspflicht, auf die fehlende Tarifbindung wegen satzungswidriger Mitgliedschaft, auf die Nachwirkungen gemäß § 4 Abs. 5 TVG analog nach Wegfall der Tarifzuständigkeit oder auf Schadensersatzansprüche für einen wegen fehlender Tarifzuständigkeit rechtswidrigen Streik beziehen.

Auch bei Anträgen einer obersten Arbeitsbehörde müssen Zweifel im Hinblick auf die Tarifzuständigkeit einer Vereinigung gegeben sein. Es besteht jedoch die Besonderheit, daß diese kein eigenes Rechtsschutzinteresse aufweisen muß[72].

B. Begründetheit

Je nach Antragsstellung ist der Antrag begründet, wenn die festzustellende Tarifzuständigkeit gegeben bzw. nicht gegeben ist. Dabei können die Arbeitsgerichte die Tarifzuständigkeit der Tarifvertragsparteien nicht nur im Hinblick auf bevorstehende Arbeitskämpfe und noch abzuschließende Tarifverträge, sondern auch im Hinblick auf bereits in der Vergangenheit abgeschlossene Tarifverträge

---

68 Grunsky, ArbGG, § 97, Rn. 14.
69 BAG AP Nr. 2 zu § 2 TVG Tarifzuständigkeit.
70 MünchArbR/Löwisch/Rieble, § 255, Rn. 91.
71 BAG AP Nr. 10, 14 zu § 2 TVG Tarifzuständigkeit.
72 Grunsky, ArbGG, § 97, Rn. 14.

klären[73]. Die Bestehen der Tarifzuständigkeit kann also gerichtlich auch für bestimmte (vergangene) Zeitpunkte oder Zeiträume festgestellt werden. Im folgenden sind nunmehr die Einwände darzustellen, die grundsätzlich gegen die satzungsmäßige Tarifzuständigkeit einer Tarifvertragspartei erhoben werden können.

I. Die satzungsmäßige Festlegung der Tarifzuständigkeit

Fraglich ist, ob Satzungsverstöße eines Verbandes bei der Festlegung der Tarifzuständigkeit, also insbesondere satzungsmäßige Kompetenz- und Verfahrensverstöße, im Beschlußverfahren nach §§ 2a Abs. 1 Nr. 4, 97 ArbGG durch konkurrierende Tarifvertragsparteien oder den sozialen Gegenspieler gerügt werden können.

Das Bundesarbeitsgericht konnte es im Zusammenhang mit der Erweiterung der Tarifzuständigkeit durch einen Beschluß des Gewerkschaftsbeirats ausdrücklich dahingestellt sein lassen, ob sich außenstehende Dritte auf einen etwaigen Satzungsverstoß bei einer Satzungsänderung berufen können, da es die Erweiterung der Tarifzuständigkeit durch den Gewerkschaftsbeirat für zulässig erachtete. Dafür könne allerdings sprechen, daß Satzungsbestimmungen über den Zuständigkeitsbereich auch für den Tarifpartner von Bedeutung seien[74]. Im Zusammenhang mit einem Verstoß derselben Gewerkschaft gegen § 15 Ziff. 2 DGB-Satzung, die für die DGB-Mitgliedsgewerkschaften bei Satzungsänderungen als Verfahrensbestimmungen einzuordnen ist, mußte das Gericht ebenfalls auf die hier interessierende Frage nicht eingehen, da es die satzungsmäßigen Änderungen trotz des Verstoßes für wirksam erachtete[75]. Zu beachten ist in diesem Zusammenhang auch eine spätere Entscheidung, in der das Gericht nach der Begründung der Außenwirkung des DGB-Schiedsgerichtsverfahrens darlegt, daß formelle Bedenken gegen den DGB-Schiedsstellenspruch nicht gegeben seien[76].

Die Rechtsprechung des Bundesarbeitsgerichts weist damit in die richtige Richtung. Zwar ist zunächst festzuhalten, daß satzungsmäßige Bestimmungen, die das Verfahren bei Satzungsänderungen und damit auch bei der Festlegung der Tarifzuständigkeit regeln, nicht den Schutz der Rechte außenstehender Dritter bezwecken. Damit ist es vom Schutzzweck dieser Satzungsbestimmungen aus

[73] BAG AP Nr. 7 zu § 2 TVG Tarifzuständigkeit.
[74] BAG AP Nr. 4 zu § 2 TVG Tarifzuständigkeit.
[75] BAG AP Nr. 4 zu § 2 TVG Tarifzuständigkeit.
[76] BAG AP Nr. 10 zu § 2 TVG Tarifzuständigkeit.

nicht gerechtfertigt, ihnen eine Außenwirkung beizumessen. Vielmehr geht es allein darum, im innerverbandlichen Bereich ein ordnungsgemäßes Verfahren bereitzustellen, nicht nur um verbandsintern die Rechte der einzelnen Mitglieder zu sichern, sondern vor allem auch um die Betätigungen im Außenverhältnis auf eine ausreichende mitgliedschaftliche Legitimationsgrundlage zu stellen. Dies zeigt aber die intensiven Zusammenhänge zwischen Innen- und Außenverhältnis im Verbandsrecht. Soweit Satzungsverstöße bei Festlegung der Tarifzuständigkeit einer Koalition die Unwirksamkeit der Satzungsänderung im Innenverhältnis nach sich ziehen können, muß sich daher auch der jeweilige tarifliche Gegenspieler bzw. eine konkurrierende Koalition im Außenverhältnis darauf berufen können[77]. Bei der Tarifzuständigkeit ist dies letztlich eine Konsequenz daraus, daß das Merkmal als tarifvertragliche Wirksamkeitsvoraussetzung anzuerkennen und nach der Satzung einer Koalition zu bestimmen ist. Im Falle der Unwirksamkeit einer satzungsmäßigen Tarifzuständigkeit entfiele die Regelungsmacht der Koalition für den betreffenden Bereich und würde zumindest für die Zukunft den Abschluß wirksamer Tarifverträge ausschließen[78]. Angesichts der Bedeutung der tariflichen Regelungsmacht für die gesamte Tarifordnung soll zudem die Tarifzuständigkeit in einem formalisierten Verfahren begründet werden[79], auf das alle unmittelbar von der Regelungsmacht Betroffenen achten dürfen. Auch dem tariflichen Gegenspieler kann daher nicht die Möglichkeit verwehrt werden, die vorliegenden Satzungsverstöße geltend zu machen. Satzungsverstöße aber, die auch im Falle der Geltendmachung innerhalb der Koalition nicht zur Unwirksamkeit und damit zum Wegfall der satzungsmäßigen Tarifzuständigkeit führen können, können dagegen auch im Außenverhältnis nicht gerügt werden.

Nach diesen Grundsätzen besteht für einen Verband im Beschlußverfahren nach §§ 2a Abs. 1 Nr. 4, 97 ArbGG grundsätzlich die Möglichkeit, gegen die Tarifzuständigkeit einer konkurrierenden Tarifvertragspartei bzw. des sozialen Gegenspielers einzuwenden, daß die satzungsmäßige Niederlegung der Tarifzuständigkeit nicht von dem zuständigen Verbandsorgan vorgenommen wurde. Bei den DGB-Gewerkschaften kann die Nichtbeachtung des Zustimmungserfordernisses nach § 15 Ziff. 2 der DGB-Satzung gerügt werden, da nach hiesiger Ansicht aufgrund des Einwirkens der DGB-Satzung in die Einzelsatzungen der Mitgliedsgewerkschaften die Zustimmung des Bundesausschusses eine Wirksamkeitsvoraussetzung darstellt[80].

---

[77] Ebenso: Reuter, Anmerkung zu BAG AP Nr. 4 zu § 2 TVG Tarifzuständigkeit.

[78] Vgl. aber zum Vertrauensschutz bei einem bereits angewandten nichtigen Tarifvertrag oben 4. Teil A.

[79] S.o. 2. Teil A. I. 2. a)/c).

[80] S. dazu oben 2. Teil A. III. 4.

II. Die satzungsmäßige Tarifzuständigkeit

Des weiteren kann gerügt werden, daß eine Tarifvertragspartei nach ihrer Satzung für einen bestimmten Wirtschaftszweig bzw. einen bestimmten branchenzugehörigen Arbeitgeber nicht tarifzuständig ist.

Streitig kann dabei zum einen die Reichweite der satzungsmäßigen Tarifzuständigkeit sein. In diesen Fällen ist nicht die Branchenzugehörigkeit der Arbeitgeber bzw. - insbesondere beim Firmentarifvertrag - des einzelnen Arbeitgebers zweifelhaft, vielmehr kommt es auf die Ermittlung des Organisationsgebietes nach der Satzung der Tarifvertragspartei an[81]. Die von den Gerichten in diesen Fällten vorzunehmende Auslegung der Satzungen folgt den oben dargestellten Grundsätzen[82].

Zum anderen können im Verfahren nach §§ 2a Abs. 1 Nr. 4, 97 ArbGG Einwände gegen die branchenmäßige Einordnung der Unternehmen bzw. Betriebe geltend gemacht werden. In diesem Fall wird gerügt, daß ein Arbeitgeber mit seinem Unternehmen/Betrieb einer anderen als der in der Satzung der betreffenden Tarifvertragspartei genannten Branche angehört. Der Streit bezieht sich insoweit also nicht auf die Satzung der Tarifvertragspartei, sondern auf die von ihr oder von dem Arbeitgeber selbst vorgenommene Zuordnung zu einem bestimmten Wirtschaftszweig[83].

III. Die verbandsinterne Zuständigkeitsordnung

Soweit sich - wie die DGB-Gewerkschaften im Deutschen Gewerkschaftsbund - Tarifvertragsparteien einer Seite in einem Verband zusammengeschlossen haben und in diesem Verband die Zuständigkeitsbereiche nach bestimmten Kriterien verteilt haben, sollte nach hiesiger Auffassung im Verfahren nach §§ 2a Abs. 1 Nr. 4, 97 ArbGG auch die Beachtung dieser verbandsinterne Zuständigkeitsordnung überprüft werden können, denn nach den obigen Grundsätzen kann ein Arbeitgeber gegenüber einer DGB-Gewerkschaft nicht nur einwenden, daß sie nach ihrer Satzung nicht zuständig sei, sondern auch, daß nach der Verteilung der Zuständigkeitsbereiche im DGB-Dachverband eine andere DGB-Gewerkschaft der für ihn zuständige Tarifpartner sei[84]. Damit geht es aber auch

---

[81] Vgl. als Beispiel: BAG AP Nr. 8 zu § 2 TVG Tarifzuständigkeit.
[82] S.o. 2. Teil A. I. 4.
[83] Vgl. als Beispiel: BAG AP Nr. 5 zu § 2 TVG Tarifzuständigkeit.
[84] S.o. 3. Teil C. I.

in diesem Fall letztlich die branchenmäßige Einordnung des Arbeitgebers in die einzelnen Zuständigkeitsbereiche der DGB-Gewerkschaften und damit um eine gerichtliche Aufgabe, für die der Gesetzgeber - wie eben gezeigt - grundsätzlich das Beschlußverfahren nach §§ 2a Abs. 1 Nr. 4, 97 ArbGG bereitgestellt hat.

Zu beachten ist jedoch, daß das Gericht hier nur den Widerspruch zur verbandsinternen Zuständigkeitsordnung feststellen und daher der betreffenden DGB-Gewerkschaft verbieten kann, ihre grundsätzlich bestehende satzungsmäßige Tarifzuständigkeit gegenüber dem betroffenen Arbeitgeber arbeitskampfweise in Anspruch zu nehmen[85]. Der Feststellungsbeschluß führt also ebensowenig zur Unzuständigkeit der betreffenden DGB-Gewerkschaft wie zur Tarifzuständigkeit der vom Arbeitgeber gewünschten, branchenmäßig zuständigen DGB-Gewerkschaft. Es bleibt auch in diesen Fällen bei der aus Art. 9 Abs. 3 GG resultierenden Satzungsautonomie einer jeden Seite, die satzungsmäßige Zuständigkeit in eigener Verantwortung festzulegen und schließlich darüber zu entscheiden, inwieweit diese auch tariflich in Anspruch genommen wird. Eine gerichtliche Festlegung wäre daher mit Art. 9 Abs. 3 GG nicht vereinbar. Im Feststellungsbeschluß nach §§ 2a Abs. 1 Nr. 4, 97 ArbGG wird demnach in diesen Fällen ausnahmsweise nicht das Bestehen der satzungsmäßigen Tarifzuständigkeit als solche geklärt, sondern allein, inwieweit eine DGB-Gewerkschaft ihre Tarifzuständigkeit im Arbeitskampf wahrnehmen kann.

C. Die Rechtskraft der arbeitsgerichtlichen Entscheidung über die Tarifzuständigkeit

Auch die Beschlüsse im arbeitsgerichtlichen Beschlußverfahren zur Entscheidung über die Tariffähigkeit und Tarifzuständigkeit sind grundsätzlich der materiellen Rechtskraft fähig, so daß über die gleiche Streitfrage, d.h. bei Identität der Beteiligten über denselben Streitgegenstand, nicht noch einmal entschieden werden darf[86]. Der Streitgegenstand wird dabei bestimmt durch den zur Entscheidung gestellten Antrag sowie dem Lebenssachverhalt, aus dem die begehrte Rechtsfolge hergeleitet wird[87].

---

[85] S. dazu oben 2. Teil A. II. 1. b) bb) und 3. Teil C. I.
[86] BAG AP Nr. 14 zu § 322 ZPO; AP Nr. 36 zu § 2 TVG; für das Verfahren über die Tarifzuständigkeit: BAG AP Nr. 4 zu § 2 TVG Tarifzuständigkeit; Grunsky, ArbGG, § 97, Rn. 21; Kempen/Zachert, TVG, § 2, Rn. 143.
[87] BAG AP Nr. 14 zu § 322 ZPO.

Grundsätzlich ist die Rechtskraft einer gerichtlichen Entscheidung in zeitlicher Hinsicht nicht begrenzt[88]. Die Frage der zeitlichen Grenzen eines rechtskräftigen Beschlusses nach §§ 2a Abs. 1 Nr. 4, 97 ArbGG stellt sich aber bei der Tarifzuständigkeit insbesondere dann, wenn eine Gewerkschaft infolge einer Umstrukturierung oder eines Branchenwechsels auf Arbeitgeberseite ihren satzungsmäßigen Organisationsbereich im nachhinein erweitert und gegenüber einem Arbeitgeber bzw. seinem Verband erneut eine Tarifzuständigkeit behauptet, die ihr zuvor im arbeitsgerichtlichen Beschlußverfahren abgesprochen worden ist. Eine rechtskräftige Entscheidung steht auch im Falle der Tarifzuständigkeit einer neuen gerichtlichen Entscheidung dann nicht mehr entgegen, wenn sich die zugrunde liegenden tatsächlichen oder rechtlichen Verhältnisse geändert haben. In welchem Ausmaß dies geschehen sein muß, läßt sich nicht allgemein sagen. Zu fordern ist grundsätzlich eine wesentliche Änderung, wobei dies in jedem Fall in Relation zu dem Sinn der formellen Rechtskraft steht, einen Streit zwischen den Beteiligten zu beenden und damit Rechtsfrieden zu schaffen[89]. Im Zusammenhang mit der Tarifzuständigkeit ändert sich grundsätzlich mit der Neufassung der gewerkschaftlichen Satzung in dem fraglichen Bereich der Lebenssachverhalt und damit auch der Streitgegenstand wesentlich. Unabhängig von der Frage, ob das Ausmaß der Änderung zunächst bei der Prüfung eines neuen Lebenssachverhaltes und damit eines neuen Streitgegenstandes zu untersuchen ist, was zur Zulässigkeit bzw. Unzulässigkeit des Antrags führt[90] oder ob geänderte Umstände vielmehr zu einer inhaltlichen Überprüfung der ursprünglichen Entscheidung zwingen, was je nach Ausmaß zu einer neuen Sachentscheidung als un- bzw. begründet führt[91], ist die Neufassung der satzungsmäßigen Tarifzuständigkeit in dem fraglichen Bereich in jedem Fall eine Änderung, der die Rechtskraft der ursprünglichen Entscheidung nicht im Wege steht und eine neue Sachentscheidung erforderlich macht[92]. Fraglich ist in diesem Zusammenhang, ab welchem Zeitpunkt eine durchgeführte Satzungsänderung zu beachten ist. Nach einer Ansicht kann eine Satzungsänderung erst nach Einritt der Rechtskraft eines arbeitsgerichtlichen Beschlusses berücksichtigt werden[93]. Maßgebend kann aber nach zutreffender Ansicht nur der Schluß der mündlichen Anhörung des ersten Verfahrens sein, da danach die Satzungsänderung nicht mehr in diesen Rechtsstreit eingeführt werden kann. Auf den Eintritt der Rechtskraft der

---

[88] BAG AP Nr. 9 zu § 97 ArbGG 1979.
[89] BAG AP Nr. 14 zu § 322 ZPO; AP Nr. 9 zu § 97 ArbGG 1979.
[90] BAG AP Nr. 14 zu § 322 ZPO.
[91] Düwell/Lipke/Koch, ArbGV, § 84, Rn. 5; Leipold, Anmerkung zu BAG AP Nr. 14 zu § 322 ZPO.
[92] BAG AP Nr. 4 zu § 2 TVG Tarifzuständigkeit; Germelmann/Matthes, ArbGG, § 84, Rn. 24.
[93] ArbG Kaiserslautern, Beschluß vom 10.7.1980 – Tatbestand zu BAG AP Nr. 4 zu § 2 TVG Tarifzuständigkeit.

ursprünglichen Entscheidung kommt es demnach nicht an[94]. Die Bindungswirkung eines formell rechtskräftig gewordenen Beschlusses über die Tarifzuständigkeit besteht im Ergebnis damit nur, solange sich die maßgeblichen rechtlichen oder tatsächlichen Verhältnisse, wie sie sich im Zeitpunkt der letzten mündlichen Verhandlung vor dem Arbeitsgericht darstellen, nicht geändert haben[95].

Schließlich ist festzustellen, daß sich die Rechtskraft eines nach §§ 2a Abs. 1 Nr. 4, 97 Abs. 1 ArbGG ergangenen Beschlusses subjektiv im Umfang nicht nur auf die Beteiligten des Verfahrens erstreckt. Es gilt § 9 TVG entsprechend, so daß eine Entscheidung über die Tariffähigkeit bzw. Tarifzuständigkeit in jedem weiteren gerichtlichen Verfahren Bindungswirkung gegenüber allen am Tarifwesen Beteiligten und allen von den fraglichen Tarifnormen Betroffenen entfaltet[96]. Für eine entsprechende Anwendung spricht auch § 97 Abs. 3 ArbGG, der die Pflicht zur Übersendung der im Verfahren nach §§ 2a Abs. 1 Nr. 4, 97 ArbGG ergangenen rechtskräftigen Beschlüsse an die zuständige oberste Landesbehörde und den Bundesminister für Arbeit und Sozialordnung anordnet, wie sie grundsätzlich für alle rechtkräftigen Entscheidungen besteht, die die Bindungswirkung nach § 9 TVG auslösen[97]. Die Bindungswirkung gilt für alle Befugnisse, die die Tariffähigkeit oder die Tarifzuständigkeit voraussetzen, zum Beispiel den Abschluß von Tarifverträgen, die Einleitung von Streikmaßnahmen oder die Klagebefugnis nach § 9 TVG. Sie ist in allen gerichtlichen und schiedsrichterlichen Verfahren zu beachten, in denen es auf die festgestellte Tarifzuständigkeit bzw. die innerhalb der festgestellten Tarifzuständigkeit geschlossenen Tarifverträge ankommt. Zu nennen sind hier insbesondere Individualverfahren, in denen Rechte aus einem Tarifvertrag geltend gemacht werden, betriebsverfassungsrechtliche Beschlußverfahren, für die ein Tarifvertrag entscheidend ist, das Verfahren nach § 9 TVG, verwaltungsrechtliche Streitigkeiten, in denen es auf die Wirksamkeit von Tarifverträgen ankommt, oder sozialgerichtliche Verfahren, die die tarifliche Arbeitszeit als Berechnungsgrundlage zum Gegenstand haben[98]. Strittig ist, ob diese Bindungswirkung auch für Verwaltungsverfahren gilt,

---

[94] BAG AP Nr. 4 zu § 2 TVG Tarifzuständigkeit; Hauck/Helml, ArbGG, § 97, Rn. 3; Hromadka/Maschmann/Wallner, Der Tarifwechsel, Rn. 23; MünchArbR/Löwisch/Rieble, § 255, Rn. 96.

[95] Kempen/Zachert, TVG, § 2, Rn. 143; MünchArbR/Löwisch/Rieble, § 255, Rn. 93, 96.

[96] BAG AP Nr. 6 zu § 2 TVG Tarifzuständigkeit; Düwell/Lipke/Koch, ArbG, § 97, Rn.8; Grunsky, ArbGG, § 97, Rn. 22; Kempen/Zachert, TVG, § 2, Rn. 143; MünchArbR/Löwisch/Rieble, § 255, Rn. 93; s. auch zur Einordnung der durch § 9 TVG fixierten Bindungswirkung nach der herrschenden Meinung als Erweiterung der subjektiven Rechtskraft: Wiedemann/Oetker, TVG, § 9, Rn. 9ff, 30ff m.w.N.

[97] Grunsky, ArbGG, § 97, Rn. 22.

[98] MünchArbR/Löwisch/Rieble, § 255, Rn. 93.

so daß der Bundesminister für Arbeit die Allgemeinverbindlicherklärung eines Tarifvertrages nicht wegen fehlender Tariffähigkeit oder Tarifzuständigkeit ablehnen kann, wenn ein Arbeitsgericht diese formell rechtskräftig festgestellt hat[99].

D. Rechtsmittel

I. Die Beschwerde (§§ 97 Abs. 2, 87 ArbGG)

Gegen die erstinstanzliche Entscheidung über die Tarifzuständigkeit steht den Beteiligten gemäß §§ 97 Abs. 2, 87 ArbGG die Möglichkeit der Beschwerde an das Landesarbeitsgericht offen.

Rechtsmittelbefugt sind nicht nur die Antragssteller, sofern der Inhalt des Beschlusses hinter ihrem Antrag zurückbleibt, sondern auch alle anderen Verfahrensbeteiligten, sofern sie materiell beschwert sind[100]. Die materielle Beschwer fehlt allerdings, wenn der Beteiligte in der unteren Instanz eine Ansicht im Sinne des angefochtenen Beschlusses vertreten hat[101].

II. Die Rechtsbeschwerde (§§ 97 Abs. 2, 92 ArbGG)

Gegen die Entscheidung des Landesarbeitsgerichts kann Rechtsbeschwerde beim Bundesarbeitsgericht eingelegt werden, wenn sie vom Landesarbeitsgericht zugelassen wird (§§ 97 Abs. 2, 92 ArbGG). Das wird im Falle des Rechtsstreits über die Tarifzuständigkeit grundsätzlich der Fall sein, da die Entscheidung über die Tarifzuständigkeit angesichts der Bedeutung des Merkmals in der Regel grundsätzliche Bedeutung im Sinne von §§ 92 Abs. 1 S. 2, 72 Abs. 2 Nr. 1 ArbGG hat[102]. Für Streitigkeiten über die Tariffähigkeit und Tarifzuständigkeit einer Vereinigung ist zudem die Nichtzulassungsbeschwerde nach § 92a ArbGG privilegiert.

---

[99] Dafür: MünchArbR/Löwisch/Rieble, § 255, Rn. 95, § 266, Rn. 33; dagegen: Wiedemann/Oetker, TVG, § 9, Rn. 40.

[100] Germelmann/Matthes, ArbGG, § 89, Rn. 3, 7f; Grunsky, ArbGG, § 97, Rn. 16.

[101] BAG AP Nr. 3 zu § 2 TVG Tarifzuständigkeit; Grunsky, ArbGG, § 97, Rn. 17.

[102] Germelmann/Matthes, ArbGG, § 97, Rn. 26; Grunsky, ArbGG, § 97, Rn. 15; Kempen/Zachert, TVG, § 2, Rn. 142.

Nach §§ 97 Abs. 2, 93 Abs. 1 ArbGG kann die Rechtsbeschwerde nur darauf gestützt werden, daß der Beschluß des Landesarbeitsgerichts auf der Nichtanwendung oder der unrichtigen Anwendung einer Rechtsnorm beruht. Für das Verfahren über die Tarifzuständigkeit stellt sich damit die Frage, ob die satzungsmäßige Zu- bzw. Nichtzuständigkeit noch in dieser Instanz gerügt werden kann. Nach dem Bundesarbeitsgericht und der Literatur ist die Auslegung der Satzung der Tarifvertragsparteien im Ergebnis auch noch in der Rechtsbeschwerdeinstanz in vollem Umfang nachprüfbar[103], ohne daß es dabei Einigkeit über die - vor allem in Abhängigkeit von der rechtlichen Einordnung der Satzung als Vertrag bzw. Korporationsrecht[104] stehende - Begründung gäbe[105]. Soweit nach diesen Grundsätzen das Bundesarbeitsgericht in der Rechtsbeschwerdeinstanz eine satzungsmäßige Tarifzuständigkeit überprüft, ist das Gericht aber an die Feststellungen des Landesarbeitsgerichts in tatsächlicher Hinsicht, anhand derer ein Unternehmen bzw. ein Betrieb seiner Art nach einem satzungsmäßigen Organisationsbereich zuzuordnen ist, gebunden (§§ 97 Abs. 2, 92 Abs. 2, 72 Abs. 5 ArbGG, 561 ZPO). Daher muß das Bundesarbeitsgericht im Einzelfall zur weiteren Sachverhaltsaufklärung an das Landesarbeitsgericht zurückverweisen, wenn die von diesem in der Beschwerdeinstanz vorgenommenen Feststellungen zur endgültigen Entscheidung über die Tarifzuständigkeit nicht ausreichen[106].

Nach dem Bundesarbeitsgericht kann eine Rechtsbeschwerde auch auf eine Satzungsänderung, die von einer Tarifvertragspartei erst nach dem Schluß des arbeitsgerichtlichen Verfahrens vor dem Landesarbeitsgericht in zweiter Instanz vorgenommen worden ist, gestützt werden. § 94 Abs. 2 S. 2 ArbGG steht einer Rechtsbeschwerdebegründung, die allein auf eine derartige Satzungsänderung abstellt, nicht entgegen[107]. Allerdings können diese Satzungsänderungen vom Bundesarbeitsgericht nur berücksichtigt werden, wenn die Tarifzuständigkeit für

[103] BAG AP Nr. 1, 8, 14 zu § 2 TVG Tarifzuständigkeit; Düwell/Lipke/Düwell, ArbGV, § 73, Rn. 16; Germelmann/Müller-Glöge, ArbGG, § 73, Rn. 13; Grunsky, § 73, Rn. 6; Hauck/Helml, ArbGG, § 73, Rn. 4; allgemein für die ordentliche Gerichtsbarkeit: BGHZ 96, 245, 250.

[104] S.o. 2. Teil A. I. 1.

[105] Vgl. zu den unterschiedlichen Ansätzen: für das arbeitsgerichtliche Verfahren: BAG AP Nr. 1 zu § 2 TVG Tarifzuständigkeit mit Anmerkung von Isele, SAE 1964, S. 204, 206; Germelmann/Müller-Glöge, ArbGG, § 73, Rn. 13; Grunsky, ArbGG, § 73, Rn. 13; für das zivilgerichtliche Verfahren: BGHZ 96, 245, 250; MüKo/Reuter, BGB, § 25, Rn. 25, Soegel/Hadding, BGB, § 25, Rn. 36. Zu beachten ist, daß im zivilgerichtlichen Verfahren die Revision nach § 549 Abs. 1 ZPO nur darauf gestützt werden kann, daß die Entscheidung auf der Verletzung des Bundesrechts oder einer Vorschrift beruht, deren Geltungsbereich sich über den Bezirk eines Oberlandesgerichts hinaus erstreckt.

[106] BAG AP Nr. 5 zu § 2 TVG Tarifzuständigkeit.

[107] BAG AP Nr. 7 zu § 2 TVG Tarifzuständigkeit.

die Zeit nach der Satzungsänderung festgestellt werden soll. Soweit in dem Verfahren die Tarifzuständigkeit für einen davor liegenden Zeitraum geklärt werden soll, kann die Satzungsänderung keine Beachtung mehr finden, da eine rückwirkende Festlegung der satzungsmäßigen Tarifzuständigkeit nicht möglich ist[108].

E. Das Verhältnis zum DGB-Schiedsgerichtsverfahren nach § 16 DGB-Satzung

Zu untersuchen ist schließlich das Verhältnis zwischen dem arbeitsgerichtlichen Beschlußverfahren gemäß §§ 2a Abs. 1 Nr. 4, 97 ArbGG und dem DGB-Schiedsgerichtsverfahren nach § 16 der DGB-Satzung.

I. Die Bindungswirkung der DGB-Schiedsurteile im arbeitsgerichtlichen Beschlußverfahren

Fraglich ist, ob DGB-Schiedsurteile eine Bindungswirkung im arbeitsgerichtlichen Verfahren entfalten.

Die Ansicht, die nur eine verbandsinterne Wirkung der DGB-Schiedsurteile annimmt, lehnt konsequent eine Bindungswirkung ab[109]. Da aber - wie gezeigt - die DGB-Satzung über die satzungsmäßige Mitgliedsklausel in die Einzelsatzungen einfließt und so auch im Außenverhältnis Drittwirkung entfaltet[110], sind die Arbeitsgerichte grundsätzlich an die DGB-Schiedsurteile gebunden. Dabei ergibt sich der Inhalt und der Umfang der Bindungswirkung aus dem Inhalt und Umfang der Schiedsurteile[111]. Im DGB-Schiedsgerichtsverfahren nimmt das DGB-Schiedsgericht die Kompetenz wahr, aus mehreren satzungsmäßig zuständigen DGB-Gewerkschaften eine alleinzuständige DGB-Gewerkschaft auszuwählen. Als Grundlage für die Auswahlentscheidung dienen die Kriterien zur Organisationsabgrenzung nach Ziff. 2 a)-c) der Richtlinien für die Abgrenzung von Organisationsbereichen und die Veränderung der Organisationsbezeichnung gemäß § 15 Ziff. 1 der DGB-Satzung. Die Arbeitsgerichte sind daher an die im DGB-Schiedsgerichtsverfahren getroffene Auswahlentscheidung gebunden und müssen der unterlegenen DGB-Gewerkschaft die Tarifzuständigkeit abspre-

[108] S.o. 2. Teil A. I. 4; BAG AP Nr. 7, 8 zu § 2 TVG Tarifzuständigkeit.
[109] S.o. 2. Teil A. III. 3. b) aa).
[110] S.o. 2. Teil A. III. 3. b).
[111] S.o. 2. Teil A. III. 3. a) cc).

chen[112]. Allerdings ist trotz des DGB-Schiedsurteils die Tarifzuständigkeit der obsiegenden DGB-Gewerkschaft für die Arbeitgeberseite noch angreifbar, so daß der Ansicht, daß ein DGB-Schiedsgerichtsverfahren ein Verfahren nach §§ 2a Abs. 1 Nr. 4, 97 ArbGG unnötig mache[113], nicht gefolgt werden kann. Die Bindungswirkung der DGB-Schiedsurteile bezieht sich allein auf die Auswahlentscheidung des Schiedsgerichts aus mehreren zuständigen DGB-Gewerkschaften, da das DGB-Schiedsgericht eine weitergehende Kompetenz zur Erweiterung der satzungsmäßigen Tarifzuständigkeiten der Einzelgewerkschaften nicht wahrnimmt. Auch die Tarifzuständigkeit der obsiegenden Partei muß daher aus deren Satzung und der satzungsmäßigen Zuständigkeit des gegenüberstehenden Arbeitgeberverbandes bzw. beim Firmentarifvertrag aus der entsprechenden Branchenzugehörigkeit des einzelnen Arbeitgebers ermittelt werden. Dies bleibt unabhängig vom Schiedsurteil gerichtlich überprüfbar, auch wenn der Entscheidung des DGB-Schiedsgerichts insoweit regelmäßig eine gewisse Indizwirkung zukommen wird. Ein Arbeitgeber kann daher im arbeitsgerichtlichen Beschlußverfahren weiterhin gegenüber der im Schiedsgerichtsverfahren obsiegenden DGB-Gewerkschaft einwenden, daß sie satzungsmäßig nicht zuständig ist oder aber daß er einer anderen als ihrer satzungsmäßigen Branche angehört. Insoweit entfaltet das DGB-Schiedsurteil keine Bindungswirkung für die Arbeitsgerichte.

Fraglich ist aber, ob und inwieweit auch die Auswahlentscheidung des DGB-Schiedsgerichts im Beschlußverfahren nach §§ 2a Abs. 1 Nr. 4, 97 ArbGG selbst noch angreifbar ist. Diese Frage stellt sich, wenn eine im DGB-Schiedsgerichtsverfahren unterlegene DGB-Gewerkschaft ein Beschlußverfahren zur Entscheidung über ihre und die Tarifzuständigkeit der konkurrierenden Gewerkschaft anstrengt. Ausgangspunkt für die Beantwortung der Frage muß die rechtliche Einordnung des DGB-Schiedsgerichts sein. Wie gezeigt, handelt es sich bei ihm nicht um ein Schiedsgericht im Sinne der §§ 1025ff BGB, sondern um ein Vereinsorgan im weiteren Sinne, das gleichsam einem Vereinsgericht nach den Kriterien der Ziff. 2 der Richtlinien für die Abgrenzung von Organisationsbereichen und die Veränderung der Organisationsbezeichnung gemäß § 15 Ziff. 1 der DGB-Satzung unter mehreren zuständigen DGB-Gewerkschaften eine Gewerkschaft auswählt[114]. Daher ist eine Rüge gemäß § 1032 Abs. 1 ZPO nicht möglich. Auch ist eine gerichtliche Nachprüfung nicht von vornherein dadurch ausgeschlossen, daß Ziff. 4 d) der DGB-Schiedsgerichtsordnung bestimmt, daß das Schiedsurteil unter den Parteien die Wirkung eines rechtskräftigen Urteils hat. Nach ganz herrschender Meinung

---

[112] Ebenso: Blank, Die Tarifzuständigkeit der DGB-Gewerkschaften, S. 146, 147.

[113] Däubler, Tarifvertragsrecht, Rn. 95; Kempen/Zachert, TVG, § 2, Rn. 114, 142.

[114] S.o. 2. Teil A. III. 3 a) aa).

kann nämlich die gerichtliche Überprüfung von Maßnahmen von Vereinsgerichten oder sonstigen Vereinsorganen nicht von vornherein ausgeschlossen werden[115]. Maßgebend sind damit die Grundsätze, die im allgemeinen Vereinsrecht für die gerichtliche Überprüfung von Vereinsgerichtsbarkeiten gelten. Ohne vorliegend auf eine dogmatische Begründung einzugehen[116], ist mit der Rechtsprechung des Bundesgerichtshofes im Ergebnis davon auszugehen, daß Entscheidungen von Vereinsgerichten nach Ausschöpfung der vereinsinternen Rechtsbehelfe gerichtlich auf ihre satzungsmäßige Grundlage, Verfahrensfehler, sonstige Satzungs- bzw. Gesetzesverstöße, die Feststellung der zugrunde liegenden Tatsachen sowie inhaltlich bei Vereinen ohne Aufnahmepflicht auf grobe Unbilligkeit, bei Vereinen mit Aufnahmepflicht auf Billigkeit überprüfbar sind[117]. Da diese Grundsätze auch für alle sonstigen Maßnahmen des Vereins im Verhältnis zu seinen Mitgliedern gelten[118], können sie folglich entsprechend auf die Überprüfung der DGB-Schiedsurteile angewandt werden. In diesem Rahmen können daher auch DGB-Gewerkschaften im arbeitsgerichtlichen Beschlußverfahren nach §§ 2a Abs. 1 Nr. 4, 97 ArbGG die im DGB-Schiedsgerichtsverfahren ergangenen Urteile überprüfen lassen. Zutreffend hat das Bundesarbeitsgericht demzufolge in seinem Beschluß vom 25.9.1996 den (damaligen) Spruch der DGB-Schiedsstelle nicht nur formell auf etwaige erhebliche Verfahrensfehler, sondern auch den Inhalt des Schiedsspruches auf einen Willkürverstoß untersucht[119]. Ebenso wie bei der Überprüfung der verbandsinternen Zuständigkeitsordnung durch den sozialen Gegenspieler können die Arbeitsgerichte aber auch

[115] BGHZ 21, 370, 375, 376; 29, 352, 354; MüKo/Reuter, BGB, § 25, Rn. 61; Palandt/Heinrichs, BGB, § 25, Rn. 18; Soergel/Hadding, BGB, § 25, Rn. 57.
[116] Vgl. dazu - je nach Sicht der Rechtsnatur der Vereinssatzung (s.o. 2. Teil A. I.) - für die Einordnung der Vereinsstrafe als eigenständiges verbandsrechtliches Institut: BGHZ 21, 370, 373; 29, 352, 355; MüKo/Reuter, BGB, § 25, Rn. 39; Palandt/Heinrichs, BGB, § 25, Rn. 12; Reichert, Vereins- und Verbandsrecht, Rn. 1601; Stöber, Handbuch zum Vereinsrecht, Rn. 668 m.w.N.; für die Einordnung als Vertragsstrafe nach bzw. entsprechend §§ 339ff BGB: Look van, Vereinsstrafen als Vertragsstrafen, S. 107ff m.w.N.; Soegel/Hadding, BGB, § 25, Rn. 38.
[117] BGHZ 87, 337, 344; 102, 265, 276; BGH NJW 1997, 3368, 3370; ihm folgend: Palandt/Heinrichs, BGB, § 25, Rn. 21-25; Sauter/Schweyer, Der eingetragene Verein, Rn. 350; Stöber, Handbuch zum Vereinsrecht, Rn. 712/719; ebenfalls für eine Differenzierung zwischen Verein mit und ohne Aufnahmefreiheit, aber mit unterschiedlichem Kontrollumfang: MüKo/Reuter, BGB, § 25, Rn. 41ff u. 50ff; von der rechtsgeschäftlichen Sichtweise aus: Soergel/Hadding, BGB, § 25, Rn. 60/62, der das satzungsmäßige Strafversprechen einer Angemessenheitskontrolle nach § 343 BGB unterziehen und die Straffestsetzung durch das Vereinsorgan nach § 315 BGB dahingehend überprüfen will, ob sie billigem Ermessen entspricht.
[118] Palandt/Heinrichs, BGB, § 25, Rn. 28.
[119] BAG AP Nr. 10 zu § 2 TVG Tarifzuständigkeit.

hier nur das Urteil des Schiedsgerichts für unwirksam erklären, nicht jedoch eine eigene Entscheidung an die Stelle der Verbandsentscheidung setzen[120].

II. Der arbeitsgerichtliche Beschluß im DGB-Schiedsgerichtsverfahren

Weiter ist darzulegen, welche Wirkung umgekehrt der arbeitsgerichtliche Beschluß über die Zuständigkeit/Unzuständigkeit einer DGB-Gewerkschaft im DGB-Schiedsgerichtsverfahren entfaltet.

Einer Entscheidung nach §§ 2a Abs. 1 Nr. 4, 97 ArbGG kommt grundsätzlich - wie oben gezeigt - materielle Rechtskraft zu[121]. Das DGB-Schiedsgericht ist daher daran gehindert, einer DGB-Gewerkschaft eine Tarifzuständigkeit, die ihr von einem Arbeitsgericht im Verfahren nach §§ 2a Abs. 1 Nr. 4, 97 ArbGG wegen einer fehlenden Satzungsgrundlage abgesprochen worden ist, zuzuerkennen[122]. Eine Kompetenz zur Erweiterung der satzungsmäßigen Tarifzuständigkeit der Einzelgewerkschaften steht dem Schiedsgericht nicht zu[123]. Umgekehrt ist es aber im Falle mehrerer zuständiger konkurrierender DGB-Gewerkschaften nicht an einen Beschluß eines Arbeitsgerichts gebunden, das die Tarifzuständigkeit einer DGB-Gewerkschaft festgestellt hat. Die Rechtskraft des arbeitsgerichtlichen Beschlusses bezieht sich nämlich nur auf die Feststellung der satzungsmäßigen Grundlage. Soweit die Arbeitsgerichte nach den dargestellten Grundsätzen zur Alleinzuständigkeit einer von mehreren zuständigen DGB-Gewerkschaften gelangt sind, kann dies jederzeit durch eine Entscheidung des DGB-Schiedsgerichts überholt werden. Als verbandsinterne Angelegenheit fällt die (letzt)verbindliche Auswahlentscheidung allein dem DGB-Schiedsgericht als dem zuständigen Satzungsorgan zu. Daher kann eine satzungsmäßig zuständige DGB-Gewerkschaft auch nach dem arbeitsgerichtlichen Verfahren eine verbandsinterne Entscheidung im DGB-Schiedsgerichtsverfahren herbeiführen, um doch noch ihre Tarifzuständigkeit gegenüber der DGB-Gewerkschaft, der im Beschlußverfahren nach §§ 2a Abs. 1 Nr. 4, 97 ArbGG die Tarifzuständigkeit zuerkannt wurde, durchzusetzen. Das DGB-Schiedsgericht kann dann die arbeitsgerichtlich festgestellte Tarifzuständigkeit der anderen DGB-Gewerkschaft

[120] Vgl. zum Strafbeschluß eines Vereinsgerichts: BGHZ 13, 5, 14; MüKo/Reuter, BGB, § 25, Rn. 61; Palandt/Heinrichs, BGB, § 25, Rn. 26; Reichert, Vereins- und Verbandsrecht, Rn. 1729, 1778, 1867/1869; a.A., und zwar für die Möglichkeit eines Gestaltungsurteils: Look van, Vereinsstrafen als Vertragsstrafen, S. 228f; Soergel/Hadding, BGB, § 25, Rn. 62.
[121] S.o. 5. Teil A. III.
[122] Blank, Die Tarifzuständigkeit der DGB-Gewerkschaften, S. 149, 150.
[123] S.o. 2. Teil A. III. 3. a) cc).

aufheben, da aufgrund des Feststellungsbeschlusses allein feststeht, daß diese Gewerkschaft nach ihrer Satzung zuständig ist[124].

III. Das arbeitsgerichtliche Beschlußverfahren vor Einleitung bzw. während eines DGB-Schiedsgerichtsverfahrens

Schließlich ist fraglich, ob ein arbeitsgerichtliches Beschlußverfahren im Falle der Konkurrenz mehrerer DGB-Gewerkschaften vor Einleitung bzw. vor Beendigung eines DGB-Schiedsgerichtsverfahrens von einer betroffenen DGB-Gewerkschaft durchgeführt werden kann.

Zunächst ist festzuhalten, daß die Anrufung des DGB-Schiedsgerichts im Falle von Konkurrenzstreitigkeiten allein eine nach § 16 der DGB-Satzung bestehende verbandsinterne Pflicht der DGB-Gewerkschaften ist, deren Verletzung für das Beschlußverfahren nach §§ 2a Abs. 1 Nr. 4, 97 ArbGG im Außenverhältnis ohne Bedeutung ist. Allerdings wird vertreten, daß den DGB-Gewerkschaften das Feststellungsinteresse fehle, soweit sie sich untereinander die Tarifzuständigkeit bestreiten. Ihnen biete sich die Möglichkeit, strittige Zuständigkeitsfragen ohne gerichtliche Hilfe im Wege des verbandsinternen Schiedsgerichtsverfahrens zu klären[125] Das Bundesarbeitsgericht hat demgegenüber in seinem Beschluß vom 12.11.1996 hervorgehoben, daß die Durchführung der DGB-Schiedsgerichtsverfahren keine Prozeßvoraussetzung sei, ohne dabei überhaupt auf ein Feststellungsinteresse einzugehen[126].

Grundsätzlich fehlt das Feststellungsinteresse/Rechtsschutzbedürfnis, wenn ein einfacherer Weg zur Erreichung des Ziels, den Rechtsfrieden zwischen den Parteien/Beteiligten herzustellen, gegeben ist[127]. Ob verbandsinterne Rechtsbehelfe und Vorschaltverfahren im Rahmen des Feststellungsinteresses einen derartigen einfacheren Weg darstellen oder einfach nur eine gerichtliche Nachprüfung bis zu ihrer Ausschöpfung ausschließen[128], kann vorliegend dahingestellt bleiben. Richtigerweise sollte für die vorliegende Konstellation differenziert werden. Soweit eine DGB-Gewerkschaft sich und andere DGB-Gewerkschaften zusammen für zuständig hält, ihre Tarifzuständigkeit aber gegenüber der bisher zu-

---

[124] Blank, Die Tarifzuständigkeit der DGB-Gewerkschaften, S. 149.

[125] Blank, Die Tarifzuständigkeit der DGB-Gewerkschaften, S. 148; Düwell/Lipke/Koch, ArbGV, § 97, Rn. 7; Hauck/Helml, ArbGG, § 97, Rn. 3.

[126] BAG AP Nr. 11 zu § 2 TVG Tarifzuständigkeit.

[127] Germelmann, ArbGG, § 46, Rn. 65; Hauck/Helml, ArbGG, § 46, Rn. 47.

[128] So BGHZ 47, 172, 174; 106, 67, 69, 70; Reichert, Vereins- und Verbandsrecht, Rn. 1704, 1705.

ständigen DGB-Gewerkschaft durchsetzen möchte, ist sie auf das DGB-Schiedsgerichtsverfahren zu verweisen. Hier strebt die DGB-Gewerkschaft eine neue verbandsinterne Zuständigkeitsordnung an, deren Herstellung nicht durch die Arbeitsgerichte, sondern nur durch das DGB-Schiedsgericht als das dafür zuständige Verbandsorgan vorgenommen werden kann. Im übrigen ist aber zu beachten, daß - wie eben gezeigt - der arbeitsgerichtliche Beschluß auch für das DGB-Schiedsgericht bindend und unabänderlich feststellt, inwieweit die betreffende DGB-Gewerkschaft nach ihrer Satzung für einen bestimmten Wirtschaftszweig bzw. einen Arbeitgeberverband/einen Arbeitgeber zuständig ist. Im letzteren Fall beinhaltet diese Entscheidung wegen des Erfordernisses der korrespondierenden Tarifzuständigkeit der Tarifvertragsparteien zugleich auch die Feststellung der satzungsmäßigen Tarifzuständigkeit des Arbeitgeberverbandes bzw. der Branchenzugehörigkeit des Arbeitgebers. Soweit eine DGB-Gewerkschaft daher bereits die satzungsmäßige Tarifzuständigkeit einer konkurrierenden DGB-Gewerkschaft bestreitet, sei es wegen einer fehlenden Satzungsgrundlage, sei es wegen einer falschen Einordnung der Tarifzuständigkeit der Gegenseite, insbesondere der Branchenzugehörigkeit des einzelnen Arbeitgebers, oder es ihr entscheidend auf die (vorläufige) Sicherung ihrer Tarifzuständigkeit nach den oben dargestellten Grundsätzen[129] ankommt, da sie bereits vor der Konkurrenzsituation für den Arbeitgeber tarifzuständig war, kann sie unabhängig von der Einleitung eines DGB-Schiedsgerichtsverfahrens das Beschlußverfahren nach §§ 2a Abs. 1 Nr. 4, 97 ArbGG beantragen. Ein Feststellungsinteresse besteht bzw. ein Ausschluß des Rechtsweges kommt nicht in Betracht, da der arbeitsgerichtliche Beschluß insoweit auch durch das DGB-Schiedsgerichtsverfahren nicht überholt werden kann. Die Arbeitsgerichte müssen in diesen Fällen auch vor Einleitung eines DGB-Schiedsgerichtsverfahrens bei Konkurrenz mehrerer DGB-Gewerkschaften über den Antrag einer DGB-Gewerkschaft auf Feststellung der Tarifzuständigkeit entscheiden[130]. Die arbeitsgerichtliche Entscheidung folgt dabei den oben dargestellten Grundsätzen zur Ermittlung der Alleinzuständigkeit einer DGB-Gewerkschaft vor Einleitung des DGB-Schiedsgerichtsverfahrens[131]. Insofern geht mit dem arbeitsgerichtlichen Beschluß eine (vorläufige) Entscheidung im Zuständigkeitskonflikt der DGB-Gewerkschaften einher. Das Arbeitsgericht wird einer DGB-Gewerkschaft, die in Konkurrenz zu einer anderen DGB-Gewerkschaft steht, daher nur dann die Tarifzuständigkeit für den fraglichen Organisationsbereich/Arbeitgeber zuspre-

---

[129] S.o. 2. Teil A. III. 5.
[130] BAG AP Nr. 11 zu § 2 TVG Tarifzusätndigkeit.
[131] S.o. 2. Teil A. III. 5.

chen, wenn sie bereits vor Entstehen der Konkurrenzsituation tarifzuständig war[132].

Zwar können die Arbeitsgerichte in diesen Fällen die beteiligten DGB-Gewerkschaften auch auf das DGB-Schiedsgerichtsverfahren hinweisen. Eine Aussetzung des Verfahrens bis zu einer Durchführung des DGB-Schiedsgerichtsverfahrens nach § 148 ZPO, der grundsätzlich auch im arbeitsgerichtlichen Beschlußverfahren anwendbar ist[133], kommt aber nicht in Betracht, da ein Gericht nach dieser Norm die Möglichkeit zur Aussetzung nur im Falle eines bereits anhängigen Rechtsstreits hat. Es besteht auch im übrigen keine prozessuale Möglichkeit, den DGB-Gewerkschaften zunächst die Einleitung eines DGB-Schiedsgerichtsverfahrens aufzugeben[134]. *Blank* dagegen möchte eine derartige Kompetenz der Arbeitsgerichte zum Schutze der Arbeitgeberseite annehmen, wenn ein Arbeitgeber Arbeitskampfmaßnahmen mehrerer konkurrierender DGB-Gewerkschaften befürchten müsse und nicht wisse, mit welcher Gewerkschaft er eine dauerhafte tarifvertragliche Einigung erzielen könne[135]. Gegen diese Ansicht ist nicht nur ihre rechtsfolgeorientierte Begründung einzuwenden. Nach hiesiger Ansicht geht sie auch von einem falschen Ausgangspunkt aus, da nach der DGB-Satzung auch im Außenverhältnis eine Doppelzuständigkeit von DGB-Gewerkschaften grundsätzlich ausgeschlossen ist und es vor Einleitung/Abschluß des DGB-Schiedsgerichtsverfahrens bei der Alleinzuständigkeit der DGB-Gewerkschaft verbleibt, die vor Entstehen der Konkurrenzsituation als zuständig angesehen wurde[136]. Damit ist ein Arbeitgeber unabhängig von dem DGB-Schiedsgerichtsverfahren grundsätzlich vor der Inanspruchnahme durch zwei DGB-Gewerkschaften geschützt. Er kann Kampfmaßnahmen durch eine zweite DGB-Gewerkschaft notfalls im Wege des einstweiligen Rechtsschutzes abwehren. Die mit einer zuständigen DGB-Gewerkschaft abgeschlossenen Tarifverträge sind für die vereinbarte Dauer geschützt, auch wenn das DGB-Schiedsgericht nachträglich der anderen DGB-Gewerkschaft die alleinige Zuständigkeit zusprechen sollte[137].

Die vorangestellten Besonderheiten gelten nicht für Anträge der Arbeitgeberseite. Da nur die streitenden DGB-Gewerkschaften, nicht aber die Arbeitgeber als Außenstehende das DGB-Schiedsgerichtsverfahren einzuleiten vermögen, können sie bzw. die Arbeitgeberverbände jederzeit einen arbeitsgerichtlichen Beschluß nach §§ 2a Abs. 1 Nr. 4, 97 ArbGG beantragen.

---

[132] S.o. 2. Teil A. III. 5.
[133] Germelmann/Matthes, ArbGG, § 80, Rn. 43; Hauck/Helml, ArbGG, § 80, Rn. 9.
[134] BAG AP Nr. 11 zu § 2 TVG Tarifzuständigkeit.
[135] Blank, Die Tarifzuständigkeit der DGB-Gewerkschaften, S. 147, 148.
[136] S.o. 2. Teil A. III. 5.
[137] S. zum nachträglichen Wegfall der Tarifzuständigkeit: 4. Teil. B.

Fraglich ist aber, ob die Arbeitsgerichte ein Beschlußverfahren aussetzen können, wenn ein DGB-Schiedsgerichtsverfahren bereits anhängig ist bzw. während des arbeitsgerichtlichen Verfahrens eingeleitet wird. Nach einer Ansicht sind die Arbeitsgerichte dazu sogar verpflichtet, da anderenfalls der arbeitsgerichtliche Feststellungsbeschluß Gefahr laufe, durch das zu erwartende Schiedsurteil korrigiert zu werden[138]. Angesichts der eben dargelegten Wirkung des arbeitsgerichtlichen Beschlusses auch im DGB-Schiedsgerichtsverfahren kann dem jedoch nicht gefolgt werden. Eine Aussetzungspflicht besteht nicht. Zu denken ist aber wiederum an § 148 ZPO. Zunächst bestehen gegen dessen Anwendbarkeit keine Bedenken von vornherein, da in dieser Konstellation das DGB-Schiedsgerichtsverfahren bereits anhängig ist. Allerdings ist zu beachten, daß § 148 ZPO einen Rechtsstreit vor einem staatlichen oder einem Schiedsgericht voraussetzt[139]. Daran fehlt es hier. Das DGB-Schiedsgericht ist ein einem Vereinsgericht vergleichbares Vereinsorgan und damit weder ein staatliches noch ein Schiedsgericht. Auch entscheidet es keinen Rechtsstreit, sondern trifft eine verbandsinterne Auswahlentscheidung zwischen den konkurrierenden DGB-Gewerkschaften. Dennoch spricht hier vieles für eine entsprechende Anwendung von § 148 ZPO. Die DGB-Auswahlentscheidung ist als verbandsinterne Maßnahme nur in den aufgezeigten Grenzen gerichtlich überprüfbar und entfaltet damit für die Arbeitsgerichte - zumindest teilweise wie ein gerichtliches Urteil - Bindungswirkung. Es besteht damit im Hinblick auf die Auswahlentscheidung des DGB-Schiedsgerichts die von § 148 ZPO vorausgesetzte Vorgreiflichkeit[140]. Soweit die verbandsinterne DGB-Entscheidung unmittelbar bevorsteht, erscheint daher eine analoge Anwendung von § 148 ZPO gerechtfertigt, um dem Arbeitsgericht die Möglichkeit zu geben, das DGB-Schiedsurteil in seinem Beschluß zu berücksichtigen. Während eines laufenden DGB-Schiedsgerichtsverfahrens können also die Arbeitsgerichte das Beschlußverfahren nach §§ 2a Abs. 1 Nr. 4, 97 ArbGG aussetzen, um eine Entscheidung im DGB-Schiedsgerichtsverfahrens abzuwarten.

F. Die Aussetzung anderer Verfahren nach 97 Abs. 5 ArbGG

Nach § 97 Abs. 5 S. 1 ArbGG hat ein Gericht, wenn die Entscheidung eines Rechtsstreits davon abhängt, ob eine Vereinigung tariffähig oder ob die Tarifzu-

[138] Blank, Die Tarifzuständigkeit der DGB-Gewerkschaften, S. 147.

[139] MüKo/Peters, ZPO, § 148, Rn. 11; Zöller/Greger, ZPO, § 148, Rn. 6.

[140] Vgl. allgemein zur Vorgreiflichkeit aufgrund einer Gestaltungswirkung der anderen Entscheidung: BGH NJW 1983, S. 514, 515; MüKo/Peters, ZPO, § 148, Rn. 8.

ständigkeit einer Vereinigung gegeben ist, das Verfahren bis zur Erledigung des Beschlußverfahrens nach § 2a Abs. 1 Nr. 4 ArbGG auszusetzen.

I. Der auszusetzende Rechtsstreit

Der Grund für die gesetzliche Anordnung des § 97 Abs. 5 ArbGG liegt in der Funktion der Tariffähigkeit bzw. Tarifzuständigkeit als tarifvertragliche Wirksamkeitsvoraussetzung. Angesichts der daraus resultierenden weitreichenden Bedeutung für die Tarifvertragsparteien und ihre normunterworfenen Mitglieder soll das Vorliegen der Tariffähigkeit bzw. Tarifzuständigkeit grundsätzlich im Beschlußverfahren nach §§ 2a Abs. 1 Nr. 4, 97 ArbGG abschließend geklärt werden, das durch den in ihm geltenden Untersuchungsgrundsatz eine größtmögliche Richtigkeitsgewähr bietet[141].

Die Aussetzungspflicht ist diesem Zweck entsprechend in jedem Rechtsstreit zwingend und besteht grundsätzlich von Amts wegen, so daß es eines besonderen Antrags der Parteien/Beteiligten des auszusetzenden Rechtsstreits nicht bedarf[142]. In welchem Rechtsweg, vor welchem Gericht, in welcher Instanz und welchem Verfahrensgegenstand das auszusetzende Verfahren anhängig ist, spielt keine Rolle[143]. Die Aussetzungspflicht ist unabhängig davon, ob bereits ein entsprechendes Beschlußverfahren über die fragliche Tariffähigkeit oder Tarifzuständigkeit einer Vereinigung nach § 97 Abs. 1 ArbGG anhängig ist oder nicht[144]. Diskutiert wird auch die Frage, ob der Rechtsstreit, in dem es auf die Frage der Tarifzuständigkeit ankommt, überhaupt schon anhängig sein muß. Nach einer Ansicht ist dies als bloßer Formalismus abzulehnen. Ausreichend sei vielmehr, daß es im Rahmen einer schon entstandenen Streitigkeit auf eine entsprechende Vorfrage ankomme[145]. Nach anderer Ansicht tritt die Antragsberechtigung grundsätzlich erst dann ein, wenn der Rechtsstreit ausgesetzt worden

---

[141] BAG AP Nr. 15 zu § 3 TVG Verbandszugehörigkeit = AP Nr. 13 zu § 2 TVG Tarifzuständigkeit; Grunsky, ArbGG, § 97, Rn. 1.
[142] BAG AP Nr. 15 zu § 3 TVG Verbandszugehörigkeit = AP Nr. 13 zu § 2 TVG Tarifzuständigkeit; Düwell/Lipke/Koch, ArbGV, § 97, Rn. 10; Hauck/Helml, ArbGG, § 97, Rn. 8.
[143] BAG AP Nr. 4 zu § 97 ArbGG 1979 = AP Nr. 12 zu § 2 TVG Tarifzuständigkeit; AP Nr. 15 zu § 3 TVG Verbandszugehörigkeit = AP Nr. 13 zu § 2 TVG Tarifzuständigkeit; Germelmann/Matthes, ArbGG, § 97, Rn. 11; Grunsky, ArbGG, § 97, Rn. 23.
[144] BAG AP Nr. 4 zu § 97 ArbGG 1979 = AP Nr. 12 zu § 2 TVG Tarifzuständigkeit; BAG AP Nr. 15 zu § 3 TVG Verbandszugehörigkeit = AP Nr. 13 zu § 2 TVG Tarifzuständigkeit; ausführlich: Germelmann/Matthes, ArbGG, § 97, Rn. 9; Oetker, Anmerkung zu BAG AP Nr. 4 zu § 97 ArbGG.
[145] Grunsky, ArbGG, § 97, Rn. 7.

ist[146]. Mit Blick auf den Wortlaut und aus Gründen der Rechtssicherheit dürfte letztgenannter Auffassung der Vorzug zu geben sein. Schließlich ist strittig, ob auch ein Beschlußverfahren nach § 97 ArbGG selbst auszusetzen ist, wenn sich eine Vorfrage stellt, die in einem anderen Verfahren zur Aussetzung nach § 97 Abs. 5 ArbGG führen würde. Aus prozeßökonomischen Gründen erscheint es vorzugswürdig, dies zu verneinen. Es reicht aus, wenn die Vorfrage im Tenor mitentschieden und damit die Rechtskraftfähigkeit auch dieser Entscheidung herbeigeführt wird[147].

An den Aussetzungsbeschluß ist das Arbeitsgericht, das über die Tarifzuständigkeit entscheidet, gebunden. Es kann die Entscheidungserheblichkeit für das ausgesetzte Verfahren nicht nachprüfen[148]. Das ausgesetzte Verfahren ist erst nach Abschuß des Beschlußverfahrens zur Entscheidung über die Tarifzuständigkeit fortzuführen.

II. Die Aussetzungspflicht

§ 97 Abs. 5 S. 1 ArbGG eröffnet für das Gericht des Ausgangsrechtsstreits kein Ermessen, sondern eine Aussetzungspflicht[149]. Zu untersuchen ist aber, unter welchen Voraussetzungen die Aussetzungspflicht nach § 97 Abs. 5 S. 1 ArbGG eingreift.

Nach dem Wortlaut der Vorschrift selbst kommt es zunächst auf die Entscheidungserheblichkeit der Tariffähigkeit bzw. Tarifzuständigkeit in dem Ausgangsverfahren an. Eine Aussetzungspflicht entfällt daher, wenn die betreffende Klage bzw. der betreffende Antrag bereits aus anderen Gründen unzulässig bzw. unbegründet ist.

Fraglich ist aber, wann im Falle der Entscheidungserheblichkeit die Aussetzungspflicht des Gerichts einsetzt. Grundsätzlich ist § 97 Abs. 5 ArbGG restriktiv auszulegen[150]. Anderenfalls müßte jede nicht aus anderen Gründen unzulässige/unbegründete Klage, bei der es auf die Wirksamkeit eines Tarifvertrages

---

[146] Germelmann/Matthes, ArbGG, § 97, Rn. 20.
[147] Ebenso: Grunsky, ArbGG, § 97, Rn. 23; a.A. BAG AP Nr. 1 zu § 97 ArbGG 1953; Hueck/Nipperdey, Lehrbuch des Arbeitsrechts II/1, S. 444, 445 (Fn. 83).
[148] Germelmann/Matthes, ArbGG, § 97, Rn. 13; Hauck/Helml, ArbGG, § 97, Rn. 8.
[149] BAG AP Nr. 168 zu § 1 TVG Tarifverträge: Bau = AP Nr. 9 zu § 2 TVG Tarifverträge; Junker, Anmerkung zum Beschluß des Bundesarbeitsgerichts v. 23.10.1996, SAE 1997, S. 172.
[150] Grunsky, ArbGG, § 97, Rn. 5; MünchArbR/Brehm, § 392, Rn. 57.

und damit auch auf die Tarifzuständigkeit der Tarifvertragsparteien ankommt, ausgesetzt werden. Eine Aussetzung kommt daher nach einhelliger Meinung dann nicht in Betracht, wenn weder unter den Parteien/Beteiligten noch von Seiten des Gerichts Bedenken hinsichtlich der Tariffähigkeit bzw. Tarifzuständigkeit erhoben werden[151]. In diesem Fall kann das Gericht die Tarifzuständigkeit bejahen, ohne das Verfahren nach § 97 Abs. 5 ArbGG aussetzen zu müssen[152]. Jedoch stellt sich die Frage, wie zu entscheiden ist, wenn unter den Parteien/Beteiligten die Tarifzuständigkeit streitig ist oder von Seiten des Gerichts Bedenken gegen die Zuständigkeit erhoben werden. Der Umstand, daß die Aussetzungspflicht dem Zweck des Beschlußverfahrens nach §§ 2a Abs. 1 Nr. 4, 97 ArbGG entsprechend grundsätzlich von Amts wegen zu berücksichtigen ist, führt dazu, daß ein Gericht in allen Urteils- und Beschlußverfahren bereits bei eigenen Bedenken das Verfahren aussetzen muß, auch wenn die Parteien/Beteiligten die fragliche Tarifzuständigkeit nicht bestreiten bzw. unstreitig stellen[153]. Aber auch im Falle von Bedenken einer oder der Parteien/Beteiligten bleibt die Ansicht des Gerichts als streitendscheidende Stelle maßgeblich. Es urteilt allein über Entscheidungserheblichkeit und die Frage, ob Bedenken gegen die Tarifzuständigkeit bestehen, die eine Aussetzung erforderlich machen. Maßgebend dafür ist der Zeitpunkt der Entscheidung, weshalb zunächst bestehende Zweifel noch im Laufe des Verfahrens ausgeräumt werden können[154]. Angesichts der weitreichenden Folgen seiner Entscheidung (unter anderem für bestehende Tarifverträge) und dem beschriebenen Zweck des Verfahrens nach §§ 2a Abs. 1 Nr. 4, 97 ArbGG ist aber davon auszugehen, daß es dem Gericht des Ausgangsrechtsstreits grundsätzlich nicht möglich ist, eine fragliche Tarifzuständigkeit selbst zu verneinen. Geht seine Rechtsansicht in diese Richtung, ist es grundsätzlich darauf angewiesen, das Verfahren nach § 97 Abs. 5 S. 1 ArbGG auszusetzen und eine Entscheidung des zuständigen Arbeitsgerichts abzuwarten.

Demgegenüber ist im einstweiligen Rechtsschutz wegen des Eilcharakters der begehrten Entscheidung ein Rechtsstreit nach § 97 Abs. 5 S. 1 ArbGG nicht

[151] BAG AP Nr. 168 zu § 1 TVG Tarifverträge: Bau = AP Nr. 9 zu § 2 TVG Tarifzuständigkeit; AP Nr. 15 zu § 3 TVG Verbandszugehörigkeit = AP Nr. 13 zu § 2 TVG Tarifzuständigkeit; Germelmann/Matthes, ArbGG, § 97, Rn. 11; Grunsky, ArbGG, § 97, Rn. 23.

[152] BAG AP Nr. 168 zu § 168 § 1 TVG Tarifverträge: Bau = AP Nr. 9 zu § 2 TVG Tarifzuständigkeit.

[153] Düwell/Lipke/Koch, ArbGV, § 97, Rn. 10; Oetker, Anmerkung zu BAG AP Nr. 4 zu § 97 ArbGG 1979; mehrdeutig: BAG AP Nr. 15 zu § 3 TVG Verbandszugehörigkeit = AP Nr. 13 zu § 2 TVG Tarifzuständigkeit.

[154] BAG AP Nr. 168 zu § 1 TVG Tarifverträge: Bau = AP Nr. 9 zu § 2 TVG Tarifzuständigkeit.

auszusetzen[155]. Auch die Möglichkeit einer Aussetzung nach § 148 ZPO, wie sie oben im Hinblick auf ein bereits anhängiges DGB-Schiedsgerichtsverfahren vertreten wurde[156], kommt hier nicht in Betracht[157]. Dies ist insbesondere wichtig für einstweilige Verfügungen nach §§ 62 Abs. 2 ArbGG, 935ff ZPO, die die Arbeitgeberseite mit der Begründung der Unzuständigkeit einer Gewerkschaft gegen die von ihr eingeleiteten Streikmaßnahmen anstrengt. Ohne das Verfahren nach § 97 Abs. 5 ArbGG aussetzen zu können, müssen die Gerichte hier nach den allgemeinen Regeln für die Beurteilung von Arbeitskampfmaßnahmen im einstweiligen Rechtsschutz[158] eine selbständige Entscheidung über die Tariffähigkeit bzw. Tarifzuständigkeit und damit über die Rechtmäßigkeit eines Streiks treffen.

III. Die Antragsberechtigung und das Feststellungsinteresse

Die Aussetzung führt nicht automatisch zur Einleitung eines Verfahrens nach § 2a Abs. 1 Nr. 4 ArbGG. Erforderlich bleibt ein Antrag, der von den nach § 97 Abs. 1 ArbGG genannten Antragsberechtigten gestellt werden kann. Nach § 97 Abs. 5 S. 2 ArbGG sind aber auch die Parteien des ausgesetzten Verfahrens antragsberechtigt[159].

Das für eine Klärung der Tarifzuständigkeit erforderliche Feststellungsinteresse der nach § 97 Abs. 5 S. 2 ArbGG Antragsberechtigten folgt grundsätzlich bereits aus dem Aussetzungsbeschluß, da nur im Falle eines Feststellungsbeschlusses über die Tariffähigkeit bzw. Tarifzuständigkeit eine Entscheidung im ausgesetzten Rechtsstreit möglich ist[160].

---

[155] LAG Hamm, EzA Nr. 1 zu § 46 BetrVG 1972; LAG Hamm, LAGE Nr. 41 zu Art. 9 GG Arbeitskampf; Blank, Die Tarifzuständigkeit der DGB-Gewerkschaften, S. 144; Germelmann/Matthes, ArbGG, § 97, Rn. 11; Hauck/Helml, ArbGG, § 97, Rn. 8.
[156] S.o. 5. Teil E. III.
[157] Baumbach/Lauterbach/Albers/Hartmann, ZPO, Einf §§ 148/155, Rn. 4; Zöller/Greger, ZPO, § 148, Rn. 4.
[158] Vgl. dazu allgemein: LAG Hamm, EzA Nr. 51 zu Art. 9 GG Arbeitskampf, LAG Hamm, LAGE Nr. 41 zu Art. 9 GG Arbeitskampf; Germelmann, ArbGG, § 62, Rn. 91ff; MünchArbR/Otto, § 293, Rn. 25ff; ausführlich: Walker, ZfA 1995, S. 185ff m.w.N.
[159] BAG AP Nr. 7 zu § 2 TVG Tarifzuständigkeit; Blank, Die Tarifzuständigkeit der DGB-Gewerkschaften, S. 143; Germelmann/Matthes, ArbGG, § 97, Rn. 14, 20; Grunsky, ArbGG, § 97, Rn. 23; Hauck/Helml, ArbGG, § 97, Rn. 4, 8; Wiedemann/Oetker, TVG, § 2, Rn. 89.
[160] BAG AP Nr. 7 zu § 2 TVG Tarifzuständigkeit.

6. Teil: Wesentliche Ergebnisse

A. Die Tarifzuständigkeit als Wirksamkeitsvoraussetzung eines Tarifvertrages

I. Die Tarifzuständigkeit als tarifvertragliche Wirksamkeitsvoraussetzung läßt sich nicht aus dem einfachgesetzlichen Recht begründen. Weder aus §§ 3, 4 TVG noch aus §§ 3, 4 TVG in Verbindung mit § 5 TVG kann die Existenz des Merkmals hergeleitet werden. Auch §§ 2a Abs. 1 Nr. 4, 97 ArbGG stellen keine tragfähige Grundlage dar, da mit dieser prozessualen Verfahrensregelung keine materiell-rechtliche Anerkennung der Tarifzuständigkeit verbunden ist.

II. Art. 9 Abs. 3 GG kann ein Merkmal der Tarifzuständigkeit nicht entnommen werden. Die Tarifzuständigkeit ist zur Ausübung der individuellen Koalitionsfreiheit nicht erforderlich. Auch das Erfordernis demokratischer Legitimation tarifvertraglicher Normsetzung - als Postulat für die Arbeitnehmer- und Arbeitgeberseite unterstellt - führt nicht zu der tariflichen Wirksamkeitsvoraussetzung. Auch außerhalb des satzungsmäßigen Zuständigkeitsgebietes eines Verbandes abgeschlossene Tarifverträge können durch die Mitglieder ausreichend legitimiert sein. Als verbandsinterne Voraussetzung kann ein Mangel an Organisationsdemokratie zudem einem tariflichen Gegenspieler, der auf die Wirksamkeit des abgeschlossenen Tarifvertrags und die Tarifbindung der Mitglieder der kampfführenden Gewerkschaft vertraut, grundsätzlich nicht entgegengehalten werden. Schließlich folgt die Tarifzuständigkeit auch nicht aus der Koalitionsfreiheit des tariflichen Gegenspielers.

III. Die Tarifzuständigkeit kann nicht als Grundsatz des öffentlichen Rechts in das Tarifrecht eingebracht werden. Die Normsetzungsbefugnis der Tarifvertragsparteien ist als privatrechtliche Gestaltungsmacht einzuordnen. Auch wenn man statt dessen von einer Delegation staatlicher Rechtssetzungsgewalt ausginge, änderte dies nichts an dem gefundenen Ergebnis. Ein Tarifvertrag vollzieht sich nicht nur in seinem äußeren Entstehungstatbestand nach den allgemeinen zivilrechtlichen Regeln, sondern beruht auch in seinem Ergebnis auf einer der Privatautonomie zurechenbaren Betätigung der Tarifvertragsparteien.

IV. Das Industrieverbandsprinzip kann die Tarifzuständigkeit nicht begründen. Es stellt allein einen innerverbandlichen Organisationsgrundsatz dar, der keine gewohnheitsrechtliche Anerkennung gefunden hat. Aus dem Grundsatz der Tarifeinheit kann das Merkmal ebenfalls nicht hergeleitet werden. Dies gilt selbst dann, wenn man diesen Grundsatz mit dem Bundesarbeitsgericht als allgemeinen Rechtssatz ansieht und daher sowohl Tarifkonkurrenzen als auch -

pluralitäten aufzulösen sucht. Der Grundsatz der Tarifeinheit setzt mehrere wirksame Tarifverträge voraus, ohne selbst Wirksamkeitsvoraussetzung zu sein. Zudem führt selbst eine entsprechende Auflösung einer Tarifkonkurrenz bzw. Tarifpluralität nur zu einem Anwendungsvorrang des verdrängenden Tarifvertrages, nicht aber zur Unwirksamkeit des verdrängten Tarifvertrages.

V. Die Tarifzuständigkeit läßt sich nicht als Beschränkung der Vertretungsmacht begreifen. Die Festlegung eines satzungsmäßigen Organisationsbereiches stellt grundsätzlich keine entsprechende Beschränkung der Vertretungsmacht des Vorstandes einer Tarifvertragspartei dar, die den Anforderungen des § 26 Abs. 2 S. 2 BGB genügte. Auch als auf den Verbandszweck beschränkte Vertretungsmacht scheidet die Tarifzuständigkeit aus. Nach vorzugswürdiger Ansicht ergeben sich auch im Vereinsrecht Grenzen der Vertretungsmacht allein aus den Grundsätzen über den Mißbrauch der Vertretungsmacht. Aber auch wenn man der Lehre von der Beschränkung der Vertretungsmacht durch den Vereinszweck folgte, kann diese bereits von ihrer Schutzrichtung das Merkmal der Tarifzuständigkeit nicht erklären. Zudem verstößt ein außerhalb des satzungsmäßigen Zuständigkeitsbereichs abgeschlossener Tarifvertrag nicht gegen den Vereinszweck der Koalitionen. Daher scheidet auch eine Analogie zur Lehre von der Beschränkung der Vertretungsmacht durch den Vereinszweck zur Erklärung der Tarifzuständigkeit aus.

VI. Die Tarifzuständigkeit ist als Richterrecht anzuerkennen. Kompetenzielle Bedenken stehen dieser richterlichen Rechtsfortbildung nicht entgegen. Auch steht sie als gesetzesübersteigende Rechtsfortbildung weder im Widerspruch zum Tarifvertragsgesetz noch zur gesetzlichen Regelung des § 613a Abs. 1 BGB. Als tarifvertragliche Wirksamkeits- und Rechtmäßigkeitsvoraussetzung im Arbeitskampf ist die Tarifzuständigkeit auch mit der von Art. 9 Abs. 3 GG geschützten Koalitionsfreiheit vereinbar. Sie stellt eine rechtmäßige Ausgestaltung der Betätigungsfreiheit der Koalitionen und ihrer Mitglieder dar, die den Kernbereich der Koalitionsfreiheit nicht berührt. Eine Beeinträchtigung der Funktionsfähigkeit der Tarifautonomie oder des Verhandlungs- und Kampfgleichgewichts zwischen den tariflichen Gegenspielern ist mit ihr grundsätzlich nicht verbunden. Vielmehr wird sie dem Verhältnismäßigkeitsgrundsatz gerecht. Die Tarifzuständigkeit verfolgt den legitimen Zweck, Tarifklarheit zu schaffen, den Grundsatz der Tarifeinheit bereits vor dem Entstehen von Tarifkollisionen abzusichern und insbesondere eine an den einzelnen Wirtschaftszweigen orientierte tarifliche Ordnung herzustellen. Sie ist zur Herbeiführung dieses Zweckes geeignet, da sie durch die Bindung der Tarifvertragsparteien an ihren satzungsmäßig festgelegten Organisationsbereich eine mögliche Tarifbindung satzungswidrig aufgenommener Mitglieder und damit eine Allzuständigkeit der Koalitionen verhindert. Auch ist die Tarifzuständigkeit eine erforderliche und angemessene Regelung, insbesondere stehen die mit ihr verfolgten Zwecke nicht außer Verhältnis zur individuellen Koalitionsfreiheit des einzelnen Arbeitnehmers bzw. Arbeitgebers. Als richterrechtliche Ausgestaltung der Koalitionsfreiheit erlangt die Tarifzuständigkeit die gleiche faktische Geltung und Effektivität wie Gesetzesrecht. Eine gewohnheitsrechtliche Anerkennung der Tarifzuständigkeit ist bislang aber (noch) nicht eingetreten.

VII. Die Tarifzuständigkeit tritt als selbständige tarifvertragliche Wirksamkeitsvoraussetzung dogmatisch neben die Tariffähigkeit. Grund dafür ist die unterschiedliche rechtliche Herkunft beider Merkmale. Während die Tariffähigkeit - unabhängig von ihren einzelnen Voraussetzungen – in § 2 Abs. 1 TVG eine grundsätzliche gesetzliche Regelung erfahren hat, beruht die Tarifzuständigkeit auf einer richterrechtlichen Ausgestaltung der Koalitionsfreiheit.

B. Die Bestimmung der Tarifzuständigkeit

I. Die Tarifzuständigkeit richtet sich nach dem in der Satzung autonom festgelegten Organisationsbereich der Tarifvertragsparteien. Den Satzungen der Tarifvertragsparteien ist insoweit zur Erreichung des mit der Tarifzuständigkeit angestrebten Zweckes uneingeschränkt Außenwirkung beizumessen.

II. Die Kompetenz für die Festlegung der satzungsmäßigen Zuständigkeit fällt bei den regelmäßig als rechts- oder nichtrechtsfähige Vereine organisierten Tarifvertragsparteien grundsätzlich der Mitglieder- bzw. Delegiertenversammlung zu. Satzungsmäßige Erweiterungen der Tarifzuständigkeit dürfen jedoch einem Beirat oder einem anderen Verbandsorgan übertragen werden, soweit sie im Verhältnis zum bisherigen Organisationsbereich nicht eine grundlegende Erweiterung beinhalten. Derartige Erweiterungen stellen grundsätzlich keine Änderung des Vereinszwecks dar, so daß im Falle der Zuständigkeit der Mitglieder- bzw. Delegiertenversammlung nicht nach § 33 Abs. 1 S. 2 BGB die Zustimmung aller Mitglieder bzw. Delegierten erforderlich ist. Die Tarifvertragsparteien sind verpflichtet, soweit sie nicht als rechtsfähige Vereine den Eintragungspflichten der §§ 59ff BGB unterliegen, ihre Satzungen schriftlich abzufassen und den am Tarifleben Beteiligten zur Einsichtnahme zur Verfügung zu stellen.

III. Inhaltlich dürfen die Tarifvertragsparteien ihre satzungsmäßige Zuständigkeit weder auf einzelne tarifliche Gegenstände noch auf den Abschluß von Verbands- *oder* Firmentarifverträgen beschränken. Parallel dazu ist im Rahmen der Tariffähigkeit eine beschränkte, also relative Tariffähigkeit einer Gewerkschaft -

bezogen auf einen einzelnen Arbeitgeber - abzulehnen. Die Koalitionen sind in ihrer Autonomie bei der Festlegung der Tarifzuständigkeit weder durch eine normative Ordnungsaufgabe noch durch das Tarifvertragsgesetz oder richterrechtlich eingeführte Tarifgrundsätze beschränkt. Sie können daher ihre Tarifzuständigkeit nach abstrakt-generellen Kriterien bestimmen, aber auch nur auf einen oder einzelne Arbeitgeber begrenzen. In der heutigen Praxis sind die Verbände jedoch in der Regel nach dem Industrieverbandsprinzip organisiert und nehmen danach eine Tarifzuständigkeit für einzelne Branchen in Anspruch. Erfaßt werden danach alle Arbeitgeber dieser Branche und die bei ihnen beschäftigten Arbeitnehmer.

IV. Die Tarifzuständigkeit ist in Anlehnung an § 97 Abs. 1 ArbGG in eine räumliche, branchenmäßige (fachliche) und personelle Tarifzuständigkeit zu unterteilen. Im Rahmen der branchenmäßigen Tarifzuständigkeit können die nach dem Industrieverbandsprinzip organisierten Tarifvertragsparteien an den Betrieb, das Unternehmen und/oder den Konzern anknüpfen. Sofern der Begriff des Betriebs satzungsrechtlich nicht definiert ist, liegt den Satzungen der tarifrechtliche Betriebsbegriff zugrunde. Dieser wird entsprechend dem allgemeinen arbeitsrechtlichen Betriebsbegriff bestimmt durch die Einheitlichkeit des arbeitstechnischen Zweckes, der durch die Einheitlichkeit der technischen Leitung, die organisatorische und räumliche Einheitlichkeit sowie die Größe der Belegschaft geprägt wird. Er umfaßt alle branchengleichen (Haupt- oder Neben-) Betriebe unabhängig von der Branchenzugehörigkeit des Unternehmens. In Auslegung der Koalitionssatzungen kann davon ausgegangen werden, daß der Tarifzuständigkeit eines Verbandes für einen Hauptbetrieb grundsätzlich auch alle branchenfremden Nebenbetriebe desselben Unternehmens zugerechnet werden sollen. Ausnahmsweise gilt dies auch für Betriebe eines anderen Rechtsträgers, wenn dieser arbeitstechnisch als Nebenbetrieb eingeordnet werden kann und hinter seinem Rechtsträger materiell derselbe Arbeitgeber steht. Dies ist der Fall, wenn hinter beiden Unternehmen dieselben Anteilseigner stehen oder das eine Unternehmen eine hundertprozentige Tochtergesellschaft des anderen Unternehmens darstellt. Die unternehmensbezogene Tarifzuständigkeit folgt den gesellschaftsrechtlichen Vorgaben und bezieht sich daher auf die einzelnen Personen- und Kapitalgesellschaften. Die unternehmensbezogene Tarifzuständigkeit umfaßt das Unternehmen mit allen seinen Betrieben und Nebenbetrieben. Die personelle Tarifzuständigkeit knüpft grundsätzlich an Eigenschaften an, die unmittelbar in der Person des Arbeitnehmers begründet sind. Die Zulässigkeit einer OT-Mitgliedschaft im Arbeitgeberverband ist vorrangig eine Frage der Tarifbindung im Sinne des § 3 Abs. 1 TVG und nicht der personellen Tarifzuständigkeit.

V. Die satzungsmäßige Tarifzuständigkeit ist durch einheitliche und objektive Auslegung nach Wortlaut, Sinn und Zweck und Gesamtzusammenhang der entsprechenden Satzungsregelung zu ermitteln. Maßgebend dafür ist der Zeitpunkt des Tarifvertragsabschlusses. Eine fehlende Tarifzuständigkeit kann weder rückwirkend noch für die Zukunft geheilt werden, sondern erfordert einen Neuabschluß. Während der Laufzeit eines Tarifvertrags muß die satzungsmäßige Tarifzuständigkeit einer Koalition ununterbrochen gegeben sein.

VI. Die Tarifvertragsparteien, insbesondere die Gewerkschaften, werden bei der Festlegung ihrer Tarifzuständigkeit weder durch die Koalitionsfreiheit konkurrierender Gewerkschaften noch durch die Koalitionsfreiheit der Arbeitgeberseite beschränkt. Eine Gewerkschaft kann ihre Tarifzuständigkeit insgesamt, soweit dabei ihre Tariffähigkeit nach den allgemeinen Grundsätzen angenommen werden kann, auf einen bestimmen oder mehrere Arbeitgeber begrenzen. Eine Beeinträchtigung der Verhandlungs- und Kampfparität gegenüber dem Arbeitgeber bzw. den Arbeitgebern ist dabei nicht zu befürchten, da sich die Gewerkschaft nur aus den bei diesem Arbeitgeber bzw. diesen Arbeitgebern beschäftigten Arbeitnehmern zusammensetzt und daher die Verhandlungs- und Kampfstärke in unmittelbarer Relation zu der des Arbeitgebers bzw. der Arbeitgeber steht. Im übrigen liegt bereits in der bloßen Festlegung einer satzungsmäßigen Tarifzuständigkeit keine Beeinträchtigung der Koalitionsfreiheit der Gegenseite. Auch eine Einbeziehung eines branchenfremden Arbeitgebers in eine im übrigen für einen anderen Wirtschaftszweig bestehende Tarifzuständigkeit bzw. die Festlegung einer Tarifzuständigkeit für einzelne brancheneigene Betriebe eines Unternehmens ist daher grundsätzlich möglich. Ob eine derartige Tarifzuständigkeit von der Gewerkschaft auch kamfpweise in Anspruch genommen werden kann, ist allein eine Frage des Arbeitskampfrechts.

VII. Der Deutsche Gewerkschaftsbund ist der Vereinsverband der in ihm zusammengeschlossenen Einzelgewerkschaften. Nach dem Prinzip der Einheitsgewerkschaft und dem Industrieverbandsprinzip soll nach der DGB-Satzung grundsätzlich nur eine Mitgliedsgewerkschaft für einen Betrieb zuständig sein. Zuständigkeitsüberschneidungen und -streitigkeiten sollen präventiv durch die Richtlinien für die Abgrenzung von Organisationsbereichen gemäß § 15 Ziff. 1 der DGB-Satzung vermieden bzw. durch das Schiedsgerichtsverfahren nach § 16 der DGB-Satzung in Verbindung mit der Schiedsgerichtsordnung gelöst werden. Das DGB-Schiedsgericht ist kein Schiedsgericht im Sinne der §§ 1025ff ZPO, sondern ein DGB-Vereinsorgan, das verbandsintern im Rahmen der einzelgewerkschaftlichen Tarifzuständigkeiten den satzungsmäßigen DGB-Grundsatz „ein Betrieb - eine DGB-Gewerkschaft“ durchsetzen soll. Mit dem DGB-Schiedsurteil oder einer Einigung im Vermittlungsverfahren werden verbandsintern verbindlich unter zwei oder mehreren satzungsmäßig zuständigen Gewerkschaften die Zuständigkeit der einen und die Unzuständigkeit der anderen DGB-Gewerkschaft(en) ex nunc festgestellt. Diese Wirkung ist dem DGB-

Schiedsurteil darüber hinaus auch im Außenverhältnis gegenüber der Arbeitgeberseite beizumessen. Die DGB-Bestimmungen über die Abgrenzung von Organisationsbereichen sowie die darauf beruhenden Schiedsurteile und Einigungen im Vermittlungsverfahren wirken über die in den Satzungen der Einzelgewerkschaften enthaltene DGB-Mitgliedschaftsklausel in die Satzungen der DGB-Gewerkschaften ein, so daß die satzungsmäßige Zuständigkeit einer DGB-Gewerkschaft - wie Ziff. 1a) und e) der Richtlinien für die Abgrenzung von Organisationsbereichen gemäß § 15 Ziff. 1 der DGB-Satzung bestimmen - nach der einzelgewerkschaftlichen Satzung in Verbindung mit der DGB-Satzung bestimmt werden muß. Auf diese Weise ist auch § 15 Ziff. 2 der DGB-Satzung Außenwirkung beizumessen, nach dem die DGB-Gewerkschaften zur Änderung ihrer Organisationsbereiche der Zustimmung des DGB-Bundesausschusses bedürfen. Vor Einleitung bzw. bei Nichteinleitung eines DGB-Schiedsgerichtsverfahrens ergibt sich unter mehreren satzungsmäßig zuständigen DGB-Gewerkschaften aus der Einwirkung der DGB-Abgrenzungsbestimmungen und des Prinzips der Einheitsgewerkschaft eine Alleinzuständigkeit der DGB-Gewerkschaft, die ihre satzungsmäßig bestehende Tarifzuständigkeit zuerst in Anspruch genommen hat. Eine Beeinträchtigung der Koalitionsfreiheit der unterlegenen DGB-Gewerkschaft und ihrer Mitglieder bzw. der Arbeitgeberseite ist mit diesen Grundsätzen nicht verbunden.

VIII. Die Wirksamkeit eines Verbandstarifvertrages hängt allein davon ab, ob der vereinbarte Geltungsbereich von der korrespondierenden satzungsmäßigen Tarifzuständigkeit von Gewerkschaft und Arbeitgeberverband gedeckt ist. Einer Gewerkschaft steht ein Auskunftsanspruch sowohl gegenüber einem Arbeitgeber über eine Verbandsmitgliedschaft als auch gegenüber einem Arbeitgeberverband darüber, welche Arbeitgeber ihm angehören, zu. Der Bereich, in dem eine Tarifvertragspartei nach ihrer Tarifzuständigkeit wirksame Tarifverträge abschließen kann, ist identisch mit dem Organisationsbereich, also dem Bereich, in dem sie satzungsgemäß Mitglieder aufnehmen kann. Eine Tarifbindung satzungswidrig aufgenommener Mitglieder gemäß § 3 Abs. 1 TVG scheidet daher aus, da derartige Mitglieder niemals in den Geltungsbereich eines wirksam abgeschlossenen Tarifvertrags ihres Verbandes fallen können.

IX. Eine Wahlmöglichkeit eines einzelnen Arbeitgebers, nur für sein Unternehmen insgesamt oder einzelne Betriebe seines Unternehmens tarifzuständig zu sein, existiert beim Abschluß eines Firmentarifvertrages nicht. Voraussetzung ist hier allein, daß die Gewerkschaft für den Betrieb bzw. das Unternehmen des Arbeitgebers tarifzuständig ist. Dies ist der Fall, wenn die betreffende arbeitgeberseitige Einheit ihrem Gesamtgepräge nach in die satzungsmäßige Zuständigkeit der nach dem Industrieverbandsprinzip organisierten Gewerkschaft fällt. Das Gesamtgepräge wird bestimmt durch den jeweiligen überwiegenden Zweck der maßgebenden Organisationseinheit. Dabei sind objektive Kriterien anzulegen, so daß Handelsregistereintragungen und sonstige Registrierungen sowie Umsatz und Gewinnanteile nicht entscheidend sind, sondern allein Indizwirkung besitzen. Bei Mischbetrieben ist maßgebend, welchem Zweck die organisierten und nichtorganisierten Arbeitnehmer nach ihrer Tätigkeit überwiegend dienlich sind. Dies ermittelt sich aus der Mehrzahl der Arbeitsstunden aller Arbeitnehmer, die jeweils auf denselben Zweck entfallen.

C. Die Inanspruchnahme der Tarifzuständigkeit im Arbeitskampf

I. Die Tarifzuständigkeit ist Rechtmäßigkeitsvoraussetzung eines Arbeitskampfes. Maßgeblich ist das Vorliegen der Tarifzuständigkeit zum Zeitpunkt des Einleitens der Arbeitskampfmaßnahmen. Ein Arbeitskampf kann nicht mit dem Ziel geführt werden, den Gegner zur Festlegung einer bestimmten Tarifzuständigkeit zu zwingen. Das Beschlußverfahren nach §§ 2a Abs. 1 Nr. 4, 97 ArbGG beschränkt das Recht der Koalitionen zum Arbeitskampf nicht.

II. Bei der Erzwingung eines Verbandstarifvertrages richtet sich die Tarifzuständigkeit - wie beim Abschluß auch - allein nach den Satzungen der kämpfenden Verbände. Die Mitgliedschaft eines Arbeitgebers in einem Arbeitgeberverband begründet gegenüber einer Gewerkschaft einen Rechtsschein dafür, daß der Arbeitgeber zulässig im Arbeitgeberverband organisiert ist und von diesem nach § 3 Abs. 1 TVG tariflich gebunden werden kann. Der Streik einer Gewerkschaft wird daher auch dann nicht rechtswidrig, wenn der im Rahmen des Verbandsarbeitskampfes bestreikte Arbeitgeber satzungswidrig in dem Arbeitgeberverband organisiert ist. Soweit ein Arbeitgeberverband mit größerem Zuständigkeitsbereich einer kleineren Gewerkschaft gegenübertritt, kann es erforderlich sein, Sympathiestreikmaßnahmen in dem außerhalb der gewerkschaftlichen Tarifzuständigkeit liegenden Verbandsbereich zuzulassen, um eine Kampfparität in dem Gebiet des Hauptarbeitskampfes zu erreichen.

III. Ein Arbeitskampf zur Erzwingung eines Firmentarifvertrages erfordert die Tarifzuständigkeit der Gewerkschaft für den betreffenden Arbeitgeber. Verlangt - ggf. nach Erweiterung der satzungsmäßigen Tarifzuständigkeit - eine bisher zuständige Gewerkschaft, die nach dem von ihr satzungsmäßig organisierten Wirtschaftszweig im übrigen nicht dem neuen Arbeitgeberverband eines Arbeitgebers gegenübersteht, von diesem verbandsangehörigen Arbeitgeber nach seinem Branchenwechsel den Abschluß eines Firmentarifvertrages, um ihn zum Schutze ihrer betroffenen Mitglieder weiterhin wie alle anderen Arbeitgeber des von ihr organisierten Wirtschaftszweiges den bisherigen Tarifnormen zu unterwerfen, gelten für ihre Streikmaßnahmen folgende Grundsätze:

1. Auch der verbandsangehörige Arbeitgeber ist nach § 2 Abs. 1 TVG tariffähig. Eine Beschränkung des § 2 Abs. 1 TVG ist zu seinem Schutze nicht erforderlich. Die Friedenspflicht aus einem zwischen seinem Arbeitgeberverband und der Erstgewerkschaft vereinbarten Verbandstarifvertrag kann ein Arbeitgeber einer Zweitgewerkschaft, die von ihm den Abschluß eines Firmentarifvertrages verlangt, nicht entgegenhalten. Auch ein in der Satzung des Arbeitgeberverbandes enthaltenes Verbot, Firmentarifverträge abzuschließen, bzw. sonstige verbandsinterne Beschränkungen stehen dem Firmenarbeitskampf der Zweitgewerkschaft bei dem betreffenden Arbeitgeber nicht entgegen.

2. Auch bei verbandsangehörigen Arbeitgebern ist ein Firmentarifvertrag zunächst grundsätzlich erstreikbar. Einschränkungen dieses Grundsatzes können erst nach einer Abwägung der kollidierenden Koalitionsinteressen des einzelnen Arbeitgebers und der ihm gegenübertretenden Gewerkschaft festgestellt werden. Der Streik zur Erzwingung eines Firmentarifvertrages, der die bisherigen beim Arbeitgeber anwendbaren Tarifnormen nach der Rechtsprechung des Bundesarbeitsgericht zum Grundsatz der Tarifeinheit verdrängte, ist nur dann ausgeschlossen, wenn der Arbeitgeber auf die uneingeschränkte Anwendung dieser Tarifnormen bis zu ihrem Ablauf vertrauen durfte. Dies ist grundsätzlich nicht der Fall, wenn ein Arbeitgeber nach gesellschaftsrechtlichen oder produktionstechnischen Änderungen während der Laufzeit eines Verbandstarifvertrags in den Arbeitgeberverband eintritt, der diesen Verbandstarifvertrag mit einer (Erst-)Gewerkschaft geschlossen hat.

3. Die Kampfmaßnahmen der Zweitgewerkschaft verletzen die Koalitionsfreiheit des Arbeitgeberverbandes nicht. Eine Beeinträchtigung seines Bestandsschutzes ist mit den Kampfmaßnahmen regelmäßig nicht verbunden. Soweit dennoch eine Beeinträchtigung in Betracht kommt, ist diese durch die insoweit vorrangige Betätigungsfreiheit der Zweitgewerkschaft gerechtfertigt. Die Betätigungsfreiheit des Arbeitgeberverbandes wird durch die Kampfmaßnahmen nicht beeinträchtigt. Er kann gegenüber der Zweitgewerkschaft die tariflichen Interessen seines bedrängten Mitglieds umfassend wahrnehmen. Auch die Verhandlungs- und Kampfparität gegenüber der Erstgewerkschaft wird durch den Streik der Zweitgewerkschaft nicht beeinträchtigt. Der Streik der Zweitgewerkschaft schwächt die Verbandsmacht des Arbeitgeberverbandes und der Erstgewerkschaft in gleichem Umfang.

4. Die Kampfmaßnahmen der Zweitgewerkschaft führen zu einer Beeinträchtigung der Gründungs- und der Betätigungsfreiheit des einzelnen Arbeitgebers.

Soweit es sich bei Erst- und Zweitgewerkschaft um DGB-Gewerkschaften handelt, kann im Falle eines durch Produktionsumstellungen bedingten Branchenwechsels des Arbeitgebers bereits nach den Koalitionsinteressen im Rahmen der Abwägung der kollidierenden Koalitionsfreiheiten der Betätigungsfreiheit des Arbeitgebers der Vorrang eingeräumt werden. Er kann von den DGB-Mitgliedschaftsgewerkschaften grundsätzlich die Einhaltung der auf dem Industrieverbandsprinzip beruhendenden DGB-Zuständigkeitsordnung verlangen. Die Kampfmaßnahmen der DGB-Zweitgewerkschaft sind in diesem Fall unzulässig.

Anders ist zu entscheiden, wenn ein aus einer Unternehmensspaltung hervorgegangener Arbeitgeber trotz seiner rechtlichen Selbständigkeit personell und sachlich dem gespaltenen Unternehmen einer anderen Branche, die von der DGB-Zweitgewerkschaft organisiert wird, zugerechnet werden kann. Voraussetzung dafür ist zum einen, daß das gespaltene Unternehmen weiterhin hinter dem neuen Rechtsträger materiell als Arbeitgeber steht. Bei der Abspaltung zur Neugründung (§ 123 Abs. 2 Nr. 2 UmwG) oder der Ausgliederung zur Neugründung (§ 123 Abs. 3 Nr. 2 UmwG) ist dies der Fall, wenn die Anteilsinhaber des Unternehmens bzw. das Unternehmen selbst auch Anteilsinhaber des neuen Rechtsträgers sind. Zum anderen muß der neue Arbeitgeber für das gespaltene Unternehmen weiterhin sein bisheriges Aufgabengebiet wahrnehmen und dadurch vor der Konkurrenz durch die Arbeitgeber seiner Branche geschützt sein. Zur Herstellung eines Verhandlungsgleichgewichts gegenüber der branchenweit organisierten DGB-Zweitgewerkschaft ist der Arbeitgeber hier auf den Arbeitgeberverband zu verweisen, der dieser Gewerkschaft nach dem satzungsmäßig organisierten Wirtschaftszweig korrespondierend gegenübersteht. Der Firmenarbeitskampf der DGB-Zweitgewerkschaft ist in diesem Fall zulässig. Im Ergebnis gelten diese Grundsätze auch dann, wenn die Zweitgewerkschaft nicht dem Deutschen Gewerkschaftsbund angehört.

5. Eine betriebsbezogen organisierte (Zweit-)Gewerkschaft kann einen Arbeitgeber, der nach seinem Austritt aus dem der betriebsbezogenen Gewerkschaft gegenüberstehenden Arbeitgeberverband mit seinem gesamten Unternehmen nur noch Mitglied eines unternehmensbezogenen Arbeitgeberverbandes ist und damit insgesamt sich nur noch an die von diesem mit der entsprechend organisierten Gewerkschaft abgeschlossenen Verbandstarifverträge binden möchte, durch Arbeitskampfmaßnahmen zum Abschluß eines Firmentarifvertrages zur Erfassung einzelner branchenzugehöriger Betriebe seines aus ihrer Sicht im übrigen branchenfremden Unternehmens zwingen, um zum Schutze ihrer Mitglieder diese Betriebe weiterhin dem Tarifniveau der von ihr organisierten Branche zuzuführen. Eine Einschränkung ergibt sich weder aus einem Vergleich zum Verbandstarifvertrag noch aus dem Grundsatz der Tarifeinheit, da dieser nach dem Bundesarbeitsgericht betriebsbezogen ausgestaltet ist. Die Verhandlungs- und

Kampfparität gegenüber der betriebsbezogenen Gewerkschaft ist weder rechtlich noch materiell beeinträchtigt. Der Arbeitgeber ist auch hier zur Herstellung eines tariflichen Gleichgewichts auf den Arbeitgeberverband zu verweisen, der der betriebsbezogenen Gewerkschaft korrespondierend gegenübersteht. Eine Beeinträchtigung des Gleichgewichts kommt auch im Rahmen einer Gesamtbetrachtung im Verhältnis zur unternehmens- und zur betriebsbezogenen Gewerkschaft, also der Arbeitnehmerseite insgesamt, nicht in Betracht. Der Arbeitgeber wird durch das Auftreten einer zusätzlichen betriebsbezogenen Gewerkschaft materiell nicht schlechter gestellt als ein vergleichbares Unternehmen, das nicht über den fraglichen branchenfremden Betrieb verfügt, sondern von einem selbständigen Unternehmen die in dem Betrieb hergestellten Produkte oder erbrachten Leistungen beziehen muß. Die Kampfmaßnahmen der betriebsbezogenen Gewerkschaft beeinträchtigen nicht die nach Art. 12 Abs. 1 GG geschützte Unternehmensautonomie des betroffenen Arbeitgebers.

D. Die Rechtsfolgen fehlender Tarifzuständigkeit

I. Ein von unzuständigen Tarifvertragsparteien abgeschlossener Tarifvertrag ist unwirksam. Fehlt beim Abschluß eines Verbandstarifvertrages den Tarifvertragsparteien die Tarifzuständigkeit nur für einen Teil des tarifvertraglichen Geltungsbereiches, bleibt der übrige im Rahmen der korrespondierenden Tarifzuständigkeit geschlossene Teil des Tarifvertrages wirksam, wenn er auch ohne den nichtigen Teil sinnvoll bleibt und ein entgegenstehender Wille der Tarifvertragsparteien nicht zu Tage tritt. Eine Nachwirkung eines nichtigen Verbandstarifvertrages oder eines Teiles eines nichtigen Verbandstarifvertrages entsprechend § 4 Abs. 5 TVG ist ausgeschlossen. Ist ein wegen fehlender Tarifzuständigkeit nichtiger Verbandstarifvertrag aber bereits angewandt worden, ist eine Rückabwicklung der rechtsgrundlos erbrachten tariflichen Leistungen ausgeschlossen. Dies gilt auch dann, wenn ein Arbeitgeber und die bei ihm beschäftigten Arbeitnehmer von Anfang an nicht unter den Geltungsbereich eines dennoch angewandten wirksamen Verbandstarifvertrages gefallen sind. Bei einem Firmentarifvertrag gelten diese Grundsätze entsprechend.

II. Fällt durch eine Satzungsänderung eines Verbandes die satzungsmäßige Tarifzuständigkeit nachträglich fort, werden bei Verbands- und Firmentarifvertrag die Tarifwirkung und die Tarifbindung entsprechend § 3 Abs. 3 TVG aufrechterhalten. Die andere Tarifvertragspartei darf in diesem Fall den Tarifvertrag außerordentlich kündigen und eine Nachwirkung entsprechend § 4 Abs. 5 TVG herbeiführen. Kommt es zu Änderungen der Zuständigkeitsaufteilung unter den DGB-Gewerkschaften während eines Tarifvertrages, sind diese dazu verpflichtet, bei einem Arbeitgeber die Anwendung eines mit einer DGB-Gewerkschaft abgeschlossenen Tarifvertrages, auf die der Arbeitgeber vertrauen durfte, bis zu seinem Ablauf hinzunehmen und Arbeitskampfmaßnahmen zu unterlassen.

III. Fallen ein Arbeitgeber und die bei ihm beschäftigten Arbeitnehmer nach einem Branchen- oder Ortswechsel nachträglich aus dem branchenmäßigen oder räumlichen Geltungsbereich eines Verbandstarifvertrages heraus, ist zu differenzieren:

1. Bei einem Branchenwechsel des Arbeitgebers infolge von Produktionsumstellungen wirkt der bisherige Verbandstarifvertrag entsprechend § 4 Abs. 5 TVG nach. Sachlich beschränkt sich die Nachwirkung auf alle Tarifnormen, deren Durchführung sich nach dem Branchenwechsel nicht als rechtlich oder praktisch unmöglich erweist, personell auf die Arbeitnehmer, die zum Zeitpunkt des Eintritts der entsprechenden Nachwirkung Mitglieder der tarifabschließenden Gewerkschaft sind. In zeitlicher Hinsicht kann der Arbeitgeber auch gegen den Willen der Arbeitnehmer diese Nachwirkung beenden, wenn er den branchenmäßigen Tarifvertrag entweder durch eine entsprechende Verbandsmitgliedschaft oder durch den Abschluß eines Firmentarifvertrages nach § 4 Abs. 1 S. 1 TVG zur Anwendung bringt. Dieser verdrängt aufgrund des Merkmals der Tarifzuständigkeit die nach § 4 Abs. 5 TVG entsprechend nachwirkenden Tarifnormen der nunmehr fremden Branche.

2. Bei einem Branchenwechsel des Arbeitgebers infolge von Änderungen der gesellschaftsrechtlichen Unternehmensstrukturen sind zunächst die gleichen Grundsätze wie für den Branchenwechsel des Arbeitgebers infolge von Produktionsumstellungen anwendbar. In Anlehnung an die Regelung des § 613a Abs. 1 S. 2 BGB und das Merkmal der Tarifzuständigkeit ist eine Beendigung der Nachwirkung entsprechend § 4 Abs. 5 TVG in zeitlicher Hinsicht aber erst ein Jahr nach der Umstrukturierung im Wege der Verdrängung möglich, wenn der Arbeitgeber den branchenmäßig einschlägigen Tarifvertrag nach § 4 Abs. 1 S. 1 TVG zur Anwendung bringt. Bezwecken die Änderungen der gesellschaftsrechtlichen Unternehmensstrukturen aber gerade den Branchenwechsel des Arbeitgebers und sein Herausfallen aus dem tarifvertraglichen Geltungsbereich, findet § 3 Abs. 3 TVG analog Anwendung. Eine (widerlegbare) Vermutung dafür besteht, wenn bei einer Abspaltung zur Neugründung (§ 123 Abs. 2 Nr. 2 UmwG) oder einer Ausgliederung zur Neugründung (§ 123 Abs. 3 Nr. 2 UmwG) die Anteilsinhaber des übertragenden und des übernehmenden Rechtsträgers identisch sind oder der übertragende Rechtsträger alleiniger Anteilseigner des übernehmenden Rechtsträgers ist. Für den Ortswechsel eines Arbeitgebers finden diese Grundsätze entsprechend Anwendung.

III. Die unter II. aufgestellten Grundsätze gelten auch für den Firmentarifvertrag, wenn ein Arbeitgeber und die bei ihm beschäftigten Arbeitnehmer aus dem Zuständigkeitsbereich der Gewerkschaft herausfallen.

E. Das Beschlußverfahren nach §§ 2a Abs. 1 Nr. 4, 97 ArbGG

I. Eine Gewerkschaft kann nur im Beschlußverfahren nach §§ 2a Abs. 1 Nr. 4, 97 ArbGG klären lassen, ob ein Arbeitgeberverband satzungsmäßig für ein bestimmtes Organisationsgebiet zuständig ist oder ob seine Tarifzuständigkeit für einen bestimmten verbandsangehörigen Arbeitgeber gegeben ist. Dadurch kann sie ggf. in Erfahrung bringen, ob sie gegenüber diesem Arbeitgeber aufgrund seiner Bindung an einen von ihr abgeschlossenen Verbandstarifvertrag bereits eine tarifvertragliche Friedenspflicht trifft. Gleichzeitig kann sie in dem Verfahren auch ihre eigene satzungsmäßige Tarifzuständigkeit für den Arbeitgeber oder die Tarifzuständigkeit einer konkurrierenden Gewerkschaft überprüfen lassen. Dabei kann sich der Antrag auch darauf richten, in welchen von mehreren satzungsmäßigen Zuständigkeitsbereichen eines Verbandes ein bestimmter Arbeitgeber fällt. Diese Grundsätze gelten umgekehrt auch für einen Arbeitgeberverband als Antragssteller des Beschlußverfahrens. Soweit von einem Arbeitgeber der Abschluß eines Firmentarifvertrages verlangt wird, kann auch er das Beschlußverfahren entsprechend § 97 Abs. 1 ArbGG zur Feststellung der Tarifzuständigkeit der Gewerkschaft einleiten.

II. Der Antrag, die Unzuständigkeit eines Verbandes feststellen zu lassen, ist begründet, wenn Satzungsverstöße vorliegen, die im Innenverhältnis zur Nichtigkeit der satzungsmäßigen Tarifzuständigkeit führen, oder die satzungsmäßige Tarifzuständigkeit fehlt. Die Arbeitgeberseite kann im Beschlußverfahren nach §§ 2a Abs. 1 Nr. 4, 97 ArbGG bei DGB-Gewerkschaften auch die Einhaltung der DGB-Zuständigkeitsordnung überprüfen.

III. Die Entscheidung über die Tarifzuständigkeit ist entsprechend § 9 TVG allen Tarifvertragsparteien und Normunterworfenen gegenüber rechtskräftig. Die Rechtskraft endet mit jeder nach der letzten mündlichen Verhandlung vorgenommenen Satzungsänderung eines Verbandes in dem fraglichen Zuständigkeitsbereich.

IV. DGB-Schiedsurteile binden grundsätzlich die Arbeitsgerichte. Die Bindungswirkung bezieht sich aber allein auf die vom Schiedsgericht getroffene Auswahlentscheidung unter mehreren satzungsmäßig zuständigen DGB-

Gewerkschaften. Die Arbeitsgerichte können daher überprüfen, ob die im Schiedsgerichtsverfahren obsiegende DGB-Gewerkschaft tatsächlich satzungsmäßig zuständig ist. Die Auswahlentscheidung selbst kann auf ihre satzungsmäßige Grundlage, Verfahrensfehler, sonstige Satzungs- und Gesetzesverstöße sowie die Feststellung der zugrunde liegenden Tatsachen überprüft werden. Wie bei der Überprüfung der Einhaltung der DGB-Zuständigkeitsordnung kann das Gericht das Schiedsurteil bei einem Verstoß nur für unwirksam erklären, nicht aber eine eigene Auswahlentscheidung vornehmen.

Literaturverzeichnis

Adomeit, Klaus: Rechtsquellenfragen im Arbeitsrecht, München, 1969

Bauer, Jobst-Hubertus: Flucht aus Tarifverträgen: Königs- oder Irrweg, Tarifautonomie für ein neues Jahrhundert, Festschrift für Günter Schaub zum 65. Geburtstag, München, 1998, S. 19

Baumbach, Adolf / Lauterbach, Wolfgang / Albers, Jan / Hartmann, Peter: Zivilprozeßordnung mit Gerichtsverfassungsgesetz und anderen Nebengesetzen, 60. Auflage, München, 2001

Besgen, Nicolai: Mitgliedschaft im Arbeitgeberverband ohne Tarifbindung: Tarifflucht statt Verbandsflucht, Baden-Baden, 1998

Belling, Detlev W.: Die Verantwortung des Staats für die Normsetzung durch die Tarifpartner, Zeitschrift für Arbeitsrecht, S. 547

ders.: Anmerkung zum Urteil des Bundesarbeitsgerichts vom 10.12.1997, Sammlung Arbeitsrechtlicher Entscheidungen 1999, S. 181

Bieback, Karl-Jürgen: Tarifrechtliche Probleme des Verbandswechsels von Arbeitgebern, Der Betrieb 1989, S. 477

Biedenkopf, Kurt H.: Grenzen der Tarifautonomie, Karlsruhe, 1964

Birk, Rolf: Betriebsaufspaltung und Änderung der Konzernorganisation im Arbeitsrecht, Zeitschrift für Unternehmens- und Gesellschaftsrecht 1984, S. 23

Birk, Rolf / Konzen, Horst / Löwisch, Manfred / Raiser, Thomas / Seiter, Hugo: Gesetz zur Regelung kollektiver Arbeitskonflikte, Entwurf und Begründung, Tübingen, 1988

Blank, Michael: Die Tarifzuständigkeit der DGB-Gewerkschaften, 1. Auflage, Baden-Baden, 1996

Boldt, Gerhard: Zur Zulässigkeit von Firmentarifverträgen mit verbandsangehörigen Unternehmen; Recht der Arbeit 1971, S. 257

Bommarius, Günter: Rechtsprobleme der Arbeitsverhältnisse im graphischen Gewerbe, Diss., Frankfurt a. Main, 1956

Bonner Kommentar: Bonner Kommentar zum Grundgesetz, Band 2, 101. Lieferung, Heidelberg, September 2002 (zitiert als: BK/Bearbeiter)

Borg, Reinhard: Zurechnung im Konzern, Zeitschrift für Unternehmens- und Gesellschaftsrecht 1994, S. 237

Brox, Hans / Rüthers, Bernd: Arbeitskampfrecht, 2. Auflage, Stuttgart, Berlin, Köln, Mainz, 1982 (zitiert als: Brox/Rüthers/Bearbeiter)

Bruhn, Claus-Jürgen: Tariffähigkeit von Gewerkschaften und Autonomie, Berlin, 1993

Buchner, Herbert: Tarifzuständigkeit bei Abschluß von Verbands- und Firmentarifverträgen, Zeitschrift für Arbeitsrecht 1995, S. 95

ders.: Mitgliedschaft in Arbeitgeberverbänden ohne Tarifbindung, Neue Zeitschrift für Arbeits- und Sozialrecht 1994, S. 2

ders.: Gemeinsame Anmerkung zu den Beschlüssen des BAG vom 25.9.1996 und vom 12.11.1996, Sammlung Arbeitsrechtlicher Entscheidungen 1998, S. 262

Däubler, Wolfgang: Tarifvertragsrecht, 3. Auflage, Baden-Baden, 1993

ders.: Arbeitskampfrecht, 2. Auflage, Baden-Baden, 1987 (zitiert als: Däubler/Bearbeiter)

ders.: Tarifausstieg – Erscheinungsformen und Rechtsfolgen, Neue Zeitschrift für Arbeitsrecht 1996, S. 225

ders.: Anmerkung zu BAG AP Nr. 8 zu § 1 BetrVG 1972 Gemeinsamer Betrieb

Däubler, Wolfgang / Hege, Hans: Koalitionsfreiheit, Kommentar, 1. Auflage, Baden-Baden, 1976

Däubler, Wolfgang / Kittner, Michael / Klebe, Thomas: BetrVG, Betriebsverfassungsgesetz mit Wahlordnung, §§ 321-325 UmwG, §§ 121-128 InsO und EBR-Gesetz, 8. Auflage, Fraunkfurt am Main, 2002 (zitiert als: D/K/K/Bearbeiter)

Delheid, Johannes: Tarifzuständigkeit, zugleich ein Beitrag zu den Problemen einer betriebsnahen Tarifpolitik, Dissertation, Köln, 1973

Dieterich, Thomas: Die Grundrechtsbindung von Tarifverträgen, Tarifautonomie für ein neues Jahrhundert, Festschrift für Günter Schaub zum 65. Geburtstag, München, 1998, S. 117

Düwell, Franz Josef / Lipke, Gert-Albert: Arbeitsgerichtsverfahren, Kommentar für die Praxis, Frankfurt am Main, 2000 (zitiert als: Düwell/Lipke/Bearbeiter)

Dütz, Wilhelm: Arbeitsrecht, 8. Auflage, München, 2003

ders.: Zur Entwicklung des Gewerkschaftsbegriffs, Der Betrieb 1996, S. 2385

Dutti, Klaus: Die Überschneidung der Tarifzuständigkeiten von Industriegewerkschaften, Der Betrieb 1969, S. 218

Eisenhart Rothe v., Rüdiger: Probleme der Tarifzuständigkeit, zugleich ein Beitrag zur Auslegung der Satzungen des Deutschen Gewerkschaftsbundes und der in ihm zusammengeschlossenen Gewerkschaften, Inaugural-Dissertation, Bad Homburg, 1969

Erfurter Kommentar zum Arbeitsrecht: herausgegeben von Thomas Dieterich, Peter Hanau Günter Schaub, 3. Auflage, München, 2002 (zitiert als: ErfK/Bearbeiter)

Fenn, Herbert: Zur aktiven Parteifähigkeit von gewerkschaftlichen Bezirksverbänden, Zeitschrift für Zivilprozeß 1973, S. 177

Fitting, Karl/ Kaiser, Heinrich / Heither, Friedrich / Engels, Gerd / Schmidt, Ingrid: Betriebsverfassungsgesetz, Handkommentar, 21. Auflage, München, 2002 (zitiert als FKHES)

Flume, Werner: Allgemeiner Teil des Bürgerlichen Rechts, Erster Band, Zweiter Teil, Die juristische Person, Berlin, 1983

Friedrich, Hans-Wolf: Nachwirkender Tarifvertrag und seine Ablösung, Tarifautonomie für ein neues Jahrhundert, Festschrift für Günter Schaub zum 65. Geburtstag, München, 1998, S. 193

Frölich, Armin: Eintritt und Beendigung der Nachwirkung von Tarifnormen, Neue Zeitschrift für Arbeits- und Sozialrecht 1992, S. 1105

Gamillscheg, Franz: Kollektives Arbeitsrecht, Band I: Grundlagen / Koalitionsfreiheit / Tarifvertrag / Arbeitskampf und Schlichtung, München, 1997

Gaul, Dieter: Zuständigkeitsregelung und kollektivrechtlicher Gestaltungsraum für Tarifvertragsparteien, Zeitschrift für Tarif-, Arbeits- und Sozialrecht des öffentlichen Dienstes 1991, S. 443

Gemeinschaftskommentar zum Betriebsverfassungsgesetz: von Fritz Fabricius, Alfons Kraft, Günther Wiese, Peter Kreutz, Hartmut Oetker, Thomas Raab, Christoph Weber, Bd. 1 §§ 1-73b mit Wahlordnungen u. Bd. 2. §§ 74-132 mit Kommentierung des BetrVG 1952, 7. Auflage, Neuwied, Kriftel, 2002 (zitiert als GK/Bearbeiter)

Germelmann, Claas-Hinrich / Matthes, Hans-Christoph / Prütting, Hanns / Müller-Glöge, Rudi: Arbeitsgerichtsgesetz, 4. Auflage, München, 2002 (zitiert als: Germelmann/Bearbeiter)

Glaubitz, Werner: Tariffähigkeit von Arbeitgeberverbänden mit tarifgebundenen und –ungebundenen Mitgliedern?, Neue Zeitschrift für Arbeitsrecht 2003, S. 140

Griebeling, Gert: Bindungs- und Rückzahlungsklauseln bei arbeitgeberfinanzierter Fort- und Weiterbildung, Tarifautonomie für ein neues Jahrtausend, Festschrift für Günther Schaub zum 65. Geburtstag, S. 219

Grunsky, Wolfgang: Arbeitsgerichtsgesetz, Kommentar, 7. Auflage, München, 1995

ders.: Anmerkung zum Beschluß des Bundesarbeitsgerichts vom 17.2.1970, Sammlung Arbeitsrechtlicher Entscheidungen 1971, S. 24

Gumpert, Jobst: Das Verfahren zur Feststellung der Tariffähigkeit, Betriebs-Berater 1954, S. 808

ders.: Anmerkung zum Urteil des Bundesarbeitsgerichts vom 19.12.1958, Der Betriebs-Berater 1959, S. 488

Gussen, Heinz / Dauck, Andreas: Die Weitergeltung von Betriebsvereinbarungen und Tarifverträgen bei Betriebsübergang und Umwandlung, 2. Auflage, Berlin, 1997

Haase, Rolf: Betrieb, Unternehmen und Konzern im Arbeitsrecht, Neue Zeitschrift für Arbeits- und Sozialrecht 1988, Beilage 3, S. 11

Hagemeier, Christian / Kempen, Otto Ernst / Zachert, Ulrich / Zilius, Jan: Tarifvertragsgesetz, Kommentar für die Praxis, 2. Auflage, Köln, 1990

Hanau, Peter: Aktuelles zu Betrieb, Unternehmen und Konzern im Arbeitsrecht, Zeitschrift für Arbeitsrecht 1990, S. 115

ders.: Verbands-, Tarif- und Gerichtspluralität, Neue Zeitschrift für Arbeitsrecht 2003, S. 128

Hanau, Peter / Adomeit, Klaus: Arbeitsrecht, 12. Auflage, Neuwied, Kriftel, 2000

Hauck, Friedrich / Helml, Ewald: Arbeitsgerichtsgesetz, Kommentar, München, 2003

Heckelmann, Dieter: Die Entwicklung des arbeitsrechtlichen Schrifttum im Jahre 1972, Zeitschrift für Arbeitsrecht 1973, S. 425

Heinze, Meinhard: Tarifzuständigkeit von Gewerkschaften und Arbeitgebern/Arbeitgeberverbänden, Der Betrieb 1997, S. 2122

ders.: Ausgewählte Rechtsfragen zu § 613a BGB, Tarifautonomie für ein neues Jahrhundert, Festschrift für Günter Schaub zum 65. Geburtstag, München, 1998, S. 275

ders.: Arbeitsrechtliche Probleme der Umstrukturierung von Unternehmen, Der Betrieb 1998, S. 1861

Henssler, Martin: Firmentarifverträge und unternehmensbezogene Verbandstarifverträge als Instrumente einer flexiblen, betriebsnahen Tarifpolitik, Zeitschrift für Arbeitsrecht 1998, S. 517

ders.: Aufspaltung, Ausgliederung und Fremdvergabe, Neue Zeitschrift für Arbeitsrecht 1994, S. 294

ders.: Unternehmensumstrukturierung und Tarifrecht, Tarifautonomie für ein neues Jahrhundert, Festschrift für Günter Schaub zum 65. Geburtstag, S. 311

Hensche, Detlef: Zur Zulässigkeit von Firmentarifverträgen mit verbandsangehörigen Unternehmen, Recht der Arbeit 1971, S. 9

Herschel, Wilhelm: Fragen des Tarifrechts, Bundesarbeitsblatt 1950, S. 377

ders.: Zur Entstehung des Tarifvertragsgesetzes, Zeitschrift für Arbeitsrecht 1973, S. 183

Hertwig, Stefan: Die Verweisung eines Gesetzes auf einen Tarifvertrag und die Folgen für das Verständnis der Tarifautonomie, Recht der Arbeit 1985, S. 282

Heß, Harald: Die Zulässigkeit betriebsnaher Tarifverträge, Der Betrieb 1975, S. 548

ders.: Rechtsfragen zum betriebsnahen Tarifvertrag unter Berücksichtigung von Tarifpluralitäten, Zeitschrift für Arbeitsrecht 1976, S. 45

Hesse, Konrad: Grundzüge des Verfassungsrechts der Bundesrepublik Deutschland, Neudruck der 20. Auflage, Heidelberg, 1999

Hillebrand, Gerhard: Das Merkmal >Tarifzuständigkeit< als Wirksamkeitsvoraussetzung eines Tarifvertrages, Diss., Aachen, 1997

Hinz, Manfred O.: Tarifhoheit und Verfassungsrecht, Berlin, 1969

Hofmann, Paul: Beiträge zum Arbeitsrecht, Zeitschrift für Arbeitsrecht 1974, S. 333

Hoyningen-Huene, Gerrick v.: Die Rolle der Verbände bei Firmenarbeitskämpfen, Zeitschrift für Arbeitsrecht 1980, S. 453

ders.: Die Anwendung des branchenfremden Tarifvertrages, Neue Zeitschrift für Arbeitsrecht 1996, S. 617

Hromadka, Wolfgang / Maschmann, Frank / Wallner, Franz: Der Tarifwechsel, Tarifvertrag und Arbeitsvertrag bei Änderung von Verbandsmitgliedschaft, Betriebszweck und Betriebsinhaber, München, 1996

Huber, Ernst Rudolph: Wirtschaftsverwaltungsrecht, Band II, 2. Auflage, Tübingen, 1953/54

Huebner, Heinz: Allgemeiner Teil des Bürgerlichen Gesetzbuches, 2. Auflage, Berlin, New York, 1996

Hueck, Alfred / Nipperdey, Hans Carl: Lehrbuch des Arbeitsrechts, Zweiter Band, Erster Halbband, 7.Auflage, Berlin u. Frankfurt a. M., 1966 und Zweiter Band, Zweiter Halbband, 7. Auflage, Berlin u. Frankfurt a. M., 1970

Isele, Hellmut Georg: Anmerkung zum Beschluß des Bundesarbeitsgerichts vom 27.11.1964, Sammlung Arbeitsrechtlicher Entscheidungen 1965, S. 204

Jacobs, Matthias: Tarifeinheit und Tarifkonkurrenz, Berlin, 1999

ders.: Anmerkung zu BAG AP Nr. 26 zu § 4 TVG Tarifkonkurrenz

ders.: Die Erkämpfbarkeit von firmenbezogenen Tarifverträgen mit verbandsangehörigen Arbeitgebern, Zeitschrift für Tarif-, Arbeits- und Sozialrecht des öffentlichen Dienstes 2001, S. 249

Jarass, Hans D.: Bausteine einer umfassenden Grundrechtsdogmatik, Archiv des öffentlichen Rechts 1999, S. 345

Jarass, Hans D. / Pieroth, Bodo: Grundgesetz für die Bundesrepublik Deutschland, Kommentar, 6. Auflage, München, 2002

Joerges, Rudolf: Tariffähigkeit und Tarifberechtigung, Tarifzuständigkeit und Tarifabschlussfähigkeit, Tarifabschlusswille und Tarifinhaltswille, Das Schlichtungswesen 1926, S. 21

Junker, Abbo: Anmerkung zum Beschluß des Bundesarbeitsgerichts vom 23.10.1996, Sammlung Arbeitsrechtlicher Entscheidungen 1997, S. 172

Käppler, Renate: Tarifvertragliche Regelungsmacht, Neue Zeitschrift für Arbeits- und Sozialrecht 1991, S. 745

Kalckbrenner, Otto: Begrenzung der Allgemeinverbindlichkeit von Tarifverträgen durch die Legitimation der Tarifparteien, Arbeitsrecht 1930, S. 17

Kallmeyer, Harald: Umwandlungsgesetz, Kommentar, 2. Auflage, Köln, 2001 (zitiert als Kallmeyer/Bearbeiter)

Kania, Thomas: Anmerkung zu BAG AP Nr. 26 zu § 4 TVG Nachwirkung.

ders.: Tarifpluralität und Industrieverbandsprinzip, Der Betrieb 1996, S. 1921

Kasseler Handbuch zum Arbeitsrecht: hrsg. von Wolfgang Leinemann, Bd. 1. und Bd. 2., 2. Auflage, Neuwied, Kriftel, 2001 (zitiert als Kasseler Handbuch/Bearbeiter)

Kempen, Otto Ernst / Zachert, Ulrich: Tarifvertragsgesetz, Kommentar für die Praxis, 3. Auflage, Köln, 1997

Kommentar zum Grundgesetz für die Bundesrepublik Deutschland: herausgegeben von Erhard Denninger ..., Reihe Alternativkommentare, Band 1 Art. 1-37, 3. Auflage, Neuwied, Kriftel, 2001 (zitiert als AK/Bearbeiter)

Konzen, Horst: Die Entwicklung der Rechtsprechung des Bundesarbeitsgerichts im Jahre 1970, Zeitschrift für Arbeitsrecht 1972, S. 131

ders.: Tarifbindung, Friedenspflicht und Kampfparität beim Verbandswechsel des Arbeitgebers, Zeitschrift für Arbeitsrecht 1975, S. 401

ders.: Der Sympathiestreit bei inkongruenter Tarifzuständigkeit der Tarifparteien, Der Betrieb 1990, Beilage 6, S. 1

ders.: Die Tarifzuständigkeit im Tarif- und Arbeitskampfrecht, Festschrift für Alfons Kraft zum 70. Geburtstag, Neuwied, Kriftel, 1998, S. 291

Kraft, Alfons: Abschied von der „Tarifzuständigkeit" als Wirksamkeitsvoraussetzung eines Tarifvertrages, Festschrift für Ludwig Schnorr von Carolsfeld, Köln, 1973, S. 255

ders.: Tarifkonkurrenz, Tarifpluralität und das Prinzip der Tarifeinheit, Recht der Arbeit 1992, S. 161

Krichel, Ulrich: Zur Rechtslage bei politischen Streiks, Neue Zeitschrift für Arbeits- und Sozialrecht 1987, S. 297

Kutscher, Stephan: Die Tarifzuständigkeit, Materielle Grenzen der Betätigungsfreiheit und Rechtsfolgen fehlender Regelungsbefugnis (am Beispiel der punktuellen Erweiterung des Organisationsbereiches), Münster, Hamburg, 1993

Langenbucher, Katja: Die Entwicklung und Auslegung von Richterrecht, München, 1996

Larenz, Karl: Zur Rechtmäßigkeit einer „Vereinsstrafe", Gedächtnisschrift für Rolf Dietz, München, 1973, S. 45

Larenz, Karl / Canaris, Claus-Wilhelm: Methodenlehre der Rechtswissenschaft, 3. Auflage, Berlin, 1995

Larenz, Karl / Wolf, Manfred: Allgemeiner Teil des Bürgerlichen Rechts, 8. Auflage, München, 1997

Lauschke, Gerd: Betriebsnahe Tarifpolitik und Koalitionsschutz, Arbeit und Recht 1965, S. 102

Leipold, Dieter: Anmerkung zu BAG AP Nr. 14 zu § 322 ZPO

Leßmann, Herbert: Die öffentlichen Aufgaben und Funktionen privatrechtlicher Wirtschaftsverbände, Köln, Berlin, Bonn, München, 1976

Lieb, Manfred: Erkämpfbarkeit von Firmentarifverträgen mit verbandsangehörigen Arbeitgebern, Der Betrieb 1999, S. 2058

ders.: Zur Rechtmäßigkeit von Unterstützungsarbeitskämpfen insbesondere im Druck- und Verlagsbereich, Recht der Arbeit 1991, S. 145

Link, Harald: Die Tarifzuständigkeit, Dissertation, Duisburg, 1965

Löwisch, Manfred / Rieble, Manfred: Tarifvertragsgesetz, Kommentar, München, 1992

dies.: Tarifvertragsrechtliche und arbeitskampfrechtliche Fragen des Übergangs vom Haustarif zum Verbandstarif, Tarifautonomie für ein neues Jahrhundert, Festschrift für Günter Schaub, S. 457

Löwisch, Manfred: Gewollte Tarifunfähigkeit im modernen Kollektivarbeitsrecht, Zeitschrift für Arbeitsrecht 1974, S. 29

ders.: Besteht ein Grund, die Rechtsprechung des Bundesarbeitsgerichts zur Aussperrung zu ändern, Recht der Arbeit 1980, S. 1

Look van, Frank: Vereinsstrafen als Vertragsstrafen: ein Beitrag zum inneren Vereinsrecht, Berlin, 1990

Lutter, Marcus: Umwandlungsgesetz, Kommentar, Band II §§ 152-325, 2. Auflage, Köln, 2000 (zitiert als: Lutter/Bearbeiter)

Mangold v., Hermann / Klein, Friedrich / Starck, Christian: Das Bonner Grundgesetz, Kommentar, Bd. 1, Präambel, Art. 1-19, 4. Auflage, München, 1999 (zitiert als Mangoldt v./Klein/Starck/Bearbeiter)

Martens, Klaus-Peter: Anmerkung zum Beschluß des Bundesarbeitsgerichts vom 19.11.1985, Sammlung Arbeitsrechtlicher Entscheidungen 1987, S. 7

Matthes, Hans-Christoph: Der Arbeitgeber als Tarifvertragspartei, Festschrift für Günther Schaub zum 65. Geburtstag Tarifautonomie für ein neues Jahrtausend, München 1998, S. 477

Maunz, Theodor / Dürig, Günter: Grundgesetz, Kommentar, Band I u. II, Art.1-11 u. 12-20, 41. Lieferung, München, 2002 (zitiert als: Maunz/Dürig/Bearbeiter)

Mayer-Maly, Theo: Zur Problematik betriebsnaher Tarifpolitik, Der Betrieb 1965, S. 32

ders.: Aussperrung und Parität, Der Betrieb 1979, S. 95

Medicus, Dieter: Bürgerliches Recht, 19. Auflage, Köln, 2002

Meik, Frank Andreas: Der Kernbereich der Tarifautonomie: dargestellt am Funktionszusammenhang von Unternehmens-, Betriebs- u. Tarifautonomie, Diss., Berlin, 1987

Meissinger, H.: Betriebseinheit und Tarifeinheit, Der Betrieb 1952, S. 101

Meyer-Cording, Ulrich: Die Rechtsnormen, Tübingen, 1971

Molitor, Erich: Allgemeinverbindlicherklärung und Verwaltungsermessen bei der Allgemeinverbindlicherklärung, Arbeitsrecht und Schlichtungsrecht „Das Schlichtungswesen" 1931, Sp. 257

Moll, Wilhelm: Kollektivvertragliche Arbeitsbedingungen nach einem Betriebsübergang, Recht der Arbeit 1996, S. 275

Moritz, Heinz Peter: Fragerecht des Arbeitgebers sowie Auskunfts- und/oder Offenbarungspflicht des Arbeitnehmers bei der Anbahnung von Arbeitsverhältnissen?, Neue Zeitschrift für Arbeitsrecht 1987, S. 329

Müller, Gerhard: Gedanken zum Entwurf des Mitbestimmungsgesetzes (MitbestG) (I), Der Betrieb 1975, S. 205

ders.: Gedanken zum Koalitionsrecht, Der Betrieb 1957, S. 718

ders.: Die Tarifautonomie in der Bundesrepublik Deutschland, Berlin, 1990

Müller, Thomas / Peters, Harald: Anmerkung zu BAG AP Nr. 14 zu § 3 TVG Verbandszugehörigkeit

Münch v., Ingo / Kunig, Philip: Grundgesetz-Kommentar, Bd. 1 (Präambel bis Art. 19), 5. Auflage, München, 2000 (zitiert als Münch v./Kunig/Bearbeiter)

Münchener Handbuch zum Arbeitsrecht: hrsg. von Reinhard Richardi; Otfried Wlotzke, Bd. 1, Individualarbeitsrecht I: §§ 1-113, Bd. 2, Individualarbeitsrecht II, §§ 114-239 und Bd. 3., Kollektives Arbeitsrecht: §§ 240-394, 2. Auflage, München, 2000 (zitiert als MünchArbR/Bearbeiter)

Münchener Kommentar zum Bürgerlichen Gesetzbuch: hrsg. von Kurt Rebmann, Franz Jürgen Säcker, Bd. 1 Allgemeiner Teil (§§ 1-240), 4. Auflage, München, 2001 (zitiert als MüKo/Bearbeiter)

Münchener Kommentar zur Zivilprozeßordnung: mit Gerichtsverfassungsgesetz und Nebengesetzen, hrsg. von Gerhard Lüke, Peter Wax, Bd. 1 §§ 1-354, 2. Auflage, München, 2000 und Bd. 3 §§ 803-1066, EGZPO - GVG - EGGVG – internationales Zivilprozeßrecht, 2. Auflage, München, 2001 (zitiert als MüKo/Bearbeiter)

Mummenhof, Winfried: Gründungssysteme und Rechtsfähigkeit, Köln, Berlin, Bonn, München, 1980

Neumann, Franz: Tarifrecht auf der Grundlage der Rechtsprechung des RAG, Berlin, 1931

Nikisch, Arthur: Arbeitsrecht, II. Band, 2. Auflage, Tübingen, 1959

Nipperdey, Hans Carl: Zur Frage des Boykotts der „billigen Flaggen“, Staat und Gesellschaft, Festgabe für Günther Küchenhoff, Göttingen, 1967, S. 133

Oetker, Hartmut: Das private Vereinsrecht als Ausgestaltung der Koalitionsfreiheit, Recht der Arbeit 1999, S. 96

ders. Anmerkung zu BAG AP Nr. 4 zu § 97 ArbGG 1979

ders.: Anmerkung zu BAG AP Nr. 10 und 11 zu § 2 TVG Tarifzuständigkeit

ders.: Anmerkung zu BAG AP Nr. 55 zu § 2 TVG

Ostrop, Markus H.: Mitgliedschaft ohne Tarifbindung, Frankfurt a. M, Berlin, Bern, New York, Paris, Wien, 1997

Otto, Sven-Joachim: Die rechtliche Zulässigkeit einer tarifbindungsfreien Mitgliedschaft in Arbeitgeberverbänden, Neue Zeitschrift für Arbeitsrecht 1996, S. 624

Palandt, Otto: Bürgerliches Gesetzbuch, 62. Auflage, München, 2003 (zitiert als Palandt/Bearbeiter)

Pieroth, Bodo / Schlink, Bernhard: Grundrechte, Staatsrecht II, 18. Auflage, Heidelberg, 2002

Popp, Klaus: Öffentliche Aufgaben der Gewerkschaften und innerverbandliche Willensbildung, Berlin, 1976

Potthoff, Heinz: Die Tarifmacht der Verbände, Der Arbeitsrichter 1930, S. 39

Preis, Bernd: Tarifdispositives Richterrecht, Zeitschrift für Arbeitsrecht 1972, S. 271

Radke, Olaf: Tarifbindung und Geltungsbereich des Tarifvertrages, Betriebs-Berater 1964, S. 1490 *ders.:* Was ist betriebsnahe Tarifpolitik?, Der Betrieb 1965, S. 1176

Rehbinder, Manfred: Die Rechtsnatur des Tarifvertrages, Juristische Rundschau 1968, S. 167

Reichert, Bernhard: Handbuch des Vereins- und Verbandsrechts, 8. Auflage, Neuwied, Kriftel, 2001

Reuter, Dieter: Anmerkung zu BAG AP Nr. 4 zu § 2 TVG Tarifzuständigkeit

ders.: Möglichkeiten und Grenzen einer Auflockerung des Tarifkartells, Zeitschrift für Arbeitsrecht 1995, S. 1

ders.: Die Mitgliedschaft ohne Tarifbindung (OT-Mitgliedschaft) im Arbeitgeberverband, Recht der Arbeit 1996, S. 201

ders.: Können verbandsangehörige Arbeitgeber zum Abschluß von Haustarifverträgen gezwungen werden, Neue Zeitschrift für Arbeitsrecht 2001, S. 1097

Richardi, Reinhard: Kollektivgewalt und Individualwille bei der Gestaltung des Arbeitsverhältnisses, München, 1968

ders.: Gemeinsame Anmerkung zu BAG AP Nr. 2 und 3 zu § 2 TVG Tarifzuständigkeit.

ders.: Rechtsprobleme einer betriebsnahen Tarifpolitik, Juristische Analysen 1971, S. 141

Richter, Lutz: Bemerkungen zum Aufsatz von Potthoff, in: Der Arbeitsrichter 1930, S. 39

Rieble, Volker: Arbeitsmarkt und Wettbewerb: Der Schutz von Vertrags- und Wettbewerbsfreiheit im Arbeitsrecht, Berlin, 1996

ders.: Anmerkung zum Urteil des Bundesarbeitsgerichts vom 14.6.1994, Sammlung Arbeitsrechtlicher Entscheidungen 1995, S. 77

ders.: Zur neuen Manteltariffähigkeit der Post-Bundesanstalt für die Postaktiengesellschaften, Festschrift zum 70. Geburtstag von Eugen Stahlhacke, Arbeitsgesetzgebung und Arbeitsrechtsprechung, S. 459

ders.: Anmerkung zu BAG AP Nr. 3 zu § 3 TVG Verbandsaustritt

ders.: Anmerkung zu BAG AP Nr. 14 zu § 2 TVG Tarifzuständigkeit

ders.: Der Tarifvertrag als kollektiv-privatautonomer Vertrag, Zeitschrift für Arbeitsrecht 2000, S. 5

ders.: Der Fall Holzmann und seine Lehren, Neue Zeitschrift für Arbeits- und Sozialrecht 2000, S. 225

ders.: Die Tarifzuständigkeit von Spitzenverbänden, Der Betrieb 2001, S. 2194

ders.: Zulässigkeit des Lokführer-„Funtionseliten"-Streikes, Betriebs-Berater 2003, S. 1227

Rosenberg, Leo / Schwab, Karl Heinz / Gottwald, Peter: Zivilprozeßrecht, 15. Auflage, München, 1993

Rüthers, Bernd: Nachwirkungsprobleme bei Firmentarifen desselben Arbeitgebers mit verschiedenen Gewerkschaften, Festschrift für Gerhard Müller, S. 445

Sachs, Michael: Grundgesetz, Kommentar, 3. Auflage, München, 2003 (zitiert als: Sachs/Bearbeiter)

Säcker, Franz Jürgen: Gruppenautonomie und Übermachtkontrolle, Berlin, 1972

ders.: Probleme der Repräsentation von Großvereinen, München, 1986

Säcker, Franz Jürgen / Oetker, Hartmut: Tarifeinheit im Betrieb – ein Akt unzulässiger richterlicher Rechtsfortbildung?, Zeitschrift für Arbeitsrecht 1993, S. 1

Sauter, Eugen / Schweyer, Gerhard: Der eingetragene Verein: eine gemeinverständliche Erläuterung des Vereinsrechts unter besonderer Berücksichtigung der neuesten Rechtsprechung, 16. Auflage, München, 1997

Schaub, Günter: Arbeitsrechts-Handbuch, 10.Auflage, München, 2002

ders.: Probleme der Tarif- und Betriebsautonomie in der Rechtsprechung des Bundesarbeitsgerichts, Betriebs-Berater 1996, S. 2298

Schleusener, Aino: Rechtmäßigkeit kampfweiser Durchsetzung von Firmentarifverträgen gegenüber verbandsangehörigen Arbeitgebern, Neue Zeitschrift für Arbeitsrecht 1998, S. 239

ders.: Die Erzwingung von Firmentarifverträgen nach Verbandsaustritt des Arbeitgebers, Betriebs-Berater 1999, S. 684

Schmidt, Karsten: Gesellschaftsrecht, 4. Auflage, Köln, 2002

ders.: Ultra-vires-Doktrin: tot oder lebendig?, Archiv für die civilistische Praxis 184, S.529

Schüren, Peter: Die Legitimation der tariflichen Normsetzung, München, 1990

Schwab, Gerhard / Walter, Gerhard: Schiedsgerichtsbarkeit, 6. Auflage, München, 2000

Seiter, Hugo: Streikrecht und Aussperrungsrecht, Tübingen, 1975

ders.: Anmerkung zu BAG AP Nr. 62 zu Art. 9 GG Arbeitskampf

ders.: Arbeitskampfparität und Übermaßverbot, Düsseldorf, Frankfurt, 1979

Sinzheimer, Hugo: Grundzüge des Arbeitsrechts, 2. Auflage, Jena, 1927

Söllner, Alfred: Grundriß des Arbeitsrechts, 13. Auflage, München, 2003

Soergel, Hans Theodor: Kommentar zum Bürgerlichen Gesetzbuch mit Einführungsgesetz und Nebengesetzen, Bd. 1. Allgemeiner Teil, §§ 1-103, 13. Auflage, Stuttgart, 2000 (zitiert als: Soergel/Bearbeiter)

Staudinger v., Julius: Kommentar zum Bürgerlichen Gesetzbuch mit Einführungsgesetz und Nebengesetzen, Buch 1. Allgemeiner Teil, §§ 21-103, 13. Auflage, Berlin, 1995 u. §§ 164-240, Neubearbeitung 2001, Berlin, 2001 und Buch 2. Recht der Schuldverhältnisse, §§ 611-615, 13. Auflage, Berlin, 1999 (zitiert als: Staudinger/Bearbeiter)

Stein, Axel: Der Abschluß von Firmentarifverträgen, Recht der Arbeit 2000, S. 129

Stein, Friedrich / Jonas, Martin: Kommentar zur Zivilprozeßordnung, Bd. 9, §§ 946-1048 ZPO – EG ZPO, 22. Auflage, Tübingen, 2002 (zitiert als: Stein/Jonas/Bearbeiter)

Steinbeck, Anja: Vereinsautonomie und Dritteinfluß, Berlin, New York, 1999

Stern, Klaus: Das Staatsrecht der Bundesrepublik Deutschland, Band I, 2. Auflage, München, 1984

Stöber, Kurt: Handbuch zum Vereinsrecht, 8. Auflage, Köln, 2000

Teubner, Gunther: Organisationsdemokratie und Verbandsverfassung, Tübingen, 1978

Thüsing, Gregor: Anmerkung zum Urteil des Landesarbeitsgerichts Rheinland-Pfalz vom 17.02.1995, LAGE Nr. 10 zu Art. 9 GG

ders.: Die Erstreikbarkeit von Firmentarifverträgen verbandsandgehöriger Arbeitgeber, Neue Zeitschrift für Arbeitsrecht 1997, S. 294

ders.: Anmerkung zu BAG AP Nr. 21 zu § 1 TVG Bezugnahme auf Tarifvertrag

Trappehl, Bernhard / Lambrich, Thomas: Anmerkung zum Urteil des Bundesarbeitsgerichts vom 24.06.1996, Der Betrieb 1999, S. 291

Ueberall, Albert: Das Problem der Tariflegitimation (Tarifzuständigkeit), Köln, 1932

Venrooy van, Gerd J.: Auf der Suche nach der Tarifzuständigkeit, Zeitschrift für Arbeitsrecht 1983, S. 49.

Vogel, Joachim: Juristische Methodik, Berlin, New York, 1998

Vorderwülbecke, Martin: Rechtsform der Gewerkschaften und Kontrollbefugnisse des Gewerkschaftsmitglieds, Berlin, 1988

Waas, Bernd: Tarifvertrag und Betriebsübergang: Die Fortgeltung tarifvertraglicher Regelungen im Fall des Betriebsüberganges gem. § 613a Abs. 1 S. 2 BGB, 1. Auflage, Baden-Baden, 1999

ders.: Anmerkung zu BAG AP Nr. 5 zu § 3 TVG Verbandsaustritt

ders.: Anmerkung zu BAG AP Nr. 12 zu § 1 TVG Bezugnahme auf Tarifvertrag

Walker, Wolf-Dietrich: Einstweiliger Rechtsschutz im Arbeitskampf, Zeitschrift für Arbeitsrecht 1995, S. 185ff

Wank, Rolf: Die Grenzen richterlicher Rechtsfortbildung, Berlin, 1978

Weiss, Helmut: Koalitionsfreiheit und betriebsnahe Tarifverträge, Düsseldorf, 1973

Wendeling-Schröder, Ulrike: Betriebliche Ergänzungstarifverträge, Neue Zeitschrift für Arbeits- und Sozialrecht 1998, S. 624

Westenberger, Erberhard: Organisationsrechtliche Probleme im deutschen Gewerkschaftswesen, Dissertation, Frankfurt a. Main, 1956

Weyand, Joachim: Anmerkung zum Beschluß des Bundesarbeitsgerichts vom 22.11.1988, Sammlung Arbeitsrechtlicher Entscheidungen 1991, S. 323

Wiedemann, Herbert: Tarifvertragsgesetz, 6. Auflage, München, 1999 (zitiert als Wiedemann bzw. Wiedemann/Bearbeiter)

ders.: Zur Tarifzuständigkeit, Recht der Arbeit 1975, S. 78

ders.: Arbeitsrechtliche Probleme der Betriebsausgliederung, Festschrift für Hans-Joachim Fleck, S. 447

ders.: Anmerkung zu BAG AP Nr. 8 zu § 4 TVG Nachwirkung

Wiedemann, Herbert / Arnold, Markus: Tarifkonkurrenz und Tarifpluralität in der Rechtsprechung des Bundesarbeitsgerichts, Zeitschrift für Tarifrecht 1994, S. 399 u. 443

Wieland, Peter: Recht der Firmentarifverträge, Köln, 1998

Windbichler, Christine: Arbeitsrecht im Konzern, München, 1989

Zippelius, Reinhold: Juristische Methodenlehre, 7. Auflage, München, 1999

Zöller, Richard: Zivilprozeßordnung, mit Gerichtsverfassungsgesetz und den Einführungsgesetzen, mit internationalem Zivilprozeßrecht, Kostenanmerkungen; Kommentar, 23. Auflage, Köln, 2002 (zitiert als Zöller/Bearbeiter)

Zöllner, Wolfgang: Die Rechtsnatur der Tarifnormen nach deutschem Recht, Wien, 1966

ders.: Aussperrung und arbeitskampfrechtliche Parität, Düsseldorf, 1974

ders.: Veränderungen und Angleichung tarifvertraglich geregelter Arbeitsbedingungen nach Tarifvertrag, Der Betrieb 1995, S. 1401

Zöllner, Wolfgang / Loritz, Karl-Georg: Arbeitsrecht, 5. Auflage, München, 1998

Satzung des Deutschen Gewerkschaftbundes

Deutscher
Gewerkschaftsbund

Satzung
Ausgabe Juni 2002
Zuletzt geändert vom

17. Ordentlichen Bundeskongress 2002 in Berlin

Der Gründungskongress des Deutschen Gewerkschaftsbundes 1949 in München beschloss eine Satzung.

Diese Satzung wurde
vom 2. Ordentlichen Bundeskongress 1952 in Berlin,
vom 3. Ordentlichen Bundeskongress 1954 in Frankfurt (Main) und
vom 4. Ordentlichen Bundeskongress 1956 in Hamburg geändert.
Der 6. Ordentliche Bundeskongress 1962 in Hannover beschloss eine Neufassung.
Sie wurde
vom 7. Ordentlichen Bundeskongress 1966 in Berlin und
vom 8. Ordentlichen Bundeskongress 1969 in München geändert.
Die vom 3. Außerordentlichen Bundeskongress 1971 in Düsseldorf beschlossene Neufassung der Satzung wurde
vom 9. Ordentlichen Bundeskongress 1972 in Berlin,

vom 10. Ordentlichen Bundeskongress 1975 in Hamburg,

vom 11. Ordentlichen Bundeskongress 1978 in Hamburg,

vom 14. Ordentlichen Bundeskongress 1990 in Hamburg,

vom 15. Ordentlichen Bundeskongress 1994 in Berlin, vom 5. Außerordentlichen Bundeskongress 1996 in Dresden, vom 16. Ordentlichen Bundeskongress 1998 in Düsseldorf und zuletzt vom 17. Ordentlichen Bundeskongress 2002 in Berlin geändert.

Die vom DGB-Bundesausschuss am 11.03.1992 beschlossene Anlage 1 und am 02.12.1997 beschlossene Anlage 2 wurden vom DGB-Bundesausschuss am 08.03.2000 und die Anlage 2 zuletzt am 06.03.2002 geändert.

Druck: Toennes Satz+Druck Gmbh

§ 1 Name und Sitz

1. Die Vereinigung der Gewerkschaften führt den Namen Deutscher Gewerkschaftsbund.

2. Der Bund hat seinen Sitz in Berlin.

§ 2 Zweck, Aufbau und Aufgaben des Bundes

1. a) Der Bund vereinigt die Gewerkschaften zu einer wirkungsvollen Einheit und vertritt ihre gemeinsamen Interessen.

b) Der Bund und die in ihm vereinigten Gewerkschaften vertreten die gesellschaftlichen, wirtschaftlichen, sozialen und kulturellen Interessen der Arbeitnehmerinnen und der Arbeitnehmer und setzen sich für die Geschlechterdemokratie ein.

c) Der Bund und die in ihm vereinigten Gewerkschaften bekennen sich zur freiheitlich-demokratischen Grundordnung der Bundesrepublik Deutschland. Sie setzen sich für die Sicherung und den Ausbau des sozialen Rechtsstaates und die weitere Demokratisierung von Wirtschaft, Staat und Gesellschaft ein.

d) Der Bund und die in ihm vereinigten Gewerkschaften bekennen sich zur Schaffung eines vereinten Europas mit demokratischer Gesellschaftsordnung.

e) Der Bund gibt sich ein Grundsatzprogramm und ein Aktionsprogramm.

2. a) Der Bund und die in ihm vereinigten Gewerkschaften sind demokratisch aufgebaut.

b) Sie sind unabhängig von Regierungen, Parteien, Religionsgemeinschaften, Verwaltungen und den Arbeitgebern.

c) Die im Bund vereinigten Gewerkschaften sind Teile der einheitlichen Gewerkschaftsbewegung. Der Organisationsaufbau, die Aufgaben und Ziele der Gewerkschaften sind in ihren Satzungen niedergelegt. Die Satzungen der Gewerkschaften dürfen der Bundessatzung nicht widersprechen.

3. Politische Aufgaben des Bundes sind:

a) In der allgemeinen Gewerkschafts-, Gesellschafts- und Gleichstellungspolitik insbesondere:

der Ausbau und die Sicherung des sozialen und demokratischen Rechtsstaates und seiner freiheitlich-demokratischen Grundordnung;

das Eintreten für eine allgemeine und weltweite kontrollierte Abrüstung, für die Verwirklichung und Erhaltung des Friedens und der Freiheit im Geiste der Völkerverständigung;

die Stärkung der internationalen freien Gewerkschaftsbewegung;

die Bemühungen um Fortschritte in der europäischen Einigung;

die Verwirklichung der Geschlechterdemokratie und der gleichberechtigten Teilhabe von Frauen und Männern in allen Betrieben und Verwaltungen, in Wirtschaft, Gesellschaft und Politik, auch unter Anwendung der Strategie des Gender-Mainstreaming;

die Förderung der sozialen Integration der ausländischen Arbeitnehmerinnen und der Arbeitnehmer;

die Verteidigung der freiheitlich-demokratischen Grundordnung, der einzelnen demokratischen Grundrechte und der Unabhängigkeit der Gewerkschaftsbewegung;

die Wahrnehmung des Widerstandsrechts (Art. 20 Abs. 4 Grundgesetz);

b) in der Sozialpolitik insbesondere:

die Vertretung der Interessen der Arbeitnehmerinnen und der Arbeitnehmer in der nationalen und internationalen Sozial- und Gesundheitspolitik einschließlich des Umweltschutzes;

in der Sozialversicherung einschließlich Selbstverwaltung;

in der Arbeitsmarktpolitik und Arbeitssicherheit;

im Arbeits- und Sozialrecht, Betriebsverfassungs- und Personalvertretungsrecht;

im Rechtsschutz;

c) in der Wirtschaftspolitik insbesondere:

die Vertretung der Interessen der Arbeitnehmerinnen und der Arbeitnehmer in der nationalen und internationalen Wirtschaftspolitik;

bei der Demokratisierung der Wirtschaft und der Verwaltung durch umfassende Verwirklichung der Mitbestimmung der Arbeitnehmerinnen und der Arbeitnehmer;

in der Vermögenspolitik, Wirtschaftsplanung;

Konjunktur- und Strukturpolitik;

Geld-, Finanz- und Steuerpolitik;

Preis-, Wettbewerbs- und Verbraucherpolitik;

d) in der Frauenpolitik insbesondere:

die Vertretung der Interessen der Frauen in allen Bereichen der politischen Aufgaben des Bundes, insbesondere in der Gleichstellungspolitik und in der Familienpolitik mit den Zielen der gleichberechtigten Teilhabe von Frauen und Männern in allen gesellschaftlichen Bereichen und der Beseitigung von unmittelbarer und mittelbarer Diskriminierung wegen des Geschlechts sowie der Erleichterung der Vereinbarkeit von Familie und Beruf.

Dabei sollen Frauen in den Gremien und Delegationen, in denen der DGB die Benennungskompetenz bzw. Einflussmöglichkeiten hat, mindestens entsprechend ihrem Anteil an der Mitgliedschaft in Mandaten vertreten sein;

e) in der Jugendpolitik:

die Vertretung der Interessen von Jugendlichen und jungen Erwachsenen. Die gewerkschaftliche Jugendarbeit hat die Aufgabe, Entwicklungs- und Identitätsprozesse junger Menschen durch ein vielfältiges Angebot zu unterstützen und sie dadurch für die Vertretung ihrer Interessen und die Mitarbeit in Gewerkschaft und Gesellschaft zu aktivieren. Als Teil des Deutschen Gewerkschaftsbundes ist die DGB-Jugend eigenständiger Jugendverband. Die Entscheidungsstrukturen sind in Richtlinien festgelegt;

f) in der Seniorenpolitik insbesondere:

die Vertretung der Interessen der Seniorinnen und Senioren und Wahrung ihrer Mitwirkung bei der Gestaltung des gesellschaftlichen Lebens, in der Sicherung und Entwicklung ihrer ökonomischen und sozialen Belange.

Der DGB setzt sich für die Schaffung eines seniorenfreundlichen Klimas und die Beseitigung jeglicher Diskriminierung der älteren Generation in der Gesellschaft ein;

g) in der Bildungs- und Kulturpolitik insbesondere:

die Vertretung der Interessen der Arbeitnehmerinnen und der Arbeitnehmer durch Förderung einer fortschrittlichen nationalen und internationalen Bildungs- und Kulturpolitik, insbesondere Schul- und Hochschulpolitik, Berufs- und Weiterbildungspolitik, politische Bildung, gewerkschaftliche Schulung und Bildung auf allen Ebenen mit dem Ziel der Verwirklichung von Chancengleichheit, sozialer Gerechtigkeit und Demokratisierung;

h) die Vertretung und Koordinierung der gemeinsamen Interessen, insbesondere:

die dem Bund durch Gesetze zugewiesenen Befugnisse in der Wirtschaft, im sozialen Bereich, im kulturellen Bereich, in den sonstigen Körperschaften, Institutionen und Verwaltungen sowie in der Arbeits-, Sozial-, Verwaltungs- und Finanzgerichtsbarkeit auszuüben und die sich hieraus ergebenden Aufgaben wahrzunehmen;

den Bundestag, den Bundesrat, die Länderparlamente, die Regierungen und Behörden sowie die Organe der europäischen Gemeinschaften über die gewerkschaftlichen Auffassungen zu aktuellen Fragen, die Interessen der Arbeitnehmerinnen und der Arbeitnehmer berühren, zu unterrichten und ihnen Forderungen zu unterbreiten;

die Wahrnehmung der Funktion als Spitzenorganisation in Fragen des Beamten- und Besoldungsrechts;

die Wahrnehmung der gemeinsamen Aufgaben der Gewerkschaften für die Arbeiterinnen und Arbeiter, die Angestellten, die Beamtinnen und Beamten, die Frauen, die Jugend und die Seniorinnen und Senioren;

die Wahrnehmung der dem Bund zugewiesenen Aufgaben in den Organen der europäischen Gemeinschaften.

4. Organisationsaufgaben des Bundes sind im Besonderen:

a) die Vorbereitung und Durchführung von Maßnahmen in Wahrnehmung des Widerstandsrechts (Art. 20 Abs. 4 Grundgesetz) zur Verteidigung der freiheitlich-demokratischen Grundordnung, der einzelnen Grundrechte und der Unabhängigkeit der Gewerkschaftsbewegung;

b) die Aus- und Fortbildung von Mitgliedern und Funktionären der Gewerkschaften durch Unterhaltung eigener Schulen des Bundes sowie örtlicher und überörtlicher Kultur-, Bildungs- und Berufsbildungseinrichtungen in Ergänzung zur Bildungsarbeit der Gewerkschaften;

c) die Errichtung von Rechtsstellen. Die Rechtsstellen arbeiten, soweit gesetzlich zulässig, auf den Gebieten der ordentlichen, der Verwaltungs-, der Finanz-, der Arbeits- und der Sozialgerichtsbarkeit. Sie werden nach den Richtlinien des Bundesvorstandes tätig.

Die mit der Rechtsberatung und Prozessvertretung Beauftragten sind im Sinne des Arbeitsgerichtsgesetzes, des Sozialgerichtsgesetzes, der Verwaltungsgerichtsordnung, der Bundesdisziplinarordnung und der Finanzgerichtsordnung zur Prozessvertretung vor den Gerichten für Arbeitssachen, den Gerichten der Sozialgerichtsbarkeit, der Disziplinargerichtsbarkeit, den Verwaltungsgerichten und den Finanzgerichten befugt;

d) die Wahrnehmung der Öffentlichkeitsarbeit des Bundes;

e) die Förderung von gemeinwirtschaftlichen, gemeinnützigen und genossenschaftlichen Bestrebungen;

f) die Erarbeitung von Grundsätzen für die Tarifpolitik;

g) die Schaffung von Richtlinien zur Führung und Unterstützung von Arbeitskämpfen;

h) die Abgrenzung und Änderung der Organisationsgebiete der Gewerkschaften;

i) die Schlichtung von Streitigkeiten zwischen den Gewerkschaften;

j) die Errichtung gemeinsamer Verwaltungseinrichtungen für den Bund und die Gewerkschaften;

k) die Koordinierung der Leistungen und Unterstützungen der Gewerkschaften für ihre Mitglieder;

l) die Koordinierung von Anlage und Verwertung des Gewerkschaftsvermögens;

m) die Koordinierung der Gehalts- und Anstellungsbedingungen für die Angestellten des Bundes und der Gewerkschaften;

n) die Unterstützung der Gewerkschaften bei der Erfüllung außerordentlicher Aufgaben.

5. Dem Bund können durch Bundeskongress und Bundesausschuss weitere Aufgaben zugewiesen werden.

6. Zur Erfüllung der Aufgaben hat der Bund die technischen und personellen Voraussetzungen unter Anwendung der Grundsätze einer modernen und rationellen Verwaltung und Organisation zu schaffen.

§ 3 Mitgliedschaft

1. In den Bund können nur Gewerkschaften aufgenommen werden, die die Satzung des Bundes anerkennen und deren Satzungen nicht der Satzung des Bundes widersprechen.

2. Über die Aufnahme in den Bund entscheidet der Bundesausschuss mit Zweidrittelmehrheit seiner stimmberechtigten Mitglieder.

Eine Gewerkschaft kann in den Bund nur aufgenommen werden in Übereinstimmung mit der Gewerkschaft oder den Gewerkschaften, die für diesen Organisationsbereich bereits Mitglied des Bundes sind.

3. Die Gewerkschaften des Bundes haben dessen Satzung einzuhalten und die Beschlüsse der Organe des Bundes (Bundeskongress, Bundesausschuss und Bundesvorstand) durchzuführen.

4. Eine Gewerkschaft, die der Satzung des Bundes zuwiderhandelt oder gegen die Beschlüsse der Organe des Bundes verstößt, kann durch Beschluss einer Zweidrittelmehrheit der Mitglieder des Bundesausschusses aus dem Bund ausgeschlossen werden. Das Gleiche gilt für eine Gewerkschaft, die sich einem Schiedsverfahren nicht stellt oder dessen Spruch nach der Verwerfung einer etwaigen Beschwerde nicht anerkennt.

5. Gegen den Ausschluss ist innerhalb von 3 Monaten die Berufung der betroffenen Gewerkschaft an den nächsten Bundeskongress zulässig.

In diesem Fall ruhen ihre Rechte und Pflichten bis zur Entscheidung durch den Bundeskongress.

6. Der freiwillige Austritt einer Gewerkschaft aus dem Bund ist nur am Jahresschluss nach vorausgegangener sechsmonatiger Kündigung zulässig. An den Sitzungen der Organe der Gewerkschaften, in denen über ihren Austritt beraten oder Beschluss gefasst wird, nehmen Vertreter des Bundesvorstandes mit beratender Stimme teil.

7. Ausgeschlossene oder ausgetretene Gewerkschaften verlieren mit dem Tage ihres Ausscheidens jeden Anspruch auf alle Vermögensteile und Einrichtungen des Bundes.

§ 4 Beiträge

1. Zur Erfüllung seiner Aufgaben haben die Gewerkschaften an den Bund Beiträge in Höhe von 12 vom Hundert des Beitragsaufkommens zu zahlen. Das Beitragsaufkommen setzt sich aus den von den Mitgliedern der Gewerkschaften gezahlten Beiträgen (Voll-, Anerkennungs-, freiwillige Beiträge) zusammen.

2. Die Beiträge sind vierteljährlich nachträglich an den Bund zu entrichten.

3. Der Bundesausschuss erlässt eine Beitragsordnung.

4. Ausgeschlossene oder ausgetretene Gewerkschaften zahlen ihre Beiträge bis zu dem Zeitpunkt, zu dem der Ausschluss oder der Austritt wirksam wird.

   § 3 Ziff. 5 letzter Satz bleibt unberührt.

5. Zur Deckung außerordentlicher Ausgaben des Bundes können vom Bundesausschuss mit Zweidrittelmehrheit seiner stimmberechtigten Mitglieder Sonderbeiträge beschlossen werden.

§ 5 Solidaritätsfonds

1. Der Bund richtet einen Solidaritätsfonds ein. Nach vom Bundesausschuss zu beschließenden Richtlinien werden hieraus Bundeshilfen gewährt und besondere gewerkschaftliche Aktionen unterstützt.

2. Die Gewerkschaften zahlen hierfür Beiträge. Die Höhe dieser Beiträge beschließt der Bundesausschuss.

3. Der Bundesausschuss beschließt über Richtlinien und die Verwendung der Mittel aus dem Solidaritätsfonds. Bis zu einer in den Richtlinien festgelegten Höhe kann der Bundesvorstand Vorabbewilligungen vornehmen.

§ 6 Organe des Bundes

Die Organe des Bundes sind:

Bundeskongress,

Bundesausschuss,

Bundesvorstand,

Revisionskommission.

§ 7 Bundeskongress

1. Der Bundeskongress ist das höchste Organ des Bundes.

2. Jedes vierte Jahr findet ein ordentlicher Bundeskongress statt. Innerhalb von drei Monaten vor einem ordentlichen Bundeskongress sollen keine ordentlichen Gewerkschaftstage und dürfen keine Bundes-Frauen- und Bundes-Jugendkonferenzen sowie Bezirkskonferenzen und Landeskonferenzen des Bundes stattfinden.

3. Aufgaben des Bundeskongresses sind:

a) die allgemeinen Richtlinien der Gewerkschaftspolitik festzulegen und das Grundsatzprogramm zu beschließen;

b) die Tätigkeitsberichte des Bundesvorstandes und der Revisionskommission entgegenzunehmen und über die Entlastung zu beschließen;

c) Satzungsänderungen zu beschließen;

d) über die dem Bundeskongress vorliegenden Anträge zu beschließen;

e) über die dem Bundeskongress vorliegenden Einsprüche und Berufungen zu beschließen;

f) den Geschäftsführenden Bundesvorstand zu wählen;

g) die Mitglieder der Revisionskommission zu wählen.

4. Ein außerordentlicher Bundeskongress ist einzuberufen auf Beschluss des Bundesausschusses oder auf Antrag von mehr als der Hälfte der Gewerkschaften oder auf Antrag von Gewerkschaften, die mehr als die Hälfte der Mitglieder vertreten.

5. Die Delegierten zum Bundeskongress und ihre Stellvertreterinnen bzw. Stellvertreter werden von den Gewerkschaften nach demokratischen Grundsätzen gewählt; dabei soll die Mitgliederstruktur, insbesondere auch der Frauenanteil in der jeweiligen Gewerkschaft, berücksichtigt werden.

Die Delegierten und ihre Stellvertreterinnen bzw. Stellvertreter behalten ihr Mandat bis zum nächsten ordentlichen Bundeskongress.

6. Der Bundeskongress besteht aus 400 Delegierten. Die Zahl der auf jede Gewerkschaft entfallenden Delegierten ermittelt der Bundesvorstand nach der Zahl der Mitglieder, für die Beiträge an den Bund abgeführt wurden. Der Bundesvorstand legt jeweils fest, welcher Abrechnungszeitraum von 12 Monaten der Ermittlung zugrunde gelegt wird.

7. Der Bundeskongress ist mindestens zwölf Wochen vor seinem Beginn auszuschreiben. Die Tagesordnung wird vom Bundesvorstand vorgeschlagen. Bei außerordentlichen Bundeskongressen kann die Frist durch den Bundesvor-

stand abgekürzt werden. Die Ausschreibung erfolgt fristgemäß in Publikationen des Bundes und soll auch in den Presseorganen der Gewerkschaften erfolgen.

8. Anträge an den Bundeskongress können gestellt werden von:

den Vorständen der Gewerkschaften,

dem Bundesvorstand,

den Bezirksvorständen,

dem Bundes-Frauenausschuss,

dem Bundes-Jugendausschuss.

Der Bundesvorstand setzt die Frist zur Einreichung der Anträge fest, in der sie an ihn einzusenden sind.

9. Der Bundesvorstand wählt vor dem Bundeskongress aus den Delegierten eine Antragsberatungskommission, in der alle Gewerkschaften vertreten sein müssen. Die Antragsberatungskommission berät die Anträge für den Bundeskongress vor. An ihren Sitzungen können die Mitglieder des Bundesvorstandes beratend teilnehmen.

10. Die Mitglieder des Bundesausschusses, des Bundesvorstandes, der Revisionskommission, die Bezirksvorsitzenden sowie je 3 Vertreterinnen bzw. Vertreter des Bundes-Frauen- und Bundes-Jugendausschusses nehmen mit beratender Stimme am Bundeskongress teil.

11. Der Bundeskongress gibt sich eine Geschäftsordnung und wählt ein Präsidium.

Über seine Verhandlungen und Beschlüsse ist ein Wortprotokoll aufzunehmen.

§ 8 Bundesausschuss

1. Höchstes Organ des Bundes zwischen den Bundeskongressen ist der Bundesausschuss.

2. Der Bundesausschuss besteht aus 70 jeweils von den Gewerkschaften zu entsendenden Mitgliedern, dem Bundesvorstand und den Bezirksvorsitzenden. Für die Bezirksvorsitzenden sind ständige Vertreterinnen bzw. Vertreter zu benennen.

Jede Gewerkschaft entsendet mindestens 2 Mitglieder. Die Verteilung der außerdem von den Gewerkschaften zu entsendenden Mitglieder wird nach der Zahl der Mitglieder, für die an den Bund Beiträge abgeführt worden sind, im Höchstzahlverfahren ermittelt. Es gilt der Abrechnungszeitraum gemäß § 7 Ziff.

6. Bei der Benennung der zu entsendenden Mitglieder der Gewerkschaften soll der jeweilige Frauenanteil ihrer Mitgliedschaft berücksichtigt werden.

Je eine Vertreterin bzw. ein Vertreter des Bundes-Frauen- und Bundes-Jugendausschusses nimmt an den Sitzungen mit beratender Stimme teil.

3. Aufgaben des Bundesausschusses sind:

a) zu gewerkschaftspolitischen und organisatorischen Fragen Stellung zu nehmen und Beschlüsse zu fassen;

b) den Haushalt des Bundes zu beschließen;

c) zwischen den Bundeskongressen notwendige Ergänzungswahlen zu den Organen des Bundes mit Zweidrittelmehrheit seiner stimmberechtigten Mitglieder vorzunehmen;

d) über eine Abberufung eines Mitglieds des Geschäftsführenden Bundesvorstandes mit Zweidrittelmehrheit seiner stimmberechtigten Mitglieder zu beschließen. Hiergegen hat die bzw. der Abberufene ein Einspruchsrecht an den Bundeskongress, der endgültig entscheidet.

Von der Entscheidung des Bundesausschusses an ruhen die Rechte und Pflichten der bzw. des Abberufenen;

e) über den Einspruch von Mitgliedern der Bezirksvorstände und Regionsvorstände gegen ihre Abberufung durch den Bundesvorstand zu entscheiden;

f) über notwendige Sonderbeiträge an den Bund zu beschließen;

g) über Richtlinien gemäß § 5 Ziff. 1 und die Verwendung der Mittel aus dem Solidaritätsfonds zu beschließen;

h) über Aufnahme oder Ausschluss einer Gewerkschaft zu beschließen;

i) Richtlinien für die Abgrenzung von Organisationsgebieten und eine Veränderung der Organisationsbezeichnung zu beschließen;

j) eine Schiedsgerichtsordnung zu beschließen;

k) die Gehalts- und Anstellungsbedingungen der Angestellten des Bundes zu bestätigen.

4. Der Bundesausschuss tagt mindestens einmal im Jahr. Beantragt ein Drittel der Vertreterinnen bzw. der Vertreter der Gewerkschaften im Bundesausschuss oder beantragen Gewerkschaften, die mehr als ein Drittel aller Mitglieder der Gewerkschaften repräsentieren, die Einberufung einer Sitzung mit bestimmten Tagesordnungspunkten, so hat der Bundesvorstand diesem Antrag stattzugeben und die beantragten Punkte auf die Tagesordnung zu setzen.

Darüber hinaus ist er einzuberufen, wenn eine Entscheidung des Bundesausschusses herbeigeführt werden muss und diese nicht bis zur nächsten ordentlichen Sitzung aufgeschoben werden kann.

5. Den Vorsitz im Bundesausschuss führt die bzw. der Bundesvorsitzende oder die bzw. der stellvertretende Vorsitzende.

§ 9 Bundesvorstand

1. Der Bundesvorstand besteht aus der bzw. dem Vorsitzenden, der bzw. dem stellvertretenden Vorsitzenden, drei weiteren hauptamtlichen Vorstandsmitgliedern und aus den Vorsitzenden der im Bund vereinigten Gewerkschaften.

2. Der Bundesvorstand vertritt den Bund nach innen und außen. Er ist an die Satzung des Bundes und an die Beschlüsse von Bundeskongress und Bundesausschuss gebunden.

3. Die bzw. der Vorsitzende, die bzw. der stellvertretende Vorsitzende und die drei weiteren Vorstandsmitglieder bilden den Geschäftsführenden Bundesvorstand, der im Rahmen der vom Bundesvorstand beschlossenen Geschäftsordnung die Geschäfte des Bundes führt. Der Geschäftsführende Bundesvorstand ist berechtigt, Sofortmaßnahmen zu beschließen, wenn die Entscheidung unaufschiebbar ist.

4. Den Vorsitz im Bundesvorstand führt die bzw. der Vorsitzende oder die bzw. der stellvertretende Vorsitzende.

5. Aufgaben des Bundesvorstandes sind:

a) die sich aus der Satzung und den Beschlüssen der Organe ergebenden gewerkschaftspolitischen und organisatorischen Aufgaben und Aufträge zu erfüllen;

b) darauf zu achten, dass die Satzung eingehalten wird und eine vertrauensvolle Zusammenarbeit im Bund erfolgt;

c) Maßnahmen in Wahrnehmung des Widerstandsrechts (Art. 20 Abs. 4 Grundgesetz) vorzubereiten und durchzuführen. Stehen dem rechtzeitigen Zusammentritt des Bundesvorstandes unüberwindliche Hindernisse entgegen, so ist an seiner Stelle der Geschäftsführende Bundesvorstand zur Beschlussfassung berufen;

d) Ort und Termin für den Bundeskongress zu bestimmen, die Tagesordnung vorzuschlagen und die Frist zur Einreichung der Anträge festzusetzen;

e) den Bundeskongress auszuschreiben und einen schriftlichen Bericht zu erstatten;

f) den Bundesausschuss zu seinen Sitzungen einzuberufen und die Tagesordnung aufzustellen;

g) den Bezirkskonferenzen Vorschläge für die Wahl der bzw. des Bezirksvorsitzenden und der bzw. des stellvertretenden Bezirksvorsitzenden, den Landeskonferenzen Vorschläge für die Wahl der bzw. des Landesvorsitzenden zu unterbreiten;

h) die Mitglieder der Bezirksvorstände zu bestätigen. Die Bestätigung kann versagt werden, wenn ein gewerkschaftspolitischer oder ein in der Person liegender Grund es erfordert;

i) über die Abberufung eines Mitglieds des Vorstandes eines DGB-Bezirks oder einer DGB-Region aus seinem Amt zu entscheiden, wenn diesem ein Organ des Bezirks oder der Region mit Zweidrittelmehrheit oder der Bundesvorstand das Vertrauen entzogen hat. Handelt es sich um die Vertreterin oder den Vertreter einer Gewerkschaft, so ist das Einvernehmen mit der zuständigen Organisation herbeizuführen.

Betroffene sind vorher zu hören. Gegen die Abberufung haben Betroffene das Recht des Einspruchs an den Bundesausschuss. Dieser entscheidet endgültig. Bis zur Entscheidung durch den Bundesausschuss ruhen die Rechte und Pflichten;

j) Richtlinien für die Wahrnehmung der gemeinsamen Aufgaben der Gewerkschaften und für die Geschäftsführung innerhalb des Bundes sowie nach sonstigen Bestimmungen dieser Satzung zu beschließen;

k) Ausschüsse und Kommissionen einzurichten;

l) die Personal- und Finanzhoheit aller Einrichtungen des Bundes auszuüben.

6. Der Bundesvorstand tagt regelmäßig einmal monatlich. Die Vorsitzenden der Gewerkschaften können als ständige Vertreterinnen bzw. Vertreter mit Stimmrecht ein persönlich benanntes Vorstandsmitglied ihrer Gewerkschaften entsenden, wenn sie nicht an den Sitzungen teilnehmen können.

Die Bezirksvorsitzenden werden in der Regel mit beratender Stimme zu den Sitzungen hinzugezogen.

7. Zum Abschluss von für den Bund verbindlichen Geschäften und Verträgen sowie zur Geltendmachung von Rechtsansprüchen ist die Unterschrift der Vorsitzenden bzw. des Vorsitzenden, im Verhinderungsfalle der bzw. des stellvertretenden Vorsitzenden sowie eines weiteren Mitglieds des Geschäftsführenden Bundesvorstandes erforderlich. Der Geschäftsführende Bundesvorstand kann in seiner Geschäftsordnung befristet und/oder funktionsbezogen sowie auf

bestimmte Rechtsgeschäfte beschränkt Handlungsvollmachten an Beschäftigte des Bundes erteilen.

8. Der Bundesvorstand ist berechtigt, beim Vorstand einer Gewerkschaft den Ausschluss eines Mitgliedes zu beantragen. Das Verfahren richtet sich nach der Satzung der zuständigen Gewerkschaft.

§ 10 Revisionskommission

1. Die aus drei Mitgliedern bestehende Revisionskommission überwacht die Kassenführung und die Jahresabrechnung des Bundes und erstattet dem Bundesausschuss und dem Bundeskongress über die vorgenommenen Prüfungen Bericht.

2. Die Revision der Kasse des Bundes erfolgt jedes Vierteljahr. Die Revisionskommission ist berechtigt, jederzeit weitere Revisionen vorzunehmen.

3. Zu Mitgliedern der Revisionskommission dürfen keine Angestellten des Bundes gewählt werden.

§ 11 Bezirke

1. Zur Erfüllung der gemeinsamen gewerkschaftlichen Aufgaben werden Bezirke eingerichtet.

Der Bundesvorstand bestimmt im Einvernehmen mit dem Bundesausschuss deren Zahl und Abgrenzungen.

2. Organe der Bezirke sind:

a) die Bezirkskonferenzen,

b) die Bezirksvorstände.

3. Die bzw. der Bezirksvorsitzende und die bzw. der stellvertretende Bezirksvorsitzende bilden den Geschäftsführenden Bezirksvorstand, der im Rahmen der vom Bezirksvorstand beschlossenen Geschäftsordnung die Geschäfte führt.

4. Für die Organe der Bezirke sind die Bundessatzung, die Beschlüsse des Bundeskongresses, des Bundesausschusses und des Bundesvorstandes verbindlich.

5. Die Bezirkskonferenzen finden alle vier Jahre, aber spätestens drei Monate vor dem jeweiligen Bundeskongress statt. Sie bestehen aus gewählten Mitgliedern der Gewerkschaften. Dabei soll die Mitgliederstruktur, insbesondere auch der Frauenanteil in der jeweiligen Gewerkschaft, berücksichtigt werden.

Die Mitglieder des Bezirksvorstandes, die Revisionskommission, die Vorsitzenden der Regionsvorstände und je drei Vertreterinnen bzw. Vertreter des Bezirks-Frauen- und Bezirks-Jugendausschusses nehmen mit beratender Stimme an den Bezirkskonferenzen teil.

Die Bezirkskonferenzen geben sich eine Geschäftsordnung und wählen ein Präsidium. Der Bundesvorstand beschließt Richtlinien für die Zahl der Delegierten, das Verfahren der Aufteilung der Delegierten auf die Gewerkschaften, die Einberufung und Durchführung der Bezirkskonferenzen.

6. Aufgaben der Bezirkskonferenzen sind:

a) die Beschlussfassung über den Geschäfts- und Kassenbericht des Bezirksvorstandes;

b) die Wahl der bzw. des Bezirksvorsitzenden, der hauptamtlichen und der weiteren Mitglieder des Bezirksvorstandes sowie der aus drei Mitgliedern bestehenden Revisionskommission;

c) gewerkschaftspolitische und organisatorische Anträge und Anregungen an den Bundesvorstand zu richten;

d) die Unterbreitung von Vorschlägen für die Landesgesetzgebung und Stellungnahme zu landespolitischen Fragen, die Interessen von Arbeitnehmerinnen und Arbeitnehmern berühren.

7. Eine außerordentliche Bezirkskonferenz ist einzuberufen auf Beschluss des Bezirksvorstandes oder auf Antrag von mehr als der Hälfte der im Bezirk vertretenen Gewerkschaften oder auf Antrag von Gewerkschaften, die mehr als die Hälfte der Mitglieder im Bezirk vertreten.

8. Anträge an die Bezirkskonferenzen können gestellt werden von:

den Vorständen der Gewerkschaften auf Bezirksebene,

dem Bezirksvorstand,

dem Bezirks-Frauenausschuss,

dem Bezirks-Jugendausschuss,

den Landesvorständen im Bezirk

den Regionsvorständen im Bezirk.

Der Bezirksvorstand setzt die Frist zur Einreichung der Anträge fest.

9. Die Bezirksvorstände bestehen aus der bzw. dem Bezirksvorsitzenden, der bzw. dem stellvertretenden Bezirksvorsitzenden, je einer Bezirksleiterin bzw. einem Bezirksleiter der im Bezirk vertretenen Gewerkschaften, der Sprecherin bzw. dem Sprecher des Bezirks-Frauen- und Bezirks-Jugendausschusses sowie höchstens fünf weiteren Mitgliedern.

Die im Bezirksvorstand vertretenen Gewerkschaften sowie der Bezirks-Frauen- und der Bezirks-Jugendausschuss können im Verhinderungsfalle ihrer ordentlichen Mitglieder im Bezirksvorstand deren ständige Vertreterinnen bzw. Vertreter entsenden, die dann an den Sitzungen mit Stimmrecht teilnehmen.

Die Bezirksleiterin bzw. der Bezirksleiter wird von der jeweiligen Gewerkschaft benannt.

10. Aufgaben der Bezirksvorstände sind:

a) den Bund innerhalb des Bezirks zu vertreten;

b) Vorschläge für die Landesgesetzgebung zu unterbreiten und Stellung zu landespolitischen Fragen zu nehmen, die Interessen von Arbeitnehmerinnen bzw. Arbeitnehmern berühren sowie entsprechende Forderungen zu erheben;

c) die gemeinsamen gewerkschaftspolitischen und organisatorischen Aufgaben im Sinne der Satzung im Bezirk zu erfüllen;

d) Weisungen des Bundesvorstandes im Bezirk durchzuführen;

e) dem Bundesvorstand Bericht zu erstatten;

f) die Anträge der Regionen und des Bezirks dem Bundesvorstand zur Weiterbehandlung vorzulegen;

g) für die Arbeit der Regionen Anweisungen zu geben, ihre Arbeit zu unterstützen, zu koordinieren und zu überprüfen;

h) den Regionsdelegiertenversammlungen Vorschläge für die Wahl der bzw. des Regionsvorsitzenden zu unterbreiten;

i) die Mitglieder der Regionsvorstände zu bestätigen. Die Bestätigung kann versagt werden, wenn ein gewerkschaftspolitischer oder ein in der Person liegender Grund es erfordert.

11. Für die Revisionskommission gilt § 10 sinngemäß.

12. In Bezirken mit mehreren Sitzen vertreten von Landeskonferenzen gewählte Landesvorsitzende die Interessen von Arbeitnehmerinnen bzw. Arbeitnehmern gegenüber den Landesregierungen. Die Landesvorsitzenden werden von einem Landesvorstand unterstützt. Der Bundesvorstand beschließt Richtlinien für die Einberufung und Durchführung der Landeskonferenzen, die Wahl der Landesvorsitzenden sowie die Bildung und Aufgabenstellung der Landesvorstände.

13. Die personellen und sachlichen Kosten der Bezirke und Regionen trägt der Bund. Jeder Bezirk erhält für sich und die in seinem Bereich bestehenden Regionsgeschäftsstellen einen Haushalt. Die Bezirksvorstände sind für den Haushalt verantwortlich zuständig.

§ 12 Regionen

1. Der Bund richtet im Einvernehmen und auf Vorschlag der Bezirksvorstände Regionsgeschäftsstellen ein.

2. Organe der Regionen sind:

a) die Regionsdelegiertenversammlungen,

b) die Regionsvorstände.

3. Für die Organe der Regionen sind die Bundessatzung und die Beschlüsse von Bundeskongress, Bundesausschuss, Bundesvorstand, Bezirkskonferenz und Bezirksvorstand bindend.

4. Die Regionsdelegiertenversammlungen finden alle vier Jahre, aber spätestens drei Monate vor der jeweiligen Bezirkskonferenz statt.

Die Regionsdelegiertenversammlungen bestehen aus gewählten Mitgliedern der Gewerkschaften. Dabei soll die Mitgliederstruktur, insbesondere auch der Frauenanteil in der jeweiligen Gewerkschaft, berücksichtigt werden. Außerdem nehmen die Mitglieder des Regionsvorstandes, die Revisionskommission und je drei Vertreterinnen bzw. Vertreter des Regions-Frauen- und Regions-Jugendausschusses mit beratender Stimme an den Regionsdelegiertenversammlungen teil.

Die Regionsdelegiertenversammlungen geben sich eine Geschäftsordnung und wählen ein Präsidium.

Der Bundesvorstand beschließt Richtlinien für die Zahl der Delegierten, die Einberufung und die Durchführung der Regionsdelegiertenversammlungen.

5. Aufgaben der Regionsdelegiertenversammlungen sind:

a) die Beschlussfassung über den Geschäfts- und Kassenbericht des Regionsvorstandes;

b) alle vier Jahre Wahl der bzw. des Regionsvorsitzenden, der weiteren Mitglieder des Regionsvorstandes und der aus drei Mitgliedern bestehenden Revisionskommission;

c) gewerkschaftspolitische und organisatorische Anträge und Anregungen an den Bezirksvorstand zu richten;

d) die Unterbreitung von Vorschlägen, Stellungnahmen und Forderungen zu örtlichen, regionalen und landespolitischen Fragen, die Interessen von Arbeitnehmerinnen bzw. Arbeitnehmern berühren.

6. Eine außerordentliche Regionsdelegiertenversammlung ist einzuberufen auf Beschluss des Regionsvorstandes oder auf Antrag von mehr als der Hälfte

der in der Region vertretenen Gewerkschaften oder auf Antrag von Gewerkschaften, die mehr als die Hälfte der Mitglieder in der Region vertreten.

7. Anträge an die Regionsdelegiertenversammlungen können gestellt werden von:

den Vorständen der Gewerkschaften in der Region,

dem Regionsvorstand,

den Ortsverbands- und Kreisverbands-Vorständen,

dem Regions-Frauenausschuss,

dem Regions-Jugendausschuss.

Der Regionsvorstand setzt die Frist zur Einreichung der Anträge fest.

8. Die Regionsvorstände bestehen aus der bzw. dem hauptamtlichen Vorsitzenden, die bzw. der die Geschäfte führt, je einer Vertreterin bzw. einem Vertreter der im Bereich der Region vertretenen Gewerkschaften, der Sprecherin bzw. dem Sprecher des Regions-Frauen- und des Regions-Jugendausschusses und höchstens drei weiteren Mitgliedern. Eine ständige Vertretung mit Stimmrecht ist möglich. Die Vorsitzenden der Orts- und Kreisverbände nehmen mit beratender Stimme an Sitzungen der Regionsvorstände teil.

Die bzw. der Regionsvorsitzende und die weiteren Mitglieder werden von der Regionsdelegiertenversammlung gewählt. Die Vertreterinnen bzw. Vertreter der in der Region vertretenen Gewerkschaften werden von den zuständigen Vorständen ihrer Gewerkschaft benannt.

9. Aufgaben der Regionsvorstände sind:

a) den Bund in der Region zu vertreten;

b) die Unterbreitung von Vorschlägen, Stellungnahmen und Forderungen zu örtlichen, regionalen und landespolitischen Fragen, die Interessen von Arbeitnehmerinnen und Arbeitnehmern berühren;

c) alle gemeinsamen gewerkschaftspolitischen und organisatorischen Aufgaben in der Region zu behandeln und Anträge an den Bezirk und an den Bund zu stellen;

d) die Weisungen von Bundesvorstand und Bezirksvorstand durchzuführen;

e) die Gewerkschaften bei der Erfüllung ihrer Aufgaben zu unterstützen.

10. Für die Revisionskommission gilt § 10 sinngemäß.

11. Nach Bedarf können die Regionsvorstände innerhalb ihrer Bereiche im Einvernehmen mit dem Bezirksvorstand Kreis- bzw. Ortsverbände bilden. In den Regionen wird durch Beschluss der Regionsvorstände und im Einverneh-

men mit dem Bezirksvorstand eine ehrenamtliche Binnenstruktur in Form von Orts- bzw. Kreisverbänden gebildet. Der Bundesvorstand beschließt Richtlinien über Grundsätze und Organisation der ehrenamtlichen Binnenstruktur der Regionen.

12. Der Bund kann mit einer Gewerkschaft vereinbaren, dass deren örtliche Geschäfte und Kassenführung ganz oder teilweise durch seine Regionen übernommen werden. Der Bund kann auch mit einer Gewerkschaft vereinbaren, dass sie eine andere Gewerkschaft in bestimmten Bereichen unterstützt.

Es kann auch vereinbart werden, dass durch die Verwaltungsstelle einer Gewerkschaft die Geschäftsführung für die DGB-Region ganz oder teilweise übernommen wird. In diesem Falle tritt an die Stelle der bzw. des hauptamtlichen Vorsitzenden eine ehrenamtliche Regionsvorsitzende bzw. ein ehrenamtlicher Regionsvorsitzender.

Zwischen dem Bund und den Gewerkschaften soll durch eine sinnvolle Koordination sichergestellt werden, dass in allen Organisationsbereichen eine ausreichende gewerkschaftliche Betreuung durch gegenseitige Unterstützung gewährleistet wird.

§ 13 Beschlussfähigkeit, Abstimmungen, Stimmberechtigung, Wahlen

1. Die Organe des Bundes, der Bezirke und der Regionen sind beschlussfähig, wenn mehr als die Hälfte der stimmberechtigten Mitglieder des Organs anwesend ist. Die Beschlussfähigkeit wird von der bzw. von dem Vorsitzenden des Organs festgestellt.

2. Soweit durch diese Satzung nicht anders geregelt, bedürfen Beschlüsse der einfachen Mehrheit der abgegebenen Stimmen. Stimmenthaltungen und die Abgabe ungültiger Stimmen gelten als nicht abgegebene Stimmen.

3. Satzungsänderungen bedürfen der Zweidrittelmehrheit der stimmberechtigten Mitglieder eines Bundeskongresses.

4. Stimmberechtigt im Bundeskongress, in den Bezirkskonferenzen, Landeskonferenzen und Regionsdelegiertenversammlungen ist diejenige bzw. derjenige, der bzw. dem nach Prüfung durch die Mandatsprüfungskommission das Stimmrecht durch Beschluss des Organs zuerkannt worden ist.

5. Bei Wahlen zu Organen des Bundes, der Bezirke und der Regionen ist gewählt, wer in geheimer Abstimmung die meisten abgegebenen Stimmen und mehr als die Hälfte der Stimmen der Stimmberechtigten erhält. Ergibt sich keine Mehrheit der Stimmberechtigten, so findet ein zweiter Wahlgang statt, in dem gewählt ist, wer die meisten abgegebenen Stimmen erhält. Bei Stimmengleich-

heit wird die Wahl wiederholt. Stimmenthaltung und die Abgabe ungültiger Stimmen gelten als nicht abgegebene Stimmen.

6. Nähere Einzelheiten regeln Geschäfts- und Wahlordnungen, die vom Bundeskongress, den Bezirkskonferenzen, den Landeskonferenzen und den Regionsdelegiertenversammlungen beschlossen werden.

§ 14 Offizielle Bekanntmachungen

Die offiziellen Bekanntmachungen des Deutschen Gewerkschaftsbundes erfolgen in den Publikationsorganen des Deutschen Gewerkschaftsbundes und der Gewerkschaften.

§ 15 Abgrenzung der Organisationsbereiche

1. Für die Abgrenzung der Organisationsbereiche der Gewerkschaften werden vom Bundesausschuss auf Vorschlag des Bundesvorstandes Richtlinien für die Abgrenzung von Organisationsbereichen und eine Veränderung der Organisationsbezeichnung geschaffen, die Bestandteil dieser Satzung sind (Anlage 1). Der Bundesausschuss beschließt die Richtlinien und ihre Änderungen mit Zweidrittelmehrheit seiner Mitglieder.

2. Die in den Satzungen der Gewerkschaften angegebenen Organisationsbereiche und Organisationsbezeichnungen können nur mit Zustimmung des Bundesausschusses rechtswirksam geändert werden. Von der Änderungsabsicht sind die betroffenen Gewerkschaften und der Bundesvorstand unverzüglich zu informieren.

§ 16 Schiedsgerichtsverfahren

1. Streitigkeiten zwischen den im Bund vereinigten Gewerkschaften, die trotz Vermittlung des Bundesvorstandes nicht geschlichtet werden können, sind durch Schiedsgerichtsverfahren zu entscheiden.

2. Der Bundesausschuss beschließt eine Schiedsgerichtsordnung, die Bestandteil dieser Satzung ist (Anlage 2).

§ 17 Geschäftsjahr

Als Geschäftsjahr gilt das Kalenderjahr.

§ 18 Auflösung des Bundes

1. Der Bund kann nur aufgelöst werden, wenn ein mit diesem Tagesordnungspunkt einberufener Bundeskongress hierüber mit einer Mehrheit von vier Fünfteln seiner stimmberechtigten Mitglieder entscheidet.

2. Über die Verwendung des vorhandenen Bundesvermögens entscheidet in diesem Fall der Bundeskongress.

§ 19 Inkrafttreten

Diese Satzung tritt am 1. Juli 1971 in Kraft.

Anlage 1

Richtlinien für die Abgrenzung von Organisationsbereichen und die Veränderung der Organisationsbezeichnung gem. § 15 Ziff. 1 der DGB-Satzung

(beschlossen vom DGB-Bundesausschuss am 11.03.1992; Ergänzungen beschlossen vom DGB-Bundesausschuss am 08.03.2000)

1. Grundsätze

a) Die Organisationszuständigkeit der einzelnen Gewerkschaften ergibt sich grundsätzlich aus ihrer Satzung in Verbindung mit der Satzung des DGB.

b) Änderungen der in den Satzungen der Gewerkschaften angegebenen Organisationsbereiche und Organisationsbezeichnungen bedürfen zu ihrer Wirksamkeit des Verfahrens gem. § 15 Ziff. 2 der DGB-Satzung.

c) Bei solchen beabsichtigten Satzungsänderungen sind die hiervon berührten Gewerkschaften und der DGB-Bundesvorstand zum frühestmöglichen Zeitpunkt zu informieren.

d) Zwischen Gewerkschaften auftretende Streitigkeiten über Organisationszuständigkeiten sind im Interesse der betroffenen Gewerkschaftsmitglieder und zur Vermeidung negativer Auswirkungen auf den Bund möglichst schnell im Wege von Verhandlungen zwischen den Vorständen der beteiligten Gewerkschaften zu lösen. Der Bundesvorstand ist über Verlauf und Ergebnis zu unterrichten.

Bleiben Verhandlungen ohne Ergebnis, ist unverzüglich ein Vermittlungs- bzw. Schiedsgerichtsverfahren nach § 16 der DGB-Satzung einzuleiten und durchzuführen.

e) Schiedsurteile und Einigungen im Rahmen eines Schiedsgerichtsverfahrens nach § 16 der DGB-Satzung interpretieren die Satzungen der Gewerkschaften des DGB im Innenverhältnis und mit verbindlicher Wirkung nach außen.

f) Die von einem Schiedsurteil betroffenen Gewerkschaften sind verpflichtet, alle erforderlichen Maßnahmen zu treffen, um das Schiedsurteil wirksam werden zu lassen und den Organisationsstreit zu beenden.

2. Kriterien zur Organisationsabgrenzung

Die nachfolgend aufgeführten Kriterien dienen als Orientierungspunkte bei einer notwendig werdenden Abgrenzung und bedürfen im Einzelfall gegebenenfalls der Verknüpfung sowie der Ergänzung durch Hilfskriterien.

a) Kriterien zur Organisationsabgrenzung sind:

- Die DGB-Satzung
- Die Beachtung des Prinzips „ein Betrieb - eine Gewerkschaft"
- Die Satzungen der betroffenen Gewerkschaften
- Die bisherige Organisationspraxis

b) Kriterien zur Organisationsabgrenzung können u.a. sein:

- Optimierung der Betreuung von Gewerkschaftsmitgliedern
- Ursprungsart (pflanzlich, tierisch, mineralisch) und Materialart (Rohstoffart, Art der Zwischen- bzw. Halbprodukte) von Gütern
- Herstellungsverfahren, Be- und Verarbeitungsgrad von Gütern
- Verwendungsart und Verwendungszweck von Gütern
- Produktionswirtschaftlicher Zusammenhang
- Der wirtschaftliche Schwerpunkt bzw. das wirtschaftliche Gepräge von Betrieben, hilfsweise Unternehmen
- Art der Dienstleistung
- Öffentliche Aufgaben

c) **Kriterien zur Organisationsabgrenzung sind grundsätzlich nicht:**

- Änderungen der Unternehmensorganisation, z.B. Aufspaltung, Zusammenlegung, Änderung der Rechtsform
- Eintritt in einen und/oder Austritt aus einem Arbeitgeberverband

Entscheidungen und Vereinbarungen von Belegschaften/Betriebsräten über die Organisationszugehörigkeit.

Anlage 2

Schiedsgerichtsordnung gem. § 16 der DGB-Satzung

(beschlossen vom DGB-Bundesausschuss am 02.12.1997; Ergänzungen beschlossen vom DGB-Bundesausschuss am 08.03.2000 und am 06.03.2002)

1. Vermittlungsverfahren

Bei Streitigkeiten zwischen den im Bund vereinigten Gewerkschaften führt der Geschäftsführende Bundesvorstand auf Ersuchen einer der streitenden Parteien ein Vermittlungsverfahren vor der Vermittlungsstelle durch. Die andere(n) Partei(en) ist/sind verpflichtet, an dem Vermittlungsverfahren teilzunehmen und sich auf den Streitgegenstand einzulassen.

a) Die Vermittlungsstelle besteht aus jeweils zwei von den streitenden Parteien benannten Beisitzerinnen bzw. Beisitzern und der bzw. dem Vorsitzenden, die bzw. der vom Geschäftsführenden Bundesvorstand benannt wird.

b) Die bzw. der Vorsitzende lädt zu den Sitzungen der Vermittlungsstelle ein und nimmt die notwendigen Anordnungen für das Verfahren vor, z.B. hinsichtlich des Hinzuziehens von Sachverständigen.

c) Der wesentliche Verlauf und das Ergebnis der Verhandlungen vor der Vermittlungsstelle sind zu protokollieren. Das Protokoll ist den streitenden Parteien zuzustellen. Kommt zwischen den Parteien eine Einigung zustande, ist sie schriftlich niederzulegen und von den Mitgliedern der Vermittlungsstelle zu unterzeichnen. Die Einigung hat die Wirkung eines Schiedsurteils.

d) Im Einverständnis mit den streitenden Parteien kann das Vermittlungsverfahren als schriftliches Verfahren durchgeführt werden. Ziffer 1 c) Sätze 3 und 4 gelten entsprechend.

2. Einleitung eines Schiedsgerichtsverfahrens

Bleibt das Vermittlungsverfahren insgesamt oder zum Teil erfolglos, findet auf Antrag einer der streitenden Parteien ein Schiedsgerichtsverfahren vor dem Schiedsgericht statt.

3. Besetzung des Schiedsgerichts

Das Schiedsgericht besteht aus jeweils bis zu drei von den streitenden Parteien benannten Beisitzerinnen bzw. Beisitzern, einer bzw. einem unparteiischen Vorsitzenden und zwei unparteiischen stellvertretenden Vorsitzenden. Die bzw. der Vorsitzende muss die Befähigung zum Richteramt haben. Die bzw. der Vorsitzende sowie die stellvertretenden Vorsitzenden des Schiedsgerichts werden vom Bundesvorstand für die Dauer von zwei Jahren gewählt. Der Beschluss des Bundesvorstandes bedarf der Einstimmigkeit. Wiederwahlen der bzw. des Vorsitzenden und der stellvertretenden Vorsitzenden sind möglich. Fällt die bzw. der Vorsitzende und/oder eine bzw. einer der stellvertretenden Vorsitzenden oder beide stellvertretenden Vorsitzenden aus der Leitung des Schiedsgerichts aus, hat der Bundesvorstand eine Nachwahl vorzunehmen. Auch hier gilt das Erfordernis der Einstimmigkeit.

Der Bundesvorstand kann für die unparteiischen Mitglieder des Schiedsgerichtes Stellvertreterinnen bzw. Stellvertreter für die Dauer von 2 Jahren wählen. Wiederwahlen sind möglich. Bei den Wahlen ist Einstimmigkeit erforderlich.

Die Reihenfolge der Vertretungen bestimmt sich nach den Anfangsbuchstaben der Familiennamen in alphabetischer Folge.

4. Verfahren vor dem Schiedsgericht

a) Die bzw. der Vorsitzende hat u.a. die nachfolgenden Aufgaben: Sie bzw. er nimmt die Einladung zu den Sitzungen des Schiedsgerichts vor. Auf ihre bzw. seine Anordnung hin sind die mündlichen Verhandlungen des Schiedsgerichts durch schriftliche Stellungnahmen vorzubereiten. Die bzw. der

Vorsitzende entscheidet über die Ladung von Zeugen und Sachverständigen sowie über die Erhebung von Beweisen.

b) Die Parteien können sich vor dem Schiedsgericht vertreten lassen und bis zu drei Sachverständige hinzuziehen. Die Vertretung durch einen Rechtsanwalt ist zulässig. Über die Anhörung der Sachverständigen und ihre Anwesenheit in der mündlichen Verhandlung entscheidet das Schiedsgericht mit Mehrheit.

c) Über die Sitzung des Schiedsgerichts ist ein Protokoll anzufertigen, das den wesentlichen Gang der Verhandlung und die Entscheidungen der bzw. des Vorsitzenden und des Schiedsgerichts wiedergibt. Die Protokolle sind den Parteien zuzustellen.

5. Abschluss des Schiedsgerichtsverfahrens

a) Das Schiedsgerichtsverfahren kann durch eine Einigung beendet werden. Der Inhalt dieser Einigung ist schriftlich niederzulegen und von den Mitgliedern des Schiedsgerichts zu unterzeichnen. Im übrigen gilt die Regelung zu 1. c) der Schiedsgerichtsordnung entsprechend.

b) Kommt eine Einigung nicht zustande, wird das Schiedsgerichtsverfahren durch Schiedsurteil beendet. Hierbei haben alle Mitglieder des Schiedsgerichts Stimmrecht. Eine Stimmenthaltung ist nicht zulässig. Das Schiedsgericht entscheidet mit einfacher Mehrheit.

Das Schiedsgericht kann im Schiedsurteil auch die Bildung einer Tarifgemeinschaft für eine Übergangszeit vorsehen.

c) Erforderlichenfalls sind im Schiedsurteil Übergangszeiten und Regelungen für die Betreuung der Mitglieder, die Betriebsrats- bzw. Personalratsarbeit sowie die Entsendung von Arbeitnehmervertretern in Aufsichtsräten in das Schiedsurteil aufzunehmen. Ferner kann eine Regelung dafür getroffen werden, dass gegenüber der Gewerkschaft, deren bisherige Organisationsarbeit endet, ein finanzieller Ausgleich vorgenommen wird.

d) Das Schiedsurteil hat unter den Parteien die Wirkung eines rechtskräftigen Urteils.

e) Das Schiedsurteil bedarf der Schriftform. Er muss den der Entscheidung zugrundeliegenden Sachverhalt und eine Begründung enthalten. Das Schiedsurteil ist von der bzw. dem Vorsitzenden sowie den stellvertretenden Vorsitzenden zu unterzeichnen und den Parteien zuzustellen.

6. Durchführung des Schiedsurteils

a) Die unterliegende Partei ist verpflichtet, alle im Hinblick auf den Streitgegenstand ergriffenen Maßnahmen unverzüglich einzustellen und keine neuen Maßnahmen in diesem Sinne zu ergreifen.

b) Sie hat in Fällen der Abgrenzung von Organisationsbereichen ihre Mitglieder im umstrittenen Organisationsbereich unter ausführlicher Darlegung des Schiedsurteils, seiner Gründe und seiner Folgen im Einvernehmen mit der obsiegenden Partei aufzufordern, in die zuständige Gewerkschaft überzutreten. Die unterliegende Partei ist in Fällen der Abgrenzung von Organisationsbereichen ferner verpflichtet, nach außen hin nicht mehr als zuständige Gewerkschaft in Erscheinung zu treten, insbesondere keine neuen Tarifverträge abzuschließen.

7. Rechtsmittel

a) Innerhalb einer Frist von vier Wochen nach Zustellung des Schiedsurteils kann der Bundesvorstand von den am Verfahren beteiligten Gewerkschaften und vom Geschäftsführenden Bundesvorstand mit dem Antrag angerufen werden, das Schiedsurteil aufzuheben, die Sache zur erneuten Verhandlung und Entscheidung an das Schiedsgericht zurückzuverweisen oder die Durchführung eines erneuten Schiedsgerichtsverfahrens anzuordnen.

b) Dieser Antrag kann nur darauf gestützt werden, dass das Schiedsgerichtsverfahren nicht ordnungsgemäß eingeleitet wurde, das Schiedsgericht nicht entsprechend den Richtlinien besetzt war, Verfahrensverstöße im Sinne der Ziffern 4 und 5 der Richtlinien vorliegen oder das Schiedsurteil gegen die Satzung des DGB verstößt.

c) Die Anrufung des Bundesvorstandes hat hinsichtlich des Schiedsurteils keine aufschiebende Wirkung.

8. Einstweilige Regelungen

a) Einstweilige Regelungen sind zulässig, wenn zu besorgen ist, dass durch eine Veränderung des bestehenden Zustandes die Verwirklichung des Rechtes einer Partei vereitelt oder wesentlich erschwert werden könnte oder dies zur Abwendung wesentlicher Nachteile oder aus anderen Gründen nötig erscheint.

b) Über den Antrag auf einstweilige Regelung entscheidet die bzw. der Vorsitzende mit den beiden stellvertretenden Vorsitzenden im Rahmen einer mündlichen Verhandlung.

Die mündliche Verhandlung über den Antrag auf einstweilige Regelung kann in dringenden Fällen innerhalb von 48 Stunden nach Zustellung der Ladung stattfinden.

c) Die einstweilige Regelung hat die Wirkung eines Schiedsurteils. Sie ist zu befristen.

d) Der Antrag auf einstweilige Regelung ist nur zulässig, wenn gleichzeitig das Hauptverfahren gemäß Ziffer 2 ff. eingeleitet wird. Das Hauptverfahren soll innerhalb der befristeten Geltung der einstweiligen Regelung abgeschlossen werden.

Peter Lang · Europäischer Verlag der Wissenschaften

Eva Graune

Nachwirkung betrieblicher und betriebsverfassungsrechtlicher Tarifvertragsnormen

Frankfurt/M., Berlin, Bern, Bruxelles, New York, Oxford, Wien, 2003. XIX, 128 S.
Europäische Hochschulschriften: Reihe 2, Rechtswissenschaft. Bd. 3655
ISBN 3-631-51022-5 · br. € 30.20*

Gegenstand dieser Arbeit ist die bislang ungeklärte arbeitsrechtliche Problematik, ob und inwieweit tarifvertragliche Normen über betriebliche und betriebsverfassungsrechtliche Fragen auch nach Ablauf des Tarifvertrages gemäß § 4 Abs. 5 TVG weitergelten. Die Meinungen darüber sind in Rechtsprechung und Schrifttum sehr geteilt. Teilweise wird eine Nachwirkung für derartige Tarifnormen gänzlich verneint, teilweise uneingeschränkt bejaht. In letzterem Fall stellt sich die praxisrelevante und bislang wenig behandelte Frage, wie lange die tarifvertragliche Nachwirkung andauert und auf welchem Weg sie beendet werden kann. Die Arbeit leistet einen Beitrag zur sachgerechten Lösung bestehender Ungereimtheiten des Tarifvertragsrechts und zeigt gangbare Wege für eine Beendigung der Nachwirkung betrieblicher und betriebsverfassungsrechtlicher Tarifvertragsnormen auf.

Aus dem Inhalt: Die Aufnahme der betrieblichen und betriebsverfassungsrechtlichen Normen in den Normenkatalog des § 1 Abs. 1 TVG aus historischer Sicht · Methodische Untersuchung der Geltung des § 4 Abs. 5 TVG für die betrieblichen und betriebsverfassungsrechtlichen Tarifvertragsnormen · Prüfung des Umfangs der Nachwirkung betrieblicher und betriebsverfassungsrechtlicher Tarifvertragsnormen unter eingehender Darstellung bestehender Ablösungsmöglichkeiten · Diskussion vorgeschlagener Ansätze für eine Beendigung der Nachwirkung betrieblicher und betriebsverfassungsrechtlicher Tarifvertragsnormen · Eigener Lösungsansatz

Frankfurt/M · Berlin · Bern · Bruxelles · New York · Oxford · Wien
Auslieferung: Verlag Peter Lang AG
Moosstr. 1, CH-2542 Pieterlen
Telefax 00 41 (0) 32 / 376 17 27

*inklusive der in Deutschland gültigen Mehrwertsteuer
Preisänderungen vorbehalten

Homepage http://www.peterlang.de

Kolibri 360 GmbH
Ferdinand-Jühlke-Straße 7
99095 Erfurt, Deutschland
produktsicherheit@kolibri360.de

Druck:
CPI Druckdienstleistungen GmbH
im Auftrag der
Kolibri 360 GmbH
Ferdinand-Jühlke-Str. 7
99095 Erfurt